Ulrich Grude, Jahrgang 1944, hat in Freiburg Mathematik und in Berlin Informatik studiert, bei Prof. Ehrig an der TU-Berlin promoviert, etwa 12 Jahre in der Industrie gearbeitet (bei IBM, Siemens, PSI und anderen Firmen) und etwa 3 Jahre bei Prof. Petri in Bonn geforscht. Seit 1990 ist er Professor am Fachbereich Informatik und Medien der TFH Berlin (Fachgebiet Programmiersprachen und Compilerbau) und seit 2004 mit Astrid befreundet.

Boris Schaa (Pseudonym: mcf), 1978 in Berlin-Lichterfelde geboren, erfand die Comicfiguren Astrid und ihre Freunde. Er studiert Medieninformatik an der TFH Berlin, spielt nebenbei E-Gitarre in einer Band, entwickelt Programme und gestaltet Webseiten. Ein Astrid-Buch für Kinder (kleine und große) ist geplant. Mehr Information gibt es unter www.tmcfrog.de oder bei boris.schaa@tmcfrog.de.

Astrid, die Kurzhalsgiraffe (okapia johnstoni), erblickte 1995 das Licht der Comicwelt. Bald darauf folgte Philipp, das Zebra (equus quagga), willkommene Gesellschaft für Astrid. Inzwischen gibt es mehr als ein halbes Dutzend Charaktere, die persönliche Grüße in Postkartenformat von mcf an seine Freunde übermitteln und ihm helfen, das Leben zu karikieren.

Fotos von Nicpic Design (www.nicpic.de)

Ulrich Grude

Java ist eine Sprache

Java lesen, schreiben und ausführen – Eine präzise und verständliche Einführung

Illustriert von Boris Schaa

Bibliografische Information Der Deutschen Bibliothek
Die Deutsche Bibliothek verzeichnet diese Publikation in der Deutschen Nationalbibliografie;
detaillierte bibliografische Daten sind im Internet über <http://dnb.ddb.de> abrufbar.

1. Auflage März 2005

Lektorat: Dr. Reinald Klockenbusch / Andrea Broßler

Der Vieweg Verlag ist ein Unternehmen von Springer Sciene + Business Media.
www.vieweg-it.de

Konzeption und Layout des Umschlags: Ulrike Weigel, www.CorporateDesignGroup.de
S. III: Illustriert von Boris Schaa
Umschlagbild: Nina Faber de.sign, Wiesbaden

ISBN-13: 978-3-528-05914-9   e-ISBN-13: 978-3-322-80263-7
DOI: 10.1007/978-3-322-80263-7

Vorwort

In diesem Buch wird die Programmiersprache Java (in ihrer neusten Version 5.0) dargestellt. Dabei wird nicht nur beschrieben, *wie* die Sprache ist, sondern an vielen Stellen auch, *warum* sie so ist, wie sie ist. Diese Stellen sollen beim Leser möglichst viele und intensive Aha-Erlebnisse (und möglichst selten ein Gähnen) auslösen.

Außerdem werden einige Teile der Sprache Java *bewertet*, viele als besonders gut, aber einige auch als weniger gelungen. Diese Bewertungen haben notwendig eine subjektive Komponente (bedingt durch die speziellen und beschränkten Erfahrungen des Autors). Der Leser sollte sie kritisch prüfen und eventuell abweichende Ansichten entwickeln. Auf jeden Fall kann eine Beschäftigung mit Bewertungen zu einem tieferen Verständnis einer Programmiersprache und der Programmierung im Allgemeinen beitragen (und, das sei hier nicht verschwiegen, zu hitzigen Diskussionen führen und Streit zwischen Freunden verursachen).

Dieses Buch soll die Sprache Java möglichst *einfach* und *verständlich* darstellen (wie weit das miss- oder gelungen ist, kann nur der Leser entscheiden). Dazu werden vor allem zwei Techniken eingesetzt: *Abstraktion* und kurze *Definitionen für alle Grundbegriffe*.

Abstraktion wird dazu verwendet, um von vielen komplizierten Einzelheiten abzusehen, statt sie dem Leser aufzubürden. So wird z. B. eine *Variable* nicht als *ein Abschnitt in einem Computer-Hauptspeicher, der aus 16-Pin-SDR-RAM-Chips mit einer Versorgungsspannung von 2,5 Volt besteht* beschrieben, sondern (abstrakter und hoffentlich einfacher) als ein *Behälter für Werte*.

Was eine *Variable*, ein *Wertebehälter* und ein *Wert* ist, wird nicht als allgemein bekannt vorausgesetzt, sondern kurz erläutert und dann in einer Definition zusammengefasst. Diese Definitionen findet man auch in einem Glossar am Ende des Buches (vor einem kurzen Literaturverzeichnis und einem umfangreichen Sachwortverzeichnis).

Java wird hier als eine Sprache dargestellt, in der ein Programmierer Befehle formulieren kann, um sie von einem Ausführer ausführen zu lassen. Die Befehle werden unter anderem dadurch erklärt, dass sie ins Deutsche übersetzt werden (z. B. der Java-Befehl `int x = 17;` in den Satz „Erzeuge eine Variable namens x vom Typ `int` mit dem Anfangswert `17`!"). Dieses Übersetzen wird relativ einfach, wenn man erkennt, dass es eigentlich nur drei Arten von Befehlen gibt und die Übersetzung eines Befehls vor allem von seiner Art abhängt. Dem Leser wird empfohlen, die von ihm formulierten Befehle auch selbst „mit Papier und Bleistift" auszuführen. Dazu braucht man zwar meistens deutlich mehr Zeit als ein Computer, lernt die Befehle aber besonders gründlich kennen (oder merkt, dass man sie noch nicht genau genug verstanden hat, um sie auszuführen).

Viele Menschen haben zu diesem Buch beigetragen. Meinem langjährigen Freund Friedrich Wilhelm Schröer möchte ich für zahllose Anregungen und Einsichten danken, die er mir in vielen Gesprächen vermittelt hat. Insbesondere gehen einige der kritischen Anmerkungen zu Java direkt auf seine Ansichten zurück. Vermutlich stammen auch einige Ideen, die ich jetzt für meine eigenen halte, aus lange zurückliegenden Diskussionen mit ihm.

Meinem Kollegen Andreas Solymosi danke ich für viele anregende Gespräche über Programmierung im Allgemeinen und Java im Speziellen. Besonders spannend waren diese Gespräche, weil wir bei formalen Fragen meist sehr schnell übereinstimmten, bei konzeptionellen Problemen dagegen häufig ganz verschiedener Ansicht waren. Andreas hat auch einen Entwurf dieses Buchs vollständig gelesen und mich auf viele Fehler und Schwachstellen aufmerksam gemacht.

Auch meiner Kollegin Fanny-Michaela Reisin danke ich für viele Gespräche und Anregungen. Auf sie (und ihre StudentInnen) geht eine Modifikation der Bojendarstellung von Variablen zurück, die ich gern übernommen habe (nach einigen Wochen des Zögerns, die ich brauchte, um die Vorteile der Modifikation zu verstehen).

Meiner Frau Barbara danke ich für die aktive Hilfe beim Korrekturlesen des Manuskripts und beim kritischen Durchsehen einiger Kapitel, vor allem aber dafür, dass sie mich ertragen hat, während ich an dem Buch schrieb (es ist wohl nicht immer einfach, einen Buch-schreibenden Mann zu ertragen).

Herr Klockenbusch vom Vieweg-Verlag hat mich im richtigen Moment unterstützt und beraten und einen passenden Titel für das Buch gefunden. Herr Erwin Merker half mir als Gutachter des Verlags mit vielen nützlichen Verbesserungsvorschlägen und Hinweisen auf Fehler. Auch ihnen vielen Dank.

Schließlich möchte ich mich bei allen StudentInnen der TFH Berlin bedanken, die Vorläufer dieses Buches in Skriptform durcharbeiten mussten. Sie haben mich auf zahlreiche Fehler und Schwächen aufmerksam gemacht, im Ganzen aber mein Buchprojekt eher mit wohlwollendem Interesse unterstützt (oder habe ich da bestimmte positive Bemerkungen kurz vor einer Prüfung missverstanden? :-)).

Berlin, im Januar 2005, Ulrich Grude.

Inhaltsverzeichnis

1 Einleitung

Dieses Buch ist eine Einführung in die Programmierung mit Java. In diesem ersten Kapitel werden einige besonders wichtige und allgemeine Grundbegriffe der Programmierung vorgestellt (Programmierer, Programm, Ausführer etc.). In den folgenden Kapiteln werden diese Grundbegriffe dann angewendet und durch zahlreiche Einzelheiten, Regeln, Beispiele und Erläuterungen vertieft.

1.1 Programmieren als Rollenspiel

Eine der verlässlichsten Eigenschaften moderner Computer ist es, dass sie schnell veralten. Wenn man die dauerhafteren Grundprinzipien verstehen will, auf denen Computer beruhen, sollte man sich deshalb möglichst wenig an den konkreten Maschinen orientieren, die uns heute zur Verfügung stehen. Besser ist es, von einem möglichst einfachen Modell auszugehen, welches die grundsätzlichen und wesentlichen Eigenschaften von Computern hervorhebt und von möglichst vielen unwesentlichen, komplizierten und sich schnell ändernden Einzelheiten abstrahiert. Ein solches Modell ist einfacher zu verstehen als ein konkreter Computer, und man kann hoffen, dass es auch in ein paar Jahren noch gültig ist.

Damit man überhaupt von Programmierung sprechen kann, muss es jemanden geben, der Programme *schreibt,* und jemanden oder etwas, von dem die Programme *ausgeführt* werden. Im folgenden wird die Tätigkeit des Programmierens möglichst allgemein als eine Art Rollenspiel (ähnlich einem Theaterstück) beschrieben. In diesem Spiel gibt es verschiedene Rollen, denen charakteristische Tätigkeiten zugeordnet sind. Insgesamt werden hier fünf Rollen unterschieden: Der *Programmierer*, der *Ausführer*, der *Benutzer*, der *Warter* und der *Verwender*.

Der Programmierer: Er *schreibt* ein Programm und *übergibt* es dann dem Ausführer.

Der Ausführer: Er *prüft* das Programm auf formale Fehler (Rechtschreibfehler) und *lehnt es ab* oder *akzeptiert es*, je nachdem, ob er Fehler findet oder nicht. Außerdem *führt* der Ausführer Programme *aus*, aber nur dann und wenn der Benutzer ihn dazu auffordert.

Der Benutzer: Er *fordert,*wann immer er möchte, den Ausführer dazu *auf*, ein bestimmtes Programm auszuführen. Der Ausführer kommt dieser Aufforderung nach, wenn er das Programm vorher akzeptiert hat.

Die meisten Programme benötigen bestimmte Eingabedaten und produzieren bestimmte Ausgabedaten. Zu den Aufgaben des Benutzers gehört es, alle benötigten Eingabedaten bereitzustellen und die Ausgabedaten in Empfang zu nehmen. Wenn der Benutzer ein Programm ausführen lässt, ist er also *für alle Ein-/Ausgabedaten zuständig*.

Der Warter: Seine Aufgabe ist es, die Programme des Programmierers zu *warten*, d. h. zu *korrigieren*, zu *erweitern* oder in anderer Weise zu *verändern*.

Der Verwender (oder: Wiederverwender): Er schreibt auch Programme und möchte dabei möglichst oft Programmteile, die der Programmierer bereits geschrieben hat, (wieder-) *verwenden*, statt sie selbst noch einmal zu schreiben.

Den Warter und den Verwender werden wir manchmal einfach als *die Kollegen* des Programmierers bezeichnen.

Die fünf abstrakten Rollen können auf sehr unterschiedliche Weisen konkret *besetzt* werden. Besonders häufig überträgt man die Rolle des Ausführers einem (mit geeigneter Software ausgerüsteten) Computer, und *ein* einzelner Mensch übernimmt alle anderen Rollen.

Statt mit *einem* Menschen kann man die Rolle des Programmierers auch mit einem ganzen Team von Menschen besetzen, und entsprechendes gilt natürlich auch für die Rollen der Kollegen (Warter und Verwender) und für die Rolle des Benutzers.

In der Praxis wird die Rolle des Ausführers immer mit einem Computer besetzt. Wenn man aber eine Programmiersprache *lernt*, sollte man nicht nur die Rolle des *Programmierers* einstudieren, sondern möglichst oft auch die Rolle des *Ausführers* selbst übernehmen. Einen bestimmten Befehl einer Programmiersprache beherrscht man erst dann richtig, wenn man ihn (zumindest im Prinzip) auch selbst „mit Papier und Bleistift" (und einem Radiergummi) ausführen kann. In verschiedenen Abschnitten dieses Buches wird beschrieben, wie man Programme „mit Papier und Bleistift" ausführen sollte (und wozu man den Radiergummi braucht).

> **Def.:** Ein *Programm* ist eine Folge von Befehlen, die von einem Programmierer geschrieben wurde und von einem Ausführer ausgeführt werden kann.

Diese sehr simple und abstrakte Definition trifft nicht nur auf moderne Computerprogramme zu, sondern auch auf andere, ältere Texte. Zum Beispiel hat der griechische Mathematiker Euklid schon etwa 300 v.Chr. eine präzise Anleitung veröffentlicht, nach der man den größten gemeinsamen Teiler zweier natürlicher Zahlen berechnen kann (Beispiel: Der ggT von 12 und 30 ist 6). Diese Anleitung kann direkt von einem Menschen ausgeführt werden, oder man kann sie in ein Computerprogramm übersetzen und von einem Computer ausführen lassen. Dass der hier eingeführte sehr allgemeine (und, zugegeben, nicht sehr präzise) Begriff eines *Programms* schon vor mehr als 2000 Jahren Sinn gemacht hätte, lässt hoffen, dass er auch in ein paar Jahren noch nicht völlig veraltet ist.

Die Rollen des Warters und des Verwenders wurden eingeführt, um zu betonen, dass Programme nicht nur dazu da sind, um von einer Maschine ausgeführt zu werden. Programme müssen sehr häufig von Menschen gelesen und verstanden werden. Wenn der Programmierer ein Programm schreibt, sollte er sich also nicht nur bemühen, dem (meist maschinellen) Ausführer die richtigen Befehle zu erteilen. Er sollte diese Befehle auch so formulieren, anordnen und kommentieren, dass seine (in aller Regel menschlichen) Kollegen sie möglichst leicht lesen und verstehen können. Diese Regel ist auch dann sinnvoll, wenn die Rollen des Programmierers und der Kollegen von einem einzigen Menschen übernommen werden (und insbesondere, wenn man selbst dieser eine Mensch ist).

Einige Menschen (zu denen auch der Autor zählt) können das Original des oben erwähnten ggT-Programms nicht ausführen, weil sie die Muttersprache des Euklid nicht beherrschen. Ähnliche Einschränkungen gelten auch für maschinelle Ausführer: Sie können nur solche Programme ausführen, die in einer ihnen bekannten Programmiersprache geschrieben sind. Wir unterscheiden deshalb z. B. zwischen einem *Java-Ausführer* (der in der Sprache *Java* geschriebene Programme prüfen, ablehnen, akzeptieren und ausführen kann) und einem Pascal-Ausführer oder einem C-Ausführer etc.

Der Begriff *Java-Ausführer* soll dabei alles zusammenfassen, was nötig ist, um Java-Programme zu erstellen, prüfen zu lassen und auszuführen. Ein Java-Ausführer kann z. B. aus einem Computer, einem Editor, einem Java-Compiler und einem Java-Interpreter bestehen oder aus einem Computer und einer anderen Kombination von Werkzeugprogrammen. Ein Java-Ausführer kann aber auch ein Mensch sein, der Java-Programme mit Papier, Bleistift und einem Radiergummi prüft und ausführt.

Es gibt schon heute zahlreiche (maschinelle) Java-Ausführer mit sehr unterschiedlichen Bedienungsanleitungen und Preisschildern, und vermutlich werden in den kommenden Monaten und Jahren weitere solche Java-Ausführer auf den Markt kommen. Der Begriff des *Ausführers* soll uns helfen, von den Unterschieden zwischen all diesen Systemen zu abstrahieren und das hervorzuheben, was jeder Java-Ausführer können muss: Java-Programme prüfen, ablehnen, akzeptieren und ausführen.

1.2   Das unvermeidliche Hallo-Programm

Was man konkret tun muss, um dem Ausführer ein Programm zu übergeben, wie man erkennt, ob er es ablehnt oder akzeptiert und wie man den Ausführer dazu auffordert, das Programm (nachdem er es akzeptiert hat) auszuführen, hängt stark von der Programmiersprache und noch stärker von dem konkreten Ausführer ab, den man verwendet (mehr dazu im nächsten Abschnitt). Auch erfahrene Programmierer haben manchmal Mühe, einem ihnen noch nicht vertrauten Ausführer die richtigen Befehle zu geben. Deshalb ist es üblich, als erstes ein ganz kleines so genanntes *Hallo-Programm* zu schreiben. Damit probt und übt man dann die grundlegenden Arbeitsschritte: ein Programm übergeben, das Programm ausführen lassen, kleine Änderungen am Programm vornehmen, es erneut übergeben und ausführen lassen etc. Automatisch prüft man dadurch auch, ob der Ausführer richtig installiert ist und alle seine Teile (Betriebssystem, Editor, Compiler, Interpreter etc.) ordnungsgemäß zusammenarbeiten und alle benötigten

Dateien in den richtigen Verzeichnissen stehen. Häufig ist es ziemlich mühsam, das kleine Hallo-Programm zum Laufen zu bringen, und wenn man es (oft nach mehreren Korrekturen an der Installation des Ausführers) endlich geschafft hat, ist man sehr stolz. Zu diesem Gefühl passt dann der etwas großspurige und überschwängliche Text, den ein typisches Hallo-Programm zur Konsole (d. h. zu dem Fenster, aus dem heraus man das Programm gestartet hat) ausgibt: `"Hallo Welt!"`.

Hier folgt ein in Java geschriebenes Hallo-Programm:

```
1  // Datei Hallo01.java
2  class Hallo01 {                                // Hallo01   Anf.
3      static public void main(String[] sonja) {  // main      Anf.
4          System.out.println("Hallo Welt!");     // main      Rumpf
5          System.out.println("Wie geht es?");    // main      Rumpf
6      }                                          // main      Ende
7  }                                              // Hallo01   Ende
```

Die Zeilen-Nummern am linken Rand gehören *nicht* zum Programm sondern wurden vom verwendeten Editor ergänzt. Sie erleichtern es, ein Programm zu erläutern oder darüber zu diskutieren.

Ein doppelter Schrägstrich `//` kennzeichnet den Beginn eines *Kommentars*, der bis zum Ende der betreffenden Zeile reicht. Kommentare werden vom *Ausführer* ignoriert, sollen aber den *Kollegen* des Programmierers das Lesen und Verstehen des Programms erleichtern. In einem ernsthaften Programm sind die Kommentare für die Kollegen mindestens *ebenso wichtig* wie die Befehle für den Ausführer. Das ist wahrscheinlich *die* Grundregel der Programmierung, die in der Praxis am weitesten anerkannt ist und am häufigsten unbefolgt bleibt.

Das Programm `Hallo01` besteht nur aus *einer* Klasse namens `Hallo01`, deren Vereinbarung (oder: Definition) in Zeile 2 beginnt und mit der schließenden Klammer in Zeile 7 endet.

Die Klasse `Hallo01` enthält nur ein einziges Element, nämlich ein *Unterprogramm* namens `main`, dessen Vereinbarung (oder: Definition) in Zeile *3* beginnt und mit der schließenden Klammer in Zeile *6* endet. Dass `main` der Name eines *Unterprogramms* ist (und nicht der Name einer *Klasse* oder einer anderen Größe), erkennt der Ausführer vor allem an dem Paar runder Klammern hinter dem Wort `main`.

Das Unterprogramm `main` enthält 2 *Anweisungen*, je eine in Zeile 4 und 5. Die Anweisung in Zeile 4 befiehlt dem Ausführer („weist ihn an") die Zeichenkette (den String) `"Hallo Welt!"` ohne die Anführungszeichen zur Konsole auszugeben, genau an *die* Stelle, an der der Cursor gerade steht, und anschließend den

Cursor zum Anfang der nächsten Zeile vorzurücken. Ganz Entsprechendes gilt für die Anweisung in Zeile 5. Mit „Konsole" ist hier das Fenster gemeint, aus dem heraus der Benutzer das Programm gestartet hat (z. B. eine *DOS-Eingabeaufforderung* unter Windows oder eine *Shell* unter Linux).

Jedes Java-Programm muss ein Unterprogramm namens `main` enthalten (der Name `main` hat somit eine spezielle Bedeutung). Eine Ausführung eines Java-Programms besteht darin, dass das `main`-Unterprogramm des Programms ausgeführt wird. Eine Ausführung eines Unterprogramms besteht darin, dass die Befehle in seinem Rumpf (zwischen den geschweiften Klammern des Unterprogramms) ausgeführt werden. Können Sie sich jetzt vorstellen, was eine Ausführung des Programms `Hallo01` bewirken muss?

Wie der Programmierer die einzelnen Worte und Zeichen eines Java-Programms auf verschiedene *Zeilen* verteilt, ist dem Ausführer weitgehend gleichgültig, aber den Kollegen kann ein sorgfältiges Editieren und Einrücken des Textes das Verstehen des Programms erheblich erleichtern. Die *Einrückung* der einzelnen Zeilen des Programms `Hallo01` soll deutlich machen, dass die Anweisungen in den Zeilen 5 und 6 im `main`-Unterprogramm *enthalten* sind und dass das `main`-Unterprogramm in der Klasse `Hallo01` *enthalten* ist.

Von dem Programm `Hallo01` gibt es in der *Sammlung von Beispielprogrammen* (siehe dazu den folgenden Abschnitt) zwei Varianten namens `Hallo01A` und `Hallo01B`. Diese Varianten enthalten keinerlei Kommentare, ansonsten aber genau die gleichen Befehle wie das Programm `Hallo01`. In der Varianten `Hallo01A` stehen alle Befehle auf *einer* einzigen Zeile (und enthalten möglichst wenige Trennzeichen wie Blanks und Tabs), in der Varianten `Hallo01B` ist das Programm dagegen auf möglichst viele Zeilen verteilt. Diese extremen Varianten sind nicht als Vorbilder gedacht; trotzdem wird empfohlen, die Variante `Hallo01B` genauer zu lesen. Möglicherweise ist es überraschend, an wievielen Stellen eines Java-Programms man eine neue Zeile anfangen darf (z. B.

vor und hinter jedem Punkt `.`

vor und nach jedem Operator wie z. B. `+ - * /`

vor und hinter jeder Klammer `( ) [ ] { }`

vor und hinter jedem Namen wie `Hallo01`, `main`, `sonja` etc.

Nebenbei kann man am Text der Varianten `Hallo01B` erkennen, wie man ein langes String-Literal (z. B. das String-Literal `"The Java programming language was originally called Oak"`) in mehrere durch + verbundene Teile zerlegen kann (z. B. so: `"The Java " + "programming language " + "was o" + "riginally c" + "alled Oak"`). Die Teile darf man dann beliebig auf verschiedene Zeilen eines Java-Programms verteilen, aber jeder einzelne Teil (z. B.

"The Java ") muss vollständig auf *einer* Zeile stehen. Die *Pluszeichen* + zwischen den Teilen bezeichnen die Operation *Stringkonkatenation*, die zwei Strings zu *einem* String zusammenfügt.

Aufgabe-01: Zerlegen Sie das folgende String-Literal in drei (möglichst gleichlange) Teile, die auf drei Zeilen stehen, und vom Ausführer trotzdem zu *einem* String zusammengefügt werden: "Hallo Melanie, hast Du Jassamin irgendwo gesehen oder nicht?". Eine Lösung finden Sie am Ende dieses Kapitels.

1.3 Beispielprogramme und konkrete Ausführer

Zu diesem Buch gibt es eine Seite im Internet:

`www.tfh-berlin.de/~grude/JavaIstEineSprache`

Dort findet man eine *Sammlung von Beispielprogrammen* (in einem zip-Archiv namens BspJaSp.zip) und eine Anleitung, wie man verschiedene Java-Ausführer aus dem Internet laden und installieren kann (in der Datei Kap27Ausfuehrer.pdf).

Empfehlung 1: Laden Sie sich die Sammlung von Beispielprogrammen auf Ihren PC und entpacken Sie das zip-Archiv in irgendein Verzeichnis (mit einem Programm wie WinZip oder gunzip etc.). Einige dieser Beispielprogramme sind in diesem Buch (auszugsweise) abgedruckt. Andere Programme enthalten weitergehende oder umfangreiche Beispiele und werden hier nur erwähnt. Alle Beispielprogramme sind ausführlich kommentiert und einige enthalten wichtige Zusatzinformationen, die hier im Buch nicht wiedergegeben werden (z. B. die *Ausgabe* des Programms, zusätzliche falsche Befehle und die entsprechenden Fehlermeldungen verschiedener Ausführer, weitergehende Hinweise etc.). Wenn man einen bestimmten Java-Befehl lernt, kann man in der Sammlung nach Anwendungen dieses Befehls suchen (unter Linux z. B. mit dem Kommando grep, unter Windows mit einem geeigneten Editor, z. B. mit dem TextPad). Ab und zu in dieser Sammlung von Beispielprogrammen „einfach nur so" herumzustöbern scheint auch keine schädlichen Nebenwirkungen zu haben.

Mit *Beispielprogrammen* sind in diesem Buch immer Programme aus dieser Sammlung gemeint.

Empfehlung 2: Installieren Sie mindestens *einen* Java-Ausführer auf Ihrem PC unter Linux oder Windows oder auf Ihrem Mac.

PC-Besitzer finden dazu unter der oben angegebenen Netzadresse eine ausführliche *Beschreibung* von mehreren *konkreten Java-Ausführern* (in der Datei `Kap27-Ausfuehrer.pdf`, die man z. B. mit dem kostenlosen Programm `Acrobat Reader` lesen kann). Die beschriebenen Ausführer stehen kostenlos im Internet zur Verfügung und können unter Linux oder Windows installiert werden. In der Beschreibung findet man zu jedem der Ausführer folgende Informationen:

1. Eine Netzadresse, von der man die benötigten Dateien herunterladen kann.
2. Hinweise zur Installation des Ausführers.
3. Hinweise zur Benutzung des Ausführers.

Diese Netzadressen und Hinweise wurden nicht in dieses Buch integriert, weil sie vermutlich häufiger auf den neusten Stand gebracht werden müssen als der Text des Buches.

Wenn Sie *einen* Ausführer eine Zeit lang benutzt haben und gut kennen, kann es günstig sein, sich weitere anzusehen, da fast jeder Ausführer relativ zu den anderen bestimmte Vor- und Nachteile hat (bei einem ist das Übergeben eines Programms einfacher, bei anderen sind bestimmte Fehlermeldungen leichter zu verstehen etc.).

Anmerkung: Auch Mac-Besitzer können sich kostenlose Java-Ausführer aus dem Internet holen. Allerdings gibt es für sie zur Zeit (Anfang 2002) noch keinen Ausführer, der die neue Java-Version 5.0 beherrscht. Ansonsten ist das Installieren und Benutzen von Programmen auf dem Mac so einfach, dass hier spezielle Hinweise zu diesen Themen überflüssig sind ;-).

In der ausführlichen Beschreibung der konkreten Java-Ausführer werden mehrere sehr unterschiedliche Systeme beschrieben. Hier sollen die grundsätzlichen „strukturellen Unterschiede" zwischen diesen Ausführern kurz erläutert werden.

Die Dateien, in die ein Programmierer seine Programme schreibt, bezeichnet man als *Quelldateien.* Java-Quelldateien müssen in aller Regel Namen mit der Erweiterung `.java` haben (z.B. `Hallo01.java`).

Unter einer *Plattform* versteht man eine Kombination aus einer bestimmten *Hardware* und einem *Betriebssystem,* z. B. einen PC unter Linux oder einen PC unter Windows oder einen Mac unter OS X oder einen Mac unter Linux etc. Jeder maschinelle Java-Ausführer besteht aus einer *Plattform* und bestimmten *Programmen,* die auf dieser Plattform ausgeführt werden können. Im Folgenden werden nur die wichtigsten Programme der verschiedenen Ausführer erwähnt.

Die einfachsten Java-Ausführer bestehen im Prinzip nur aus einer Plattform und einem *Quellcode-Interpreter.* Ein solcher Quellcode-Interpreter liest Quelldateien ein und führt sie direkt aus. Das Programm `BeanShell` ist ein solcher Ausführer und kann auf verschiedenen Plattformen ausgeführt werden (siehe die Beschreibung der konkreten Java-Ausführer in der Datei `Kap27Ausfuehrer.pdf`).

Andere Java-Ausführer bestehen aus einer Plattform und einem *nativen Compiler*. Ein nativer Compiler liest Quelldateien ein und übersetzt sie in Dateien, die von der betreffende Plattform ausgeführt werden können (unter Windows sind das die so genannten `exe`-Dateien). Das Programm `gcj` (Gnu Compiler for Java) kann unter anderem als ein solcher nativer Compiler benutzt werden und steht in Varianten für Linux und für Windows zur Verfügung (siehe die ausführliche Beschreibung der konkreten Java-Ausführer in der Datei `Kap27Ausfuehrer.pdf`).

Besonders weit verbreitet sind Java-Ausführer, die aus einer Plattform und *zwei* Programmen bestehen, einem Compiler und einem Bytecode-Interpreter. Der Compiler liest Quelldateien ein und übersetzt sie in Bytecodedateien. Der Bytecode-Interpreter liest Bytecodedateien ein und führt sie aus. Das Programmpaar (`javac`, `java`) der Firma Sun ist ein solcher Ausführer. Dabei ist `javac` der Compiler und `java` der Bytecode-Interpreter. Von diesen Programmen gibt es Varianten für verschiedene Plattformen. Das Programmpaar (`gcj`, `gij`) (Gnu Compiler for Java, Gnu Interpreter for Java) ist ebenfalls ein solcher Ausführer und steht in Varianten für Linux und für Windows zur Verfügung (siehe die ausführliche Beschreibung der konkreten Java-Ausführer).

Anmerkung: Das Programm `gcj` kann wahlweise als nativer Compiler oder als Bytecode-erzeugender Compiler verwendet werden (siehe unten Beispiel-03 und Beispiel-04). Allerdings ist das Programm `gcj` zur Zeit (Anfang 2005) noch nicht auf die neue Java-Version 5.0 umgestellt.

Zum Lernen einer Sprache ist ein Quellcode-Interpreter als Ausführer besonders gut geeignet, weil er am leichtesten zu bedienen und zu verstehen ist. Allerdings gibt es zur Zeit (Anfang 2005) nach Kenntnis des Autors noch keinen Quellcode-Interpreter für die neue Java-Version 5.0. Deshalb wird empfohlen, zuerst den Ausführer (`javac`, `java`) der Firma Sun zu installieren und zu benutzen (siehe die ausführliche Beschreibung der konkreten Java-Ausführer).

Um die Beschreibung der verschiedenen Java-Ausführer etwas konkreter zu machen, wird in den folgenden Beispielen gezeigt, wie man eine Quelldatei namens `Hallo01.java` verschiedenen Ausführern übergeben und von ihnen ausführen lassen kann. Die Beispiele setzen voraus, dass die betreffenden Ausführer ordnungsgemäß installiert wurden (z. B. anhand der ausführlichen Beschreibung der konkreten Ausführer in der oben erwähnten Datei `Kap27Ausfuehrer.pdf`).

Beispiel-01: Mit dem Ausführer (`javac`, `java`) der Firma Sun

Mit dem folgenden Kommando übergibt der Programmierer dem Ausführer die Quelldatei `Hallo01.java`:

```
> javac Hallo01.java
```

Wenn daraufhin keine Fehlermeldung ausgegeben wird, hat der Ausführer das Programm akzeptiert und in eine Bytecodedatei namens `Hallo01.class` übersetzt.

Mit dem folgenden Kommando befiehlt der Benutzer dem Ausführer, das Programm `Hallo01` (in der Datei `Hallo01.class`) auszuführen:

```
> java Hallo01
```

Falls der Benutzer in diesem Kommando anstelle von `Hallo01` fälschlich den Programmnamen `Hallo01.class` angibt, sucht der Ausführer nach einer Datei namens `Hallo01.class.class`, findet sie wahrscheinlich nicht und gibt eine entsprechende Fehlermeldung aus.

Beispiel-02: Mit dem Quellcode-Interpreter `BeanShell.jar`

In diesem Beispiel setzen wir voraus, dass eine Java-Laufzeit-Umgebung (java runtime environment, `jre`) der Firma Sun installiert und der absolute Pfadname der Datei `BeanShell.jar` in die Umgebungsvariable `CLASSPATH` eingetragen wurde (dies gilt gleichermaßen für Linux und Windows). Zur Java-Laufzeit-Umgebung von Sun gehört unter anderem der Bytecode-Interpreter `java`. Mit dem folgenden Kommando startet man dem Quellcode-Interpreter `BeanShell.jar`, übergibt ihm die Quelldatei `Hallo01.java` und fordert ihn gleichzeitig auf, das Programm darin auszuführen:

```
> java -jar bsh.Interpreter Hallo01.java
```

Der Ausführer prüft daraufhin die Quelldatei (allerdings nicht ganz so gründlich wie z. B. der Compiler `javac` von Sun), lehnt sie ab und gibt Fehlermeldungen aus, oder akzeptiert sie und führt sie direkt aus.

Beispiel-03: Mit dem nativen Compiler `gcj`

Mit dem folgenden Kommando übergibt der Programmierer dem Ausführer die Quelldatei `Hallo01.java`:

```
> gcj -o Hallo01.exe -Wa,-W --main=Hallo01 Hallo01.java
```

Wenn daraufhin keine Fehlermeldungen ausgegeben werden, hat der Ausführer das Programm akzeptiert und in eine ausführbare Datei namens `Hallo01.exe` übersetzt.

Mit der Option -o Hallo01.exe legt man den Namen der ausführbaren Datei fest. Unter Linux könnte man diese Datei auch einfach Hallo01 nennen, aber hier wird empfohlen, sie auch unter Linux wie unter Windows Hallo01.exe zu nennen (damit man alle ausführbaren Dateien in einem Verzeichnis mit *einem* Kommando wie rm *.exe löschen kann). Mit der Option -Wa,-W unterdrückt man bestimmte überflüssige Warnungen („weiche Fehlermeldungen") des Ausführers. Mit der Option --main=Hallo01.java legt man die Hauptklasse des Programms fest (d. h. die Klasse, deren main-Methode ausgeführt werden soll).

Mit dem folgenden Kommando befiehlt der Benutzer dem Ausführer, die Datei Hallo01.exe auszuführen:

```
> Hallo01.exe
```

Die Kommandos wurden hier so angegeben, dass man sie sowohl unter Linux als auch unter Windows eingeben kann. Unter Windows könnte man im zweiten Kommando anstelle von Hallo01.exe auch einfach Hallo01 angeben. Unter Linux muss man den vollständigen Namen der ausführbaren Datei angeben.

Beispiel-04: Mit dem Ausführer (gcj, gij) von Gnu

Mit dem folgenden Kommando übergibt der Programmierer dem Ausführer die Quelldatei Hallo01.java:

```
> gcj -C Hallo01.java
```

Wenn daraufhin keine Fehlermeldung ausgegeben wird, hat der Ausführer das Programm akzeptiert und (wegen der Option -C wie class) in eine Bytecodedatei namens Hallo01.class übersetzt.

Mit dem folgenden Kommando befiehlt der Benutzer dem Ausführer, das Programm Hallo01 (in der Datei Hallo01.class) auszuführen:

```
> gij Hallo01
```

Falls der Benutzer in diesem Kommando anstelle von Hallo01 fälschlich den Programmnamen Hallo01.class angibt, sucht der Ausführer nach einer Datei namens Hallo01.class.class, findet sie wahrscheinlich nicht und gibt eine entsprechende Fehlermeldung aus.

1.4 Die vier wichtigsten Grundkonzepte von Programmiersprachen

Die Sprache Java enthält viele und zum Teil ziemlich komplizierte Befehle. Andererseits beruht Java auf wenigen relativ einfachen Grundideen oder *Grundkonzepten*. Wenn man diese einfachen Grundkonzepte verstanden hat, kann man die komplizierten Befehle leichter verstehen und anwenden. Deshalb werden in diesem Abschnitt die vier wichtigsten Grundkonzepte erläutert, auf denen Java (und die meisten anderen Programmiersprachen) beruhen.

1.4.1 Das Konzept einer beliebig oft veränderbaren Variablen

In der Mathematik verwendet man schon sehr lange *Variablen*, und die meisten Programme arbeiten mit *Variablen*. Dabei handelt es sich allerdings um ziemlich unterschiedliche Gebilde.

Wenn ein Abschnitt eines Mathematikbuches mit dem Satz beginnt: „Für alle natürlichen Zahlen n gilt ..." dann darf der Leser („in seinen Gedanken") eine beliebige natürliche Zahl auswählen und der Variablen n zuordnen. Während er dann den Rest des Abschnitts liest, darf er diesen Wert aber nicht mehr verändern. Die Variable n ist ein Name für eine *beliebige*, aber dann *feste*, ganze Zahl. Mitten in einem mathematischen Beweis oder einer Argumentation werden die Werte der vorher eingeführten Variablen grundsätzlich *nicht verändert*.

Eine Variable in einem Java-Programm ist dagegen ein *Behälter für Werte*. Der Inhalt eines solchen Behälters kann *beliebig oft verändert* werden, auch während einer Berechnung.

Der Unterschied zwischen einer mathematischen Variablen (deren Wert einmal festgelegt und dann nicht mehr geändert wird) und einem Wertebehälter (dessen Inhalt beliebig oft verändert werden kann) mag auf den ersten Blick gering erscheinen. Die Bedeutung dieses Unterschieds kann aber kaum überschätzt werden. Die besonderen Vor- und Nachteile von Wertebehältern werden uns in verschiedenen Abschnitten dieses Buches beschäftigen.

> **Def.:** Eine *Variable* ist ein Behälter für Werte (ein Wertebehälter), dessen Wert der Ausführer jederzeit und beliebig oft durch einen anderen Wert ersetzen kann.

Anmerkung: Fast alle weit verbreiteten Programmiersprachen beruhen auf dem Konzept veränderbarer Variablen und werden auch als *prozedurale Sprachen* bezeichnet. *Funktionale Sprachen* beruhen dagegen auf dem Konzept von unveränderbaren („mathematischen") Variablen. SQL (Structured Query Language) und XSLT (Extensible Stylesheet Laguage for Transformations) sind zwei der wenigen funktionalen Sprachen, die in der Praxis eine gewisse Verbreitung gefunden haben, Lisp (List Processing Language) ist eine der ältesten funktionalen Sprachen. Die relativ geringe Verbreitung von funktionalen Sprachen sollte man nicht ungeprüft als Beweis ihrer Minderwertigkeit ansehen.

Variablen in einem prozeduralen Programm (z. B. in einem Java-Programm) unterscheiden sich durch folgende Eigenschaften von *gewöhnlichen Behältern*:

Var-Eigenschaft 1: Eine Variable enthält immer *genau einen Wert* (d. h. sie kann weder *leer* sein noch *mehr als einen* Wert enthalten).

Var-Eigenschaft 2: Wenn man einer Variablen einen Wert zuweist (d. h. einen neuen Wert in die Variable hineinpackt), wird dadurch der alte Wert *zerstört*.

Wie gut, dass z. B. Hutschachteln keine Variablen sind.

Es ist sinnvoll, außer Variablen auch bestimmte *Ein-/Ausgabegeräte* als Wertebehälter aufzufassen, z. B. Konsolen, Drucker, Tastaturen, und Festplatten etc. In eine Konsole oder einen Drucker kann man Werte nur hineintun (die Werte erscheinen dann in der Konsole bzw. auf dem Papier), aus einer Tastatur kann man von einem Programm aus Werte nur herausholen (nachdem der Benutzer die Werte zuvor durch das Drücken von Tasten in den Wertebehälter Tastatur hineingetan hat), in eine Datei auf einer Festplatte kann man Werte hineinschreiben und sie später wieder aus der Datei herauslesen etc.

> **Def.**: Ein **Wertebehälter** ist entweder eine *Variable* oder ein *Ein-/Ausgabegerät*.

1.4.2 Das Konzept eines Typs

Mit Hilfe von Programmen werden *verschiedene Arten* von Werten verarbeitet. Für bestimmte Werte sind nur bestimmte *Operationen* sinnvoll: Auf *Zahlen-Werte* wie z. B. 17 und -35 kann man *Rechenoperationen* (+, -, *, /, etc.) anwenden. Die *Wahrheitswerte* (logischen Werte, boolean values) *true* und *false* kann man *logisch verknüpfen* (mit der und-Verknüpfung, der oder-Verknüpfung, der nicht-

Verknüpfung und anderen logischen Verknüpfungen), *Zeichenketten-Werte* wie z.
B. "Hallo" und "Sarah" kann man *konkatenieren* („aneinanderhängen") etc. Auf
Wahrheitswerte kann man (normalerweise) *keine* Rechenoperationen anwenden,
Zeichenketten-Werte kann man (normalerweise) *nicht* logisch verknüpfen etc.

Einer *ungetypten Variablen* kann man *jeden* Wert zuweisen und man kann *jede*
Operation darauf anwenden. Damit sind viele *Flüchtigkeitsfehler* möglich, z. B.
die versehentliche   Addition zweier Wahrheitswerte oder die Konkatenation
zweier Zahlen oder die Multiplikation einer Zeichenkette mit einem Wahrheitswert
etc.

Bei einer *getypten Variablen* legt der *Typ* fest, welche *Werte* man der Variablen
zuweisen darf (z. B. nur Zahlen-Werte oder nur Wahrheitswerte etc.) und welche
Operationen man auf die Variable anwenden darf (z. B. nur Rechenoperationen
oder nur logische Verknüpfungen etc.). Damit können viele Flüchtigkeitsfehler des
Programmierers vom Ausführer *automatisch* und zuverlässig *erkannt* (und dann
vom Programmierer beseitigt) werden.

Das Konzept eines *Typs* ist so grundlegend und wichtig, dass es *mehrere* Definitionen dafür gibt (die sich nicht widersprechen, sondern eher ergänzen). Es folgen
zwei dieser Definitionen:

> **Def.**: Ein *Typ* ist ein *Bauplan* für *Variablen*.

> **Def.**: Ein *Typ* besteht aus einer Menge von *Werten* und einer Menge von
> *Befehlen*, die man auf diese Werte anwenden darf.

Praktisch alle höheren Programmiersprachen enthalten eine Reihe von *vordefinierten Typen*, bei denen die Werte und Befehle von vornherein festgelegt sind. Viele
moderne Sprachen bieten dem Programmierer zusätzlich die Möglichkeit, *eigene
Typen* zu erfinden und deren Werte und Befehle selbst festzulegen. Die Einzelheiten solcher Typensysteme sind von Sprache zu Sprache sehr unterschiedlich. Mit
allen Typensystemen verfolgt man aber im Grunde das gleiche Ziel: Das Erkennen
bestimmter *Flüchtigkeitsfehler* des Programmierers zu *vereinfachen* und zu *verbil-
ligen*. Sehr maschinennahe Sprachen (Assembler-Sprachen) sind auch heute meist
noch *ungetypt*. Unter anderem deshalb ist das Entwickeln von Assemblerprogram-
men besonders teuer.

1.4.3 Das Konzept eines Unterprogramms

Wenn der Programmierer möchte, dass der Ausführer an mehreren Stellen eines Programms eine bestimmte *Folge von Befehlen* ausführt, dann kann er diese Befehlsfolge an jede dieser Programmstellen schreiben (oder mit einem Editor dorthin kopieren).

Praktisch alle Programmiersprachen erlauben aber noch eine andere, deutlich bessere Lösung: Der Programmierer kann die Folge von Befehlen zu einem *Unterprogramm* zusammenfassen und mit einem *Namen* versehen. Der Name des Unterprogramms wird dadurch automatisch zu einem neuen Befehl und ist gleichbedeutend mit der Folge von Befehlen, die unter ihm zusammengefasst wurden.

Als Beispiel sollen ein paar `println`-Befehle zu einem Unterprogramm zusammengefasst werden. Solche Befehle wurden schon im Beispielprogramm `Hallo01` verwendet. Zur Erinnerung: Mit dem Java-Befehl

```
1   System.out.println("Hallo!");
```

befiehlt man dem Ausführer, 1. den String `"Hallo!"` zur Konsole auszugeben (und zwar genau an die Stelle, an der der Cursor der Konsole gerade steht) und 2. anschließend den Cursor zum Beginn der nächsten Zeile vorzurücken. Statt `"Hallo!"` kann der Programmierer ein beliebiges *String-Literal* (einen in doppelte Anführungszeichen eingeschlossenen Text) angeben. Das Wort `println` liest man als `print line` (und mit `line` ist das Vorrücken des Cursors zum Beginn der nächsten Zeile gemeint).

Im folgenden Beispielprogramm wird eine Folge von 3 `println`-Befehlen zu einem Unterprogramm namens `druckeWillkommen` zusammengefasst. Dem Ausführer wird befohlen, dieses Unterprogramm viermal auszuführen:

```
2   // Datei Hallo02.java
3   class Hallo02 {
4       static void druckeWillkommen() {
5           System.out.println("********************");
6           System.out.println("*    Willkommen!   *");
7           System.out.println("********************");
8       } // druckeWillkommen
9
10      static public void main(String[] sonja) {
11          System.out.println("Johanna!");
12          druckeWillkommen();
13          System.out.println("Benjamin!");
14          druckeWillkommen();
15          System.out.println("Ihr alle!");
```

```
16         druckeWillkommen();
17         druckeWillkommen();
18   } // main
19 } // class Hallo02
20 /* ----------------------------------------------------------------
21 Ausgabe des Programms Hallo02:
22
23 Johanna!
24 ******************
25 *   Willkommen!   *
26 ******************
27 Benjamin!
28 ******************
29 *   Willkommen!   *
30 ******************
31 Ihr alle!
32 ******************
33 *   Willkommen!   *
34 ******************
35 ******************
36 *   Willkommen!   *
37 ******************
38 ---------------------------------------------------------------- */
```

In den Zeilen 4 bis 8 wird das Unterprogramm druckeWillkommen einmal *vereinbart* (oder: definiert). In den Zeilen 12, 14, 16 und 17 wird das Unterprogramm viermal *aufgerufen*.

Eine schließende geschweifte Klammer } kann in Java eine *Klasse* beenden oder ein *Unterprogramm* oder eines von vielen anderen Konstrukten. Bei großen Programmen kann es für die Kollegen deshalb hilfreich sein, wenn man solche schließenden Klammern mit einem *Kommentar* versieht, aus dem hervorgeht, *was* für ein Konstrukt beendet wird (siehe Zeile 8, 18 und 19).

Die Zeilen 20 bis 38 enthalten einen so genannten *Schrägstrich-Stern-Kommentar*, der mit den Zeichen /* beginnt und durch */ beendet wird. *Ein* solcher Kommentar kann sich über beliebig *viele* Zeilen erstrecken (man kann aber auch *mehrere* davon auf *eine* Zeile schreiben). Die vielen Minuszeichen gehören hier mit zum Kommentar und könnten auch weggelassen oder durch andere Zeichen ersetzt werden.

Unterprogramme können folgende *Vorteile* haben:

1. Wenn der Programmierer einem Unterprogramm einen guten, „sprechenden" *Namen* gibt, können die Kollegen daran erkennen, warum das Unterprogramm geschrieben wurde und *was es leisten soll.*

2. Weil die Befehlsfolge nur *einmal* im Programm steht, werden *Wartungsarbeiten* vereinfacht. Der Warter muss nur das *eine* Unterprogramm bearbeiten, statt *alle Kopien* einer bestimmten Befehlsfolge zu suchen und auf exakt die gleiche Weise zu verändern (was in der Praxis schon häufig schief gegangen ist).

3. Beim *Lesen* eines Programms erkennt man leicht, an welchen Stellen jeweils das selbe Unterprogramm aufgerufen wird. Stünden an diesen Stellen Kopien der betreffenden Befehlsfolge, so wäre das viel schwerer zu erkennen.

Schon in *FORTRAN* (der ältesten höheren Programmiersprache, deren Entwicklung Ende der 1950er Jahre begann) gab es Unterprogramme, und die Unterprogramme in jüngeren Sprachen (z. B. in Java) haben noch sehr viel Ähnlichkeiten mit diesen „Urformen".

1.4.4 Das Konzept eines Moduls

Unterprogramme sind auch heute noch ein sehr wichtiges Mittel, um Programme übersichtlich zu *strukturieren*, aber bei sehr großen Programmen reichen sie alleine nicht aus. Vor allem zwei Erfahrungen haben die Entwicklung eines weiteren Konzepts zum Strukturieren großer Programme motiviert:

Erfahrung 1: Häufig bilden Unterprogramme so etwas wie *Gruppen*. Die Unterprogramme einer Gruppe haben relativ *viel* miteinander zu tun und relativ *wenig* mit den Unterprogrammen anderer Gruppen. Z. B. dienen die Unterprogramme einer Gruppe dazu, bestimmte *Berechnungen* durchzuführen, und die Unterprogramme einer anderen Gruppe sorgen für die übersichtliche *Ausgabe* der Ergebnisse. Der Programmierer sollte die Möglichkeit haben, seinen Kollegen und dem Ausführer diese Gruppen deutlich zu machen.

Erfahrung 2: Wenn ein Programm aus n Teilen besteht, die sich alle gegenseitig beeinflussen und somit auch *stören* können, dann gibt es ungefähr n^2 viele Möglichkeiten von Störungen. Vergrößert man die Teilezahl n um den Faktor 2 so wächst die Anzahl der möglichen Störungen um den Faktor 4. Daraus ergibt sich ein starkes Interesse an Konstrukten, mit denen man zuverlässig *verhindern* kann, dass zwei Teile eines Programms sich gegenseitig beeinflussen (und somit auch stören) können.

Solche und ähnliche Erfahrungen haben zur Entwicklung von *Modulen* geführt.

> **Def.:** Ein *Modul* ist ein *Behälter* für *Variablen* und *Unterprogramme*, der aus *zwei Teilen* besteht: Einem *geschützten* (privaten) und einem *ungeschützten* (öffentlichen) Teil. Von Stellen außerhalb des Moduls kann man nur auf die Variablen und Unterprogramme im *ungeschützten* (öffentlichen) Teil, aber *nicht* auf die Variablen und Unterprogramme im *geschützten* (privaten) Teil des Moduls zugreifen.

Die Variablen und Unterprogramme in einem Modul bezeichnen wir hier zusammenfassend auch als die *Elemente* des Moduls.

Die *Schnittstelle* eines Moduls besteht aus allen Elementen, auf die man *von außerhalb zugreifen* kann. Das sind die Elemente im *öffentlichen* (ungeschützten) Teil des Moduls.

Eine Menge von (inhaltlich zusammengehörigen) Elementen kann man also zu einem Modul *zusammenfassen*. Der Sinn des *geschützten* und *ungeschützten* Teils soll anhand eines Beispiels deutlich gemacht werden:

Angenommen, ein Programm besteht aus *50 Modulen*. Im Modul M47 haben wir eine Variable k23 definiert, von der wir wissen, dass sie eigentlich nur *positive* Zahlen enthalten darf (weil es sich dabei z. B. um den Stand unseres eigenen Bankkontos handelt :-). Angenommen, beim Testen des Programms stellen wir fest, dass die Variable k23 manchmal einen *negativen* Wert enthält. Irgendwo im Programm muss es also einen Befehl geben, der der Variablen k23 diesen unzulässigen Wert zuweist.

Wenn wir die Variable im *ungeschützten* Teil des Moduls M47 definiert haben, müssen wir den falschen Befehl in *allen 50 Modulen* des Programms suchen. Wenn wir die Variable dagegen im *geschützten* Teil des Moduls definiert haben, dann brauchen wir den Fehler nur im „Heimatmodul der Variablen" (im Modul M47) zu suchen, denn Befehle in anderen Modulen *können nicht* auf den geschützten Teil von M47 zugreifen.

Indem man ein großes Programm aus Modulen aufbaut, kann man die Suche nach Fehlern vereinfachen und das Programm übersichtlicher strukturieren.

Die obige Definition des Modul-Begriffs ist sehr stark vereinfacht. In vielen Sprachen gilt zusätzlich noch Folgendes:

Ein Modul kann nicht nur *Variablen* und *Unterprogramme* als Elemente enthalten, sondern auch noch weitere Größen, z. B. *Typen* (die der Programmierer vereinbart hat) und weitere *Module* (d. h. Module können *geschachtelt* werden).

Es gibt Module, die nicht nur aus *zwei* Teilen bestehen, sondern z. B. aus *vier* Teilen: Einem *ganz privaten* (geschützten) Teil, einem *halb-privaten* Teil, einem *halb-öffentlichen* Teil und einem *ganz öffentlichen* (ungeschützten) Teil. Java-Klassen sind (unter anderem) solche „viergeteilte" Module.

Die Programmiersprachen *Modula* (siehe [Wirth1977] und *Ada* (siehe [Ada1980]) haben entscheidend zur Verbreitung des Modulkonzepts beigetragen.

1.4.5 Das Konzept einer Klasse

Das Konzept einer *Klasse* ist relativ *kompliziert*. Andererseits besteht schon das einfachste Java-Programm aus Klassen. Es folgt eine *vorläufige* und offensichtlich *unvollständige* Definition:

> **Def.**: Eine *Klasse* ist ein *Modul* und ... .

In den folgenden Kapiteln werden wir Klassen zunächst nur als *Module* verwenden. Das ist etwa so, als wenn man ein Auto nur als Gartenlaube nutzt und seinen Motor und die Räder außer Acht lässt. Im Kapitel 9 beginnt dann die genauere Behandlung des Klassenkonzepts (die erste „Probefahrt" mit einer kleinen Klasse, die mehr ist als eine Gartenlaube).

1.5 Drei Arten von Befehlen

Die Sprache Java enthält *viele* und zum Teil ziemlich *komplizierte* Befehle. Glücklicherweise kann man all diese Befehle sinnvoll in *drei* Gruppen oder *Arten* einteilen. Die Befehle einer Art haben vieles gemeinsam und unterscheiden sich ganz wesentlich von den Befehlen der anderen beiden Arten. Wenn man von einem neuen Befehl nur weiß, zu welcher *Art* er gehört, dann weiß man schon eine ganze Menge über ihn und kann ihn leichter einordnen und lernen.

Jeder Befehl des Programmierers an den Ausführer ist entweder
eine *Vereinbarung* (engl. a declaration) oder
ein *Ausdruck* (engl. an expression) oder
eine *Anweisung* (engl. a statement).

Indem man die Befehle einer Programmiersprache in die eigene Muttersprache übersetzt, kann man sich ihre Bedeutung besonders eindrücklich klarmachen. Wie man einen Befehl übersetzen sollte, hängt vor allem von seiner Art ab. In den folgenden Abschnitten werden konkrete Beispiele für alle drei Befehlsarten (Vereinbarungen, Ausdrücke und Anweisungen) vorgestellt und ins Deutsche übersetzt.

1.5.1 Vereinbarungen (declarations)

Mit einer *Vereinbarung* befiehlt der Programmierer dem Ausführer, etwas zu *erzeugen*, z. B. eine Variable, ein Unterprogramm, eine Klasse oder eine andere Größe.

Es folgen ein paar Beispiel für Vereinbarungen und ihre Übersetzungen ins Deutsche:

Beispiel-01: Vereinbarung einer *Variablen*:

```
1    int otto = -17;
```

Übersetzung: Erzeuge eine Variable namens `otto` vom Typ `int` und gib ihr den Anfangswert `-17`.

Dabei ist `int` ein vordefinierter Typ („Bauplan für Variablen") der Sprache Java. Er legt fest, dass `otto` jeweils nur eine *Ganzzahl* enthalten kann (keine Bruchzahl, keine Zeichenkette, keinen Wahrheitswert etc.) und dass diese Ganzzahl (ungefähr) zwischen *-2 Milliarden* und *+2 Milliarden* liegen muss. Die genauen Grenzen des Typs `int` findet man im Abschnitt 5.1.

Beispiel-02: Vereinbarung einer *Variablen*:

```
2    char anna = 'A';
```

Übersetzung: Erzeuge eine Variable namens `anna` vom Typ `char` und gib ihr den Anfangswert `'A'`.

Beispiel-03: Vereinbarung einer unveränderbaren Variablen

```
3    final int fanny = 12;
```

Übersetzung: Erzeuge eine *unveränderbare Variable* namens `fanny` vom Typ `int` und gib ihr den (endgültigen, „finalen", unveränderbaren) Wert `12`.

Die folgenden Beispiele enthalten einige Vorgriffe auf spätere Abschnitte. Es empfiehlt sich, sie „locker zu überlesen".

Beispiel-04: Vereinbarung eines *Unterprogramms*:

```
4    static void druckeHallo() {
5        System.out.println("Hallo!");
6        System.out.println("------");
7    } // druckeHallo
```

Übersetzung: Erzeuge ein Unterprogramm namens `druckeHallo` mit dem Rückgabetyp `void` und 0 Parametern, dessen Rumpf aus folgenden Befehlen besteht:
1. Berechne den Wert des Ausdrucks `"Hallo!"` und wende das Unterprogramm `System.out.println` darauf an.
2. Berechne den Wert des Ausdrucks `"------"` und wende das Unterprogramm `System.out.println` darauf an.

Diese Übersetzungen ins Deutsche sind möglicherweise schwer oder gar nicht zu verstehen. Sie werden im folgenden Abschnitt ein bisschen erläutert und im Kapitel 6 über Ausdrücke systematisch behandelt. Die folgenden Andeutungen sollen als „Notpflaster" bis dahin weiterhelfen: Der Wert des Ausdrucks `"Hallo!"` ist die Zeichenkette `Hallo!` (ohne Anführungszeichen). Den Wert des Ausdrucks `"Hallo!"` zu berechnen ist also besonders einfach (und weil man das am Anfang möglicherweise kaum glauben mag, ist es besonders schwierig). Für den Ausdruck `"------"` gilt ganz Entsprechendes (sein Wert ist die Zeichenkette `------`). Die Begriffe *Rückgabetyp* und *Parameter* werden im Kapitel 8 über *Unterprogramme* erklärt.

Beispiel-05: Vereinbarung einer *Klasse* (nur angedeutet):

```
8    class Claudia {
9        ...
10   } // class Claudia
```

Übersetzung: Erzeuge eine *Klasse* namens `Claudia`, die die folgenden Elemente enthält:
... (hier müsste die Übersetzung der Auslassung „..." in Zeile 9 folgen)

Man beachte: Der Programmierer *vereinbart* Variablen, Unterprogramme und Klassen; der Ausführer hingegen *erzeugt* Variablen, Unterprogramme und Klassen (wenn er die Vereinbarungen des Programmierers ausführt). *Werte* (die Inhalte von Variablen) kann man nicht *vereinbaren*, sie werden vom Ausführer *berechnet*.

Im Beispielprogramm `Vereinbarungen01` (in der im Abschnitt 1.3 beschriebenen Sammlung) findet man einige der Vereinbarungen aus diesem Abschnitt als

Teil eines vollständigen Programms. Außerdem soll schon mit diesem Beispielprogramm der wichtige Unterschied zwischen *der* (einen) *Vereinbarung* eines Unterprogramms und *den* (möglicherweise zahlreichen) *Aufrufen* des Unterprogramms deutlich gemacht werden.

1.5.2 Ausdrücke (expressions)

Mit einem *Ausdruck* befiehlt der Programmierer dem Ausführer einen *Wert* zu *berechnen*.

Ausdrücke haben große Ähnlichkeit mit *mathematischen Formeln.*

Es gibt zwei besonders einfache *Extremfälle* von Ausdrücken: *Namen* und *Literale.* Der *Name einer Variablen* ist ein Ausdruck. Den Wert eines solchen Ausdrucks „berechnet" der Ausführer, indem er nachschaut, welchen Wert die Variable gerade enthält. Auch ein *Literal* wie `165` oder `0xA5` oder `'A'` oder `0.1` ist ein Ausdruck, dessen Wert der Ausführer berechnen kann (das Literal `165` hat den Wert *165*, das Literal `0xA5` hat ebenfalls den Wert *165*, das Literal `'A'` hat den Wert *65* und das Literal `0.1` hat *nicht* etwa den Wert *0.1* sondern einen etwas größeren Wert (siehe unten Beispiel-06).

Die Übersetzung eines Ausdrucks ins Deutsche besteht immer aus den Worten *„Berechne den Wert des Ausdrucks ..."* gefolgt von dem Ausdruck selbst. Es folgen ein paar Beispiel für Ausdrücke und ihre Übersetzungen:

Beispiel-01: Ein Ausdruck vom Typ int:

```
1   otto + 3
```

Übersetzung: Berechne den Wert des Ausdrucks `otto + 3`.

Beispiel-02: Ein Ausdruck vom Typ int:

```
2   (otto + 98) / (otto * 10) - 1
```

Übersetzung: Berechne den Wert des Ausdrucks
`(otto + 98) / (otto * 10) - 1`.

Beispiel-03: Ein Ausdruck vom Typ boolean:

```
3   otto < 3
```

Übersetzung: Berechne den Wert des Ausdrucks `otto < 3`.

Das Ergebnis dieser Berechnung ist entweder der Wert *true* oder der Wert *false*, je nach dem momentanen Inhalt der Variablen `otto`.

Beispiel-04: Ein Ausdruck vom Typ int:

```
4    otto
```

Übersetzung: Berechne den Wert des Ausdrucks `otto`.

Das Ergebnis dieser Berechnung ist der momentane Wert (oder: Inhalt) der Variablen `otto`.

Beispiel-05: Ein Ausdruck vom Typ int:

```
5    165
```

Übersetzung: Berechne den Wert des Ausdrucks `165`.
Das Ergebnis dieser Berechnung ist der Wert *165*.

Beispiel-06: Ein Ausdruck vom Typ double:

```
6    0.1
```

Übersetzung: Berechne den Wert des Ausdrucks `0.1`!

Das Ergebnis dieser Berechnung ist nicht etwa der Wert *0.1*, sondern der etwas größere Wert

0.1000000000000000055511151231257827021181583404541015625

Diese merkwürdige Tatsache wird im Kapitel 6 über Ausdrücke genauer erläutert.

Es ist wichtig zu verstehen, was ein Ausdruck *bewirkt*, nämlich dass ein *Wert berechnet* wird. Fast noch wichtiger ist es zu verstehen, was ein normaler Ausdruck *nicht bewirkt*, nämlich dass der *Inhalt* irgendeines *Wertebehälters verändert* wird.

Angenommen, die `int`-Variable `otto` enthält momentan den Wert *17* und der Ausführer berechnet den Wert des Ausdrucks `otto + 3`. Das Ergebnis dieser Berechnung ist *20*, aber die Variable `otto` hat *nach* der Berechnung noch genau denselben Wert wie *vorher* (nämlich *17*).

Von dieser einfachen Grundregel („*Nach* der Auswertung eines Ausdrucks hat jeder Wertebehälter den selben Inhalt wie *vor* der Auswertung") gibt es Ausnahmen: So genannte *Ausdrücke mit Seiteneffekt* bewirken nicht nur, dass ein Wert berechnet wird, sondern verändern „nebenbei" auch noch den Inhalt eines Wertebehälters (oder sogar die Inhalte *mehrerer* Wertebehälter).

Beispiel-07: Ein Ausdruck mit Seiteneffekt:

```
7    ++otto
```

Angenommen, die Variable otto enthält vor der Auswertung des Ausdrucks den Wert *17*. Dann hat dieser Ausdruck den Wert *18,* und als Seiteneffekt wird der Wert von otto auf *18* erhöht.

Beispiel-08: Ein Ausdruck mit Seiteneffekt:

```
8    otto++
```

Angenommen, die Variable otto enthält vor der Auswertung des Ausdrucks den Wert *17*. Dann hat dieser Ausdruck den Wert *17,* und als Seiteneffekt wird der Wert von otto auf *18* erhöht.

In bestimmten Zusammenhängen sind Ausdrücke mit Seiteneffekt ganz harmlos und häufig eleganter als alternative Befehle. Aber im Allgemeinen sind Ausdrücke mit Seiteneffekt mit bestimmten *Gefahren* verbunden und sollten deshalb mit *Vorsicht* eingesetzt werden.

Es folgt ein kleines Beispiel für einen Ausdruck mit Seiteneffekt, den man eher vermeiden sollte:

Beispiel-09: Ein Ausdruck mit Seiteneffekt:

Angenommen, die Variable otto hat momentan den Wert *3*. Welchen Wert hat dann der folgende Ausdruck:

```
9    otto++ * otto++
```

Der Stern * bezeichnet die Multiplikation. Als Wert dieses Ausdrucks könnte man unter anderem 9 vermuten, der Java-Ausführer ist jedoch (durch die Regeln der Sprache Java) verpflichtet, als Ergebnis 12 herauszubekommen.

Wichtiger Hinweis: In Java ist ein normaler *Ausdruck* (einer ohne Seiteneffekt) kein *selbstständiger* Befehl, sondern nur als Bestandteil einer *Vereinbarung* oder einer *Anweisung* erlaubt (oder als Teil eines größeren Ausdrucks). Wie man die Beispiel-Ausdrücke dieses Abschnitts in geeignete *Vereinbarungen* oder *Anweisungen* einbauen kann, wird im Beispielprogrammen Ausdruecke01 vorgeführt. Wie einfache Ausdrücke mit *Seiteneffekt* funktionieren wird im Beispielprogramm Ausdruecke02 gezeigt.

1.5.3 Anweisungen (statements)

Mit einer *Anweisung* befiehlt der Programmierer dem Ausführer, bestimmte *Werte* in bestimmte *Wertebehälter* zu legen.

Der Befehl, der am deutlichsten den Charakter einer Anweisung hat („die anweisungste aller Anweisungen") ist die *Zuweisungsanweisung* (oder kurz: die *Zuweisung*). Es folgen ein paar Beispiele aus einem Java-Programm:

Beispiel-01: Zwei Vereinbarungen und drei *Zuweisungen*:

```
1    int        otto  = 3;
2    int        emil  = 5;
3
4    otto = 15;
5    otto = emil + 2;
6    otto = otto * emil;
```

Die drei Zuweisungen in den Zeilen 4 bis 6 kann man etwa so ins Deutsche übersetzen:

Berechne den Wert des Ausdrucks `15` und lege ihn in den Wertebehälter `otto`.

Berechne den Wert des Ausdrucks `emil + 2` und lege ihn in den Wertebehälter `otto`.

Berechne den Wert des Ausdrucks `otto * emil` und lege ihn in den Wertebehälter `otto`.

Nach der Zuweisung in Zeile 5 hat die Variable `otto` den Wert `7` und bekommt somit durch die Zuweisung in Zeile 6 den Wert `35` zugewiesen.

Anmerkung: Die Befehle in den Zeilen 1 und 2 sehen täuschend ähnlich aus wie *Zuweisungen*, sind aber Variablen-*Vereinbarungen mit Initialisierungen.* In Java gibt es ein paar Regeln, die nur für solche *Initialisierungen* gelten, aber nicht für *Zuweisungen* (z. B. darf und muss man eine `final`-Variable *initialisieren*, aber man darf ihr keinen Wert *zuweisen*. Siehe dazu das Beispiel-03 im Abschnitt 1.4.1). Deshalb sollte man die beiden Konstrukte sorgfältig unterscheiden. Eine Variablen-*Vereinbarung* beginnt immer mit einem *Typnamen* (z. B. *int* oder *String* oder ...), eine *Zuweisung* dagegen immer mit einem *Variablennamen.*

Andere Anweisungen sind im Grunde genommen *spezielle Zuweisungen mit spezieller Notation.* Im folgenden Beispiel wird dem Wertebehälter *Konsole* der Wert *"Hallo Sarah!"* zugewiesen.

Beispiel-02: Eine Vereinbarung und eine *println-Anweisung*:

```
7    String name = "Sarah!";
8    System.out.println("Hallo " + name);
```

Es folgt eine Übersetzung der Zeile 8 ins Deutsche: Berechne den Wert des Ausdrucks `"Hallo " + name` und wende die Methode `System.out.println` darauf an.

Die Methode `System.out.println` schreibt daraufhin den String-Wert `"Hallo Sarah!"` in den Wertebehälter *Konsole* und ist somit eine Art spezielle *Zuweisung an die Konsole.*

Anmerkung: Genau genommen weist der Befehl `System.out.println` dem Wertebehälter *Standardausgabe* einen Wert zu, normalerweise aber ist die Standardausgabe identisch mit der *Konsole.*

Weitere Java-Anweisungen (z. B. `return`, `break`, `if`, `while` etc.) werden später behandelt.

Von der einfachen Grundregel „Jeder Befehl jeder Programmiersprache ist entweder eine *Vereinbarung* oder ein *Ausdruck* oder eine *Anweisung*" gibt es ein paar Ausnahmen. Der `package`-Befehl und der `import`-Befehl sind Java-Befehle, die sich nicht so einfach einer bestimmten Befehlsart zuordnen lassen. Trotzdem ist die einfache Grundregel nützlich, um in das Chaos „aller möglichen Befehle" eine leicht verstehbare Struktur und Ordnung zu bringen.

Lösung zur Aufgabe-01 im Abschnitt 1.3:

```
9    "Hallo Melanie, hast " +
10   "Du Jassamin irgendwo" +
11   " gesehen oder nicht?"
```

Die Blankzeichen (Leerzeichen, engl. spaces) hinter `hast` und vor `gesehen` sollten nicht fehlen.

2 Ein paar kleine Beispielprogramme

Dieses Kapitel soll den Leser dabei unterstützen, möglichst schnell eigene Java-Programme zu schreiben. Dazu werden ein paar Beispielprogramme vorgestellt, in denen besonders häufig benötigte Befehle vorkommen. Die Beispielprogramme sind als *Rezepte* gedacht, die man „nachkochen" und variieren kann und werden nur kurz und sehr *unvollständig erläutert*. Wenn die Erläuterungen in diesem Kapitel unverständlich sind hilft es manchmal, sich das entsprechende Beispielprogramm (in der im Abschnitt 1.3 beschriebenen Sammlung) anzusehen und auszuprobieren. In späteren Abschnitten werden die einzelnen Befehle dann systematischer und gründlicher behandelt.

2.1 Prozeduren mit Parametern

Unterprogramme, die innerhalb einer *Klasse* vereinbart wurden, bezeichnet man auch als *Methoden*. In Java muss man alle Unterprogramme innerhalb von Klassen vereinbaren, so dass alle Unterprogramme Methoden sind.

Allgemein unterscheidet man zwei Arten von Unterprogrammen (bzw. Methoden): *Prozeduren* und *Funktionen*. Funktionen dienen zum Berechnen eines Wertes (siehe den folgenden Abschnitt 2.2). Prozeduren dienen zum Verändern der Inhalte von Wertebehältern (z. B. zum Verändern von Variablen oder zum Ausgeben von Daten zur Konsole). Wenn man in Java eine Prozedur vereinbart, muss man unmittelbar vor ihrem Namen das Wort *void* („leer", „nichts") angeben. Es folgt eine Klasse, die vier Prozeduren enthält:

```
1   // Datei Hallo03.java
2
3   class Hallo03 {
4       // ------------------------------------------------------------
5       static void druckeProdukt(int n1, int n2) {
6           druckeStrich();
7           pln(n1 + " mal " + n2 + " ist gleich " + (n1 * n2));
8       } // druckeProdukt
9       // ------------------------------------------------------------
```

```
10      static void pln(Object ob) {
11          System.out.println(ob);
12      } // pln
13      // --------------------------------------------------------
14      static void druckeStrich() {
15          pln("****************************************");
16      } // druckeStrich
17      // --------------------------------------------------------
18      static public void main(String[] sonja) {
19          druckeProdukt(10, 15);
20          druckeProdukt(17+3, 4*10);
21          druckeStrich();
22      } // main
23      // --------------------------------------------------------
24 } // class Hallo03
25 /* ------------------------------------------------------------
26 Ausgabe des Programms Hallo03:
27
28 ****************************************
29 10 mal 15 ist gleich 150
30 ****************************************
31 20 mal 40 ist gleich 800
32 ****************************************
33 ------------------------------------------------------------ */
```

Die *Reihenfolge*, in der man *Methoden* innerhalb einer Klasse vereinbart, ist dem Ausführer gleichgültig. Aber den Kollegen kann eine geschickt gewählte Reihenfolge das Lesen des Programms manchmal erleichtern.

Die Prozedur `druckeProdukt` (vereinbart in Zeile 5 bis 8) hat zwei *formale Parameter* namens n1 und n2, beide vom Typ `int`. Jedes Mal, wenn man die Prozedur *aufruft* (siehe Zeile 19 und 20), muss man entsprechend zwei Ausdrücke vom Typ `int` als *aktuelle Parameter* angeben. Mit den Werten dieser Ausdrücke werden die Variablen (formalen Parameter) n1 und n2 initialisiert bevor die Prozedur ausgeführt wird.

Im Rumpf der Prozedur `druckeProdukt` (Zeile 6 bis 7) wird mehrmals auf die Variablen n1 und n2 zugegriffen (siehe Zeile 7). Die *Pluszeichen* in dieser Zeile bewirken, dass die Werte der `int`-Ausdrücke n1, n2 und (n1*n2) in *Strings* umgewandelt und dann mit den beiden Strings " mal " und " ist gleich " (in der oben angegeben Reihenfolge) zu einem Gesamtstring zusammengehängt (*konkateniert*) werden. Auf diesen Gesamtstring wird dann die Prozedur `pln` angewendet.

Die Prozedur `pln` (vereinbart in Zeile 10 bis 12) hat einen Parameter namens ob vom Typ `Object` und macht nichts weiter, als die Prozedur `System.out.-println` mit diesem Parameter aufzurufen. Somit hat ein Prozeduraufruf wie z. B.

pln("Hallo!") weitgehend die gleiche Wirkung wie der Prozeduraufruf Sys-
tem.out.println("Hallo!"), erfordert aber deutlich weniger Schreib- und
Lesearbeit. Sinn der Prozedurvereinbarung in Zeile 10 bis 12 ist es also, den Namen pln als eine Art *Abkürzung* für den etwas unhandlichen und im Programmtext
zu „lauten" Prozedurnamen System.out.println einzuführen.

Aufgerufen wird die Prozedur pln in der Prozedur druckeProdukt (siehe Zeile
7) und in der Prozedur druckeStrich (siehe Zeile 15).

Die Methode druckeStrich (vereinbart in Zeile 14 bis 16) ist eine parameterlose
Prozedur. Sie wird in der Prozedur druckeProdukt und in der Prozedur main
aufgerufen (siehe Zeile 6 bzw. 21).

Warum bisher jede Methodenvereinbarung mit static beginnt und warum man
main immer als public-Prozedur vereinbaren muss, wird erst später im Kapitel 9
über Klassen erläutert. Was es mit dem Parameter sonja auf sich hat, kann man
im Beispielprogramm Hallo12 erfahren. Bitte schreiben Sie in Ihren eigenen Programmen diese Programmstellen einfach aus einem der Hallo-Programme ab. Dabei können Sie sonja durch irgendeinen anderen Namen ersetzen (z. B. args
oder x123 oder karlotto oder ...). Ob Sie static public oder public
static schreiben ist dem Ausführer ebenfalls gleichgültig.

2.2 Funktionen mit Parametern

Unterprogramme, die dazu dienen einen *Wert zu berechnen*, bezeichnet man auch
als *Funktionen*. Wenn man in Java eine Funktion vereinbart, muss man unmittelbar
vor ihrem Namen ihren *Rückgabetyp* angeben (z. B. int oder String oder ...).
Die Funktion muss dann (jedes Mal wenn man sie aufruft) einen Wert dieses Typs
berechnen und mit dem return-Befehl an die Aufrufstelle *zurückgeben* (oder: *liefern*). Es folgt eine Klasse, die zwei Funktionen und zwei Prozeduren enthält:

```
1    // Datei Hallo04.java
2
3    class Hallo04 {
4        // -----------------------------------------------------------
5        static int hoch2(int basis2) {
6            return basis2 * basis2;
7        } // hoch2
8        // -----------------------------------------------------------
9        static int hoch4(int basis4) {
10           return hoch2(hoch2(basis4));
11       } // hoch4
```

```
12      // ----------------------------------------------------------------
13      static public void main(String[] sonja) {
14          pln("hoch2(5) ist gleich " + hoch2(5));
15          pln("hoch4(2) ist gleich " + hoch4(2));
16      } // main
17      // ----------------------------------------------------------------
18      static void pln(Object ob) {System.out.println(ob);}
19      // ----------------------------------------------------------------
20 } // class Hallo04
21 /* ----------------------------------------------------------------
22 Ausgabe des Programms Hallo04:
23
24 hoch2(5) ist gleich 25
25 hoch4(2) ist gleich 16
26 -------------------------------------------------------------- */
```

Die Methode `hoch2` (vereinbart in Zeile 5 bis 7) ist eine *Funktion* mit dem Rückgabetyp `int` und einem Parameter namens `basis2` vom Typ `int`. Als Ergebnis
liefert diese Funktion immer das Quadrat ihres Parameters. *Aufgerufen* wird diese
Funktion insgesamt 3 Mal, zweimal in Zeile 10 und einmal in Zeile 14.

Die Methode `hoch4` (vereinbart in Zeile 9 bis 11) ist ebenfalls eine `int`-Funktion
mit einem `int`-Parameter namens `basis4`. Sie wendet die Funktion `hoch2` zweimal auf ihren Parameter `basis4` an, berechnet also das Quadrat des Quadrates
ihres Parameters. *Aufgerufen* wird diese Funktion nur einmal (in Zeile 15).

Die Methode `hoch4` hätte der Programmierer auch so vereinbaren können:

```
27      static int hoch4(int basis4) {
28          return basis4 * basis4 * basis4 * basis4;
29      } // hoch4
```

Im allgemeinen ist es jedoch eleganter und wartungsfreundlicher, wenn man schon
vorhandene Unterprogramme aufruft, statt gleiche oder ähnliche Probleme mehrmals zu lösen.

Die Prozedurvereinbarung in Zeile 18 führt (ganz ähnlich wie es im Programm
`Hallo03` auch geschah) den Prozedurnamen `pln` als *Abkürzung* für den etwas unhandlichen Namen `System.out.println` ein. Eine so einfache und kleine Prozedur wie `pln` kann man ohne weiteres auf einer einzigen Zeile vereinbaren.

2.3 Mehrere Klassen, ein Programm

Jedes Java-Programm besteht zunächst einmal aus einer *Hauptklasse*, die eine
`main`-Methode enthalten muss. Außerdem können zu einem Java-Programm weitere Klassen als *Nebenklassen* gehören. Das gesamte *Programm* heißt immer so wie seine *Hauptklasse*. Das folgende Programm besteht aus der Hauptklasse `Hallo05` und den Nebenklassen `Hallo03` und `Hallo04`:

```
1   // Datei Hallo05.java
2
3   class Hallo05 {
4       // -----------------------------------------------------------
5       static public void main(String[] sonja) {
6           Hallo04.pln("Hallo05: Jetzt geht es los!");
7           Hallo03.main(null);
8           Hallo04.pln("6 hoch 2 ist gleich " + Hallo04.hoch2(6));
9       } // main
10      // -----------------------------------------------------------
11  } // class Hallo05
12  /* -----------------------------------------------------------
13  Ausgabe des Programms Hallo05:
14
15  Hallo05: Jetzt geht es los!
16  ****************************************
17  10 mal 15 ist gleich 150
18  ****************************************
19  20 mal 40 ist gleich 800
20  ****************************************
21  6 hoch 2 ist gleich 36
22  ----------------------------------------------------------- */
```

In Zeile 6 wird die Prozedur `pln` aus der Klasse `Hallo04` aufgerufen. Als aktueller Parameter wird ihr der String `"Hallo05: Jetzt geht es los!"` übergeben. Die Wirkung des Prozeduraufrufs sieht man in Zeile 15.

In Zeile 7 wird die Prozedur `Hallo03.main` aufgerufen (d. h. die Prozedur namens `main` in der Klasse `Hallo03`). Da diese Prozedur mit ihrem formalen Parameter `sonja` „nichts macht", genügt es, dass in Zeile 7 als aktueller Parameter `null` übergeben wird. Die Wirkung dieses Prozeduraufrufs sieht man in den Zeilen 16 bis 20.

In Zeile 8 wird mit der Prozedur `Hallo04.pln` der String `"6 hoch 2 ist gleich "` und das Ergebnis des Funktionsaufrufes `Hallo04.hoch2(6)` ausgegeben. Die Wirkung sieht man in Zeile 21.

Eine Klasse kann also zu *mehreren Programmen* gehören. Z. B. ist `Hallo04` die *Hauptklasse* des Programms `Hallo04` und gleichzeitig eine *Nebenklasse* des Programms `Hallo05`.

Anmerkung: Zum Programm `Hallo05` gehören eigentlich noch weitere Klassen wie `String`, `Object`, `Class` etc. Da diese Klassen hier nur unauffällig im Hintergrund wirken, wurden sie zur Vereinfachung des Beispiels erst einmal unterschlagen.

2.4 Daten von der Tastatur einlesen

Erstaunlicherweise gehört zum Java-Standard *keine* einfache Methode, mit der man z. B. eine Zahl oder eine Zeichenkette von der Tastatur einlesen kann. In der Beispielklasse (oder: im Modul) `Hallo06` werden deshalb zwei Funktionen etwa wie folgt vereinbart:

```
1   static public String liesString() { ... };
2   static public int    liesInt()    { ... };
```

Mit der Methode `Hallo06.liesString` kann man eine Zeichenkette (einen String) von der Tastatur einlesen. Mit der Methode `Hallo06.liesInt` kann man einen `int`-Wert (eine Ganzzahl zwischen etwa -2 Milliarden und +2 Milliarden) von der Tastatur einlesen. Diese kurze Beschreibung der beiden Methoden sollte ausreichen, um das folgende Beispiel zu verstehen. Wer will, kann sich die Klasse `Hallo06` (in der im Abschnitt 1.3 beschriebenen Sammlung) auch genauer ansehen, aber nötig ist das eigentlich nicht.

Im folgenden Beispielprogramm werden mit Hilfe der Methoden `Hallo06.liesInt` und `Hallo06.liesString` Daten von der Tastatur eingelesen und durch teils nützliche und teils unfreundliche Ausgaben beantwortet:

```
3   // Datei Hallo07.java
4   /* ----------------------------------------------------------------
5   Mit den Methoden liesInt und liesString aus dem Modul Hallo06
6   werden Daten von der Standardeingabe eingelesen. Diese Daten
7   werden "ein bisschen aufbereitet" zur Standardausgabe ausgegeben.
8   ------------------------------------------------------------------- */
9   class Hallo07 {
10      // ----------------------------------------------------------
11      // Zwei Methoden mit kurzen Namen:
12      static void p  (Object ob) {System.out.print  (ob);}
13      static void pln(Object ob) {System.out.println(ob);}
```

```
14      // ------------------------------------------------------------
15      static public void main(String[] sonja) {
16
17          p ("A Bitte geben Sie eine Ganzzahl ein: ");
18          int n = Hallo06.liesInt();
19          pln("B " + n + " mal " + n + " ist gleich " + (n * n));
20
21          p ("C Bitte geben Sie einen String  ein: ");
22          String s = Hallo06.liesString();
23          pln("D Warum ausgerechnet " + s + " ???");
24      } // main
25      // ------------------------------------------------------------
26 } // class Hallo07
27 /* ------------------------------------------------------------
28 Ein Dialog mit dem Programm Hallo07:
29
30 A Bitte geben Sie eine Ganzzahl ein: 12
31 B 12 mal 12 ist gleich 144
32 C Bitte geben Sie einen String  ein: XYZ
33 D Warum ausgerechnet XYZ ???
34 ------------------------------------------------------------ */
```

Die Zeilen 30 bis 33 geben den Inhalt einer Konsole (z. B. eines Kommandoeingabefensters unter Linux oder einer DOS-Eingabeaufforderung unter Windows) wieder. Die Eingaben des Benutzers wurden (nachträglich und „von Hand") **halbfett** hervorgehoben, alle anderen Zeichen wurden vom Programm Hallo07 ausgegeben.

Die Prozedur System.out.print hat (ganz ähnlich wie die Prozedur System.out.println) *einen* Parameter und gibt ihn zur Standardausgabe (zum Bildschirm) aus, aber *ohne* den Cursor anschließend zum Anfang der nächsten Zeile vorzurücken (wie System.out.println es macht). In Zeile 12 wird der kurze Name p als Abkürzung für den etwas unhandlichen Prozedurnamen System.out.print eingeführt.

In Zeile 18 wird die Funktion liesInt aus dem Modul Hallo06 aufgerufen. Diese Funktion liest eine Zeile von der Standardeingabe, wandelt sie in einen int-Wert um und liefert ihn als Ergebnis. Mit diesem int-Wert wird dann die Variable n initialisiert. Was passiert, wenn der Benutzer anstelle einer Ganzzahl wie z. B. 12 oder -250 unpassende Daten wie z. B. ABC oder +12 eingibt, probiert man am Besten selbst aus. Dazu sollte man zuerst die Datei Hallo06.java und dann die Datei Hallo07.java dem Ausführer übergeben („compilieren") und ihn anschließend dazu auffordern, das Programm Hallo06 auszuführen.

Anmerkung: Beim Java-Ausführern (javac, java) von Sun (siehe Abschnitt 1.3) genügt es, die Datei Hallo07.java zu übergeben (d. h. zu compilieren). Falls die andere Datei `Hallo06.java` im selben Verzeichnis steht wie `Hallo07.java`, findet der Ausführer sie dort und compiliert sie automatisch auch (weil sie eine Nebenklasse des Programms `Hallo07` enthält).

Anmerkung: Die Methoden `Hallo06.liesInt` und `Hallo06.liesString` wurden möglichst einfach und ohne unnötigen Komfort programmiert. Die Methoden `EM.liesInt` und `EM.liesString` leisten ganz ähnliches, bieten dem Benutzer aber zusätzlichen Komfort. Wenn ein Programm z. B. mit der Methode `EM.liesInt` eine Ganzzahl von der Tastatur einliest, kann der Benutzer auch `min` (oder `max`) anstelle des größten `int`-Wertes `+2147483647` (bzw. des kleinsten `int`-Wertes `-2147483648`) eingeben. Weitere Hinweise findet man am Anfang der Datei `EM.java`. „EM" ist eine Abkürzung für „Eingabe-Modul".

2.5   Befehle wiederholt ausführen lassen

Wenn der Programmierer möchte, dass der Ausführer bestimmte Befehle *mehrmals nacheinander* ausführt, kann er diese Befehle entsprechend oft in sein Programm schreiben. In aller Regel ist es aber günstiger, die Befehle statt dessen in eine *Schleifen-Anweisung* einzubauen, z. B. in eine while-Schleife wie im folgenden Beispielprogramm.

```
 1  // Datei Hallo09.java
 2  /* --------------------------------------------------------------
 3  Liest wiederholt eine Ganzzahl von der Standardeingabe ein bis
 4  der Benutzer die Zahl 0 eintippt. Gibt dann die Summe aller
 5  eingegebenen Zahlen aus.
 6  ------------------------------------------------------------- */
 7  class Hallo09 {
 8      // --------------------------------------------------------
 9      static public void main(String[] sonja) {
10          int ein   = 1;
11          int summe = 0;
12
13          while (ein != 0) {
14              p("Eine Ganzzahl (0 zum Beenden)? ");
15              ein   = Hallo06.liesInt();
16              summe = summe + n;
17          } // while
18
19          pln("Die Summe dieser Zahlen ist gleich " + summe);
20      } // main
21      // --------------------------------------------------------
```

```
22     // Zwei Methoden mit kurzen Namer..
23     static void p  (Object ob) {System.out.print  (ob);}
24     static void pln(Object ob) {System.out.println(ob);}
25     // ---------------------------------------------------------
26 } // class Hallo09
27 /* -------------------------------------------------------------
28 Ein Dialog mit dem Programm Hallo09:
29
30 Eine Ganzzahl (0 zum Beenden)? 12
31 Eine Ganzzahl (0 zum Beenden)? 15
32 Eine Ganzzahl (0 zum Beenden)? -3
33 Eine Ganzzahl (0 zum Beenden)? 0
34 Die Summe dieser Zahlen ist gleich 24
35 -------------------------------------------------------------- */
```

Der Ausdruck (ein != 0) (lies: ein ist ungleich null) in Zeile 13 hat den Wert
true, wenn *ein ungleich 0* ist und false, wenn das nicht der Fall ist. Einen solchen Ausdruck bezeichnet man auch als boolean-*Ausdruck* oder kürzer als *Bedingung*. Eine solche Bedingung ist *erfüllt*, wenn der Ausdruck den Wert true hat
(und *nicht erfüllt*, wenn der Ausdruck dem Wert false hat).

Eine while-*Schleife* (oder: while-*Anweisung*) besteht im Wesentlichen aus einer
Bedingung und einem *Rumpf*. Die while-Schleife in den Zeilen 13 bis 17 besteht
aus der Bedingung (ein != 0) und zu ihrem Rumpf gehören die drei Befehle in
den Zeilen 14 bis 16. Es folgt eine *Übersetzung* dieser while-Schleife ins Deutsche:

Übersetzung: Führe den Rumpf der Schleife wiederholt aus, und zwar so lange
wie die Bedingung erfüllt ist (d. h. bis die Bedingung *nicht* erfüllt ist).

Diese Übersetzung ist sehr informell und nicht sehr genau. Sie soll durch folgende
Ergänzung präzisiert werden: Der Wert der Bedingung soll *vor* jeder Rumpfausführung (erneut) berechnet werden, und wenn er gleich false ist, soll keine
Rumpfausführung (mehr) stattfinden. Falls die Bedingung schon bei ihrer *ersten*
Auswertung den Wert false hat, soll der Rumpf der Schleife also *null* Mal (d. h.
gar nicht) ausgeführt werden.

2.6   Befehle von einer Bedingung abhängig machen

Häufig will der Programmierer, dass der Ausführer bestimmte Befehle nicht immer
und unbedingt ausführt, sondern nur, wenn eine bestimmte *Bedingung* erfüllt ist.

Das kann er erreichen, indem er die Befehle in eine `if`-Anweisung einbaut. Es folgt ein Beispielprogramm, in dem mehrere `if`-Anweisungen vorkommen:

```
 1  // Datei Hallo10.java
 2  /* ----------------------------------------------------------------
 3  Liest eine Ganzzahl ein, untersucht sie auf verschiedene Eigen-
 4  schaften und gibt entsprechende Meldungen aus.
 5  ------------------------------------------------------------- */
 6  class Hallo10 {
 7      // ----------------------------------------------------------
 8      static public void main(String[] sonja) {
 9          p("Bitte geben Sie eine Ganzzahl ein: ");
10          int n = Hallo06.liesInt();
11          // --------------------------------------------------
12          if (n < 0) {
13              pln("AA " + n + " ist eine negative Zahl!");
14          } // if
15          // --------------------------------------------------
16          if (100 < n) {
17              pln("BA " + n + " ist groesser als 100!");
18          } else {
19              pln("BB " + n + " ist kleiner oder gleich 100!");
20          } // if
21          // --------------------------------------------------
22          if         (  -9 <= n && n <=   +9) {
23              pln("CA " + n + " ist einstellig!");
24          } else if ( -99 <= n && n <=   +99) {
25              pln("CB " + n + " ist zweistellig!");
26          } else if (-999 <= n && n <= +999) {
27              pln("CC " + n + " ist dreistellig!");
28          } else {
29              pln("CD " + n + " hat mehr als 3 Stellen!");
30          } // if
31          // --------------------------------------------------
32      } // main
33      // ----------------------------------------------------------
34      // Zwei Methoden mit kurzen Namen:
35      static void p  (Object ob) {System.out.print  (ob);}
36      static void pln(Object ob) {System.out.println(ob);}
37      // ----------------------------------------------------------
38  } // class Hallo10
39  /* ----------------------------------------------------------------
40  Ein Dialog mit dem Programm Hallo10:
41
42  Bitte geben Sie eine Ganzzahl ein: -4321
43  AA -4321 ist eine negative Zahl!
44  BB -4321 ist kleiner oder gleich 100!
45  CD -4321 hat mehr als 3 Stellen!
46  ------------------------------------------------------------- */
```

Die erste `if`-Anweisung (in den Zeilen 12 bis 14) besteht aus einer *Bedingung*
(n < 0 in Zeile 12) und einem *dann-Rumpf* (dem `pln`-Befehl in Zeile 13). Es
folgt eine Übersetzung dieser Anweisung ins Deutsche:

Übersetzung: Berechne den Wert der Bedingung n < 0. Wenn er gleich `true`
ist, dann führe den *dann-Rumpf* aus.

Wenn die Bedingung den Wert `false` hat, soll der dann-Rumpf also *nicht* ausgeführt werden.

Die zweite `if`-Anweisung (in Zeile 16 bis 20) besteht ebenfalls aus einer *Bedingung* (100 < n in Zeile 16), einem *dann-Rumpf* (dem `pln`-Befehl in Zeile 17)
und einem *sonst-Rumpf* (dem `pln`-Befehl in Zeile 19). Hier eine Übersetzung dieser Anweisung:

Übersetzung: Berechne den Wert der Bedingung (100 < n). Wenn er gleich
`true` ist, dann führe den *dann-Rumpf* und sonst den *sonst-Rumpf* aus.

Bei dieser `if`-Anweisung wird also immer genau *ein* Rumpf ausgeführt, entweder
der *dann-Rumpf* oder der *sonst-Rumpf*.

Eine Bedingung wie a <= b ist genau dann erfüllt, wenn a kleiner oder gleich b
ist. Ein doppeltes Ampersand && bezeichnet in Java die *und*-Verknüpfung zweier
`boolean`-Werte. Die Bedingung -9 <= n && n <= +9 ist also genau dann erfüllt, wenn die Variable n einen Wert zwischen -9 und +9 (einschließlich) enthält.

Hinweis: In vielen Mathematikbüchern und Formelsammlungen findet man Kettenvergleiche wie etwa a <= b <= c oder a < b < c etc. Solche (ziemlich un-
systematischen und eigentlich mehrdeutigen) Abkürzungen sind in Java (und anderen Programmiersprachen) *nicht erlaubt*. Statt a < b < c muss man in Java a <
b && b < c schreiben.

Die dritte `if`-Anweisung (in Zeile 22 bis 30) besteht aus *3 Bedingungen* und *4
Rümpfen*. Eine Übersetzung dieser Anweisung ist zwar möglich, aber die deutsche
Formulierung wäre vermutlich kaum leichter zu verstehen als die Java-Anweisung.
Pauschal kann man festhalten, dass auch bei dieser Anweisung immer *genau einer*
der Rümpfe ausgeführt wird, und zwar *der* hinter der *ersten* erfüllten Bedingung
oder (wenn alle 3 Bedingungen den Wert `false` haben) der *letzte* Rumpf.

2.7 Ein zusammenfassendes Beispiel

Das letzte Beispielprogramm in diesem Kapitel führt keine neuen Befehle ein, sondern fasst die in den vorangehenden Abschnitten eingeführten Befehle in *einer* Anwendung zusammen.

```
1   // Datei Hallo11.java
2   /* ---------------------------------------------------------------
3   Zusammenfassung verschiedener Konstrukte und Befehle. Was dieses
4   Programm macht wird im Kommentar zur main-Methode beschrieben.
5   --------------------------------------------------------------- */
6   class Hallo11 {
7       // ---------------------------------------------------------
8       static boolean istEinstellig(int n) {
9           // Liefert true, wenn n einstellig ist, und sonst false.
10          return -9 <= n && n <= +9;
11      } // istEinstellig
12      // ---------------------------------------------------------
13      static int liesEinstelligenIntWert() {
14          // Liest (eventuell wiederholt) eine Ganzzahl von der
15          // Standardeingabe ein, bis der Benutzer eine einstellige
16          // Zahl eingibt. Liefert diese Zahl als Ergebnis.
17
18          while (true) {
19              p("Eine einstellige Ganzzahl (0 zum Beenden)? ");
20              int eingabe = Hallo06.liesInt();
21              if (istEinstellig(eingabe)) return eingabe;
22              pln("Die Zahl " + eingabe + " ist nicht einstellig!");
23          } // while
24      } // liesEinstelligenIntWert
25      // ---------------------------------------------------------
26      static public void main(String[] sonja) {
27          // Liest wiederholt einstellige Zahlen von der Standard-
28          // eingabe, bis der Benutzer eine 0 eingibt. Summiert alle
29          // eingelesenen Zahlen und gibt am Schluss ihre Summe aus.
30
31          int einstellig;
32          int summe = 0;
33
34          while (true) {
35              einstellig = liesEinstelligenIntWert();
36              if (einstellig == 0) break; // Beendet die Schleife
37              summe = summe + einstellig;
38          } // while
39
40          pln("Die Summe der Zahlen ist gleich ---------> " + summe);
41          // ---------------------------------------------------------
42      } // main
43      // ---------------------------------------------------------
```

```
44     // Zwei Methoden mit kurzen Namen:
45     static void p  (Object ob) {System.out.print  (ob);}
46     static void pln(Object ob) {System.out.println(ob);}
47     // ----------------------------------------------------------
48 } // class Hallo11
49 /* ---------------------------------------------------------.--
50 Ein Dialog mit dem Programm Hallo11:
51
52 Eine einstellige Ganzzahl (0 zum Beenden)? 6
53 Eine einstellige Ganzzahl (0 zum Beenden)? -3
54 Eine einstellige Ganzzahl (0 zum Beenden)? 10
55 Die Zahl 10 ist nicht einstellig!
56 Eine einstellige Ganzzahl (0 zum Beenden)? -123456789
57 Die Zahl -123456789 ist nicht einstellig!
58 Eine einstellige Ganzzahl (0 zum Beenden)? 9
59 Eine einstellige Ganzzahl (0 zum Beenden)? 0
60 Die Summe der Zahlen ist gleich ---------> 12
61 --------------------------------------------------------- */
```

Die Methode `istEinstellig` (vereinbart in Zeile 8 bis 11) ist eine *Funktion* mit
dem Rückgabetyp `boolean`. Deshalb muss hinter `return` (in Zeile 10) ein Ausdruck stehen, der einen `boolean`-Wert, also `true` oder `false`, beschreibt. Dieser
Ausdruck darf beliebig (einfach oder) kompliziert sein.

Die `while`-Schleife in den Zeilen 18 bis 23 besteht aus der Bedingung `true` und
einem vier Zeilen langen Rumpf. Wenn der Ausführer den Wert des Ausdrucks
`true` berechnet, bekommt er als Ergebnis immer den Wert *true* heraus. Auf den
ersten Blick sieht die Schleife deshalb wie eine *Endlosschleife* aus, deren Rumpf
der Ausführer immer und immer wieder ausführen muss, ohne jemals aufhören zu
dürfen. Glücklicherweise ist das in diesem Beispiel aber nicht der Fall. Wenn der
`return`-Befehl in Zeile 21 ausgeführt wird, *beendet* der Ausführer die ganze umgebende *Methode* (`liesEinstelligenIntWert`) und damit auch die `while`-
Schleife.

Die `while`-Schleife in den Zeilen 34 bis 38 sieht auf den ersten Blick ebenfalls
wie eine *Endlosschleife* aus. Aber auch sie wird beendet, und zwar durch die
`break`-Anweisung in Zeile 36. Im Abschnitt 4 über Anweisungen wird insbesondere die `break`-Anweisung genauer behandelt.

Abschließend sollen die Begriffe *Ausdruck* und *Wert* noch etwas vertieft werden.
Ein *Ausdruck* wie z. B. `otto + 3` ist eine Zeichenkette, die der *Programmierer*
in ein Programm geschrieben hat. Ein solcher Ausdruck ist ein *Befehl* (des
Programmierers an den Ausführer) einen *Wert* zu berechnen. Mit *Werten* geht nur
der Ausführer um, der Programmierer und der Benutzer sehen höchstens eine Art
„Schatten von Werten" auf einer Konsole oder auf einem vom Drucker bedruckten

Papier. Die Unterscheidung zwischen *Ausdrücken* und *Werten* kann vor allem bei den extrem *einfachen* Ausdrücken anfangs etwas verwirrend sein. Z. B. hat der Ausdruck true den Wert *true*. Mit dem ersten true ist eine Zeichenkette in einem Java-Programm gemeint. Mit dem zweiten *true* ist ein Wert „in einem Ausführer" gemeint. Wie ein Ausführer „in seinem Inneren" den Wert *true* darstellt, ist ihm überlassen. Wenn *Sie* die Rolle des Ausführers übernehmen, dürfen *Sie* entscheiden, ob Sie diesen *Wert* durch das *Wort* true oder durch das Wort *wahr* oder durch einen *senkrechten Strich* oder sonst wie darstellen, die Sprache Java macht dem *Ausführer* dabei *keine* Vorschriften. Andererseits legt Java genau fest, dass der*Programmierer* den *Ausdruck* true immer durch eine Folge der vier kleinen Buchstaben t, r, u und e darstellen muss. Später wird dann noch geklärt werden, warum der Ausdruck 0.1 in einem Java-Programm nicht einfach den Wert *0.1* hat, sondern den etwas zu großen Wert
0.1000000000000000055511151231257827021181583404541015625.

3 Programme selbst ausführen

Maschinelle Java-Ausführer sind (im Vergleich zu menschlichen Ausführern) sehr schnell. Aber wenn die Ausführung eines Programms schief geht und nicht die erwarteten Ergebnisse produziert, kann ein maschineller Ausführer einem meist nicht erklären, *warum* das passiert ist. Wenn dagegen ein Mensch das Programm selbst Schritt für Schritt ausführt, versteht er häufig, warum das Programm die unerwarteten Ergebnisse produziert.

Jeder Java-Ausführer (ob Mensch oder Maschine) muss sich an die Regeln der Sprache Java halten. Diese Regeln sind einerseits sehr umfassend und *genau*. Andererseits lassen sie dem Ausführer die Freiheit, viele *konkrete Einzelheiten* seiner Arbeitsweise selbst zu bestimmen.

Beispiel-01: Wenn ein Java-Ausführer die Variablenvereinbarung

```
1    int otto = 17;              .
```

ausführt, muss er eine Variable namens `otto` vom Typ `int` mit dem Anfangswert `17` erzeugen. Ob er dazu aber ein paar Byte in einem elektronischen RAM-Speicher reserviert oder die Variable als ein Kästchen auf einem Blatt Papier realisiert, wird durch die Sprache Java *nicht* festgelegt.

Es folgen ein paar Empfehlungen, wie man einfache Java-Programme (oder Teile eines größeren Programms) mit Papier und Bleistift (und einem Radiergummi) konkret ausführen kann. Als Beispiel soll die folgende Befehlsfolge dienen:

```
2    System.out.println("Los geht's!");
3
4    int anna = 3;
5    int bert = 1;
6    int carl = 6;
7
8    while (anna + bert < carl) {
9        anna = anna + bert;
10       bert = bert + 1;
11       carl = carl + 2;
12   }
13
14   System.out.println("anna: " + anna);
15   System.out.println("bert: " + bert);
16   System.out.println("carl: " + carl);
```

In dieser Befehlsfolge werden *Variablen* vereinbart (Zeile 4 bis 6) und Daten zur Konsole *ausgegeben* (Zeile 14 bis 16). Deshalb brauchen wir für die Ausführung einen *Speicher* und eine *Konsole*, die wir durch zwei Blätter Papier (oder zwei Bereiche auf einem Blatt) realisieren können, etwa so:

```
Speicher:                      Konsole:
 ___________________            ___________________
|                              |
|                              |
|                              |
|                              |
```

Wenn wir dann die obige Befehlsfolge Schritt für Schritt ausführen, verändern wir den Speicher und die Konsole entsprechend.

Der `println`-Befehl in Zeile 2 bewirkt, dass der String `"Los geht's!"` zur Konsole ausgegeben wird. Nachdem wir ihn ausgeführt haben, sehen unsere Blätter etwa so aus:

```
Speicher:                      Konsole:
 ___________________            ___________________
|                              | Los geht's!
|                              |
|                              |
|                              |
```

Man beachte, dass die doppelten Anführungszeichen *nicht* auf der Konsole erscheinen. Außerdem sollte man (zumindest in Gedanken) den Cursor der Konsole an den Anfang der nächstens Zeile vorrücken.

Als nächstes müssen wir die Variablenvereinbarung in Zeile 4 ausführen. Eine Variable kann man als ein *geschlossenes* kleines Kästchen im *Speicher* darstellen. Neben das Kästchen schreibt man den Namen der Variablen und in das Kästchen ihren momentanen Wert. Wenn der Wert später z. B. durch eine Zuweisung verändert wird, *radieren* wir den alten Wert der Variablen *aus* und schreiben an seiner Stelle den neuen Wert. Diese Vorgehensweise ist ziemlich *realistisch* (d. h. sie ähnelt dem, was in heute üblichen *maschinellen* Ausführern abläuft); *Menschen* wird aber die folgende etwas unrealistischere Variante empfohlen: Wir zeichnen eine Variable als ein längliches, nach rechts *offenes* Kästchen und tragen den Anfangswert der Variablen *ganz links* ein. Nachdem wir die Variable anna auf diese Weise erzeugt haben, sehen unsere Blätter etwa so aus:

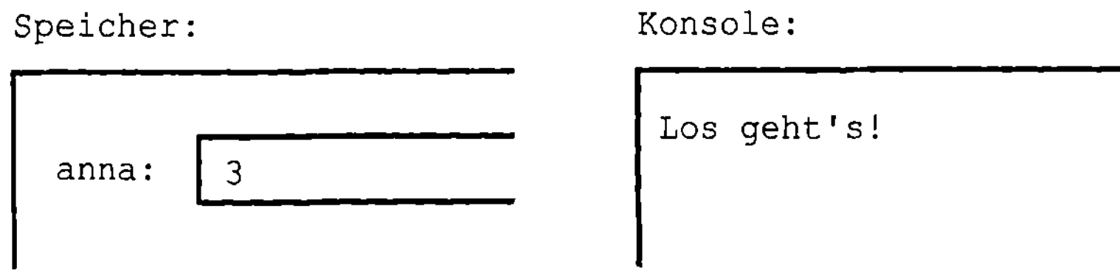

Wenn der Wert der Variablen anna später z. B. durch eine Zuweisung verändert wird, radieren wir den alten Wert nicht aus, sondern *streichen* ihn nur *durch* (mit einem dünnen Strich) und schreiben den neuen Wert *daneben*. Maschinelle Ausführer *zerstören* den alten Wert, wenn sie einer Variablen einen neuen Wert zuweisen; aber für einen menschlichen Ausführer kann es hilfreich sein, wenn er die „vergangenen" Werte einer Variablen noch vor Augen hat (wenn auch zart durchgestrichen).

Die Variablenvereinbarungen in den Zeilen 5 und 6 führen wir ganz entsprechend aus und bringen unsere Blätter dadurch in den folgenden Zustand:

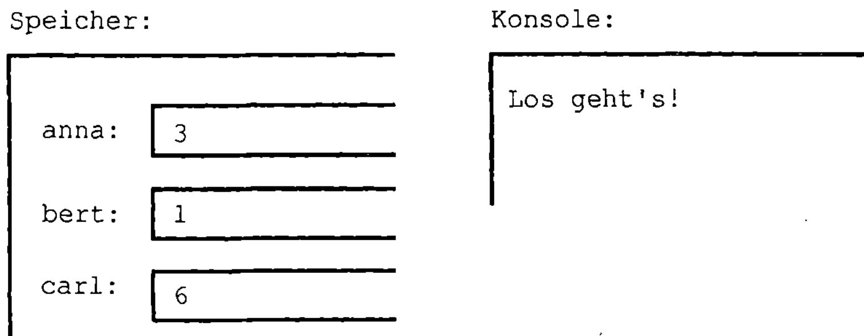

Um die while-Schleife (in Zeile 8 bis 12) auszuführen, müssen wir zuerst den Wert des Ausdrucks anna + bert < carl berechnen. Dabei ist es wichtig, dass wir die Werte der Variablen bewusst aus den Kästchen im Speicher holen und uns nicht auf unser Gedächtnis verlassen. Wenn man das auszuführende Programm selbst geschrieben hat, weiß man häufig, welche Werte die Variablen annehmen *sollten* und verwechselt das leicht mit dem Inhalt, den die Variablen tatsächlich annehmen.

Nachdem wir die zweite Zuweisung im Rumpf der `while`-Schleife (die in Zeile 10) ausgeführt haben, sehen unsere Blätter etwa wie folgt aus:

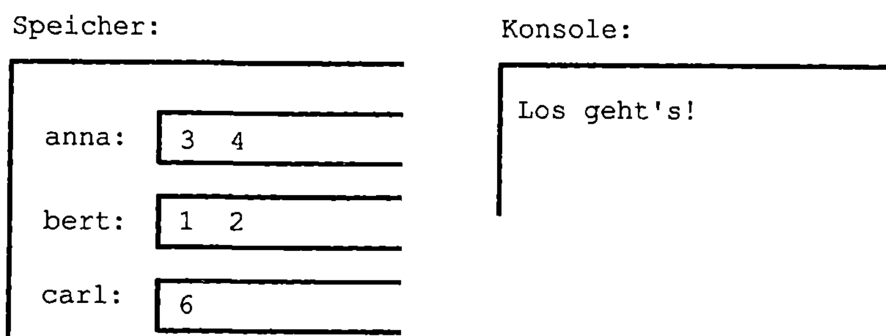

Schritt für Schritt führen wir auf diese Weise den *Rumpf* der `while`-Schleife (Zeile 9 bis 11) aus, berechnen dann wieder den Wert ihrer *Bedingung*. Wenn er gleich `true` ist, führen wir den *Rumpf* erneut aus usw. Nachdem wir den Rumpf *dreimal* ausgeführt haben, hat die Bedingung den Wert `false`. Daraufhin beenden wir die Schleife und beginnen mit der Ausführung der `println`-Befehle in den Zeilen 14 bis 16. Wenn wir alle Befehle fertig ausgeführt haben, sollten unsere Blätter etwa so aussehen:

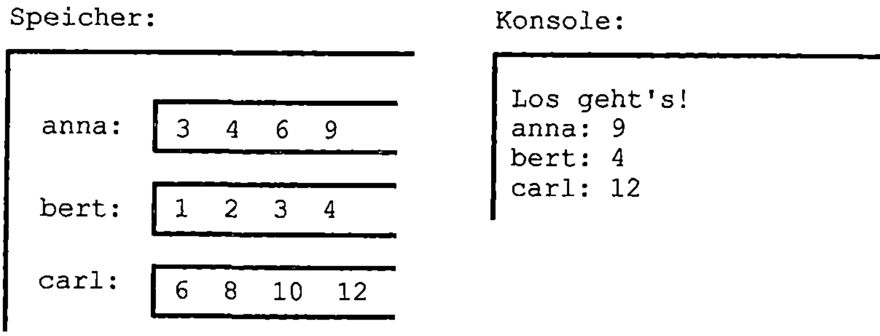

Es folgen noch ein paar allgemeine Empfehlungen zu dieser Art, Programme mit Papier und Bleistift auszuführen:

1. Seien Sie großzügig mit Papier. Zeichnen Sie alle Kästchen so groß, dass Sie möglichst nie gezwungen sind, klein und unleserlich zu schreiben.

2. Gehen Sie sorgfältig *Schritt für Schritt* vor und versuchen Sie nicht zu früh, Schritte abzukürzen oder zusammenzufassen. Führen Sie (zumindest anfangs) jede *Vereinbarung*, jeden *Ausdruck* und jede *Anweisung* einzeln aus.

3. Versuchen Sie, die auszuführenden Befehle nicht zu *werten* oder zu *beurteilen* („das ist doch falsch", „so darf man das nicht machen", „das muss man doch so machen" etc.), sondern führen Sie die Befehle nur aus, genau wie sie da stehen und ohne sie zu verbessern oder sonst wie zu verändern.

4 Anweisungen (statements)

Mit einer *Anweisung* befiehlt der Programmierer dem Ausführer, bestimmte *Werte* in bestimmte *Wertebehälter* zu schreiben.

In vielen Programmiersprachen unterscheidet man *einfache* und *zusammengesetzte* Anweisungen (simple statements, compound statements). Eine Anweisung ist *zusammengesetzt*, wenn sie andere Anweisungen *enthält*. Eine Anweisung ist *einfach*, wenn sie keine anderen Anweisungen enthält.

Zuweisungen (wie z. B. `otto = otto + 3;`), Aufrufe von Prozeduren (z. B. `pln("abc");`) und die `return`-Anweisung sind Beispiele für *einfache Anweisungen*. Die `if`-Anweisung und die `while`-Anweisung sind Beispiele für *zusammengesetzte Anweisungen*.

Etwas vereinfacht gesagt gilt ganz allgemein: Wenn ein Unterprogramm U nur *einfache* Anweisungen enthält (aber keine zusammengesetzten Anweisungen), dann wird bei jeder Ausführung von U jede Anweisung *genau einmal* ausgeführt. Mit zusammengesetzten Anweisungen kann der Programmierer bewirken, dass die darin enthaltenen Anweisungen *mehr* bzw. *weniger* als *einmal* ausgeführt werden.

Es gibt zwei Arten von zusammengesetzten Anweisungen: *Fallunterscheidungsanweisungen* (oder etwas kürzer: Fallunterscheidungen) und *Wiederholungsanweisungen* (kürzer: Wiederholungen oder Schleifen). Eine `if`-Anweisung ist eine Fallunterscheidungsanweisung, eine `while`-Schleife eine Wiederholungsanweisung (siehe oben die Abschnitte 2.5 und 2.6).

Mit einer *Fallunterscheidungsanweisung* kann der Programmierer bewirken, dass die darin enthaltenen Anweisungen unter bestimmten Bedingungen *weniger als einmal* (also nicht) ausgeführt werden. Mit einer *Wiederholungsanweisung* kann er bewirken, dass die darin enthaltenen Anweisungen, (nullmal, einmal oder) *mehr als einmal* ausgeführt wird.

Zusammengesetzte Anweisungen werden auch als *Kontrollstrukturen* bezeichnet (eine bessere Übersetzung des englischen Begriffs *control structure* wäre *Steuerstruktur*). Die Bezeichnung *zusammengesetzte Anweisung* (engl. compound statement) ist etwas systematischer als *Kontrollstruktur* und hebt hervor, dass es sich um *Anweisungen* handelt, und nicht um *Vereinbarungen* oder *Ausdrücke*.

4.1 Einfache Anweisungen (simple statements)

Schon in relativ kleinen und einfachen Java-Programmen benötigt man fast alle einfachen Anweisungen, die in den folgenden Unterabschnitten beschrieben werden. Nur die *leere Anweisung* braucht man nie und mit den Anweisungen `throw` und `continue` kann man sich vertraut machen, wenn man mit den anderen einfachen Anweisungen Erfahrungen gesammelt hat.

4.1.1 Die Zuweisung

Mit einer *Zuweisungsanweisung* (kurz: Zuweisung) befiehlt der Programmierer dem Ausführer, den Wert eines Ausdrucks zu berechnen und in eine Variable zu schreiben.

Beispiel-01: Eine Zuweisung

```
1   otto = otto + 3; // Lies: otto wird zu otto plus drei
```

In der Mitte einer Zuweisung steht der *Zuweisungsoperator* = (lies: wird zu, *nicht*: gleich). *Links* vom Zuweisungsoperator muss eine *Variable* und *rechts* ein Ausdruck angegeben werden. Der Wert des Ausdrucks muss (etwas vereinfacht gesagt) zum selben Typ wie die Variable gehören.

Wenn man bei einer Zuweisungsanweisung das abschließende Semikolon entfernt, erhält man merkwürdigerweise einen *Ausdruck* (genauer: einen Ausdruck mit Seiteneffekt), z. B. `otto = otto + 3` (ohne abschließendes Semikolon!). Der *Seiteneffekt* dieses Ausdrucks besteht darin, dass der Variablen `otto` ein neuer Wert zugewiesen wird und der *Wert* dieses Ausdrucks ist der zugewiesene Wert. Das kann man in einer *Kettenzuweisung* ausnützen, etwa so:

Beispiel-02: Eine *Kettenzuweisung*

```
2   anna = bert = carl = 17;
```

In diesem Beispiel wird der Variablen `carl` der Wert `17` zugewiesen. Der Wert des Ausdrucks `carl = 17` (nämlich `17`) wird der Variablen `bert` zugewiesen. Der Wert des Ausdrucks `bert = (carl = 17)` (ebenfalls `17`) wird der Variablen `anna` zugewiesen. Nach Ausführung der Kettenzuweisung haben alle drei Variablen den Wert `17`.

Anmerkung: Viele Menschen kennen das Gleichheitszeichen = aus der Schule und wissen z. B. dass eine Behauptung wie $1 = 1$ oder $x = x$ *wahr* ist, dass eine Behauptung wie $1 = 2$ oder $x = x + 1$ *falsch* ist und dass man bei einer Gleichung wie $x = x^2$ nach Werten für x sucht, die die Gleichung zu einer wahren Behauptung machen. Leider wurde in den 1970-er Jahren in der Programmiersprache C dem Gleichheitszeichen $=$ eine radikal andere Bedeutung zugeordnet, indem dieses Zeichen als *Zuweisungsoperator* benutzt wurde. Gleichzeitig wurde die traditionelle Bedeutung des Gleichheitszeichens (teilweise) einem neuen Operator $==$ zugeordnet. In einem C-Programm ist ein Ausdruck wie $1 = 1$ verboten, $x = x$ ist nur in ganz seltenen Fällen wahr und $x = x * x$ (als nahe liegende Übersetzung von $x = x^2$) hat keine *Lösungen*, sondern weist der Variablen x einen neuen Wert zu. Dafür ist $1 == 1$ und $x == x$ wahr und $1 == 2$ oder $x == x + 1$ falsch. Seit den 1970-er Jahren verbringen viele ProgrammiererInnen (darunter der Autor) Teile ihrer Arbeitszeit damit, in ihren C-Programmen die Operatoren $=$ und $==$ zu verwechseln (was kaum Zeit kostet), diese Verwechslungen zu suchen (was manchmal viel Zeit kostet und das Selbstwertgefühl beschädigen kann) und zu korrigieren (was dann meistens ziemlich schnell geht). Inzwischen haben sich viele C-Programmierer an diese Verwechslungen gewöhnt. Einigen soll es sogar gelungen sein, ihre Schulbildung zu vergessen und die Operatoren $=$ und $==$ immer und ohne Verwechslungen in ihrer C-Bedeutung zu verwenden. Vermutlich mit Rücksicht auf diese C-Programmierer haben die Entwickler von Java die Operatoren $=$ und $==$ und ihre „verwechselte Bedeutung" übernommen. Mit Rücksicht auf andere Menschen haben sie Java so gestaltet, dass der Ausführer die meisten Verwechslungen von $=$ und $==$ automatisch erkennt, schon bei der Übergabe eines Programms („zur Compilezeit").

Tip: Es wird empfohlen, sich die folgenden Sprechweisen anzugewöhnen:

```
3    ... otto = 17 ... // Lies: otto wird zu 17
4    ... otto == 17 ... // Lies: otto gleich 17
```

Das folgende Beispiel zeigt einen der seltenen Fälle, in denen der Programmierer vermutlich den Zuweisungsoperator = und den Gleichheitsoperator == verwechselt hat, ohne dass der Ausführer einen formalen Fehler erkennt.

Beispiel-03: Vermutlich wollte der Programmierer a == b statt a = b schreiben:

```
5    boolean a = false;
6    boolean b = true;
7    ...
8    if (a = b) {
9      pln("a und b sind gleich!");
10   }
```

Vermutlich wollte der Programmierer in Zeile 8 nur prüfen, ob die Variablen a und b gleiche Werte enthalten, ohne dabei a zu verändern. Tatsächlich verändert die Zuweisung a = b den Inhalt von a und liefert als Ergebnis den neuen Wert von a, d. h. `true` (siehe das Beispielprogramm `Zuweisungen02` in der im Abschnitt 1.3 beschriebenen Sammlung).

Außer dem *einfachen Zuweisungsoperator* = gibt es noch elf weitere *zusammengesetzte Zuweisungsoperatoren*, die aus jeweils zwei Operatoren zusammengesetzt sind, z. B. `+=`, `-=`, `*=`, `/=`, `&=` etc. Mit diesen Operatoren kann man bestimmte Zuweisungen *kompakter* notieren.

Beispiel-04: Zusammengesetzte Zuweisungsoperatoren (siehe auch das Beispielprogramm `Zuweisungen02` in der im Abschnitt 1.3 beschriebenen Sammlung)

```
11   int    anna = 5;
12   double dora = 1.5;
13
14   // Der Befehl            ist eine Abkuerzung fuer:
15       anna += 1;       // anna = anna + 1;
16       anna *= 2;       // anna = anna * 2;
17       anna += anna;    // anna = anna + anna;
18       anna *= anna;    // anna = anna * anna;
19       anna *= bert + 3 // anna = anna * (bert + 3);
20       anna *= dora;    // anna = (int) (anna * dora)
```

Man beachte in Zeile 19, dass der Ausführer nicht den Wert des ungeklammerten Ausdrucks `anna * bert + 3` berechnet, sondern den Wert des geklammerten Ausdrucks `anna * (bert + 3)`. Die Regel „Punktechnung geht vor Strichrechnung" wird im Abschnitt 6.2 behandelt.

An der Zuweisung in Zeile 20 sind Teilausdrücke *verschiedener Typen* beteiligt: `dora` gehört zum Typ `double` und `anna` zum Typ `int`. Solche Befehle sollte man vermeiden, weil sie bestimmte Typumwandlungen erfordern (siehe Abschnitt 5.2), die man „beim Nachrechnen im Kopf" leicht vergisst oder falsch macht.

Erläuterung (für ganz Wissbegierige): Der Wert des Ausdrucks `anna * dora` in Zeile 20 ist vom Typ `double` und muss durch den Cast-Befehl `(int)` in einen `int`-Wert umgewandelt werden, bevor er der `int`-Variablen `anna` zugewiesen werden kann. Durch den Cast-Befehl werden alle Nachpunktstellen der `double`-Zahl abgeschnitten, was man beim Lesen des Programms leicht übersieht.

4.1.2 Methodenaufrufe

Zusammen mit der Zuweisung sind *Methodenaufrufe* wohl die wichtigsten einfachen Anweisungen in Java. Wie man Methoden vereinbart und aufruft, wurde schon im Kapitel 3 anhand von kleinen Beispielprogrammen angedeutet und wird im Kapitel 8 genauer erläutert.

4.1.3 Inkrement- und Dekrementanweisungen

Mit dem *Inkrement*-Operator ++ kann man den Wert einer numerischen Variablen um 1 *erhöhen*. Mit dem *Dekrement*-Operator −− kann man den Wert einer numerischen Variablen um 1 *verringern*. Als *numerisch* gelten alle Variablen der Typen byte, char, short, int, long , float und double.

Beispiel: Numerische Variablen inkrementieren und dekrementieren

```
21    int     inge = 17;
22    char    carl = 'C';
23    double  dora = 2.75;
24    ...
25               // Der Wert von
26    ++inge;    // inge wird um 1 erhoeht      (neuer Inhalt: 18)
27    inge++;    // inge wird um 1 erhoeht      (neuer Inhalt: 19)
28    ++carl;    // carl wird um 1 erhoeht      (neuer Inhalt: 'D')
29    dora--;    // dora wird um 1 verringert (neuer Inhalt: 1.75)
```

Der Ausdruck ++inge bewirkt (als Seiteneffekt), dass der Wert der Variablen inge um 1 erhöht wird, und er bezeichnet den Wert von inge *nach* dieser Erhöhung. Der Ausdruck inge++ hat denselben Seiteneffekt, bezeichnet aber den Wert von inge *vor* der Erhöhung.

Durch Anhängen eines Semikolons wird ein *Ausdruck* wie ++inge oder inge++ zu einer *Anweisung*. Das Semikolon bewirkt, dass der Wert des davor stehenden Ausdrucks zwar berechnet, dann aber gleich weggeworfen wird. Übrig bleibt dann nur der *Seiteneffekt* des Ausdrucks (d. h. die Tatsache, dass der Wert der Variablen inge um 1 erhöht wurde). Die Anweisungen ++inge; und inge++; (mit Semikolon) haben also exakt dieselbe Wirkung, obwohl die Ausdrücke ++inge und inge++ (ohne Semikolon) unterschiedliche Werte bezeichnen.

Anweisungen wie inge++; oder −−carl; etc. (mit Semikolon!) sind leicht lesbar und empfehlenswert. *Ausdrücke* mit Seiteneffekt wie inge++ oder −−carl etc. (ohne Semikolon!) sollte man zumindest anfangs eher vermeiden (siehe Beispielprogramm Ausdruecke02).

4.1.4 Die Anweisungen break und continue

Die beiden einfachen Anweisungen break und continue darf man nur an bestimmten Stellen eines Programms anwenden, und zwar innerhalb von bestimmten zusammengesetzten Anweisungen:

Die Anweisung	darf man anwenden im Rumpf von
break	Schleifen-Anweisungen, switch-Anweisungen
continue	Schleifen-Anweisungen

In den folgenden Beispielen wird die Funktion EM.liesInt aufgerufen. Sie leistet ganz Ähnliches wie die Methode Hallo06.liesInt, die im Abschnitt 2.4 schon verwendet wurde: Sie liest eine Zeile von der Tastatur, wandelt sie in einen int-Wert um und liefert diesen als Ergebnis. Die Klasse EM (wie Eingabemodul) enthält außer der Methode liesInt noch weitere ähnliche Methoden (liesBoolean, liesString, liesShort, liesDouble etc.) und wird ab jetzt häufiger verwendet.

Die while-Schleifen in den folgenden Beispielen findet man im Beispielprogramm BreakContinue01 (in der im Abschnitt 1.3 beschriebenen Sammlung).

Beispiel-01: Eine kleine while-Schleife (noch *ohne* break und continue)

```
1       int einA   = 1;
2       int summeA = 0;
3       while (einA != 0) {
4           p("Eine Ganzzahl (0 zum Beenden)? ");
5           einA   = EM.liesInt();
6           summeA = summeA + einA;
7       }
8       pln("Summe: " + summeA);
```

Mit der while-Schleife in den Zeilen 3 bis 7 befiehlt der Programmierer dem Ausführer, wiederholt eine Ganzzahl einzulesen und zum Wert der Variablen summeA zu addieren, bis der Benutzer eine 0 eingibt.

Die Schleife besteht aus der *Bedingung* (einA != 0) und zu ihrem *Rumpf* gehören die drei Anweisungen in den Zeilen 4 bis 6.

Um diese Schleife *einmal* auszuführen, muss man ihren *Rumpf* normalerweise *mehrmals* ausführen (je nach den Eingaben des Benutzers). Man muss hier also sorgfältig zwischen einer Ausführung der *Schleife* (der while-Anweisung, Zeile 3 bis 7) und einer Ausführung ihres *Rumpfes* (Zeile 4 bis 6) unterscheiden.

Mit der `break`-Anweisung kann man eine Ausführung der *Schleife* beenden. Mit der `continue`-Anweisung kann man eine Ausführung des *Rumpfes* beenden. Die folgenden Beispiele sollen das illustrieren:

Beispiel-02: Mit einer `continue`-Anweisung

```
 9     int einB   = 1;
10     int summeB = 0;
11     while (einB != 0) {
12         p("Eine positive Ganzzahl (0 zum Beenden)? ");
13         einB = EM.liesInt();
14         if (einB < 0) {
15             pln("Die Zahl " + einB + " wird nicht summiert!");
16             continue;
17         }
18         summeB = summeB + einB;
19     }
20     pln("Summe: " + summeB);
```

In diesem Beispiel werden nur die *positiven* Eingaben des Benutzers summiert, negative Eingaben lösen eine kleine Fehlermeldung aus und werden dann ignoriert. Die *continue*-Anweisung in Zeile 16 beendet die aktuelle *Rumpfausführung*, aber nicht die ganze *Schleifenausführung*.

Das Beispiel-01 hat zwei „verschönerbare" Stellen: In Zeile 1 wird die Variable `einA` mit einem willkürlich gewählten (von 0 verschiedenen) Wert initialisiert, damit die Bedingung der `while`-Schleife (`einA != 0`) auch vor dem Einlesen der ersten Zahl erfüllt ist. Außerdem wird die Zahl 0, mit deren Eingabe der Benutzer die Schleife beendet, unnötigerweise zur `summeA` addiert.

Im folgenden Beispiel braucht die Variable `einC` nicht mit einem willkürlich gewählten Wert initialisiert zu werden, und die Zahl 0 wird nicht addiert. Diese kleinen Verschönerungen werden mit einer `break`-Anweisung erreicht.

Beispiel-03: Mit einer `break`-Anweisung

```
21     int einC;
22     int summeC = 0;
23     while (true) {
24         p("Eine Ganzzahl (0 zum Beenden)? ");
25         einC = EM.liesInt();
26         if (einC == 0) break;
27         summeC = summeC + einC;
28     }
29     pln("Summe: " + summeC);
```

Der `break`-Befehl bewirkt, dass (nicht nur die aktuelle *Rumpfausführung*, sondern) die ganze *Schleifenausführung* beendet wird und der Ausführer zum nächsten Befehl hinter der Schleife (das ist in diesem Beispiel der `pln`-Befehl in Zeile 29) vorrückt.

Mit einer `while-true`-Schleife wie in diesem Beispiel kann man ziemlich einfach und natürlich alle anderen Arten von Schleifen ersetzen. Wenn man nicht sicher ist, welche Art von Schleife sich zur Lösung eines bestimmten Problems am besten eignet, sollte man zuerst eine `while-true`-Schleife probieren.

Sonderformen der Anweisungen `break` und `continue` (break und `continue` mit Marken) werden im Abschnitt 4.2.8 über geschachtelte Schleifen behandelt.

Sind die Befehle `break` und `continue` wirklich *Anweisungen*, d. h. Befehle, die den Inhalt eines Wertebehälters verändern? Offenbar sind sie keine Vereinbarungen (sie erzeugen nichts) und keine Ausdrücke (sie berechnen keinen Wert). Aber einen Wertebehälter verändern sie doch auch nicht, oder?

Beim Ausführen eines Programms sollte der Ausführer immer genau wissen, „wo im Programm er gerade ist" und welchen Befehl er als nächsten ausführen muss. Deshalb, so sollte man sich vorstellen, besitzt er eine private Variable, die als *Befehlszähler* (engl. program counter) bezeichnet wird. Darin steht immer die Nummer des nächsten Befehls. Die Befehle *break* und *continue* ändern auf besondere Weise den Wert dieser versteckten Variablen, d. h. sie weisen dem Befehlszähler einen neuen Wert zu. Mit dieser Vorstellung wird es (hoffentlich) plausibel, dass die Befehle `break` und `continue` (und ganz ähnlich die Befehle `return`, `throw` und `assert`) allgemein als *Anweisungen* gelten.

4.1.5 Die return-Anweisung

Eine *return*-Anweisung dient dazu, ein *Unterprogramm* zu *beenden*.

Zur Erinnerung: Es gibt zwei Arten von Unterprogrammen, *Prozeduren* und *Funktionen*. Eine Funktion dient dazu, einen Wert zu berechnen, und bewirkt normalerweise nicht, dass Wertebehälter verändert werden. Eine Prozedur dient dazu, Wertebehälter zu verändern, und liefert keinen Ergebniswert.

return-Regel 1: Eine Prozedur *darf*, eine Funktion *muss* mit einem *return*-Befehl beendet werden.

return-Regel 2: In einer return-Anweisung in einer *Prozedur* ist es *nicht erlaubt*, einen Ausdruck anzugeben.

return-Regel 3: In einer `return`-Anweisung in einer *Funktion muss* ein *Ausdruck* angegeben werden. Der Ausdruck muss zum Rückgabetyp der Funktion gehören.

Die Beispiele dieses Abschnitts sind Teile der Programme `Return01`, `Return02` und `Retturn03` (in der im Abschnitt 1.3 beschriebenen Sammlung).

Beispiel-01: Eine *Prozedur*, die manchmal, aber nicht immer mit einer *return*-Anweisung beendet wird, kann etwa so aussehen:

```
 1    static void proz02(int n) {
 2        if (n < 0) {
 3            pln("n ist negativ!");
 4            return;
 5        }
 6
 7        if (0 < n) {
 8            pln("n ist positiv!");
 9            return;
10        }
11
12        pln("n ist gleich 0!");
13    } // proz02
```

Wenn man diese Prozedur auf den Wert 0 anwendet, wird sie *normal* beendet, d. h. nachdem der letzte Befehl ihres Rumpfes in Zeile 12 ausgeführt wurde. Wenn man sie auf einen anderen Wert anwendet, wird sie *nicht normal*, sondern durch eine `return`-Anweisung beendet (in Zeile 4 oder in Zeile 9).

Beispiel-02: Eine korrekte Funktion mit dem Rückgabetyp String

```
14    static String funk01(int n) {
15        String s = "n ist ";
16        if (n < 0) {
17            return s + "negativ!";
18        }
19
20        if (0 < n) {
21            return s + "positiv!";
22        }
23
24        return s + "gleich 0!";
25    } // funk01
```

Diese Funktion wird nie normal beendet, sondern immer durch eine `return`-Anweisung (in Zeile 17, 21 oder 24). Hinter `return` steht jeweils ein Ausdruck des Rückgabetyps `String`. Es folgt eine Übersetzung der ersten `return`-Anweisung (in Zeile 17):

Übersetzung: Berechne den Wert des Ausdrucks `s + "negativ!"` und beende die Funktion `funk01` mit diesem Wert als Ergebnis.

Die Funktionen in den folgenden beiden Beispielen enthalten Fehler und werden
vom Ausführer abgelehnt:

Beispiel-03: Eine Funktion in der noch eine `return`-Anweisung fehlt:

```
26  static boolean istGrossbuchstabe(char c) {
27      if ('A' <= c && c <= 'Z') {
28          return true;
29      }
30  } // istGrossbuchstabe
```

Wenn der Parameter `c` kein Großbuchstabe ist, würde diese Funktion *normal* beendet statt durch einen `return`-Befehl. Das ist grundsätzlich nicht erlaubt. Man
kann die Funktion korrigieren, indem man z. B. nach Zeile 29 die Anweisung
`return false;` einfügt.

Beispiel-04: Eine Funktion mit zwei *falschen* `return`-Anweisungen:

```
31  static int liefereWas(int n) {
32      if (n < 0) {
33          return;
34      }
35      return "Hallo!";
36  } // liefereWas
```

In der ersten `return`-Anweisung *fehlt* ein Ausdruck und in der zweiten hat der angegebene Ausdruck den falschen Typ (`String` statt `int`).

Der Ausdruck nach `return` darf beliebig *einfach* oder *kompliziert* sein. Häufig
wird eine Funktion *einfacher*, wenn man nach `return` einen *komplizierteren* Ausdruck angibt.

Beispiel-05: Einfache und kompliziertere Ausdrücke nach `return`:

```
37  static boolean istZifferA(char c) {
38      if ('0' <= c && c <= '9') {
39          return true;
40      } else {
41          return false;
42      }
43  } // istZifferA
44
45  static boolean istZifferB(char c) {
46      return '0' <= c && c <= '9';
47  } // istZifferB
```

In der Funktion `istZifferA` wird das Funktionsergebnis (`true` bzw. `false`)
hauptsächlich durch die `if`-Anweisung ermittelt, in den `return`-Anweisungen
(Zeile 39 und 41) stehen nur die ganz einfachen Ausdrücke `true` bzw. `false`.

In der Funktion `istZifferB` wird das Funktionsergebnis durch einen „komplizierten" Ausdruck beschrieben. Eine `if`-Anweisung ist bei dieser Lösung nicht nötig.

Es folgt eine Übersetzung der `return`-Anweisung in Zeile 46:

Übersetzung: Berechne den Wert des Ausdrucks `'0' <= c && c <= '9'` und beende die Funktion `istZifferB` mit diesem Wert als Ergebnis.

Der *Ausführer* verlangt *nicht*, dass man den Ausdruck nach `return` in *Klammern* einfasst, aber einige *Menschen* finden einen durch Klammern strukturierten Ausdruck leichter lesbar, etwa so:

```
48      return ( ('0' <= c) && (c <= '9') );
```

Der `return`-Befehl gilt als *Anweisung*, weil er auf besondere Weise den Befehlszähler des Ausführers verändert (siehe dazu das Ende des Abschnitts 4.1.4 über die Anweisungen `break` und `continue`).

4.1.6 Die leere Anweisung

Die leere Anweisung macht *nichts* (nichts Falsches und nichts Nützliches) und wird in Java durch ein *Semikolon* dargestellt. Das ist ein bisschen verwirrend, weil das Semikolon noch *andere Bedeutungen* hat, z. B. muss jede einfache Anweisung und jede Vereinbarung durch ein Semikolon abgeschlossen werden.

In anderen Sprachen ist die leere Anweisung wichtig und muss an bestimmten Stellen eines Programms notiert werden. Ein Java-Programmierer ist nie gezwungen, eine leere Anweisung zu verwenden. Als Kollege muss man leere Anweisungen aber lesen und erkennen können, falls der Programmierer sie doch verwendet hat.

Beispiel-01: Eine Befehlsfolge mit leeren Anweisungen darin kann etwa so aussehen:

```
1    ;;;
2    pln("Hallo!");;
3    if (a < 0) {
4        ;
5    } else {
6        pln("a ist groesser als 0!");
7    } // if
```

In Zeile 1 stehen drei leere Anweisungen, in Zeile 2 und 4 je eine. Das erste Semikolon in Zeile 2 ist keine leere Anweisung, sondern schließt die `pln`-Anweisung ab. Das Verhalten des Ausführers ändert sich nicht, wenn man einige oder alle leeren Anweisungen weglässt.

Eine *leere Anweisung* darf man in einem Java-Programm überall dort hinschreiben, wo eine Anweisung erwartet wird, sie ist aber kein Ersatz für einen Ausdruck. Deshalb gilt „der leere Befehl" als Grenzfall einer *Anweisung* (die null Wertebehälter verändert), und nicht als Ausdruck oder Vereinbarung.

4.1.7 Die throw-Anweisung

Die `throw`-Anweisung dient dazu, eine *Ausnahme* zu werfen, z. B. so:

```
1    throw new ArithmeticException("Die Summe ist zu gross!");
```

Was eine Ausnahme ist, warum man sie wirft und wie man sie wieder einfängt, wird im Kapitel 15 erläutert.

Der `throw`-Befehl gilt als *Anweisung*, weil er auf besondere Weise den Befehlszähler des Ausführers verändert (siehe dazu das Ende des Abschnitts 4.1.4 über die Anweisungen `break` und `continue`).

4.1.8 Die assert-Anweisung

Die `assert`-Anweisung ist mit der `throw`-Anweisung verwandt und dient dazu, eine Ausnahme zu werfen, wenn eine bestimmte Bedingung nicht zutrifft, z. B. so:

```
1    assert n>=0;
```

Falls n kleiner als 0 sein sollte, wird eine Ausnahme (des Typs `AssertionError`) geworfen. Solche `assert`-Anweisungen (Zusicherungen) werden im Abschnitt 15.8 näher erläutert.

4.2 Zusammengesetzte Anweisungen (compound statements)

Eine zusammengesetzte Anweisung *enthält* andere Anweisungen und bewirkt, dass sie *weniger als einmal* (also nicht) oder *mehr als einmal* (oder in bestimmten Fällen auch genau einmal) ausgeführt werden. Zu dieser Regel gibt es nur eine Ausnahme: die Blockanweisung.

4.2.1 Die Blockanweisung

Mit einer Blockanweisung kann man *beliebig viele* Anweisungen und Vereinbarungen zu *einer* Anweisung zusammenfassen. Eine Blockanweisung (kurz: ein Block) hat *keinen* Einfluss darauf, wie oft die in ihr enthaltenen Befehle ausgeführt werden.

Beispiel-01: Blockanweisungen können etwa so aussehen:

```
1   {}                                       // Ein leerer Block
2
3   {  String s = "Hallo "; pln(s + "Sebastian!");} // nicht-leer
```

Leere Blöcke sind nicht etwa *nutzlos*, sondern sehr praktisch und werden relativ häufig gebraucht. Das hängt mit folgender Regel zusammen:

Als *Rumpf* einer normalen *Methode muss* der Programmierer einen *Block* angeben. Wenn er möchte, dass die Methode *nichts* macht (und das kommt relativ häufig vor), kann er einen *leeren Block* angeben.

Solche Methoden mit einem *leeren Block* als *Rumpf* findet man z. B. in allen so genannten *Adapterklassen* der Java-Standardbibliothek (z. B. in den Klassen *WindowAdapter* und *MouseAdapter*). Diese Klassen sind beim Programmieren von graphischen Benutzeroberflächen (Grabos) nützlich.

Der Block in Zeile 3 enthält eine *Vereinbarung* und eine *Anweisung*. Dieser Block befiehlt dem Ausführer, eine String-Variable namens s zu erzeugen und dann die Methode pln auszuführen. Wenn der Ausführer den Block fertig ausgeführt hat, *zerstört* er die Variable s wieder. Im Programmtext bezeichnet der Name s außerhalb des Blocks (in Zeile 3) *nicht* die im Block vereinbarte Variable (sondern gar nichts oder eine anderswo vereinbarte Größe).

Das *Zerstören* einer Variablen hat (bei maschinellen Ausführern) auch eine sehr positive Folge: Das „Rohmaterial der Variablen" (bei heute üblichen Rechnern:

der Bereich im Hauptspeicher, der für die Variable reserviert wurde) wird *frei* und kann zum Erzeugen neuer Variablen verwendet werden.

Wenn man ein Programm selbst *mit Papier und Bleistift* ausführt und zum Ende eines Blocks kommt, sollte man alle lokalen Variablen des Blocks *ausradieren* (das wäre realistisch) oder zumindest deutlich *durchstreichen* (das ist bequemer; dabei sollte man aber die ganze *Variable* durchstreichen, nicht nur ihren letzten *Wert*!).

Beispiel-02: Ein Block in einem Block (d. h. ein geschachtelter Block)

```
4    {   String s1 = "Wackelpudding ";
5        {  String s2 = "Pickelhering";
6            pln(s1 + " und " + s2);
7        }
8        pln(s1 + " und Zimt");
9    }
```

Die Blockanweisung in den Zeilen 4 bis 9 soll deutlich machen, dass ein Block *beliebige* Anweisungen enthalten darf, auch *Blockanweisungen*. Die im äußeren Block vereinbarte Variable s1 existiert während der gesamten Ausführung des äußeren Blocks, also auch während der Ausführung des *inneren* Blocks (siehe Zeile 6) und danach (siehe Zeile 8).

Variablen, die innerhalb eines Blocks vereinbart wurden, bezeichnet man als *lokale Variablen* des Blocks. Bei einer *Methode* zählen auch die *Parameter* zu den lokalen Variablen ihres Rumpfes (der ja ein Block ist).

Innerhalb eines *Blocks* darf man *nicht* zwei lokale Variablen mit gleichen Namen vereinbaren. Das folgende Beispiel wird vom Ausführer mit drei Fehlermeldungen abgelehnt:

Beispiel-03: Eine Methode mit drei falschen Variablen-Vereinbarungen

```
10      static public void main(String[] sonja1) {
11          String sonja1 = "xxxxxx";              // falsch
12          String sonja2 = "Hallo ";
13          {
14              String sonja2 = "Hallo ";          // falsch
15              String sonja3 = "Sonja! ";
16              {
17                  String sonja3 = "Sonja! ";      // falsch
18                  String sonja4 = "Wie geht's?";
19                  pln(sonja2 + sonja3 + sonja4);
20              }
21          }
22      } // main
```

Die Vereinbarung einer Variablen namens `sonja1` (in Zeile 11) ist falsch, weil es schon einen *Parameter* dieses Namens gibt (siehe Zeile 10). Die Vereinbarung einer Variablen `sonja2` in Zeile 14 ist falsch, weil schon in einem umfassenden Block eine Variable dieses Namens vereinbart wurde (in Zeile 12). Aus dem gleichen Grund stehen die Vereinbarungen in den Zeilen 15 und 17 miteinander in Konflikt und mindestens eine muss geändert oder entfernt werden (siehe dazu auch die Beispielprogramme `Bloecke02` und `Bloecke03`).

Diese *Sichtbarkeitsregeln für Variablen* in Methoden und Blöcken sind in Java *einschränkender* (und als Folge davon ein bisschen *einfacher* zu verstehen und zu handhaben) als in einigen anderen Sprachen.

Aufgabe-01: Führen Sie das Beispielprogramm `Bloecke03` mit Papier und Bleistift aus. Was danach auf Ihrer (Papier-) Konsole stehen sollte, ist am Ende des Programmtextes als Kommentar angegeben.

4.2.2 Die if-Anweisung

Die `if`-Anweisung gehört zu den *Fallunterscheidungsanweisungen*. Mit einer Fallunterscheidungsanweisung kann man bewirken, dass darin enthaltene Befehle unter bestimmten Bedingungen *weniger als einmal* (also *nicht*) ausgeführt werden.

Beispiel-01: Eine einfache `if`-Anweisung hat nur *einen* Rumpf

```
1    if (a < b) pln(a);
```

Übersetzung: Berechne den Wert des Ausdrucks `a < b`. Wenn er gleich `true` ist, dann führe den Befehl `pln(a);` aus.

Falls die Bedingung `a < b` *nicht* erfüllt ist, wird der Befehl `pln(a);` also *nicht* ausgeführt. Diese „nicht-Ausführung" ist der tiefere Sinn einer if-Anweisung.

Die `if`-Anweisung im Beispiel-01 besteht aus der *Bedingung* `a < b` und dem *dann-Rumpf* `pln(a);`. Allgemein darf die Bedingung ein beliebig einfacher oder komplizierter Ausdruck vom Typ `boolean` sein und muss immer in *runde Klammern* eingeschlossen werden.

Als *dann-Rumpf* ist nur *eine* einzige Anweisung erlaubt. Wenn der Programmierer *mehrere* Befehle von einer Bedingung abhängig machen will, muss er sie zu *einem Block* zusammenfassen. Häufig ist es empfehlenswert, auch einen einzigen Befehl „zu einem Block zusammenzufassen", etwa so:

Beispiel-02: Eine `if`-Anweisung mit einem Block als Rumpf:

```
2    if (a < b) {
3        pln(a);
4    }
```

Für den *Ausführer* ist diese `if`-Anweisung *gleichbedeutend* mit der im Beispiel-01. Der *Programmierer* muss bei der zweiten Varianten *mehr schreiben*. Für den *Warter* (den Kollegen, der Wartungsarbeiten durchführt) hat die längere Variante aber folgenden *Vorteil*: Er kann vor oder hinter dem Befehle in Zeile 3 leicht weitere Befehle einfügen (z. B. kleine Testbefehle) und wieder entfernen, etwa so:

```
5    if (a < b) {
6        pln(a);
7        pln(b);
8    }
```

Bei der kurzen Varianten im Beispiel-01 ist eine entsprechende Veränderung aufwändiger, weil man auch noch geschweifte Klammern einführen (und später evtl. wieder entfernen) muss.

In Abwandlung eines alten Spruchs aus Jugendherbergen wird hier empfohlen: Der *Programmierer* sollte sein Programm so hinterlassen, wie er es als *Warter* anzutreffen wünscht.

Das erste `if`-Beispiel hat nur *einen* Rumpf. Es folgt ein `if` mit *zwei* Rümpfen:

Beispiel-03: Eine `if-else`-Anweisung hat *zwei* Rümpfe

```
9    if (a < b) {
10   .  pln(a);
11       a = b;
12   } else {
13       pln(b);
14       b = a;
15   } // if
```

Diese `if`-Anweisung besteht aus der *Bedingung* a < b, einem *dann-Rumpf* und einem *sonst-Rumpf*. Der *dann*-Rumpf beginnt mit der öffnenden geschweiften Klammer in Zeile 9 und endet mit der schließenden geschweiften Klammer in Zeile 12, aber im Wesentlichen besteht er aus den Zeilen 10 bis 11. Der *sonst*-Rumpf besteht entsprechend im Wesentlichen aus den Zeilen 13 bis 14.

`if`-Anweisungen wie im Beispiel-03 kann man wie folgt ins Deutsche übersetzen:

Übersetzung: Berechne den Wert des Ausdrucks a < b. Wenn er gleich `true` ist, dann führe den *dann*-Rumpf aus, sonst führe den *sonst*-Rumpf aus.

Für eine solche `if-else`-Anweisung gilt ganz allgemein: Genau *einer* der beiden Rümpfe wird *nicht* ausgeführt (und genau einer wird ausgeführt).

Als *dann*- bzw. *sonst-Rumpf* ist nur *eine* einzige Anweisung erlaubt, aber eine beliebige, z. B. eine Zuweisung oder eine Blockanweisung etc. Besondere Beachtung verdient der Spezialfall, bei dem der dann-Rumpf eine `if`-*Anweisung* ist. Statt eines konkreten Beispiels folgen hier zwei abstrakte Schemen für solche `if-else-if`-Anweisungen. Das erste Schema endet mit einem dann-Rumpf, das zweite dagegen mit einem sonst-Rumpf.

if-Schema-1: `if-else-if`-Befehle *ohne* abschließendes `else` haben folgende Struktur:

```
16   if (BEDINGUNG-1) {
17       DANN-RUMPF-1
18   } else if (BEDINGUNG-2) {
19 .     DANN-RUMPF-2
20   } else if (BEDINGUNG-3) {
21       DANN-RUMPF-3
22   ...
23   } else if (BEDINGUNG-n) {
24       DANN-RUMPF-n
25   } // if
```

Ausgeführt wird eine solche geschachtelte `if`-Anweisung nach den oben beschriebenen Regeln für `if`- und `if-else`-Anweisungen. Hier wird noch einmal zusammengefasst, was das bei einer dem if-Schema-1 entsprechenden Anweisung bedeutet:

Die *Bedingungen* werden der Reihe nach ausgewertet. Sobald der Ausführer eine findet, die *erfüllt* ist, führt er den zugehörigen *dann-Rumpf* aus und hat damit die gesamte Anweisung fertig ausgeführt (d. h. er springt zum ersten Befehl hinter der gesamten geschachtelten if-Anweisung). Falls keine der Bedingungen erfüllt ist, wird keiner der dann-Rümpfe ausgeführt. Bei dieser Varianten einer geschachtelten `if`-Anweisung wird also *höchstens einer* der Rümpfe ausgeführt, alle anderen werden *nicht* ausgeführt. Von den *Bedingungen* werden möglicherweise *alle*, mindestens aber *eine* (die erste) ausgewertet.

if-Schema-2: `if-else-if`-Befehle *mit* abschließendem `else` haben folgende Struktur:

```
26  if (BEDINGUNG-1) {
27      DANN-RUMPF-1
28  } else if (BEDINGUNG-2) {
29      DANN-RUMPF-2
30  } else if (BEDINGUNG-3) {
31      DANN-RUMPF-3
32  ...
33  } else if (BEDINGUNG-n) {
34      DANN-RUMPF-n
35  } else {
36      SONST-RUMPF
37  }// if
```

Bei einer geschachtelten `if`-Anweisung dieser Form wird genau *einer* der Rümpfe ausgeführt (entweder einer der dann-Rümpfe oder der sonst-Rumpf), die anderen Rümpfe werden nicht ausgeführt. Von den *Bedingungen* werden (genau wie bei der vorigen Varianten) möglicherweise *alle*, mindestens aber *eine* (die erste) ausgewertet.

`if`-Anweisungen mit einer `if`-Anweisung als *sonst-Rumpf* (entsprechend dem if-Schema-1 und -2), sind nicht besonders schwer zu lesen (zumindest wenn sie gut eingerückt sind). Dagegen sollte man `if`-Anweisungen mit einer `if`-Anweisung als *dann-Rumpf* nur möglichst selten anwenden, weil sie im allgemeinen schwer zu lesen sind. Es folgt ein (hoffentlich abschreckendes) Beispiel:

Beispiel-04: Seien `a`, `b`, `c`, und `max` vier `int`-Variablen. Der Variablen `max` soll das Maximum von `a`, `b` und `c` zugewiesen werden. Es folgt eine Lösung mit einer geschachtelten `if-if`-Anweisung:

```
38      if (a < b) {
39          if (b < c) {    // dann
40             max = c;      // dann  dann
41          } else {         // dann
42             max = b;      // dann  sonst
43          }                // dann
44      } else {
45          if (a < c) {     // sonst
46             max = c;      // sonst dann
47          } else {         // sonst
48             max = b;      // sonst sonst
49          }                // sonst
50      } // if
```

Die Kommentare sollen andeuten, welche Befehle zum dann-Rumpf bzw. zum sonst-Rumpf der *äußeren* if-Anweisung gehören (*erste* Spalte des Kommentars) und welche zusätzlich zum *dann-* bzw. sonst-Rumpf einer *inneren* if-Anweisung gehören (zweite Spalte des Kommentars).

Um deutlich zu machen, dass diese geschachtelte `if`-Anweisung schwer lesbar ist, wurde absichtlich ein kleiner *Fehler* eingebaut.

Aufgabe-01: Welche der Zeilen 38 bis 50 ist falsch und wie muss die richtige Zeile aussehen? Eine Lösung findet man am Ende dieses Abschnitts und im Beispielprogramm `If02`.

Wenn Sie diese Aufgabe schnell und ohne Mühe lösen konnten, dann hat sie *nicht* ihren beabsichtigten Zweck erfüllt. In diesem Fall sollten Sie versuchen, die folgende Aufgabe zu lösen:

Aufgabe-02: Schreiben Sie eine geschachtelte `if`-Anweisung (ähnlich der im Beispiel-04), die bewirkt, dass der Variablen `max` das Maximum von 5 Variablen a, b, c, d und e zugewiesen wird.

Wenn Sie auch diese Aufgabe ohne Mühe gelöst haben, sollten Sie beim Programmieren sehr vorsichtig sein: Es genügt nicht, dass *Sie* Ihre Programme leicht verständlich finden, auch Ihre Kollegen sollten eine Chance haben, sie zu verstehen. Versuchen Sie, trotz und mit Ihrer hohen Intelligenz möglichst *simple* Programme zu schreiben.

Eine (hoffentlich abschreckende) komplizierte Lösung der Aufgabe-02 findet man im Beispielprogramm `If03`.

Hier folgt eine *simple* (hoffentlich leicht verständliche) Variante von Beispiel-04:

Beispiel-05: Seien a, b, c, und `max` vier `int`-Variablen. Der Variablen `max` soll das Maximum von a, b und c zugewiesen werden.

```
51          max = a;
52
53          if (max < b)  max = b;
54          if (max < c)  max = c;
```

Aufgabe-3: Schreiben Sie eine entsprechend simple Lösung für die Aufgabe-02. Eine Lösung findet man im Beispielprogramm `If03`.

Lösung-01: Anstelle von `max = b;` muss in Zeile 48 die Zuweisung `max = a;` stehen.

4.2.3 Die switch-Anweisung

Die *switch*-Anweisung gehört zu den *Fallunterscheidungsanweisungen*. Mit einer Fallunterscheidungsanweisung kann man bewirken, dass darin enthaltene Befehle unter bestimmten Bedingungen *weniger als einmal* (also *nicht*) ausgeführt werden. In bestimmten Situationen ist eine switch-Anweisung ein eleganter Ersatz für eine geschachtelte if-Anweisung.

Aufgabe-01: Sei zeichen eine char-Variable. Je nachdem, ob sie eine öffnende oder schließende, runde oder eckige *Klammer* oder ein anderes Zeichen enthält, soll eine entsprechende Meldung ausgegeben werden.

Mit einer geschachtelten if-Anweisung kann man die Aufgabe-01 etwa so lösen (siehe auch das Beispielprogramm Switch01):

Beispiel-01:Eine Lösung der Aufgabe-01 mit einer geschachtelten if-Anweisung

```
1      if (zeichen == '(') {
2          pln("rund, oeffnend");
3      } else if (zeichen == '[') {
4          pln("eckig, oeffnend");
5      } else if (zeichen == ')') {
6          pln("rund, schliessend");
7      } else if (zeichen == ']') {
8          pln("eckig, schliessend");
9      } else {
10         pln("keine Klammer!");
11     } // if
```

In dieser Lösung kommt die Zeichenkette if (zeichen == ...) wiederholt vor. Die folgende switch-Anweisung leistet exakt das Gleiche wie die geschachtelte if-Anweisung, aber ohne die Wiederholungen:

Beispiel-02: Eine Lösung der Aufgabe-01 mit einer switch-Anweisung

```
12     switch (zeichen) {
13         case '(': pln("rund, oeffnend");     break;
14         case '[': pln("eckig, oeffnend");     break;
15         case ')': pln("rund, schliessend"); break;
16         case ']': pln("eckig, schliessend"); break;
17         default:  pln("keine Klammer!");      break;
18     } // switch
```

Diese switch-Anweisung besteht aus dem Ausdruck zeichen, der hinter dem Schlüsselwort switch in runden Klammern steht, und aus fünf *Fällen*. Jeder Fall beginnt mit einer *Fallmarke* (wie case '(': oder case ']': oder default:) und endet mit einer break-Anweisung.

Wenn der Ausführer eine solche Anweisung ausführt, berechnet er den Wert des Ausdrucks und springt dann zu der entsprechenden Fallmarke. Ab da führt er dann alle Befehle bis zum *Ende der* switch-*Anweisung* (und nicht nur bis zur nächsten Fallmarke!) aus. Mit break-Anweisungen kann man ihm befehlen, die switch-Anweisung schon früher zu beenden, z. B. vor der nächsten Fallmarke.

Normalerweise muss man in einer switch-Anweisung jeden Fall mit einer break-Anweisung abschließen. Das Beispielprogramm Switch04 demonstriert, was *ohne* solche break-Anweisungen passiert. Im obigen Beispiel könnte man die break-Anweisung in Zeile 17 weglassen, sie erleichtert dem Warter aber das Einfügen (und wieder Entfernen) von zusätzlichen Test-Befehlen, etwa so:

Beispiel-03: Die obige switch-Anweisung mit *zusätzlichen Testbefehlen* kann etwa so aussehen:

```
19      switch (zeichen) {
20          case '(': pln("rund,    oeffnend");    break;
21          case '[': pln("eckig,   oeffnend");    break;
22          case ')': pln("rund,    schliessend"); break;
23          case ']': pln("eckig,   schliessend"); break;
24          default:  pln("keine Klammer!");       break;
25          case 'x': pln("zeichen x, Fehler!");   break;
26          case 'y': pln("zeichen y, Fehler!");   break;
27      } // switch
```

Unabhängig davon, *wo* die Fallmarke default: steht, springt der Ausführer nur dann zu ihr, wenn keine andere Fallmarke „passt". Dem *Ausführer* ist die Reihenfolge der Fallmarken also gleichgültig, viele *Menschen* ziehen es aber vor, wenn die Fallmarke default: (in der ausgetesteten, endgültigen Version des Programms) als *letzte* notiert wird.

Wenn eine switch-Anweisung innerhalb einer *Funktion* steht, kann man die break-Anweisungen am Ende der einzelnen Fälle manchmal auch durch return-Anweisungen ersetzen. Siehe dazu das Beispielprogramm Switch02 (in der im Abschnitt 1.3 beschriebenen Sammlung).

Am Anfang eines Falles darf man auch *mehrere Fallmarken* angeben, etwa so:

Beispiel-04: *Mehrere* Fallmarken vor den Fällen können etwa so aussehen:

```
28      switch (zeichen) {
29          case '(':
30          case '[':
31          case '{': pln("oeffnend");    break;
32          case ')':
33          case ']':
34          case '}': pln("schliessend"); break;
35      } // switch
```

Eine `switch`-Anweisung muss keinen `default`-Fall enthalten. Aber wenn die Fallmarke `default:` vorkommt, muss sie *allein* stehen und darf nicht mit anderen Fallmarken kombiniert werden.

> **Def.:** Ein *konstanter Ausdruck* ist ein Ausdruck, dessen Wert der Ausführer schon bei der Übergabe des Programms („zur Compilezeit") berechnen kann, und nicht erst während einer *Ausführung* des Programms („zur Laufzeit").

Die genaue Definition ist etwas komplizierter, aber praktisch dürfen konstante Ausdrücke nur folgende Bestandteile enthalten: *Literale*, `final`-*Variablen*, die mit konstanten Ausdrücken initialisiert wurden, die *Vorzeichen* + und –, die arithmetischen *Operatoren* +, –, *, /, % , sowie ein paar weitere Operatoren.

In einer Fallmarke darf man hinter dem Schlüsselwort `case` nur einen solchen konstanten Ausdruck angeben, wie im folgenden Beispiel (siehe auch das Programm `Switch05`):

Beispiel-05: In einer Fallmarke (nach `case` und vor dem Doppelpunkt `:`) ist nur ein *konstanter Ausdruck* erlaubt

```
36     int n = ... // Wird z. B. eingelesen
37
38     // Eine final-Variable K1, die mit einem konstanten
39     // Ausdruck initialisiert wird:
40     final int K1 = 3+2;
41
42     switch (n) {
43        case 17:   pln("Fall    17! ");   break;
44        case 'A':  pln("Fall    'A'! ");  break;
45        case K1:   pln("Fall    K1! ");   break;
46        case K1+3: pln("Fall K1+3! ");    break;
47        case -K1:  pln("Fall    -K1! ");  break;
48        case 2*K1: pln("Fall 2*K1! ");    break;
49     } // switch
```

Der *Ausdruck* einer `switch`-Anweisung (der hinter dem Schlüsselwort `switch` in runde Klammern eingeschlossen steht), muss zu einem der vier primitiven Typen `byte`, `char`, `short` oder `int` oder zu einem *Aufzählungstyp* gehören. Insbesondere darf dieser Ausdruck *nicht* zum Typ `long` oder zum Typ `String` gehören. Mit ein bisschen Zusatzaufwand kann man aber trotzdem eine Art „Fallunterscheidung über Strings" programmieren.

Normale `switch`-Anweisungen findet man in den Beispielprogrammen `Switch01` bis `Switch06`, solche über Strings in `Switch07` und über die Werte von Aufzählungstypen in `Aufzaehlungen01` und `Aufzaehlungen02`.

Anmerkung: Die `switch`-Anweisung in Java stammt aus der Sprache C und hat zwei kleine Schwächen: Man muss fast immer jeden Fall mit einer `break`-Anweisung abschließen und es gibt keine Notation, mit der man *viele Fälle* kompakt angeben kann, etwa so: `case 100 to 199:` oder so ähnlich. Wenn man in sehr *vielen* Fällen die gleichen Befehle ausführen lassen will, verliert die Java-`switch`-Anweisung deshalb ihre Eleganz, und man sollte erwägen, ob eine geschachtelte `if`-Anweisung nicht kompakter und leichter lesbar ist. Das Beispielprogramm `Switch03` enthält einen Grenzfall.

4.2.4 Die while- und die do-while-Anweisung

Die `while`- und die `do-while`-Anweisung gehören zu den *Schleifenanweisungen*. Mit einer Schleifenanweisung kann man bewirken, dass die darin enthaltenen Befehle *mehr als einmal* ausgeführt werden.

Wir unterscheiden hier drei Formen von `while`-Schleifen, eine *allgemeine Form* und zwei *Spezialformen*:

Allgemeine Form:	`while (true)      RUMPF`
Spezialform 1:	`while (BEDINGUNG) RUMPF`
Spezialform 2:	`do RUMPF while (BEDINGUNG);`

Als `RUMPF` darf man nur *eine*, aber eine beliebige Anweisung angeben. Häufig ist der `RUMPF` eine *Blockanweisung*. Als `BEDINGUNG` darf/muss man einen beliebigen Ausdruck des Typs `boolean` angeben (dessen Wert also entweder `true` oder `false` ist). Bei der allgemeinen Form wird als `BEDINGUNG` einfach das Literal `true` angegeben, bei den Spezialformen eine andere, „ richtige" Bedingung.

Die folgenden Beispiele für `while`-Schleifen findet man im Programm `While01` (in der im Abschnitt 1.3 beschriebenen Sammlung). Dort ist auch die parameterlose Funktion `zufallsZahl` vereinbart. Sie liefert bei jedem Aufruf einen *zufällig* gewählten `int`-Wert (aus dem Bereich 10 bis 99, d. h. eine *zweistellige Zufallszahl*).

Beispiel-01: Eine `while`-Schleife der *allgemeinen Form* kann etwa so aussehen:

```
1       int     eineZahl;
2       String ergebnis = "";
3
4       while (true) {
5          eineZahl = zufallsZahl();
6          if (eineZahl > 85) break;
7          ergebnis = ergebnis + eineZahl + " ";
8       } // while
```

In Zeile 2 wird eine `String`-Variable namens `ergebnis` vereinbart und mit einem *leeren String* (`""`) initialisiert. Ein leerer String enthält *null* Zeichen, und man sollte ihn nicht mit einem String `" "` verwechseln, der ein Blank (oder: Leerzeichen, engl. space) enthält (siehe Zeile 7).

In den Zeilen 4 bis 8 steht eine `while`-Schleife mit einer *Blockanweisung* als Rumpf. Dieser Block fasst die *drei* Anweisungen in den Zeilen 8 bis 10 zu *einer* Anweisung zusammen. Die Pluszeichen in Zeile 7 bewirken, dass der Wert der `int`-Variablen `eineZahl` in einen `String` umgewandelt und mit den beiden Strings `ergebnis` und `" "` konkateniert („zu einem String zusammengehängt") wird.

Der Ausführer führt den *Rumpf* der `while`-Schleife wiederholt aus, bis die Bedingung `eineZahl > 85` erfüllt ist und die Schleife durch den `break`-Befehl beendet wird.

Insgesamt bewirkt die Schleife, dass null oder mehr Zufallszahlen berechnet, in Strings umgewandelt und an den String `ergebnis` angehängt werden. Wie viele Zahlen nach Ausführung der Schleife im String `ergebnis` stehen, hängt vom Zufall ab.

Die `if`-Anweisung in Zeile 6 bewirkt, dass die `while`-Schleife irgendwann einmal beendet wird. In der allgemeinen Form einer Schleife wird also „irgendwo mitten im Rumpf" geprüft, ob die Schleife beendet werden soll. Man bezeichnet solche Schleifen deshalb auch als *mittelprüfende Schleifen* (engl.: middlebreak loops).

„*Irgendwo* mitten im Rumpf" schließt auch die Spezialfälle „ganz am *Anfang* des Rumpfes" und „ganz am *Ende* des Rumpfes" mit ein, wie die folgenden Beispiele deutlich machen sollen. Darin wird jeweils eine *vorgegebene Anzahl* von Zufallszahlen zu einem String zusammengefasst. Die gewünschte Anzahl steht dabei in einer `int`-Variablen namens `anzahl`.

Beispiel-02: Eine vorprüfende `while`-Schleife in *allgemeiner Form*

```
9      int    anzahl   = ...    // Wird irgendwie initialisiert
10     int    eineZahl;
11     String ergebnis = "";
12
13     while (true) {
14         if (anzahl <= 0) break;
15         eineZahl = zufallsZahl();
16         ergebnis = ergebnis + eineZahl + " ";
17         anzahl   = anzahl - 1;
18     } // while
```

In dieser allgemeinen `while`-Schleife steht der `if-break`-Befehl ganz am *Anfang* des Rumpfes (in Zeile 14). Wenn die Variable `anzahl` mit 0 (oder mit einer negativen Zahl) initialisiert wird, werden 0 Zufallszahlen berechnet, und der `ergebnis`-String bleibt leer.

Solche Schleifen, bei denen *vor* der Ausführung aller anderen Befehle geprüft wird, ob sie beendet werden sollen, bezeichnet man auch als *vorprüfende Schleifen* (engl. precheck loops). Man kann sie auch in der *Spezialform 1* notieren wie im folgenden Beispiel. Das Ausrufezeichen ! bezeichnet in Java die `nicht`-Operation (oder: Negation), die `true` in `false` und `false` in `true` umwandelt.

Beispiel-03: Eine vorprüfende `while`-Schleife in der *Spezialform 1*

```
19     int    anzahl   = ...    // Wird irgendwie initialisiert
20     int    eineZahl;
21     String ergebnis = "";
22
23     while (! (anzahl <= 0)) {
24         eineZahl = zufallsZahl();
25         ergebnis = ergebnis + eineZahl + " ";
26         anzahl   = anzahl - 1;
27     } // while
```

Diese `while`-Schleife enthält keinen `if-break`-Befehl mehr. Nur die *Bedingung* der `if`-Anweisung (aus Zeile 14) findet man in negierter Form als Bedingung der `while`-Anweisung wieder (in Zeile 23).

Diese Bedingung ! `(anzahl <= 0)` kann man zu `anzahl > 0` vereinfachen, aber dann ist der Zusammenhang mit dem vorigen Beispiel-02 etwas weniger offensichtlich. Mit oder ohne Vereinfachung leistet die `while`-Anweisung im Beispiel-03 genau das Gleiche wie die im Beispiel-02.

Als *nachprüfend* bezeichnet man eine Schleife, bei der *nach* Ausführung aller anderen Befehle geprüft wird, ob die Schleife beendet werden soll (engl. postcheck loop).

Beispiel-04: Eine nachprüfende while-Schleife in *allgemeiner Form*

```
28    int    anzahl   = ...    // Wird irgendwie initialisiert
29    int    eineZahl;
30    String ergebnis = "";
31
32    while (true) {
33       eineZahl = zufallsZahl();
34       ergebnis = ergebnis + eineZahl + " ";
35       anzahl   = anzahl - 1;
36       if (anzahl <= 0) break;
37    } // while
```

In dieser allgemeinen while-Schleife steht der if-break-Befehl ganz am *Ende* des Rumpfes (in Zeile 36). Auch wenn man die Variable anzahl mit 0 (oder mit einer negativen Zahl) initialisiert, wird *eine* Zufallszahl berechnet und an den leeren ergebnis-String angehängt.

Man kann solche nachprüfenden Schleifen auch in der *Spezialform 2* als do-while-Anweisungen notieren, etwa so:

Beispiel-05: Eine nachprüfende while-Schleife in der *Spezialform 2*

```
38    int    anzahl = ...    // Wird irgendwie initialisiert
39    int    eineZahl;
40    String ergebnis = "";
41
42    do {
43       eineZahl = zufallsZahl();
44       ergebnis = ergebnis + eineZahl + " ";
45       anzahl   = anzahl - 1;
46    } while (! (anzahl <= 0));
```

Auch in dieser Spezialform fehlt die if-break-Anweisung, und nur die Bedingung der if-Anweisung (aus Zeile 36) findet man in negierter Form wieder (in Zeile 46) als Bedingung der do-while-Schleife. Auch in diesem Beispiel kann man die Bedingung ! (anzahl <= 0) zu anzahl > 0 vereinfachen. Mit oder ohne Vereinfachung leistet die do-while-Anweisung im Beispiel-05 genau das Gleiche wie die while-Anweisung im Beispiel-04.

Beim Entwickeln eines Programms empfiehlt es sich, alle while-Schleifen zunächst einmal in der Form while (true) RUMPF mit einer if-break-Anweisung im RUMPF zu notieren. Diese allgemeine Form erlaubt es dem Programmierer, *vor* und *hinter* der `if-break`-Anweisung beliebige Befehle einzufügen (und wieder zu entfernen). Wenn das Programm dann fertig ist, kann man die Schleifen, bei denen die `if-break`-Anweisung ganz am Anfang bzw. ganz am Ende des Rumpfes steht, in die entsprechende Spezialform `while (BEDINGUNG) RUMPF` bzw. `do RUMPF while (BEDINGUNG);` umwandeln. Ob man diese Umwandlung vornimmt oder die Spezialformen ganz vermeidet, ist Geschmacksache.

Eine Schleife im Rumpf einer *Methode* kann auch mit einer `return`-Anweisung beendet werden. Die folgende Schleife ist Teil einer *Funktion*, die den größten *Teiler* ihres `int`-Parameters n berechnen und als Ergebnis liefern soll:

Beispiel-06: Die folgende `while`-Schleife wird durch eine `return`-Anweisung beendet. Der Einfachheit halber wird hier angenommen, dass der Betrag von n garantiert größer oder gleich 2 ist.

```
47     static int groessterTeiler(int n) {
48        ...
49        // Kein Teiler von n kann groesser als der Betrag
50        // von n/2 sein:
51        int teiler = Math.abs(n/2);
52        ...
53        while (true) {
54            if (n % teiler == 0) return teiler;
55            teiler = teiler - 1;
56        } // while
57     } // groessterTeiler
```

Die Bedingung `n % teiler == 0` ist genau dann erfüllt, wenn n durch `teiler` teilbar ist. Ein paar weitere Erläuterungen zu dieser Schleife findet man im Beispielprogramm `While02`.

Eine Schleife kann auch *mehrere* Anweisungen enthalten, durch die sie beendet wird. Die folgende Schleife liest wiederholt zwei Zahlen von der Tastatur ein und gibt ihr Produkt zur Konsole aus. Wenn der Benutzer eine 0 eingibt, wird die Schleife beendet (siehe Beispielprogramm `While03`):

Beispiel-07: Die folgende `while`-Schleife enthält zwei `if-break`-Anweisungen.

```
58     while (true) {
59
60         p("Eine Ganzzahl a (0 zum Beenden): ");
61         int a = EM.liesInt();
62         if (a == 0) break;      // Eine if-break-Anweisung
63
64         p("Eine Ganzzahl b (0 zum Beenden): ");
65         int b = EM.liesInt();
66         if (b == 0) break;      // Noch eine if-break-Anweisung
67
```

```
68        pln(a + " mal " + b + " ist gleich " + a * b);
69    } // while
```

Der Rumpf einer Schleife wird normalerweise *mehrmals* ausgeführt. Es kommt aber auch vor, dass er nur *einmal* oder sogar *weniger als einmal* (also nicht) ausgeführt wird. Mit *while*-Schleifen kann man dem Ausführer also auch etwas befehlen, was man normalerweise als if-Anweisung formuliert. Es gilt sogar allgemein: Man kann jede if-Anweisung durch entsprechende while-Anweisungen ersetzen. Es ist nicht empfehlenswert, diese theoretische Erkenntnis in ernsthaften Programmen anzuwenden, aber die nächste Aufgabe kann einem dabei helfen, mit if- und while-Anweisungen vertraut zu werden.

Aufgabe-01: Seien n1 und n2 zwei int-Variablen. Können Sie while-Anweisungen (ohne if-Anweisung darin) finden, die genau das gleiche leisten wie die folgende if-Anweisung?

```
70        if (n1 < n2) {
71            pln("A");
72        } else {
73            pln("B");
74        }
```

Eine Lösung findet man im Beispielprogramm While04.

4.2.5 Die for-Anweisung

Die for-Anweisung gehört zu den *Schleifenanweisungen*. Mit einer Schleifenanweisung kann man bewirken, dass die darin enthaltenen Befehle *mehr als einmal* ausgeführt werden.

for-Schleifen sind deutlich komplizierter als while-Schleifen, wie die folgenden Beispiele (einschließlich des ersten) deutlich machen sollen.

Beispiel-01: Eine relativ einfache for-Schleife kann etwa so aussehen:

```
1     for (int i=1; i<=12; i++) {
2         p(i + " ");
3     }
```

Diese Schleife gibt die folgende Zahlenfolge zur Konsole aus:

```
> 1 2 3 4 5 6 7 8 9 10 11 12
```

Der Rumpf der `for`-Schleife besteht im Wesentlichen aus dem p-Befehl in Zeile 2 (und den geschweiften Klammern in Zeile 1 und 3). Der p-Befehl bewirkt, dass der Wert des Ausdrucks `i +   "  "` zur Konsole ausgegeben wird (siehe Beispielprogramm `For01`). Den Wert des Ausdrucks berechnet der Ausführer, indem er den momentanen Wert von `i` in einen String umwandelt und mit dem String `"  "` konkateniert.

Die `for`-Schleife veranlasst den Ausführer zu folgenden Aktionen:

Zuerst erzeugt er eine Variable namens `i` vom Typ `int` mit dem Anfangswert 1.

Dann prüft er die Bedingung `i<=12`. Da sie erfüllt ist, führt er den Rumpf der Schleife und dann den Befehl `i++` aus. Dadurch wird der String `"1  "` ausgegeben und der Wert von `i` wird von 1 auf 2 erhöht.

Dann prüft der Ausführer erneut die Bedingung `i<=12`. Da sie wieder erfüllt ist, führt er den Rumpf der Schleife und dann den Befehl `i++` aus. Dadurch wird der String `"2  "` ausgegeben und der Wert von `i` wird von 2 auf 3 erhöht.

... etc. etc.

Dann prüft der Ausführer erneut die Bedingung `i<=12`. Da sie wieder erfüllt ist, führt er den Rumpf der Schleife und dann den Befehl `i++` aus. Dadurch wird der String `"12  "` ausgegeben und der Wert von `i` wird von 12 auf 13 erhöht.

Dann prüft der Ausführer erneut die Bedingung `i<=12`. Da sie diesmal *nicht* erfüllt ist, zerstört er die Variable `i` und beendet die `for`-Schleife.

Beispiel-02: Die folgenden beiden Schleifen sind (hoffentlich) nicht viel komplizierter als das erste Beispiel:

```
4           for (int i=-7; i<30; i=i+4) {
5               p(i + "  ");
6           }
7
8           for (int i=2; i<=512; i=2*i) {
9               p(i + "  ");              .
10          }
```

Aufgabe-01: Die `for`-Schleifen im `Beispiel-02` geben (ähnlich wie die `for`-Schleife im `Beispiel-01`) Zahlenfolgen zur Konsole aus. Welche Zahlenfolgen sind das? Eine Lösung findet man im Beispielprogramm `For01`.

Allgemein besteht eine `for`-Schleife aus *vier* Teilen: Einem *Initialisierungsteil*, einer *Bedingung*, einem *Fortschaltungsteil* und einem *Rumpf.*

```
for (INITIALISIERUNGSTEIL ; BEDINGUNG ; FORTSCHALTUNGSTEIL) RUMPF
```

Der `INITIALISIERUNGSTEIL` besteht meist aus einer Variablenvereinbarung. Als `BEDINGUNG` darf man einen beliebigen Ausdruck des Typs `boolean` angeben. Als `FORTSCHALTUNGSTEIL` gibt man meist einen Ausdruck mit Seiteneffekt an (z. B. `i++` oder `i = i + 2` etc.). Als `RUMPF` darf man nur *eine*, aber eine beliebige Anweisung angeben. Häufig ist der `RUMPF` eine *Blockanweisung.*

Die vier Teile einer `for`-Schleife werden in folgender Reihenfolge ausgeführt:

```
INITIALISIERUNGSTEIL        BEDINGUNG
RUMPF    FORTSCHALTUNGSTEIL  BEDINGUNG
RUMPF    FORTSCHALTUNGSTEIL  BEDINGUNG
...
RUMPF    FORTSCHALTUNGSTEIL  BEDINGUNG
```

Die Ausführung einer `for`-Schleife beginnt also immer mit dem *Initialisierungsteil* und endet immer mit einer Auswertung der *Bedingung*. Der Initialisierungsteil wird *genau einmal* ausgeführt, die Bedingung wird *einmal oder häufiger* und die anderen beiden Teile werden *nullmal oder häufiger* ausgeführt.

Die Bedingung wird auch als *Prüfteil* der for-Schleife bezeichnet.

Hier noch eine andere Darstellung die deutlich machen soll, in welcher Reihenfolge die vier Teile einer `for`-Schleife ausgeführt werden:

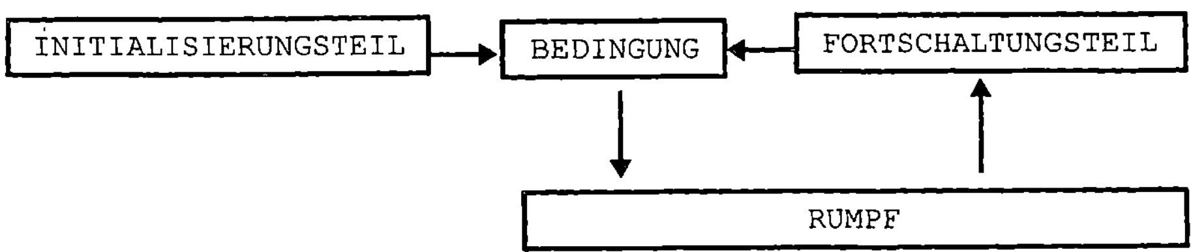

Bild 4.1 Ablaufdiagramm der for-Schleife

Der *Fortschaltungsteil* wird also jeweils *nach* dem Rumpf und *vor* der Bedingung ausgeführt.

Im folgenden Beispiel wird mit einer `for`-Schleife eine Zeile des kleinen Einmaleins ausgegeben (siehe Beispielprogramm `For02`).

Beispiel-03: Sieben mal eins ist sieben, sieben mal neun ist dreiundsechzig:

```
11      int n1 = 7;
12      p(n1 + "|");
13      for (int n2=1; n2<=9; n2++) {
14          p("x" + n2 + "=" + (n1*n2) + "|");
15      } // for
```

Diese for-Schleife gibt folgende Zeile zur Konsole aus (das Zeichen x sollte hier als *mal* gelesen werden):

```
> 7|x1=7|x2=14|x3=21|x4=28|x5=35|x6=42|x7=49|x8=56|x9=63|
```

for-Schleifen werden häufig dazu benützt, die einzelnen Zeichen eines Strings oder die einzelnen Komponenten einer Reihung zu bearbeiten. Reihungen werden im Kapitel 7 und String -Objekte im Abschnitt 10.1 behandelt. Das folgende Beispiel enthält ein paar Vorgriffe auf diese Abschnitte und wird hier nur kurz erläutert.

Beispiel-03: Alle Zeichen eines Strings *s* werden untersucht:

```
16      String s      = ... // wird z. B. eingelesen
17      int     anzahl = 0;
18
19      for (int i=0; i<s.length(); i++) {
20          if (s.charAt(i) == 'A') anzahl++;
21      } // for
```

Die einzelnen Zeichen eines Strings sind (mit 0 beginnend) durchnummeriert. Die Nummern bezeichnet man auch als *Indizes*. Z. B. hat im String "Hallo!" das Zeichen 'H' den Index 0 und das Zeichen '!' den Index 5. Der Ausdruck s.charAt (i) (in Zeile 20) bezeichnet das i-te Zeichen des Strings s, d. h. das Zeichen von s, dessen Index in der Variablen i steht. Der Ausdruck s.length() (in Zeile 19) bezeichnet die Länge des Strings s, d. h. die Anzahl seiner Zeichen.

Die for-Schleife in Zeile 19 bis 21 zählt, wie oft das Zeichen 'A' in dem String s vorkommt. Das Ergebnis steht am Schluss in der Variablen anzahl.

Eine Variable, die im Initialisierungsteil einer for-Schleife vereinbart wurde, bezeichnet man auch als eine *Indexvariable* der for-Schleife. Häufig werden Indexvariablen mit kurzen Namen wie i, j oder k versehen. Im Beispiel-03 wurde die Indexvariable i dazu benützt, um auf die einzelnen Zeichen eines Strings zuzugreifen. Manchmal wird die Indexvariable auch nur zum Zählen und für nichts anderes verwendet, wie im folgenden Beispiel:

Beispiel-04: Einen Befehl wiederholt ausführen lassen

```
22     int laenge = ... // wird irgendwie festgelegt
23     for (int i=1; i<=laenge; i++) p('-');
```

Diese `for`-Schleife gibt `laenge` viele Minuszeichen aus (siehe Beispielprogramm `For03`). Die Indexvariable `i` wird nur in der Bedingung `i<=laenge` benutzt und kommt im Rumpf der Schleife nicht vor. Der Rumpf ist hier kein Block, sondern eine einfache Anweisung.

Eine im Initialisierungsteil einer `for`-Schleife vereinbarte Indexvariable wird vom Ausführer *zerstört*, sobald er die Schleife fertig ausgeführt hat. Wenn der Programmierer die Indexvariable auch *nach* der Schleife noch benutzen möchte, sollte er sie *vor* der Schleife vereinbaren, etwa so:

Beispiel-05: Eine Indexvariable `teiler` wird *vor* der Schleife vereinbart:

```
24     int n = ... // wird z. B. eingelesen
25     int teiler;
26     for (teiler=2; n % teiler != 0; teiler++) {}
27     pln("Der kleinste Teiler von n ist " + teiler);
```

Zur Erinnerung: Die Bedingung `n % teiler != 0` ist genau dann erfüllt, wenn `n` *nicht* durch `teiler` teilbar ist (wenn der Rest der Division `n / teiler` ungleich 0 ist).

Die Indexvariable `teiler` existiert auch nach Ausführung der Schleife noch und enthält dann den kleinsten Teiler der Zahl `n`. Initialisiert wird die Indexvariable in diesem Beispiel im Initialisierungsteil der `for`-Schleife. Man hätte sie hier auch gleich bei der Vereinbarung (in Zeile 25) initialisieren können.

Man beachte, dass die Schleife in Zeile 26 einen *leeren Rumpf* hat. Sie dient „nur" dazu, die Indexvariable `teiler` geeignet zu verändern (siehe auch das Beispielprogramm `For04` in der im Abschnitt 1.3 beschriebenen Sammlung).

Nicht nur der *Rumpf*, auch die anderen drei Teile einer `for`-Schleife (der Initialisierungsteil, die Bedingung und der Fortschaltungsteil) können vom Programmierer *leer* gelassen werden. Eine *leere Bedingung* gilt als immer *erfüllt*. Im Beispielprogramm `For05` findet man unter anderem die folgende Schleife:

Beispiel-06: Die folgende `for`-Schleife hat drei *leere Teile*:

```
28     int n = ... // wird z. B. eingelesen
29     for (;;) {
30         n = 2*n;
31         if (n>1000) break;
32     }
33     pln("n ist gleich " + n);
```

Man beachte, dass die beiden *Semikolons* in den runden Klammern nach `for` (siehe Zeile 29) auf jeden Fall notiert werden müssen, auch wenn man die Teile, die normalerweise durch die Semikolons getrennt werden, *leer* lässt. Eine Schleife der Form `for (;;) RUMPF` bewirkt das Gleiche wie `while (true) RUMPF`.

In vielen `for`-Schleifen wird *eine* Indexvariable vereinbart und fortgeschaltet. Man kann aber auch *mehrere* Variablen vereinbaren und fortschalten, etwa so:

Beispiel-07: *Mehrere* Indexvariablen werden vereinbart und fortgeschaltet:

```
34        for (long e=0, p=1;  p>0;  p*=2, e++) {
35            pln("2 hoch " + e + " ist gleich " + p);
36        } // for
```

Was diese Schleife ausgibt, findet man als Kommentar am Ende des Beispielprogramms `For02`. Die Variable e enthält jeweils einen *Exponenten* (0, 1, 2, 3, ... etc.) und die Variable p die entsprechende *Potenz* von 2 (2 hoch e: 1, 2, 4, 8, ... etc.). Die Ausführung dieser Schleife wird beendet, wenn die Potenz p kleiner oder gleich 0 wird. Mathematisch gesehen sollte das *nie* passieren, denn die anfangs positive Zahl p wird ja immer nur verdoppelt. Aber `long`-Variablen haben nur eine bestimmte, sehr endliche Größe (64 Bit). Wenn man p oft genug vergrößert, tritt ein so genannter *Überlauf* ein und der Wert von p „schlägt ins Negative um". Diese unschöne Tatsache wird im Abschnitt 5.5 über Ganzzahlarithmetik genauer behandelt.

Alle Variablen, die man im Initialisierungsteil einer `for`-Schleife vereinbart, müssen *zum selben Typ* gehören. Im Beispiel-07 werden zwei Variablen des Typs `long` vereinbart. Wenn man Variablen *verschiedener* Typen braucht, muss man zumindest einige davon *vor* der Schleife vereinbaren.

4.2.6 Schleifen selbst ausführen

Als Beispiel und Übung soll gezeigt werden, wie man einen Aufruf der folgenden Prozedur (mit einer kleinen `for`-Schleife darin) "mit Papier und Bleistift" ausführren kann.

```
1        static void gibWasAus() {
2            p("Erg: |");
3
4            for (int otto=39; otto%2!=0; otto=otto/2) {
5                p((otto+1) + "|");
6            }
7            pln();
8        } // gibWasAus
```

Wir beginnen auch hier (ähnlich wie im Kapitel 3) mit einem leeren *Speicher* und einer leeren *Konsole*, die wir z. B. durch 2 Bereiche auf einem Blatt Papier realisieren können, etwa so (der kleine Strich auf der Konsole soll den Cursor darstellen. Versuchen Sie aber nicht, den Cursor blinken zu lassen, das kostet zu viel Radiergummi und Bleistift):

```
Speicher:                    Konsole:
 ┌──────────────────┐         ┌──────────────────┐
 │                             │ _
 │                             │
 │
```

Die auszuführenden Befehle werden im folgenden auf Deutsch wiedergegeben und durch ein paar Hinweise ergänzt.

1. Wir beginnen mit dem Befehl in Zeile 2:
Berechne den Wert des Ausdrucks "A: |" und führe damit als Parameter die Prozedur p aus. Dadurch wird die Zeichenkette "A: |" zur Konsole ausgegeben.

2. Die Ausführung der `for`-Schleife beginnt mit der Erzeugung der Schleifenvariablen:
Erzeuge ein Variablen namens `otto` vom Typ `int` mit dem Anfangswert `39`.

Nach diesen beiden Schritten sehen der Speicher und der Bildschirm etwa so aus:

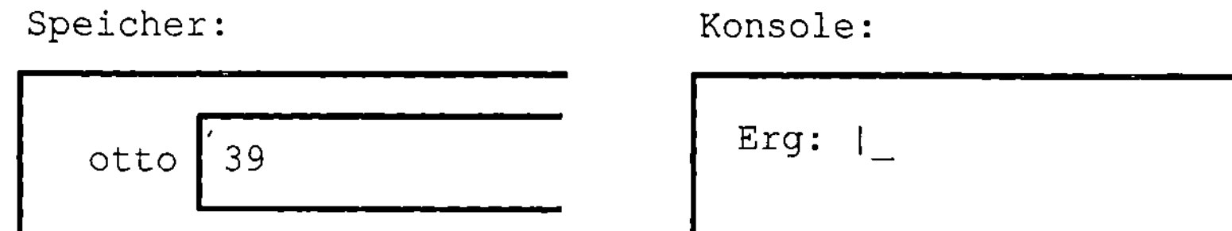

```
Speicher:                    Konsole:
 ┌──────────────────┐         ┌──────────────────┐
 │  otto │ 39    │            │ Erg: |_
 │       └───────┘            │
```

3. Der Prüfteil der `for`-Schleife:
Berechne den Wert des Ausdrucks `otto%2!=0`. Das Ergebnis ist `true`, deshalb fahren wir mit dem Rumpf der Schleife fort.

4. Berechne den Wert des Ausdrucks `(otto+1) + "|"` und rufe damit als Parameter die Prozedur p auf. Dadurch wird die Zeichenkette "40|" zur Konsole ausgegeben.

5. Der Fortschaltungsteil der `for`-Schleife:
Berechne den Wert des Ausdrucks `otto/2` und weise ihn der Variablen `otto` zu.

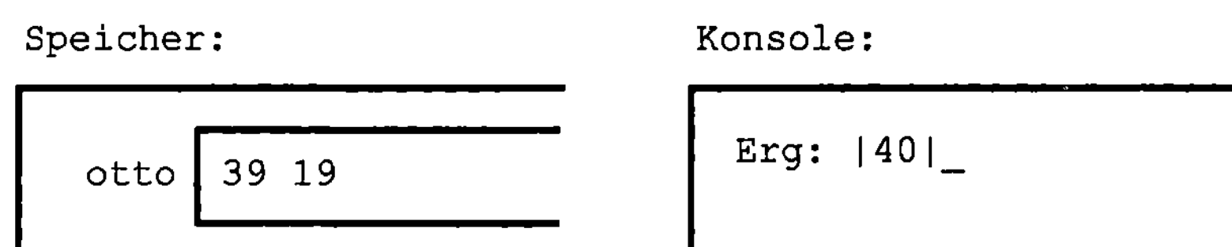

6. Der Prüfteil der `for`-Schleife:
Berechne den Wert des Ausdrucks `otto%2!=0`. Das Ergebnis ist `true`, deshalb fahren wir mit dem Rumpf der Schleife fort.

7. Berechne den Wert des Ausdrucks `(otto+1)` + `"|"` und rufe damit als Parameter die Prozedur `p` auf. Dadurch wird die Zeichenkette `"20|"` zur Konsole ausgegeben.

8. Der Fortschaltungsteil der `for`-Schleife:
Berechne den Wert des Ausdrucks `otto/2` und weise ihn der Variablen `otto` zu.

9. Der Prüfteil der `for`-Schleife:
Berechne den Wert des Ausdrucks `otto%2!=0`. Das Ergebnis ist `true`, deshalb fahren wir mit dem Rumpf der Schleife fort.

10. Berechne den Wert des Ausdrucks `(otto+1)` + `"|"` und rufe damit als Parameter die Prozedur `p` auf. Dadurch wird die Zeichenkette `"10|"` zur Konsole ausgegeben.

11. Der Fortschaltungsteil der `for`-Schleife:
Berechne den Wert des Ausdrucks `otto/2` und weise ihn der Variablen `otto` zu.

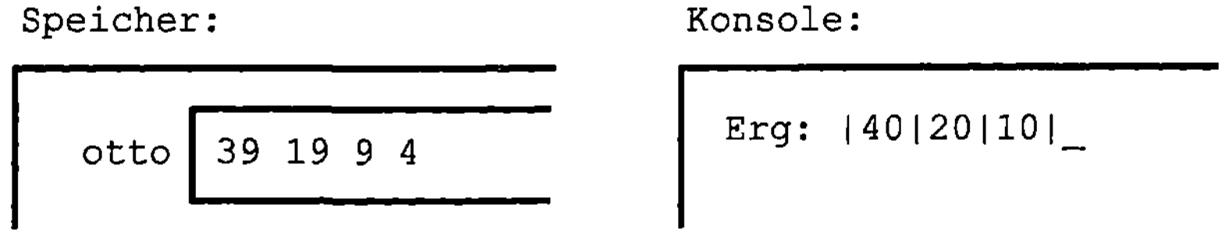

12. Der Prüfteil der `for`-Schleife:
Berechne den Wert des Ausdrucks `otto%2!=0`. Das Ergebnis ist `false`, deshalb zerstören wir die Variable `otto` und beenden die `for`-Schleife.

13. Führe die Prozedur `p` (ohne Parameter) aus. Dadurch wird der Cursor des Bildschirms an den Anfang der nächsten Zeile vorgerückt.

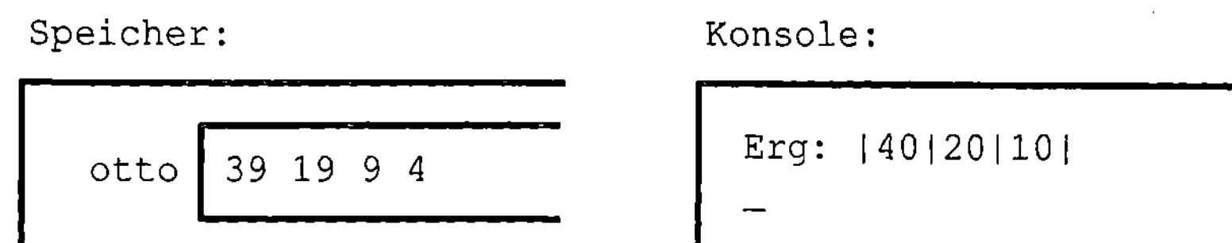

Damit haben wir die Prozedur `gibWasAus` fertig ausgeführt.

Auch wenn man sich die Beschreibung der Befehle (1. bis 13.) nur durch den Kopf gehen lässt und nicht aufschreibt, ist das Ausführen dieser Schleife mit viel Arbeit verbunden. Außerdem muss man sehr sorgfältig vorgehen, denn wenn man bei irgendeinem Schritt einen Fehler macht, sind wahrscheinlich auch alle Folgeschritte und das Endergebnis falsch. Wenn man genügend Schleifen in allen Einzelheiten von Hand ausgeführt hat, kann man gewisse Abkürzungen einführen und Teilschritte „nur im Kopf" (ohne Spur auf dem Papier) ausführen. Mit solchen Abkürzungen sollte man aber auf keinen Fall zu früh anfangen.

Schleifenanweisungen haben (in allen Programmiersprachen, in denen sie vorkommen) eine besondere *arbeitsökonomische Bedeutung*: Wenn der Programmierer eine Folge von *einfachen* Anweisungen aufschreibt, ist seine *Schreibarbeit* proportional zur *Ausführungsarbeit* des Ausführers. Bei *Fallunterscheidungen* muss der Programmierer sogar mehr schreiben als der Ausführer ausführt. Aber mit *Schleifenanweisungen* kann der Programmierer mit *wenig* Schreibarbeit dem Ausführer praktisch unbegrenzt *viel* Ausführungsarbeit befehlen, etwa so:

```
9   for (long n=1; n<=1000*1000*1000; n++) {
10    pln(n*n);
11 }
```

In diesem Verhältnis zwischen (wenig) *Schreibarbeit* und (viel) *Ausführungsarbeit* liegt die arbeitsökonomische Bedeutung von Schleifen.

Die Ausdruckskraft von Schleifen hat eine Kehrseite: Wenn man selbst die Rolle des Ausführers übernimmt, sind Schleifen mit viel Arbeit verbunden. Trotzdem sollte man so lange Beispielschleifen selbst ausführen, bis man ein einigermaßen sicheres Gefühl dafür entwickelt hat, was sie bewirken. Die Schleife in Zeile 9 bis 11 sollte man aber nicht von Hand ausführen, zumindest nicht vollständig.

4.2.7 Endliche und endlose Schleifen

Normalerweise soll der Rumpf einer Schleife nach Absicht des Programmierers nur *endlich* viele Male ausgeführt werden. Es kann aber leicht passieren, dass man aus Versehen eine so genannte *Endlosschleife* programmiert, mit der man dem Ausführer befiehlt, den Rumpf immer und immer wieder ("endlos") auszuführen. Besonders unangenehm sind Schleifen, die nur unter bestimmten Umständen zu Endlosschleifen werden.

Beispiel-01: Eine Schleife, die manchmal endlich und manchmal endlos ist

```
1     static void durch2bis1(int n) {
2         // Teilt n wiederholt durch 2 bis 1 erreicht ist
3         // und gibt alle Zwischenergebnisse aus:
4         p("durch2bis1(" + n + "):   ");
5         while (n != 1) {
6             n = n / 2;
7             p(n + " ");
8         } // while
9         pln();
10    } // durch2bis1
```

Dieses Unterprogramm funktioniert in vielen Fällen so, wie im Anfangskommentar (siehe Zeile 2 und 3) beschrieben. Es folgen die Ausgaben, die durch drei erfolgreiche Aufrufe produziert werden:

```
11 durch2bis1(64):  32 16 8 4 2 1
12 durch2bis1(63):  31 15 7 3 1
13 durch2bis1(85):  42 21 10 5 2 1
```

Aufgabe-01: Wenn man die Prozedur `durch2bis1` mit bestimmten Parametern aufruft, wird die `while`-Schleife (in den Zeilen 5 bis 8) zu einer *Endlosschleife*. Welche Parameter sind das? Welche Ausgabe produziert ein Aufruf mit einem solchen Parameter? Eine Lösung findet man im Beispielprogramm `Schleifen01`.

Eine wichtige Aufgabe des Java-Programmierers besteht darin, alle Schleifen so sorgfältig zu programmieren und zu testen, dass sie nie zu Endlosschleifen werden. Das ist keine leichte Aufgabe. Deshalb ist es erfreulich, dass es in Java (ab der Version 5.0) eine Form von garantiert-immer-endlichen Schleifen gibt.

Reihungen (arrays) werden erst im Kapitel 7 genauer behandelt. Im folgenden Beispiel werden sie gebraucht und deshalb schon einmal ganz kurz skizziert.

Beispiel-02: Eine garantiert endliche Schleife

```
14 static void gibAus(int[] ir) {
15     // Gibt alle Komponenten der Reihung ir lesbar aus.
16
17     p("Eine int-Reihung mit " + ir.length + " Komponenten: ");
18
19     for (int komp: ir) { // Jede Komponente komp der Reihung ir
20         p(komp + " ");    // wird bearbeitet (hier: ausgegeben).
21     }
22     pln();
23 } // gibAus
24
25 static public void main(String[] sonja) {
26     int[] ir01 = {30, 10, 20};
27     int[] ir02 = {1, 2, 3, 4, 5};
28
29     gibAus(ir01);
30     gibAus(ir02);
31 } // main
```

Die Reihung `ir01` (vereinbart in Zeile 26) besteht aus 3 `int`-Variablen (oder:
`int`-Komponenten) mit den Werten `30, 10` bzw. `20`. Die Reihung `ir02` besteht
aus 5 `int`-Komponenten mit den Werten `1` bis `5`. Die Prozedur `gibAus` erwartet
als Parameter eine Reihung mit `int`-Komponenten. Am Anfang der `for`-Schleife
in Zeile 19 wird festgelegt, dass der Name `komp` nacheinander jede Komponente
der `int`-Reihung `ir` bezeichnen soll. Der Rumpf der Schleife (Zeile 20) wird für
jede Komponente der Reihung einmal ausgeführt. Die beiden Aufrufe der Prozedur `gibAus` in den Zeilen 29 und 30 produzieren folgende Ausgaben:

```
32 Eine int-Reihung mit 3 Komponenten: 30 10 20
33 Eine int-Reihung mit 5 Komponenten: 1 2 3 4 5
```

Worauf es hier ankommt: Aus der Form der `for`-Schleife (in den Zeilen 19 bis 21)
folgt, dass sie unter keinen Umständen zu einer Endlosschleife werden kann. Die
Sprache Java und der Ausführer (und nicht nur der Programmierer) garantieren,
dass solche Schleifen nach endlich vielen Rumpfausführungen beendet werden.

Kritik: Mit den sicheren `for`-Schleifen wie in Beispiel-02 kann man nicht nur
Reihungen, sondern allgemein *Sammlungen* bearbeiten (siehe Kapitel 17). Das ist
gut. Es fehlen aber immer noch allgemeine sichere Schleifen, die unabhängig von
Reihungen und anderen Sammlungen funktionieren. Eine solche Schleife könnte
etwa wie folgt aussehen:

```
34 repeat (AUSDRUCK) RUMPF
```

Der `AUSDRUCK` müsste zu einem Ganzzahltyp gehören. Sein Wert würde nur
einmal berechnet und festlegen, wie oft der `RUMPF` ausgeführt wird. Der Befehl

```
35 repeat (2*n) p("-");
```

würde 2*n viele Minuszeichen ausgeben. Auch von Schleifen dieser (oder einer ähnlichen) Form könnte der Ausführer garantieren, dass sie nie Endlosschleifen sind. In der Programmiersprache Ada sind `for`-Schleifen so definiert, dass sie immer endlich sind.

4.2.8 Geschachtelte Schleifen

Der Rumpf einer Schleife darf beliebige Vereinbarungen und Anweisungen enthalten. Insbesondere darf er *Schleifen*-Anweisungen enthalten. Eine Schleife im Rumpf einer umfassenden Schleife bezeichnet man auch als eine *geschachtelte* Schleife.

Beispiel-01: Eine `for`-Schleife im Rumpf einer `for`-Schleife

```
1    static void schachBrett01() {
2        for (char b='A'; b<='H'; b++) {
3            for (char z='1'; z<='8'; z++) { --+  Geschach-
4                p(b + (z + " "));            +- telte
5            }                                --+  Schleife
6            pln();
7        }
8    } // schachBrett01
```

Die extra Klammern in Zeile 4 (z + " ") sind notwendig. Ohne sie würden b und z nicht in Strings umgewandelt und konkateniert, sondern als Zahlen addiert. Ein Aufruf der Prozedur `schachbrett01` produziert folgende Ausgabe:

```
 9   A1 A2 A3 A4 A5 A6 A7 A8
10   B1 B2 B3 B4 B5 B6 B7 B8
11   C1 C2 C3 C4 C5 C6 C7 C8
12   D1 D2 D3 D4 D5 D6 D7 D8
13   E1 E2 E3 E4 E5 E6 E7 E8
14   F1 F2 F3 F4 F5 F6 F7 F8
15   G1 G2 G3 G4 G5 G6 G7 G8
16   H1 H2 H3 H4 H5 H6 H7 H8
```

Eine Ausführung des Rumpfes der äußeren Schleife (Zeilen 3 bis 6) bewirkt, dass *eine Zeile* ausgegeben wird. Dieser Rumpf wird achtmal ausgeführt, so dass insgesamt *acht Zeilen* ausgegeben werden.

Aufgabe-01: Schreiben Sie 3 Prozeduren namens schachBrett02, schach-
Brett03 und schachBrett04, die ein ähnliches „Schachbrett" wie oben ausgeben, aber jeweils um 90 Grad im Uhrzeigersinn gedreht. Die Ausgabe von
schachBrett02 soll also wie folgt aussehen:

```
17 H1 G1 F1 E1 D1 C1 B1 A1
18 H2 G2 F2 E2 D2 C2 B2 A2
19 H3 G3 F3 E3 D3 C3 B3 A3
20 H4 G4 F4 E4 D4 C4 B4 A4
21 H5 G5 F5 E5 D5 C5 B5 A5
22 H6 G6 F6 E6 D6 C6 B6 A6
23 H7 G7 F7 E7 D7 C7 B7 A7
24 H8 G8 F8 E8 D8 C8 B8 A8
```

Aufgabe-02: Schreiben Sie eine Prozedur namens zweiBretter11, die zwei
Schachbretter in gleicher Orientierung nebeneinander ausgibt, etwa so:

```
25 A1 A2 A3 A4 A5 A6 A7 A8    A1 A2 A3 A4 A5 A6 A7 A8
26 B1 B2 B3 B4 B5 B6 B7 B8    B1 B2 B3 B4 B5 B6 B7 B8
27 C1 C2 C3 C4 C5 C6 C7 C8    C1 C2 C3 C4 C5 C6 C7 C8
28 D1 D2 D3 D4 D5 D6 D7 D8    D1 D2 D3 D4 D5 D6 D7 D8
29 E1 E2 E3 E4 E5 E6 E7 E8    E1 E2 E3 E4 E5 E6 E7 E8
30 F1 F2 F3 F4 F5 F6 F7 F8    F1 F2 F3 F4 F5 F6 F7 F8
31 G1 G2 G3 G4 G5 G6 G7 G8    G1 G2 G3 G4 G5 G6 G7 G8
32 H1 H2 H3 H4 H5 H6 H7 H8    H1 H2 H3 H4 H5 H6 H7 H8
```

Aufgabe-03: Schreiben Sie eine Prozedur namens zweiBretter12, die zwei
Schachbretter in unterschiedlichen Orientierungen nebeneinander ausgibt, etwa so:

```
33 A1 A2 A3 A4 A5 A6 A7 A8    H1 G1 F1 E1 D1 C1 B1 A1
34 B1 B2 B3 B4 B5 B6 B7 B8    H2 G2 F2 E2 D2 C2 B2 A2
35 C1 C2 C3 C4 C5 C6 C7 C8    H3 G3 F3 E3 D3 C3 B3 A3
36 D1 D2 D3 D4 D5 D6 D7 D8    H4 G4 F4 E4 D4 C4 B4 A4
37 E1 E2 E3 E4 E5 E6 E7 E8    H5 G5 F5 E5 D5 C5 B5 A5
38 F1 F2 F3 F4 F5 F6 F7 F8    H6 G6 F6 E6 D6 C6 B6 A6
39 G1 G2 G3 G4 G5 G6 G7 G8    H7 G7 F7 E7 D7 C7 B7 A7
40 H1 H2 H3 H4 H5 H6 H7 H8    H8 G8 F8 E8 D8 C8 B8 A8
```

Lösungen zu Aufgabe-01 bis -03 findet man in der Datei Schleifen03.java (in
der im Abschnitt 1.3 beschriebenen Sammlung).

Beispiel-02: Richtig über geschachtelte Schleifen sprechen

Ein Aufruf der folgenden Prozedur bewirkt, dass ein Rechteck aus Pluszeichen und Punkten ausgegeben wird (siehe auch Beispielprogramm `SchleifenO4`):

```
41    static void geschachtelt01() {
42        pln();
43        pln("++++++++++++++++++++++");
44        for (int zeile=1; zeile<=10; zeile++) {
45            p("+");
46            for (int spalte=1; spalte<=20; spalte++) {
47                p(".");
48            }
49            p("+");
50            pln();
51        }
52        pln("++++++++++++++++++++++");
53        pln();
54    } // geschachtelt01
```

Anhand dieses Beispiels kann man die (in der Praxis eher unübliche) *genaue Unterscheidung* zwischen einer Ausführung einer *Schleife* und einer Ausführung ihres *Rumpfes* üben.

1. Ein Aufruf der Prozedur `geschachtelt01` bewirkt, dass die äußere *Schleife* (Zeile 44 bis 51) *einmal* ausgeführt wird.

2. Eine Ausführung der äußeren *Schleife* bewirkt, dass ihr *Rumpf* (Zeile 45 bis 50) *10 Mal* ausgeführt wird.

3. Eine Ausführung der inneren *Schleife* (Zeile 46 bis 48) bewirkt, dass ihr *Rumpf* (Zeile 47) *20 Mal* ausgeführt wird.

4. Da die innere Schleife im Rumpf der äußeren Schleife liegt, wird sie 10 Mal ausgeführt und ihr *Rumpf* wird somit 10 mal 20 gleich *200 Mal* ausgeführt.

Im Alltag der Programmierung wird häufig gesagt: „Diese *Schleife* wird 20 Mal ausgeführt!" wenn eigentlich gemeint ist „Der *Rumpf* dieser Schleife wird 20 Mal ausgeführt!". Das Beispiel-02 soll deutlich machen, dass diese beiden Sätze eigentlich ganz Verschiedenes beschreiben und deshalb nicht verwechselt werden sollten. Am manchmal verwirrenden Alltagsjargon der Programmierung wird dieser Hinweis aber kaum etwas ändern.

Eine normale `continue`-Anweisung beendet die aktuelle Rumpfausführung der *nächsten* („am engsten") sie umgebenden Schleife. Man kann aber auch die aktuelle Rumpfausführung einer anderen, „weiter außen liegenden" umgebenden Schleife beenden, wenn man diese Schleife mit einer *Marke* (engl. label) versehen hat, wie im folgenden Beispiel.

Beispiel-03: Eine `continue`-Anweisung mit Marke

```
55 static boolean alleInS1AuchInS2 (String s1, String s2) {
56     // Liefert true, wenn jedes Zeichen in s1 auch in s2 vorkommt,
57     // und sonst false.
58     schleife1: for (int i1=0; i1<s1.length(); i1++) {
59         char c1 = s1.charAt(i1);
60         schleife2: for (int i2=0; i2<s2.length(); i2++) {
61             char c2 = s2.charAt(i2);
62             if (c1 == c2) continue schleife1;
63         }
64         return false;
65     }
66     return true;
67 } // alleInS1AuchInS2
```

Die äußere `for`-Schleife (Zeile 58 bis 65) wurde hier mit der Marke `schleife1` versehen und die innere Schleife (Zeile 60 bis 63) mit der Marke `schleife2` (die Marke `schleife2` wurde nur zur Verzierung angebracht, sie wird in diesem Beispiel nicht benutzt). Die `continue`-Anweisung in Zeile 62 beendet die aktuelle Rumpfausführung der *äußeren* Schleife, nicht die der direkt umgebenden inneren Schleife. Siehe auch das Beispielprogramm `BreakContinue02`.

Ganz entsprechend kann man mit einer `break`-Anweisung eine weiter außen liegende umgebende Schleife abbrechen, wie im folgenden Beispiel:

Beispiel-04: Eine `break`-Anweisung mit Marke

```
68 static void erstesRechtwinkliges (int a_min) {
69     // Sucht die ganzzahligen Seitenlaengen eines rechtwinkligen
70     // Dreiecks, dessen Hypothenuse a groesser oder gleich a_min
71     // ist und gibt sie aus.
72     schleifeA: for (int a=a_min; a<100; a++) {
73         schleifeB: for (int b=1; b<=a; b++) {
74             schleifeC: for (int c=1; c<=b; c++) {
75                 if (a*a == b*b + c*c) { // Pythagoras
76                     pln("a: " + a + ", b: " + b + ", c: " + c);
77                     break schleifeA;
78                 }
79             } // schleifeC
80         } // schleifeB
81     } // schleifeA
82 } // erstesRechtwinkliges
```

Die `break`-Anweisung in Zeile 77 beendet die als `SchleifeA` markierte Schleife, nicht die innerste Schleife. In diesem Beispiel wird nur die Marke `schleifeA` benutzt, die anderen beiden Marken sind Verzierungen. Siehe auch das Beispielprogramm `BreakContinue02`.

Mit einer `break`-Anweisung kann man nicht nur eine *Schleife* beenden, sondern auch eine `switch`-Anweisung. Enthält der Rumpf einer Schleife eine `switch`-Anweisung, und will man innerhalb dieser `switch`-Anweisung die Schleife (und nicht nur die `switch`-Anweisung) beenden, kann man das ebenfalls mit einem `break`-Befehl mit Marke erreichen, etwa wie im folgenden Beispiel.

Beispiel-05: `switch` in Schleife und `break` mit Marke

Sei ein Text gegeben, der *Sätze* enthält. Jeder Satz wird durch einen Punkt, ein Fragezeichen oder ein Ausrufezeichen abgeschlossen. Wie lang ist der erste Satz? Die folgende Funktion liefert die Antwort.

```
83    static int laengeSatz1(String text) {
84        int anz = 0; // Das Ergebnis dieser Funktion
85        schleife: for (int i=0; i<text.length(); i++) {
86            anz++;
87            switch (text.charAt(i)) {
88                case '.':
89                case '?':
90                case '!':  break schleife; // Verlasse schleife
91                default :  break;          // Verlasse switch
92            }
93        } // for
94        return anz;
95    } // laengeSatz1
```

Die einfache `break`-Anweisung in Zeile 91 beendet nur die direkt umgebende `switch`-Anweisung. Die `break`-Anweisung in Zeile 90 beendet dagegen die indirekt umgebende `schleife` (siehe auch das Beispielprogramm `BreakContinue02`).

Mit einer `goto`-Anweisung kann man (etwas vereinfacht gesagt) von irgendeiner Stelle in einem Programm zu einer Marke an irgendeiner anderen Stelle des Programms springen. Solche `goto`-Anweisungen sind sehr mächtig. Insbesondere kann man damit sehr schwer lesbare Programme schreiben. Deshalb gibt es in Java keine solche `goto`-Anweisung. Die Anweisungen `break` und `continue` mit Marke tragen wesentlich dazu bei, dass man eine `goto`-Anweisung auch nicht benötigt.

Anmerkung: Obwohl es in Java keine `goto`-Anweisung gibt, ist `goto` ein reserviertes Schlüsselwort (genauso wie `if`, `while`, `for` etc.) und darf nicht als Name (z. B. einer Variablen). Die Entwickler von Java haben sich offenbar die Möglichkeit offen gelassen, in Zukunft einen `goto`-Befehl einzuführen. Das wäre auch sinnvoll. Wenn Programme von einem Generator-Programm oder einem Compiler erzeugt werden, statt von einem Menschen, sind `goto`-Befehle darin nicht unbedingt schlecht, sondern leicht zu erzeugen und möglicherweise sehr effizient.

5 Typen

Ein Typ ist ein Bauplan für Variablen. Will der Programmierer dem Ausführer befehlen, eine Variable zu erzeugen („zu bauen"), muss er einen Typ angeben. Der Typ, nach dem eine Variable gebaut wird, legt fest, welche *Werte* in die Variable hineingetan und welche *Befehle* auf die Variable angewendet werden dürfen. Der Typ einer Variablen ist unveränderbar.

Typen hat man eingeführt, damit der Ausführer bestimmte Fehler des Programmierers automatisch erkennen kann. Die meisten Typfehler sind harmlos, weil der Ausführer sie schon bei der Übergabe des Programms („zur Compilezeit") entdeckt und sicherstellt, dass der Programmierer sie noch vor der ersten Ausführung des Programms verbessert. Ein paar typische Typfehler und die dazugehörigen Fehlermeldungen von zwei verschiedenen Java-Ausführern findet man im Beispielprogramm `Typen01`.

In Java unterscheidet man (schon seit der Version 1.0) folgende Gruppen und Untergruppen von Typen:

Alle Java-Typen
    Primitive Typen
        (`byte`, `char`, `short`, `int`, `long`, `float`, `double`, `boolean`)
    Referenztypen
    Klassentypen
        (z.B. `String`, `ArrayList<String>`, `ArrayList`, `ElementType`, ...)
    Schnittstellentypen
        (z.B. `Serializable`, `Collection<String>`, `Collection`, ...)
    Reihungstypen
        (z. B. `int[]`, `String[]`, `int[][]`, `Serializable[][][]`, ...)

Mit der Java-Version 5.0 wurden nicht nur neue Typen (in Form neuer Klassen und neuer Schnittstellen) eingeführt, sondern vor allem auch ganz *neue Arten* von Typen. Deshalb ist es jetzt sinnvoll und notwendig, innerhalb der Gruppe der Klassentypen die folgenden vier Untergruppen zu unterscheiden:

Klassentypen
Einfache Klassentypen
(z. B. `String`, `StringBuilder`, `Long`, ...)
Parametrisierte Klassentypen
(z. B. `ArrayList<String>`, `ArrayList<Long>`, ...
`HashMap<String, Long>`, `HashMap<String, String>`, ...)
Rohe Klassentypen
(z. B. `ArrayList`, `HashMap`, ...)
Aufzählungstypen
(z. B. `ElementType`, `RoundingMode`, `ThreadState`, ...)

Weitgehend entsprechend hat die Gruppe der Schnittstellentypen ab der Java-Version 5.0 die folgenden drei Untergruppen:

Schnittstellentypen
Einfache Schnittstellentypen
(z. B. `Serializable`, `Runnable`, ...)
Parametrisierte Schnittstellentypen
(z. B. `Collection<String>`, `Collection<Long>`, ...
`Map<String, Long>`, `Map<String, String>`, ...)
Rohe Schnittstellentypen
(z. B. `Collection`, `Map`, ...)

Klassentypen bezeichnet man kurz auch als *Klassen* und Schnittstellentypen als *Schnittstellen*. Allerdings sind viele Klassen nicht nur *Typen* („Baupläne für Variablen"), sondern gehen gleichzeitig noch einer Nebentätigkeit als *Modul* („Behälter für Variablen, Unterprogramme etc. mit mindestens zwei Teilen, einem öffentlichen und einem privaten") nach. Dieser merkwürdige Doppelcharakter von Java-Klassen wird ab Kapitel 9 genauer behandelt.

Die Gruppe der *primitiven Typen* enthält genau acht Mitglieder und der Programmierer kann keine weiteren primitiven Typen vereinbaren.

Die Java-Standardbibliothek (die jeder Java-Ausführer „besitzen und kennen" muss) enthält (in der Java Version 5.0) etwa 2500 *Klassen* und etwa 700 *Schnittstellen*. Der Programmierer kann weitere Klassen und Schnittstellen vereinbaren.

Reihungstypen (array types) kann man grundsätzlich nicht vereinbaren. Vielmehr gibt es zu jedem Typ T automatisch auch den Reihungstyp `T[]`. Diese Regel gilt auch für den Reihungstyp `T[]`, zu dem es somit den Reihungstyp `T[][]` gibt, und zu dem gibt es den Reihungstyp `T[][][]` etc.

Die eckigen Klammern `[]` liest man als „Reihung von" und Typnamen wie `T[]`, `T[][]`, `T[][][]` etc. liest man (wie einen ganz normalen arabische oder hebräischen Text) von rechts nach links, etwa so: Reihung von T, Reihung von Reihungen von T, Reihung von Reihungen von Reihungen von T etc. Reihungstypen werden im Kapitel 7 behandelt.

Variablen eines primitiven Typs bezeichnet man auch als *primitive Variablen* und Variablen eines Referenztyps als *Referenzvariablen*. Der Unterschied zwischen primitiven Variablen und Referenzvariablen ist sehr wichtig und wird im Abschnitt 5.6 genauer erläutert und grafisch dargestellt.

Einfache Klassen werden ab Kapitel 9 behandelt, *einfache Schnittstellen* im Kapitel 14, *parametrisierte* und *rohe* Typen (sowohl Klassen als auch Schnittstellen) im Kapitel 16.

5.1 Primitive Typen, eine Übersicht

Zur Gruppe der primitiven Typen gehören genau *acht* Typen. Man unterscheidet folgende Untergruppen:

Alle acht primitiven Typen
> Ein **nicht-numerischer** Typ
>> `boolean`
>
> Sieben **numerische** Typen
>> Fünf **Ganzzahltypen**
>>> `byte, char, short, int, long`
>>
>> Zwei **Gleitpunkttypen**
>>> `float, double`

Zu jedem der acht primitiven Typen gibt es eine so genannte *Hüllklasse* (oder Wickelklasse, engl. wrapper class):

```
Primitiver Typ: byte,  short,  char,       int,      long,
Hüllklasse    : Byte,  Short,  Character,  Integer,  Long

Primitiver Typ: float,  double,  boolean
Hüllklasse    : Float,  Double,  Boolean
```

Zum Typ `boolean` gehören genau zwei Werte, die man mit den Literalen `true` und `false` bezeichnen kann. Es gibt keine vordefinierten Befehle für Umwandlungen zwischen `boolean`-Werten und Werten der numerischen Typen. Siehe dazu das Beispiel-05 im Abschnitt 5.2 über die Umwandlung numerischer Werte.

Die Hüllklassen der sieben numerischen Typen sind, wie alle Klassen, unter anderem *Module*, d. h. Behälter für Variablen und andere Dinge. Sie enthalten u.a. Konstanten namens `MIN_VALUE` und `MAX_VALUE` mit den „Extremwerten" des zugehörigen primitiven Typs. Z. B. bezeichnet `Byte.MIN_VALUE` (d. h. die Konstante `MIN_VALUE` in der Hüllklasse `Byte`) den kleinsten Wert des primitiven Typs `byte`. Entsprechend bezeichnet `Byte.MAX_VALUE` den größten `byte`-Wert, `Integer.MIN_VALUE` den kleinsten `int`-Wert und `Long.MAX_VALUE` den größten `long`-Wert etc.

Die Hüllklassen sind aber auch wichtige *Baupläne*, mit denen man primitive Werte „als Objekte verkleiden" (oder: „in Objekte einhüllen") kann. Siehe dazu den Abschnitt 5.7 über das Autohüllen (keine Angst, Ihr Auto wird dadurch nicht verhüllt oder beschädigt).

Die folgende Tabelle enthält die Extremwerte der fünf Ganzzahltypen:

Typ	Bits pro Wert	MIN_VALUE	MAX_VALUE
byte	8	-128	+127
char	16	0	+65535
short	16	-32768	+32767
int	32	-2147483648	+2147483647
long	64	-9223372036854775808	+9223372036854775807

Zum Typ `int` gehören also Ganzzahlen von (ungefähr) -2 bis +2 Milliarden und zum Typ `long` gehören Ganzzahlen von (ungefähr) -9 bis +9 Trillionen.

Zum Typ `char` gehören keine negative Zahlen. Bei den anderen Ganzzahltypen ist die Anzahl der negativen Werte jeweils um 1 größer als die Anzahl der positiven Werte. Da jeder `byte`-Wert durch 8 Bits dargestellt wird (siehe Spalte 2 der Tabelle) gibt es insgesamt 2^8 gleich 256 `byte`-Werte. Entsprechend gehören zum Typ `short` 2^{16} (ungefähr 65000) Werte, zum Typ `int` gehören 2^{32} (ungefähr 4.3 Milliarden) Werte und zum Typ `long` 2^{64} (ungefähr 18.4 Trillionen) Werte.

Die Typen `byte`, `char` und `short` werden wir bisweilen als *kurze* Ganzzahltypen bezeichnen, weil ihre Werte nur 8 bzw. 16 Bits lang sind (32 Bits gelten heutzutage als „normal" und 64 Bits als „lang", das kann sich in relativ naher Zukunft aber durchaus ändern).

Die folgende Tabelle enthält die Extremwerte der zwei Gleitpunkttypen:

Typ	Bits pro Wert	MIN_VALUE	MAX_VALUE
float	32	1.4E-45	3.4028235E38
double	64	4.9E-324	1.7976931348623157E308

Aufgabe-01: Wie viele `float`-Werte gibt es ungefähr? Wie viele `double`-Werte gibt es ungefähr? Wie haben Sie das so schnell und ohne komplizierte Berechnungen herausgefunden? Ein Lösung findet man am Ende dieses Abschnitts.

Bei den Gleitpunkttypen (`float` und `double`) ist die Anzahl der negativen Werte exakt gleich der Anzahl der positiven Werte. Die Konstanten MIN_VALUE in den Hüllklassen `Float` und `Double` bezeichnen nicht den kleinsten Wert (der auf der Zahlengerade ziemlich weit links liegt), sondern den kleinsten *positiven* Wert (der ziemlich nah bei der Zahl `0.0` liegt, natürlich rechts davon).

Die Werte der Gleitpunkt-Konstanten `MIN_VALUE` und `MAX_VALUE` sind in obiger Tabelle wie üblich gerundet, und nicht genau angegeben. Die exakten Werte findet man im Beispielprogramm `Typen05`. Wenn man diese Werte als Dezimalzahlen darstellt, hat `Double.MAX_VALUE` 308 Stellen (alle vor dem Dezimalpunkt) und `Double.MIN_VALUE` 1076 Stellen (nach dem Dezimalpunkt).

Wenn der Programmierer nicht ausdrücklich etwas anderes verlangt, werden Gleitpunktzahlen bei der Ausgabe möglichst „sparsam" dargestellt. Das bedeutet, dass von einer Zahl g nur so viele Dezimalstellen ausgegeben werden wie notwendig sind, damit die Darstellung von g sich von den Darstellungen der nächstgrößeren und der nächstkleineren Gleitpunktzahl des betreffenden Typs (`float` bzw. `double`) unterscheidet.

Beispiel-01: Zehn aufeinander folgende `float`-Zahlen ab `7007.0`:

```
1     70007.0       exakt: 70007
2     70007.01      exakt: 70007.0078125
3     70007.016     exakt: 70007.015625
4     70007.02      exakt: 70007.0234375
5     70007.03      exakt: 70007.03125
6     70007.04      exakt: 70007.0390625
7     70007.05      exakt: 70007.046875
8     70007.055     exakt: 70007.0546875
9     70007.06      exakt: 70007.0625
10    70007.07      exakt: 70007.0703125
```

Die Zahlen in der ersten Spalte wurden von der Methode `System.out.print` mit unterschiedlich vielen und jeweils möglichst wenig Ziffern ausgegeben. Solche Reihen von aufeinander folgenden `float`- bzw. `double`-Zahlen kann man mit den Beispielprogrammen `GleitRech03` bzw. `GleitRech04` ausgeben lassen.

Beispiel-02: Zehn aufeinander folgende `float`-Zahlen ab 10 Milliarden:

```
11    1.0E10         exakt: 10000000000
12    1.0000001E10   exakt: 10000001024
13    1.0000002E10   exakt: 10000002048
14    1.00000031E10  exakt: 10000003072
15    1.00000041E10  exakt: 10000004096
16    1.00000051E10  exakt: 10000005120
17    1.00000061E10  exakt: 10000006144
18    1.00000072E10  exakt: 10000007168
19    1.00000082E10  exakt: 10000008192
20    1.00000092E10  exakt: 10000009216
```

Dieses Beispiel zeigt, dass unmittelbar oberhalb der Ganzzahl 10 Milliarden der Abstand zwischen *einem* `float`-Wert und dem *nächsten* nicht etwa gleich 1 sondern gleich `1024` ist. In diesem Bereich ist also nur noch jeder `1024`-ste Ganzzahl als Wert des Typs float darstellbar. Bei noch größeren Zahlen ist der Abstand zwischen zwei benachbarten float-Werten noch größer.

Lösung-01: float-Werte sind gleich lang wie int-Werte (32 Bit). Deshalb gibt es gleich viele float-Werte wie int-Werte, genau 2^{32} Stück oder ungefähr 4,3 Milliarden. Ganz entsprechend gibt es gleich viele double-Werte wie long-Werte, genau 2^{64} Stück oder ungefähr 18,4 Trillionen.

5.2 Numerische Werte umwandeln (Cast-Befehle)

Diesen Abschnitt sollte man beim ersten Lesen höchstens überfliegen. Man kann viele Java-Programme schreiben, ohne mit den hier behandelten Einzelheiten vertraut zu sein.

Häufig muss der Ausführer einen Wert eines bestimmten Typs in einen entsprechenden Wert eines anderen Typs umwandeln, z. B. einen int-Wert in einen long-Wert oder einen int-Wert in einen short-Wert.

Def.: Wenn der Ausführer aus einem Wert w1 eines Typs T1 einen entsprechenden Wert w2 eines Typs T2 berechnet, dann bezeichnet man das als eine *Typumwandlung*.

Besonders wichtig sind solche Typumwandlungen zwischen den numerischen Typen, d. h. zwischen den sieben primitiven Typen byte, char, short, int, long, float und double. Insgesamt gibt es (sieben mal sieben gleich) 49 solche numerischen Typumwandlungen, von denen 7 identische Typumwandlungen sind (z. B. von byte nach byte oder von int nach int etc.).

Von den übrigen 42 numerischen Typumwandlung bezeichnet man 19 als *erweiternde* Umwandlungen (widening conversions) und die restlichen 23 als *verengende* Umwandelungen (narrowing conversions).

Def.: Eine numerische Typumwandlung von einem Typ T1 zu einem Typ T2 ist *erweiternd*, wenn es zu jedem Wert w1 von T1 einen Wert w2 in T2 gibt, der gleich w1 oder zumindest ungefähr gleich w1 ist.

Beispiel-01: Erweiternde und verengende numerische Typumwandlungen

Zu jedem `short`-Wert gibt es einen gleich großen `int`-Wert. Somit ist eine Typumwandlung von `short` nach `int` eine *erweiternde* Umwandlung (von dem „engeren" Typ `short` zu dem „weiteren" Typ `int`).

Zu einem relativ kleinen `int`-Wert wie z. B. `1234567` (etwa 1.2 Millionen) gibt es einen genau gleich großen `float`-Wert. Zu einem relativ großen `int`-Wert wie z. B. `1234567890` (etwa 1.2 Milliarden) gibt es zwar keinen genau gleich großen, aber immerhin den ungefähr gleich großen `float`-Wert `1234567936.0`. Dieser Wert ist nur um `46` zu groß, das sind weniger als 0,05 Promille von einem Promille von 1,2 Milliarden. Somit gilt eine Typumwandlung von `int` nach `float` ebenfalls als *erweiternde* Umwandlung.

Zu dem `byte`-Wert `-17` gibt es keinen gleichen oder ungefähr gleichen `char`-Wert (da der kleinste `char`-Wert gleich 0 ist). Somit ist eine Typumwandlung von `byte` nach `char` eine *verengende* Umwandlung.

Zum `char`-Wert `500` gibt es keinen gleichen oder ungefähr gleichen `byte`-Wert (da der größte `byte`-Wert gleich `+127` ist). Somit ist auch eine Typumwandlung von `char` nach `byte` eine *verengende* Umwandlung.

Erweiternde numerische Typumwandlungen sind in einem bestimmten Sinne *harmlos* und werden vom Ausführer in vielen Situationen auch ohne ausdrücklichen Befehl des Programmierers ausgeführt.

Beispiel-02: Erweiternde numerische Umwandlungen

```
1  byte   byte01  = ...      // Wird irgendwie initialisiert.
2  byte   int01   = ...      // Wird irgendwie initialisiert.
3
4  short  short02 = byte01;
5  short  short03 = (short) byte01;
6  float  float02 = byte01;
7
8  float  float03 = int01;   // Verlust an Genauigkeit moeglich!
```

In Zeile 4 wandelt der Ausführer den Wert der Variablen `byte01` in einen gleich großen `short`-Wert um, ohne dass der Programmierer ihm das ausdrücklich befohlen hat.

In Zeile 5 wandelt der Ausführer den Wert der Variablen `byte01` aufgrund des ausdrücklichen Cast-Befehls `(short)` in einen `short`-Wert um. Der Cast-Befehl ist hier erlaubt, aber nicht unbedingt notwendig.

In Zeile 8 wandelt der Ausführer einen `int`-Wert in einen `float`-Wert um. Wenn der `int`-Wert sehr groß ist, tritt dabei ein Verlust an Genauigkeit auf (der Verlust macht deutlich weniger als ein Promille aus, siehe Beispiel-01). Auch diese Typumwandlung führt der Ausführer falls nötig ohne ausdrücklichen Befehl des Programmierers durch.

Verengende numerische Umwandlungen sind in einem bestimmten Sinne *gefährlich*. Sie können zwar gut gehen oder nur einen Verlust an Genauigkeit bewirken, sie können aber auch zu einem Verlust der *Größenordnung* führen. In aller Regel führt der Ausführer solche gefährlichen Umwandlungen nur auf ausdrücklichen (Cast-) Befehl des Programmierers durch. Indem er einen Cast-Befehl in sein Programm schreibt, übernimmt der Programmierer die Verantwortung für alle eventuell auftretenden Verluste.

Beispiel-03: Verengende numerische Umwandlungen aufgrund ausdrücklicher Cast-Befehle des Programmierers

```
9   double  double01 = 17.0;
10  double  double02 = 17.5;
11  int     int01    = 129;
12  int     int02    = -1;
13
14  long    long01   = (long) double01;
15  long    long02   = (long) double02;
16  byte    byte01   = (byte) int01;   // Sollte man vermeiden!
17  char    char01   = (char) int02;   // Sollte man vermeiden!
```

Mit dem Cast-Befehl `(long)` in Zeile 14 befiehlt der Programmierer dem Ausführer ausdrücklich, den Wert 17.0 der Variablen `double01` in den `long`-Wert 17 umzuwandeln. Bei dieser Umwandlung tritt kein Verlust auf.

Mit dem Cast-Befehl `(long)` in Zeile 15 befiehlt der Programmierer dem Ausführer, den Wert 17.5 der Variablen `double02` in den `long`-Wert 17 umzuwandeln. Bei dieser Umwandlung tritt ein Verlust an Genauigkeit auf.

Mit dem Cast-Befehl `(byte)` in Zeile 16 befiehlt der Programmierer dem Ausführer, den Wert 129 der Variablen `int01` in einen `byte`-Wert umzuwandeln. Der Ausführer nimmt die 8 niedrigstwertigen Bits des 32-Bit-langen `int`-Wertes 129 (binär: 0000 0000 0000 0000 0000 0000 1000 0001) und das Ergebnis ist der `byte`-Wert -127 (binär: 1000 0001). Bei dieser Umwandlung tritt ein Verlust der Größenordnung auf.

Mit dem Cast-Befehl `(char)` in Zeile 17 befiehlt der Programmierer dem Ausführer, den Wert -1 der Variablen `int02` in einen `char`-Wert umzuwandeln. Der

Ausführer nimmt die 16 niedrigstwertigen Bits des 32-Bit-langen `int`-Wertes -1 (binär: 1111 1111 1111 1111 1111 1111 1111 1111) und das Ergebnis ist der `char`-Wert 65535 (binär: 1111 1111 1111 1111). Auch bei dieser Umwandlung tritt ein Verlust der Größenordnung auf.

Cast-Befehle wie die in den Zeilen 16 und 17 sollte der Programmierer unbedingt vermeiden, weil sie schwer zu lesen und zu verstehen sind. Weitere hoffentlich abschreckende Beispiele findet man im Beispielprogramm `TypUmwandlungen02`.

> **Def.:** Ein *konstanter Ausdruck* ist ein Ausdruck, dessen Wert der Ausführer schon bei der Übergabe des Programms („zur Compilezeit") berechnen kann, und nicht erst während einer *Ausführung* des Programms („zur Laufzeit").

Konstante Ausdrücke wurden im Abschnitt 4.2.3 über die `switch`-Anweisung etwas näher erläutert.

In bestimmten Fällen kann der Ausführer feststellen, dass auf den Wert eines konstanten Ausdrucks eine verengende numerische Typumwandlung angewendet werden muss, aber garantiert *ungefährlich* ist. In einigen (aber nicht in allen) solchen Fällen führt er die Umwandlung auch ohne ausdrücklichen Cast-Befehl des Programmierers aus.

Beispiel-04: Verengende numerische Typumwandlungen, von denen der Ausführer einige auch ohne ausdrücklichen Cast-Befehl ausführt, andere aber ablehnt:

```
18 final int    INT01   = 120;          // Eine Konstante
19 final int    INT02   = 65000;        // Eine Konstante
20 final int    INT03   = 32000;        // Eine Konstante
21       int    int04   = 1;            // Eine Variable, keine Konstante!
22 final long   LONG01  = 1;            // Eine Konstante, aber long!
23
24 byte01   = INT01;                    // Erlaubt
25 byte01   = INT01 + 7;                // Erlaubt
26 byte01   = INT01 + 8;                // Ohne Cast nicht erlaubt
27 byte01   = int04;                    // Ohne Cast nicht erlaubt
28 byte01   = LONG01;                   // Ohne Cast nicht erlaubt
29
30 char01   = INT02;                    // Erlaubt
31 char01   = INT02 + 535;              // Erlaubt
32 char01   = INT02 + 536;              // Ohne Cast nicht erlaubt
33 char01   = int04;                    // Ohne Cast nicht erlaubt
34 char01   = LONG01;                   // Ohne Cast nicht erlaubt
35
36 short01 = INT03;                     // Erlaubt
37 short01 = INT03 + 767;               // Erlaubt
38 short01 = INT03 + 768;               // Ohne Cast nicht erlaubt
```

```
39 short01 = int04;          // Ohne Cast nicht erlaubt
40 short01 = LONG01;         // Ohne Cast nicht erlaubt
```

Die Zuweisung in Zeile 25 erfordert eine verengende Typumwandlung von `int` nach `byte`. Der Ausdruck `INT01 + 7` ist ein *konstanter Ausdruck* mit dem `int`-Wert 127. Da dieser Wert innerhalb der Grenzen des Typs `byte` liegt, wandelt der Ausführer ihn auch ohne Cast-Befehl in den `byte`-Wert 127 um.

In Zeile 26 hat der (ebenfalls konstante) Ausdruck `INT01 + 8` den `int`-Wert 128. Der liegt außerhalb der Grenzen des Typs `byte` und deshalb weigert der Ausführer sich, ihn ohne ausdrücklichen Befehl des Programmierers in einen `byte`-Wert umzuwandeln.

In Zeile 27 weigert sich der Ausführer, eine verengende Typumwandlung durchzuführen, weil der Ausdruck `int04` nicht konstant ist.

In Zeile 28 könnte der Ausführer sich eigentlich davon überzeugen, dass die Umwandlung des `long`-Wertes 1 in einen `byte`-Wert ohne Gefahr möglich ist. Er weigert sich aber grundsätzlich, `long`-Werte ohne ausdrücklichen Cast-Befehl in `byte`-, `char`-, `short`- oder `int`-Werte umzuwandeln (auch Java-Ausführer haben ihre Eigenarten).

Für die anderen Zeilen dieses Beispiels gilt ganz Entsprechendes (siehe dazu auch das Beispielprogramm `TypUmwandlungen01`).

Die folgende Tabelle fasst zusammen, welche Umwandlungen zwischen den numerischen Typen *verengend* und welche *erweiternd* sind:

nach von	char	byte	short	int	long	float	double
char		**vereng.** **v2**	**vereng.** **v2**	erweit. v0	erweit. v0	erweit. v0	erweit. v0
byte	vereng. v2		erweit. v0	erweit. v0	erweit. v0	erweit. v0	erweit. v0
short	vereng. v2	vereng. v2		erweit. v0	erweit. v0	erweit. v0	erweit. v0
int	vereng. v2	vereng. v2	vereng. v2		erweit. v0	erweit. v1	erweit. v0
long	vereng. v2	vereng. v2	vereng. v2	vereng. v2		erweit. v1	erweit. v1
float	vereng. v2	vereng. v2	vereng. v2	vereng. v2	vereng. v2		erweit. v0
double	vereng. v2	vereng. v2	vereng. v2	vereng. v2	vereng. v2	vereng. v2	

Erläuterung der Abkürzungen:

erweit Erweiternde Typumwandlung (Cast erlaubt, aber nicht nötig)
vereng Verengende Typumwandlung (erfolgt normalerweise nur mit Cast)
v0 Verlust 0, sichere Umwandlung ohne Verlust
v1 Verlust 1, Verlust von *Genauigkeit* möglich
v2 Verlust 2, Verlust von *Genauigkeit* und *Größenordnung* möglich

Bis auf die beiden halbfett hervorgehobenen Eintragungen **vereng.** (oben in der zweiten Zeile) ist die Tabelle regelmäßig und symmetrisch.

Identische Typumwandlungen (z. B. von `char` nach `char` oder von `byte` nach `byte` etc.) sind immer erlaubt und ungefährlich. Die entsprechenden Kästchen in der obigen Tabelle wurden einfach leer gelassen.

Typumwandlungen mit Cast-Befehlen sind nur zwischen *nah verwandten* Typen erlaubt, z. B. zwischen allen numerischen Typen. Der nicht-numerische Typ `boolean` ist in Java ausdrücklich mit keinem anderen Typ nah verwandt (außer mit seiner Hüllklasse `Boolean`). Wenn der Programmierer `boolean`-Werte in numerische oder numerische in `boolean`-Werte umwandeln will, muss er dafür selbst entsprechende Funktionen schreiben, etwa so wie im folgenden Beispiel.

Beispiel-05: Umwandlungen zwischen den Typen `int` und `boolean` mit selbst geschriebenen Funktionen:

```
41 static boolean intNachBool(int n) {
42     if (n < 17) {
43         return true;
44     } else {
45         return false;
46     }
47 }
48
49 static int boolNachInt(boolean b) {
50     if (b) {
51         return 0;
52     } else {
53         return 35;
54     }
55 }
```

In diesem Beispiel werden `int`- und `boolean`-Werte auf ziemlich willkürliche Weise aufeinander abgebildet. Damit soll deutlich gemacht werden: Wenn der Programmierer irgendeine Abbildung zwischen `int`- und `boolean`-Werten benutzen will, darf (und muss) er sie selbst programmieren.

Aufgabe-01: Geben Sie eine elegantere Version der Funktion `intNachBool` (im Beispiel-05) an, die genau das Gleiche leistet, aber nur eine `return`-Anweisung in ihrem Rumpf hat (keine `if`-Anweisung). Eine Lösung findet man am Ende dieses Abschnitts.

Jeder der acht primitiven Typen ist mit seiner Hüllklasse, aber mit *keinem anderen Referenztyp* „nah verwandt". Insbesondere ist kein primitiver Typ mit einem der Klassentypen `String`, `StringBuilder`, `BigInteger` oder `BigDecimal` nah verwandt. Typumwandlungen zwischen primitiven Typen und Klassentypen können also praktisch *nie mit Cast-Befehlen*, sondern nur mit speziellen *Umwandlungsmethoden* durchgeführt werden.

Solche Umwandlungsmethoden findet man in verschiedenen Klassen der Standardbibliothek. Z. B. enthält die Klasse `String` sechs Methoden namens `valueOf`, mit denen man Werte der primitiven Typen `char`, `int`, `long`, `float`, `double` und `boolean` in `String`-Objekte umwandeln kann.

Die Hüllklassen zu den einzelnen primitiven Typen enthalten verschiedene Umwandlungsmethoden, mit denen man `String`-Objekte in primitive Werte bzw. in Hüllobjekte umwandeln kann. Die folgende Tabelle gibt eine Übersicht über die wichtigsten dieser Umwandlungsmethoden:

Hüllklasse	parse...	parse...	decode	valueOf	valueOf
Byte	byte **parseByte** (String s)	byte **parseByte** (String s, basis b)	Byte **decode** (String s)	Byte **valueOf** (String s)	Byte **valueOf** (String s, basis b)
Short	short **parseShort** (String s)	short **parseShort** (String s, basis b)	Short **decode** (String s)	Short **valueOf** (String s)	Short **valueOf** (String s, basis b)
Integer	int **parseInt** (String s)	int **parseInt** (String s, basis b)	Integer **decode** (String s)	Integer **valueOf** (String s)	Integer **valueOf** (String s, basis b)
Long	long **parseLong** (String s)	long **parseLong** (String s, basis b)	Long **decode** (String s)	Long **valueOf** (String s)	Long **valueOf** (String s, basis b)
Float	float **parseFloat** (String)			Float **valueOf** (String s)	
Double	double **parseDouble** (String)			Double **valueOf** (String s)	
Boolean	boolean **parseBoolean** (String s)			Boolean **valueOf** (String s)	

Den Methoden in der dritten Spalte (parseByte, parseShort etc.) kann man als
zweiten Parameter die Basiszahl eines Zahlensystems übergeben. Die Methode
versucht dann, den String s als Zahl in diesem Zahlensystem zu interpretieren. Die
Basiszahl muss zwischen 2 und 36 (einschließlich) liegen. Entsprechendes gilt für
die valueOf-Methoden in der letzten Spalte. Die decode-Methoden (in der vierten
Spalte) erwarten in ihrem String-Parameter s ein Literal des betreffenden Typs, so
wie es auch in einem Java-Programm stehen könnte. Weitere Einzelheiten findet
man in der Dokumentation der Java-Standardbibliothek (siehe [HTML_Doc]).

Anmerkung: Den parse-Methoden in der zweiten und dritten Spalte typspezifi-
sche Namen (wie parseByte, parseShort etc.) zu geben, war eine unglückliche
Entscheidung in einer frühen Phase der Entwicklung von Java. Die anderen Umwandlungsmethoden haben bessere, nicht-typspezifische Namen.

Lösung-01: Eine elegantere Version der Funktion intNachBool

```
56   static boolean intNachBool(int n) {
57       return n < 17;
58   }
```

5.3 Mit primitiven Werten rechnen

Berechnungen kann man in Java wahlweise mit Werten der sieben primitiven numerischen Typen (`byte`, `char`, `short`, `int`, `long`, `float` und `double`) oder mit Objekten geeigneter Klassen durchführen (z. B. mit `BigInteger`-Objekten oder `BigDecimal`-Objekten). Das Rechnen mit primitiven Werten geht (bei heute üblichen maschinellen Java-Ausführern) erheblich schneller, ist aber mit gewissen Beschränkungen und Gefahren verbunden. Objekte der Klassen `BigInteger` und `BigDecimal` erlauben dagegen praktisch unbeschränktes und gefahrloses Rechnen, sind für den Ausführer aber erheblich aufwendiger und bewirken manchmal (aber keineswegs immer), dass er spürbar langsamer wird.

Das Rechnen mit Objekten der Klassen `BigInteger` und `BigDecimal` wird im Abschnitt 10.5 behandelt. Im Folgenden geht es um das Rechnen mit *primitiven Werten*.

Viele Ingenieure gehen (mit guten Gründen) davon aus, dass es *eine* Menge aller Zahlen gibt, nämlich die Menge C der komplexen Zahlen, und dass andere Zahlenmengen wie z. B. die Menge R der reellen Zahlen, die Menge Q der rationalen Zahlen, die Menge Z der ganzen Zahlen und die Menge N der natürlichen Zahlen *Teilmengen* von C und voneinander sind. Graphisch kann man das etwa so darstellen:

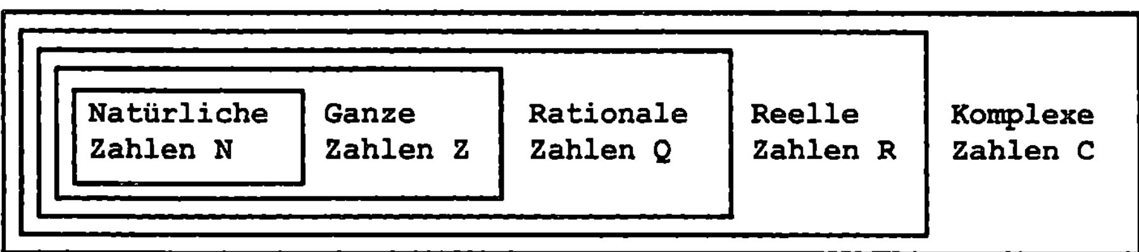

Bild 5.1 Zahlenmengen der Mathematiker und Ingenieure

Nach dieser Vorstellung gibt es z. B. *eine* Zahl 7, die gleichzeitig eine natürliche, eine ganze, eine rationale, eine reelle und eine komplexe Zahl ist, eine negative Zahl wie -7 gehört zu den Mengen Z, Q, R und C, ein Bruch wie 3/4 gehört noch zu Q, R und C etc. Die Formel 7/2 hat dann exakt den Wert 3.5 und die Formel 7/3 ungefähr den Wert 2.33333.

Hier ist nicht wichtig, *welche* Zahlenmenge man für die umfassendste hält (viele Menschen gehen nie über die Menge R der reellen Zahlen hinaus und einige Mathematiker denken sich auch um C herum eine noch umfassendere Menge der Quaternionen), sondern dass man von *einer* Zahlenmenge ausgeht, die alle anderen enthält, und dass diese Menge *unendlich* viele Zahlen enthält.

Java-Ausführer gehen (mit guten Gründen) von einer ganz anderen Grundsituation aus, nämlich von sieben *disjunkten* und *endlichen* Zahlenmengen, etwa so:

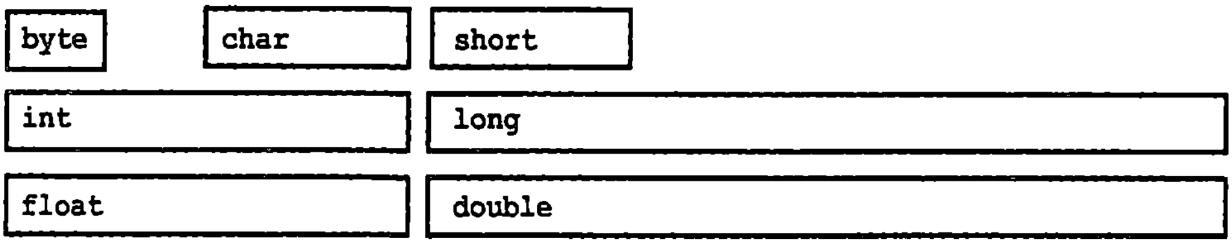

```
 byte       char        short

 int                    long

 float                  double
```

Bild 5.2 Zahlenmengen der Java-Ausführer

In jeder dieser Mengen gibt es z. B. eine Zahl 7, aber die `int-7` unterscheidet sich in einigen praxisrelevanten Eigenschaften von der `long-7` und von der `float-7`. Wenn der Java-Ausführer z. B. die `int-7` durch die `int-2` teilt, erhält er als Ergebnis die `int-3`. Wenn er die `float-7` durch die `float-2` teilt, ist das Ergebnis die `float-3.5`. Schwieriger ist eine Division wie z. B. *sieben geteilt durch drei.* Wenn der Ausführer die `int-7` durch die `int-3` teilt, ist das Ergebnis die `int-2`. Diese Ganzzahldivision kann man relativ leicht im Kopf nachvollziehen. Teilt der Java-Ausführer die `float-7` durch die `float-3`, ist das Ergebnis die `float`-Zahl `2.3333332538604736328125O` (ein offenbar etwas zu kleines Ergebnis). Diese Gleitpunktdivision und den mit ihr verbundenen Fehler können nur sehr wenige Menschen im Kopf exakt nachvollziehen und auch die meisten Taschenrechner kommen zu einem Ergebnis mit einem etwas anderen Fehler (weil sie intern mit Dezimalbrüchen rechnen, Java-Gleitpunktzahlen dagegen eine Art Binärbrüche sind).

Rechenregel-01: Der Java-Ausführer kann nicht mit den Werten der drei *kurzen* Ganzzahltypen `byte`, `char` und `short` rechnen. Wenn man es ihm trotzdem befiehlt, wandelt er die kurzen Werte in `int`-Werte um und rechnet mit diesen, etwa so:

Beispiel-01: Vor Berechnungen werden kurze Ganzzahlwerte in `int`-Werte umgewandelt (siehe auch das Beispielprogramm `Typen09`):

```
1  char c01 = ...                   // wird irgendwie initialisiert
2  char c02 = ...                   // wird irgendwie initialisiert
3  char c03 =          c01 + c02;   // Typfehler, verboten!
4  char c04 = (char) (c01 + c02);   // Mit Cast    erlaubt!
```

Mit dem Ausdruck `c01 + c02` befiehlt man dem Ausführer, die Werte der Variablen `c01` und `c02` in `int`-Werte umzuwandeln und diese `int`-Werte zu addieren. Das Ergebnis ist also ein `int`-Wert und kein `char`-Wert, obwohl `c01` und `c02` beide zum Typ `char` gehören.

Rechenregel-02: Der Java-Ausführer kann die Rechenoperationen Addition (+), Subtraktion (-), Multiplikation (*), Division (/) und die Rest-Operation (%) nicht auf zwei Werte *unterschiedlicher* Typen anwenden. Wenn man es ihm trotzdem befiehlt, wandelt er den Wert des „weniger umfassenden" Typs in einen Wert des „umfassenderen" Typs um. Dabei gilt `int` als der am wenigsten umfassende Typ, danach kommen `long`, `float` und `double` (in dieser Reihenfolge).

Das Beispielprogramm `Typen10` macht die Typumwandlungen, die der Ausführer beim Rechnen automatisch durchführt, sichtbar und gibt u.a. folgende Zeilen aus:

```
5     byte17 +     byte17 ist 34     (vom Typ int)
6     byte17 +     char17 ist 34     (vom Typ int)
7     char17 +     byte17 ist 34     (vom Typ int)
8      int17 +      long17 ist 34     (vom Typ long)
9      int17 +    float17 ist 34.0 (vom Typ float)
10     int17 + double17 ist 34.0 (vom Typ double)
11    long17 +    float17 ist 34.0 (vom Typ float)
12    long17 + double17 ist 34.0 (vom Typ double)
13   float17 + double17 ist 34.0 (vom Typ double)
```

In den Zeilen 5 bis 7 erkennt man die Wirkung der Rechenregel-01, in den übrigen Zeilen die Rechenregel-02.

Unter dem Begriff *Ganzzahlarithmetik* fasst man alle Regeln zusammen, nach denen der Ausführer Werte der Ganzzahltypen behandelt (d. h. darstellt, berechnet, umwandelt etc.). Entsprechend bezeichnet man mit *Gleitpunktarithmetik* alle Regeln, nach denen der Ausführer mit Werten der Gleitpunkttypen umgeht.

Die Gleitpunktarithmetik des Java-Ausführers ist vorbildlich und entspricht einem internationalen Standard (IEEE-754-1985). Die Java-Ganzzahlarithmetik ist dagegen deutlich weniger bewundernswert, eher verwunderlich. Die Verantwortung dafür tragen zu einem kleineren Teil die Entwickler von Java (sie hätten die Ganzzahlarithmetik sicherer gestalten können, als sie es getan haben) und zu einem größeren Teil die Entwickler moderner Computerhardware. Diese haben die Ganzzahlarithmetik in den letzten vier Jahrzehnten zwar quantitativ enorm verbessert (d. h. etwa um den Faktor eine Million beschleunigt), aber qualitativ auf dem Stand der 1960er-Jahre belassen.

5.4 Gleitpunktarithmetik

Diesen Abschnitt sollte man beim ersten Lesen höchstens überfliegen. Erst wenn man ernsthafte Gleitpunktrechnungen programmieren will, ist ein gründlicheres Lesen möglicherweise nützlich.

Die Java-Gleitpunktarithmetik beruht auf dem internationalen Standard IEEE-754-1985. Dieser Standard legt nicht nur genau fest, welche Werte zu den Typen `float` und `double` gehören, sondern schreibt auch die Ergebnisse der Operationen Addition, Subtraktion, Multiplikation, Division und Rest „exakt bis auf das letzte Bit" vor. Andere Sprachen (z. B. C und C++) lassen zu, dass die Ergebnisse von Gleitpunktrechnungen von der verwendeten Hardware abhängen, d. h. von Maschine zu Maschine verschieden sein können.

Viele Menschen lernen in der Schule, dass man nicht durch 0 teilen darf (warum eigentlich nicht?) und dass Unendlich keine Zahl ist (warum eigentlich nicht?). Der Standard IEEE-754-1985 setzt sich auf eine mathematisch gut durchdachte und nützliche Weise über diese Schulweisheiten hinweg.

Float-Regel-01: Zum Typ `float` gehören insgesamt 2^{32} (ungefähr 4.3 Milliarden) Werte. Die meisten (aber nicht alle) dieser Werte stellen Zahlen dar.

Float-Regel-02: Zum Typ `float` gehören unter anderem vier verschiedene Werte, die man als `+0`, `-0`, `Infinity` und `-Infinity` bezeichnet. `+0` und `Infinity` gehören zu den positiven Zahlen, `-0` und `-Infinity` zu den negativen Zahlen.

Float-Regel-03: $2^{24} - 1$ `float`-Werte (ungefähr 16.8 Millionen oder etwa 3.9 Promille aller `float`-Werte) stellen *keine* Zahlen dar und jeder solche Wert wird als eine `NaN` (not a number, „Unzahl") bezeichnet.

Die Regeln für den Typ `double` lauten ganz entsprechend:

Double-Regel-01: Zum Typ `double` gehören insgesamt 2^{64} (ungefähr 18.4 Trillionen) Werte. Die meisten (aber nicht alle) dieser Werte stellen Zahlen dar.

Double-Regel-02: Zum Typ `double` gehören unter anderem vier verschiedene Werte, die man als `+0`, `-0`, `Infinity` und `-Infinity` bezeichnet. `+0` und `Infinity` gehören zu den positiven Zahlen, `-0` und `-Infinity` zu den negativen Zahlen.

Double-Regel-03: $2^{53} - 1$ double-Werte (ungefähr 9.0 Billiarden oder etwa 0.49 Promille aller `double`-Werte) stellen *keine* Zahlen dar und jeder solche Wert wird als eine `NaN` (not a number, „Unzahl") bezeichnet.

Die Werte +0 und -0 werden in vielen Zusammenhängen gleich behandelt (z. B. beim Addieren oder Subtrahieren und beim Vergleichen zweier Gleitpunktzahlen mit Operatoren wie <, <=, ==, !=, > und >=). In bestimmten Multiplikationen und Divisionen macht es aber einen Unterschied, ob ein Operand den Wert +0 oder den Wert -0 hat.

Die folgenden beiden Tabellen beschreiben die Multiplikation (Operator *) bzw. die Division (Operator /) von Gleitpunktwerten der Typen float und double. Zusätzlich zu den oben eingeführten Bezeichnungen +0, -0 und NaN werden dabei folgende Abkürzungen verwendet:

-Inf	-Infinity
neg	Eine negative Zahl ungleich -Infinity und ungleich -0.
pos	Eine positive Zahl ungleich Infinity und ungleich 0.
+Inf	Infinity

Innerhalb der Tabellen trennt ein senkrechter Strich "|" zwei mögliche Ergebnisse voneinander (z. B. ist **neg * neg** entweder gleich **pos** oder gleich **+Inf**).

Die beiden Tabellen für die Multiplikation * und die Division / :

*	-Inf	neg	-0	+0	pos	+Inf	NaN
-Inf	+Inf	+Inf	NaN	NaN	-Inf	-Inf	NaN
neg	+Inf	pos|+Inf	+0	-0	neg|-Inf	-Inf	NaN
-0	NaN	+0	+0	-0	-0	NaN	NaN
+0	NaN	-0	-0	+0	+0	NaN	NaN
pos	-Inf	neg|-Inf	-0	+0	pos|+Inf	+Inf	NaN
+Inf	-Inf	-Inf	NaN	NaN	+Inf	+Inf	NaN
NaN	NaN	NaN	NaN	NaN	NaN	NaN	NaN

/	-Inf	neg	-0	+0	pos	+Inf	NaN
-Inf	NaN	+Inf	+Inf	-Inf	-Inf	NaN	NaN
neg	+0	pos|+Inf	+Inf	-Inf	neg|-Inf	-0	NaN
-0	+0	+0	NaN	NaN	-0	-0	NaN
+0	-0	-0	NaN	NaN	+0	+0	NaN
pos	-0	neg|-Inf	-Inf	+Inf	pos|+Inf	+0	NaN
+Inf	NaN	-Inf	-Inf	+Inf	+Inf	NaN	NaN
NaN	NaN	NaN	NaN	NaN	NaN	NaN	NaN

Jeden Tabelleneintrag kann man als eine Regel verstehen. Z. B. steht in der Divisionstabelle, Zeile pos, Spalte -0, die Regel: Irgendeine positive Zahl pos geteilt durch -0 ist gleich -Infinity.

Ein Rechenergebnis ist gleich `NaN`, wenn es nach zwei sich *widersprechenden Regeln* berechnet werden könnte.

Beispiel-01: Warum ist `+0 * +Inf` gleich `NaN`?
RegelA: `+0` mal irgendeine positive Zahl `pos` ist gleich `+0` (Zeile `+0`, Spalte `pos`)
RegelB: Irgendeine positive Zahl `pos` mal `+Inf` ist gleich `+Inf` (Zeile `pos`, Spalte `+Inf`)

Da das Ergebnis der RegelA (nämlich `+0`) und das Ergebnis der RegelB (nämlich `+Inf`) sich widersprechen, wurde (von den Mathematikern, die den Gleitpunktstandard IEEE-754-1985 entwickelt haben) für den Ausdruck `+0 * +Inf` der Wert `NaN` festgelegt.

Beispiel-02: Warum ist `+0 / +0` gleich `NaN`?
RegelA: `+0` durch `pos` ist gleich `+0` (Zeile `+0`, Spalte `pos`)
RegelB: `pos` durch `+0` ist gleich `+Inf` (Zeile `pos`, Spalte `+0`)
RegelC: `x` durch `x` ist gleich `1` (steht nicht in der Tabelle, ist aber allgemein bekannt)

Aufgabe-01: Warum ist   `-0 * -Inf` gleich `NaN`?

Aufgabe-02: Warum ist `-Inf / -Inf` gleich `NaN`?

Lösungen zu diesen Aufgaben findet man am Ende dieses Abschnitts.

Das Beispielprogramm `GleitRech01` ist eine Art Taschenrechner, der mit `float`-Zahlen rechnet. Er soll Interessierte dabei unterstützen, sich insbesondere mit den `float`-Werten `MIN_VALUE, MAX_VALUE, -0, +0, -Infinity, Infinity` und `NaN` vertraut zu machen. Deshalb darf man diesem Programm nicht nur normale `float`-Literale eingeben (z. B. `2.5` oder `-123.4567` oder `76.543E-17` oder `-0`), sondern auch Namen wie `min, max, -inf, inf, nan` etc. für die entsprechenden besonderen Werte. Das Programm `GleitRech02` funktioniert genauso, rechnet aber mit `double`-Werten.

Die Bruchzahl 312 1/16 kann man auch durch den Dezimalbruch 312.0625_{10} darstellen. Dieser Dezimalbruch hat drei Vorpunktstellen und vier Nachpunktstellen. Die einzelnen Ziffern des Bruchs haben (von links nach rechts) die Stellenwerte 10^2, 10^1, 10^0, 10^{-1}, 10^{-2}, 10^{-3}, 10^{-4}. (d. h. die Stellenwerte 100, 10, 1, 1/10, 1/100, 1/1000, 1/10000). Die Bruchzahl 1/3 kann man durch keinen endlichen Dezimalbruch exakt darstellen, der Dezimalbruch 0.333333_{10} hat nur ungefähr den Wert 1/3. Bei einem Binärbruch wie z. B. 101.01101_2 haben die einzelnen (binären) Stellen die Stellenwerte 2^2, 2^1, 2^0, 2^{-1}, 2^{-2}, 2^{-3}, 2^{-4} etc. (d. h. die Stellenwerte 4, 2,

1, 1/2, 1/4, 1/8, 1/16). Die Bruchzahl 5 3/4 kann man auch durch den Binärbruch 101.11_2 darstellen.

Allgemein gilt, dass es zu jedem (endlich-stelligen) Binärbruch einen (endlich-stelligen) Dezimalbruch mit exakt demselben Wert gibt. Die Umkehrung gilt nicht. Z. B. gibt es keinen (endlich-stelligen) Binärbruch, der exakt den Wert 0.1_{10} hat. Der Binärbruch $0.0001100110011001100110011001100110011_2$ hat nur ungefähr den Wert 0.1_{10}.

Aufgabe-03: 0.1_2 ist gleich 0.5_{10}, 0.01_2 ist gleich 0.25_{10}, 0.001_2 ist gleich 0.125_{10}. Zeigen Sie, dass allgemein gilt: Wenn man einen Binärbruch mit n Binärstellen nach dem Punkt in einen Dezimalbruch umwandelt, dann hat dieser n Dezimalstellen nach dem Punkt. Eine Andeutung einer Lösung finden Sie am Ende dieses Abschnitts. Siehe dazu auch die Aufgabe-01 im Abschnitt 10.6.2 über die Klasse `BigDecimal` (dort wird der Beweis „grafisch dargestellt").

Gleitpunktzahlen werden intern (in einem maschinellen Java-Ausführer) durch zwei Zahlen dargestellt, eine so genannte *Mantisse* m und einen *Exponenten* e zur Basis 2. Die Mantisse ist ein Binärbruch mit genau einer Stelle vor dem Binärpunkt. Der Exponent ist eine Ganzzahl. Der Wert einer Gleitpunktzahl ist gleich dem Produkt $m \cdot 2^e$.

Eine Gleitpunktzahl ist *normalisiert* (bzw. *nicht-normalisiert*), wenn die Vorpunktstelle ihrer Mantisse gleich 1 (bzw. gleich 0) ist. Beispiele für normalisierte Mantissen sind 1.00000_2, 1.10101_2 und 1.11111_2. Beispiele für nicht-normalisierte Mantissen sind 0.11111_2, 0.10101_2 und 0.00001_2. An diesen Beispielen kann man erkennen, dass der Wert einer normalisierten Mantisse zwischen 1.0_{10} (einschließlich) und 2.0_{10} (ausschließlich) liegt und der Wert einer nicht-normalisierten Mantisse zwischen 0.5_{10} und 0.0_{10}. Alle nicht-normalisierten Gleitpunktzahlen sind (betragsmäßig) kleiner als alle normalisierten Gleitpunktzahlen und in ernsthaften Berechnungen sind sie meistens „unerwünscht". Manchmal werden sie verboten oder durch 0.0 ersetzt.

Eine normalisierte `float`-Zahl hat einen Exponenten zwischen -126 und +127 und eine Mantisse der Form 1.xxx... mit 23 (binären) Nachpunktstellen.

Eine nicht-normalisierte `float`-Zahl hat den Exponenten -127 und eine Mantisse der Form 0.xxx... mit 23 (binären) Nachpunktstellen.

Eine normalisierte `double`-Zahl hat einen Exponenten zwischen -2046 und +2047 und eine Mantisse der Form 1.xxx... mit 52 (binären) Nachpunktstellen.

Eine nicht-normalisierte `double`-Zahl hat den Exponenten -2047 und eine Mantisse der Form 0.xxx... mit 52 (binären) Nachpunktstellen.

Für dezimal denkende Menschen bedeutet das: Als `float`-Werte kann man Dezimalzahlen mit einer Genauigkeit von etwa 7 Dezimalziffern und einem Exponenten zur Basis 10 zwischen -38 und + 38 darstellen. Wenn man auch nicht-normalisierte `float`-Zahlen einschließt, kann der dezimale Exponent sogar bis -45 hinuntergehen.

Als `double`-Werte kann man Dezimalzahlen mit einer Genauigkeit von etwa 15 Dezimalziffern und einem Exponenten zur Basis 10 zwischen -308 und +308 darstellen. Wenn man auch nicht-normalisierte `double`-Zahlen einschließt, kann der dezimale Exponent sogar bis -324 hinuntergehen.

Beim Rechnen mit Gleitpunktzahlen treten häufig kleine Rundungsfehler auf. Wenn man wiederholt mit dem (nicht ganz exakten) Ergebnis *einer* Berechnung eine *weitere* Berechnung durchführt, können diese Rundungsfehler sich „aufschaukeln" und vergrößern. Bevor man ernsthafte Programme schreibt, in denen mit Gleitpunktzahlen gerechnet wird, sollte man lernen, solche Fehler abzuschätzen. Die Beispielprogramme `GleitRech07` und `GleitRech08` zeigen, dass die Ergebnisse von häufig wiederholten Gleitpunktrechnungen plötzlich katastrophal ungenau werden können.

Weil die Ergebnisse von Berechnungen mit Gleitpunktzahlen in aller Regel nicht exakt sind, sollte man zwei solche Ergebnisse meist auch dann als gleich betrachten, wenn sie sich geringfügig (je nach Anwendung z. B. um 1 Prozent oder um 0.05 Promille etc.) unterscheiden. Deshalb sollte man Gleitpunktzahlen in aller Regel nicht mit den Gleichheitsoperatoren `==` und `!=` vergleichen, sondern mit einer Vergleichsmethode, die geringfügige Unterschiede toleriert. Beispiele für solche Vergleichsmethoden (mit dem suggestiven Namen `sindUngefaehrGleich`) findet man in den Beispielprogrammen `GleitRech09` (für `float`-Werte) und `GleitRech10` (für `double`-Werte).

Vergleicht man mit dem Operator `==` einen NaN-Wert mit sich selbst, so ist das Ergebnis `false`. Um bei einem solchen Vergleich das Ergebnis `true` zu erhalten, kann man die zu vergleichenden Gleitpunktwerte vorher mit den Methoden `Float.floatToIntBit`, `Float.floatToRawIntBit`, `Double.doubleTo-LongBit` bzw. `Double.doubleToRawLongBit` in `int`- bzw. `long`-Werte umwandeln. Siehe dazu die Methoden `sindExaktGleich` und `sindZiemlich-Gleich` in den Beispielprogrammen `GleitRech09` und `GleitRech10`.

Kommerzielle Berechnungen, bei denen es um Geldbeträge und damit zusammenhängende Zahlen geht, sollten für einen menschlichen Prüfer verständlich und per

Kopfrechnung oder mit einem Taschenrechner exakt nachvollziehbar sein. Weil die meisten Menschen und Taschenrechner mit dezimalen (Bruch-) Zahlen rechnen, sollte man solche kommerziellen Berechnungen grundsätzlich *nicht* mit (binären) Gleitpunktzahlen durchführen, sondern entweder mit Ganzzahlen der Typen int und long oder mit dezimalen Bruchzahlen des Typs BigDecimal (siehe dazu die Beispielprogramme Kommerziell01 und Kommerziell02).

Die Klasse Math (in der Java-Standardbibliothek) enthält zwei double-Konstanten namens E (wie Eulersche Zahl, die Basis des natürlichen Logarithmus) und PI (wie π, die Kreiszahl) und eine Reihe von Funktionen wie sin (Sinus), cos (Kosinus), tan (Tangens), log (natürlicher Logarithmus), sqrt (Quadratwurzel), pow (Exponentialfunktion) etc. Die double-Konstante Math.PI hat den Wert 3.14159 26535 89793 11599 79634 68544 18516 15905 76171 875.

Nur die ersten 15 Nachpunktstellen dieser Konstanten stimmen mit der Kreiszahl π überein, danach müsste es statt ...11599... eigentlich heißen ...23845.... Für die double-Konstante Math.E gilt Entsprechendes. Werte des Typs double haben eben nur eine beschränkte Genauigkeit von etwa 15 Dezimalstellen.

Lösung-01: Warum ist -0 * -Inf gleich NaN?
RegelA: -0 *   neg ist gleich +0
RegelB: neg * -Inf ist gleich -Inf

Lösung-02: Warum ist -Inf / -Inf gleich NaN?
RegelA: -Inf /   neg ist gleich +Inf
RegelB: neg / -Inf ist gleich +0

Lösung-03: Per Induktion zeigt man, dass die Behauptung auf alle Binärbrüche der speziellen Form 0.1, 0.01, 0.001, ... etc. (mit genau einer 1 an der n-ten Stelle nach dem Punkt) zutrifft und dass die entsprechenden Dezimalbrüche alle mit der Ziffer 5 enden. Da jeder Binärbruch die Summe solcher speziellen Binärbrüche ist (und „die letzte Ziffer 5 nicht verschwinden kann") folgt die Behauptung für alle Binärbrüche.

5.5 Ganzzahlarithmetik

Die Grundregeln, nach denen heute verbreitete Prozessoren Ganzzahlen darstellen und mit ihnen rechnen, wurden in der Mitte des vorigen Jahrhunderts entwickelt und seither leider nicht mehr verbessert. Beim Entwerfen einer Programmiersprache kann man dem Programmierer durch spezielle Konstrukte und Regeln helfen, mit bestimmten Schwächen dieser Ganzzahlarithmetik zurechtzukommen. Das ist beim Entwurf von Java leider nur in sehr geringem Maße geschehen. Deshalb muss der Java-Programmierer beim Rechnen mit Werten der Ganzzahltypen `byte`, `char`, `short`, `int` und `long` selbst dafür sorgen, dass bestimmte Fehler (so genannte *Überläufe*) keinen Schaden anrichten.

Problem: Wenn der Java-Ausführer mit Ganzzzahlen rechnet, kommt er in bestimmten Fällen zu mathematisch falschen Ergebnissen, ohne den Programmierer (durch eine Fehlermeldung oder andere Maßnahmen) auf diese Fehler hinzuweisen.

Beispiel-01: Wenn man dem Java-Ausführer befiehlt, den `int`-Wert 100000 (Hunderttausend) mit sich selbst zu multiplizieren, kommt er nicht zu dem korrekten Ergebnis 10 Milliarden, sondern zu einem falschen Ergebnis von ungefähr 1.4 Milliarden (wie groß das falsche Ergebnis genau ist, kann man mit dem Beispielprogramm `GanzRech01` berechnen). Der Ausführer ergreift keinerlei Maßnahmen, um den Programmierer und/oder den Benutzer auf die Falschheit des Ergebnisses hinzuweisen.

Um zu verstehen, wie der Java-Ausführer mit Ganzzahlen rechnet, sollte man sich alle Werte eines Ganzzahltyps so angeordnet denken, dass die Extremwerte MIN_VALUE und MAX_VALUE nur einen Schritt weit auseinander liegen.

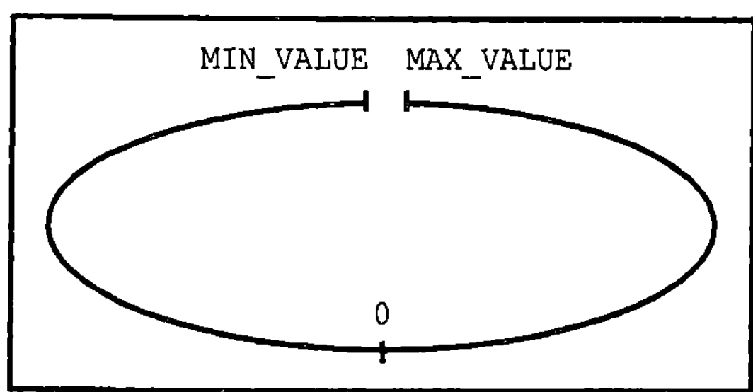

Bild 5.3 Die Struktur eines Java-Ganzzahltyps

Es gelten folgende Rechenregeln:

```
MAX_VALUE plus  1 ist gleich MIN_VALUE
MIN_VALUE minus 1 ist gleich MAX_VALUE
```

Zum Typ `int` gehören etwa 4,3 Milliarden Werte. Die Darstellung des Wertes 10 Milliarden kann man sich etwa so vorstellen: Der Ausführer beginnt bei der 0 und bewegt sich schrittweise in positiver Richtung. Nach etwa 2.15 Milliarden Schritten ist er bei MAX_VALUE, nach *einem* weiteren Schritt bei MIN_VALUE, nach insgesamt etwa 4,3 Milliarden Schritten ist er wieder bei 0, nach insgesamt etwa 8,6 Milliarden Schritten wieder bei 0 und nach 10 Milliarden Schritten bei etwa 1.4 Milliarden.

Diese „schrittweise Darstellung" eines `int`-Wertes ist nur eine Vorstellung, die das Verständnis erleichtern soll. Heute übliche Rechner müssen keine 10 Milliarden Schritte gehen, um die Zahl 10 Milliarden darzustellen.

Aufgabe-01: Zu welchen Ergebnissen kommt der Java-Ausführer ungefähr, wenn man ihm befiehlt, die folgenden Rechnungen mit `int`-Werten durchzuführen?

```
1.4 Milliarden plus 0.75 Milliarden
1.4 Milliarden plus 0.90 Milliarden
1.4 Milliarden plus 1.90 Milliarden
1.4 Milliarden mal  3
```

Ihre Lösungen können Sie mit dem Beispielprogramm `GanzRech01` überprüfen. Dabei müssen Sie eine Zahl wie z. B. 1.4 Milliarden ohne Dezimalpunkt als Ganzzahl (1400000000) eingeben.

Aufgabe-02: Zu welchen Ergebnissen kommt der Java-Ausführer ungefähr, wenn man ihm befiehlt, die folgenden Rechnungen mit `long`-Werten durchzuführen?

```
4.6 Trillionen mal 2
4.6 Trillionen mal 3
4.6 Trillionen mal 4
```

Ihre Lösungen können Sie mit dem Beispielprogramm `GanzRech02` überprüfen. Auch diesem Programm müssen Sie alle Zahlen ohne Dezimalpunkt als Ganzzahlen (z. B. 4600000000000000000) eingeben.

Die Abbildung 1 beschreibt die Struktur der Ganzzahltpyen `byte`, `short`, `int` und `long`. Bei diesen Typen liegt die 0 ungefähr in der Mitte zwischen den Extremwerten `MIN_VALUE` und `MAX_VALUE`. Der Typ `char` hat eine etwas abweichende Struktur, denn bei ihm ist `MIN_VALUE` gleich 0.

Aufgabe-03: Zu welchen Ergebnissen kommt der Java-Ausführer, wenn man ihm befiehlt, die folgenden `int`-Werte in `char`-Werte umzuwandeln?

```
65536
65537
10 * 65536
10 + 65536
```

Ihre Lösungen können Sie mit dem Beispielprogramm `GanzRech03` überprüfen.

Zu den 5 Ganzzahltypen `byte`, `char`, `short`, `int` und `long` gehören also (leider) keine besonderen Werte wie `Infinity`, `-Infinity` und `NaN` und das Rechnen mit Ganzzahlwerten erfolgt nach ganz anderen Regeln als das Rechnen mit Gleitpunktwerten. Insbesondere führen Überläufe bei Ganzzahlrechnungen einfach zu falschen Ergebnissen.

Nur in der folgenden Situation unterstützt der Java-Ausführer den Programmierer dabei, falsche Ergebnisse einer Ganzzahlrechnung zu erkennen: Wenn der Programmierer ihm befiehlt, einen Ganzzahlwert durch 0 zu teilen, führt er diesen Befehl nicht aus, sondern wirft eine Ausnahme. Was das konkret bedeutet, kann man mit dem Beispielprogramm `GanzRech01` ausprobieren oder im Kapitel 15 nachlesen.

Kritik: Es ist bedauerlich, dass Ganzzahlüberläufe in Java keine Ausnahmen auslösen und kein offensichtlich falsches Ergebnis liefern. Das widerspricht eigentlich dem Geist einer Sprache, die mit soviel Rücksicht auf Fragen der Sicherheit und Zuverlässigkeit entworfen wurde.

Anmerkung: Die Programmiersprache Ada bietet ein bisschen mehr Sicherheit als Java und die meisten anderen Sprachen. Der Ada-Ausführer wirft bei jedem Ganzzahlüberlauf eine Ausnahme. Allerdings hat auch die Ada-Lösung bestimmte Nachteile (eine Ganzzahlrechnung kann auf *einem* Computer gelingen und auf einem *anderen* zu einer Ausnahme führen). Eine wirklich befriedigende Lösung ist wahrscheinlich nur dadurch zu erreichen, dass man die Ganzzahlarithmetik auf der Ebene der Hardware verbessert. Die (ältere) Ganzzahlarithmetik sollte möglichst weitgehend der (moderneren) Gleitpunktarithmetik angepasst werden.

5.6   Besonderheiten des Ganzzahltyps char

In Java gibt es fünf (primitive) Ganzzahltypen: `byte`, `char`, `short`, `int` und `long`. Für einige Ganzzahlen (z.B. für die Ganzzahl 65) kennt der Java-Ausführer somit fünf verschiedene primitive Darstellungen, als `byte`-Wert, als `char`-Wert, als `short`--Wert, als `int`-Wert und als `long`-Wert. Dabei unterscheidet sich z.B. die `int`-65 so sehr von der `long`-65, dass der Ausführer diese beiden Werte nicht addieren kann. Wenn man es ihm doch befiehlt, wandelt er die `int`-65 in eine `long`-65 um, addiert die beiden beiden `long`-65-Werte und liefert als Ergebnis die `long`-130.

Der Typ `char` ist ein weitgehend normaler Ganzzahltyp wie `byte`, `short`, `int` und `long`. Das bedeutet konkret: Die Werte des Typs `char` sind ganze Zahlen, die mann addieren, subtrahieren, multiplizieren, dividieren und modulieren („der

Modulo-Operation unterziehen") kann, wie die Werte der anderen Ganzzahltypen auch. Der Typ `char` hat eigentlich nur *eine* Besonderheit:

char-Besonderheit: Ausgabebefehle wie `System.out.print`, `System.out.println` und `System.out.printf` interpretieren Ganzzahlen des Typs `char` als *Codezahlen* und geben das entsprechend *Unicode-Zeichen* aus. Ganzzahlen der anderen vier Ganzzahltypen werden einfach „als Zahlen" interpretiert und ausgegeben.

Beispiel-01: Die Ganzzahl 65 als Wert verschiedener Ganzzahltypen ausgeben

```
1  byte  b = 65;
2  char  c = 65;
3  short s = 65;
4  int   i = 65;
5  long  l = 65;
6                             // Auf dem Bildschirm erscheint:
7  System.out.println(b);     // 65
8  System.out.println(c);     // A
9  System.out.println(s);     // 65
10 System.out.println(i);     // 65
11 System.out.println(l);     // 65
```

Die `char`-65 wird als der Großbuchstabe A ausgegeben. Die `byte`-65, die `short`-65, die `int`-65 und die `long`-65 werden dagegen als die Ziffernfolge 65 ausgegeben.

Beispiel-02: Weitere Ganzzahlen als Werte verschiedener Ganzzahltypen ausgeben

```
Ganzzahl             : 48 49 ... 57  65 66 ... 90  97 98 ... 122

Ausgabe als   byte-Wert: 48 49 ... 57  65 66 ... 90  97 98 ... 122
Ausgabe als   char-Wert:  0  1 ...  9   A  B ...  Z   a  b ...   z
Ausgabe als  short-Wert: 48 49 ... 57  65 66 ... 90  97 98 ... 122
Ausgabe als    int-Wert: 48 49 ... 57  65 66 ... 90  97 98 ... 122
Ausgabe als   long-Wert: 48 49 ... 57  65 66 ... 90  97 98 ... 122
```

Der *Unicode* wird im Kapitel 23 genauer behandelt. Er umfasst etwa 60 Tausend 16-Bit-Codezahlen für häufig verwendete Zeichen. Z. B. ist im Unicode die Codezahl 48 dem Zeichen 0, die Codezahl 65 dem Zeichen A und die Codezahl 97 dem Zeichen a zugeordnet (siehe Beispiel-02).

Die Codezahlen von 0 bis 127 sind im Unicode denselben Zeichen zugeordnet wie im (älteren) ASCII-Code (American Standard Code for Information Interchange). Allerdings werden die Codezahlen des ASCII-Codes in aller Regel als 8-Bit-

Zahlen gespeichert und verarbeitet, die Codezahlen des Unicodes dagegen als 16-Bit-Zahlen.

Wenn man char-Variablen zum Rechnen mit Ganzzahlen verwendet, ist es durchaus sinnvoll, sie mit Zahlen wie 48, 65 oder 97 etc. zu initialisieren und zu vergleichen. Wenn man char-Variablen als Behälter für Codezahlen von Zeichen verwendet, sollte man sie nicht mit Codezahlen wie 48, 65 oder 97 etc. initialisieren und vergleichen, sondern mit den entsprechenden char-Literalen 'O', 'A' bzw. 'a'.

Beispiel-03: char-Variablen initialisieren und vergleichen

```
12 // Wenn man wirklich die Ganzzahlen von 65 bis 90 bearbeiten
13 // will:
14 char rechVar = 65;
15 while (rechVar <= 90) { ... ; rechVar = rechVar+1;}
16
17 // Wenn man die Zeichen von A bis Z bearbeiten will:
18 char zeichenVar = 'A';
19 while (zeichenVar <= 'Z') { ... ; zeichenVar = zeichenVar+1}
```

Für den Ausführer stehen in Zeile 14 und 15 die gleichen Befehle wie in Zeile 18 und 19. Die char-Literale 'O', 'A', 'Z' etc. sind nur Namen für die Werte 48, 65, 90 etc. des Typs char. Aber ein Kollege, der die Codezahlen des Unicode nicht auswendig gelernt hat (oder nur die letzten 50 Tausend Codezahlen beherrscht :-), erkennt in Zeile 17 und 18 leichter, dass die Buchstaben A bis Z bearbeitet werden sollen, als in Zeile 14 und 15.

5.7 Variablen als Bojen darstellen

Der Unterschied zwischen *primitiven Variablen* und *Referenzvariablen* ist von grundlegender Bedeutung und seine Wichtigkeit kann kaum überschätzt werden. Er soll hier anhand eines Vergleichs und dann mit Hilfe der so genannten *Bojendarstellung* von Variablen verdeutlicht werden.

Die Post transportiert unter anderem *Postkarten* und *Pakete*. Außerdem hat die Post als „Hilfsgrößen" *Paketkarten* eingeführt. Eine Postkarte entspricht einer primitiven Variablen und eine Paketkarte (zusammen mit dem zugehörigen Paket) einer Referenzvariablen.

Postpakete sind häufig groß und unhandlich. Deshalb gibt es zu vielen solchen Paketen eine kleine und handliche *Paketkarte*. Verschiedene Arbeitsgänge können mit Hilfe der Paketkarten einfacher und effizienter gestaltet werden. Ein Postbote kann z. B. die Anzahl der zuzustellenden Pakete ermitteln, indem er die kleinen Paketkarten zählt statt die großen Pakete.

Objekte in einem Programm (z.B. String-Objekte oder StringBuilder-Objekte etc.) sind häufig groß und unhandlich. Deshalb gibt es zu vielen Objekten eine kleine und handliche Referenzvariable. Verschiedene Arbeitsgänge können mit Hilfe der Referenzvariablen einfacher und effizienter gestaltet werden. Der Ausführer kann z. B. die Anzahl der Objekte in einer Sammlung ermitteln, indem er die kleinen Referenzvariablen zählt, statt die großen Objekte.

Eine *Paketkarte* ist ein Verweis (eine Referenz) auf das Paket, um das es eigentlich geht. Der Wert einer Referenzvariablen ist ein Verweis (eine Referenz) auf das Objekt, um das es eigentlich geht. Im Gegensatz dazu ist eine Postkarte selbst das Ding, um das es geht, und kein Verweis. Entsprechend ist der Wert einer primitiven Variablen der Wert, um den es eigentlich geht, und kein Verweis.

Hier ein Versuch, den Unterschied zwischen *Postkarten* und *Paketkarten* informell und grafisch darzustellen:

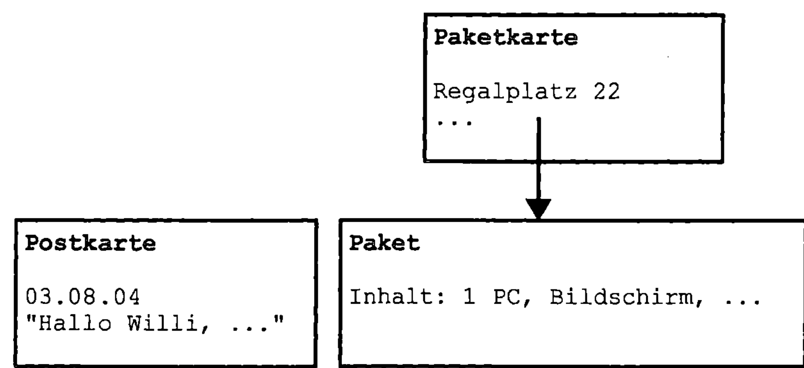

Bild 5.4 Postkarten und Paketkarten

Es folgt eine entsprechende Darstellung des Unterschieds zwischen *primitiven Variablen* und *Referenzvariablen*:

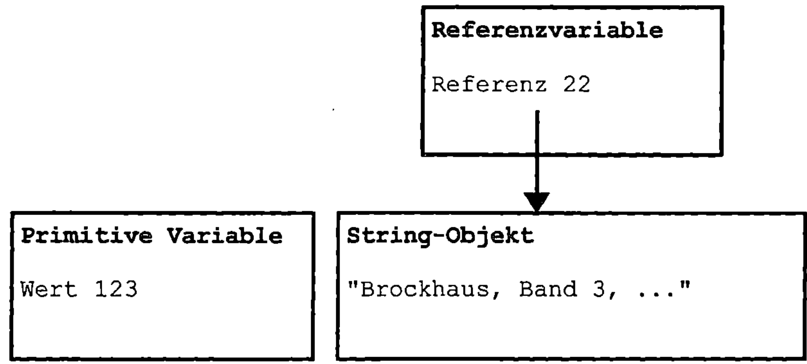

Bild 5.5 Primitive Variablen und Referenzvariablen

Die *Bojendarstellung* für Variablen wurde im Zusammenhang mit der Programmiersprache Algol68 eingeführt (siehe dazu auch `http://www.algol68.org/`) und für die Darstellungen in diesem Buch ein bisschen ergänzt. Eine so genannten Boje stellt grafisch dar, aus welchen Teilen eine Variable besteht. Bojen sind unabhängig von einer bestimmten Programmiersprache, man kann damit Variablen aller Sprachen darstellen und Variablen verschiedener Sprachen (z. B. Java-Variablen und C++-Variablen) anhand ihrer Bojen sinnvoll vergleichen. Im Zusammenhang mit Java eignen sich Bojen besonders gut dazu, den wichtigen Unterschied zwischen *primitiven Variablen* und *Referenzvariablen* anschaulich darzustellen.

> **Def.:** Eine *Variable* besteht aus mindestens zwei Teilen, einer *Referenz* und einem *Wert*. Zusätzlich kann eine Variable einen *Namen* haben und/oder einen *Zielwert*.

Beispiel-01: Eine Variable wird vereinbart und als Boje dargestellt

```
1   StringBuilder otto = new StringBuilder("Hallo!");
```

Die Darstellung als Boje macht deutlich, dass die Variable `otto` aus vier Teilen besteht:

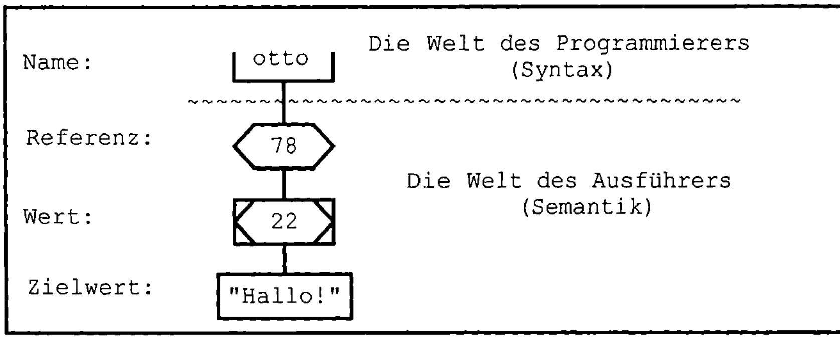

Bild 5.6 Die Boje einer StringBuilder-Variablen

Der *Name* einer Variablen wird vom *Programmierer* festgelegt, deshalb gehört er zur Welt des Programmierers „über der Wasseroberfläche". Die übrigen drei Teile der Variablen (die Referenz, der Wert und der Zielwert) werden vom *Ausführer* festgelegt und manipuliert und gehören somit zur Welt des Ausführers „unter der Wasseroberfläche".

Ohne grafischen Editor, nur mit einem einfachen Texteditor kann man diese Boje auch so („nach links umgekippt") darstellen:

```
|otto|--<78>--[<22>]--["Hallo!"]
```

Diese Boje bedeutet folgendes: Der Ausführer hat einen Speicher. Unterschiedliche Stellen in diesem Speicher sind durch *Referenzen* (oder: Adressen) gekennzeichnet. Der Ausführer hat dem Namen `otto` die Referenz `<78>` zugeordnet (d. h. eine bestimmte Stelle in seinem Speicher). *Referenzen* erkennt man in der hier verwendeten textuellen Notation an den *spitzen* Klammern (bzw. in der Grafik an den *sechseckigen* Kästchen). An der Speicherstelle `<78>` steht der *Wert* der Variablen `otto`, nämlich der Wert `[<22>]`. *Werte* erkennt man an den eckigen Klammern (bzw. in der Grafik an den viereckigen Kästchen). Die Variable `otto` hat aber keinen normalen Wert, der nur in eckigen Klammern steht. Der *Wert* von otto ist gleichzeitig eine *Referenz* und steht deshalb zusätzlich in spitzen Klammern (bzw. in der Grafik in einem zusätzlichen sechseckigen Kästchen). An der Speicherstelle <22> steht der *Zielwert* von otto. Dieser Zielwert ist ein Objekt der Klasse StringBuilder, welches (zumindest anfänglich) die Zeichenkette "Hallo!" enthält. Dieses Objekt ist ein normaler Wert und steht deshalb (nur) in *eckigen* Klammern (bzw. in der Grafik in einem *viereckigen* Kästchen). *Namen* werden in senkrechte Striche eingeschlossen notiert, etwa so: | otto| (bzw. in der Grafik in einem nach oben offenen Kästchen, einem so genannten Paddelboot).

Wie der Ausführer Referenzen wählt und festlegt, ist völlig ihm überlassen. Er muss nur dafür sorgen und garantieren, dass zwei verschiedene Variablen zwei verschiedene Referenzen bekommen. Um anzudeuten, dass der Ausführer Referenzen willkürlich wählen darf, wurden die Zahlen in den folgenden Beispielen möglichst zufällig und chaotisch gewählt. Fragen wie „Warum hat die Variable otto ausgerechnet die Referenz <78>?" sind also nicht sinnvoll (die Antwort könnte nur lauten: „Weil der Ausführer das so festgelegt hat!").

Dass der Ausführer Referenzen willkürlich festlegen darf bedeutet konkret, dass es ihm überlassen ist, *wo* in seinem Speicher er welche Variable anlegt. Der Vorteil dieser „permissiven Regel": Jeder Java-Ausführer darf eine beliebig raffinierte (oder simple) Strategie zur Verwaltung seines Speichers einsetzen, und wird nicht zu einer Strategie gezwungen, die ihm nicht passt. Wenn man Programme selbst mit Papier und Bleistift ausführt, darf man alle benötigten Referenzen ebenfalls nach einer beliebigen Strategie wählen.

Ein besonders wichtiges Ziel der Bojendarstellung ist es, *normale Werte* und *Referenzen* deutlich zu unterscheiden. Deshalb werden sie in Kästchen mit unterschiedlicher Form dargestellt: *Normale* Werte in *viereckigen* (und rechteckigen) Kästchen, *Referenzen* in *sechseckigen* Kästchen und Werte, die gleichzeitig Referenzen sind in einer Kombination beider Kästchenformen.

Beispiel-02: Vier Variablenvereinbarungen und die entsprechenden Bojen

```
2   int          p01 = 17;
3   int          p02 = 25;
4   StringBuilder r01 = new StringBuilder("Hallo!");
5   StringBuilder r02 = new StringBuilder("Wie geht's?");
```

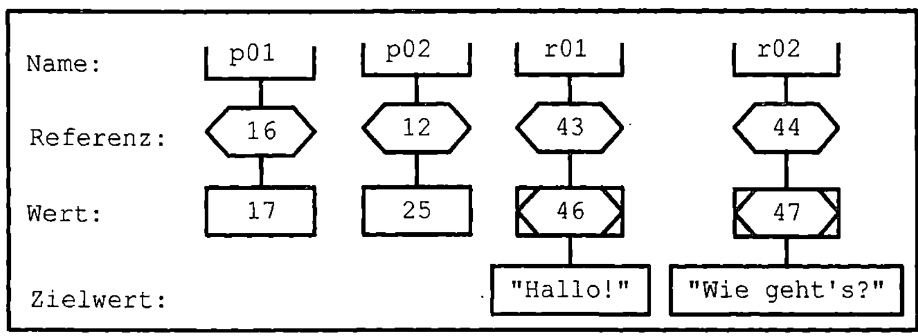

Bild 5.7 Bojen von 2 primitiven und 2 Referenzvariablen

`StringBuilder` ist, ähnlich wie `String`, eine Klasse (aus der Java-Standardbibliothek) und somit ein *Referenztyp*. Dagegen ist `int` einer der acht *primitiven* Typen. Somit sind `p01` und `p02` primitive Variablen und `r01` und `r02` Referenzvariablen.

Mit einem Texteditor dargestellt sehen die vier Bojen etwa so aus:

```
|p01|--<16>--[17]
|p02|--<12>--[25]
|r01|--<43>--[<46>]--["Hallo!"]
|r02|--<44>--[<47>]--["Wie geht's?"]
```

Der Befehl `new StringBuilder("Hallo!");` in Zeile 4 bewirkt, dass ein neues Objekt der Klasse `StringBuilder` erzeugt wird, welches anfänglich die Zeichenkette `"Hallo!"` enthält. Der `new`-Befehl liefert als Ergebnis eine Referenz, die auf das neue Objekt zeigt. Im Beispiel ist das die Referenz `<46>`. Sie wird als Anfangswert in die Variable `r01` geschrieben.

Ganz entsprechend erzeugt der `new`-Befehl in Zeile 5 ein neues `StringBuilder`-Objekt mit dem Inhalt `"Wie geht's?"` und liefert die Referenz des Objekts (`<47>`) als Ergebnis. Mit dieser Referenz wird die Variable `r02` initialisiert.

Ein `new`-Befehl ist also ein Ausdruck, mit dem man dem Ausführer befiehlt, eine neue Referenz zu „berechnen". Als Seiteneffekt bewirkt der Ausdruck, dass an der entsprechenden Stelle im Speicher ein neues Objekt erzeugt wird.

Ein wichtiger Unterschied zwischen den Klassen `String` und `StringBuilder` besteht darin, dass man den Zielwert einer `StringBuilder`-Variablen *verändern* kann, wohingegen der Zielwert einer `String`-Variablen *unveränderbar* ist (siehe Beispielprogramm `Typen02` und weiter unten in diesem Abschnitt).

Die *Zuweisungsanweisung* verändert immer den *Wert* einer Variablen. Das hat bei primitiven Variablen aber eine ganz andere Wirkung als bei Referenzvariablen, wie folgendes Beispiel deutlich machen soll.

Beispiel-03: Die folgenden Zuweisungen haben sehr unterschiedliche Wirkungen:

```
6   p01 = p02; // Eine Zuweisung an eine primitive Variable
7   r01 = r02; // Eine Zuweisung an eine   Referenzvariable
```

Nach Ausführung der Zuweisungen sehen die Variablen `p01`, `p02`, `r01` und `r02` so aus:

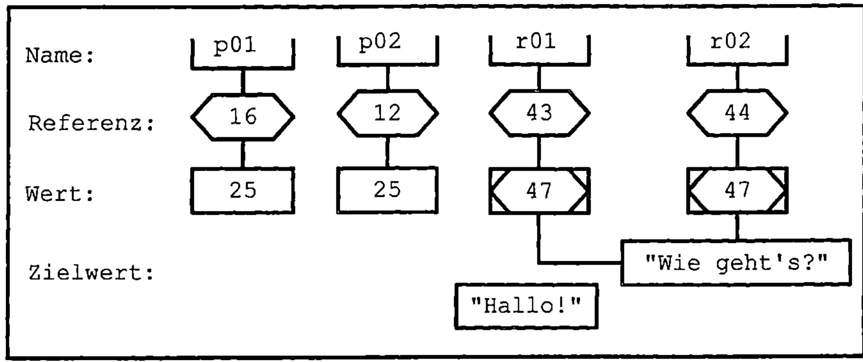

Bild 5.8 Die Bojen nach den Zuweisungen

Man erkennt hier: Der Wert `[17]` der Variablen `p01` wurde durch den neuen Wert `[25]` ersetzt. Ganz entsprechend wurde der Wert `[<46>]` der Variablen `r01` durch den neuen Wert `[<47>]` ersetzt. Da `r01` und `r02` jetzt *gleiche* Werte haben, haben sie damit *denselben* Zielwert, nämlich das `StringBuilder`-Objekt `"Wie geht's?"` an der Speicherstelle `<47>`.

Das `StringBuilder`-Objekt `"Hallo!"` an der Speicherstelle `<46>` ist jetzt kein Zielwert einer Variablen mehr und der Ausführer kann es bei nächster Gelegenheit zerstören (und „rezyklieren").

Die Zuweisungsanweisung macht keinen Unterschied zwischen primitiven Variablen und Referenzvariablen. Sie verändert immer den *Wert* ihres linken Operanden. Dagegen bearbeiten die Methoden `System.out.print` und `Sys-`

`tem.out.println` primitive Variablen ganz anders als Referenzvariablen: Von einer primitiven Variablen geben sie immer den *Wert* aus, aber von einer Referenzvariablen (etwas vereinfacht gesagt) den *Zielwert.*

Beispiel-04: Die Methode `System.out.print` bearbeitet primitive Variablen ganz anders als Referenzvariablen:

```
8  System.out.print(p01); // Gibt den      Wert "25"       aus
9  System.out.print(r01); // Gibt den Zielwert "Wie geht's?" aus
```

Dass (nach Ausführung der zweiten Zuweisung im Beispiel-03) `r01` und `r02` ein und *denselben* Zielwert haben und nicht *zwei gleiche* Zielwerte, merkt man z. B. dann, wenn man den Zielwert der *einen* Variablen verändert und sich dann den Zielwert der *anderen* ansieht. Den Zielwert einer `StringBuilder`-Variablen kann man z. B. mit der Methode `replace` verändern, etwa so:

Beispiel-05: `p02` und `r02` verändern

```
10 p02 = p02 + 6;
11 r02.replace(0, 5, "G");
```

Die Zuweisung in Zeile 10 erhöht den *Wert* der Variablen `p02` um 6. Durch den `replace`-Befehl in Zeile 11 werden im *Zielwert* von `r02` alle Zeichen vom Index 0 (einschließlich) bis zum Index 5 (ausschließlich!) durch die Zeichenkette `"G"` ersetzt. Nach Ausführung der beiden Befehle sehen die Variablen als Bojen dargestellt so aus (siehe auch das Beispielprogramm `Typen02`):

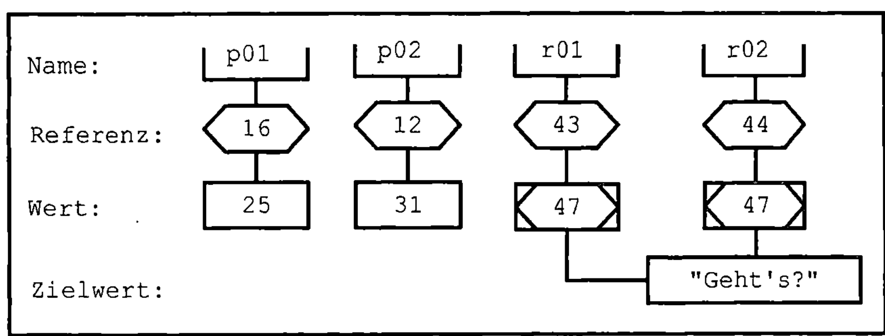

Bild 5.9 Die Bojen nach zwei weiteren Veränderungen

Die Zuweisung `p02 = p02 + 6;` hat nur den *Wert* von `p02` verändert, `p01` ist unverändert geblieben. Aber der Befehl `r02.replace(0, 5, "G");` hat den *Zielwert* von `r02` verändert, und damit gleichzeitig auch den Zielwert von `r01`.

Viele Menschen finden dieses Verhalten des Java-Ausführers erstaunlich oder sogar befremdlich. Sie erwarten intuitiv, dass die Zuweisung `r01 = r02;` den ursprünglichen *Zielwert* von `r02` (nämlich `"Wie geht's?"`) in den Zielwert von `r01` hinüberkopiert. Das passiert aber nicht. Durch eine Zuweisung wird immer nur der *Wert* eines Ausdrucks (z. B. der Wert einer Variablen, aber nicht ihr *Zielwert*) in eine Variable kopiert.

Am Anfang dieses Abschnitts wurde ein Vergleich mit Postkarten, Paketen und Paketkarten eingeführt. Ein `StringBuilder`-Objekt (z. B. eines mit dem Inhalt `"Geht's?"` oder eines mit dem Text eines langen Romans darin) entspricht einem Paket. Eine Referenz wie `<47>` entspricht einer Paketkarte, die auf dieses Paket verweist. Der *Wert* der Variablen `r02` ist die Paketkarte `<47>` und das Paket `"Geht's?"` ist ihr *Zielwert*. Eine Zuweisung wie `r01 = r02;` kopiert nur die Paketkarte von `r02`, nicht das Paket. Wenn man das Paket `"Geht's?"` kopieren will, muss man andere, kompliziertere Befehle verwenden, etwa so:

Beispiel-06: Ein `StringBuilder`-Objekt wird kopiert und dann verändert:

```
12 r01 = new StringBuilder(r02.toString());
13 r02.replace(0, 1, "Wie g");
```

Die Zuweisung in Zeile 12 wird später genauer erläutert. Sie bewirkt, dass die Variable `r01` einen neuen Wert bekommt (z. B. den Referenzwert `<66>`, siehe unten), der auf eine Kopie des Zielwertes von `r02` verweist.

Der `replace`-Befehl in Zeile 13 ersetzt im Zielwert von `r02` alle Zeichen vom Index 0 (einschließlich) bis zum Index 1 (ausschließlich, also nur den Teilstring `"G"`) durch den String `"Wie g"`. Nach Ausführung dieser beiden Befehle sehen die Variablen `r01` und `r02` als Bojen dargestellt so aus:

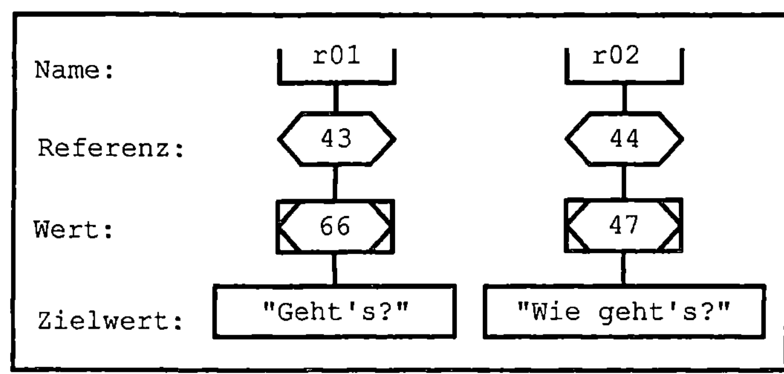

Bild 5.10 Eine veränderte Kopie des Objekts r01

Was hier an Hand der beiden `StringBuilder`-Variablen `r01` und `r02` erläutert wurde, gilt grundsätzlich für *alle Referenzvariablen.*

Ähnlich merkwürdig wie die Zuweisung verhalten sich auch die Operationen `==` (gleich) und `!=` (ungleich). Vergleicht man damit zwei Variablen, dann werden grundsätzlich die *Werte* der Variablen verglichen, und nicht ihre *Zielwerte.*

Beispiel-07: Primitive Variablen und Referenzvariablen werden mit den Operationen `==` und `!=` (gleich und ungleich) verglichen:

```
14 int             i   = 17;
15 int             j   = 17;
16
17 StringBuilder a   = new StringBuilder("Hallo!");
18 StringBuilder b   = new StringBuilder("Hallo!");
19
20 boolean        b01 = (i == j);
21 boolean        b02 = (a == b);
```

Als Bojen sehen `i`, `j`, `a` und `b` etwa so aus:

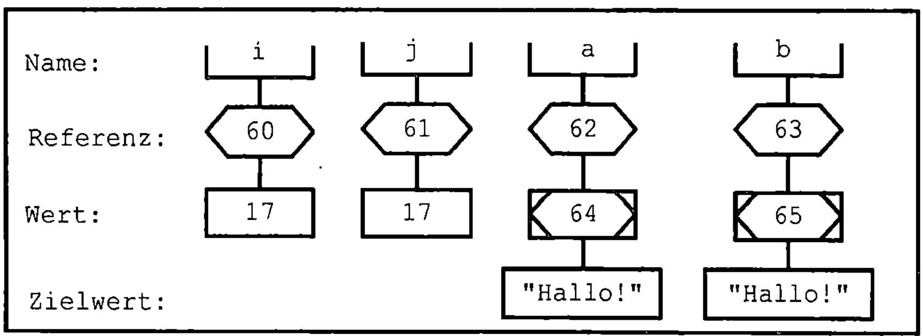

Bild 5.11 Die Gleichheitsoperation `==` vergleicht Werte

Der Ausdruck `i == j` hat den Wert `true`, weil 17 gleich 17 ist. Dagegen hat der Ausdruck `a == b` den Wert `false`, weil `<64>` ungleich `<65>` ist. Dass `"Hallo!"` gleich `"Hallo!"` ist spielt beim Auswerten des Ausdrucks `a == b` keine Rolle.

Will man die *Zielwerte* von a und b vergleichen, muss man den erstaunlich komplizierten Ausdruck `(a.toString()).equals(b.toString())` benutzen. Er bewirkt, dass a und b in `String`-Objekte umgewandelt und diese `String`-Objekte mit der Methode `equals` verglichen werden (siehe dazu auch das Beispielprogramm `Typen03`).

Im Beispiel-01 (am Anfang dieses Abschnitts) wurde ein bestimmtes „Modell zur Beschreibung von Referenzvariablen" eingeführt. Entsprechend diesem Modell besteht die dort vereinbarte Referenzvariable `otto` aus vier Teilen: einem *Namen*, einer *Referenz*, einem *Wert* (der gleichzeitig eine Referenz ist) und einem *Zielwert*.

Dieses Modell ist vor allem zur Beschreibung von einfachen Referenzvariablen (die nicht mit anderen Referenzvariablen „verzeigert" sind) geeignet. Im Folgenden wird noch ein zweites Modell eingeführt, welches vor allem zur Beschreibung von komplizierteren Variablen geeignet ist.

Beispiel-08: Ein alternatives Modell zur Beschreibung von Referenzvariablen

Wir gehen hier von der gleichen Variablenvereinbarung-mit-Initialisierung aus wie im Beispiel-01:

```
22  StringBuilder otto = new StringBuilder("Hallo!");
```

Auf Grund dieser Vereinbarung wird nicht *eine* Variable erzeugt, die aus *vier* Teilen besteht, sondern es werden *zwei* Variablen erzeugt, die aus *drei* bzw. *zwei* Teilen bestehen und ein Teil gemeinsam haben:

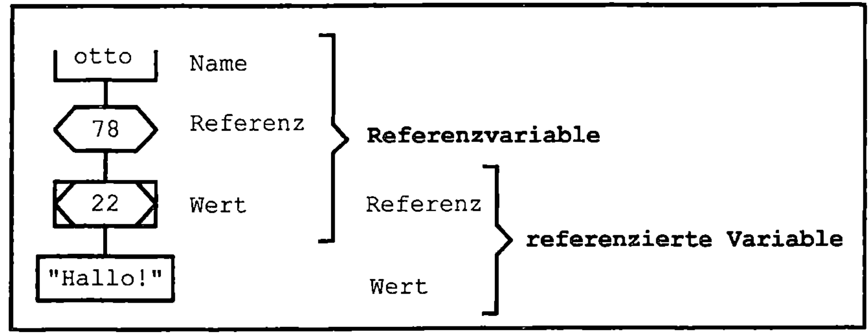

Bild 5.12 Eine Variable die eigentlich aus zwei Variablen besteht

Die erste Variable besteht aus dem *Namen* `otto`, einer *Referenz* (hier: <78>) und einem *Wert* (hier: [<22>]). Die zweite Variable hat keinen Namen. Sie besteht nur aus einer *Referenz* (hier: <22>) und einem *Wert* (hier: das `StringBuilder`-Objekt `"Hallo!"`). Die 22 gehört zu beiden Variablen, sie ist gleichzeitig der *Wert* der ersten und die *Referenz* der zweiten Variablen. Darum steht sie auch in einem rechteckigen Wert-Kästchen *und* in einem sechseckigen Referenz-Kästchen.

Die erste Variable wird als *Referenzvariable* bezeichnet, weil ihr Wert ein Referenz ist. Diese Referenzvariable namens `otto` referenziert (oder: zeigt auf) eine namenlose Variable, die aus der Referenz <22> und dem `StringBuilder`-Objekt

`"Hallo!"` besteht. Diese namenlose Variable wird als *referenzierte Variable* bezeichnet. Sie wird durch den `new`-Befehl (siehe oben Zeile 22) erzeugt.

Man beachte, dass die Bojen im Beispiel-01 und Beispiel-08 gleich sind. Die Beispiele unterscheiden sich nur durch das Beschreibungsmodell, d. h. durch die Begriffe, mit denen die Teile der Boje bezeichnet werden.

Zu jedem Referenztyp gehört ein Literal `null`. Dieses Literal bezeichnet einen *Referenzwert*, aber keine *Referenz* (ähnlich wie `Double.NaN` einen `double`-Wert, aber keine `double`-*Zahl* bezeichnet). D. h. der Wert des Literals `null` ist als Wert einer Referenzvariablen erlaubt, aber nicht als Referenz einer Variablen (der Ausführer garantiert, dass er keine Variable mit der Referenz `null` erzeugen wird). Eine Referenzvariable hat entweder den Wert `null` und referenziert dann *keine* Variable, oder sie hat einen von `null` verschiedenen Wert und referenziert damit eine namenlose Variable (wie im Beispiel-01 oder Beispiel-08).

Anmerkung: Anstelle des Literals `null` würde der Autor ein Literal `nar` oder `NaR` (als Abkürzung für *not a reference*) vorziehen. Dadurch würde die nahe Entsprechung zwischen den `NaN`-Werten bei Gleitpunkttypen und dem `NaR`-Wert (bzw. `null`-Wert) bei Referenztypen deutlicher und man müsste die komplizierten Erläuterungen dazu nicht zweimal lernen. Ein Literal `NaR` (als Ersatz für `null`) wäre technisch relativ leicht realisierbar (und ist nur deshalb nicht machbar, weil viele Menschen sich schon lange an `null` gewöhnt haben). Auch technisch schwierig (aber möglicherweise trotzdem lohnend) wäre es, weitere entsprechende Literale wie `NaB` (*not a boolean*), `NaC` (*not a char*), `NaI` (*not an int*) etc. und die entsprechenden Werte einzuführen, am besten ganz systematisch für jeden Typ und ohne Ausnahme.

Statt *referenzieren* sagt man häufig auch einfachen *zeigen auf*. Z. B. gilt: Eine Referenzvariable hat entweder den Wert `null` oder sie zeigt auf ein Objekt. In Java kann eine Referenzvariable *nicht* auf `null` zeigen, nur auf Objekte. In C/C++ kann eine Adressvariable (engl. pointer variable) auch auf `null` zeigen.

Variablen als *Bojen* darzustellen ist ziemlich mühsam. Aber ohne diese oder eine ähnliche grafische Darstellung ist es möglicherweise noch mühsamer, sich den subtilen aber wichtigen Unterschied zwischen *primitiven Variablen* und *Referenzvariablen* und die merkwürdige Wirkung der Operationen *Zuweisung, Gleich* und *Ungleich* (`=`, `==` und `!=`) bei Referenzvariablen anschaulich klar zu machen.

5.8   Autohüllen (auto boxing)

Die Werte der primitiven Typen sind keine Objekte. Es gibt aber wichtige Befehle, die man nur auf Objekte anwenden darf (z. B. darf man in so genannte *Sammlungen* nur *Objekte* einfügen. Siehe Kapitel 18 über Sammlungen). Manchmal würde man solche Objekt-Befehle gern auch auf primitive Werte anwenden (z. B. einen `int`-Wert in eine Sammlung einfügen). In einem solchen Fall „hüllt" man den primitiven Wert in ein Objekt der entsprechenden Hüllklasse (im Beispiel: `Integer`) und fügt das `Integer`-Objekt in die Sammlung ein. Später kann man den `int`-Wert wieder enthüllen, d. h. aus dem `Integer`-Objekt zurückgewinnen.

Vor der Java-Version 5.0 hat der Ausführer primitive Werte nur auf ausdrücklichen Befehl des Programmierers ver- bzw. enthüllt. Solche Hüllbefehle waren für Schreiber und Leser von Programmen meistens nur lästig. Seit der Java-Version 5.0 ver- und enthüllt der Ausführer primitive Werte automatisch, wenn er erkennt, dass es notwendig ist. Im folgenden Beispiel beginnen die Namen von Referenzvariablen mit einem *großen S* (wie `Short`) und die Namen von primitiven Variablen mit einem *kleinen s* (sie `short`):

Beispiel-01: Autohüllen (engl. auto boxing)

```
1        short short1 = 17;
2        Short Short1 = new Short(short1); // Es geht auch ohne Auto
3
4        short short2 = Short1; // Short1 wird autoenthuellt
5        Short Short2 = short1; // short1 wird autoverhuellt
```

In Zeile 2 wird der primitive Wert von `short1` auf ausdrücklichen Befehl des Programmierers in ein Objekt `Short1` eingehüllt (ohne Auto). In Zeile 4 wird dieser primitive Wert automatisch enthüllt („aus dem Hüllobjekt `Short1` herausgeholt"). In Zeile 5 wird der primitive Wert von `short1` automatisch in ein Objekt `Short2` eingehüllt. Weitere Beispiele, Sonderfälle und Erläuterungen findet man in den Programmen `Huellen01` und `Huellen02`.

Anmerkung: Im Englischen heißen *Hüllklassen* allgemein *wrapper classes*, aber das Autohüllen wird nicht etwa als *auto wrapping* und *auto unwrapping* bezeichnet, sondern als *auto boxing*.

6   Ausdrücke, einfache und zusammengesetzte

Ein *Ausdruck* (engl. expression) ist ein Befehl des Programmierers an den Ausführer, einen *Wert* zu berechnen. Mit einem *normalen Ausdruck* befiehlt man dem Ausführer, *nur* einen Wert zu berechnen, ohne dabei die Inhalte irgendwelcher Wertebehälter zu verändern. Mit einem *Ausdruck mit Seiteneffekt* befiehlt man dem Ausführer, einen Wert zu berechnen und (nebenbei, als Seiteneffekt) die Inhalte bestimmter Wertebehälter zu verändern.

Das Wort *berechnen* sollte hier in einem sehr weiten Sinne verstanden werden. Der Ausführer kann z. B. den Wert eines Literals wie `123` berechnen (das Ergebnis ist der `int`-Wert `123`). Er berechnet den Wert einer Variablen x, indem er „nachschaut, welchen Wert der Behälter x gerade enthält". Den Wert eines Ausdrucks wie `123 + x` berechnet er „ganz normal", indem er den Wert des Literals `123` und den Wert der Variablen x addiert. Den Wert eines Ausdrucks wie `new String("Hallo!")` berechnet er, indem er (als Seiteneffekt) ein neues String-Objekt erzeugt; das Ergebnis der Berechnung ist eine Referenz, die auf das neue Objekt zeigt.

Wir unterscheiden hier zwischen *einfachen Ausdrücken* (die keine anderen Ausdrücke enthalten) und *zusammengesetzten Ausdrücken* (die andere Ausdrücke enthalten). Ein Literal wie `123` ist ein einfacher Ausdruck (engl. simple expression). Ein Variablenname wie x oder `summe17` ist ebenfalls ein einfacher Ausdruck. Der zusammengesetzte Ausdruck (engl. compound expression) `123 * x` enthält die beiden (einfachen) Ausdrücke `123` und x. Der zusammengesetzte Ausdruck `3 + 123 * x` enthält den (einfachen) Ausdruck `3` und den (zusammengesetzten) Ausdruck `123 * x`.

In Java sind Ausdrücke keine „selbständigen" Befehle, sondern dürfen immer nur als Teil einer umfassenden Vereinbarung oder Anweisung verwendet werden. Die folgenden Beispiele sollen andeuten, dass Ausdrücke an vielen verschiedenen Stellen eines Java-Programms stehen dürfen bzw. müssen.

Beispiel-01: Ausdrücke in Variablenvereinbarungen

```
1   int x = 17;
2   int y = 3 * x + 25;
```

Die Variable x wird mit dem Wert des Ausdrucks 17 initialisiert, die Variable y mit dem Wert des Ausdrucks 3 * x + 25.

Beispiel-02: Ausdrücke auf den rechten Seiten von Zuweisungen

```
3   x = 2;
4   y = 3 * x + 25;
```

Der Variablen x wird der Wert des Ausdrucks 2 zugewiesen, der Variablen y der Wert der Ausdrucks 3 * x + 25.

Mit dem Ausdruck 3 * x + 25 befiehlt man dem Ausführer nur, einen Wert zu berechnen, d. h. dieser Ausdruck hat keinen Seiteneffekt. Dass der Wert des Ausdrucks in die Variable y gelegt werden soll, wird dem Ausführer mit der *Zuweisungsanweisung* befohlen, nicht mit dem *Ausdruck.*

Zur Erinnerung: Die Vereinbarungen in den Zeilen 1 und 2 sehen den Zuweisungen in den Zeilen 3 und 4 sehr ähnlich, technisch sollte man sie aber sorgfältig unterscheiden. In den Zeilen 1 und 2 bezeichnen die Gleichheitszeichen = keine Zuweisungen, sondern *Initialisierungen* (für die in Java etwas andere Regeln gelten als für Zuweisungen).

In den Beispielen 01 und 02 hat der Programmierer die Werte aller Ausdrücke in Wertebehälter legen lassen. Im folgenden Beispiel werden Werte berechnet, aber *nicht* abgespeichert.

Beispiel-03: Ausdrücke als Bedingungen von Anweisungen

```
5   if      (x + 7 > y)    ...
6   while   (x + 7 > y)    ...
7   for   (; x + 7 > y ;) ...
```

Hier wird der Wert des Ausdrucks x + 7 < y zwar (mehrmals) berechnet, aber nicht in irgendeinem Wertebehälter abgelegt. Wenn der Ausführer den Wert eines Ausdrucks berechnet hat, legt er ihn also nicht automatisch und immer in einen Wertebehälter, sondern nur, wenn der Programmierer ihm das ausdrücklich befiehlt (z. B. mit einer Zuweisungsanweisung).

Beispiel-04: Ausdrücke als aktuelle Parameter in einem Methodenaufruf

```
8   machWas(2*x-3, text1+"Donnerstag");
9   x = berechneWas(2*x + 3, y, 100);
```

In Zeile 8 wird dem Ausführer befohlen, die Werte der Ausdrücke 2*x-3 und text1+"Donnerstag" zu berechnen und mit diesen beiden Werten als aktuellen Parametern die Methode machWas auszuführen. In Zeile 9 muss der Ausführer die

Werte der drei Ausdrücke `2*x+3`, `y` und `100` berechnen, damit die Funktion berechneWas ausführen und das Ergebnis der Funktion in der Variablen x ablegen.

Beispiel-05: Ausdrücke mit Seiteneffekt

```
10 x = y = 3;
11 x++;
12 --y;
```

Der Befehl in Zeile 10 ist eine Zuweisung an die Variable x. Zugewiesen wird der
Wert des Ausdrucks `y = 3` (ohne abschließendes Semikolon!). Der Zuweisungsausdruck `y = 3` weist der Variablen y als Seiteneffekt den Wert 3 zu und hat den
Wert 3. Nach Ausführung des gesamten Befehls haben x und y beide den Wert 3.

Der Befehl in Zeile 11 ist eine Anweisung, die aus dem Ausdruck x++ und einem
Semikolon besteht. Der Ausdruck x++ hat den Seiteneffekt, den Wert von x um 1
zu erhöhen. Der Wert des Ausdrucks x++ ist der Wert von x *vor* dieser Erhöhung.
Dieser Wert (nämlich 3) wird berechnet und, da der Programmierer keine anders
lautenden Befehle erteilt hat, gleich darauf wieder weggeworfen. Übrig bleibt nur
der Seiteneffekt des Ausdrucks, d. h. der Wert 4 in der Variablen x.

Der Ausdruck --y in Zeile 12 vermindert den Wert der Variablen y um 1 und hat
den Wert, den y *nach* dieser Verminderung hat, nämlich 2. Auch dieser Wert wird
gleich nach seiner Berechnung wieder weggeworfen und übrig bleibt nur der Seiteneffekt des Ausdrucks, d. h. der Wert 2 in y.

Beispiel-06: Noch ein Ausdruck mit Seiteneffekt

```
13 System.out.println(new String("Hallo!").length());
```

Als Seiteneffekt des Ausdrucks `new String("Hallo!")` wird ein neues String-
Objekt mit dem Inhalt `"Hallo!"` erzeugt.

Der Ausdruck `new String("Hallo!").length()` befiehlt dem Ausführer, die
Länge des neuen Objekts (nämlich den `int`-Wert 6) zu berechnen.

Mit der Anweisung `System.out.println(...);` in Zeile 13 wird dem Ausführer befohlen, die berechnete Zahl 6 auszugeben.

Da der Programmierer keine Anweisungen erteilt hat, eine Referenz auf das neue
`String`-Objekt in irgendeinem Wertebehälter aufzubewahren, kann der Ausführer
das Objekt nach Ausführung der `println`-Anweisung gleich wieder zerstören.
Übrig bleibt dann nur noch der Effekt der `println`-Anweisung, nämlich die Zahl
6 auf dem Bildschirm.

Wenn mehrere Ausdrücke nacheinander auszuführen sind, gilt (etwas vereinfacht
gesagt): Falls die Ausdrücke *keine* Seiteneffekte haben, ist die Reihenfolge ihrer

Auswertung nicht weiter wichtig. Das erleichtert das Lesen und erlaubt dem Ausführer, bestimmte Optimierungen durchzuführen. Beim Auswerten von Ausdrücken *mit* Seiteneffekten muss der Ausführer sich genau an die von der Sprache Java vorgeschriebene Reihenfolge halten und hat weniger Spielraum für Optimierungen.

6.1 Einfache Ausdrücke (Literale und Variablennamen)

Ein einfacher Ausdruck ist entweder ein *Literal* oder der *Name* einer Variablen.

Literale (vom lateinischen Wort litera, Buchstabe) sind Namen für Werte. Diese Namen sind „buchstäblich" oder „wörtlich" zu verstehen, d. h. aus dem Namen folgt eindeutig der damit gemeinte Wert. Z. B. hat das Literal `123` den Wert 123 und das Literal `'A'` hat den Wert 65, der, wenn man ihn zu einem Bildschirm oder Drucker schickt, dort als Buchstabe A erscheint.

In Java gehört jedes Literal zu einem bestimmten Typ. Dieser Typ folgt eindeutig aus der Notation des Literals. Es gibt keine Literale, die Werte der Typen `byte` oder `short` bezeichnen. Für die übrigen sechs primitiven Typen (`char`, `int`, `long`, `float`, `double` und `boolean`) sowie für den Referenztyp `String` gibt es Literale. Außerdem gibt es für jeden Referenztyp ein Literal `null`. Eine Referenzvariable hat entweder den Wert `null` oder sie referenziert (zeigt auf) ein Objekt.

Das folgende Beispiel-01 gibt eine Übersicht darüber, welche Literale zu welchem Typ gehören (siehe dazu auch das Beispielprogramm `Ausdruecke04`). Die weiteren Beispiele enthalten dann jeweils zusätzliche, zum Teil sehr spezielle Literale eines bestimmten Typs und sollten beim ersten Lesen höchstens überflogen oder ganz übersprungen werden.

Die Buchstaben L, D, E, F und X in numerischen Literalen dürfen wahlweise groß oder klein geschrieben werden. Ein kleines L (also l) sollte man aber möglichst vermeiden, weil es bei einigen Schriftarten leicht mit der Ziffer 1 verwechselt wird (das Literal `10l` hat den Wert zehn, das Literal `101` den Wert hundertundeins).

Beispiel-01: Eine Übersicht über typische Literale verschiedener Typen

```
 1  Literal       // Typ    und    typisches Kennzeichen
 2
 3  123           // int            Nur Dezimalziffern, kein Punkt
 4  123L          // long           Buchstabe L am Ende
 5  123.5         // double         Dezimalpunkt
 6  123.5F        // float          Buchstabe F am Ende
 7  'A'           // char           einfache Anführungszeichen
 8  "A"           // String         doppelte Anführungszeichen
 9  "Hallo!"      // String         doppelte Anführungszeichen
10  true          // boolean        true oder false
11  false         // boolean        true oder false
```

Beispiel-02: `int`-Literale

Literale des Typs `int` kann man wahlweise im 10er-System (dezimal), im 16er-System (hexadezimal, mit `0x` beginnend) oder im 8er-System (oktal, mit `0` beginnend) notieren. Ein `int`-Literal darf keinen Dezimalpunkt enthalten (siehe `double`-Literale) und darf insbesondere nicht mit einem der Buchstaben `L`, `D` oder `F` enden (siehe unten `long`-Literale, `double`-Literale und `float`-Literale).

```
 1  Literal                // Wert bzw. Kommentar
 2
 3  165                    // dez: 165, hex: A5, okt: 245
 4  0xA5                   // dez: 165, hex: A5, okt: 245
 5  0245                   // dez: 165, hex: A5, okt: 245
 6  2147483647             // groesstes int-Literal
 7  0x7FFFFFFF             // groesstes int-Literal
 8  2147483648             // nur nach '-' erlaubt
 9  0x80000000             // kleinstes int-Literal
```

Beispiel-03: `long`-Literale

Literale des Typs `long` kann man wahlweise im 10er-System (dezimal), im 16er-System (hexadezimal, mit `0x` beginnend) oder im 8er-System (oktal, mit `0` beginnend) notieren. Ein `long`-Literal darf keinen Dezimalpunkt enthalten (siehe `double`-Literale) und muss mit dem Buchstaben `L` enden.

```
 1  Literal                // Wert bzw. Kommentar
 2
 3  165L                   // dez: 165, hex: A5, okt: 245
 4  0xA5L                  // dez: 165, hex: A5, okt: 245
 5  0245L                  // dez: 165, hex: A5, okt: 245
 6  9223372036854775807L   // groesstes long-Literal
 7  0x7FFFFFFFFFFFFFFFL    // groesstes long-Literal
 8  9223372036854775808L   // nur nach '-' erlaubt
 9  0x8000000000000000L    // kleinstes long-Literal
```

Beispiel-04: `char`-Literale

Ein `char`-Literal muss mit je einem einfachen Anführungszeichen ' beginnen und enden. Diese beiden einfachen Anführungszeichen müssen auf derselben Zeile stehen (d. h. ein `char`-Literal darf sich nicht über mehrere Zeilen erstrecken). Jedes `char`-Literal bezeichnet genau *einen* `char`-Wert, auch wenn zwischen den einfachen Anführungszeichen *mehrere* Zeichen stehen, um diesen einen Wert zu char-akterisieren.

```
 1  Literal                // Wert bzw. Kommentar
 2
 3  'A'                     // dez:  65, hex: 41, der Buchstabe A
 4  'Z'                     // dez:  90, hex: 5A, der Buchstabe Z
 5  'a'                     // dez:  97, hex: 61, der Buchstabe a
 6  'z'                     // dez: 122, hex: 7A, der Buchstabe z
 7  '0'                     // dez:  48, hex: 30, die Ziffer    0
 8  '9'                     // dez:  57, hex: 39, die Ziffer    9
 9  '\\'                    // 1 Rueckwaertsschraegstrich       \
10  '\''                    // 1 einfaches Anfuehrungszeichen   '
11  '\"'                    // 1 doppeltes Anfuehrungszeichen   "
12  '\u0041'                // dez:  65, hex: 41, der Buchstabe A
13  '\u005A'                // dez:  90, hex: 5A, der Buchstabe Z
14  '\u0061'                // dez:  97, hex: 61, der Buchstabe a
15  '\u007A'                // dez: 122, hex: 7A, der Buchstäbe z
16  '\u0030'                // dez:  48, hex: 30, die Ziffer    0
17  '\u0039'                // dez:  57, hex: 39, die Ziffer    9
18  '\u005C\u005C'          // 1 Rueckwaertsschraegstrich       \
19  '\u005C\u0027'          // 1 einfaches Anfuehrungszeichen   '
20  '\u0022'                // 1 doppeltes Anfuehrungszeichen   "
21  '\101'                  // okt: 101, hex: 41, der Buchstabe A
22  '\132'                  // okt: 132, hex: 5A, der Buchstabe Z
23  '\141'                  // okt: 141, hex: 61, der Buchstabe a
24  '\172'                  // okt: 172, hex: 7A, der Buchstabe z
25  '\60'                   // okt:  60, hex: 30, die Ziffer    0
26  '\71'                   // okt:  71, hex: 39, die Ziffer    9
27  '\134'                  // 1 Rueckwaertsschraegstrich       \
28  '\47'                   // 1 einfaches Anfuehrungszeichen   '
29  '\42'                   // 1 doppeltes Anfuehrungszeichen   "
30  '\b'                    // Ein Rückwärtszeichen,    \u0008
31  '\f'                    // Ein Seitenvorschubsz,    \u000C
32  '\n'                    // Ein LF-Zeichen,          \u000A
33  '\r'                    // Ein CR-Zeichen,          \u000D
34  '\t'                    // Ein Tabulator-Zeichen,   \u000B
```

Innerhalb eines `char`-Literals haben die Zeichen Rückwärtsschrägstrich \, einfaches Anführungszeichen ' und doppeltes Anführungszeichen " eine spezielle Bedeutung. Wenn man sie *ohne* ihre spezielle Bedeutung verwenden will, muss man sie wie in Zeile 9 bis 11 mit einem Rückwärtsschrägstrich davor notieren.

Innerhalb eines `char`-Literals haben die Zeichen b, f, n, r und t keine spezielle Bedeutung. Wenn man sie *mit* ihrer speziellen Bedeutung verwenden will, muss man sie wie in den Zeile 30 bis 34 mit eine Rückwärtsschrägstrich davor notieren.

In den Zeilen 12 bis 20 werden Zeichen durch *Unicode-Literale* dargestellt. Ein Unicode-Literal besteht aus einem Rückwärtsschrägstrich \, einem kleinen Buchstaben u und einer Hexadezimalzahl, die aus genau vier Ziffern (0 bis 9 und a bis f oder A bis F) besteht. Der Wert einer solchen vierstelligen Hexadezimalzahl liegt zwischen 0 und 65583. In einem seiner ersten Arbeitsschritte ersetzt der Ausführer solche Unicode-Literale durch die Zeichen, für die sie stehen. Deshalb muss die spezielle Bedeutung eines Rückwärtsschrägstrichs \u005C oder eines einfachen Anführungszeichens \u0027 (siehe Zeile 18 und 19) durch einen Rückwärtsschrägstrich \u005C davor beseitigt werden, ganz ähnlich wie in Zeile 9 und 10.

Die Beispiele in den Zeilen 21 bis 29 sind *oktal* (im 8-er-System) notiert. Ein oktales `char`-Literal besteht aus einem Rückwärtsschrägstrich \ und einer Oktalzahl zwischen 0 und 377 (das entspricht einer Dezimalzahl zwischen 0 und 255). Die Oktalzahl darf aus ein bis drei Oktalziffern (0 bis 7) bestehen.

Beispiel-05: `String`-Literale

Ein `String`-Literal muss mit je einem doppelten Anführungszeichen beginnen und enden. Diese beiden doppelten Anführungszeichen müssen auf derselben Zeile stehen (d. h. ein `String`-Literal darf sich nicht über mehrere Zeilen erstrecken). Jedes `String`-Literal bezeichnet ein `String`-Objekt. Ein `String`-Objekt enthält 0 oder mehr (maximal etwa 2,15 Milliarden) `char`-Werte. Die Anzahl der `char`-Werte bezeichnet man auch als die Länge des `String`-Objekts.

```
 1 Literal                 // Wert bzw. Kommentar
 2
 3 "AZ"                     // String, Laenge 2:  AZ
 4 "az"                     // String, Laenge 2:  az
 5 "09"                     // String, Laenge 2:  09
 6 "\\\\"                   // String, Laenge 2:  \\
 7 "'''"                    // String, Laenge 2:  ''
 8 "\"\""                   // String, Laenge 2:  ""
 9 "\u0041\u005A"           // String, Laenge 2:  AZ
10 "\u0061\u007A"           // String, Laenge 2:  az
11 "\u0030\u0039"           // String, Laenge 2:  09
12 "\u005C\u005C"           // String, Laenge 1:  \
13 "\u0027\u0027"           // String, Laenge 2:  ''
14 "\u005C\u0022"           // String, Laenge 1:  "
15 "\101\132"               // String, Laenge 2:  AZ
16 "\141\172"               // String, Laenge 2:  az
17 "\060\071"               // String, Laenge 2:  09
18 "\134\134"               // String, Laenge 2:  \\
```

```
19 "\047\047"            // String, Laenge 2:  ''
20 "\042\042"            // String, Laenge 2:  ""
21 "ABC"                 // String, Laenge 3: ABC
22 "A\102\u0043"         // String, Laenge 3: ABC
23 "\134\047\042"        // String, Laenge 3: \'"
24 "\u0041"              // String, Laenge 1:   A
25 ""                    // String, Laenge 0:
26 "\r"                  // Ein CR-Zeichen, Zeilenende Macintosh
27 "\n"              .   // Ein LF-Zeichen, Zeilenende Unix
28 "\r\n"                // CR und LF,      Zeilenende Dos/Windows
```

Innerhalb eines `String`-Literals haben die Zeichen Rückwärtsschrägstrich \ und doppeltes Anführungszeichen " eine spezielle Bedeutung. Wenn man sie ohne ihre spezielle Bedeutung verwenden will, muss man sie wie in Zeile 6 und 8 mit einem Rückwärtsschrägstrich \ davor notieren. Das Zeichen einfaches Anführungszeichen ' hat innerhalb eines `String`-Literals keine besondere Bedeutung (siehe Zeile 7).

Innerhalb eines `String`-Literals darf man nicht nur normale Zeichen wie A oder z oder ? etc. notieren, sondern auch beliebige `char`-Literale (siehe Zeile 9 bis 20) oder Kombinationen aus normalen Zeichen und `char`-Literalen (siehe Zeile 22). Einzelheiten zu `char`-Literalen findet man im Beispiel-04.

Beispiel-06: `double`-Literale

Literale des Typs `double` müssen einen Dezimalpunkt enthalten oder mit dem Buchstaben D oder mit einem E-Teil enden (siehe Zeilen 3 bis 5) oder mehrere dieser Kennzeichen enthalten (siehe Zeile 6, 8 und 9).

```
1 Literal               // Wert bzw. Kommentar
2
3 123.0                 // 123.0, nur Dezimalpunkt
4 123D                  // 123.0, nur D am Ende
5 123E0                 // 123.0, nur E-Teil am Ende
6 123.0E0D              // 123.0, alle drei Kennzeichen
7 12.345                // 1.2345E1
8 12.345E3              // 1.2345E4
9 12.345E-3             // 1.2345E-2
```

Beispiel-07: `float`-Literale

Literale des Typs `float` müssen mit dem Buchstaben F enden.

```
1 Literal               // Wert bzw. Kommentar
2
3 123F                  // 123.0, nur                 F am Ende
4 123.0F                // 123.0, Dezimalpunkt und F am Ende
5 123E0F                // 123.0, E-Teil und          F am Ende
6 123.0E0F              // 123.0, alle drei Kennzeichen
```

```
7  12.125F           // 1.2125E1
8  12.125E3F         // 1.2125E4
9  12.125E-3F        // 1.2125E-2
```

Kritik: 1.) Die Literale der Programmiersprache C wurden in den 1960er Jahren entworfen und mehr als 30 Jahre später ohne wesentliche Verbesserungen in die Sprache Java übernommen. Sie bieten leider keine Möglichkeit, große Ganzzahlliterale wie z. B. 10000000, 1000000000, 100000000000000000L (mit 17 Nullen) und 10000000000000000L (mit 16 Nullen) lesbar zu notieren. 2.) Die Notation für Ganzzahlen im 8er-System steht im Widerspruch zu der verbreiteten mathematischen Konvention, dass eine *führende Null* den Wert einer Zahl *nicht* verändert (dagegen bezeichnen z. B. die Literale 245 und 0245 in einem C- oder Java-Programm unterschiedliche Werte). 3.) Das Fehlen einer Möglichkeit, Ganzzahlliterale im 2er-System (binär) zu notieren, wird von einigen Java-Programmierern bedauert.

Anmerkung: Die Notation für Literale könnte z. B. dadurch vereinfacht werden, dass man die Basis des gewünschten Zahlensystems ausdrücklich angeben darf, etwa so: #2#101 (eine Zahl im 2er-System), #8#17 (eine Zahl im 8er-System), #10#99 (eine Zahl im 10er-System), #16#A0 (eine Zahl im 16er-System), #5#44 (eine Zahl im 5er-System). Ein Literal ohne Basiszahl wie z. B. 123 könnte als Zahl im 10er-System interpretiert werden. Solche systematischen Literale würden mehr Möglichkeiten bieten und wären vermutlich leichter zu lernen als die jetzigen (aus C stammenden) Java-Literale.

Was die Worte *Literal*, *Konstante* und *Wert* genau bedeuten, ist leider nicht allgemein und eindeutig festgelegt. Im Alltag der Programmierung und in vielen Büchern werden diese Worte in sehr unterschiedlichen Bedeutungen verwendet (und manchmal noch nicht einmal klar voneinander unterschieden). Es folgt hier ein Vorschlag, wie man mit diesen Worten eng zusammenhängende, aber doch verschiedenen Dingen klar unterscheiden kann.

> **Def.:** Ein *Literal* ist ein Name für einen *Wert*. Ein Literal kann nicht vereinbart werden. Verschiedene Literale können denselben Wert bezeichnen (z. B. in Java die Literale 10, 0xA und 012). Welchen Wert ein Literal bezeichnet, wird von der betreffenden Sprache festgelegt.

Die Leser eines Programms können sich darauf verlassen, dass der Programmierer den Wert eines Literals nicht verändern kann.

> **Def.:** Eine *Konstante* muss vereinbart werden, ehe man sie benutzt. Der Name
> einer Konstanten ist, ähnlich wie ein Literal, ein Name für einen *Wert*. Welchen
> Wert dieser Name bezeichnet muss aber vom Programmierer festgelegt werden.

Wenn man in einem Programm nach Fehlern sucht, darf man sich im allgemeinen nicht darauf verlassen, dass eine Konstante wie z. B. `PI` einen Wert zwischen `3.1` und `3.2` hat oder dass ein Konstanten-Name wie `MEHRWERTSTEUER` die gesetzlich vorgeschriebene Prozentzahl bezeichnet.

> **Def.:** Ein *Wert* ist ein Ding, welches vom Ausführer berechnet wird und in
> Variablen abgelegt werden kann. Der Programmierer befiehlt dem Ausführer,
> Werte zu berechnen und in Variablen abzulegen, manipuliert selbst aber nur
> entsprechende Literale oder Namen von Konstanten und Variablen.

Literale und Namen (von Konstanten und Variablen) sind *syntaktische* Größen und können in einem Programmtext vorkommen. Dagegen sind Werte *semantische* Größen und existieren nur während der Ausführung eines Programms.

In speziellen Zusammenhängen ist es sinnvoll, zwischen *Konstanten* und *unveränderbaren Variablen* zu unterscheiden: Eine Konstante besteht nur aus einem *Namen* und einem *Wert*. Ein Variable (auch eine unveränderbare) hat zusätzlich noch eine *Referenz* (siehe Abschnitt 5.7). In Java gibt es keine Konstanten in diesem Sinne und die Bezeichnungen *unveränderbare Variable* und *Konstante* werden häufig mit gleicher Bedeutung verwendet (auch in diesem Buch).

6.2   Zusammengesetzte Ausdrücke und Operatoren

Ein Ausdruck ist *zusammengesetzt*, wenn er andere Ausdrücke „als seine Bestandteile" enthält (und *einfach*, wenn er keine anderen Ausdrücke enthält). Ein zusammengesetzter Ausdruck wird vom Programmierer aus Ausdrücken, Operatoren und runden Klammern zusammengesetzt.

Die Beispiele in diesem Abschnitt setzen voraus, dass die folgenden Variablen vereinbart wurden:

```
1   int     n = 17;
2   int     m = 25;
3   boolean b = true;
```

Beispiel-01: Zusammengesetzte Ausdrücke

```
4   ...   2 * n ...
5   ...   (m + 2) * n ...
6   ...   m + 2 * n ...
7   ...   m < n ...
8   ...   m < n && b ...
```

Die Auslassungen „..." sollen daran erinnern, dass in Java ein *Ausdruck* kein selbständiger Befehl ist und nur als Teil einer *Vereinbarung* oder einer *Anweisung* eingesetzt werden darf.

Der Ausdruck 2 * n wurde aus den beiden einfachen Ausdrücken 2 und n und dem Multiplikationsoperator * zusammengesetzt.

Der Ausdruck (m + 2) * n wurde aus dem zusammengesetzten Ausdruck (m + 2) und dem einfachen Ausdruck n mit dem Operator * zusammengesetzt.

Der Ausdruck m + 2 * n wurde aus dem einfachen Ausdruck m und dem zusammengesetzten Ausdruck 2 * n mit dem Additionsoperator + zusammengesetzt. Dass dieser Ausdruck *nicht* aus den Ausdrücken m + 2 und n mit dem Operator * zusammengesetzt wurde, folgt aus der Regel „Punktrechnung geht vor Strichrechnung ".

Der Ausdruck m < n wurde aus den Ausdrücken m und n mit dem Kleiner-Operator < zusammengesetzt. Die einfachen Ausdrücke m und n gehören beide zum Typ int. Trotzdem gehört der zusammengesetzte Ausdruck m < n zum Typ boolean. Der Kleiner-Operator befiehlt dem Ausführer, aus den int-Werten m und n einen boolean-Wert zu berechnen.

Der Ausdruck m < n && b wurde aus den Ausdrücken m < n und b mit dem Und-Operator && zusammengesetzt.

Praktische Anwendungen der meisten Java-Operatoren findet man im Beispielprogramm Operatoren01. In den Programmen Operatoren02 bis 05 wird die Wirkung spezieller Operatoren genauer erläutert. Im folgenden werden die wesentlichen Eigenschaften von Operatoren allgemein behandelt.

Def.: Ein *Operator* ist ein Name (für eine Operation), der typischerweise aus Sonderzeichen (wie +, *, = etc.) besteht und auf eine besondere Weise notiert wird (in Präfix-, Infix-, Postfix- oder Mixfix-Notation).

Def.: Eine *Operation* ist eine Funktion mit einem Operator als Namen.

Operatoren sind also spezielle *Namen* für Funktionen (d. h. für Unterprogramme, die einen Wert liefern). In Java bestehen die meisten Operatoren aus ein bis drei Sonderzeichen (z. B. +, -, > und ++, --, >>, += und >>>, >>=). Ausnahmen: Der Operator >>>= besteht aus vier Sonderzeichen und der Operator `instanceof` besteht aus vielen Buchstaben statt aus wenigen Sonderzeichen.

Anmerkung: Das Wort *Operation* wird von einigen Autoren in einer sehr viel weiteren Bedeutung verwendet als hier, etwa als Bezeichnung für „irgendeinen Befehl, den man dem Ausführer geben kann".

In Java bezeichnet jeder Operator mehrere verschiedene Operationen. Man sagt auch: Die Operatoren sind *überladen* (d. h. sie sind mit mehr als einer Bedeutung „beladen". Siehe dazu auch den Abschnitt 8.3 Methodennamen überladen). Welche Operation jeweils gemeint ist, muss aus dem Zusammenhang folgen. Z. B. bezeichnet der Operator + vier Additionsoperationen (eine für `int`-Werte, eine für `long`-Werte, keine für `short`-Werte, eine für `float`-Werte und eine für `double`-Werte), vier Vorzeichenoperationen und neun Konkatenationsoperationen (zum Konkatenieren von Strings und zum Umwandeln eines beliebigen Wertes in einen String mit anschließender Konkatenation wie z. B. in den Ausdrücken "Euro " + 150 oder 23.5 + " cm" etc.).

Jede Operation hat eine bestimmte *Stelligkeit* und einen *Ergebnistyp*. Mit der Stelligkeit ist die Anzahl der Parameter der Operation gemeint. Z. B. sind alle Additionsoperationen + zweistellig und die Additionsoperation für `int`-Werte liefert ein `int`-Ergebnis. Die Vorzeichenoperationen namens + und - sind alle einstellig. Wendet man eine solche Operation auf einen `int`- oder einen `double`-Wert an, ist das Ergebnis ein `int`- bzw. ein `double`-Wert. Wendet man eine Vorzeichenoperation dagegen auf einen `byte`-, `char`- oder `short`-Wert an, ist das Ergebnis ein `int`-Wert. Alle Kleiner-Operationen < sind zweistellig und haben den Ergebnistyp `boolean`.

Die Eigenschaft der Stelligkeit wird häufig nicht nur den *Operationen*, sondern auch den *Operatoren* (d. h. ihren Namen) zugeschrieben. Folgt man diesem praktischen Brauch, so sollte man sorgfältig zwischen den *einstelligen* Operatoren + und - (den Vorzeichenoperatoren) und den *zweistelligen* Operatoren + und - (den Additions- und Subtraktionsoperatoren) unterscheiden, obwohl sie gleich aussehen.

Operatoren kann man auf verschiedene Weisen *notieren*. Bei der aus dem Mittelalter stammenden und leider immer noch sehr verbreiteten *Infixnotation* schreibt man einen zweistelligen Operator *zwischen* seine beiden Operanden. Bei der neuzeitlichen *Präfixnotation* schreibt man die Operatoren *vor* und bei der ebenfalls neuzeitlichen *Postfixnotation hinter* ihre Operanden. Für Operatoren, die aus mehreren Teilen bestehen, gibt es außerdem die so genannte *Mixfix*-Notation, bei der die Teile des Operators und die Operanden „in vermischter Reihenfolge" notiert werden.

Beispiel-02: Der Bedingungsoperator ... ? ... : ...

```
9  System.out.print( (n != 1) ? (n + " Haeuser") : "1 Haus") ;
```

Wenn die Variable n z. B. den Wert 17 hat, wird der String `"17 Haeuser"` ausgegeben. Falls n den Wert 1 hat, wird der String `"1 Haus"` ausgegeben.

Der Bedingungsoperator besteht aus zwei Teilen, einem Fragezeichen ? und einem Doppelpunkt : . Er ist dreistellig und wird mixfix notiert. Als ersten Operanden (vor dem Fragezeichen) muss man einen `boolean`-Ausdruck angeben. Die anderen beiden Operanden (vor bzw. nach dem Doppelpunkt) dürfen zu *einem* beliebigen Typ (aber nicht zu zwei verschiedenen Typen) gehören. Im Beispiel gehören die beiden Ausdrücke `(n + "Haeuser")` und `"1 Haus"` beide zum Typ `String`. Weitere Anwendungen des Bedingungsoperators findet man im Beispielprogramm `Operatoren05`.

Beispiel-03: Der Cast-Operator (...) ...

```
10 char c = (char) (4 * n);
```

Der Cast-Operator besteht aus zwei Teilen, einer öffnenden runden Klammer (und einer schließenden runden Klammer). Er ist zweistellig und wird mixfix notiert. Als ersten Operanden muss man (zwischen den beiden Klammern) einen *Typ* angeben. Als zweiten Operanden muss man (hinter der schließenden Klammer) einen *Ausdruck* angeben. Damit befiehlt man dem Ausführer, den Wert des Ausdrucks in einen entsprechenden Wert des angegeben Typs umzuwandeln.

Die meisten Java-Operatoren (z. B. +, -, *, /, %, <, <=, ==, &&, | |, ... etc.) sind zweistellig und werden, wie üblich, infix notiert, d. h. *zwischen* ihre beiden Operanden geschrieben. Daraus ergeben sich zwei Probleme:

Problem der Assoziativität: In welcher Reihenfolge sollen mehrere gleiche Operationen in einem Kettenausdruck wie z. B. `n1 - n2 - n3` ausgeführt werden?

Problem der Bindungsstärke: In welcher Reihenfolge sollen mehrere verschiedene Operationen in einem Kettenausdruck wie z. B. `n1 + n2 * n3` ausgeführt werden?

Beispiel-04: Konkrete Probleme der Assoziativität und der Bindungsstärke:

```
11 Ist 9 - 3 - 2              gleich  8 oder gleich  4?
12 Ist 8 / 4 / 2              gleich  4 oder gleich  1?
13
14 Ist 2 + 4 * 3              gleich 18 oder gleich 14?
15 Ist true || false && false gleich true oder gleich false?
```

Es handelt sich hier nicht um mathematische Probleme, für die man durch scharfes Nachdenken eine korrekte Lösung finden könnte, sondern um Mehrdeutigkeiten einer bestimmten Notation. Als man die Probleme entdeckte, hat man leider nicht die Notation durch eine bessere ersetzt, sondern versucht, die Mehrdeutigkeiten durch Konventionen (d. h. zusätzliche Regeln) zu beseitigen und die Konventionen allgemein zu verbreiten.

Dieser Lösungsversuch war teilweise erfolgreich. Viele Menschen kennen die Regel „Punktrechnung geht vor Strichrechnung" (siehe Zeile 14). Weniger bekannt ist die Konvention, dass der Und-Operator (in Java: `&&`) stärker bindet als der Oder-Operator (in Java: `||`, siehe Zeile 15). Kettenausdrücke wie in Zeile 11 und 12 führen die meisten Menschen instinktiv von links nach rechts aus. Das entspricht der verbreiteten Konvention: „Die Operatoren +, -, * und / sind linksassoziativ". Deutlich weniger bekannt ist, dass viele Mathematiker sich darauf geeinigt haben, die Potenzierung rechtsassoziativ zu lesen, d. h. 2 hoch 3 hoch 2 ist nach dieser Konvention gleich 512 und nicht gleich 64. Da ist es günstig, dass es in Java keinen Potenzierungsoperator gibt (sondern eine Potenzierungs*funktion* `Math.pow`, die, wie alle Funktionen, in Präfixnotation aufgerufen wird und deshalb frei ist von den Problemen der Infixnotation).

> **Def.:** Ein zweistelliger Operator `op` ist *rechtsassoziativ*, wenn in einem Kettenausdruck wie etwa `A op B op C` der Operand `B` zum *rechten* Operator gehört, d. h. wenn der ungeklammerte Ausdruck gleichbedeutend mit dem geklammerten Ausdruck `A op (B op C)` ist.

> **Def.:** Ein zweistelliger Operator `op` ist *linksassoziativ*, wenn in einem Kettenausdruck wie etwa `A op B op C` der Operand `B` zum *linken* Operator gehört, d. h. wenn der ungeklammerte Ausdruck gleichbedeutend mit dem geklammerten Ausdruck `(A op B) op C` ist.

Anmerkung: Würde man alle Operatoren *präfix* notieren (oder alle Operatoren *postfix* notieren), gäbe es die Probleme der Assoziativität und der Bindungsstärke nicht und man müsste in den Schulen nicht mühsam Konventionen zu ihrer Lösung auswendig lernen. Die Firma Hewlett-Packard hat eine Zeit lang versucht, zusammen mit ihren Taschenrechnern eine Postfixnotation für Ausdrücke zu verbreiten, ist damit aber am „Beharrungsvermögen" (bzw. am „Bewegungsunvermögen") vieler Menschen gescheitert. Die Infixnotation für zweistellige Operatoren kam im 15. Jahrhundert in Europa auf und wurde seitdem nicht mehr wesentlich verbessert.

In Java hat jeder Operator eine Bindungsstärke zwischen 1 und 13. Innerhalb eines Ausdrucks werden Operationen mit höherer Bindungsstärke *vor* solchen mit niedrigerer Bindungsstärke ausgeführt. Vermutlich kennen nur wenige Java-Programmierer und Kollegen die Bindungsstärken aller Operatoren auswendig. Es empfiehlt sich deshalb, in Zweifelsfällen Teilausdrücke zu klammern und dadurch die beabsichtigte Ausführungsreihenfolge leicht erkennbar zu machen.

Anmerkung: Ein moderner Trend beim Entwickeln von Programmiersprachen geht in die Richtung, die relative Bindungsstärke bestimmter Operatoren ausdrücklich *nicht* festzulegen und den Ausführer ein Programm ablehnen zu lassen, wenn der Programmierer keine Klammern setzt. Das bedeutet für den Programmierer ein bisschen mehr Schreibarbeit, erleichtert aber seinen Kollegen das Lesen von Programmen und macht bestimmte Programmfehler weniger wahrscheinlich.

Die folgende Tabelle fasst die wichtigsten Informationen über alle Java-Operatoren zusammen:

Operatoren	Stellig keit	Kurz beschreibung	Fix	Assozia tivität	Bindungs stärke
+ -	1	Vorzeichen	prä	-	13
++ --	1	In-/Dekrement	prä, post	-	13
~	1	bitweise Negation	prä	-	13
!	1	logische Negation	prä	-	13
()	2	Cast	mix	R	13
* / %	2	multiplikative Op.	in	L	12
+ -	2	additive Operatoren	in	L	11
<< >> >>>	2	Shift-Operatoren	in	L	10
< <= >= >	2	relationale	in	L	9
instanceof	2	Operatoren	in	L	9
== !=	2	Gleichheitsop.	in	L	8

Operatoren	Stellig keit	Kurz beschreibung	Fix	Assozia tivität	Bindungs stärke
&	2	Und (schwach)	in	L	7
^	2	Exklusives Oder	in	L	6
|	2	Oder (schwach)	in	L	5
&&	2	Und (nicht-schw.)	in	L	4
||	2	Oder (nicht-schw.)	in	L	3
... ? ... : ...	3	Bedingungsoperator	mix	R	2
= += -= *= /=	2	Zuweisungs- operatoren	in	R	1
<<= >>=	2		in	R	1
>>>= %= &=	2		in	R	1
^= |=	2		in	R	1

Die Abkürzungen und ihre Bedeutungen:

Op. Operatoren
R rechtsassoziativ **prä** Präfixnotaion **in** Infixnotation
L linksassozitativ **post** Postfixnotation **mix** Mixfixnotation

Der Tabelle kann man unter anderem entnehmen, dass die multiplikativen Operatoren `*`, `/` und `%` eine höhere Bindungsstärke haben als die additiven Operatoren `+` und `-` (12 gegen 11, „Punktrechnung geht vor Strichrechnung"). Die schwache Und-Verknüpfung `&` hat eine höhere Bindungsstärke als die schwache Oder-Verknüpfung `|` (7 gegen 5) und die nicht-schwache Und-Verknüpfung `&&` hat eine höhere Bindungsstärke als die nicht-schwache Oder-Verknüpfung `||` (4 gegen 3). Definitionen der Begriffe *schwach* und *nicht-schwach* findet man in den Beispielprogrammen `Operatoren02` und `Operatoren03`.

Operationen haben keinen Seiteneffekt (d. h. sie verändern keine Variablen oder anderen Wertebehälter). Ausnahmen von dieser Regel sind die einstelligen Inkrement- und Dekrement-Operationen `++` und `--` und die zweistelligen Zuweisungsoperationen `=`, `+=`, `-=`, ... `|=`, die eine Variable als (einzigen bzw. ersten) Operanden haben und den Wert dieser Variablen verändern. Die Kurzbeschreibungen einiger Operatoren suggerieren einen Seiteneffekt, obwohl keiner stattfindet.

Beispiel-04: Die Shift-Operationen haben keinen Seiteneffekt

```
16 int n1 = 1;
17 ... n1 << 3 ...
```

Laut Kurzbeschreibung verschiebt die Shift-Operation << die Bits ihres ersten Operanden (in diesem Beispiel n1) um 3 Positionen nach links. Damit ist aber nicht gemeint, dass der Inhalt der Variablen n1 verändert wird, vielmehr werden die Bits einer *Kopie* verschoben. Der Ausdruck n1 << 3 hat hier den Wert 8, und nach der Auswertung des Ausdrucks hat n1 immer noch den Wert 1.

Im folgenden werden für jeden Operator op folgende Fragen kurz beantwortet: Auf Operanden von welchen Typen darf man op anwenden? Welche Wirkung hat op? Von welchem Typ ist das Ergebnis? Hat op bestimmte Eigenheiten (einen Seiteneffekt, besondere Operanden etc.)? Die Wirkung eines Operators wird nur beschrieben, wenn sie nicht allgemein bekannt ist.

Def.: Ein *kleiner Ganzzahltyp* ist einer der Typen byte, char oder short.

In den Beschreibungen der einzelnen Operatoren steht NUM für einen beliebigen numerischen Typ (byte, char, short, int, long, float oder double), GANZ für einen beliebigen Ganzzahltyp (byte, char, short, int oder long) und KLEIN-GANZ für einen kleinen Ganzzahltyp. Wenn nicht ausdrücklich anders gesagt, müssen bei zweistelligen Operatoren die Typen der beiden Operanden *nicht* übereinstimmen. Die vier Typen int, long, float, double sind nach ihrem Umfang (aufsteigend) sortiert, d. h. int ist der am wenigsten umfangreiche und double der umfangreichste Typ. Beispiele für Anwendungen der meisten Operatoren findet man im Beispielprogramm Operatoren01.

1. **Vorzeichenoperatoren** +, - : Ein NUM-Operand. Wirkung allgemein bekannt. Anwendung auf einen KLEIN-GANZ-Operanden hat ein int-Ergebnis. Bei anderen Anwendungen ist das Ergebnis vom Typ des Operanden.

2. **Inkrement-/Dekrement-Operatoren** ++, -- : Ein NUM-Operand. Diese Operatoren dürfen nur auf *Variablen* (nicht auf allgemeine Ausdrücke) angewendet werden. Erhöhen bzw. vermindern den Wert der Variablen um 1 (als Seiteneffekt) und liefern (bei der präfix-Varianten ++x bzw. --x) den Wert der Variablen *nach* der Veränderung bzw. (bei der postfix-Varianten x++ bzw. x--) *vor* der Veränderung. Erlaubt sind z. B. ++x++ und ++x-- und --x++ und --x--, nicht erlaubt sind ++ ++x und x++ ++ und (x+y)++.

3. **Bitweise Negation** ~ : Ein GANZ-Operand. KLEIN-GANZ-Operanden werden erst in einen int-Wert umgewandelt. In der binären Darstellung (einer Kopie) des Operanden wird jede 1 durch eine 0 und jede 0 durch eine 1 ersetzt. Das Ergebnis ist vom Typ des Operanden (d. h. int oder long).

4. Logische Negation `!` : Ein `boolean`-Operand. Wandelt `true` in `false` und `false` in `true` um. Das Ergebnis ist vom Typ `boolean`.

5. Cast-Operator `(...)...` : Erster Operand (in den Klammern): Name eines *Typs* Z (wie Zieltyp). Zweiter Operand: Ein *Ausdruck* eines Typs Q (wie Quelltyp). Berechnet aus dem Wert des Ausdrucks einen entsprechenden Wert des Zieltyps Z. Einschränkungen: Wenn Q ein NUM-Typ ist, muss Z auch ein NUM-Typ sein (aber Q und Z müssen nicht übereinstimmen). Wenn Q der Typ `boolean` ist, muss Z auch der Typ `boolean` sein (für boolean-Werte gibt es keine „entsprechenden Werte" anderer Typen). Wenn Q und Z *Klassentypen* sind, muss Z eine Unterklasse oder eine Oberklasse von Q sein. Weitere Regeln (für die Fälle, dass Q oder Z ein *Schnittstellentyp* oder ein *Reihungstyp* ist) findet man in [LangSpec-2000]. Diese weiteren Regeln sind aber nur in ziemlich speziellen Situationen wichtig.

6. Multiplikative Operatoren `*, /, %` : Zwei NUM-Operanden. Das Ergebnis ist vom Typ der Operanden bzw. vom umfangreicheren Operandentyp. Die Wirkung der Operationen namens * und / (Multiplikation bzw. Division) ist allgemein bekannt. Der Rest-Operator `%` (auch Modulo-Operator oder Mod-Operator genannt) liefert den Rest nach einer Ganzzahldivision. Z. B. ist `14 % 3` gleich 2 (weil 14 geteilt durch 3 gleich 4 Rest 2 ist). Anwendungen des Rest-Operators findet man im Programm `Operatoren04`. In Java kann man den Rest-Operator `%` auch auf Werte der Gleitpunkttypen `float` und `double` anwenden.

7. Additive Operatoren `+, -` : Zwei NUM-Operanden. Das Ergebnis ist vom Typ der Operanden bzw. vom umfangreicheren Operandentyp. Die Wirkung (Addition bzw. Subtraktion) ist allgemein bekannt. Den Operator + darf man außerdem auf einen (ersten oder zweiten) Operanden eines beliebigen Typs anwenden, wenn der andere Operand zum Typ `String` gehört. Der nicht-`String`-Operand wird in einen String umgewandelt und mit dem `String`-Operanden konkateniert („zu einem String zusammengefügt"). Das Ergebnis ist vom Typ `String`.

8. Shift-Operatoren `<<, >>, >>>` : Zwei GANZ-Operanden. Falls der erste Operand zu einem KLEIN-GANZ-Typ gehört, wird er in einen `int`-Wert umgewandelt. Die Bits (einer Kopie) des ersten Operanden werden um so viele Positionen nach links bzw. nach rechts geschoben, wie der zweite Operand angibt (siehe dazu das Programm `Operatoren01`). Dabei ziehen << und >> Nullen nach, >>> zieht Kopien des Vorzeichenbits nach (`-1>>30` ist gleich 3, `-1>>>30` ist gleich -1). Das Ergebnis ist vom Typ des ersten Operanden (`int` oder `long`).

9. Relationale Operatoren `<, <=, > , >=` : Zwei NUM-Operanden. Die Wirkung ist allgemein bekannt. Das Ergebnis ist vom Typ `boolean`. „Kettenvergleiche" wie z. B. 0<n<10 sind *nicht* erlaubt, weil der Teilausdruck 0<n einen boolean-Wert beschreibt, den man nicht mit dem int-Wert 10 vergleichen darf. Statt 0<n<10 sollte man 0<n && n<10 schreiben.

10. **Relationaler Operator** instanceof : Der erste (linke) Operand muss zu einem *Referenztyp* gehören. Der zweite (rechte) Operand muss der *Name* eines Referenztyps sein. Das Ergebnis ist gleich true, wenn der erste Operand eine Instanz (ein Objekt) des zweiten Operanden ist, sonst false (siehe dazu auch das Beispielprogramm Operatoren07).

11. **Gleichheitsoperatoren** ==, != : Entweder zwei NUM-Operanden oder zwei boolean-Operanden oder zwei Operanden beliebiger Referenztypen („gemischte Operanden", z. B. ein NUM-Operand und ein Referenz-Operand, sind *nicht* erlaubt). Verglichen werden in allen Fällen die *Werte* der Operanden (auch bei Referenzvariablen werden die *Werte* verglichen, nicht die *Zielwerte*!). Das Ergebnis ist vom Typ boolean.

12. **Schwache Operatoren** &, ^ , | (Und, exklusives Oder, Oder): Zwei boolean-Operanden. Die Werte *beider* Operanden werden berechnet und dann verknüpft. Das Ergebnis ist vom Typ boolean. Der Und-Operator liefert nur dann true, wenn beide Operanden true sind. Der Oder-Operator liefert nur dann false, wenn beide Operanden false sind. Der exklusive-Oder-Operator liefert genau dann true, wenn seine Operanden ungleich sind (siehe dazu die Programme Operatoren02 und Operatoren03. Dort findet man auch eine Definition der Begriffe *schwach* und *nicht-schwach*).

13. **Bitweise Operatoren** &, ^ , | (Und, exklusives Oder, Oder): Zwei GANZ-Operanden. Operanden eines KLEIN-GANZ-Typs werden in den Typ int umgewandelt. Falls dann ein Operand zum Typ int und der anderen zum Typ long gehört, wird der int-Operand zu einem long-Wert erweitert. Die beiden (gleich langen) Werte werden *bitweise* verknüpft. Das Ergebnis ist vom Typ der Operanden (nach ihrer Umwandlung, d. h. int bzw. long). Der Und-Operator liefert nur dann 1, wenn beide Operanden 1 sind. Der Oder-Operator liefert nur dann 0, wenn beide Operanden 0 sind. Der exklusive-Oder-Operator liefert genau dann 1, wenn seine Operanden ungleich sind (siehe dazu auch das Programm Operatoren01).

14. **Nicht-schwache Operatoren** &&, || (Und, Oder): Zwei boolean-Operanden. Das Ergebnis ist vom Typ boolean. Die nicht-schwachen Operatoren berechnen in den folgenden beiden Fällen nur den Wert ihres *ersten* Operanden: Der Und-Operator liefert false, wenn der erste Operand gleich false ist. Der Oder-Operator liefert true, wenn der erste Operand gleich true ist. In den anderen Fäl-

len werden die Werte *beider* Operanden berechnet und wie bei den Operatoren &
bzw. | verknüpft (siehe oben Punkt 12. sowie die Programme `Operatoren02` und
`Operatoren03`).

15. Bedingungsoperator ... ? ... : ... : Drei Operanden, der erste vom
Typ `boolean`, die anderen beiden von einem beliebigen Typ (aber beide vom selben Typ). Das Ergebnis ist vom Typ des zweiten und dritten Operanden. Wenn der
erste Operand den Wert `true` hat, ist das Ergebnis der Wert des zweiten Operanden (und der Wert des dritten Operanden wird *nicht* berechnet). Wenn der erste
Operand den Wert `false` hat, ist das Ergebnis der Wert des dritten Operanden
(und der Wert des zweiten Operanden wird *nicht* berechnet).

16. Einfacher Zuweisungsoperator = : Zwei Operanden. Der erste muss eine
Variable, der zweite darf irgendein *Ausdruck* sein; die Typen beider Operanden
müssen übereinstimmen (oder zumindest zuweisungskompatibel sein, siehe [Lang-
Spec2000]). Der Wert des Ausdrucks wird berechnet und als Seiteneffekt der Variablen zugewiesen. Der Wert des gesamten Zuweisungsausdrucks ist der Wert
der Variablen nach der Zuweisung und gehört zum Typ dieser Variablen (siehe
dazu auch das Beispielprogramm `Operatoren06`).

17. Zusammengesetzte Zuweisungsoperatoren (genau 11 Stück) +=,   -=,
*=, /=, <<=, >>=, >>>=, %=, &=, ^=, |= : Jeder solche Operator be-
steht aus einem zweistelligen Operator (z. B. + oder - oder * etc.) unmittelbar gefolgt vom einfachen Zuweisungsoperator =. Ein Ausdruck, der z. B. den zusammengesetzten Zuweisungsoperator *= enthält, kann als Abkürzung für einen entsprechenden Ausdruck interpretiert werden, der nur den Operator * und den einfachen Zuweisungsoperator = enthält, wie das folgende Beispiel verdeutlichen soll:

Beispiel-05: Die Wirkung eines zusammengesetzten Zuweisungsoperators

```
18 short  s = 2;
19 double d = 3.5;
20
21 s *=              4 + d;   // Abgekuerzte Form
22 s  = (short) (s * (4 + d)); // Lange       Form
```

Die beiden Zuweisungen in Zeile 21 und 22 leisten genau das Gleiche, aber die
abgekürzte Form in Zeile 21 ist (für geübte Java-Programmierer) leichter lesbar als
die Langform. In der Langform muss man mit Klammern um den Ausdruck 4 + d
dafür sorgen, dass zuerst addiert und erst danach multipliziert wird, und der Cast-
Befehl (short) ist notwendig, weil der Wert des Ausdrucks (s * (4 + d))
zum Typ double gehört. In der abgekürzten Form werden diese Zusätze durch
den Operator *= „unauffällig miterledigt". Entsprechendes gilt auch für alle anderen zusammengesetzten Zuweisungsoperatoren.

Syntaktisch gesehen wendet man *Operatoren* auf *Ausdrücke* an (d. h. man schreibt in einem Quellprogramm den Operator vor, zwischen oder hinter die Ausdrücke). *Semantisch* gesehen wird dadurch die entsprechende *Operation* auf die *Werte* dieser Ausdrücke angewendet.

Zu dieser Regel gibt es zwei Ausnahmen: Der Cast-Operator (...) ... erwartet als *ersten* Operanden (zwischen den runden Klammern) keinen *Ausdruck*, sondern einen *Typnamen*, und der `instanceof`-Operator erwartet als *zweiten* Operanden einen *Typnamen*.

Es gibt noch eine weitere Form von *zusammengesetzten Ausdrücken*, die nicht mit den bisher behandelten Operatoren gebildet werden: *Funktionsaufrufe*. Sie bestehen aus dem Namen einer Funktion gefolgt von einer Liste aktueller Parameter (die durch Kommas getrennt und in runden Klammern eingeschlossen zu notieren sind). Als aktuelle Parameter darf man grundsätzlich beliebige Ausdrücke (des „richtigen" Typs, der in der Vereinbarung der Funktion festgelegt wurde) angeben. Ein Funktionsaufruf *enthält* also Ausdrücke und ist somit ein *zusammengesetzter* Ausdruck. Aufrufe von parameterlosen Funktionen enthalten zwar nur 0 Ausdrücke, werden aber aus Gründen der Systematik ebenfalls zu den zusammengesetzten Ausdrücken gezählt.

Beispiel-06: Ein Funktionsaufruf ist ein zusammengesetzter Ausdruck

```
23 static int summe(int n1, int n2, int n3, int n4) {
24     return n1 + n2 + n3 + n4;
25 }
26  ...
27 static void irgendEinUpro() {
28     int g1 = 17;
29     int g2 = 25;
30
31     int erg1 = summe(g1+3, 2*g2, 10, g1);
32     ...
```

Die Funktion `summe` (vereinbart in den Zeilen 23 bis 25) hat vier Parameter vom Typ `int` und liefert ein Ergebnis vom Typ `int` (nämlich die Summe der 4 Parameter). Der Funktionsaufruf `summe(g1+3, 2*g2, 10, g1)` in Zeile 31 ist ein zusammengesetzter Ausdruck, der die Ausdrücke `g1+3`, `2*g2`, `10` und `g1` als Bestandteile enthält.

7 Reihungen (arrays)

Wenn man in einem Programm 100 `long`-Variablen braucht, kann man die etwa wie folgt vereinbaren und initialisieren:

Beispiel-01: Viele Variablen eines bestimmten Typs vereinbaren

```
1    long v00 = 0;
2    long v01 = 0;
3    ...
4    long v99 = 0;
```

Um dem Ausführer zu befehlen, die Werte dieser 100 Variablen auszugeben oder auf andere Weise zu bearbeiten, muss man etwa 100 Befehle hinschreiben.

Beispiel-02: Viele Variablen bearbeiten (hier: ausgeben)

```
5    p(v00);
6    p(v01);
7    ...
8    p(v99);
```

Die hier angedeutete Vorgehensweise ist für den Programmierer mit viel Schreibarbeit verbunden und es liegt nahe, nach einer weniger mühsamen Lösung des Problems zu suchen.

Mit einer *Wiederholungsanweisung* (einer Schleife) kann man dem Ausführer relativ leicht befehlen, eine bestimmte Anweisung oder auch eine bestimmte Vereinbarung z. B. 100 Mal auszuführen.

Beispiel-03: Viele Variablen mit einer Schleife erzeugen lassen

```
9    for (int i=1; i<=100; i++) {
10       long v = 0;
11       ...
12   }
```

Die Variablenvereinbarung in Zeile 10 wird 100 Mal ausgeführt und somit werden 100 long-Variablen erzeugt. Mit dem *einen* Namen v können wir aber jeweils nur auf *eine* (nämlich die zuletzt erzeugte) Variable zugreifen. Mit einer Schleife kann man das Problem, 100 long-Variablen zu vereinbaren, also nicht wirklich befriedigend lösen. Was uns fehlt ist vor allem ein Formalismus, mit dem man viele *Namen* für Variablen festlegen kann, ohne diese Namen alle einzeln hinschreiben zu müssen.

Eine *Reihung* (engl. an array) ist eine „Reihe von Variablen", die man mit einem einzigen Befehl („alle Variablen auf einmal") vereinbaren kann. Oder: Eine Reihung ist eine *Variable*, die viele Variablen enthalten kann (ähnlich wie eine Reihe von Reihenhäusern viele einzelne Häuser enthalten kann).

Reihungsvariablen müssen mit Hilfe spezieller *Reihungstypen* vereinbart („nach speziellen Reihungsbauplänen gebaut") werden. Einen Reihungstyp erkennt man daran, dass sein Name mit einem Paar *eckiger Klammern* endet.

Beispiel-04: Eine Reihung von 100 long-Variablen vereinbaren

```
13   long[] v = new long[100];
```

Mit dieser Vereinbarung wird eine Variable namens v vom Typ long[] (lies: Reihung von long-Variablen) vereinbart. Die Reihung v enthält 100 long-Variablen, auf die man mit Namen wie v[0], v[1], ..., v[99] zugreifen kann.

Die long-Variablen v[0], v[1], ..., v[99] bezeichnet man auch als die *Komponenten* der Reihung v. Zusätzlich zu ihren Komponenten enthält jede Java-Reihung noch eine int-Variable namens length, in der die *Anzahl* der Komponenten steht. Der Name v.length bezeichnet die length-Variable der Reihung v. Diese Variable ist unveränderbar (eine Zuweisung wie z. B. v.length = 17; ist *nicht* erlaubt). In unserem Beispiel hat die Variable v.length den Wert 100.

Ein Komponenten-Name wie etwa `v[38]` besteht aus dem Reihungsnamen v gefolgt von einem *Index* in eckigen Klammern. Als Index darf man nicht nur Literale
wie 0 oder 38 etc. angeben, sondern einen beliebigen *Ausdruck* des Typs int, insbesondere also auch den Namen einer int-Variablen. Vor allem dieser Tatsache
verdanken Reihungen ihre Nützlichkeit, wie das folgende Beispiel zumindest andeuten soll (siehe dazu auch das Beispielprogramm Reihungen01).

Beispiel-05: Die Reihung v mit Hilfe von Schleifen bearbeiten

```
14   for (int i=0; i<v.length; i++) {
15     v[i] = i * i;
16   }
17
18   for (int i=0; i<v.length; i++) {
19       pln(v[i]);
20   }
```

In Zeile 15 steht der Variablenname `v[i]`. Welche Komponente der Reihung v er
bezeichnet hängt vom jeweiligen Wert der Variablen i ab. Man sagt auch: Der Variablenname `v[i]` bezeichnet *die i-te Komponente* der Reihung v. Die for-Schleife in Zeile 14 bis 16 sorgt dafür, dass die Variable i nacheinander die Werte 0, 1,
2, ... 99 annimmt und die Zuweisung in Zeile 15 bewirkt, dass jeder Komponenten
`v[i]` das Quadrat der Zahl i zugewiesen wird.

Die zweite for-Schleife funktioniert im Prinzip ganz ähnlich wie die erste und
gibt die Werte aller Komponenten `v[i]` zur Standardausgabe aus (pln ist auch
hier eine Art Abkürzung für System.out.println, siehe das Beispielprogramm
Reihungen01).

Zu den beliebtesten Programmierfehlern gehört es (der Autor spricht hier aus umfangreichen eigenen Erfahrungen), in den Zeilen 14 bzw. 18 anstelle der Bedingung `i<v.length` fälschlich `i<=v.length` zu schreiben. Glücklicherweise erkennt der Ausführer solche Fehler, allerdings erst, wenn er die Schleife *ausführt*
(nicht schon bei der Übergabe des Programms, zur „Compilezeit"). In einem solchen Fall wirft er eine Ausnahme des Typs ArrayIndexOutOfBoundsexcepti-
on. Ausnahmen werden im Kapitel 16 behandelt.

Die beiden Schleifen im Beispiel-05 funktionieren unabhängig davon, wie lang die
Reihung v ist. Wenn man in der Vereinbarung von v (im Beispiel-04) die Zahl
100 z. B. durch die Zahl 25 oder durch die Zahl 15000 ersetzt, passen sich die
Schleifen „von selbst" der veränderten Länge an und der Programmierer muss keine mühsamen und vor allem fehlerträchtigen Anpassungsarbeiten durchführen.
`v.length` bezeichnet immer die richtige Länge der Reihung v.

Merke: Die Komponenten einer Reihung v haben immer Indizes zwischen 0 und
v.length-1. In der Variablen length steht „die richtige Länge" der Reihung,
aber der größte Index ist immer um 1 kleiner als diese Länge.

Wenn man 100 einzelne Variablen vereinbart, muss man nicht nur 100 Vereinbarungen hinschreiben, sondern für jede Bearbeitung der Variablen auch mindestens
100 Bearbeitungsbefehle. Vereinbart man statt dessen *eine* Reihung mit 100 Komponenten, spart man nicht nur beim Vereinbaren Schreibarbeit, sondern vor allem
auch beim Bearbeiten. Die Komponenten einer Reihung kann man mit Schleifen
bearbeiten, und der Schreibaufwand dafür ist meist unabhängig davon, ob die
Reihung 100, 10 Tausend oder 100 Million Komponenten hat.

Aufgabe-01: Warum kann eine Reihung höchstens etwa 2,15 Milliarden Komponenten („2 Giga Komponenten") haben? Wie lang kann man die Reihung v in den
obigen Beispielen höchstens machen ohne dass der Ausdruck i*i in der ersten
Schleife im Beispiel-05 Unsinn produziert? Eine Lösung findet man am Ende dieses Abschnitts.

Aufgabe-02: Da wir wissen, dass die Reihung v die Länge 100 hat, könnten wir in
den for-Schleifen im Beispiel-05 (in den Zeilen 14 und 18) anstelle von v.length
einfach auch 100 schreiben. Welchen Nachteil hat diese konkretere Formulierung?
Eine Lösung findet man am Ende dieses Abschnitts.

Häufig will man *alle Komponenten* einer Reihung irgendwie bearbeiten ohne sie
zu verändern. Für diesen Fall gibt es (seit der Java Version 5.0) eine spezielle
Form der for-Schleife, die garantiert keine Ausnahme des Typs ArrayIndex-
OutOfBoundsExeption auslöst und garantiert nach endlich vielen Ausführungen des Rumpfes hält.

Beispiel-06: Eine sichere und einfache Sonderform der for-Schleife (siehe
Beispielprogramm Reihungen01)

```
21   for (long emil: v) {
22       pln(emil);
23   }
```

Diese Schleife leistet genau das Gleiche wie die folgende, etwas kompliziertere
Version:

```
24   for (int i=0; i<v.length(); i++) {
25       long emil = v[i];
26       pln(emil);
27   }
```

Für die kompliziertere Version gilt: Wenn man im Rumpf der Schleife (nach Zeile
25) die Variable emil verändert (z. B. durch eine Zuweisung wie emil = 0;

oder `emil = emil/2;` etc.), so bleiben die Reihungskomponenten `v[i]` trotzdem *unverändert*. Dasselbe gilt auch für die sichere Sonderform der `for`-Schleife (in Zeile 21 bis 23). Mit der sicheren Sonderform kann man also die *Werte* von Reihungskomponenten nicht verändern, sondern nur „lesend bearbeiten". Allerdings gilt: Falls diese Werte *Referenzen* sind und auf Zielwerte zeigen, kann man auf diese *Zielwerte* zugreifen und sie auch verändern (siehe dazu das Beispielprogramm `For06`).

Reihungen (engl. arrays) haben (nicht nur in Java, sondern auch in anderen Programmiersprachen) drei besonders wichtige Eigenschaften:

Reihungseigenschaft 1: Die Zeit, die der Ausführer für einen Zugriff auf eine Reihungskomponente `r[i]` braucht, ist (normalerweise) unabhängig vom *Index* i und unabhängig von der *Länge* der Reihung.

Das soll heißen: Ein Zugriff auf die *letzte* Komponente einer Reihung dauert nicht länger als ein Zugriff auf die *erste* oder irgendeine andere Komponente und die für einen Zugriff benötigte Zeit ist unabhängig davon, ob die Reihung 15 oder 15000 Komponenten enthält.

Diese Eigenschaft gilt für heute übliche, maschinelle Programmausführer (nicht für menschliche Ausführer :-) und „unter normalen Umständen". In besonderen Situationen (wenn z. B. bei einer Maschine mit *virtuellem Speicher* während der Ausführung eines Programms Teile des Programms in eine Plattendatei ausgelagert werden) kann es zu Abweichungen kommen, und wie Computer in 20 Jahren funktionieren ist kaum vorauszusehen.

Reihungseigenschaft 2: Ein Zugriff auf eine Reihungskomponente `r[i]` kostet wenig Zeit (d. h. Reihungen sind „sehr schnelle Datenstrukturen").

Im Kapitel 18 werden andere Datenstrukturen behandelt (Sammlungen, engl. collections), die Ähnliches leisten wie Reihungen. Solche Sammlungen sind *komfortabler*, aber meist auch *langsamer* als Reihungen.

Die Schnelligkeit von Reihungen hängt direkt mit einer weniger erfreulichen Eigenschaft zusammen („Keine Rose ohne Dornen"):

Reihungseigenschaft 3: Beim Erzeugen einer Reihung muss ihre *Länge* (die Anzahl ihrer Komponenten) festgelegt werden und ist dann unveränderbar (d. h. *Reihungen sind aus Beton* und nicht aus Gummi).

Das ist auch der Grund dafür, dass die Längenvariable `r.length` einer Reihung `r` *unveränderbar* ist.

Lösung-01: Da die Indizes von Reihungen `int`-Werte sein müssen, kann eine Reihung maximal `Integer.MAX_VALUE` viele Komponenten (ungefähr 2,15 Milliarden) umfassen. Wenn man dem Java-Ausführer befiehlt, den Wert des Ausdrucks $i*i$ zu berechnen und i eine `int`-Variable mit einem Wert größer als 46340 ist, tritt ein Überlauf ein (weil $i*i$ dann größer als `Integer.MAX_VALUE` d. h. größer als $2\ 147\ 483\ 647$) ist.

Lösung-02: Wenn man anstelle von `v.length` konkret 100 angibt und später die Länge der Reihung `v` verändert, funktioniert das Programm erst einmal nicht mehr und muss durch zusätzliche Wartungsarbeiten korrigiert werden.

7.1 Reihungen vereinbaren und als Bojen darstellen

Zur Erinnerung: Eine *Variable* besteht aus mindestens zwei Teilen, einer Referenz und einem Wert (in der Bojendarstellung: aus einem Sechseck und einem Viereck). Bei einer *Referenzvariablen* ist auch der Wert eine Referenz (in der Bojendarstellung enthält das Wert-Viereck ein Referenz-Sechseck).

In Java sind alle Reihungstypen wie z. B. der Typ `long[]` (Reihung von `long`) und der Typ `String[]` (Reihung von `String`) *Referenztypen* und somit sind alle Reihungsvariablen *Referenzvariablen*. Der Wert einer Reihungsvariablen ist also nur eine Referenz, die auf die eigentliche Reihung zeigt. Eine Reihungsvariable kann auch den Wert `null` haben und zeigt dann *nicht* auf eine Reihung (und auch auf kein anderes Objekt).

Im folgenden Beispiel wird eine Reihung mit fünf Komponenten des Typs `long` vereinbart.

Beispiel-01: Eine Variable des Typs `long[]` (Reihung von `long`-Variablen)

```
1    long[] lr01 = {+15, -37, +22, +33, -44};
```

Die Reihung `lr01` wird hier mit einem *Reihungsinitialisierer* initialisiert. Das ist eine in geschweifte Klammern eingeschlossene Liste von Ausdrücken. Ein solcher Reihungsinitialisierer legt gleichzeitig auch die *Länge* der Reihung fest.

Als Boje dargestellt sieht die Reihung `lr01` etwa so aus:

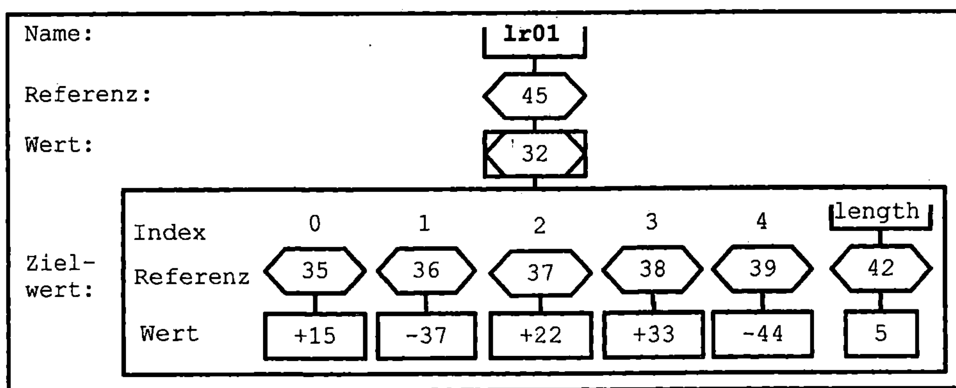

Bild 7.1 Die Reihungsvariable lr01 in ausführlicher Bojendarstellung

Reihungsvariablen sind Referenzvariablen. In diesem Beispiel hat die Variable lr01 den Referenzwert [<32>]. Ihr Zielwert ist die eigentliche Reihung. Diese Reihung enthält 5 Variablen des Typs long und eine Variable des Typs int. Die int-Variable hat den Namen length. und lr01.length bezeichnet die length-Variable der Reihung lr01. Die long-Variablen haben keine Namen. Statt dessen ist jeder von ihnen ein Index zugeordnet (ein int-Wert zwischen 0 und lr01.length-1). Mit Hilfe dieser Indizes und Namen wie lr01[0], lr01[1] etc. kann man auf die long-Variablen (die Komponenten der Reihung) zugreifen.

Die Boje kann man konkret so deuten: Die Variable lr01 steht in einem Speicher an der Stelle (oder Adresse) <45> und zeigt auf eine Reihung, die an der Stelle <32> beginnt. Innerhalb der Reihung stehen 5 long-Variablen an den Speicherstellen <35>, <36>, ... <39> und eine int-Variable an der Speicherstelle <42>.

In Java kann der Programmierer nicht auf die Referenzen von Variablen zugreifen (d. h. er kann Referenzen nicht zum Bildschirm ausgeben oder irgendwelche Rechenoperationen auf sie anwenden). Außerdem wissen alle Java-ProgrammiererInnen, dass eine Reihung eine length-Variable enthält. Deshalb kann man Reihungen auch *vereinfacht* als Bojen darstellen, indem man die length-Variable ganz weglässt und von den Reihungskomponenten nur die *Werte* zeichnet, etwa so:

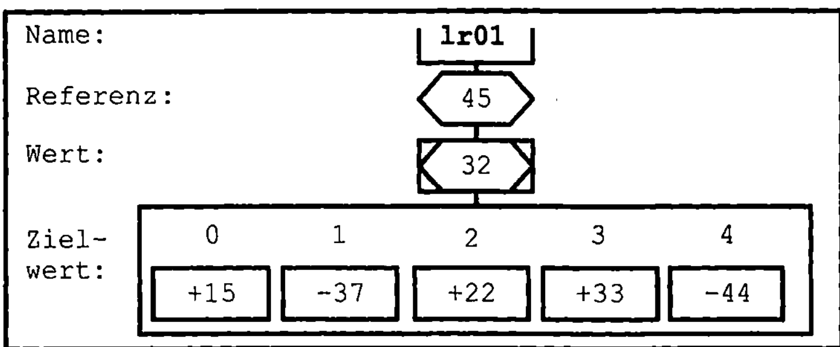

Bild 7.2 Die Reihungsvariable `lr01` in vereinfachter Bojendarstellunng

Die Reihung `lr01` hat Komponenten eines *primitiven* Typs (`long`). Reihungen mit Komponenten eines *Referenztyps* sehen noch ein bisschen interessanter aus. Im folgenden Beispiel wird eine Reihung mit drei Komponenten des Referenztyps `StringBuilder` vereinbart.

Beispiel-02: Eine Variable des Typs `StringBuilder[]` (Reihung von `String-Builder`-Variablen)

```
2    StringBuilder[] sr01 = {
3        new StringBuilder("Hallo!"),
4        new StringBuilder("Wie geht's?"),
5        new StringBuilder("Gut!")
6    };
```

Als Boje dargestellt sieht die Reihung `sr01` etwa so aus:

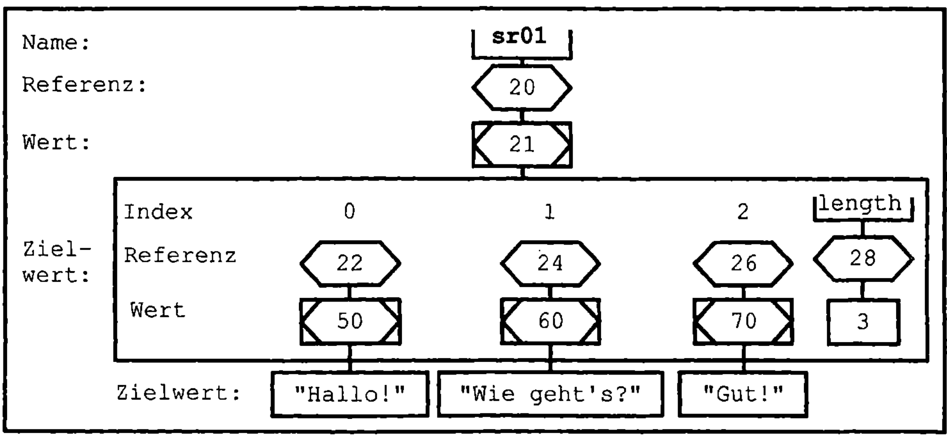

Bild 7.3 Die Reihungsvariable `sr01` in ausführlicher Bojendarstellung

In diesem Beispiel hat die Variable sr01 den Referenzwert [<21>]. Ihr Zielwert ist eine Reihung, welche drei Variablen des Typs StringBuilder und eine Variable des Typs int enthält. Jeder StringBuilder-Variablen ist ein Index zwischen 0 und 2 zugeordnet. Die int-Variable hat den Namen length und den Wert 3. Die *Werte* der vier Variablen ([<50>], [<60>], [<70>] und [3]) gehören zur Reihung, aber die *Zielwerte* der drei StringBuilder-Variablen liegen *außerhalb* der Reihung.

Auch die Reihung sr01 kann man *vereinfacht* darstellen, indem man die length-Variable ganz weglässt und von den Reihungskomponenten nur die *Werte* (und die Zielwerte) zeichnet, etwa so:

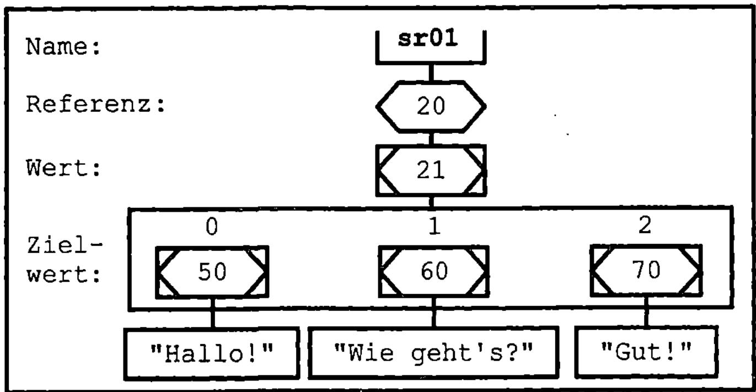

Bild 7.4 Die Reihungsvariable sr01 in vereinfachter Bojendarstellung

Mit dem Befehl sr01[2] = sr01[0]; kann man der Variablen sr01[2] den Wert der Variablen sr01[0] zuweisen. Danach haben beide Variablen *gleiche* Werte ([<50>]) und zeigen damit auf *denselben* Zielwert (das StringBuilder-Objekt "Hallo!"). Nach dieser Zuweisung sieht die Reihung sr01 etwa so aus:

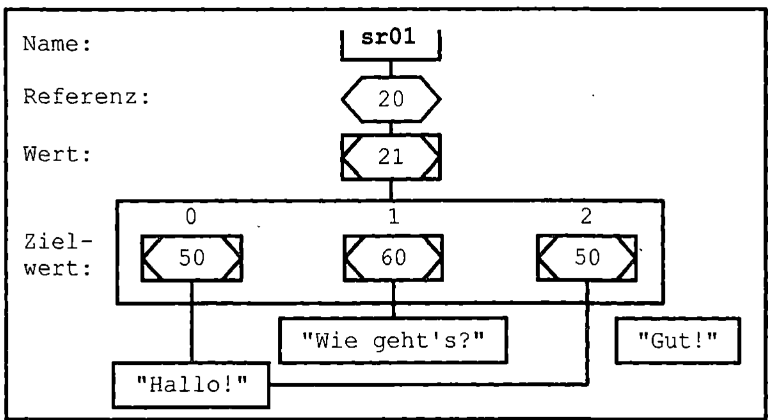

Bild 7.5 sr01 nach der Zuweisung

Falls keine Referenzvariable mehr auf das StringBuilder-Objekt "Gut!" zeigt
(d. h. wenn keine Referenzvariable mehr den Wert [<70>] hat), kann der Ausführer dieses Objekt zerstören.

Im Alltag der Programmierung ist es üblich, von einer Reihung wie sr01 zu sagen: „Sie enthält 3 StringBuilder-Objekte". Genau genommen enthält eine solche Reihung aber keine Objekte, sondern nur *Referenzwerte*, die auf Objekte zeigen. Im Bild 7.5 enthält die Reihung sr01 drei Referenzwerte ([<50>], [<60>]
und [<50>]), die zusammen nur auf zwei StringBuilder-Objekte zeigen.
Wenn man mit dem Befehl sr01.clone() eine Kopie der Reihung sr01 erzeugen lässt, werden nur die drei Referenzen kopiert, aber nicht die zwei Objekte (siehe dazu das Beispielprogramm Reihungen05).

Eine *leere Kaffeetasse* ist etwas anderes als *keine Kaffeetasse*. Für Reihungen gilt
ganz Entsprechendes, wie das folgende Beispiel veranschaulichen soll.

Beispiel-03: Eine *leere Reihung* ist etwas anderes als *keine Reihung*

```
7    long[]   lr02 = null;            // Keine Reihung!
8    long[]   lr03 = new long[0];     // Eine leere Reihung
9    long[]   lr04 = {};              // Eine leere Reihung
10
11   String[] sr02 = null;            // Keine Reihung!
12   String[] sr03 = new String[0];   // Eine leere Reihung
13   String[] sr04 = {};              // Eine leere Reihung
```

Die Variable lr02 ist zwar vom Typ long[] (Reihung von long-Variablen), sie
wird aber mit dem Wert null initialisiert und zeigt somit ersteinmal auf *keine*
Reihung. Dagegen erzeugt der new-Befehl in Zeile 8 eine neue Reihung (mit 0

Komponenten des Typs `long`) und die Variable `lr03` wird mit einer Referenz auf diese leere Reihung initialisiert. Als Abkürzung für `new long[0]` kann man auch einfach `{}` schreiben (wie in Zeile 9). Ganz entsprechend zeigen `sr03` und `sr04` auf leere Reihungen, `sr02` zeigt dagegen *nicht* auf eine Reihung (sondern hat den Wert `null`). Als Bojen dargestellt sehen die Variablen `lr02`, `lr03`, `sr02` und `sr03` etwa so aus:

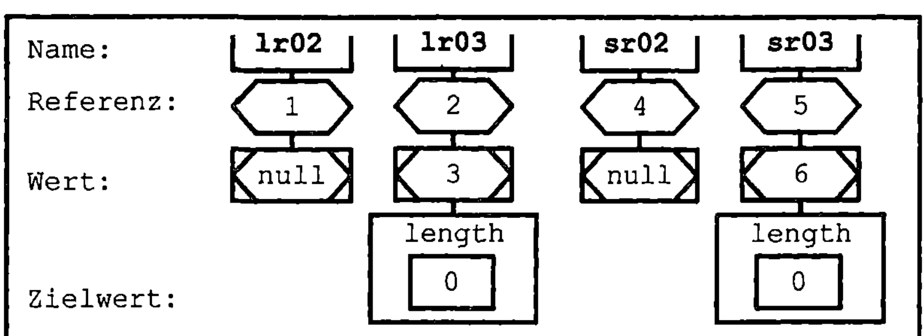

Bild 7.6 Vier Referenzvariablen, aber nur zwei Reihungen

Man beachte, dass die Reihung `lr03` null `long`-Komponenten enthält, die Reihung `sr03` dagegen null `String`-Komponenten. Die beiden Reihung sind somit sehr verschieden.

Leere Reihungen sind häufig sehr nützlich, z. B. in folgendem Fall: Eine Funktion bekommt als Parameter einen `String` mit einem Text darin und soll als Ergebnis alle Worte liefern, die in diesem Text vorkommen und ein bestimmtes Kriterium erfüllen (z. B. mit `A` beginnen oder länger als 5 Zeichen sind oder ...). In diesem Fall ist es natürlich, als Ergebnistyp der Funktion den Typ `String[]` (Reihung von `String`-Variablen) festzulegen und die Funktion eine *leere Reihung* liefern zu lassen, wenn *kein* Wort das Kriterium erfüllt. Ohne leere Reihungen (oder ein ganz ähnliches Konstrukt) gäbe es wahrscheinlich keine elegante Lösung für dieses Problem.

Beim Erzeugen einer Reihung werden ihre Komponenten *immer initialisiert*. Falls der Programmierer keine speziellen Anfangswerte festlegt (mit einem *Reihungsinitialisierer* wie in Beispiel-01 und -02), initialisiert der Ausführer alle Komponente *standardmäßig*, d. h. `int`-Komponenten mit `0`, `double`-Komponenten mit `0.0`, `boolean`-Komponenten mit `false`, Komponenten eines Referenztyps mit `null` und andere Komponenten entsprechend.

Beispiel-04: Komponenten von Reihungen werden immer initialisiert

```
14   final int tausend  = 1000;
15
16   long    [] lr05 = new long   [10 * tausend];
17   String  [] sr05 = new String [20 * tausend];
18   boolean[] br01 = new boolean[35 * tausend];
```

Die Komponenten der Reihung `lr05` (bzw. `sr05` bzw. `br01`) werden automatisch mit 0 (bzw. mit `null` bzw. mit `false`) initialisiert.

7.2   Die Erzeugung einer Reihung in 3 Schritten

Die Erzeugung einer Variablen des Typs `String[]` (Reihung von `String`-Variablen) ist ein Vorgang, der eigentlich aus *drei* Schritten besteht. Der Programmierer kann dem Ausführer befehlen, diese Schritte *einzeln* auszuführen oder alle drei Schritte *auf einmal* anordnen. Mit Hilfe der Bojendarstellung kann man sich anschaulich klar machen, was bei jedem einzelnen Schritt genau passiert.

Beispiel-04: Variablen des Typs `String[]` erzeugen lassen (siehe auch das Beispielprogramm `Reihungen02`)

```
1    String[] sr06 = null;                 // Schritt 1
2
3    sr06    = new String[3];              // Schritt 2
4
5    sr06[0] = new String("Hallo!");       // Schritt 3
6    sr06[1] = new String("Wie geht's?");  // Schritt 3
7    sr06[2] = new String("Gut!");         // Schritt 3
8
9    // Jetzt werden alle 3 Schritte auf einmal angeordnet:
10   String[] sr07 = {"Hallo!", "Wie geht's?", "Gut!"};
```

Es folgen drei „Momentaufnahmen" der Variablen `sr06`:

Bild 7.7 Die Reihungsvariable `sr06` nach dem Schritt 1

Die Reihungsvariable `sr06` wurde erzeugt, es existiert aber noch keine Reihung.

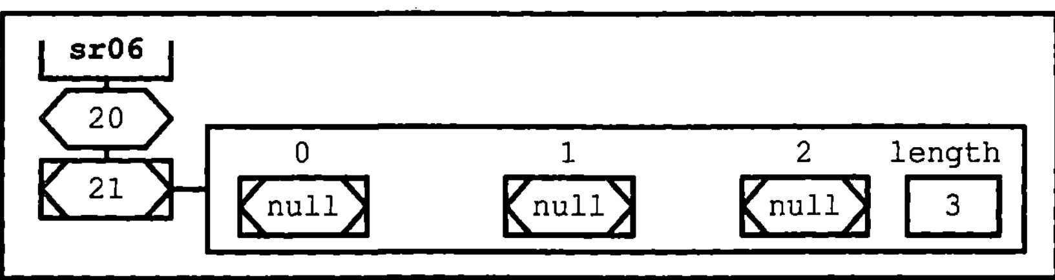

Bild 7.8 Die Reihungsvariable `sr06` nach dem Schritt 2

Eine Reihung mit drei Komponenten wurde erzeugt, die Komponenten zeigen aber noch nicht auf irgendwelche Objekte, sondern haben alle den Wert `null`.

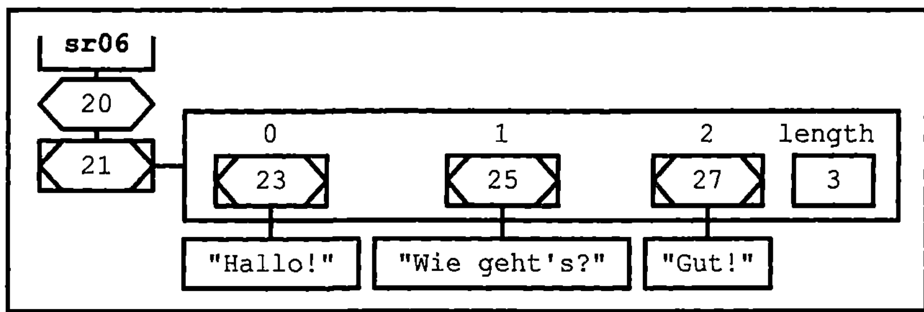

Bild 7.9 Die Reihungsvariable `sr06` nach dem Schritt 3

Jetzt zeigt jede Reihungskomponente auf ein `String`-Objekt. Damit ist die Reihung `sr06` vollständig erzeugt.

Was hier am Beispiel von Variablen des Typs `String[]` gezeigt wurde, gilt für alle Reihungen, deren Komponenten Referenzvariablen sind (also auch für Variablen der Typen `StringBuilder[]`, `Integer[]`, `BigDecimal[]`, ... etc. etc.). Für Reihungen mit primitiven Komponenten sind dagegen nur die ersten beiden Schritten erforderlich.

7.3 Reihungen auf verschiedene Weisen kopieren

Eine Reihung (engl. an array), deren Komponenten *Referenzvariablen* sind, wird im Folgenden kurz als eine *Reihung von Objekten* bezeichnet. Diese Bezeichnung wird auch dann verwendet, wenn alle Komponenten der Reihung den Wert `null` haben und somit gar nicht auf Objekte zeigen.

Im vorigen Abschnitt wurde gezeigt, dass zur vollständigen Erzeugen einer Reihung von Objekten 3 Schritte nötig sind (1. Erzeugung der Reihungsvariablen, 2. Erzeugung der Reihung und 3. Erzeugung der Objekte, auf die die Reihungskomponenten zeigen). Analog zu diesen drei Erzeugungsschritten kann man eine Reihungsvariable auf drei ganz verschiedene Weisen „kopieren".

Beispiel-01: Eine Reihungsvariable srA auf drei verschiedene Weisen kopieren

```
1    StringBuilder[] srA = {
2       new StringBuilder("Hallo!"),
3       new StringBuilder("Wie geht's?"),
4       new StringBuilder("Gut!"),            // Komma hier erlaubt!
5    };
6
7    StringBuilder[] srB = srA;
8    StringBuilder[] srC = new StringBuilder[srA.length];
9    System.arraycopy(srA, 0, srC, 0, srA.length);
10   StringBuilder[] srD = tiefeKopie(srA);
```

In den Zeilen 1 bis 5 wird eine Reihung srA („mit allem drum und dran") vereinbart. Diese Reihung soll auf verschiedene Weisen kopiert werden.

In Zeile 7 wird nur der *Wert* der Variablen srA kopiert. Danach zeigen srA und srB auf dieselbe Reihung.

In Zeile 8 wird die Reihung srA in eine Reihung srC (der richtigen Länge) kopiert. Dabei werden nur die *Komponenten* der Reihung kopiert, aber *nicht* ihre Zielwerte (d. h. die StringBuilder-Objekte, auf die sie zeigen). Anschliessend zeigen z. B. die Komponenten srA[0] und srC[0] auf dasselbe StringBuilder-Objekt mit dem Text "Hallo!" darin. Diese Art des Kopierens bezeichnet man auch als *flaches Kopieren.*

Wenn man will, dass eine Kopie einer Reihung von Objekten *Kopien* der Objekte enthält und nicht die original-Objekte, muss man selbst eine entsprechende Methode schreiben, etwa die folgende (siehe auch das Beispielprogramm Reihungen05):

```
11   static public StringBuilder[] tiefeKopie(StringBuilder[] sbr) {
12      StringBuilder[] erg = new StringBuilder[sr.length];
13      for (int i=0; i<erg.length; i++) {
14         erg[i] = new StringBuilder(sr[i]);
15      }
16      return erg;
17   } // tiefeKopie
```

Indem man die einzelnen Reihungsvariablen als Bojen darstellt, kann man sich die Unterschiede zwischen den verschiedenen Kopiermethoden besonders anschaulich und verständlich machen.

Aufgabe-01: Stellen Sie die Reihungen `srA`, `srB`, `srC` und `srD` (aus dem Bei-spiel-01) als Bojen dar. Eine Lösung finden Sie am Ende dieses Abschnitts.

Lösung-01: Die Variablen `srA` bis `srC` als Bojen dargestellt

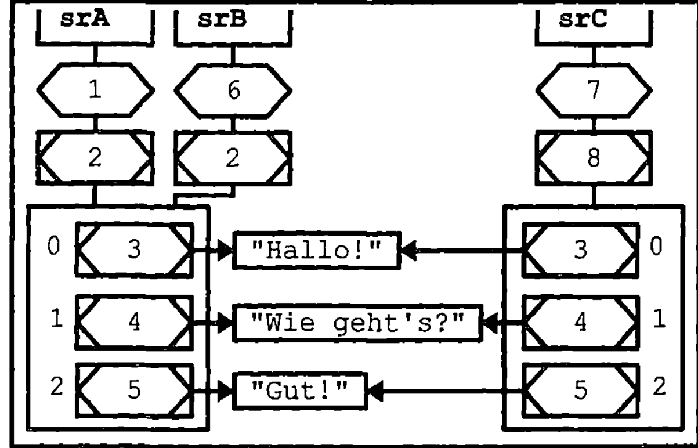

Bild 7.10 Die Reihungsvariablen `srA`, `srB` und `srC`

Die Variable `srD` als Boje dargestellt:

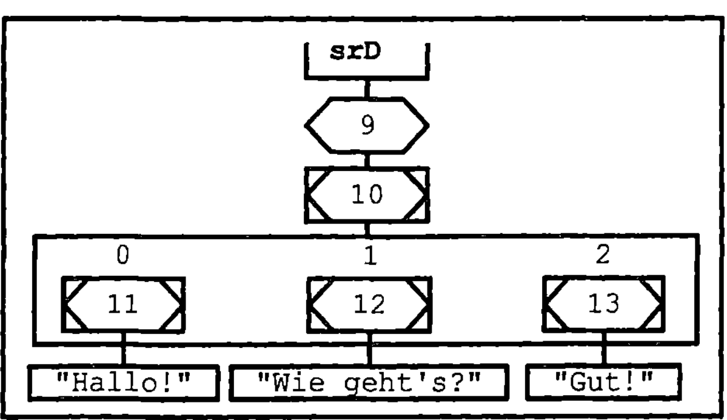

Bild 7.11 Die Reihungsvariable `srD`

Die Variable `srD` sieht hier nur scheinbar „ganz anders" aus als die Variablen `srA`, `srB` und `srC`. Im Wirklichkeit haben alle vier Variablen genau die gleiche Struktur (`srD` ist nur ein bisschen anders gezeichnet worden).

7.4 Mehrstufige Reihungen (Reihungen von Reihungen)

Eine Reihung (engl. an array) enthält immer *Variablen* als Komponenten. Insbesondere kann eine Reihung *Referenzvariablen* enthalten, die auf *Reihungen* zeigen.

Beispiel-01: Eine Reihung von Reihungen von int-Variablen

```
1       int[][] irrA = new int[7][24];
```

Die Variable irrA zeigt auf eine Reihung, die 7 Variablen des Typs int[] (Reihung von int-Variablen) enthält. Jede dieser 7 Variablen zeigt auf eine Reihung, die 24 Variablen des Typs int enthält . Diese int-Variablen werden vom Ausführer automatisch mit 0 initialisiert (siehe dazu auch das Beispielprogramm Reihungen10). In vereinfachter Bojendarstellung (aber mit length-Variable) sieht die Variable irrA wie folgt aus:

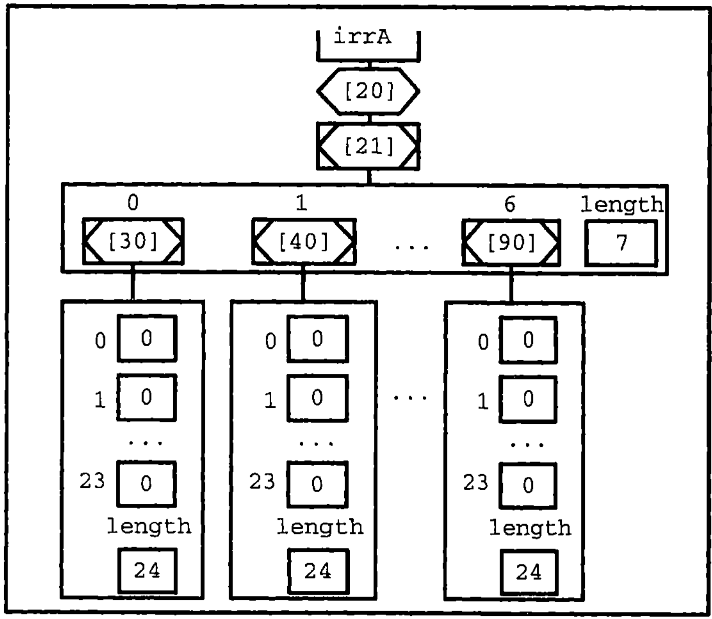

Bild 7.12 Eine Reihung die sieben Reihungen enthält

Die Namen irrA[0], irrA[1], ... irrA[6] (mit *einem* Index in eckigen Klammern) bezeichnen Variablen vom Typ int[] (Reihung von int) und die Namen irrA[0][0], irrA[0][1], ..., irrA[6][23] (mit *zwei* Indizes in eckigen Klammern) bezeichnen Variablen vom Typ int. In diesen int-Variablen kann man z. B. 7 Tage lange jede Stunde des Tages eine Zahl (z. B. eine Temperatur) speichern.

Reihungen von Reihungen werden häufig mit geschachtelten `for`-Schleifen bearbeitet. Wenn man auf alle Komponenten und nur lesend zugreifen will, kann man auch dafür die sichere („garantiert haltende") und einfache Form von `for`-Schleifen verwenden:

Beispiel-02: Eine Methode zum Bearbeiten von Variablen des Typs `int[][]`

```
2   static void statistikIRR_S(int[][] irr) {
3       int anzahl = 0;
4       int summe  = 0;
5
6       for (int[] ir: irr) {
7          anzahl += ir.length;
8          for (int i: ir) {
9              summe += i;
10         } // for i
11      } // for ir
12
13      pln("Anzahl Zahlen: " + anzahl + ", Summe: " + summe);
14  } // statistikIRR_S
```

Diese Prozedur berechnet die Anzahl aller `int`-Variablen in der Reihung `irr` und ihre Summe und gibt diese beiden Zahlen zur Standardausgabe aus.

Die Funktion `statistikIRR_S` und eine alternative Version (`statistikIRR_A`, mit einer alten `for`-Schleife mit Index) findet man im Beispielprogramm `Reihungen10`).

Mehrstufige Reihungen werden im Englischen als *nested arrays* bezeichnet (siehe z. B. die Java-Sprachdefinition [LangSpec2000]). Man sollte sie möglichst selten mit *mehrdimensionalen Reihungen* (engl. multidimensional arrays) verwechseln, die im nächsten Abschnitt kurz behandelt werden.

Endet der Name eines Typs mit *einem* Paar eckiger Klammern, dann bezeichnen wir die Reihungen dieses Typs als *einstufige* Reihungen.

Endet der Name eines Typs mit *zwei* Paaren eckiger Klammern, dann bezeichnen wir die Reihungen dieses Typs als *zweistufige* Reihungen.

Def.: *Stufigkeit von Reihungstypen* und *Reihungen*: Endet der Name eines Typs mit *n* Paaren eckiger Klammern, dann bezeichnen wir diesen Typ als *n-stufigen Reihungstyp* und seine Objekte als *n-stufige* Reihungen (für *n* gleich 1, 2, 3, ...).

Beispiel-03: n-stufige Reihungstypen

```
15  Beispiele für          Stufigkeit dieser Typen
16  Reihungstypen:         und ihrer Reihungen:
17
18  int[]        String[]         1-stufig
19  int[][]      String[][]       2-stufig
20  int[][][]    String[][][]     3-stufig
21  ...          ...              ...
```

Wenn man von einer Reihung `r` zu ihren Komponenten übergeht, und (falls diese Komponenten wieder Reihungen sind) von diesen Komponenten zu ihren Komponenten etc., kommt man nach endlich vielen Stufen zu Komponenten, die *keine* Reihungen sind. Die bezeichnen wir hier als *elementare Komponenten* der Reihung `r`.

Beispiel-04: Alle Reihungen der Typen `int[]`, `int[][]`, `int[][][]`, ... haben elementare Komponenten des Typs `int`. Alle Reihungen der Typen `String[]`, `String[][]`, `String[][][]`, ... haben elementare Komponenten des Typs `String`.

Beispiel-05: Die Reihung `irrA` im Beispiel-01 gehört zum Typ `int[][]` und ist somit zweistufig. Sie hat einstufige Komponenten vom Typ `int[]` (Reihung von `int`) und elementare Komponenten vom Typ `int`.

Reihungs-Regel-01: Die Komponenten einer mehrstufigen Reihung sind Reihungen, die *unterschiedlich lang* sein können.

Reihungs-Regel-02: Die Komponenten einer mehrstufigen Reihung sind Reihungen *gleicher Stufigkeit* (z. B. enthält eine fünfstufige Reihung nur vierstufige Reihungen und eine vierstufige Reihung enthält nur dreistufige Reihungen etc.).

Zu der Reihungs-Regel-02 gibt es eine wichtige Ausnahme: Eine Reihung des Typs `Object[]` *(Reihung von* `Object`*-Variablen) kann beliebige Objekte enthalten, insbesondere auch Reihungen* unterschiedlicher Stufigkeit, *wie im folgenden Beispiel:*

Beispiel-06: Eine Reihung des Typs `Object[]` mit mehrdeutiger Stufigkeit

```
22  int[][]    ir2s = {{11, 22}, {33, 44, 55}};          // 2-stufig
23  String[]   srls = {"Hallo", "Sonja!", "Wie geht's?"}; // 1-stufig
24  Object[]   orXs = {new Long(17), ir2s, srls, "Ende"}; // x-stufig?
```

Die Reihung `ir2s` ist zweistufig. Die Reihung `srls` ist einstufig. Die Reihung `orXs` enthält vier Komponenten, zwei elementare Komponenten, die einstufige Reihung `srls` und die zweistufige Reihung `ir2s`. Damit ist `orXs` sowohl einstufig als auch zwei- und dreistufig.

Reihungen des Typs `Object[]` sind die *einzige* Ausnahme zur oben angegebenen Reihungs-Regel-02.

Aufgabe-01: Stellen Sie sich eine Reihung des Typs `String[][][][]` vor. Von welchem Typ sind die Komponenten dieser Reihung? Und von welchem Typ sind ihre elementaren Komponenten? Eine Lösung findet man am Ende dieses Abschnitts.

Im Beispielprogramm `Reihungen11` werden dreistufige Reihungen auf verschiedene Weise vereinbart und initialisiert. Im folgenden Beispiel ist eine dieser Vereinbarungen (zusammen mit 9 „vorbereitenden" Vereinbarungen) wiedergegeben.

Beispiel-04: Eine dreistufige Reihung und ihre Komponenten

```
25 int[]       ir00  = {101, 102, 103};          // length: 3
26 int[]       ir01  = {104, 105, 106, 107, 108}; // length: 5
27 int[]       ir02  = {109, 110};                // length: 2
28
29 int[]       ir10  = {111, 112};                // length: 2
30 int[]       ir11  = {113, 114, 115, 116};      // length: 4
31 int[]       ir12  = {117, 118, 119};           // length: 3
32 int[]       ir13  = {120, 121};                // length: 2
33
34 int[][]     irr0  = {ir00, ir01, ir02};        // length: 3
35 int[][]     irr1  = {ir10, ir11, ir12, ir13};  // length: 4
36
37 int[][][] irrrH = {irr0, irr1};                // length: 2
```

Es empfiehlt sich, dieses Beispiel von unten nach oben zu lesen. Die dreistufige Reihung `irrrH` enthält die zwei zweistufigen Reihungen `irr0` und `irr1`. Die Reihung `irr1` enthält die vier einstufigen Reihungen `ir10` bis `ir13`. Entsprechend enthält die Reihung `irr0` die drei einstufigen Reihungen `ir00` bis `ir02`. Die Reihung `ir13` enthält zwei `int`-Variablen mit den Werten `120` und `121` etc.

Die Längen der einzelnen Reihungen in diesem Beispiel wurden möglichst „unterschiedlich und chaotisch" gewählt um deutlich zu machen, dass sie nicht miteinander übereinstimmen müssen.

Aufgabe-02: Schreiben Sie eine Prozedur entsprechend der folgenden Spezifikation:

```
38 static void statistikIRRR_S(int[][][] irr) {
39     // Berechnet die Anzahl und die Summe aller elementaren
40     // Komponenten von irrr und gibt sie aus:
41     ...
42 }
```

Diese Prozedur ähnelt der Prozedur `statistikIRR_S` im Beispiel-02, muss aber an einigen Stellen wichtige Unterschiede enthalten. Eine Lösungen findet man im Beispielprogramm `Reihungen11`.

Aufgabe-03: Führen Sie die folgenden Befehle „mit Papier und Bleistift" aus:

```
43    static void main(String[] sonja) {
44        int[]    ir1K = {3, 5};          // einstufig
45        int[][]  ir2K = {ir1K, ir1K};    // zweistufig
46
47        ir2K[1][1] = ir2K[1][1] + 2;     // Eine elementare Komp.
48                                         // um 2 erhoehen
```

Die zweistufige Reihung `ir2K` enthält 4 elementare Komponenten vom Typ `int`. Welche Summe erhält man, wenn man diese 4 `int`-Werte addiert (nachdem man die Befehle in Zeile 44 bis 47 ausgeführt hat)? Möglicherweise hilft es, wenn man die Reihungen `ir1K` und `ir2K` als Bojen darstellt. Die richtige Lösung kann man mit Hilfe des Beispielprogramms `Reihungen12` berechnen lassen, aber noch wichtiger als die richtige Summe ist eine Erklärung dafür, warum die Zahl 18 (nämlich 3 + 5 + 3 + 7) *nicht* die richtige Lösung ist. Eine Lösung findet man am Ende dieses Abschnitts.

Lösung-01: Die Komponenten einer Reihung `r` des Typs `Sting[][][][]` sind Reihungen vom Typ `String[][][]` und die elementaren Komponenten der Reihung `r` sind vom Typ `String`.

Lösung-03: Da die Reihung `ir1K` *zweimal* in der Reihung `ir2K` enthalten ist, wirkt sich die Zuweisung in Zeile 47 doppelt aus. Die Summer der 4 elementaren Komponenten ist somit 3 + 7 + 3 + 7 gleich 20.

7.5 Mehrdimensionale Reihungen

Eine *mehrstufige* Reihung enthält genau genommen keine Reihungen als Komponenten, sondern nur *Referenzen* auf Reihungen. Die Ziele dieser Referenzen (die eigentlichen Komponentenreihungen) können unterschiedlich lang sein. Das macht mehrstufige Reihungen für den Programmierer besonders nützlich und flexibel. Diese Flexibilität bekommt man aber nicht gratis: Für (heute übliche, maschinelle) Java-Ausführer ist der Umgang mit mehrstufigen Reihungen relativ aufwendig.

Noch vor den *mehrstufigen* Reihungen wurden (in den 1950er Jahren) *mehrdimensionale* Reihungen erfunden. Eine mehrdimensionale Reihung enthält keine Referenzen als Komponenten, sondern Reihungen. Diese Komponentenreihungen müssen allerdings alle gleich lang sein. Man bezeichnet mehrdimensionale Reihungen deshalb auch als *rechteckige* Reihungen. Eine *mehrdimensionale* Reihung `mDim` hat gegenüber einer entsprechenden *mehrstufigen* Reihung `mStuf` (bei heute üblichen, maschinellen Ausführern) folgende Vorteile:

1. Zugriffe auf Komponenten sind bei `mDim` schneller als bei `mStuf`.
2. `mDim` belegt etwas weniger Speicherplatz als `mStuf` (weil `mDim` keine Referenzen enthält, sondern im Wesentlichen nur elementare Komponenten).

Viele Anwendungsprobleme löst man heute dadurch, dass man Berechnungen mit großen Matrizen und Tensoren („rechteckigen Anordnungen von Gleitpunktzahlen") durchführt. Z. B. werden so Wetterkarten für die Abendschau und neue Flügelprofile für den Airbus berechnet. Für die Geschwindigkeit der entsprechenden Programme ist es sehr wichtig, wie Reihungen konkret realisiert sind. Deshalb verwendet man in solchen Programmen in aller Regel die schnelleren und kompakteren *mehrdimensionale* Reihungen und nicht die flexibleren, aber auch langsameren und speicheraufwendigeren *mehrstufigen* Reihungen.

In Java gab es lange Zeit (viele Monate lang) keine mehrdimensionalen Reihungen und deshalb konnte man Wetterkarten nicht mit einem Java-Programm berechnen. Auch heute gehören zum Java-Standard (Java 5.0) keine mehrdimensionalen Reihungen. Die Firma IBM hat jedoch eine Reihe von Klassen entwickelt (und in einem Paket namens `JavaArrayPackage` zusammengefasst), deren Objekte sich wie mehrdimensionale Reihungen verhalten und etwa so schnell sind wie mehrdimensionale Reihungen in C++-Programmen. Das Paket `JavaArrayPackage` (einschließlich sehr guter Dokumentation) kann man kostenlos von der Adresse `www.alphaWorks.ibm.com` herunterladen (ca. 3 MB). Falls Sie neue Flügelprofile berechnen wollen oder ähnliche Probleme lösen müssen, sollten Sie dieses Paket benutzen. Viele andere Probleme lassen sich bequemer mit den mehrstufigen Reihungen lösen, die zum Java-Standard gehören.

7.6 Reihungen vergleichen und sortieren

Von zwei Reihungen kann man prüfen, ob sie identisch/nicht-identisch und ob sie gleich/ungleich sind. Diese beiden Prüfungen sind nicht gleich und schon gar nicht identisch :-).

Vergleich: Eineiige Zwillinge sind (weitgehend) gleich, aber nicht identisch. Manchmal begegnet man einer Person P und später einer Person P' und fragt sich, ob P und P' identisch sind („Kennen wir uns nicht?") oder nur sehr ähnlich aussehen („Haben Sie eine Zwillingsschwester?"). Ganz ähnlich kann man fragen, ob eine Reihung r und eine Reihung r' identisch sind oder sich nur so ähneln wie Zwillinge.

Beispiel-01: Reihungen auf Identität und auf Gleichheit prüfen

```
1   int[] ir01 = {25, 33, 17}
2   int[] ir02 = {25, 33, 17}
3   int[] ir03 = ir02;
4
5   boolean b1 = ir01.equals(ir02);          // false
6   boolean b2 = Arrays.equals(ir01, ir02);  // true
7   boolean b3 = ir02.equals(ir03);          // true
8   boolean b4 = Arrays.equals(ir02, ir03);  // true
```

Die beiden Reihungen ir01 und ir02 sind etwa so wie Zwillinge: gleich, aber nicht identisch. Die Referenzvariablen ir01 und ir02 haben verschiedene (Referenz-) Werte, aber ihre Zielwerte (die eigentlichen Reihungen) sind Komponente für Komponente gleich.

Dagegen haben die Variablen ir02 und ir03 gleiche (Referenz-) Werte und zeigen somit auf (ein und) *denselben* Zielwert. Die Reihungen ir02 und ir03 sind also nicht nur gleich, sondern sogar identisch („ein Kind mit zwei Namen, aber keine Zwillinge").

Die equals-Funktion in Zeile 5 vergleicht nur die *Werte* der Variablen ir01 und ir02, nicht ihre *Zielwerte* (die eigentlichen Reihungen). Somit wird die Variablen b1 mit false initialisiert. Hier ist equals die Objektmethode des Objekts ir01.

In Zeile 6 werden dagegen die *Zielwerte* der Variablen ir01 und ir02 (die eigentlichen Reihungen) miteinander verglichen und da sie gleich sind, wird die Variable b2 mit true initialisiert. Hier ist equals eine Klassenmethode der Klasse Arrays, die im folgenden Abschnitt noch etwas genauer behandelt wird.

Die Variablen b3 und b4 werden beide mit dem Wert true initialisiert.

Aufgabe-01: Zeichnen Sie die Variablen ir01, ir02 und ir03 als Bojen. Machen Sie sich dann genau klar, welche Teile der Bojen durch die Ausdrücke ir01.equals(ir02) bzw. ir02.equals(ir03) und welche durch Ausdrücke wie Arrays.equals(ir01, ir02) bzw. Arrays.equals(ir02, ir03) verglichen werden.

7.7 Die Klasse Arrays

Die Standardklasse `java.util.Arrays` enthält ungefähr 75 Klassenmethoden zum Bearbeiten von Reihungen, darunter die folgenden:

`equals`	Vergleicht zwei einstufige Reihungen (nicht die Referenzen, die auf die Reihungen zeigen).
`deepEquals`	Vergleicht zwei mehrstufige Reihungen („bis hinunter zu den elementaren Komponenten").
`fill`	Füllt alle Komponenten einer einstufige Reihung mit einem bestimmten Wert, den man als Parameter angeben darf/muss.
`sort`	Sortiert eine einstufige Reihung.
`binarySearch`	Prüft, ob eine bestimmte Komponente in einer einstufigen, sortierten Reihung vorkommt oder nicht (ist sehr schnell).
`toString`	Wandelt eine einstufige Reihung in einen entsprechenden String um (den man man dann z. B. ausgeben kann).
`deepToString`	Wandelt eine mehrstufige Reihung in einen entsprechenden String um (den man man dann z. B. ausgeben kann).

Die Methoden zur Bearbeitung von einstufigen Reihungen gibt es jeweils in neun Varianten: *acht* Varianten für Reihungen mit primitiven Komponenten (d. h. für Reihungen der Typen `byte[]`, `char[]`, `short[]`, ..., `boolean[]`) und *eine* für Reihungen mit `Object`-Komponenten (d. h. Reihungen des Typs `Object[]`).

Die Methoden zur Bearbeitung von *einstufigen* Reihungen kann man auch auf *mehrstufige* Reihungen anwenden. Die Reihungen werden dann behandelt „als wären sie einstufig" (siehe dazu das Beispielprogramm `Reihungen16`).

Anwendungen der Methoden `Arrays.equals` und `Arrays.deepEquals` findet man im Beispielprogramm `Reihungen16`, Anwendungen der Methoden `fill`, `sort` und `binarySearch` im Programm `Reihungen14`. Im Beispielprogramm `Reihungen15` werden die Methoden `Arrays.toString` und `Arrays.deepToString` angewendet und mit einer selbstgeschriebenen Methode namens `Objects.toString` verglichen.

Reihungen von Objekten (z. B. Reihungen der Typen `String[]`, `Object[]` oder `int[][]`, aber keine Reihungen von Typen wie `int[]` mit primitiven Komponenten) kann man mit der Methode `Arrays.asList` in ein `List`-Objekt umwandeln. Was das genau bedeutet, wird erst später im Kapitel 18 behandelt, aber im Beispielprogramm `Reihungen14` findet man schon mal eine praktische Anwendung dieser sehr wichtigen Möglichkeit.

7.8 Initialisierungen sind keine Zuweisungen

Der Initialisierungsteil einer Variablenvereinbarung sieht einer *Zuweisung* täuschend ähnlich, etwa so:

Beispiel-01: Ähnlichkeit zwischen einer Initialisierung und einer Zuweisung

```
1   int n = 2 * (17 + 4); // Vereinbarung und Initialisierung von n
2   ...
3   n = 2 * (17 + 4);      // Zuweisung an n
```

Im Zusammenhang mit Reihungsvariablen gibt es aber einen kleinen Unterschied zwischen Initialisierungen und Zuweisungen, wie das folgende Beispiel deutlich machen soll:

Beispiel-02: Einen Reihungsinitialisierer darf man nur beim Initialisieren einer Reihung verwenden, aber nicht in einer Zuweisung

```
4   // Erlaubte Initialisierungen:
5   int[]   ir = {17, 31, 25};
6   String[] sr = {"Mo", "Di", "Mi", "Do", "Fr", "Sa", "So"};
7   // Verbotene Zuweisungen:
8           ir = {17, 31, 25};
9           sr = {"Mo", "Di", "Mi", "Do", "Fr", "Sa", "So"};
```

Ein Reihungsinitialisierer wie z. B. {17, 31, 25} besteht aus einem Paar geschweifter Klammern mit einer Folge von durch Kommas getrennten Ausdrücken darin. Die Folge kann auch leer sein.

In der Sprache C (von der Java viele Notationen übernommen hat) gibt es wesentlich mehr Unterschiede zwischen Initialisierungen und Zuweisungen. Den Entwicklern von Java ist es gelungen, fast alle diese lästigen Unterschiede zu beseitigen. Nur die Reihungsinitialisierer (und das Verbot der eigentlich praktischen Zuweisungen in den Zeilen 8 und 9) sind eine kleine Erinnerung an „alte C-Probleme".

7.9 Das Kovarianz-Problem bei Reihungstypen

Dieser Abschnitt setzt einige zukünftige Kapitel voraus (die Kapitel 9 bis 14 über Klassen und die Kapitel 16 und 18 über generische Einheiten bzw. Sammlungen). Der wichtigste Stoff dieser vier Kapitel wird weiter unten in diesem Abschnitt in zwei Absätzen („Zur Erinnerung an die Zukunft") sehr kurz zusammengefasst. Es empfiehlt sich, diesen Abschnitt erstmal höchstens zu überfliegen und erst später (nach Kapitel 18) genauer zu lesen. Er steht schon hier im Kapitel über Reihungen, weil er ganz wesentlich mit *Reihungstypen* zu tun hat und eine wichtige Eigenschaft von Reihungstypen in Java behandelt.

Während der Entwicklung von Java musste zweimal eine so genannte *Varianz-Frage* entschieden werden. Beim ersten Mal (im Zusammenhang mit Reihungstypen bei der Java Version 1.0) sahen die Entwickler sich zu einer praktischen, aber etwas unsicheren Entscheidung gezwungen. Beim zweiten Mal (im Zusammenhang mit generischen Typen bei der Java Version 5.0) konnten sie sich für eine sichere und gleichzeitig praktische Antwort entscheiden. In diesem Abschnitt wird die Varianz-Frage und das damit zusammenhängende Kovarianz-Problem bei Reihungstypen genauer erläutert.

Von *Varianz* spricht man, wenn irgendwelche Größen sich verändern, z. B. der Luftdruck oder die Temperatur an einem bestimmten Ort. Als *kovariant* bezeichnet man zwei Größen, die so zusammenhängen, dass sie sich immer in die *selbe Richtung* verändern. Als *kontravariant* bezeichnet man zwei Größen, die sich immer in *entgegengesetzte Richtungen* verändern.

Beispiel-01: Kovariante und kontravariante numerische Ausdrücke

Ist x eine numerische Variable, dann sind die Ausdrücke 2*x und 3*x *kovariant*, d. h. wenn der Wert des einen Ausdrucks größer (bzw. kleiner) wird, wird der Wert des anderen ebenfalls größer (bzw. kleiner). Dagegen sind die Ausdrücke 2*x und -3*x *kontravariant*, d. h. wenn der Wert des einen größer (bzw. kleiner) wird, wird der Wert des anderen kleiner (bzw. größer).

Anmerkung: Im allgemeinen sind zusammenhängende Größen weder kovariant noch kontravariant, sondern hängen auf kompliziertere Weise („mal so und mal so") zusammen, z. B. die Ausdrücke sin(x) und cos(x).

Als kovariant bzw. kontravariant bezeichnet man nicht nur numerische Größen, sondern auch andere Größen, die zusammenhängen und in irgendeinem Sinne kleiner und größer werden können.

Beispiel-02: Weitere kovariante und kontravariante Größen

Von der *Zeit*, die ein Mensch hat, und seinem *Einkommen* wird allgemein angenommen, dass sie *kontravariant* sind (entweder hat man Zeit und kein Geld oder Geld und keine Zeit). Als *kontravariant* gelten auch die Größen *Glück im Spiel* und *Glück in der Liebe*. Ein *kovarianter* Zusammenhang zwischen dem *Alter* eines Menschen und seiner *Weisheit* wird häufig bezweifelt (meist von jüngeren Menschen und älteren Sprichworten).

Im Folgenden geht es um den Zusammenhang zwischen einem beliebigen Java-Typ T und seinem Reihungstyp T[] (Reihung von T-Variablen).

Zur Erinnerung an die Zukunft 1: Alle Java-Typen zusammen mit der Relation ist-ein-direkter-Untertyp-von bilden einen zyklenfreien Grafen. Die Relation ist-ein-direkter-Untertyp-von ist die Vereinigung der Relationen extends (zwischen zwei Klassen) und der Relation implements (zwischen einer Klasse und einer Schnittstelle). Es folgt ein Ausschnitt aus diesem *Typgrafen*:

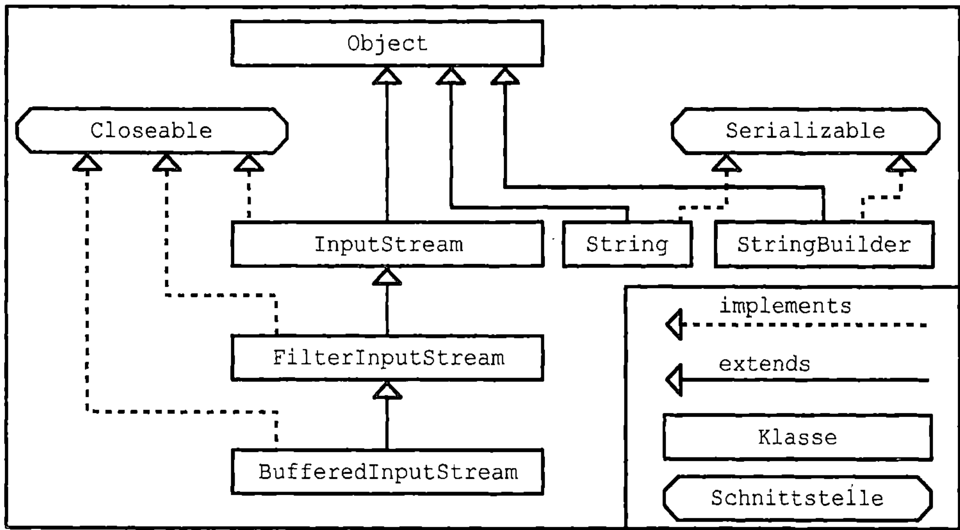

Bild 7.13 Ein Typgraf mit Klassen- und Schnittstellentypen

Hier wird u.a. dargestellt: Der Typ InputStream ist ein direkter Untertyp von Object (weil die Klasse InputStream die Klasse Object erweitert). Der Typ FilterInputStream ist ein direkter Untertyp von InputStream (weil die Klasse FilterInputStream die Klasse InputStream erweitert). Der Typ String ist ein direkter Untertyp von Serializable (weil die Klasse String die Schnittstelle Serializable implementiert).

Der Graph ist nicht ganz vollständig. Aus Gründen der Übersichtlichkeit wurde hier auf das Einzeichnen der übrigen etwa 2500 Klassen und 700 Schnittstellen der Standardbibliothek verzichtet.

Zur Erinnerung an die Zukunft 2: Sei Ober irgendein Java-Typ und Unter ein (direkter oder indirekter) Untertyp von Ober. Für die Objekte der Typen Unter und Ober gilt grundsätzlich: Überall, wo der Ausführer ein Ober-Objekt erwartet, darf der Programmierer auch ein Unter-Objekt angeben. Oder kürzer: Jedes Unter-Objekt gilt auch als Ober-Objekt und jede Ober-Variable darf auch auf ein Unter-Objekt zeigen.

Sei T eine Typvariable (d. h. eine Variable, der man Typen zuweisen kann). Wenn die Variable T zuerst den Typ Unter und dann den Typ Ober enthält, dann wollen wir das als eine *Vergrößerung* ihres Inhalts interpretieren. Steht in T zuerst der Typ Ober und dann der Typ Unter, so entspricht das einer *Verkleinerung* von T. Im obigen Typgrafen entspricht einer Vergrößerung von T eine Bewegung von unten *nach oben* und einer Verkleinerung eine Bewegung von oben *nach unten*.

Anmerkung: Steht in T zuerst der Typ StringBuilder und dann der Typ String, so ist das weder eine Vergrößerung noch eine Verkleinerung, weil keiner der beiden Typen ein Untertyp des anderen ist.

Die *Varianz-Frage* für Reihungstypen lautet jetzt: Welcher Zusammenhang besteht zwischen einem Typ T und seinem Reihungstyp T[] (Reihung von T-Variablen)? Wie verändert sich der Reihungstyp T[] wenn man den Typ T vergrößert bzw. verkleinert? Oder etwas konkreter: Welche der folgenden drei Festlegungen soll für die Reihungstypen Ober[] (Reihung von Ober-Variablen) und Unter[] (Reihung von Unter-Variablen) gelten?

Festlegung 1: Der Typ Unter[] ist ein *Untertyp* von Ober[] (d. h. jede Unter-Reihung gilt auch als eine Ober-Reihung).

Festlegung 2: Der Typ Unter[] ist ein *Obertyp* von Ober[] (d. h. jede Ober-Reihung gilt auch als eine Unter-Reihung).

Festlegung 3: Der Typ Unter[] ist weder ein Untertyp noch ein Obertyp von Ober[] (bei dieser Festlegung hängen die Typen T und T[] nicht zusammen).

Grafisch kann man diese Festlegungen etwa so darstellen:

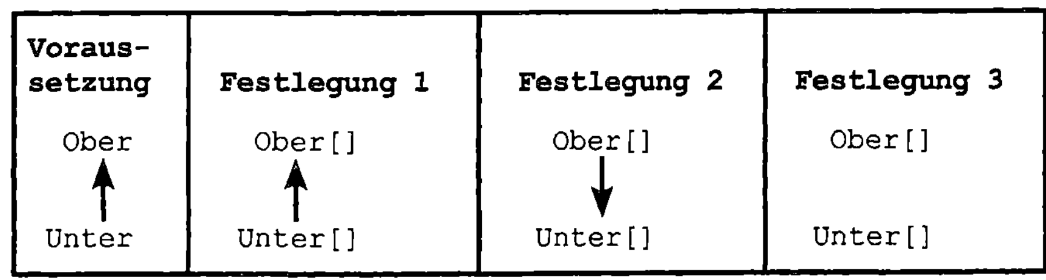

Bild 7.14 Welche Festlegung ist die richtige?

Bei der *Festlegung 1* gilt: Je weiter oben ein Typ T im Typgrafen steht, desto weiter oben steht auch sein Reihungstyp T[]. In diesem Fall ist das Verhältnis eines beliebigen Typs T zu seinem Reihungstyp T[] *kovariant* („Änderungen am Typ T bewirken Änderungen am Typ T[] in die gleiche Richtung"). Bei der *Festlegung 2* gilt umgekehrt: Je weiter oben ein Typ T im Typgrafen steht, desto weiter unten steht sein Reihungstyp. In diesem Fall ist das Verhältnis des beliebigen Typs T zu seinem Reihungstyp T[] *kontravariant* („Änderungen am Typ T bewirken Änderungen am Typ T[] in der umgekehrten Richtung").

Sei ur eine konkrete Reihung des Typs Unter[] und or entsprechend eine Reihung des Typs Ober[]. Um die Varianz-Frage für Reihungstypen („Ko, kontra oder gar nicht?") vernünftig untersuchen und entscheiden zu können, betrachten wir Methoden, mit denen man Reihungen wie ur bzw. or bearbeiten kann.

Beispiel-01: Die Methode nurLesen

```
1   static void nurLesen(Ober[] pr) {
2.      ...
3       Ober o;
4       ...
5       o = pr[i]; // Lesender Zugriff auf pr[i]
6       ...
7   }
```

Die Methode nurLesen greift nur lesend auf die Komponenten der Reihung pr zu (wie in Zeile 5 angedeutet).

Die Zuweisung in Zeile 5 wäre auch dann erlaubt, wenn pr[i] zum Typ Unter gehören würde (weil jedes Unter-Objekt auch als Ober-Objekt gilt). Deshalb macht es Sinn, die Methode nurLesen auch auf Unter-Reihungen wie ur anzuwenden und somit sollte Unter[] eine *Untertyp* von Ober[] sein (kovariante Festlegung 1).

Beispiel-02: Die Methode nurSchreiben

```
8    static void nurSchreiben(Unter[] pr) {
9        ...
10       Unter u = ... // Wird irgendwie erzeugt oder eingelesen
11       ...
12       pr[i] = u;     // Schreibender Zugriff auf pr]i]
13       ...
14   }
```

Die Methode nurSchreiben greift nur schreibend auf die Komponenten der Reihung pr zu (wie in Zeile 12 angedeutet).

Die Zuweisung in Zeile 12 wäre auch dann erlaubt, wenn `pr[i]` zum Typ `Ober`
gehören würde (weil jede `Ober`-Variable auch auf ein `Unter`-Objekt zeigen darf).
Deshalb macht es Sinn, die Methode `nurSchreiben` auch auf `Ober`-Reihungen
wie `or` anzuwenden und somit sollte `Unter[]` ein *Obertyp* von `Ober[]` sein (kontravariante Festlegung 2).

Je nachdem, ob eine Methode lesend oder schreibend auf die Komponenten `pr[i]`
ihres Reihungsparameters zugreift, verhindert die Festlegung 1 bzw. die Festlegung 2 Typfehler bei den Zugriffen auf die Komponenten `pr[i]`. Da eine Methode aber sowohl lesend als auch schreibend auf die Komponenten `pr[i]` zugreifen
darf, schließt keine der beiden Festlegungen alle Typfehler aus und man sollte sich
aus Gründen der Typsicherheit eigentlich für die *Festlegung 3* entscheiden.

Leider wäre diese „Entscheidung für Typsicherheit" mit erheblichen Nachteilen
verbunden. Weil bei der Festlegung 3 keiner der beiden Reihungstypen `Unter[]`
und `Ober[]` ein Untertyp des anderen ist, darf man dann die Methode `nurLesen`
nicht mit Reihungen des Typs `Unter[]` und die Methode `nurSchreiben` nicht
mit Reihungen des Typs `Ober[]` aufrufen, obwohl das eigentlich Sinn macht und
wünschenswert wäre. Außerdem sahen die Entwickler von Java mit der Festlegung
3 keine Möglichkeit, das folgende Entwurfsziel zu erreichen:

Wichtiges Entwurfsziel: Der Programmierer soll in Java Methoden schreiben
können, bei denen die Anzahl und die Typen der Parameter erst bei der Ausführung des Programms („zur Laufzeit", und nicht schon bei der Übergabe des Programms, zur „Compilezeit") festgelegt wird. Formal sollen solche Methoden einen
Parameter vom Typ `Object[]` haben, und man soll sie mit jeder Reihung von Objekten (z. B. mit Reihungen vom Typ `String[]` oder vom Typ `Serializable[]`
oder vom Typ `Object[]`) aufrufen können. Diese Methoden müssen vor allem lesend auf die Komponenten ihres Reihungsparameters zugreifen können, schreibende Zugriffe sind dagegen nicht so wichtig.

Um dieses Entwurfsziel zu erreichen, haben die Java-Entwickler sich für die *kovariante Festlegung 1* entschieden. Dabei nahmen sie das so genannte *Kovarianz-
Problem* in Kauf:

Kovarianz-Problem: Wenn eine Methode einen Reihungsparameter `r` besitzt und
schreibend auf die Reihungskomponenten `r[i]` zugreift, können dabei Typfehler
auftreten, die der Ausführer erst während der *Ausführung* des Programms (und
nicht schon bei seiner *Übergabe*, „zur Compilezeit") feststellen kann.

Beispiel-03: Ein konkretes Beispiel für das Kovarianz-Problem

```
15 class Kovarianz01 {
16     // ---------------------------------------------------------------
17     static void liesUndSchreib(Object[] pr) {
18         // Ein schreibender (gefaehrlicher) Zugriff auf pr[0]:
19         pr[0] = new String("Anfang!");
20
21         // Lesende (harmlose) Zugriffe auf die Komponenten von pr:
22         for (Object ob: pr) {
23             p(ob + " ");
24         }
25         pln("\n-----------------------------------");
26     } // liesUndSchreib
27     // ---------------------------------------------------------------
28     static public void main(String[] sonja) {
29         pln("Kovarianz01: Jetzt geht es los!");
30         pln("-----------------------------------");
31
32         // Drei Reihungen mit unterschiedlichen Komponenten-Typen:
33         Object [] or = {null, new Integer(3), "Musketiere"};
34         String [] sr = {null, "Hallo", "Sonja!"};
35         Integer[] ir = {null, new Integer(20), new Integer(30)};
36
37         // Jetzt werden die drei Reihungen bearbeitet:
38         liesUndSchreib(or); // Geht gut!
39         liesUndSchreib(sr); // Geht gerade noch gut!
40         liesUndSchreib(ir); // Loest eine Ausnahme aus!
41         pln("-----------------------------------");
42         pln("Kovarianz01: Das war's erstmal!");
43     } // main
44     // ---------------------------------------------------------------
45     ... // Vereinbarungen der Methoden pln und p
46     // ---------------------------------------------------------------
47 } // class Kovarianz01
48 /* ---------------------------------------------------------------
49 Ausgabe des Programms Kovarianz01:
50
51 Kovarianz01: Jetzt geht es los!
52 -----------------------------------
53 Anfang! 3 Musketiere
54 -----------------------------------
55 Anfang! Hallo Sonja!
56 -----------------------------------
57 Exception in thread "main"
58 java.lang.ArrayStoreException: java.lang.String
59     at Kovarianz01.liesUndSchreib(Kovarianz01.java:20)
60     at Kovarianz01.main(Kovarianz01.java:26)
61 --------------------------------------------------------------- */
```

Die Methode `liesUndSchreib` (vereinbart in den Zeilen 17 bis 26) hat einen Parameter `pr` vom Typ `Object[]` (Reihung von `Object`-Variablen). Der kritische

Befehl (in Zeile 19) weist der Reihungskomponenten `pr[0]` einen String (`"An-fang!"`) zu. Das ist nur erlaubt, wenn die Reihungskomponenten zum Typ `String` oder zu einem Obertyp von `String` (z. B. `Object` oder `Serializable`) gehören.

In den Zeilen 38 bis 40 wird die Methode `liesUndSchreib` dreimal aufgerufen, mit einer Reihung `or` vom Typ `Object[]` (geht gut), einer Reihung `sr` vom Typ `String[]` (geht gerade noch gut) und zuletzt mit einer Reihung `ir` vom Typ `Integer[]`. Dieser letzte Aufruf löst eine Ausnahme aus, weil es nicht erlaubt ist, in die `Integer`-Reihung `ir` ein `String`-Objekt einzufügen (wie in Zeile 19 versucht wird).

Die kovariante Festlegung 1 erlaubt es dem Programmierer, eine Methode wie `liesUndSchreib` mit beliebigen Reihungen aufzurufen, hat aber das Kovariamz-Problem zur Folge. Die Festlegung 3 hätte den Vorteil, dass der Ausführer alle Typfehler bei Zugriffen auf Reihungskomponenten schon bei der Übergabe eines Programms erkennen könnte, würde den Programmierer aber zu stark ein-schränken (von den drei Aufrufen der Methode `liesUndSchreib` wäre nur der erste in Zeile 38 erlaubt).

Java beruht auf einem im Wesentlichen *starken Typensystem*. Damit ist gemeint, dass (solange der Programmierer keine Cast-Befehle benutzt) der Ausführer alle Typprüfungen schon bei der *Übergabe* des Programms („zur Compilezeit") durch-führen kann. Die kovariante Festlegung 1 für Reihungstypen ist aus praktischen Gründen sehr sinnvoll, stellt aber eine kleine Schwachstelle in diesem ansonsten starken Typensystem dar. Außerdem muss der Ausführer bei der Ausführung eines Programms (nicht schon bei der Übergabe) vor vielen schreibenden Zugriffen auf eine Reihungskomponente `r[i]` prüfen, ob er eine Ausnahme werfen muss oder den Zugriff durchführen darf. Das gilt nicht nur, wenn `r` ein Methodenparameter ist, sondern auch für andere Reihungsvariablen `r` (denn jede Reihungsvariable `r` vom Typ `Ober[]` darf auch auf eine Reihung des Typs `Unter[]` zeigen, und wenn sie das tut, darf der Ausführer keine `Ober`-Objekte hineinschreiben). Diese Prüfungen während der Ausführung eines Programms können praktisch nur entfallen, wenn die Reihung `r` zum Typ `Object[]` gehört (weil dann jedes Objekt hineingeschrieben werden darf) oder wenn `r` zu einem Reihungstyp mit primitiven Komponenten gehört, z. B. zum Typ `int[]` (weil ein primitiver Typ wie `int` keine Untertypen hat).

Eine Zuweisung hat ganz allgemein (und nicht nur in Java) einen *kontravarianten Charakter*, denn man darf ihre linke Seite „typenmäßig anheben" und ihre rechte Seite „typenmäßig absenken". Etwas genauer: Sei `tl = tr;` eine zulässige Zu-weisung zwischen zwei Variablen `tl` und `tr` eines Referenztyps `T`. Sei `O` ein

Obertyp und U ein Untertyp von T. Wenn man die Variable tl durch eine Variable ol des Obertyps O ersetzt („typenmäßig anhebt") und/oder die Variable tr durch eine Variable ur der Untertyps U ersetzt („typenmäßig absenkt"), so bleibt die Zuweisung zulässig, wie das folgende Beispiel mit einer einfachen Zeichen-Grafik veranschaulichen soll.

Beispiel-04: Der kontravariante Charakter der Zuweisung

```
62   Fuer die Typen O, T und U gelte:
63   O  // Obertyp von T
64   ↑  // T extends O
65   T  // Typ
66   ↑  // U extends T
67   U  // Untertyp von T
68
69
70   // Variablenvereinbarungen:
71   O ol;         // O-Objekt links
72   T tl, tr;     // T-Objekt links, rechts
73   U     ur;     // U-Objekt           rechts
74
75   // Eine Zuweisung mit Varianten:
76
77   ol -+         // Linke Seite typenmaessig angehoben
78      |
79   tl = tr;      // Die Zuweisung, von der wir ausgehen
80      |
81      +- ur      // Rechte Seite typenmaessig abgesenkt
82
```

Wenn man sich den Begriff der Kovarianz erst einmal angeeignet hat, begegnet er einem häufiger als vorher. Im Abschnitt 12.9 über das Ersetzen geerbter Methoden kommt er noch einmal vor.

8   Methoden vereinbaren und aufrufen

Ein Unterprogramm ist eine Folge von Befehlen, die der Programmierer zusammengefasst und mit einem Namen versehen hat. Der Name des Unterprogramms ist ein neuer Befehl, mit dem er den Ausführer beliebig oft dazu auffordern kann, die zusammengefassten Befehle auszuführen.

Dieses Grundkonzept eines Unterprogramms wurde bereits im Abschnitt 1.3.3 kurz eingeführt und im Kapitel 2 durch ein paar Beispiele illustriert. Jetzt sollen Unterprogramme in Java-Programmen genauer beschrieben werden.

> **Def.:** Eine *Methode* ist ein Unterprogramm, welches innerhalb einer *Klasse* vereinbart wurde.

. In einem Java-Programm darf man Unterprogramme nur in Klassen vereinbaren, d. h. alle Java-Unterprogramme sind Methoden. In einigen anderen Sprachen (z. B. C++) ist es sinnvoll, zwischen Unterprogrammen (die außerhalb aller Klassen vereinbart wurden) und Methoden zu unterscheiden.

In Java darf man Methoden nur *direkt* innerhalb von Klassen (und nicht innerhalb einer Methode innerhalb einer Klasse) vereinbaren. Man sagt auch: In Java darf man Methoden nicht schachteln (das englische Wortspiel: „Nesting of methods is for the birds", wörtlich etwa: „Das Schachteln von Methoden ist für die Katz", lässt sich kaum angemessen ins Deutsche übertragen).

Eine Methode muss *einmal* vereinbart werden, und darf dann *beliebig oft* aufgerufen werden. Das ist die wichtigste Eigenschaft aller Unterprogramme.

Beispiel-01: Eine Methode wird vereinbart und mehrmals aufgerufen

```
1    class MethodenO1 {
2        // --------------------------------------------------------------
3        static void druckeStrich() {
4            // Gibt einen aus 20 Gleichheitszeichen bestehenden Strich
5            // aus:
6            int laenge = 0;
7            while (laenge++ < 20) p("=");
8            pln();
9        } // druckeStrich
```

```
10      // ------------------------------------------------------------
11      static public void main(String[] sonja) {
12          // Gibt ein paar Textzeilen getrennt durch Striche aus:
13          druckeStrich();
14          pln("Hallo, wie geht's?");
15          druckeStrich();
16          pln("Danke, gut!");
17          druckeStrich();
18          druckeStrich();
19      } // main
20      // ------------------------------------------------------------
21      // Mehrere Methoden mit kurzen Namen:
22      static void pln(Object ob)  {System.out.println(ob);}
23      static void p  (Object ob)  {System.out.print  (ob);}
24      static void pln()           {System.out.println();  }
25      // ------------------------------------------------------------
26 } // class Methoden01
```

In den Zeilen 3 bis 9 wird eine Methode namens `druckeStrich` vereinbart. Mit
dieser Vereinbarung befiehlt der Programmierer dem Ausführer nur, die Methode
zu *erzeugen*, aber nicht, sie *auszuführen*. In den Zeilen 22 bis 24 werden drei weitere kleine Hilfsmethoden vereinbart.

Die Ausgabe des Programms `Methoden01` sieht etwa so aus:

```
27 ===================
28 Hallo, wie geht's?
29 ===================
30 Danke, gut!
31 ===================
32 ===================
```

Vergleich: Angenommen, ein Koch sagt zu seinem Gesellen: "Ich werde diesen
Teig hier umrühren. Jedes Mal wenn ich *mehr* sage, fügst Du noch 2 Löffel Mehl
und einen Löffel Wasser hinzu!". Damit vereinbart er eine Methode namens `mehr`
und befiehlt seinem Gesellen (Ausführer), sich diese Methode zu merken. Es ist
dem Meister aber wichtig, dass die Methode nicht gleich ausgeführt wird, sondern
erst später, wenn er den Befehl dazu gibt. Außerdem schafft er sich die Möglichkeit, die Methode mehrmals aufzurufen, d. h. vom Gesellen ausführen zu lassen.

Die Methode `druckeStrich` wird im Programm `Methoden01` insgesamt viermal
aufgerufen (in den Zeilen 13, 15, 17 und 18).

Aufgabe-01: Diese Aufgabe bezieht sich auf die Klasse `Methoden01` aus dem
Beispiel-01. Ergänzen Sie in der folgenden Tabelle die fehlenden Einträge:

Name der Methode	Anzahl Parameter	vereinbart in/im	aufgerufen in Zeile(n)
druckeStrich	0	in Zeile 3-9	13, 15, 17, 18
main	1		
pln	1		
p	1		
pln	0		
println	1	im Modul System.out	
print	1	im Modul System.out	
println	0	im Modul System.out	

Aufgabe-02: Führen Sie das Programm `Methoden01` mit Papier und Bleistift aus und ermitteln Sie, welche Zeilen es zur Standardausgabe (d. h. zum Bildschirm) ausgibt. Eine Lösung findet man im Beispielprogramm `Methoden01` (als Kommentar ganz am Ende).

8.1 Parameterübergabe per Wert

Die Klasse `Methoden02` ist eine Weiterentwicklung der Klasse `Methoden01` und enthält eine deutlich verbesserte Version der Methode `druckeStrich`.

Beispiel-01: Eine Methode mit Parametern wird vereinbart und aufgerufen.

```
1   class Methoden02 {
2       // ----------------------------------------------------------
3       static void druckeStrich(String s, int soHaeufig) {
4           // Gibt den String s soHaeufig-Mal aus (und schiebt danach
5           // den Cursor an den Anfang der naechsten Zeile vor):
6           int laenge = 0;
7           while (laenge++ < soHaeufig) p(s);
8           pln();
9       } // druckeStrich
10      // ----------------------------------------------------------
11      static public void main(String[] sonja) {
12          // Gibt (zwischen zwei "Strichen") ein paar Textzeilen aus,
13          // die genau "in ihrer vollen Laenge unterstrichen sind":
14          String text1 = "Hallo, wie geht's?";
15          String text2 = "Danke, gut!";
16          int    anz   = 5;
```

```
17         String s1    = "/\\"; // Das sind nur 2 Zeichen, nicht 3!
18         String s2    = "\\/"; // Das sind nur 2 Zeichen, nicht 3!
19
20         druckeStrich("=",   8*anz);
21         pln(text1);
22         druckeStrich("-",   text1.length());
23         pln(text2);
24         druckeStrich("-",   text2.length());
25         druckeStrich(s1+s2, anz+5);
26     } // main
27     // ---------------------------------------------------------
28         ...
29 } // class Methoden02
```

Die alte Methode `Methoden01.druckeStrich` war einigermaßen nützlich, aber ein bisschen „starr". Man konnte mit ihr nur 20 Gleichheitszeichen ausgeben lassen, aber keine 20 Pluszeichen oder 50 Gleichheitszeichen etc.

Die neue Methode `Methoden02.druckeStrich` hat zwei *formale Parameter*, einen namens `s` vom `Typ String` und einen namens `soHaeufig` vom Typ `int` (siehe Zeile 3). Damit ist sie viel flexibler als die alte Methode. Mit der neuen Methode kann man einen beliebigen String praktisch beliebig oft hintereinander ausgeben lassen (maximal etwa 2 Milliarden mal).

Wenn man die neue Methode `druckeStrich` aufruft, darf (und muss) man für jeden formalen Parameter einen Ausdruck des entsprechenden Typs als *aktuellen Parameter* angeben.

Beispiel-02: Formale und aktuelle Parameter

Formale Parameter ------------------> (in der Methodenvereinbarung , Zeile 3)	`String s`	`int soHaeufig`
Aktuelle Parameter (im Aufruf in Zeile 20)	`"="`	`8*anz`
Aktuelle Parameter (im Aufruf in Zeile 22)	`"-"`	`text1.length()`
Aktuelle Parameter (im Aufruf in Zeile 24)	`"-"`	`text2.length()`
Aktuelle Parameter (im Aufruf in Zeile 25)	`s1 + s2`	`anz+5`

Der Aufruf der Methode `druckeStrich` in Zeile 20 bewirkt, dass der String `"="` (`8*5` gleich) 40 Mal hintereinander ausgegeben wird. Für die anderen Aufrufe gilt entsprechendes (siehe dazu auch das Beispielprogramm `Methoden02`).

Die Übergabe der aktuellen Parameter an die Methode erfolgt in Java immer auf die gleiche Weise, die man als *Übergabe per Wert* (engl. pass by value) bezeichnet. Diese Art der Parameterübergabe kann man sich wie folgt vorstellen:

Wenn der Ausführer zu einem Methodenaufruf kommt wie z. B.

```
... druckeStrich("=", 8*anz);
```

(siehe Beispiel-01, Zeile 20), modifiziert er zunächst die Vereinbarung der Methode druckeStrich in Zeile 3 wie folgt:

```
3      static void druckeStrich(String s="=", int soHaeufig=8*anz) {
4         ... wie bisher
```

Jetzt stehen in den runden Klammern die Vereinbarungen von zwei Variablen namens s und soHaeufig, die mit den Werten der entsprechenden aktuellen Parameter initialisiert werden.

Nachdem er sie modifiziert hat, führt der Ausführer die Methode druckeStrich aus. Dabei erzeugt er als erstes die formalen Parameter als zwei Variablen namens s und soHaeufig und initialisiert sie wie angegeben. Die übrigen Befehle der Methode führt er „ganz normal" aus. Z. B. erzeugt er auf Grund der Vereinbarung in Zeile 6 ein lokale Variable namens laenge vom Typ int und initialisiert sie mit 0.

Wenn er fertig ist mit der Ausführung der Methode, zerstört er alle lokalen Variablen, die er während der Ausführung erzeugt hat, d. h. die Variablen s und soHaeufig und die „normale" lokale Variable laenge.

Die formalen Parameter einer Methode sind also lokale Variablen, die nur auf besondere Weise initialisiert werden, nämlich mit den Werten der aktuellen Parameter.

Wenn man mit Variablenvereinbarungen vertraut ist, weiß man eigentlich schon alles Wichtige über die hier beschriebene Parameterübergabe per Wert. Insbesondere weiß man dann, dass oben in Zeile 3 die String-Variable s mit einem Referenzwert initialisiert wird, der auf den String "=" zeigt, und dass dabei kein String-Objekt kopiert wird. Bei einem kurzen String wie "=" mag das nicht so wichtig erscheinen, aber wenn der aktuelle Parameter ein sehr langer String ist, geht das Kopieren des Referenzwertes deutlich schneller als das Kopieren des String-Objekts.

Aufgabe-01: Schreiben Sie eine Methode entsprechend der folgenden Spezifikation:

```
32     static void druckeMitRahmen(String s) {
33        // Gibt den String s umrahmt von
34        // Strichzeichen ('|' und '-') aus.
35        // Beispiel: Falls s gleich "Hallo!" ist,
36        // werden die folgenden 3 Zeilen ausgegeben:
37        //
```

```
38        // ----------
39        // | Hallo! |
40        // ----------
41        ...
42      } // druckeMitRahmen
```

Beim Schreiben der Methoden dürfen (und sollten) Sie voraussetzen, dass die schon häufig verwendeten Methoden namens `p` und `pln` richtig vereinbart sind. Eine Lösung dieser Aufgabe findet man im Beispielprogramm `Methoden03`.

Aufgabe-02: Betrachten Sie die folgenden beiden Befehle:

```
43      ...
44      String text = "Willkommen auf Borneo!";
45      druckeMitRahmen(text)
```

Wenn der Ausführer den Methodenaufruf in Zeile 45 ausführt, erzeugt er als erstes eine Variable entsprechend der Vereinbarung `String s = text;`. Stellen Sie die Variablen `text` und `s` als Bojen dar. Aus der Vereinbarung von `s` (in Zeile 32) folgt, dass die beiden Bojen „eng zusammenhängen". Eine Lösung findet man am Ende dieses Abschnitts.

Wenn man in einem Methodenaufruf als aktuellen Parameter eine *primitive Variable* `pap` angibt, wird der Methode dadurch nur eine *Kopie* des Wertes von `pap` übergeben. Auch wenn die Methode ihren formalen Parameter verändert, bleibt der Wert der Variablen `pap` unverändert.

Wenn man in einem Methodenaufruf als aktuellen Parameter eine Referenzvariable `rap` angibt, wird der Methode dadurch auch nur eine *Kopie* des Wertes von `rap` übergeben. Damit hat die Methode aber Zugriff auf das „Original-Zielobjekt" von `rap` und kann es verändern (falls es nicht unveränderbar ist wie z. B. ein `String`-Objekt). Das folgende Beispiel ist ein Versuch, diese wichtige Eigenschaft der Parameterübergabe per Wert zu verdeutlichen.

Ist `rap` eine `StringBuilder`-Variable, die auf den Zielwert `"Hallo"` zeigt, dann bewirkt der Befehl `rap.append("!");` dass ein Ausrufezeichen an den Zielwert angehängt wird. Nach diesem Befehl zeigt die Variable `rap` also auf den veränderten Zielwert `"Hallo!"`.

Beispiel-03: Primitive Variablen und Referenzvariablen per Wert übergeben

```
46      static void druckeUndVeraendere(int pfp, StringBuilder rfp) {
47          // Der primitive formale Parameter pfp und
48          // der  Referenz-formale-Parameter rfp werden
49          // ausgegeben, veraendert und erneut ausgegeben:
50
51          pln("Vorher : pfp: " + pfp + ", rfp: " + rfp);
```

```
52        pfp = pfp + 1;    // pfp wird veraendert!
53        rfp.append("!");  // rfp wird veraendert!
54        pln("Nachher: pfp: " + pfp + ", rfp: " + rfp);
55    } // druckeUndVeraendere
```

Diese Methode `druckeUndVeraendere` wird in einer anderen Methode, z. B. der
`main`-Methode eines Programms, mehrmals auf zwei geeignete Variablen namens
`pap` und `rap` angewendet, etwa so:

```
56    static public void main(String[] sonja) {
57
58        // Ein primitiver aktueller Parameter pap und
59        // ein    Referenz-aktueller Parameter rap:
60        int            pap = 17;
61        StringBuilder rap = new StringBuilder("Hallo");
62
63        pln("--------------------------------");
64        druckeUndVeraendere(pap, rap);
65        pln("In main: pap: " + pap + ", rap: " + rap);
66        pln("--------------------------------");
67        druckeUndVeraendere(pap, rap);
68        pln("In main: pap: " + pap + ", rap: " + rap);
69        pln("--------------------------------");
70        druckeUndVeraendere(pap, rap);
71        pln("In main: pap: " + pap + ", rap: " + rap);
72        pln("--------------------------------");
73
74    } // main
```

Die Ausgabe zum Bildschirm sieht dann so aus:

```
75 ------------------------------------
76 Vorher : pfp: 17, rfp: Hallo
77 Nachher: pfp: 18, rfp: Hallo+
78 In main: pap: 17, rap: Hallo+
79 ------------------------------------
80 Vorher : pfp: 17, rfp: Hallo+
81 Nachher: pfp: 18, rfp: Hallo++
82 In main: pap: 17, rap: Hallo++
83 ------------------------------------
84 Vorher : pfp: 17, rfp: Hallo++
85 Nachher: pfp: 18, rfp: Hallo+++
86 In main: pap: 17, rap: Hallo+++
87 ------------------------------------
```

Hier kann man (mit etwas Mühe) erkennen: Die Veränderungen des Wertes der
Variablen `pfp` (in Zeile 52) haben sich nicht auf die Variable `pap` ausgewirkt (sie
hat nachher immer wieder den Wert 17). Die Veränderungen des Zielwertes der
Variablen `rfp` (in Zeile 53) haben sich auf den Zielwert der Variablen `rap` ausgewirkt: Nach jedem Aufruf der Methode `druckeUndVeraendere` ist der Zielwert

von `rap` um ein Pluszeichen länger (siehe dazu auch das Beispielprogramm `Methoden08`).

Mit der Bojendarstellung hat man eine Chance, sich diese nicht ganz einfache Tatsache anschaulich klar zu machen. Wenn der Ausführer den Methodenaufruf `druckeUndVeraendere(pap, rap);` in Zeile 64 zum ersten Mal ausführt und die formalen Parameter `pfp` und `rfp` gerade erzeugt (aber noch nicht verändert) hat, sehen diese formalen Parameter und die aktuellen Parameter `pap` und `rap` in Bojendarstellung etwa wie folgt aus:

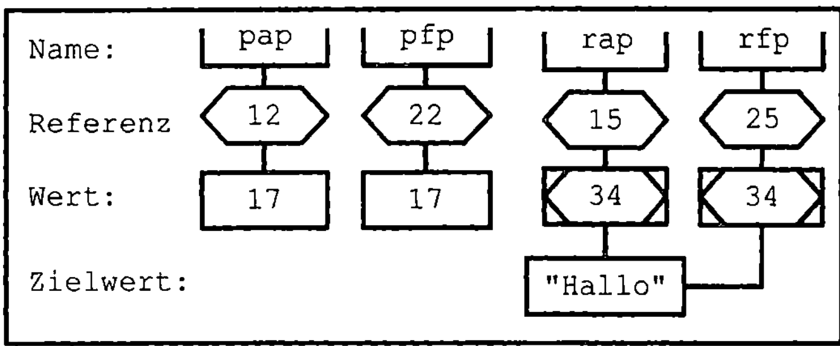

Bild 8.1 Aktuelle und formale Parameter

Hier erkennt man (hoffentlich) leicht: Änderungen am Wert der Variablen `pfp` haben keine Auswirkungen auf die Variable `pap`. Änderungen am Zielwert von `rfp` sind auch Änderungen am Zielwert von `rap`.

In Java gibt es nur *eine* Art der Parameterübergabe, die *Übergabe per Wert* (engl. pass by value). In anderen Sprachen gibt es zahlreiche weitere Arten der Parameterübergabe, insbesondere die *Übergabe per Referenz* (engl. pass by reference). Eine Referenzvariable per Wert zu übergeben hat praktisch denselben Effekt wie das betreffende Objekt (genauer: die referenzierte Variable, siehe das Beispiel-08 im Abschnitt 5.7) per Referenz zu übergeben. Die folgende Tabelle soll einen Vergleich von Java mit anderen Sprachen (die eine Parameterübergabe per Referenz unterstützen) erleichtern und zeigen, welche Konstrukte die Entwickler von Java ausdrücklich vermieden haben:

In Java gilt:	Variablenteil		Übergabe an Methode	
	Wert	Zielwert	per Wert	per Referenz
Objekt	-	+	-	+
primitiver Wert	+	-	+	-

Dieser Tabelle kann man entnehmen, dass in Java ein Objekt nur als *Zielwert* einer Variablen (nie als Wert) vorkommt und immer *per Referenz* (nie per Wert) übergeben wird, und dass für einen primitiven Wert genau das Gegenteil gilt. Dass man in Java Objekte nicht per Wert und primitive Werte nicht per Referenz übergeben kann, ist einerseits bedauerlich (weil dadurch bestimmte Programmiertechniken unmöglich werden), macht andererseits die Sprache einfacher.

Lösung-02: Die Variable `text` und der formale Parameter s als Bojen dargestellt

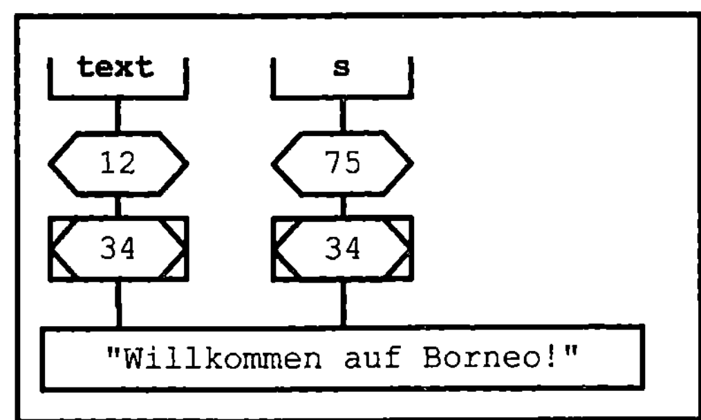

Bild 8.2 Aktuelle und formale Parameter

8.2 Prozeduren und Funktionen

Es gibt (in den meisten höheren Programmiersprachen) zwei Arten von Unterprogrammen: *Funktionen* und *Prozeduren*.

Funktionen dienen dazu, einen Wert zu berechnen. Entsprechend ist jeder Aufruf einer *Funktion* ein *Ausdruck* (und nicht eine Anweisung).

Prozeduren dienen dazu, den Inhalt bestimmter Wertebehälter zu verändern. Entsprechend ist jeder Aufruf einer *Prozedur* eine *Anweisung* (und kein Ausdruck).

Beispiel-01: Eine Prozedur

```
1    static void proz02(int n) {
2        String s = "n ist ";
3        if (n < 0) {
4            pln(s + "negativ!");
5            return;
6        }
7
8        if (0 < n) {
9            pln(s + "positiv!");
10           return;
11       }
```

```
12
13          pln(s + "gleich 0!");
14      } // proz02
```

Diese Prozedur dient dazu, den Bildschirm (der ja auch ein Wertebehälter ist) zu verändern. Eine Ausführung dieser Prozedur wird *normal* beendet, wenn der Parameter n gleich 0 ist. In allen anderen Fällen wird die Prozedur nicht normal, sondern durch eine return-Anweisung beendet (siehe Zeilen 5 und 10).

Eine Prozedur darf also normal (durch das Erreichen der abschließenden geschweiften Klammer) und/oder durch return-Anweisungen beendet werden. Wenn eine Prozedur return-Anweisungen enthält, darf nach dem Wort return kein Ausdruck angegeben werden.

In der Vereinbarung einer Prozedur muss unmittelbar vor ihrem Namen das Wort void (engl. für leer, nichts) angegeben werden (siehe Zeile 1). void ist ein Typ, zu dem keine Werte gehören (und den man auch nicht zum Bauen von Variablen verwenden darf).

Beispiel-02: Eine Funktion

```
15      static String funk01(int n) {
16          String s = "n ist ";
17          if (n < 0) {
18              return s + "negativ!";
19          }
20
21          if (0 < n) {
22              return s + "positiv!";
23          }
24
25          return s + "gleich 0!";
26      } // funk01
```

In der Vereinbarung einer Funktion muss unmittelbar vor ihrem Namen ein *Ergebnistyp* (oder: *Rückgabetyp*) angegeben werden. Die Funktion funk01 hat den Ergebnistyp String (siehe Zeile 15).

Jedes Mal, wenn man eine Funktion aufruft, muss sie einen Wert ihres Ergebnistyps als Ergebnis liefern. Das geschieht mit einer return-Anweisung, in der nach dem Wort return ein Ausdruck des Ergebnistyps steht. In den Zeilen 18, 22 und 25 steht nach dem Wort return jeweils ein Ausdruck des Typs String. Wenn man die Funktion funk01 auf einen positiven int-Wert anwendet (z. B. so: funk01(123)) liefert sie den String "n ist positiv!" als Ergebnis. Für Aufrufe mit anderen Parametern gilt entsprechendes.

Eine Funktion darf nie *normal* (durch Erreichen der abschließenden geschweiften Klammer), sondern muss immer durch eine `return`-Anweisung-mit-Ausdruck-dahinter beendet werden. Wenn der Ausführer nicht klar erkennen kann, dass das passiert, lehnt er die Funktion schon bei der Übergabe („zur Compilezeit") ab.

Ausnahme: Eine Ausführung einer Methode (Funktion oder Prozedur) kann nicht nur normal oder durch eine `return`-Anweisung beendet, sondern auch durch das Auftreten einer so genannten *Ausnahme* (engl.: exception) abgebrochen werden. Ausnahmen werden im Kapitel 15 behandelt.

Prozeduren darf man nur innerhalb von Methoden (und ähnlichen Gebilden, d. h. Konstruktoren und Initialisierern) aufrufen. Eine Funktion darf man auch als Teil einer Variablenvereinbarung aufrufen, die außerhalb aller Methoden direkt in einer Klasse steht.

Beispiel-03: Wo darf man Funktionen bzw. Prozeduren aufrufen?

```
27 class Return01 {
28     // ------------------------------------------------------------
29     static void proz02(int n) {
30         ... wie oben im Beispiel-01
31     } // proz02
32     // ------------------------------------------------------------
33     static String funk01(int n) {
34         ... wie oben im Beispiel-02
35     } // funk01
36     // ------------------------------------------------------------
37     String s1 = funk01(17);      // Erlaubt,        sinnvoll
38 //  proz02(17);                  // Nicht erlaubt
39
40     static void irgendEineMethode() {
41         proz02(17);              // Erlaubt,        sinnvoll
42         funk01(17);              // Erlaubt, nicht sinnvoll
43         String s2 = funk01(17);  // Erlaubt,        sinnvoll
44 //      String s3 = proz02(17);  // Nicht erlaubt
45     } // irgendEineMethode
46     // ------------------------------------------------------------
47 } // class Return01
```

In Zeile 37 wird die Funktion `funk01` als Teil einer Variablenvereinbarung aufgerufen. Der Prozeduraufruf in Zeile 38 ist nicht erlaubt, weil er außerhalb von allen Methoden direkt in der Klasse `Return01` steht. Der Funktionsaufruf in Zeile 42 ist zwar erlaubt, aber nicht sinnvoll, weil er keinen Seiteneffekt hat und sein Ergebnis (der String `"n ist positiv"`) hier berechnet und dann einfach wieder weggeworfen wird. Der Prozeduraufruf in Zeile 44 ist nicht erlaubt, weil er kein Ergebnis liefert, mit dem man eine Variable initialisieren könnte.

Außer in Prozeduren und Funktionen darf man Prozeduren auch noch in *Konstruktoren* und in so genannten *Initialisierern* aufrufen, die im Abschnitt 12.12 behandelt werden. Beispiele für die Anwendung von Initialisierern findet man in den Programmen `For01` und `Methoden07`.

Es folgt eine tabellarische Zusammenfassung dieses Abschnitts.

Die wesentlichen *Unterschiede* zwischen einer Funktion und einer Prozedur:

Eine Funktion	**Eine Prozedur**
Dient zum Berechnen eines *Wertes*. *Liefert* diesen Wert als Ergebnis.	Dient zum Verändern von *Wertebehältern*. Liefert *kein* Ergebnis.
Jeder Aufruf ist ein *Ausdruck*.	Jeder Aufruf ist eine *Anweisung*.
Hat einen „richtigen" *Ergebnistyp* (`int` oder `String` etc., nicht `void`)	Hat *keinen* Ergebnistyp (wird in Java mit `void` gekennzeichnet)
Muss mit `return` beendet werden.	*Darf* mit `return` beendet werden.
Nach `return` *muss* ein Ausdruck des *Ergebnistyps* angegeben werden.	Ein Ausdruck nach `return` ist verboten.
Darf zum *Initialisieren von Attributen* und in Methoden, Konstruktoren und Initialisierern aufgerufen werden.	Darf nur in Methoden, Konstruktoren und Initialisierern aufgerufen werden.

Mit den Begriffen *Prozedur* und *Funktion* kann man auch den Unterschied zwischen *prozeduralen* und *funktionalen* Programmiersprachen erklären. Java ist eine *prozedurale* Sprache, weil sie veränderbare Variablen und *Prozeduren* enthält. Eine *funktionale* Sprache wie XSLT oder Lisp enthält nur unveränderbare Variablen und *Funktionen*.

8.3 Methodennamen überladen

Im allgemeinen ist es empfehlenswert, innerhalb einer Klasse jeder Methode einen eigenen Namen zu geben und keinen Namen *mehrmals* zu verwenden. Es gibt aber auch Fälle, in denen es gut oder sogar notwendig ist, von dieser Grundregel abzuweichen und zwei oder mehr Methoden mit gleichen Namen zu vereinbaren. Die dabei zu beachtenden Regeln versteht man leichter, wenn man sich vorher mit dem Fachbegriff *Signatur* vertraut gemacht hat.

> **Def.:** Die **Signatur** einer Methode besteht aus dem Namen der Methode, gefolgt von den Namen der Typen ihrer Parameter.

Beispiel-01: Zwei Methoden mit unterschiedlichen Signaturen

```
1    static public String machWas(int n, String s) { ... }
2    static public String machWas(String s, int n) { ... }
```

Die in Zeile 1 vereinbarte Methode hat die Signatur machWas int String.
Die in Zeile 2 vereinbarte Methode hat die Signatur machWas String int.

Nicht zur Signatur gehören der Ergebnistyp einer Methode, die Namen der Parameter, Modifizierer wie static, public und private etc. und der Rumpf der Methode. Die Signatur einer *parameterlosen* Methode (Funktion oder Prozedur) besteht nur aus dem Namen der Methode.

Beispiel-02: Zwei Methoden mit gleichen Signaturen

```
3    static public  String tuWas(int n,    String s)    { ... }
4            private void   tuWas(int otto, String emil) { ... }
```

Beide hier vereinbarten Methoden haben die Signatur tuWas int String.

ÜberladeRegel-01: Es ist nicht erlaubt, innerhalb einer Klasse zwei Methoden mit gleichen Signaturen zu vereinbaren.

Diese Regel gilt auch dann, wenn die beiden Methoden sich durch ihre Rückgabetypen, durch Modifizierer wie static, public oder private etc. (die später genauer erläutert werden) oder durch die Namen ihrer Parameter unterscheiden (wie die beiden Methoden im Beispiel-02).

ÜberladeRegel-02: Es ist erlaubt, innerhalb einer Klasse mehrere Methoden mit gleichen Namen zu vereinbaren, wenn diese Methoden sich durch ihre Signaturen unterscheiden.

> **Def.:** Ein Methodenname ist überladen, wenn er mehrere Methoden (mit unterschiedlichen Signaturen) bezeichnet.

Beispiel-03: Der Methodenname max wird überladen

```
 5      // ---------------------------------------------------------
 6      static public int max(int n1, int n2) {
 7         int erg = n1;
 8         if (erg < n2) erg = n2;
 9         return erg;
10      } // max
11      // ---------------------------------------------------------
12      static public int max(int n1, int n2, int n3) {
13         int erg = n1;
14         if (erg < n2) erg = n2;
15         if (erg < n3) erg = n3;
16         return erg;
17      } // max
18      // ---------------------------------------------------------
19      static public int max(int n1, int n2, int n3, int n4) {
20         int erg = n1;
21         if (erg < n2) erg = n2;
22         if (erg < n3) erg = n3;
23         if (erg < n4) erg = n4;
24         return erg;
25      } // max
26      // ---------------------------------------------------------
```

Die Methodenvereinbarungen in diesem Beispiel überladen den Namen max mit drei verschiedenen Bedeutungen (d. h. mit drei Methoden). Normalerweise ist ein Methodenname nur mit *einer* Bedeutung „beladen".

Diese max-Methoden findet man, zusammen mit ein paar etwas kompakter programmierten min-Methoden und den gibAus-Methoden aus dem folgenden Beispiel, im Beispielprogramm Methoden09. Mehrere max- und mehrere min-Methoden mit zwei Parametern der Typen double, float, int bzw. long findet man auch in der Standardklasse Math.

Beispiel-04: Der Name gibAus wird überladen, damit der Programmierer sich die Reihenfolge der beiden Parameter nicht merken muss:

```
27      // ---------------------------------------------------------
28      static public void gibAus(String name, int alter) {
29         pln(name + " ist " + alter + " Jahre alt!");
30      } // gibAus
31      // ---------------------------------------------------------
32      static public void gibAus(int alter, String name) {
33         gibAus(name, alter);
34      } // gibAus
35      // ---------------------------------------------------------
```

8.4 Methoden mit variabel vielen Parametern

Normalerweise muss man beim Vereinbaren einer Methode die *Anzahl ihrer Parameter* genau festlegen. Diese Regel klingt sehr einschränkend, lässt sich aber relativ leicht „umgehen". Wenn man eine Methode z.B. mit einem Parameter des Typs `String[]` („Reihung von String-Variablen") vereinbart, kann man ihr bei jedem Aufruf beliebig viele `String`-Objekte übergeben. Man muss diese `String`-Objekte vor dem Aufrufen nur zu *einer* Reihung zusammenfassen. Einer Methode mit einem Parameter des Typs `Object[]` kann man bei jedem Aufruf sogar beliebig viele Objekte beliebiger Typen übergeben (nachdem man sie vorher zu einer Reihung zusammengefasst hat).

Für den Aufrufer einer Methode kann das Zusammenfassen *mehrerer* Parameter zu *einer* Reihung mühsam sein, und die entsprechenden Befehle können Leser des Programms von wichtigeren Befehlen ablenken. Seit der Java-Version 5.0 kann man dieses Zusammenfassen von vielen Parametern zu einer Parameter-Reihung dem Ausführer überlassen.

Beispiel-01: Eine Methode, die man mit 2 oder mehr Parametern aufrufen darf (siehe auch das Beispielprogramm `VarPar01`)

```
1       static public int sum(int n1, int n2, int... fir) {
2           // Berechnet und liefert die Summe aller Parameter.
3           int erg = n1 + n2;
4           for (int n: fir) erg += n;
5           return erg;
6       } // sum
```

Diese Methode wird hier mit 3 formalen Parametern namens n1, n2 und `fir` (formaler Parameter, `int`-Reihung) vereinbart. Für die ersten beiden muss man bei jedem Aufruf entsprechende aktuelle Parameter angeben („wie immer"). Der formale Parameter `fir` ist vom Typ `int....` Das bedeutet, dass `fir` eigentlich vom Typ `int[]` ist, dass der Aufrufer aber anstelle *einer* Reihung auch *beliebig viele* aktuelle Parameter angeben darf, die man in einer solchen Reihung speichern kann. Es folgen hier ein paar Aufrufe der Methode sum:

```
7       int[] air = {5, 7, 2}; // Aktueller Parmeter
8
9  //   ... sum()) ...
10 //   ... sum(3)) ...
11       ... sum(3, 1)) ...
12       ... sum(3, 1, 5)) ...
13       ... sum(3, 1, 5, 7)) ...
14       ... sum(3, 1, 5, 7, 2)) ...
15       ... sum(3, 1, air)) ...
```

Die Aufrufe in Zeile 9 und 10 werden vom Ausführer abgelehnt, weil sie zu wenig aktuelle Parameter enthalten. In Zeile 15 wird als dritter Parameter eine Reihung angegeben, was auch erlaubt ist.

Beispiel-02: Eine Methode, die man mit beliebig vielen Parametern (0, 1, 2, ...) aufrufen darf

```
16    static public int max(int... ir) {
17       int erg = Integer.MIN_VALUE;
18       for (int n: ir) if (n > erg) erg = n;
19       return erg;
20    } // max
```

Diese Methode wird hier ohne „normale Parameter" vereinbart und hat nur den einen ...-Reihungsparameter `ir`. Sie liefert das Maximum all ihrer Parameter. Wenn sie mit 0 Parametern aufgerufen wird (siehe Beispielprogramm `VarArg01`), liefert sie `Integer.MIN_VALUE` als Ergebnis. Das klingt im ersten Moment möglicherweise „irgendwie falsch", ist aber eine sinnvolle und bewährte Festlegung.

Eine Methode darf höchstens *einen* ...-Reihungsparameter haben und der muss immer als *letzter* Parameter vereinbart werden.

Besonders wichtige Beispiele für Funktionen mit variabel vielen Parametern sind die `printf`- und `format`-Methoden (siehe Abschnitt 10.7).

8.5 Kommentare für Methoden

Kommentare werden vom *Ausführer* ignoriert, sind aber für die *Kollegen* des Programmierers wichtige Hilfen beim Lesen eines Programms. Der Programmierer sollte beim Schreiben eines Programms immer damit rechnen, dass er später einmal auch die Rolle des Warters oder des Wiederverwenders für dieses Programm übernehmen muss. Wahrscheinlich wird er sich dann über jeden guten Kommentar freuen. Leider verzichten zu viele Programmierer zu oft auf diese Freude.

Jede nicht-triviale Methode muss kommentiert werden. Insbesondere muss man am *Anfang* der Methode erläutern, was die Methode *leistet* und unter welchen Umständen sie welche *Ausnahmen* wirft. Schwierig zu verstehende Befehle im Rumpf der Methode müssen durch weitere Kommentare erläutert werden.

Ein besonders guter Ort für den Anfangskommentar einer Methode ist der *Anfang des Methodenrumpfes* (gleich hinter der öffnenden geschweiften Klammer), etwa so wie im folgenden Beispiel.

Beispiel-01: Ein empfehlenswerter Anfangskommentar

```
1    public int addGerade(int n1, int n2) {
2        // Falls n1 und n2 gerade Zahlen sind, wird ihre Summe
3        // als Ergebnis geliefert. Sonst wird eine Ausnahme
4        // des Typs ArithmeticException geworfen.
5        ...
```

Wenn die Kollegen den Kommentar in den Zeilen 2 bis 4 lesen, wissen sie bereits (aus der Zeile 1), dass es sich hier um eine *Funktion* handelt und kennen den *Ergebnistyp* (int), die *Anzahl der Parameter* (2), die *Typen* der Parameter (int und int) und ihre *Namen* (n1 und n2). All diese Einzelheiten können also im Kommentar als bekannt vorausgesetzt werden und brauchen normalerweise *nicht* mehr erwähnt zu werden. Das folgende Beispiel zeigt einen unnötig „geschwätzigen" Kommentar:

Beispiel-02: Ein nicht empfehlenswerter Anfangskommentar

```
1    public int addGerade(int n1, int n2) {
2        // Diese Methode namens addGerade hat den Ergebnistyp
3        // int und zwei int-Parameter namens n1 und n2.
4        // Falls n1 und n2 gerade Zahlen sind, wird ihre Summe
5        // als Ergebnis geliefert. Sonst wird eine Ausnahme
6        // des Typs ArithmeticException geworfen.
7        ...
```

Die Zeilen 2 und 3 sind nur „Nacherzählungen" und sollten weggelassen werden.

Leider sprechen wichtige Gründe dafür, den Anfangskommentar nicht wie im Beispiel-01 an seinen „natürlichen Platz", sondern (ziemlich unnatürlich) *vor die erste Zeile* der Methode zu schreiben, etwa so:

Beispiel-03: Ein javadoc-Anfangskommentar

```
1    /**
2      * Wenn beide Parameter n1 und n2 der folgenden Methode
3      * gerade Zahlen sind, wird ihre Summe als Ergebnis ge-
4      * liefert. Sonst wird eine Ausnahme des Typs
5      * ArithmeticException geworfen.
6      */
7    public int addGerade(int n1, int n2) {
8        ...
```

Hier muss der Kommentar sich auf eine Methode und ihre Parameter beziehen, von denen die Leser eigentlich noch nichts wissen. Das erschwert eine kurze, aber doch präzise Formulierung.

Mit dem weit verbreiteten Programm javadoc (der Firma Sun) kann man bestimmte Kommentare aus einer Quelldatei „herausziehen" und in eine spezielle Dokumentationsdatei im HTML-Format umwandeln lassen. Wie leistungsfähig dieses Programm ist, kann man z. B. an der HTML-Dokumentation der Java-Standardbibliothek erkennen, die damit erstellt wird.

Das Programm `javadoc` bearbeitet nur solche Kommentare, die mit `/**` beginnen und mit `*/` enden. Die Sternchen am Anfang der Zeilen 2 bis 5 heben den Kommentar besonders hervor und sind üblich, müssen aber nicht unbedingt sein.

Das Programm `javadoc` ist sehr gut und nützlich, verlangt aber leider, dass der Anfangskommentar einer Methode *vor* der Methode steht, wie im Beispiel-03, sonst wird er nicht als Anfangskommentar erkannt und deshalb falsch bearbeitet. Diese Forderung ist merkwürdig widersprüchlich, denn in der *Ausgabe* von `javadoc` (für das Beispiel-03) erscheint „natürlich" zuerst die Zeile 6 und dann der Anfangskommentar aus den Zeilen 1 bis 5, aber in der Quelldatei muss man die Zeilen in der umgekehrten, unnatürlichen Reihenfolge angeben.

Empfehlung: In großen Programmen und Projekten sollte man die Dokumentation mit einem Werkzeug erstellen. Wenn man `javadoc` einsetzt, muss man die Kommentare entsprechend gestalten. Als Alternative könnte man ein Programm entwickeln, welches alle positiven Eigenschaften von `javadoc` hat, aber beim Analysieren der Quelldateien ein bisschen flexibler ist :-).

Eine ausführliche Beschreibung des Programms `javadoc` findet man in der HTML-Dokumentation der Java-Standardbibliothek oder unter der folgenden Netzadresse:

```
http://java.sun.com/j2se/javadoc/index.jsp
```

Für das Kommentieren eines Programms gibt es zwei einfache Grundregeln:

Kommentar-Regel-1: Kommentare sollte man überall dort einfügen, wo die Leser Hilfe brauchen.

Kommentar-Regel-2: Man sollte nur solche Kommentare einfügen, die den Lesern helfen.

Gegen beide Regeln wird in der Praxis häufig verstoßen. So genannte *Nacherzählungen* sind typische Verstöße gegen die Kommentar-Regel-2.

Beispiel-04: Eine Nacherzählung als Kommentar

```
9   x = x + 1; // Die Variable x wird um 1 erhoeht.
```

Hier ist der Kommentar nur eine Nacherzählung des Befehls `x = x + 1;` und für einen Leser, der eine wirklich hilfreiche Information erwartet, enttäuschend.

Beim Entwickeln von Kommentaren sollte man davon ausgehen, dass die Leser die Sprache Java beherrschen. Kommentare sollten entweder mehrere Befehle kurz zusammenfassen oder Informationen liefern, die nicht allein aus den kommentierten Befehlen zu erschließen sind.

Beispiel-05: Ein Kommentar als nicht-triviale Zusammenfassung

```
10   for (int a=3; a<=100; a++) {
11      for (int b=2; b<a; b++) {
12         for (int c=1; c<b; c++) {
13            // Jetzt ist a echt groesser als b und c!
14            ...
```

Die Aussage des Kommentars in Zeile 13 folgt zwar aus den Zeilen 10 bis 12, ist aber nicht ganz trivial oder offensichtlich.

Beispiel-06: Ein Kommentar liefert Informationen „von anderswoher"

```
15   x = 2*x;   // x wird vergroessert (da x hier positiv ist)
```

Wenn man eine negative Zahl mit 2 multipliziert, wird ihr Wert kleiner. Dass x in Zeile 15 einen *positiven* Wert enthält, folgt nicht aus Zeile 15 sondern (hoffentlich) aus anderen Programmstellen. Deshalb ist der Kommentar möglicherweise hilfreich.

9 Klassen

In diesem Kapitel wird der Begriff einer Klasse kurz und informell definiert und dann anhand von zwei relativ kleinen Beispielklassen (`Zaehler01` und `Person00`) erläutert.

Zur Erinnerung 1: Ein *Modul* ist ein Behälter für Variablen, Unterprogramme und andere Elemente, der aus mindestens zwei Teilen besteht, einem privaten (geschützten) und einem öffentlichen (ungeschützten) Teil. Von Stellen außerhalb des Moduls kann man nur auf die Elemente im *öffentlichen* Teil zugreifen.

Zur Erinnerung 2: Ein *Typ* ist ein Bauplan für Variablen.

Es folgt die wichtigste Definition dieses Kapitels (und dieses Buches):

Def.: Eine *Klasse* ist ein *Modul* und ein *Bauplan* für Module.

Die nach einem solchen Bauplan gebauten Module bezeichnet man als *Objekte* oder als *Instanzen* der Klasse.

Vergleich: Stellen Sie sich ein Haus H vor, in dem sich normale Einrichtungsgegenstände (Tische, Sofas, etc.) und außerdem ein Bauplan für Häuser einer bestimmten Form befinden. Nachdem dieser Bauplan ein paarmal benutzt worden ist, könnten z. B. vier Häuser existieren: Das Haus H (mit dem Bauplan darin) und drei Häuser, die nach diesem Bauplan gebaut wurden.

Stellen Sie sich jetzt ganz entsprechend eine Klasse H vor, in der sich normale Einrichtungsgegenstände (Methoden, Attribute, etc.) und außerdem ein Bauplan für Objekte einer bestimmten Form befinden. Nachdem dieser Bauplan ein paarmal benutzt worden ist, könnten z. B. vier Module existieren: Der Modul H (mit dem Bauplan darin) und drei Objekte, die nach diesem Bauplan gebaut wurden.

Merkwürdig ist hier, dass eine Klasse gleichzeitig „zwei ganz verschiedene Dinge ist": Einerseits ein *Modul* und andererseits ein *Bauplan für (weitere) Module*. Wir sagen auch: Eine Klasse hat zwei Ansichten oder *Aspekte*, einen *Modulaspekt* und einen *Bauplanaspekt*.

9.1 Eine kleine Beispielklasse

In diesem Abschnitt wird eine ziemlich kleine und (hoffentlich) einfache Klasse namens `Zaehler01` vereinbart und dann zum Erzeugen von Objekten benutzt. Erst hinterher wird verraten, welches Problem die Klasse eigentlich lösen soll.

In allen bisher behandelten Beispielklassen begannen alle Vereinbarungen mit dem Schlüsselwort `static` (dessen Bedeutung bisher noch nicht erläutert wurde). In der folgenden Beispielklasse `Zaehler01` beginnen einige Vereinbarungen *nicht* mit diesem Schlüsselwort.

Beispiel-01: Die Klasse `Zaehler01` ist ein Modul und ein Bauplan

```
1   class Zaehler01 {
2       // ---------------------------------------------------------
3       // Der Modulaspekt der Klasse Zaehler01:
4       static private int anzahl;
5
6       static public int getAnzahl() {return anzahl;}
7
8       public Zaehler01(long anfangsWert) {
9           add(anfangsWert);
10          anzahl++;
11      } // Konstruktor Zaehler01
12      // ---------------------------------------------------------
13      // Der Bauplanaspekt der Klasse Zaehler01:
14      private long punkte = 0;
15
16      public void add(long n) {
17          if (1 <= n && n <= 10) punkte += n;
18      } // add
19
20      public long getPunkte() {return punkte;}
21      // ---------------------------------------------------------
22  } // class Zaehler01
```

In den Zeilen 8 bis 11 wird ein so genannter *Konstruktor* vereinbart. Den braucht man, wenn man Objekte der Klasse `Zaehler01` erzeugen lässt (siehe unten). Ein Konstruktor hat Ähnlichkeit mit einer *Methode*, unterscheidet sich aber durch die folgenden beiden Merkmale:

1. Ein *Konstruktor* heißt immer genau so, wie die *Klasse*, zu der er gehört.
2. In der Vereinbarung eines Konstruktors darf *kein Rückgabetyp* angegeben werden (auch nicht der Pseudo-Rückgabetyp `void`).

In Zeile 8 sieht man deutlich, dass dort (nach dem Schlüsselwort `public` und vor dem Namen `Zaehler01`) *kein* Rückgabetyp steht (leider ist es nicht einfach, die *Abwesenheit* einer Angabe hervorzuheben :-).

Die Vereinbarung der Klasse `Zaehler01` enthält insgesamt sechs Vereinbarungen. Die mit `static` gekennzeichneten Vereinbarungen (einer Variablen namens `anzahl` und einer Methode namens `getAnzahl`) und die Vereinbarung des Konstruktors gehören zum *Modulaspekt* der Klasse. Die übrigen *nicht* mit `static` gekennzeichneten Vereinbarungen (einer Variablen namens `punkte` und zweier Methoden namens `add` und `getAnzahlPunkte`) gehören zum *Bauplanaspekt* der Klasse.

Wenn der Ausführer die Klasse `Zaehler01` zur Ausführung eines Programms braucht, erzeugt er zunächst nur den *Modul* `Zaehler01` und in diesem Modul die zum Modulaspekt gehörigen Größen (die Variable `anzahl`, die Methode `getAnzahl` und den Konstruktor `Zaehler01`), etwa so:

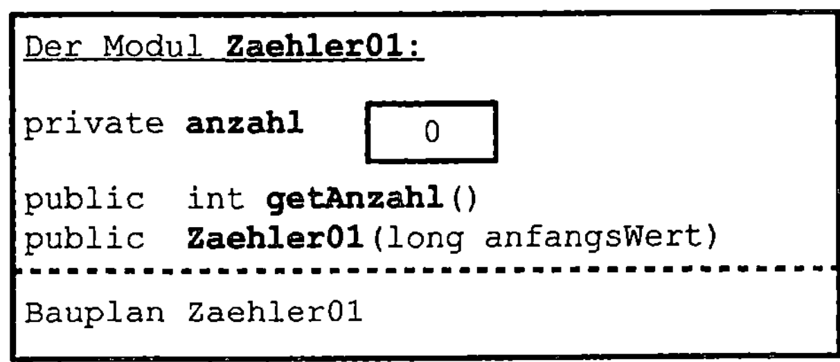

Bild 9.1 Der Modulaspekt der Klasse Zaehler01

Auf die Variable `anzahl` kann man von außerhalb nicht direkt zugreifen, weil sie zum `private`-Teil des Moduls gehört. Die Methode `getAnzahl` und der Konstruktor gehören zum `public`-Teil des Moduls, so dass man sie von außen aufrufen kann. Außerdem enthält der Modul einen *Bauplan*, in dem die drei Vereinbarungen stehen, die zum Bauplanaspekt gehören und bisher noch nicht ausgeführt wurden. Dieser Bauplan steht in einem „separaten Bauplanteil" des Moduls.

Mit der Klasse `Zaehler01` als Bauplan kann man in beliebig vielen Programmen beliebig viele Objekte bauen lassen, etwa so wie im folgenden Beispiel.

Beispiel-02: Die Klasse `Zaehler01` (in irgendeinem Programm) als Bauplan benutzen

```
23      ...
24      // Wir lassen drei Zaehler01-Objekte bauen:
25      Zaehler01 zafer = new Zaehler01(-5);
26      Zaehler01 zelia = new Zaehler01(10);
27      Zaehler01 zelma = new Zaehler01(15);
28      ...
```

Nach Ausführung der beiden Vereinbarungen in Zeile 25 und 26 existieren zwei Variablen, namens `zafer` und `zelia`, die als Bojen dargestellt etwa so aussehen:

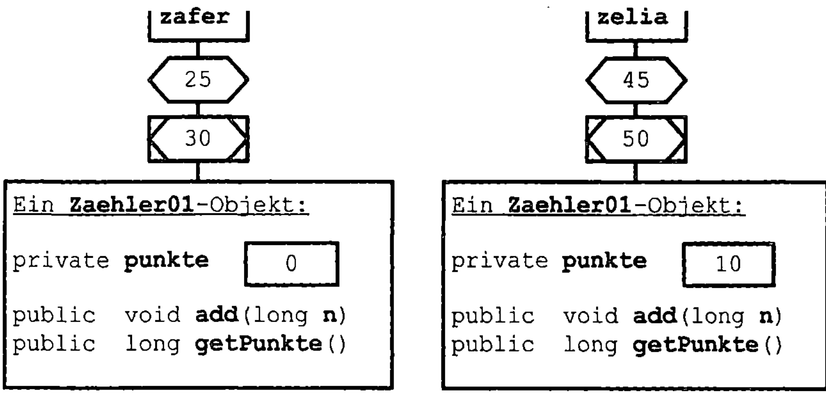

Bild 9.2 Zwei Objekte der Klasse Zaehler01

Jede der beiden Variablen zeigt auf ein neues Objekt der Klasse `Zaehler01`. In jedes Objekt wurde jedes zum Bauplanaspekt der Klasse gehörende Element eingebaut. Insgesamt existieren jetzt (nach Ausführung von Zeile 26) drei Module: Der Modul `Zaehler01` (der Modulaspekt der Klasse Zaehler01, siehe oben Bild 9.1), und zwei Objekte (oder: Module) der Klasse `Zaehler01`, von denen jedes drei Elemente namens `punkte`, `add` und `getPunkte` enthält.

Die Ausführung der Variablenvereinbarung in Zeile 26 (die Vereinbarung der Variablen `zelia`) wird jetzt schrittweise und etwas genauer beschrieben:

Schritt 1: Der `new`-Befehl erzeugt ein neues Objekt der Klasse `Zaehler01`. In dieses Objekt wird jedes zum Bauplanaspekt der Klasse gehörige Element eingebaut. Eine Ganzzahl-Variable wie `punkte` wird vom `new`-Befehl immer und standardmäßig mit `0` initialisiert (Gleitpunktvariablen werden vom `new`-Befehl entsprechend mit `0.0`, `boolean`-Variablen mit `false` und Referenzvariablen mit `null` initialisiert). Das vom `new`-Befehl erzeugte Objekt sieht etwa so aus:

```
Ein Zaehler01-Objekt:

private punkte    [ 0 ]

public  void add(long n)
public  long getPunkte()
```

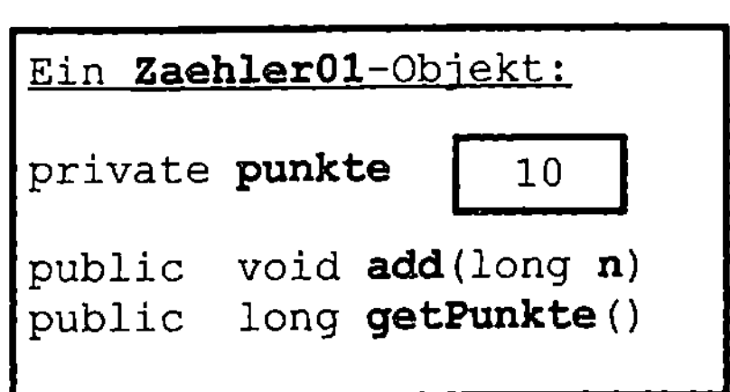

Bild 9.3 Ein von new erzeugtes Zaehler01-Objekt

Schritt 2: Dann wird der Konstruktor `Zaehler01` mit dem aktuellen Parameter `10` aufgerufen. Er soll das neue Objekt nicht etwa „konstruieren" (das hat der `new`-Befehl bereits erledigt) sondern nur noch *initialisieren.* In diesem einfachen Beispiel soll der Konstruktor im neuen Objekt die Variable `punkte` mit dem speziellen Anfangswert `10` versehen. Statt diese Initialisierung selbst und direkt mit einer Zuweisung zu erledigen, ruft der Konstruktor die Methode `add` mit dem Parameter `10` auf (in Zeile 9). Die prüft, ob der Parameter in einem bestimmten Bereich liegt (zwischen `0` und `10`) und erhöht dann die Variable `punkte` um `10` (in Zeile 17). Anschließend erhöht der Konstruktor (in Zeile 10) die Variable `anzahl` im Modul `Zaehler01` um `1`. Da dies *jedes Mal* geschieht, nachdem der Konstruktor ein neues Objekt initialisiert hat, enthält die Variable `anzahl` immer die Anzahl der bis dahin erzeugten `Zaehler01`-Objekte. Wenn der Konstruktor fertig ist, sieht das neue `Zaehler01`-Objekt etwa so aus:

```
Ein Zaehler01-Objekt:

private punkte    [ 10 ]

public  void add(long n)
public  long getPunkte()
```

Bild 9.4 Ein vom Konstruktor initialisiertes Zaehler01-Objekt

Schritt 3: Der `new`-Befehl beendet seine Arbeit, indem er als Ergebnis eine Referenz liefert, die auf das neu gebaute Objekt zeigt. Hier wird angenommen, dass das die Referenz <`50`> ist.

Schritt 4: Wie in Zeile 26 befohlen, erzeugt der Ausführer eine Referenzvariable namens `zelia` und initialisiert sie mit dem Referenzwert `[<50>]`. Eine Bojendarstellung dieser Variablen sieht man oben im Beispiel-02.

Der Befehl `new ZaehlerO1(10)` (in Zeile 26) ist ein *Ausdruck*, der als *Seiten-effekt* ein neues `ZaehlerO1`-Objekt erzeugt (mit `new`) und initialisiert (mit dem Konstruktor `ZaehlerO1`). Der *Wert* des Ausdrucks ist eine *Referenz*, die auf das neu erzeugte Objekt zeigt (im Beispiel war das die Referenz <50>).

Vergleich: Sie beauftragen (z. B. in einem fernen Land) eine Firma, dort ein Haus zu bauen und einzurichten („zu initialisieren"). Wenn die Firma fertig ist, schickt Sie Ihnen die genaue Anschrift des Hauses, damit sie es finden und benutzen kön-nen. So ähnlich wie diese Firma funktioniert der `new`-Befehl.

Anmerkung: *Erzeugt* (oder „konstruiert") werden Objekte mit dem `new`-Befehl. Ein *Konstruktor* darf nur (und muss immer) unmittelbar nach einem `new`-Befehl aufgerufen werden und dient dazu, das neu erzeugte Objekt zu *initialisieren*. Die Bezeichnung *Initialisator* wäre intuitiver, aber die Bezeichnung *Konstruktor* hat sich allgemein durchgesetzt.

Aufgabe-01: Führen Sie die Vereinbarung der Variablen `zelma` in Zeile 27 aus (in 4 Schritten wie oben beschrieben) und stellen Sie `zelma` als Boje dar. Eine Lösung finden Sie am Ende dieses Abschnitts.

Aufgabe-02: Welchen Wert hat die Variable `anzahl` im Modul `ZaehlerO1`, nachdem der Ausführer die Vereinbarungen der Variablen `zafer`, `zelia` und `zelma` (in Zeile 25 bis 27) fertig ausgeführt hat? Eine Lösung finden Sie am Ende dieses Abschnitts.

Nachdem die drei Variablen `zafer`, `zelia` und `zelma` erzeugt wurden und auf `Zaehler03`-Objekte zeigen, kann man diese Objekte (oder: Module) *benutzen*, indem man die darin enthaltenen Methoden namens `add` und `getPunkte` aufruft, etwa so wie im folgenden Beispiel.

Beispiel-03: Die Zielwerte (Objekte) der Variablen `zafer`, `zelia` und `zelma` benutzen (siehe auch das Beispielprogramm `Zaehler01Tst`)

```
29      zelia.add( 2); // zelia.punkte wird von 10 auf 12 erhoeht
30      zelma.add( 3); // zelma.punkte wird von  0 auf  3 erhoeht
31      zafer.add( 2); // zafer.punkte wird von  0 auf  2 erhoeht
32      zelma.add( 5); // zelma.punkte wird von  3 auf  8 erhoeht
33      zelma.add(20); // zelma.punkte wird von  8 auf  8 erhoeht
34
35      pln(zafer.getPunkte());
36      pln(zelia.getPunkte());
37      pln(zelma.getPunkte());
```

Aufgabe-03: Warum verändert der Befehl `zelma.add(20);` in Zeile 33 den Wert der Variablen `zelma.punkte` nicht? In welcher Zeile der Klasse `Zaehler01` steht der Befehl, der eine Erhöhung um mehr als 10 Punkte verhindert? Eine Lösung finden Sie am Ende dieses Abschnitts.

Die Klasse `Zaehler01` ist die Lösung. Aber welches Problem wurde hier gelöst? Und was ist der spezielle Nutzen der Klasse `Zaehler01` bei der Lösung des Problems?

Problem: Ein paar Menschen haben die Möglichkeit, irgendwelche *Pluspunkte* zu sammeln. Ein Programm soll für jeden dieser Menschen ein entsprechendes *Punkte-Konto* verwalten und sicherstellen, dass die folgenden Regeln eingehalten werden:

1. Ein neu angelegtes Konto soll zwischen 0 und 10 Punkten enthalten (aber keine negative Punktezahl und nicht mehr als 10 Punkte).
2. Ein Punkte-Konto soll immer nur *erhöht* (und nie vermindert) werden.
3. Bei jeder Veränderung soll ein Punkte-Konto um höchstens 10 Punkte erhöht werden.

Ein wichtiger Teil dieses Problems wurde mit der Klasse `Zaehler01` gelöst. Im Beispiel-03 wurden für 3 Testpersonen (`zafer`, `zelia` und `zelma`) Punkte-Konten angelegt, ein paar Mal verändert und ausgegeben.

Während einer Ausführung des Programms `ZaehlerTst` werden vor allem vier Module erzeugt: Der Modul `Zaehler01` und die drei Module `zafer`, `zelia` und `zelma`.

Diese Module haben die üblichen nützlichen Eigenschaften: Die Variable `anzahl` befindet sich im privaten (geschützten) Teil des Moduls `Zaehler01` und kann von Stellen außerhalb weder aus Versehen noch böswillig verändert werden. Sie wird nur von dem Konstruktor `Zaehler01` erhöht, der sich im selben Modul befindet. Ganz ähnlich befindet sich jede der drei Variablen namens `punkte` im privaten Teil eines (nach dem Bauplan `Zaehler01` gebauten) Moduls und kann nur mit der Methode `add` verändert werden, die sich im selben Modul befindet.

Sollte sich beim Testen herausstellen, dass die Variable `anzahl` oder eine der drei Variablen namens `punkte` einen falschen Wert enthält, muss der Fehler nur innerhalb des betreffenden Moduls gesucht werden. Da alle vier Module direkt oder indirekt aus der Vereinbarung der Klasse `Zaehler01` (siehe Beispiel-01) erzeugt wurden, bedeutet das konkret, dass man die Fehlersuche auf diese Klasse konzentrieren kann. Bei einem kleinen Programm ist dieser Vorteil nicht überwältigend, aber wenn die Klasse `Zaehler01` später im Rahmen eines größeren Programms eingesetzt wird, ist der Vorteil entsprechend größer.

Module wie `Zaehler01`, `zafer`, `zelia` und `zelma` hätte man auch in einer älteren, „Modul-orientierten" Sprache (z. B. in C oder in Modula2) schreiben können. Die Klasse `Zaehler01` hat aber gegenüber „alten Modulen" den folgenden Vorteil: Module (Objekte) wie `zafer`, `zelia` und `zelma` kann der Programmierer in beliebiger Anzahl und mit wenig Schreibarbeit pro Modul (mit einem kurzen Befehl wie `new  Zaehler01(5)`) erzeugen lassen. Auch dieser Vorteil ist im obigen Beispiel noch nicht sehr stark ausgeprägt, da der Bauplanaspekt der Klasse `Zaehler01` nur 3 Elemente umfasst. Aber auch wenn es 30 oder 300 Elemente wären, könnte der Programmierer trotzdem mit sehr wenig Schreibaufwand den Bau von einem oder mehreren solchen Modulen (Objekten) anordnen.

Aufgabe-04: Schreiben Sie ein Programm namens `Zaehler01Tst02`, in dem 1000 Punkte-Konten (natürlich als `Zaehler01`-Objekte) mit je 3 Punkten darauf erzeugt werden. Jedes Konto soll dann einmal um 2 Punkte und dann noch mal um 11 Punkte erhöht werden (die 11-Punkte-Erhöhungen sollten keine wirkliche Erhöhung der Konten zur Folge haben). Schließlich soll die Summe aller Punkte-Konten berechnet und ausgegeben werden. Das Programm soll deutlich weniger als 1000 Zeilen lang sein. Eine Lösung findet man bei den Beispielprogrammen (in der im Abschnitt 1.3 beschriebenen Sammlung).

Die am Anfang dieses Kapitels eingeführte Kurzdefinition einer Klasse als „Modul und Bauplan für Module" soll die folgenden Punkte betonen:

1. Die Idee einer Klasse kann als Weiterentwicklung der Idee eines Moduls verstanden werden.

2. Klassen haben einen „Doppelcharakter"; sie sind „zwei Dinge auf einmal". Das ist zwar ziemlich praktisch, am Anfang aber leicht verwirrend (etwa so, wie ein Kugelschreiber, der gleichzeitig ein Flaschenöffner ist).

3. Alles, was man über Module weiß oder lernt, gilt gleichermaßen für Klassen (genauer: für den Modulaspekt einer Klasse) und für die Objekte einer Klasse. Deshalb ist es „lernökonomisch" sinnvoll, den Begriff einer Klasse und den Begriff eines Objekts auf den Modulbegriff zurückzuführen.

Es ist möglich, in der obigen Kurzdefinition den (ziemlich metaphorischen und konkreten) Begriff *Bauplan* durch den abstrakteren Begriff *Typ* zu ersetzen:

Def.: Eine *Klasse* ist ein *Modul* und gleichzeitig ein *Typ*, dessen Werte Module sind.

Diese Definition macht deutlich, dass man das neue Konzept einer *Klasse* als eine Kombination der älteren Konzepte *Modul* und *Typ* verstehen kann.

Damit ist dieser Abschnitt eigentlich zu Ende. Es folgen noch Lösungen zu den Aufgaben-01 bis -03.

Lösung-01: Die Variable `zelma` sieht als Boje etwa so aus:

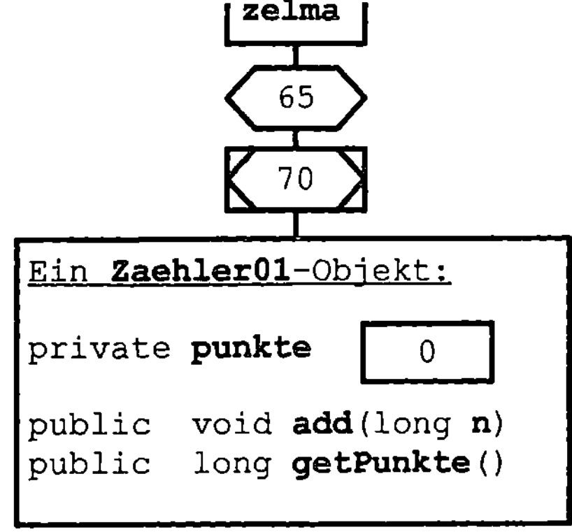

Bild 9.5 Ein ZaehlerO1-Objekt

Nachdem das Objekt vom `new`-Befehl erzeugt wurde, hat die Variable `punkte` darin den Standardwert 0. Dann wird der Konstruktor mit dem Parameter 15 aufgerufen. Der Konstruktor ruft die Methode `add` mit dem Parameter 15 auf. In der Methode `add` (im Beispiel-01, Zeile 17) wird der Wert 15 *nicht* zum Attribut `punkte` addiert (das Attribut hat somit weiterhin den Wert 0).

Lösung-02: In den Vereinbarungen wird der Konstruktor `Zaehler01` insgesamt dreimal aufgerufen. Wenn die Vereinbarungen fertig ausgeführt sind, steht deshalb in der Variablen `anzahl` der Wert 3.

Lösung-03: Im Beispiel-01 in Zeile 17 wird das Attribut `punkte` nur dann um n erhöht, wenn n zwischen 1 und 10 (einschliesslich) liegt.

9.2   Eine Klasse mit Attributen eines Referenztyps

Objekte der Klasse `Zaehler01` enthalten nur *primitive* Daten (eine `int`-Variable namens `punkte`). Objekte können aber auch *Referenzvariablen* enthalten, die auf weitere Objekte zeigen, wie das folgende Beispiel zeigen soll.

Beispiel-04: Ein Bauplan für etwas kompliziertere Objekte

```
 1  class Person00 {
 2      // -----------------------------------------------------------
 3      public Person00(String vor, String nach, int zahl) {
 4          vorName  = vor;
 5          nachName = nach;
 6          libZahl  = zahl;
 7      } // Konstruktor Person00
 8      // -----------------------------------------------------------
 9      private String vorName;
10      private String nachName;
11      private int    libZahl;  // Lieblingszahl
12
13      public String toString() {
14          return vorName + " " + nachName + ", " + libZahl;
15      } // druckeName
16      // -----------------------------------------------------------
17  } // class Person00
```

Für zwei Angehörige der Familie Schulz werden Objekte dieser Klasse vereinbart:

```
18  Person00 anna = new Person00("Anna", "Schulz", 123);
19  Person00 bert = new Person00("Bert", "Schulz", 111);
```

Als Bojen dargestellt sehen die Variablen `anna` und `bert` etwa so aus:

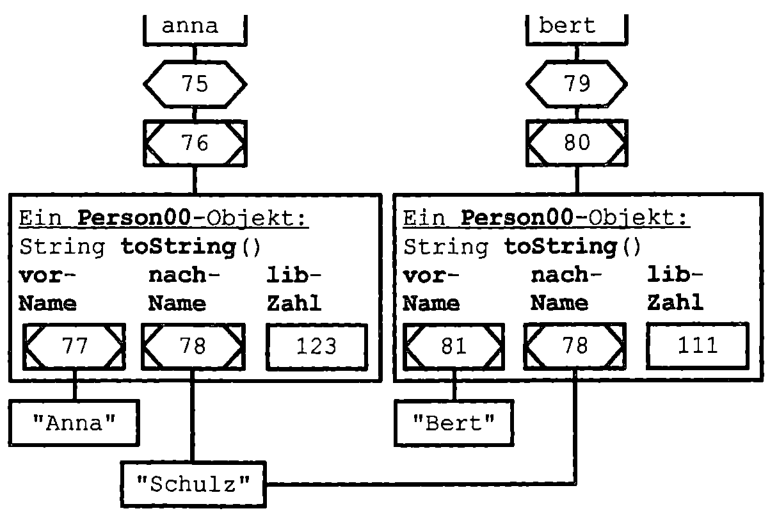

Bild 9.6 Zwei PersonOO-Objekte und drei String-Objekte

Man sieht hier zwei `PersonOO`-Objekte (Module), die je 4 Elemente enthalten, eine Methode namens `toString` und drei Attribute namens `vorName`, `nachName` und `libZahl`. Welche Elemente zum `public`-Teil und welche zum `private`-Teil gehören wurde hier (zur Vereinfachung) nicht mehr ausdrücklich dargestellt, man kann es aber in der Klassenvereinbarung nachlesen.

Außerdem sieht man drei `String`-Objekte, die die Zeichenketten `"Anna"`, `"Schulz"` und `"Bert"` enthalten. Diese Objekte sind hier stark vereinfacht dargestellt. In Wirklichkeit sind sie erheblich „umfangreicher" als die `PersonOO`-Objekte mit ihren vier Elementen (`vorName`, `nachName`, `libZahl` und `toString`) und werden im nächsten Abschnitt ein bisschen genauer behandelt.

Die `PersonOO`-Objekte enthalten Referenz-Variablen, die auf die `String`-Objekte zeigen. Die `String`-Objekte selbst sind separate Objekte und liegen außerhalb der `PersonOO`-Objekte. Dadurch ist es möglich, dass z. B. die beiden `String`-Variablen `anna.nachName` und `bert.nachName` gleiche Werte haben (im Beispiel: `[<78>]`) und damit auf dasselbe `String`-Objekt `"Schulz"` zeigen.

Grundsätzlich gilt: Wenn ein Objekt eine Variable (ein Attribut) enthält, dann steht nur der *Wert* der Variablen *im* Objekt. Falls die Variable einen *Zielwert* hat, steht der immer *außerhalb* des Objekts. Wenn ein Objekt zerstört wird, werden natürlich auch seine Variablen zerstört. Aber falls diese Variablen Zielwerte haben, werden die *nicht* automatisch mit zerstört, weil sie keine Bestandteile des Objekts sind.

9.3 Extreme Klassen

Jede Klasse hat einen *Modulaspekt* und einen *Bauplanaspekt*. Zum Modulaspekt gehören alle mit `static` gekennzeichneten Elemente und die Konstruktoren. Alle anderen Elemente der Klasse gehören zum Bauplanaspekt der Klasse.

Es kann aber durchaus vorkommen, dass der Modulaspekt einer Klasse leer ist. Der Bauplanaspekt enthält dagegen immer eine Minimum von 11 Elementen, die nicht vom Programmierer vereinbart, sondern „von der Klasse `Object` geerbt" wurden. Diese geerbten Elemente werden aber vorläufig außer Acht gelassen und Baupläne und Objekte, die keine vom Programmierer vereinbarten Elemente enthalten, werden als (fast) leer bezeichnet. Im *Extremfall* kann eine Klasse also ein *reiner Modul* sein (und einen fast leeren Bauplanaspekt besitzen) oder ein *reiner Bauplan* (mit einem leeren Modulaspekt) sein.

Beispiel-01: In den Kapiteln 1 und 2 wurden Beispielklassen namens `Hallo01`, `Hallo02`, ..., `Hallo10` vorgestellt. Alle in diesen Klassen vereinbarten Elemente (sind Methoden und) mit `static` gekennzeichnte. Die Bauplanaspekte dieser Klassen sind somit (fast) leer. Trotzdem kann man Objekte dieser Klassen vereinbaren, etwa so:

```
1   Hallo01 ob01 = new Hallo01();
```

Ein Objekt kann man nur mit Hilfe eines Konstruktors erzeugen lassen (obwohl das Objekt vom `new`-Befehl erzeugt wird und vom Konstruktor dann nur noch „ein bisschen initialisiert" wird). Rechts von `new` wird hier ein Konstruktor (mit 0 Parametern) aufgerufen, obwohl in der Klasse `Hallo01` gar kein Konstruktor vereinbart wurde. Das geht auf Grund folgender Regel:

Konstruktor-Regel: Wenn der Programmierer in einer Klasse keinen Konstruktor vereinbart, „schenkt" der Ausführer der Klasse einen öffentlichen (`public`) Konstruktor mit 0 Parametern. Dieser Konstruktor hat einen leeren Rumpf, d. h. er initialisiert keine Variablen in den Objekten der Klasse (was eigentliche seine Aufgabe ist), ermöglicht es aber, überhaupt Objekte der Klasse zu erzeugen (wie oben in Zeile 1).

Einen Konstruktor mit 0 Parametern bezeichnet man als *Standardkonstruktor*. Ein Standardkonstruktor kann auch vom Programmierer vereinbart werden, wahlweise mit leerem oder mit nicht-leerem Rumpf.

Das im Beispiel-01 vereinbarte Objekt `ob01` ist (fast) leer, d. h. `ob01` ist ein Modul, der (fast) keine Elemente enthält. Das folgende Beispiel soll zeigen, dass solche leeren Objekte durchaus nützlich sein können (ähnlich wie die Zahl 0, leere Reihungen, leere `String`-Objekte und ähnliche Größen).

Beispiel-02: Leere Objekte können nützlich sein

```
2   class Farbe {
3       private Farbe() {}; // Vereinbarter Standard Konstruktor
4
5       static final Farbe ROT   = new Farbe();
6       static final Farbe GRUEN = new Farbe();
7       static final Farbe BLAU  = new Farbe();
8   } // class Farbe
```

Alle in der Klasse `Farbe` vereinbarten Elemente und der Konstruktor gehören zu ihrem Modulaspekt. In einem Programm benutzen kann man die Klasse `Farbe01` etwa so:

```
9       static public void main(String[] sonja) {
10
11          // Eine Farbe-Variable kann nur einen von
12          // drei Werten haben: ROT, GRUEN oder BLAU:
13          Farbe meineFarbe = Farbe.BLAU;
14          Farbe deineFarbe = Farbe.ROT;
15
16          if (meineFarbe != deineFarbe) {
17              pln("Meine und deine Farbe sind ungleich!");
18          }
19
20      } // main
```

Erläuterungen zu einem ganz ähnlichen Beispiel (bei dem die Objekte allerdings nicht ganz leer sind) findet man in der Datei `FarbeAK.java` in der Sammlung der Beispielprogramme.

Aufgabe-01: Stellen Sie die Konstante `Farbe.BLAU` (vereinbart in Zeile 7) und die Variable `meineFarbe` (vereinbart in Zeile 13) als Bojen dar. Tip: Die beiden Bojen „hängen zusammen". Eine Lösung findet man am Ende dieses Abschnitts.

Klassen wie `Farbe` bezeichnet man auch als *Aufzählungstypen* (weil der Programmierer alle Werte des Typs einzeln aufzählt, siehe Zeile 5 bis 7). Man könnte Farben auch durch willkürlich gewählte `int`-Werte kodieren. Variablen des Typs `Farbe` haben aber den Vorteil, dass man ihnen nur „korrekte Farbwerte" (`ROT`,

GRUEN oder BLAU) zuweisen kann und der Ausführer alle anderen Zuweisungen ablehnt (weil sie typenmäßig falsch wären). Einer int-Variable könnte man dagegen beliebige int-Werte zuweisen und nicht nur solche, die wir als Code einer Farbe festgelegt haben. Seit der Java-Version 5.0 wird das Vereinbaren von Aufzählungstypen speziell unterstützt und vereinfacht (siehe Kapitel 13).

Die Klasse Math (wie mathematics) gehört zur Java-Standardbibliothek und ist ein „reiner Modul", d. h. ihr Bauplanaspekt ist (fast) leer. Der Modul Math enthält trigonometrische Funktionen wie sin, cos, tan etc., andere elementare Funktionen wie sqrt (Quadratwurzel), pow (Exponentiation) und log (Logarithmus), einfache aber häufig sehr nützliche Funktionen namens min und max (die von ihren 2 Parametern den kleineren bzw. den größeren als Ergebnis liefern), Funktionen zum Runden von Gleitpunktzahlen (floor, ceiling, round, rint) und die Funktion random (die bei jedem Aufruf eine zufällig gewählte double-Zahl zwischen 0.0 und 1.0 liefert).

Viele Klassen bestehen hauptsächlich aus einem Bauplan und der Modulaspekt ist nur ein kleines und nicht so wichtiges „Anhängsel" oder ist ganz leer. Die Klassen StringBuilder und Object gehören zur Java-Standardbibliothek und sind Beispiele für „reine Baupläne", d. h. für Klassen mit leerem Modulaspekt.

Im folgenden Beispiel wird eine Klasse mit einem leeren Modulaspekt und einem (fast) leeren Bauplanaspekt vereinbart:

Beispiel-03: Eine (fast) leere Klasse

```
21 class FastLeer {}
```

Der Modulaspekt dieser Klasse ist leer und der Bauplanaspekt enthält nur die minimalen 11 (von der Klasse Object geerbten) Elemente, die wir hier außer Acht lassen.

Lösung-01: Die Variablen Farbe.BLAU und meineFarbe als Bojen:

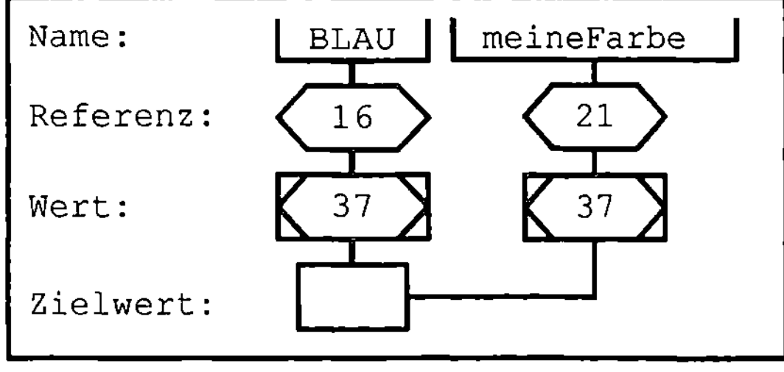

Bild 9.7 Zwei Farbe-Variablen und ein leeres Objekt

Die `final`-Variable (Konstante) `BLAU` hat hier den (vom Ausführer festgelegten) Referenzwert `[<37>]` und der Wert der Variablen `meineFarbe` ist eine Kopie dieses Wertes. Wenn man zwei `Farbe`-Variablen (z. B. `meineFarbe` und `deineFarbe`) mit einer Gleichheitsoperation (`==` oder `!=`, gleich oder ungleich) vergleicht, werden ihre *Werte* verglichen. *Zielwerte* spielen bei einem solchen Vergleich keine Rolle. In diesem Beispiel wird die Farbe `BLAU` also durch den Referenzwert `[<37>]` kodiert, nicht durch den (praktisch leeren) Zielwert der `final`-Variablen `BLAU`.

9.4   Klassische Fachbegriffe

Innerhalb einer *Klasse* (engl.: class) kann man *Elemente* (engl.: members) und *Konstruktoren* (engl.: constructors) vereinbaren. D. h., die Konstruktoren gehören offiziell *nicht* zu den *Elementen* der Klasse (weil es Regeln gibt, die nur für Elemente gelten und andere, die sich nur auf Konstruktoren beziehen).

Innerhalb einer Klasse darf man beliebig viele (0 oder mehr) Konstruktoren vereinbaren. Wenn man mehrere vereinbart, müssen sie sich durch die Anzahl oder die Typen ihrer Parameter voneinander unterscheiden (z. B. ist ein Konstruktor mit einem `int`- und einem `String`-Parameter und ein zweiter Konstruktor mit einem `String`- und einem `int`-Parameter erlaubt, aber zwei Konstruktoren mit einem `int`- und einem `String`-Parameter sind nicht erlaubt). Wenn der Programmierer 0 Konstruktoren vereinbart, „schenkt" der Ausführer der Klasse einen *öffentlichen Standardkonstruktor* mit leerem Rumpf. „Standard" bedeutet hier: „mit 0 Parametern". Der Programmierer kann einen Standardkonstruktor auch *vereinbaren*, wahlweise mit leerem oder nicht-leerem Rumpf. Aus den hier skizzierten Regeln folgt, dass jede Klasse mindestens einen Konstruktor besitzt.

Die Elemente einer Klasse kann man auf drei voneinander unabhängige Weisen in Gruppen einteilen.

Einteilung nach Art: Jedes Element ist entweder ein *Attribut* (d. h. eine Variable, ein Datenelement, engl. a field), eine *Methode* (d. h. ein Unterprogramm, engl. a method), eine *Klasse* oder eine *Schnittstelle* (engl.: a class or interface).

Einteilung nach Aspektzugehörigkeit: Die mit `static` gekennzeichneten Elemente bezeichnet man auch als *Klassenelemente* (engl. class members), die nicht mit `static` gekennzeichneten Elemente als *Objektelemente* (engl.: object members oder instance members). Die Klassenelemente einer Klasse K gehören (zusammen mit den Konstruktoren) zum Modulaspekt von K und werden nur einmal erzeugt (wenn der Modul K erzeugt wird). Die Objektelemente gehören zum Bauplan K und werden in jedes K-Objekt eingebaut.

Einteilung nach Erreichbarkeit (accessability)**:** Man unterscheidet *öffentliche* Elemente (mit `public` gekennzeichnet), *geschützte* Elemente (mit `protected` gekennzeichnet, *paketweit erreichbare* Elemente (mit *keinem* Erreichbarkeitsmodifizierer gekennzeichnet) und *private* Elemente (mit `private` gekennzeichnet).

„Ein Element ist an einer Stelle S eines Programms erreichbar" soll heißen: Man kann an der Programmstelle S auf das Element zugreifen und es benutzen (z. B. eine Methode aufrufen oder einem Attribut einen neuen Wert zuweisen etc.). Öffentliche Elemente einer Klasse K sind an allen Stellen S erreichbar, wo K erreichbar ist. Private Elemente sind nur innerhalb ihrer Klasse erreichbar. Die anderen beiden Erreichbarkeitsstufen (geschützt und paketweit erreichbar) liegen zwischen öffentlich und privat und werden nur in speziellen Fällen verwendet (siehe dazu das Beispielprogramm `p00.p01.K10Tst` und den Abschnitt 17.4 über den Paketwald).

Um ein Element einer Klasse zu erreichen (d. h. um darauf zuzugreifen), muss man eventuell mehr als seinen einfachen Namen angeben. Z. B. kann man auf eine Klassenmethode m einer Klasse K1 mit ihrem einfachen Namen m zugreifen, solange man sich in K1 befindet. Um m aus einer anderen Klasse K2 aus aufzurufen, muss man den zusammengesetzten Namen `K1.m` („m im Modul K1") angeben.

Ein Element ist an einer Stelle S eines Programms *sichtbar*, wenn es dort erreichbar ist und man mit seinem einfachen Namen darauf zugreifen kann.

Die hier skizzierten Einteilungen (aller in einer Klasse vereinbarten Elemente) sind unabhängig voneinander (etwa so, wie die x-, y- und z-Achse eines Koordinatensystems), so dass alle Kombinationen möglich sind. So gibt es z. B. öffentliches Klassenattribut (Attribut, Klassenelement, öffentlich), private Objektmethode (Methode, Objektelement, privat) und geschützte Klassenmethode (Methode, Klassenelement, geschützt) etc.

Im Folgenden werden wir *Klassen* und *Schnittstellen*, die als Elemente einer umfassenden Klasse vereinbart wurden, sowie die seltener verwendeten Erreichbarkeitsstufen *protected* und *paketweit erreichbar* vorläufig außer Betracht lassen. Wir konzentrieren uns zunächst auf solche Klassen, die nur private und öffentliche Methoden, Attribute und Konstruktoren enthalten.

Beispiel-01: Eine Klasse mit 8 Elementen verschiedener Art, Zugehörigkeit und Erreichbarkeit sowie 2 Konstruktoren verschiedener Erreichbarkeit

```
 1   class ErreichbarkeitO1 {
 2       // ------------------------------------------------------
 3       // Der Modulaspekt der Klasse ErreichbarkeitO1:
 4       static public  int n1 = 17;
 5       static private int n2 = 25;
 6
 7       static public  void inkrementA() {inkrementB();}
 8       static private void inkrementB() {n1++; n2++;   }
 9
10       public  ErreichbarkeitO1()        {m1 = m2 = 17;}
11       private ErreichbarkeitO1(int m)   {m1 = m2 =  m;}
12       // ------------------------------------------------------
13       // Der Bauplanaspekt der Klasse ErreichbarkeitO1:
14
15       public  int m1;
16       private int m2;
17
18       public  void dekrementA() {dekrementB();}
19       private void dekrementB() {m1--; m2--;   }
20       // ------------------------------------------------------
21   } // class ErreichbarkeitO1
```

Aufgabe-01: Geben Sie von jedem der 8 Elemente seinen Namen, seine Art, seine Zugehörigkeit und seine Erreichbarkeit an. Geben Sie von jedem der 2 Konstruktoren die Anzahl seiner Parameter und seine Erreichbarkeit an. Lösen Sie diese Aufgabe jeden Tag erneut, bis Sie die Lösung in unter 60 Sekunden vortragen können. Ein Lösung findet man am Ende dieses Abschnitts.

Im Beispielprogramm `ErreichbarkeitO1Tst` wird versucht, auf alle Elemente und Konstruktoren der Klasse `ErreichbarkeitO1` zuzugreifen. Die entsprechenden Fehlermeldungen eines Compilers sind als Kommentar angegeben.

Aufgabe-02: Betrachten Sie die Klasse `Person01` (in der Datei `Person01.java` in der Sammlung der Beispielprogramme) und geben Sie von den folgenden Arten von Dingen an, *wie viele* davon in der Klassen `Person01` vereinbart werden und *wie sie heißen*:

1. Konstruktoren? 2. Klassenelemente? 3. Objektelemente? 4. Attribute? 5. Methoden? 6. private-Elemente? 7. public-Elemente? 8. Klassenattribute? 9. Klassenmethoden? 10. Objektattribute? 11. Objektmethoden?

Eine Lösung findet man am Ende dieses Abschnitts.

Lösung-01: Die 8 Elemente und 2 Konstruktoren der Klasse `Erreichbarkeit01`

Name	Art	Aspekt	Erreichbarkeit
n1	Attribut	Modul	`public`
n2	Attribut	Modul	`private`
inkrementA	Methode	Modul	`public`
inkrementB	Methode	Modul	`private`
m1	Attribut	Bauplan	`public`
m2	Attribut	Bauplan	`private`
dekrementA	Methode	Bauplan	`public`
dekrementB	Methode	Bauplan	`private`

Ein Konstruktor mit null Parametern.
Ein Konstruktor mit einem Parameter vom Typ `int`.

Lösung-02: Der eine Konstruktor und die 7 Elemente der Klasse `E01Punkt`

1. Ein Konstruktor   (mit zwei Parametern vom Typ `String`).
2. Drei Klassenelemente   (`anzahlPerson01, druckePerson01, p`).
3. Drei Objektelemente   (`vorName, nachName, druckeName`).
4. Drei Attribute   (`anzahlPerson01, vorName, nachName`).
5. Drei Methoden   (`druckePerson01, p, druckeName`).
6. Drei private-Elemente   (`anzahlPerson01, vorName, nachName`).
7. Drei public-Elemente   (`druckePerson01, p, druckeName`).
8. Ein Klassenattribut   (`anzahlPerson01`).
9. Zwei Klassenmethoden   (`druckePerson01, p`).
10. Zwei Objektattribute   (`vorName, nachName`).
11. Eine Objektmethode   (`druckeName`).

9.5   Objektorientierte Programmierung

In diesem Abschnitt soll ganz kurz die Grundidee der objektorientierten Programmierung skizziert werden.

Angenommen, ein Programm zum Verwalten einer *Bank* soll entwickelt werden.

Als Vorbereitung muss untersucht werden, welche Dinge bei der Verwaltung einer Bank wichtig sind. Der Begriff „Dinge" soll hier auch Personen und Abstrakta wie Schulden, Berechtigungen etc., umfassen. Bei der Untersuchung der Bank wird man etwa feststellen, dass *Kunden, Konten, Filialen, Mitarbeiter* und *Filialleiter* die Dinge sind, auf die es hauptsächlich ankommt.

Dann versucht man, diese Dinge durch entsprechende Objekte in einem Rechner darzustellen. Dazu entwirft man z. B. Klassen namens *Kunde, Konto, Filiale* etc. und sorgt dafür, dass ein Objekt der Klasse *Kunde* alle wichtigen Daten eines Kunden enthält, seinen Namen und seine Anschrift etc., und unter anderem ein Objekt der Klasse *Konto* (oder mehrere solche Objekte). Jedes *Konto*-Objekt enthält alle Informationen über ein Konto und Methoden wie *einzahlen, abheben, sperren, auszugDrucken* etc. zum Bearbeiten dieses Kontos.

Mit älteren Bankprogrammen konnte man auch Konten einrichten, Geld darauf einzahlen oder wieder abheben etc., aber die Variablen und Methoden, die zu einem Konto gehörten, waren typischerweise über mehrere Programme und Dateien verteilt. Zu dem Ding Konto („in der Welt") gab es keine direkte Entsprechung in einem der Bankprogramme, sondern nur Spuren und Teile in verschiedenen Programmen.

Wenn alles sehr gut läuft, dann ist ein objektorientiertes Bank-Programm auch für Bankfachleute mit geringen Programmierkenntnissen zumindest einigermaßen verständlich, weil die Objekte im Programm einen direkten Bezug zu den Dingen in der Bank haben.

Aber auch für die Programmierer hat es Vorteile, wenn die Daten eines Kontos und die Methoden, die man darauf anwenden darf (*einzahlen, abheben, sperren* etc.) zu Objekten zusammengefasst sind. Damit ist leicht erkennbar, dass man die Methode *einzahlen* nur auf ein Konto anwenden kann, und wenn man aus Versehen versucht, die Methode *einzahlen* auf ein *Kunden*-Objekt oder ein *Filial*-Objekt anzuwenden, ist das ein formaler Fehler, den der Ausführer schon vor der ersten Ausführung des Programms erkennen kann.

Wenn alles nicht nur sehr gut, sondern ganz außergewöhnlich gut läuft, gibt es direkte Bezüge nicht nur zwischen statischen Dingen („in der Welt") und Objekten (im Rechner), sondern sogar zwischen dynamische *Entwicklungen* und *Veränderungen*: Wenn sich in der Organisation einer Bank etwas ändert, sollte es möglich sein, die Klassen und Objekte im Verwaltungsprogramm ganz entsprechend zu ändern. Dieses hohe Ziel wird aber auch von objektorientierten Programmen nicht immer im gewünschten Maße erreicht. Es ist auch heute noch sehr schwer, bei der Entwicklung eines Programms alle möglichen Veränderungen vorauszusehen und das Programm darauf vorzubereiten.

10   Ein paar Standardklassen und Methoden

Zu jedem Java-Ausführer gehört auch eine *Standardbibliothek*, die heute (im Jahr 2005, Java 5.0) bereits mehr als 2500 Klassen und 700 Schnittstellen enthält und weiter wächst (genauer: explodiert). Für keine andere Programmiersprache existiert eine auch nur annähernd so umfangreiche und leistungsfähige, plattformunabhängige Standardbibliothek.

Zu dieser Standardbibliothek gibt es eine Dokumentation im HTML-Format, mit der sich jede Java-Programmiererin vertraut machen sollte (siehe dazu den Eintrag [HTML_Doc] im Literaturverzeichnis).

In diesem Kapitel werden die Klassen `String`, `StringBuilder`, `ArrayList` und `Random` und die Methoden `format` und `printf` zum Formatieren von Ausgabedaten vorgestellt.

Zeichenketten wie etwa `"abc"` oder `"Fensterglas und Pickelhering"` etc. kann der Programmierer wahlweise durch `String`-Objekte oder durch `String-Builder`-Objekte repräsentieren. `String`-Objekte sind *unveränderbar*. Deshalb können (heute übliche, maschinelle) Java-Ausführer bei ihrer Erzeugung und Bearbeitung bestimmte *Optimierungen* anwenden. `StringBuilder`-Objekte sind dagegen *veränderbar*, und deshalb ist der Umgang mit ihnen für heute übliche Ausführer etwas aufwendiger (und bei bestimmten Veränderungen *viel* aufwendiger). Wenn man eine Zeichenkette z. B. schrittweise zusammenbauen und häufig verändern will, sollte man unbedingt ein `StringBuilder`-Objekt verwenden. Zeichenketten, die sich praktisch nie ändern (z. B. Meldungstexte wie `"Bitte beenden Sie dieses Programm, Sie können offenbar nicht richtig damit umgehen!"`) sollte man durch `String`-Objekte darstellen.

10.1 Die Klasse String

Die in diesem Abschnitt behandelten Code-Beispiele findet man auch im Programm String01. Das Programm String02 enthält eine umfangreiche Folge von häufig verwendeten String-Befehlen. Wenn man selbst String-Befehle programmieren will, empfiehlt es sich, einen Ausdruck des Programms String02 (oder eine ähnlich kompakte Sammlung von Beispielen) leicht erreichbar neben sich zu legen und öfters hineinzuschauen.

Beispiel-01: Eine String-Variable vereinbaren und initialisieren, die Methoden length und charAt aufrufen

```
1    String s01 = "Hallo!";
2
3       Ausdruck                          // Wert des Ausdrucks
4    ...s01.charAt(0)              ...  // 'H'
5    ...s01.charAt(5)              ...  // '!'
6    ...s01.charAt(s01.length()-1) ...  // '!'
7
8    for (int i=0; i<s01.length(); i++) {
9       char c = s01.charAt(i);
10      ... // Das Zeichen c irgendwie bearbeiten
11   }
```

Jedes String-Objekt enthält 0 oder mehr (maximal etwa 2,15 Milliarden) char-Werte. Der Ausdruck s01.length() bezeichnet die Länge des Strings s01, d. h. die Anzahl seiner char-Werte. Jeder char-Wert des Strings s01 hat einen Index zwischen 0 und s01.length()-1. Ein Ausdruck wie s01.charAt(i) (siehe Zeile 4, 5, 6 und 9) bezeichnete den i-ten char-Wert von s01.

Im Unicode (siehe dazu das Kapitel 23) wird jedes häufig verwendete Zeichen durch *einen* char-Wert dargestellt. Es gibt aber auch seltener verwendete Zeichen (z. B. für die Noten einer Partitur und für bestimmte alte chinesische Zeichen) die durch *zwei* char-Werte dargestellt werden. Die Anzahl der *Zeichen* (engl. code points) in einem String kann also *kleiner* sein, als die Anzahl der char-Werte, die er enthält. Im Extremfall ist in einem String s die Anzahl der Zeichen (s.codePointCount(0, s.length())) nur halb so groß wie die Länge (s.length()). Siehe dazu das Beispielprogramm String04.

Beispiel-02: Mit der Methode `substring` auf Teilstrings eines `String`-Objekts zugreifen

```
12   String s02 = "Hallo Sonja!";
13
14       Ausdruck                         Wert des Ausdrucks
15   ...s02.substring(6)             ...    "Sonja!"
16   ...s02.substring(6, 9)          ...    "Son"
17   ...s02.substring(0,  7)         ...    "Hallo S"
18   ...s02.substring(7,  7)         ...    "" (ein leerer String)
19   ...s02.substring(0, s02.length())...   s02
20
21   for (int bis=7; bis<=s02.length(); bis+=2) {
22      pln(s02.substring(0, bis));
23   }
```

Der Ausdruck `s02.substring(6,  9)` bezeichnet *den* Teilstring von `s02`, zu dem alle `char`-Werte mit Indizes von 6 (einschließlich) bis 9 (*ausschließlich!*) gehören. Der Ausdrucke `s02.substring(6)` bezeichnet denselben Teilstring wie der Ausdruck `s02.substring(6, s02.length())`.

Dass der zweite Index *ausschließlich* gilt, klingt anfangs möglicherweise befremdlich, ist aber genau die Festlegung, die viele erfahrene Programmierer sich wünschen. In der Java-Standardbibliothek gibt es mehrere (Klassen mit) Methoden, die zwei Indizes als Parameter erwarten und bei denen der erste Index *einschließlich* und der zweite *ausschließlich* gilt, z. B. die Methoden `substring` und `replace` in der Klasse `String`, die Methoden `replace` und `delete` in der Klasse `StringBuilder` und mehrere Methoden namens `fill` und `sort` in der Klasse `Arrays`.

Wenn man die `substring`-Methode aufruft, wird meistens ein neues `String`-Objekt erzeugt. Eine Ausnahme von dieser Regel sieht man in Zeile 19: Der Ausdruck `s02.substring(0,  s02.length())` (oder: `s02.substring(0,  12)`) bezeichnet dasselbe `String`-Objekt wie die Variable `s02`, *keine Kopie* dieses Objekts. Wie man das überprüfen kann, wird im nächsten Abschnitt erläutert.

Beispiel-03: Mit den Methoden `startsWith`, `endsWith` und `contains` prüfen, ob ein `String`-Objekt mit einem bestimmten Teilstring beginnt, endet oder ihn irgendwo enthält:

```
24   String s03 = "Hallo Sonja! Wie geht's? Gut!";
25
26       Ausdruck                      Wert des Ausdrucks
27   ...s03.startsWith("Hall")...   true
28   ...s03.startsWith("hall")...   false
29   ...s03.startsWith(s02)     ...   true   (s02 aus Beispiel-02)
30   ...s03.endsWith("Gut!")    ...   true
```

```
31  ...s03.endsWith(s03)        ...   true
32  ...s03.endsWith(s02+"XY")...      false
33  ...s03.contains("! Wie")  ...     true
34  ...s03.contains(s02+" W")...      true    (s02 aus Beispiel-02)
```

Als Parameter darf man auch bei diesen Methoden einen beliebig einfachen oder komplizierten Ausdruck des richtigen Typs angeben (hier: des Typs `String`). Als Ergebnis liefern diese Methoden jeweils einen Wert des Typs `boolean`. Beim Suchen werden große und kleine Buchstaben *unterschieden* (z. B. ist `"Hall"` nicht gleich `"hall"`).

Beispiel-04: Mit den Methoden `indexOf` und `lastIndexOf` ermitteln, wo in einem `String`-Objekt (bei welchem Index) ein bestimmter `char`-Wert steht bzw. ein bestimmter Teilstring beginnt

```
35  String s04 = "Catamantaloedis";
36
37      Ausdruck                        Wert des Ausdrucks
38  ...s04.    indexOf('a')      ...    1
39  ...s04.lastIndexOf('a')      ...    8
40  ...s04.    indexOf('a', 2)...       3
41  ...s04.lastIndexOf('a', 4)...       3
42  ...s04.    indexOf('x')      ...    -1
43  ...s04.lastIndexOf('x')      ...    -1
44
45  ...s04.    indexOf("ta")     ...    2
46  ...s04.lastIndexOf("ta")     ...    7
47  ...s04.    indexOf("ta", 3)...      7
48  ...s04.lastIndexOf("ta", 6)...      2
49  ...s04.    indexOf("xy")     ...    -1
50  ...s04.lastIndexOf("xy")     ...    -1
```

All diese Methoden erwarten als ersten Parameter den zu suchenden `char`-Wert bzw. den zu suchenden Teilstring und liefern einen Index. Die Methoden `indexOf` suchen von links nach rechts, die Methoden `lastIndexOf` von rechts nach links. Wenn man zusätzlich einen Index (als zweiten Parameter) angibt, wird ab diesem Index (einschließlich) gesucht. Wenn der gesuchte `char`-Wert bzw. Teilstring nicht gefunden wird, ist das Ergebnis gleich -1.

Beispiel-05: Veränderte Kopien eines `String`-Objekts erzeugen

```
51  String s04 = "Catamantaloedis";
52
53      Ausdruck                    Wert des Ausdrucks
54  ...s04.replace('a', 'i')...     Citimintiloedis
55  ...s04.replace('a', 'o')...     Cotomontoloedis
56  ...s04.toUpperCase()     ...    CATAMANTALOEDIS
57  ...s04.toLowerCase()     ...    catamantaloedis
```

String-Objekte sind grundsätzlich *unveränderbar*. Auch die Methodenaufrufe in diesem Beispiel verändern den String s04 nicht, sondern liefern nur veränderte Kopien von ihm (siehe dazu auch den nächsten Abschnitt).

Ob zwei String-Objekte *gleich* oder *ungleich* sind, kann man mit den Methoden equals und equalsIgnoreCase prüfen, die jeweils ein Ergebnis vom Typ boolean liefern. Dagegen liefert die Method compareTo ein Ergebnis vom Typ int. Seien s1 und s2 zwei String-Objekte. Der Ausdruck s1.compareTo(s2) bezeichnet einen negativen Wert, den Wert 0 bzw. einen positiven Wert, je nachdem, ob s1 *kleiner*, *gleich* oder *größer* ist als s2. Ein String s1 ist *kleiner* als ein String s2, wenn s1 in einem Lexikon *vor* s2 stehen muss (d. h. die Methode compareTo vergleicht String-Objekte entsprechend der *lexikografischen Ordnung*).

Beispiele-06: String-Objekte miteinander vergleichen (siehe auch das Beispielprogramm String04)

```
58   String s05 = "Hallo!";
59   String s06 = "Hallo!";
60   String s07 = "hallo!";
61   String s08 = "HALLO!";
62   String s09 =  null;
63
64        Ausdruck                              Wert des Ausdrucks
65   ...s05.equals("Hallo")          ...   true
66   ...s05.equals(s06)              ...   true
67   ...s05.equals(s07)              ...   false
68   ...s05.equals(s09)              ...   false
69   ...s09.equals(s05)             ...   Löst NullPointerException aus
70
71   ...s06.equalsIgnoreCase(s07)  ...   true
72   ...s07.equalsIgnoreCase(s08)  ...   true
73   ...s08.equalsIgnoreCase(s09)  ...   false
74   ...s09.equalsIgnoreCase(S08)  ...   Löst NullPointerException aus
75
76   ...s05.compareTo("H")           ...   5
77   ...s05.compareTo("Ha")          ...   4
78   ...s05.compareTo("Hal")         ...   3
79   ...s05.compareTo("Hall")        ...   2
80   ...s05.compareTo("Hallo")       ...   1
81   ...s05.compareTo("Hallo!")      ...   0
82   ...s05.compareTo("Hallo!a")     ...   -1
83   ...s05.compareTo("Hallo!ab")  ...   -2
84   ...s05.compareTo("Hallo!abc")...   -3
```

```
85    Ausdruck                        Wert des Ausdrucks
86
87    ...s05.compareTo("Halll")    ...  3
88    ...s05.compareTo("Hallm")    ...  2
89    ...s05.compareTo("Halln")    ...  1
90    ...s05.compareTo("Hallo")    ...  1
91    ...s05.compareTo("Hallp")    ...  -1
92    ...s05.compareTo("Hallq")    ...  -2
93    ...s05.compareTo("Hallr")    ...  -3
94
95    ...s09.compareTo(s05)        ...  Löst NullPointerException aus
96    ...s05.compareTo(s09)        ...  Löst NullPointerException aus
```

Da die Variable `s09` mit dem Wert `null` initialisiert wird (Zeile 62), zeigt sie auf kein Objekt und somit existiert auch keine Methode `s09.equals` in diesem Objekt. Falls man trotzdem versucht, diese nicht-existierende Methode aufzurufen (siehe Zeile 69), wird während der Ausführung des Programms eine Ausnahme des Typs `NullPointerException` ausgelöst. Andersherum kann man die Variable `s09` ohne weiteres einer existierenden Methode wie `s05.equals` als Parameter übergeben (siehe Zeile 68), das Ergebnis des Methodenaufrufs ist dann aber immer `false`. Ganz Entsprechendes gilt auch für die Methode `equalsIgnoreCase` (siehe Zeile 73 und 74).

Die Methode `compareTo` wirft auch dann eine `NullPointerException`, wenn ihr Parameter den Wert `null` hat (siehe Zeile 95 und 96).

Aufgabe-01: Schreiben Sie eine Methode mit dem Profil

```
97 static public int vergleiche(String s1, String s2);
```

die immer „das Gleiche Ergebnis liefert" wie die Methode `compareTo` für Strings (ohne die Funktion `compareTo` aufzurufen). Was die Methode `compareTo` als Ergebnis liefert, können Sie im Beispielprogramm `String03` nachlesen und durch eigene Experimente herausfinden. Eine Lösung für diese Aufgabe finden Sie im Beispielprogramm `String06`.

Man darf String-Objekte *nicht* mit den Operatoren <, <=, => und > vergleichen, die ein `boolean`-Ergebnis liefern würden, sondern muss stattdessen die Funktion `compareTo` verwenden, die ein `int`-Ergebnis liefert. Das hat folgenden einsehbaren Grund: Vergleicht man zwei Strings `s11` und `s12` miteinander, so sind grundsätzlich *drei* Ergebnisse möglich: `s11` kann kleiner, gleich oder größer `s12` sein. Wollte man diese *drei* Ergebnisse mit den `boolean`-liefernden-Operatoren <, <= etc. voneinander unterscheiden, müsste man die String-Objekte *zweimal* miteinander vergleichen, z. B. einmal mit < (um die Fälle *kleiner* und *größer/gleich* zu unterscheiden) und dann noch einmal mit == (um *größer* und *gleich* zu unterscheiden). String-Vergleiche können aber ziemlich *teuer* sein (wenn beide Strings z. B. fünftausend oder fünf Millionen Zeichen lang sind und sich nur durch ihre letzten Zeichen unterscheiden oder vollständig gleich sind). Die Methode `compareTo` kann durch *eine* Inspektion der `String`-Objekte s11 und s12 herausfinden, welches der drei möglichen Vergleichsergebnisse vorliegt: kleiner, gleich oder größer. Deshalb hat `compareTo` auch nicht den Rückgabetyp `boolean` (zu dem nur *zwei* Werte gehören), sondern den Rückgabetyp `int` (zu dem mehr als *drei* Werte gehören).

Beispiel-03: Mit `compareTo` alle drei möglichen Vergleichsergebnisse unterscheiden

```
98  String s11 = ...                  // Ein langer String
99  String s12 = ...                  // Ein langer String
100 int    erg = s11.compareTo(s12); // Ein teurer String-Vergleich
101
102 if (erg < 0) {                     // Ein billiger int-Vergleich
103    pln("s11 ist kleiner als s12!");
104 } else if (erg == 0) {             // Ein billiger int-Vergleich
105    pln(" s11 ist gleich s12!");
106 } else {
107    pln("s11 ist groesser als s12!");
108 } // if
```

In Zeile 100 findet *ein* einziger (teurer) `String`-Vergleich statt. In den Zeilen 102 und 104 sind dann nur noch zwei (billige) `int`-Vergleiche notwendig, um alle drei möglichen Vergleichsergebnisse (kleiner, gleich und größer) zu unterscheiden.

Man darf `String`-Variablen auch mit den Gleichheitsoperationen `==` und `!=` vergleichen. Was dabei herauskommt wird im folgenden Abschnitt behandelt.

10.2 Objekte mit Hilfe von Bojen genauer verstehen

Es ist möglich, aber ziemlich aufwendig und unpraktisch, String-Variablen „realistisch" als Bojen darzustellen. Deshalb werden wir sie in aller Regel „vereinfacht" zeichnen. Das folgende Beispiel soll deutlich machen, worum es dabei geht.

Beispiel-01: Eine String-Variable und zwei Bojendarstellungen

```
1   String s01 = new String("Guten Morgen!");
```

Jedes String-Objekt ist ein Modul, der 47 öffentliche Methoden enthält. Die durch das Objekt dargestellte Zeichenkette („der eigentliche String") befindet sich in einem privaten Attribut (typischerweise in Form einer char-Reihung, aber wie der Ausführer ein privates Element realisiert, ist seine „Privatsache"). Die Methoden dienen dazu, auf die Zeichenkette zuzugreifen und sie zu bearbeiten, aber ohne sie dabei zu verändern. Im Folgenden wird die Variable s01 zweimal als Boje dargestellt. Die linke (etwas realistischere) Boje deutet zumindest an, dass ein String-Objekt ein Modul mit einem öffentlichen und einem privaten Teil ist. Die rechte Boje ist stark vereinfacht und praktischer.

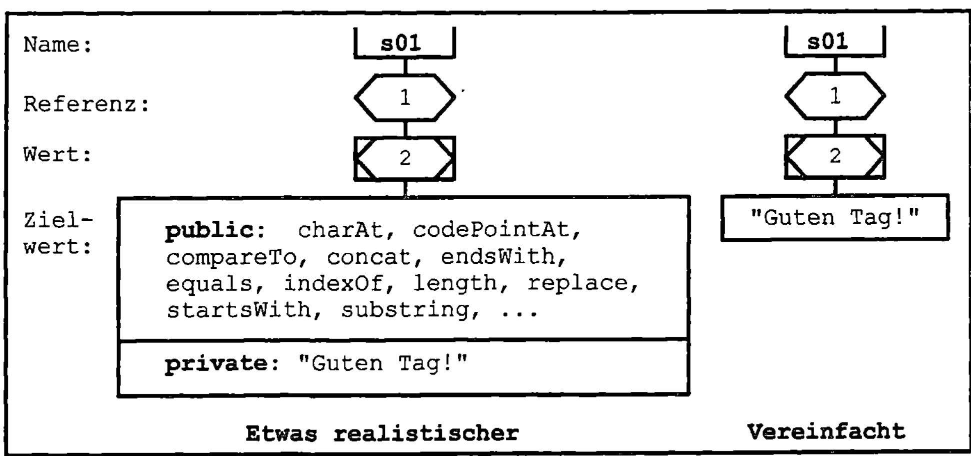

Bild 10.1 Zwei Bojen für dieselbe Variable s01

Auf die Zeichenkette "Guten Tag!" im privaten Teil des Objekts kann man nur indirekt über die öffentlichen Methoden zugreifen. So liefert z. B. der Funktionsaufruf s01.charAt(0) das Zeichen an der Stelle 0 der Zeichenkette (nämlich 'G') und der Funktionsaufruf s01.length() ihre Länge (nämlich 10) etc.

Hinweis: In einem Reihungsobjekt r01 ist length ein *Attribut*, auf welches man mit dem Ausdruck r01.length (*ohne* Klammern) zugreifen kann. In einem String-Objekt s01 ist length eine *Funktion*, deren Ergebnis man mit dem Ausdruck s01.length() (*mit* Klammern) bezeichnen kann.

Es wäre unökonomisch, die Namen der 47 Methoden in jeder Boje einer String-Variablen zu wiederholen. Im Folgenden werden wir solche Bojen immer nur *vereinfacht* darstellen und die Methoden als „im Prinzip bekannt" voraussetzen. Wer (wie der Autor) nicht alle Methoden auswendig kennt, sollte eine Dokumentation der Java-Standardbibliothek möglichst immer griffbereit haben.

Mit Hilfe der Bojendarstellung können wir jetzt präzisieren: *Unveränderbar* ist an der String-Variablen s02 das String-Objekt, auf das sie zeigt (d. h. der *Zielwert* von s02). Der *Wert* von s02 kann beliebig oft z. B. mit Zuweisungen verändert werden, etwa so:

```
2   ...
3   s01 = null;
4   ...
5   s01 = "Hallo!";
```

Wenn nach der Zuweisung in Zeile 3 keine Variable mehr auf das String-Objekt mit der Zeichenkette "Guten Morgen!" darin zeigt, kann der Ausführer das Objekt zerstören (und das „Rohmaterial" des Objekts, den Speicherplatz den es belegt, zum Erzeugen weiterer Objekte wiederverwenden).

Ein String-Literal wie "Guten Morgen!" oder "Hallo!" ist in Java ein *Name* einer unveränderbaren *Stringvariablen*, die (wie andere String-Variablen auch) einen Wert und einen Zielwert hat. In Zeile 5 wird der Variablen s01 der Wert der Variablen "Hallo!" (nämlich [<4>]) zugewiesen. Danach sehen die beiden Variablen etwa so aus:

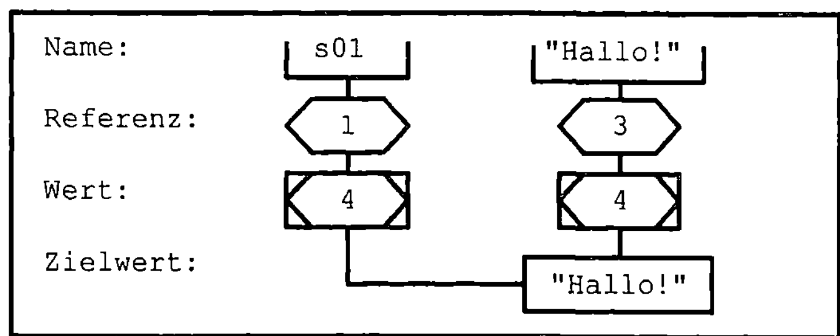

Bild 10.2 Zwei Variablen und ein unveränderbarer Zielwert

Die Variable "Hallo!" ist *unveränderbar*, d. h. ihr Wert [<4>] kann nicht verändert werden (eine Zuweisung wie etwa "Hallo!"= ... ist *nicht* erlaubt). Dagegen ist die Variable `s01` *veränderbar*, d. h. ihr Wert (der zur Zeit ebenfalls gleich `[<4>]` ist) kann verändert werden, z. B. durch Zuweisungen. Solange die beiden Variablen *gleiche* Werte haben, zeigen sie auf *dasselbe* `String`-Objekt, welches die Zeichenkette `"Hallo!"` enthält. Dieses Objekt ist (wie alle `String`-Objekte) *unveränderbar*.

Da ein `String`-Literal wie `"Hallo!"` der Name eines `String`-Objekts ist, kann man auch die 47 öffentlichen Methoden, die sich in diesem Objekt befinden, aufrufen, z.B. so:

```
 6                                       // Ausgabe:
 7  pln("Hallo!".length());             // 6
 8  pln("Hallo!".charAt(0));            // H
 9  pln("Hallo!".replace('a', 'e'));    // Hello!
10  pln("Hallo!".equals(s02));          // true bzw. false (je nach s02)
```

Alle `String`-Variablen, denen man das Literal `"Hallo!"` *zuweist* oder die man mit diesem Literal *initialisiert* (ohne dabei den new-Befehl zu verwenden) haben danach den *gleichen Wert* und *denselben Zielwert* wie das Literal. Das folgende Beispiel soll diese Tatsache veranschaulichen.

Beispiel-02: String-Variablen ohne und mit new initialisieren

```
11 String s03 =          "Hallo!";   // Ohne new
12 String s04 =          "Hallo!";   // Ohne new
13 String s05 = new String("Hallo!"); // Mit  new
```

Die Variablen `s03` und `s04` werden beide mit dem Wert des Literals `"Hallo!"` initialisiert (z. B. mit dem Wert `[<4>]`).

In Zeile 13 befiehlt der Programmierer mit dem new-Befehl ausdrücklich, dass ein *neues* String-Objekt als Kopie des Objekts `"Hallo!"` erzeugt werden soll. Dieses neue Objekt steht danach garantiert an einer anderen Stelle als das alte Objekt, also sicher nicht an der Stelle `[<4>]`, sondern z. B. an der Stelle `[<8>]`, wie in der folgenden Bojendarstellung angenommen wird:

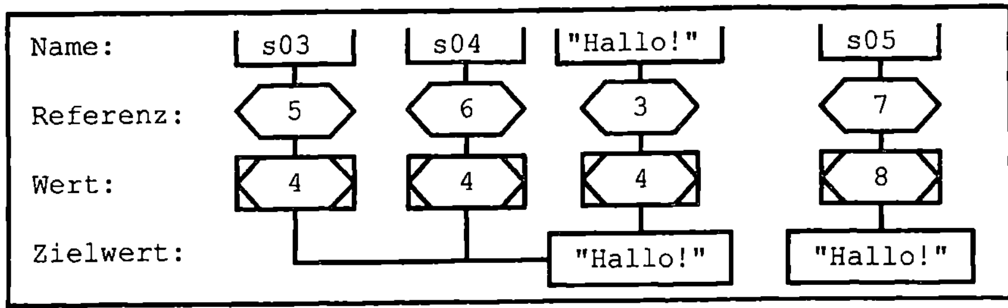

Bild 10.3 Drei Namen (`s03`, `s04` und `"Hallo!"`) für denselben Zielwert

Möglicherweise wirkt es im ersten Moment befremdlich, dass das Literal "Hallo!" als *Name* einer Variablen und als *Zielwert* vorkommt. Man beachte aber, dass der Zielwert ein Modul mit 47 öffentlichen Methoden und einem privaten Attribut ist und hier nur stark vereinfacht dargestellt wurde.

Die Gleichheitsoperationen == und != vergleichen immer die *Werte* ihrer Operanden, nie die *Zielwerte*. Das gilt insbesondere auch bei String-Variablen. Im folgenden Beispiel werden die Variablen aus dem vorigen Beispiel miteinander verglichen.

Beispiel-03: String-Variablen mit der Gleichheitsoperation == vergleichen

```
14    Ausdruck                        Wert des Ausdrucks
15 ...s03=="Hallo!"          ...    true  ([<4>] ist   gleich [<4>])
16 ...s03==s04              ...    true  ([<4>] ist   gleich [<4>])
17 ...s03==s05              ...    false ([<4>] ist ungleich [<8>])
18 ...s03==s03.substring(0, 6)...   true
```

Die Zeile 18 soll den Spezialfall illustrieren, in dem die Methode substring *kein* neues String-Objekt erzeugt, sondern das alte Objekt (hier: s03) liefert. Siehe auch das Beispielprogramm String03.

Aufgabe-01: Betrachten Sie die folgenden Variablen-Vereinbarungen:

```
19 String s08 = "ABCD";
20 String s09 = s08.substring(2);
21 String s10 = s08.substring(3, 3);
```

Stellen Sie die Variablen s08, s09 und s10 als (vereinfachte) Bojen dar. Eine Lösung zu dieser Aufgabe finden Sie am Ende dieses Abschnitts.

Die Klasse String ist nicht nur ein *Bauplan* für String-Objekte, sondern außerdem und zusätzlich auch ein *Modul*, der 13 Konstruktoren und 10 Elemente (1 Attribut und 9 Methoden) enthält. Zwei der Konstruktoren sind veraltet (engl. deprecated, manchmal auch obsolete), d. h. sie sollten in neuen Programmen *nicht* mehr verwendet werden. Die 9 Methoden heißen alle valueOf. Mit ihnen kann man Werte verschiedener Typen in String-Objekte umwandeln. Es empfiehlt sich, möglichst häufig in der Dokumentation der Standardklassen zu stöbern. Man findet fast immer etwas Nützliches oder Interessantes und nicht selten etwas Aufregendes.

Zum Abschluss des Abschnitts folgt hier eine Lösung zu Aufgabe-01.

Lösung-01: Die Variablen `s08`, `s09` und `s10` sehen als Bojen etwa so aus:

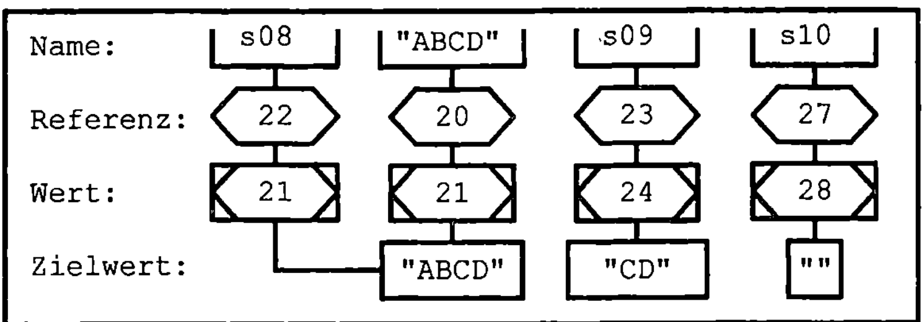

Bild 10.4 Vier Variablen mit drei Zielwerten

Der Ausdruck `s08.substring(3, 3)` bezeichnet den Teilstring von `s08` , der sich vom Index 3 (einschließlich) bis zum Index 3 (ausschließlich) erstreckt. Dieser Teilstring hat die Länge 0 und wird auch als *leerer String* bezeichnet. Man beachte, dass auch ein leerer String alle 47 Methoden eines `String`-Objekts enthält. Die Variable `s10`, die auf einen leeren String zeigt, unterscheidet sich also erheblich von einer Variablen, die den Wert `null` hat und somit auf *kein* Objekt zeigt.

10.3 Die Klasse StringBuilder

Die in diesem Abschnitt behandelten Code-Beispiele findet man auch im Programm `StringBuilder01`. Das Programm `StringBuilder02` enthält eine umfangreichere Folge von häufig verwendeten `StringBuilder`-Befehlen. Wenn man selbst `StringBuilder`-Befehle programmieren will, empfiehlt es sich, einen Ausdruck des Programms `StringBuilder02` (oder eine ähnlich kompakte Sammlung von Beispielen) leicht erreichbar neben sich zu legen und öfters hineinzuschauen.

Jedes Objekt der Klasse `StringBuilder` ist ein Modul, der 48 öffentliche Methoden enthält. Die dargestellte Zeichenkette („der eigentliche String") befindet sich in einem privaten Attribut (typischerweise in Form einer `char`-Reihung, aber wie der Ausführer ein privates Element realisiert, ist seine „Privatsache"). Mit den Methoden kann man indirekt auf die Zeichenkette zugreifen und sie bearbeiten. Insbesondere kann man sie verändern, indem man z. B. Zeichen am Ende anhängt oder an einer bestimmten Stelle einfügt oder indem man bestimmte Zeichen ersetzt oder entfernt.

Um Verlängerungen effizient zu gestalten, legt der Ausführer den privaten Puffer (die `char`-Reihung) normalerweise etwas zu groß an. Die Größe des Puffers bezeichnet man als die *Kapazität* des `StringBuilder`-Objekts, die Anzahl der tatsächlich belegten `char`-Komponenten als seine *Länge*. Wenn der Programmierer nicht ausdrücklich etwas anderes angibt, entscheidet der Ausführer (nach einer beliebig einfachen oder raffinierten Strategie), wie lang er den privaten Puffer anlegt.

Beispiel-01: `StringBuilder`-Objekte mit unterschiedlichen Kapazitäten und Längen

```
1  StringBuilder sb01 = new StringBuilder("Hallo!");
2  StringBuilder sb02 = new StringBuilder("0123456789");
3  sb01.append(sb02);
4  sb01.append("9876543210");
5  StringBuilder sb03 = new StringBuilder();
6  StringBuilder sb04 = new StringBuilder(20);
```

In den Zeile 3 und 4 werden an den momentanen Inhalt des `StringBuilder`-Objekts `sb01` zwei weitere Zeichenketten angehängt. Die folgende Tabelle enthält die Längen und die (von einem bestimmten Ausführer festgelegten) Kapazitäten der `StringBuilder`-Objekte `sb01` bis `sb04`:

Objekt	Länge	Kapazität	Inhalt
sb01	6	22	`"Hallo!"`
sb02	10	26	`"0123456789"`
sb01 (nach Zeile 3)	16	22	`"Hallo!0123456789"`
sb01 (nach Zeile 4)	26	46	`"Hallo!01234567899876543210"`
sb03	0	16	`" "`
sb04	0	20	`" "`

Weil der verwendete Java-Ausführer das Objekt sb01 gleich mit einer Kapazität von 22 Zeichen erzeugt hat, obwohl der anfängliche Inhalt "Hallo!" nur 6 Zeichen lang ist, kann er den append-Befehl in Zeile 3 sehr schnell ausführen. Der zweite append-Befehl (in Zeile 4) bringt den Puffer dann aber doch zum Platzen. Der Ausführer legt daraufhin einen neuen Puffer mit der Kapazität 46 an (um auf weitere Verlängerungsbefehle vorbereitet zu sein), und zerstört den alten Puffer (den mit der Kapazität 22). Der zweite append-Befehl kostet somit deutlich mehr Zeit als der erste. Ein anderer Java-Ausführer hätte anstelle der Puffergrößen 22 bzw. 46 möglicherweise andere Größen gewählt.

In Zeile 5 hat der Programmierer ein leeres StringBuilder-Objekt vereinbart. Der verwendete Ausführer hat daraufhin ein Objekt mit einem Puffer der Kapazität 16 erzeugt (diese Größe hat sich in vielen Anwendungen bewährt). In Zeile 6 hat der Programmierer ein leeres StringBuilder-Objekt mit einer Kapazität von 20 vereinbart.

Mit der Methode ensureCapacity kann der Programmierer jederzeit eine bestimmte Mindestkapazität erzwingen, aber im allgemeinen empfiehlt es sich, die Festlegung der Kapazität dem Ausführer zu überlassen.

Jedes StringBuilder-Objekt enthält mehrere Methoden namens insert, mit denen man Werte eines beliebigen Typs in einen String umwandeln und an einer beliebigen Stelle (oder „Indexposition") einfügen kann. Am „teuersten" (langsamsten) ist das Einfügen „ganz vorn", etwa so: sb01.insert(0, "ABC"), weil dabei alle schon im Puffer vorhandenen Zeichen „nach rechts" verschoben werden müssen. Am „billigsten" (schnellsten) ist das Einfügen „ganz hinten", etwa mit dem insert-Befehl: sb01.insert(sb01.length(), "ABC") oder mit dem (gleichbedeutenden aber kürzeren) append-Befehl sb01.append("ABC"). Mit den Methoden deleteCharAt bzw. delete kann man ein bzw. mehrere Zeichen aus einem StringBuilder-Objekt entfernen.

Aufgabe-01: Sie wollen aus einem gegebenen `StringBuilder`-Objekt `sb` der Länge 1000 ein Zeichen entfernen. Wovon hängt der Zeitbedarf des `delete`-Befehls wohl ab? Beschreiben Sie „teure" und „billige" Fälle. Eine Lösung finden Sie am Ende dieses Abschnitts.

Beispiel-02: Zeitmessungen

Das Programm `StringBuilder03` misst und berechnet, wie oft die Befehle `sb.append('X')`, `sb.insert(0, 'X')` und `s = s + 'X'` pro Sekunde ausgeführt werden können. Dabei ist `sb` ein `StringBuilder`- und `s` ein `String`-Objekt. Die folgenden Ausgaben wurden von einem PC unter Windows 98 mit einem Pentium III Prozessor mit 500 MHz erzeugt:

```
7  A append : pro Sekunde: 2020000
8  B insert : pro Sekunde: 4840
9  C konkat : pro Sekunde: 1351
```

Die folgenden Ausgaben wurden von einem PC unter Windows XP mit einem Pentium IV Prozessor mit 2.52 GHz erzeugt:

```
10 A append : pro Sekunde: 3156250
11 B insert : pro Sekunde: 17101
12 C konkat : pro Sekunde: 2782
```

Die gemessenen Zeiten hängen natürlich stark vom verwendeten Ausführer (von der Hardware, dem Betriebssystem etc.) ab und können auch beim selben Ausführer schwanken. Aber wenn man sie mit der nötigen Vorsicht interpretiert, können die Ausgaben des Programms `StringBuilder03` einen interessanten Eindruck von den (absoluten und relativen) Kosten der drei Befehle vermitteln.

Aufgabe-02: Schreiben Sie eine Methode namens `alleTeiler` entsprechend der folgenden Spezifikation:

```
13     static StringBuilder alleTeiler(int n) {
14         // Liefert ein StringBuilder-Objekt, welches alle positiven
15         // Teiler von n (durch Kommas separiert) enthaelt. Falls n
16         // gleich -1, 0 oder +1 ist, wird nur 1 als Teiler gelie-
17         // fert. Fuer alle anderen Zahlen n ist 1 der kleinste und
18         // (der Betrag von) n der groesste Teiler. Beispiele:
19         // alleTeiler( 12) ist gleich 1, 2, 3, 4, 6, 12
20         // alleTeiler(-12) ist gleich 1, 2, 3, 4, 6, 12
21         // alleTeiler( 17) ist gleich 1, 17
22         // alleTeiler( -1) ist gleich 1
23         // alleTeiler( +1) ist gleich 1
24         // alleTeiler(  0) ist gleich 1
25         ...
26     } // alleTeiler
```

Eine Lösung findet man im Beispielprogramm `StringBuilder04`.

Lösung-01: Billige und teuere `deleteCharAt`-Befehle:

```
27 // Das letzte Zeichen zu entfernen ist besonders billig:
28 sb.deleteCharAt(sb.length()-1);
29 // Das erste Zeichen zu entfernen ist besonders teuer:
30 sb.deleteCharAt(0);
31 // Der Zeitbedarf anderer deleteCharAt-Befehle liegt dazwischen:
32 sb.deleteCharAt(sb.length()/2);
```

10.4 Die Klasse ArrayList

Beispiele für die Benutzung von Objekten der Klasse `ArrayList` findet man in den Programmen `ArrayList01` bis `ArrayList05`.

`ArrayList` ist eine *Sammlungsklasse* (`collection class`) und ihre Instanzen (Objekte) sind *Sammlungen*. Eine Sammlung ist ein Objekt, in das man Objekte *einfügen*, in dem man nach einem Objekt *suchen* und aus dem man Objekte *entfernen* kann. Kurz: In einer Sammlung kann man Objekte *sammeln*. Die Objekte, die in eine Sammlung eingefügt wurden, bezeichnen wir hier als die gesammelten Objekte oder *Komponenten* der Sammlung.

Eine „normale" Klasse wie `String`, `StringBuilder` oder `Integer` repräsentiert nur *einen* Typ, so dass man z. B. zwischen der *Klasse* `String` und dem *Typ* `String` nicht zu unterscheiden braucht.

Seit der Version 5.0 von Java ist `ArrayList` keine „normale" Klasse mehr, sondern eine *generische* Klasse. Das bedeutet: Die Klasse `ArrayList` repräsentiert nicht einen, sondern *mehrere* Typen, einen *rohen Typ* (raw type) namens `Array-List` und praktisch unbegrenzt viele *p-Typen* (parametrisierte Typen) mit Namen wie etwa `ArrayList<String>` (lies: „ArrayList von String"), `ArrayList<Integer>` („ArrayList von Integer") etc. Mit dem rohen Typ `ArrayList` sollte der Programmierer sich nur einlassen, wenn er es nicht vermeiden kann (typischerweise, weil er mit Programmen zu tun hat, die vor der Java-Version 5.0 geschrieben wurden). Wenn möglich, sollte der Programmierer nur p-ArrayList-Typen wie `ArrayList<String>`, `ArrayList<Integer>` etc. verwenden.

In einem Sammlungsobjekt des p-Typs `ArrayList<String>` kann man nur `String`-Objekte sammeln. Versucht der Programmierer trotzdem (aus Versehen oder um seinen Ausführer zu testen), z. B. ein `StringBuilder`-Objekt in eine `ArrayList<String>`-Sammlung einzufügen, lehnt der Ausführer das Programm (schon bei der Übergabe, „zur Compilezeit") ab.

Die Klasse `ArrayList` heißt mit vollem Namen `java.util.ArrayList`, weil sie zum Paket `util` im Paket `java` gehört. Pakete haben Ähnlichkeit mit Dateiverzeichnissen (directories) und werden im Kapitel 17 genauer behandelt.

Beispiel-01: String-Objekte in einem Sammlungsobjekt sammeln

```
 1  java.util.ArrayList<String> sam01 =
 2      new java.util.ArrayList<String>();
 3
 4                                     // +-------------------------+
 5                                     // |sam01, die Sammlung      |
 6                                     // |Inhalt:          |Groesse:|
 7                                     // +-----------------+--------+
 8                                     // |[]               |0 Kompos|
 9  sam01.add("aaa");                  // |[aaa]            |1 Kompo |
10  sam01.add("ccccc");                // |[aaa, cccc]      |2 Kompos|
11  sam01.add(1, "bb");                // |[aaa, bb, cccc]  |3 Kompos|
12                                     // |                 |        |
13  String sc = sam01.get(2);          // |  "   "    "     |"   "   |
14  String sa = sam01.get(0);          // |  "   "    "     |"   "   |
15                                     // |                 |        |
16  sam01.remove(1);                   // |[aaa, cccc]      |2 Kompos|
17  sam01.set(0, "xxxxx");             // |[xxxxx, cccc]    |2 Kompos|
```

In den Zeilen 1 bis 2 wird ein leeres Sammlungsobjekt namens sam01 vereinbart.
In Zeile 9 und 10 werden zwei String-Objekte in die Sammlung eingefügt, indem
sie „am Ende der Sammlung angehängt" werden. Danach steht das Objekt "aaa"
an der Indexposition 0 und das Objekt "ccccc" an der Position 1 der Sammlung.
In Zeile 11 kommt ein weiteres String-Objekt in die Sammlung, aber es wird
nicht am Ende angehängt, sondern an der Indexposition 1 eingefügt. Das Objekt
"cccc" wird dadurch auf die Position 2 verschoben. **Achtung:** Ein Einfügebefehl
wie etwa sam01.add(37, "abc") löst eine Ausnahme des Typs IndexOutOf-
BoundsException aus, wenn die Sammlung sam01 in dem Moment weniger als
37 Komponenten enthält. Der Ausdruck sam01.size() bezeichnet die momentane Anzahl der Objekte in der Sammlung sam01. Das ist gleichzeitig die größte
Zahl, die man in einem add-Befehl als Index angeben darf, etwa so:

```
18  sam01.add(sam01.size(), "abc");
19  sam01.add("abc");
```

Der Befehl in Zeile 19 bewirkt das Gleiche wie der in Zeile 18 (ist aber einfacher).

Der Ausdruck sam01.get(2) in Zeile 13 bezeichnet das Objekt an der Indexposition 2 der Sammlung (das ist das Objekt "cccc").

Mit dem remove-Befehl kann man ein Objekt aus einer Sammlung entfernen
(wenn man weiß, an welcher Indexposition es steht, siehe Zeile 16) und mit dem
set-Befehl kann man ein Objekt der Sammlung durch ein anderes ersetzen (siehe
Zeile 17).

Zum Suchen nach einer bestimmten Komponenten enthält jedes Sammlungsobjekt
vom Typ ArrayList drei Methoden: contains, indexOf und lastIndexOf.

Die Methode `contains` liefert `true` bzw. `false`, je nachdem ob die gesuchte Komponente in der Sammlung enthalten ist oder nicht. Falls man z. B. nach dem `String`-Objekt `"abc"` sucht, in der Sammlung aber mehrere, z. B. drei gleiche Objekte enthalten sind, etwa an den Indexpositionen 3, 12 und 17, dann liefert `indexOf` den kleinsten dieser Indizes (3) und `lastIndexOf` den größten (17). Wenn es nur *ein* passendes Objekt in der Sammlung gibt, liefern die Funktionen `indexOf` und `lastIndexOf` gleiche Ergebnisse und wenn es *kein* passendes Objekt gibt, liefern beide den Wert `-1` (der leicht von „richtigen Indizes" zu unterscheiden ist).

Die Ergebnisse der drei Suchmethoden hängen davon ab, wann zwei Objekte als gleich gelten und wann als ungleich. Die Suchmethoden entscheiden diese Frage grundsätzlich mit der Methode `equals` in den gesammelten Objekten.

Zur Erinnerung: Die `equals`-Methode in einem `String`-Objekt vergleicht Zielwerte, d. h. die eigentlichen Zeichenketten, und nicht nur die Referenzwerte, die darauf zeigen. Im Gegensatz dazu vergleicht die `equals`-Methode in einem `StringBuilder`-Objekt Referenzwerte, und nicht die Zeichenkette im Objekt. Dieser Unterschied hat wichtige Auswirkungen auf die Suchmethoden in einem Sammlungsobjekt, wie das folgende Beispiel deutlich machen soll (siehe dazu auch das Beispielprogramm `ArrayList03`).

Beispiel-02: `equals` ist nicht immer gleich `equals`

```
20 String                 s01  = new String("Hallo!");
21 String                 s02  = new String("Hallo!");
22
23 StringBuilder          b01  = new StringBuilder("Hallo!");
24 StringBuilder          b02  = new StringBuilder("Hallo!");
25
26 ArrayList<String>        samS = new ArrayList<String>();
27 ArrayList<StringBuilder> samB = new ArrayList<StringBuilder>();
28
29 samS.add(s01); // Der String        s01 wird in samS eingefuegt
30 samB.add(b01); // Der StringBuilder b01 wird in samB eingefuegt
31
32     Ausdruck                     Wert des Ausdrucks
33 ... s01.equals    (s01) ...      true
34 ... s01.equals    (s02) ...      true
35 ... samS.contains(s01) ...       true
36 ... samS.contains(s02) ...       true
37
38 ... b01.equals    (b01) ...      true
39 ... b01.equals    (b02) ...      false
40 ... samB.contains(b01) ...       true
41 ... samB.contains(b02) ...       false
```

Wichtig sind hier die Werte der Ausdrücke in den Zeilen 33 bis 41. Dagegen ist der jeweilige Kontext, in dem sie benutzt werden, unwichtig und wird hier nur durch die Auslassungen „. . . " angedeutet.

Die `String`-Objekte `s01` und `s02` (vereinbart in den Zeilen 20 und 21) sind nicht identisch, repräsentieren aber gleiche Zeichenketten. Dasselbe gilt für die `StringBuilder`-Objekte `b01` und `b02`.

In die Sammlung `samS` wird nur das eine Objekt `s01` eingefügt (Zeile 29).
In die Sammlung `samB` wird nur das eine Objekt `b01` eingefügt (Zeile 30).

Der Ausdruck `samS.contains(s02)` in Zeile 36 hat den Wert `true`, weil die Sammlung `samS` das `String`-Objekt `s01` enthält und `s02` gleich `s01` ist (siehe Zeile 34).

Dagegen hat der Ausdruck `samB.contains(b02)` in Zeile 41 den Wert `false`. Zwar enthält die Sammlung `samB` das Objekt `b01`, aber `b02` ist nicht gleich `b01` (siehe Zeile 39).

In Java enthält jedes Objekt eine `equals`-Methode. Was diese Methode genau macht, hängt aber von dem Bauplan ab, nach dem das Objekt gebaut wurde. Ehe man Objekte in eine Sammlung einfügt, sollte man in ihrem Bauplan (d. h. in ihrer Klasse) nachlesen, wie die `equals`-Methode funktioniert.

Anmerkung: Wann zwei Objekte als gleich gelten sollten, ist keineswegs immer von vornherein klar, sondern muss in Abhängigkeit der jeweiligen Anwendung festgelegt werden. Angenommen, in einer Sammlung befinden sich Objekte einer Klasse `PersonenKraftwagen` mit den Attributen `RahmenNr`, `MotorNr` und `Farbe`. Sucht ein Autokäufer nach sofort lieferbaren Autos, ist die Farbe wahrscheinlich wichtig. Sucht ein Polizist nach einem gestohlenen Fahrzeug muss er in der Regel damit rechnen, dass es bereits „umgespritzt" ist. Im ersten Fall sollte die `equals`-Funktion für `PersonenKraftwagen`-Objekte die Farbe berücksichtigen, im zweiten Fall nicht.

Aufgabe-01: Schreiben Sie ein Programm, in dem zwei Sammlungen angelegt werden, eine namens `samS` mit `String`-Objekten und eine namens `samB` mit `StringBuilder`-Objekten darin. Die beiden Sammlungen sollen in eine dritte Sammlung `aliO` ("O" wie "Object") eingefügt werden. Was erscheint auf dem Bildschirm, wenn man die Sammlung `aliO` ausgibt (mit `System.out.print-ln`)? Was passiert, wenn man das Objekt `aliO` in die Sammlung `aliO` (d. h. in sich selbst) einfügt und dann ausgibt? Ein Lösung findet man im Beispielprogramm `ArrayList05`.

Heute übliche Java-Ausführer bauen in jedes `ArrayList`-Objekt `sam` ein privates Attribut vom Typ `Object[]` (Reihung von beliebigen Objekten) ein und speichern in dieser Reihung Referenzen auf die eingefügten Objekte. Die Länge dieser Reihung wird (ganz ähnlich wie bei `StringBuilder`-Objekten) als die *Kapazität* der Sammlung `sam` bezeichnet, die Anzahl der tatsächlich eingefügten Objekte als die *Größe* von `sam`. Wenn die Größe gleich der Kapazität ist und ein weiteres Objekt eingefügt wird, muss der Ausführer eine neue, größere Reihung erzeugen und die alte Reihung dort hinein kopieren. Der Programmierer merkt von einem solchen „Platzen einer Sammlung" nichts (höchstens eine gewisse zeitliche Verzögerung bei der Ausführung des Programms).

Der Ausdruck `sam.size()` bezeichnet die momentane *Größe* der Sammlung `sam`, es gibt aber keine Methode, mit der man die *Kapazität* von `sam` ermitteln könnte (dem Autor ist nicht klar, warum das so ist).

Die Klasse `ArrayList` enthält drei Konstruktoren. Einer davon erwartet eine gewünschte Kapazität als Parameter. Mit der Methode `sam.ensureCapacity` kann man dem Ausführer jederzeit befehlen, die Kapazität von `sam` zu erhöhen und mit der Methode `sam.trimToSize` lässt sich die *Kapazität* der Sammlung `sam` auf die tatsächliche *Größe* der Sammlung verkleinern. Im allgemeinen kann man die Verwaltung der Kapazität aber dem Ausführer überlassen und sollte nur eingreifen, wenn man gute Gründe dafür hat.

Aufgabe-02: Betrachten Sie die folgenden Befehle:

```
42 String           s01 = new String("Hallo!");
43 String           s02 = new String("Hans!");
44 ArrayList<String> sam = new ArrayList<String>();
45
46 sam.add(s01);
47 sam.add(s02);
48 sam.add(s01);
```

Wie sehen die Variablen `s01`, `s02` und `sam` in dem Moment aus, in dem der Ausführer diese Befehle ausgeführt hat? Stellen Sie die Variablen als Bojen dar. Eine Lösung findet man am Ende dieses Abschnitts.

Das Initialisieren einer Reihungsvariablen ist in Java etwas direkter und einfacher als das Initialisieren einer `ArrayList`-Variablen.

Beispiel-03: Eine *Reihung* kann man direkt initialisieren, eine `ArrayList`-*Sammlung* indirekt über eine Reihung:

```
49 String[]          monateR = {"Jan", "Feb", "Mar", "Apr",
50                              "Mai", "Jun", "Jul", "Aug",
51                              "Sep", "Okt", "Nov", "Dez"
52                             };
```

```
53 ArrayList<String> monateS = new ArrayList<String>(
54                               Arrays.asList(monateR)
55                            );
```

Initialisiert wird die Reihung `monateR` hier mit einem so genannten *Reihungsini-tialisierer* (das ist eine Liste von Ausdrücken, die durch Kommas voneinander ge-trennt und gemeinsam in geschweifte Klammern eingeschlossen sind, siehe dazu auch die Abschnitte 7.1 und 7.8). Für Sammlungen gibt es keine entsprechende Notation, man kann sie aber indirekt über eine Reihung initialisieren, wie es hier in Zeile 53 bis 55 geschieht. Die Methode `Arrays.asList` wandelt die Reihung `monateR` in eine Sammlung um und der Konstruktor `ArrayList<String>` (nach `new` in Zeile 53) macht daraus ein Objekt des p-Typs `ArrayList<String>`.

Ist `T` irgendein Typ, so kann man in eine Sammlung des Typs `ArrayList<T>` nor-malerweise nur Objekte des Typs `T` einfügen. Eine Ausnahme bilden Sammlungen, bei denen der Komponententyp `T` eine der acht Hüllklassen (`Byte`, `Character`, `Short`, `Integer`, `Long`, `Float`, `Double` oder `Boolean`) ist. Der Ausführer täuscht dem Programmierer vor (oder genauer: erzeugt die angenehme Illusion), dass man z. B. in eine Sammlung des Typs `ArrayList<Long>` nicht nur `Long`-Objekte, sondern auch Werte des primitiven Typs `long` einfügen kann.

Aufgabe 3: (Objekte und) primitive Werte sammeln

```
56 ArrayList<Long> samL = new ArrayList<Long>();
57
58 Long LA = new Long(11);  // Ein Long-Objekt
59 Long LB = new Long(22);  // Ein Long-Objekt
60 long la =          33;   // Ein primitiver long-Wert
61 long lb =          44;   // Ein primitiver long-Wert
62
63 samL.add(LA);            // Keine Umwandlung
64 samL.add(LB);            // Keine Umwandlung
65 samL.add(la);            // Umwandlung long nach Long
66 samL.add(lb);            // Umwandlung long nach Long
67
68 LA = samL.get(0);        // Keine Umwandlung
69 la = samL.get(1);        // Umwandlung Long nach long
70 LB = samL.get(2);        // Keine Umwandlung
71 lb = samL.get(3);        // Umwandlung Long nach long
```

In Zeile 65 wird der primitive Wert der Variablen `la` automatisch in ein `Long`-Ob-jekt umgewandelt und dieses `Long`-Objekt wird in die Sammlung `samL` eingefügt. Weil der Ausdruck `samL.get(1)` in Zeile 69 auf der rechten Seite einer Zuwei-sung an eine primitive `long`-Variable steht, wird sein Wert (eine Referenz auf ein `Long`-Objekt) automatisch durch den primitiven `long`-Wert des Objekts ersetzt.

Viele Probleme kann man wahlweise mit einer Reihung oder einem Sammlungsobjekt der Klasse `ArrayList` lösen. Die folgende Tabelle gibt einen Überblick über die relativen Vor- und Nachteile der beiden Lösungen.

Reihungen	ArrayList-Sammlungen
Starre Länge („aus Beton"), **Nachteil**.	Flexible Größe („aus Gummi"), **Vorteil**.
Zugriffe immer schnell, **Vorteil**.	Zugriffe bestenfalls so schnell wie bei einer Reihung, manchmal langsamer, **Nachteil**.
Reihungen von primitiven Variablen sind möglich.	Sammlungen von primitiven Variablen sind nicht wirklich möglich, aber der Ausführer täuscht sie überzeugend vor.
Initialisierung mit spezieller Notation möglich.	Initialisierung manchmal ein bisschen umständlich (indirekt über eine Reihung).

Mit der Methode `Arrays.asList` kann man leider nur Reihungen von *Objekten* in Sammlungen umwandeln, aber keine Reihungen mit primitiven Komponenten (z. B. Reihungen der Typen `int[]` oder `boolean[]` etc.). Die Beispielklasse `ArrayList06` enthält für jeden primitiven Typ drei Methoden. Für den Typ `byte` heißen diese Methoden `asList`, `byteArray` und `toString` und leisten folgendes:

asList: Wandelt eine Reihung des Typs `byte[]` in eine entsprechende Sammlung des Typs `ArrayList<Byte>` um. Dabei werden die primitiven `byte`-Werte in Objekte der Hüllklasse `Byte` umgewandelt (eingehüllt).

byteArray: Wandelt eine Sammlung des Typs `ArrayList<Byte>` in eine entsprechende Reihung des Typs `byte[]` um. Dabei werden Objekte der Hüllklasse `Byte` in primitive `byte`-Werte umgewandelt (enthüllt).

toString: Wandelt eine Reihung des Typs `byte[]` in einen entsprechenden String um der so aussieht wie ein Reihungsinitialisierer, z. B. so: `"{17, 12, 25}"`.

Die Methoden für die anderen primitiven Typen heißen entsprechend und leisten Entsprechendes. Genauere Erläuterungen findet man im Beispielprogramm `ArrayList06`.

Lösung-02: Die `String`-Variablen `s01` und `s02` und die `ArrayList<String>`-Variable `sam` als Bojen dargestellt:

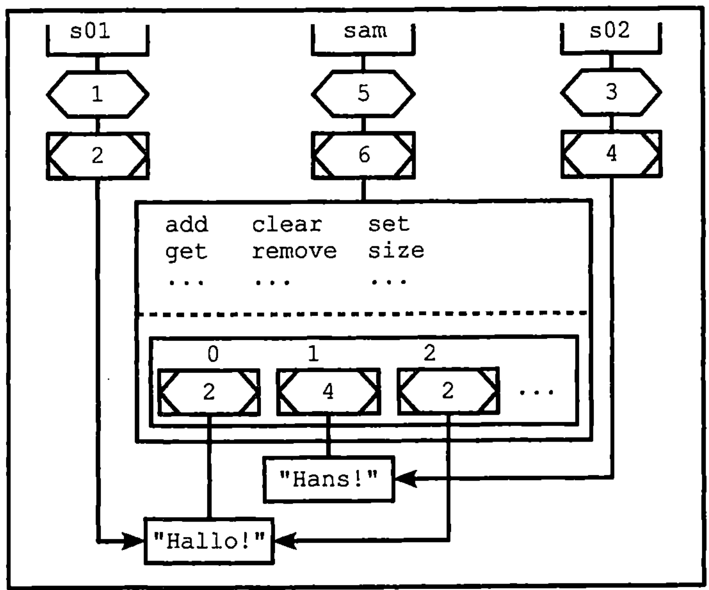

Bild 10.5 Ein ArrayList<String>-Objekt und zwei String-Objekte

Der Modul (oder: das Objekt) `sam` enthält eine Reihe öffentlicher Methoden (`add`, `get`, `clear`, ...) und ein privates Attribut (vermutlich eine Reihung vom Typ `Object[]`, aber bei privaten Attributen sollte man sich nicht auf solche Informationen verlassen). Drei Variablen zeigen auf das `String`-Objekt mit dem Inhalt `"Hallo!"`, nämlich die Variable `s01` und zwei Komponenten der privaten Reihung (die Komponenten mit den Indizes 0 und 2). Die Werte dieser drei Variablen sind deshalb gleich (hier: gleich `[<2>]`). Zwei Variablen zeigen auf das `String`-Objekt mit dem Inhalt `"Hans!"`, nämliche die Variable `s02` und eine Komponente der privaten Reihung (die Komponente mit dem Index 1). Die Werte dieser beiden Variablen sind deshalb gleich (hier: gleich `[4]`).

10.5 Die Klasse Random und der Zufall

Zufällig gewählte Zahlen werden häufig zum Erzeugen von Testdaten und beim Programmieren von Spielen eingesetzt.

Beim Testen eines Programms mit Hilfe von Zufallszahlen möchte man in aller Regel, dass bei jeder Ausführung des Programms genau die gleiche Folge von Zufallszahlen erzeugt wird. Denn wenn man (mit den Zufallszahlen als Testdaten) einen Fehler entdeckt, möchte man ihn beliebig oft reproduzieren können, und wenn man das Programm verbessert hat, möchte man ausprobieren können, ob der Fehler (bei gleichen Testdaten) wirklich nicht mehr auftritt.

Folgen von Zufallszahlen, die bei jeder Programmausführung gleich sind, bezeichnet man als *reproduzierbar*.

Zufallszahlen, die man in Spielen benützt um z. B. einen Würfel zu simulieren oder Karten zu mischen etc. sollen in aller Regel *nicht reproduzierbar* sein.

In Java kann man Zufallszahlen mit Hilfe eines Objekts der Klasse `Random` erzeugen. Ein solches Objekt kann im Grunde nur eine feste Folge von Werten produzieren und nach einer bestimmten Periode (d. h. nach einer bestimmten Anzahl von Werten) wiederholt sich die Folge exakt. Leider ist die Periodenlänge eines Objekts der Standardklasse `Random` in der Dokumentation nicht konkret angegeben, sie ist aber sicher größer als vier Milliarden (möglicherweise sogar größer als eine Trillion).

Beispiel-01: Mehrere `Random`-Objekte vereinbaren

```
1    Random r01 = new Random(123);                      // Mit  Keim
2    Random r02 = new Random(123);                      // Mit  Keim
3    Random r03 = new Random(124);                      // Mit  Keim
4    Random r04 = new Random(123456789012345678L);  // Mit  Keim
5    Random r05 = new Random();                          // Ohne Keim
```

Wenn man ein Objekt der Klasse `Random` erzeugt, kann man einen so genannten *Keim* (engl. seed) als Konstruktorparameter angeben. Der Keim ist eine `long`-Zahl und legt fest, wo in der festen Folge von Werten das Objekt beginnen soll. Im Beispiel-01 beginnen `r01` und `r02` an derselben Stelle der Wertefolge, weil sie mit gleichen Keimen (123) erzeugt wurden. Dagegen liefert das Objekt `r03` eine andere Folge von Werten, weil es mit einem anderen Keim (124) erzeugt wurde. Obwohl sich die Keime (123 und 124) nur geringfügig unterscheiden, beginnen `r01` und `r03` an weit auseinanderliegenden Stellen in der Folge von Werten. Die Vereinbarung von `r04` soll daran erinnern, dass der Keim vom Typ `long` ist (allerdings werden nur 48 der 64 Bits des Keims tatsächlich benutzt).

Die Vereinbarung von r05 (in Zeile 5) hat in etwa die gleiche Wirkung wie folgende Vereinbarung:

```
6    Random r05 = new Random(System.nanoTime());
```

Die Funktion System.nanoTime liefert die momentane Zeit als eine Anzahl von Nanosekunden (die seit einem willkürlich gewählten „Beginn der Zeit" vergangen sind). Die Ergebnisse der Funktion System.nanoTime ist (bei heute üblichen maschinellen Java-Ausführern) normalerweise nicht auf eine Nanosekunde, häufig aber auf eine Millisekunde genau (oder genauer).

Vom Objekt r05 sagen wir, dass es eine Folge von *nicht-reproduzierbaren* Zufallswerten liefert, weil es relativ schwer ist, mit diesem Objekt zweimal die gleiche Folge von z. B. einer Million int-Werten zu erhalten (eine realistische Chance hat man, wenn man die Methode nanoTime so ändern kann, dass sie immer einen konstanten Wert liefert, oder wenn es einem gelingt, das verwendete Betriebssystem entsprechend zu manipulieren).

Jedes Random-Objekt (z. B. r01 oder r05) enthält 8 next-Methoden, die bei jedem Aufruf einen zufälligen Wert liefern, etwa so:

Beispiel-02: Ein paar next-Methoden des Random-Objekts r01 werden aufgerufen

```
7    int      n01 = r01.nextInt();
8    int      n02 = r01.nextInt(250);
9    double   d01 = r01.nextDouble();
10   double   d02 = r01.nextGaussian();
11   float    f01 = r01.nextFloat();
12   boolean  b01 = r01.nextBoolean();
```

Die Methode nextInt ohne Parameter (Zeile 7) liefert irgendeinen int-Wert, mit gleich verteilter Wahrscheinlichkeit, d. h. jeder int-Wert hat „die gleiche Chance", dranzukommen (siehe Beispielprogramm Zufall04).

Die Methode nextInt mit Parameter in Zeile 8 liefert einen int-Wert zwischen 0 (einschließlich) und dem angegebenen Wert 250 (ausschließlich), ebenfalls gleich verteilt (siehe Beispielprogramm Zufall04).

Die Methode nextDouble liefert einen double-Wert zwischen 0.0 (einschließlich) und 1.0 (ausschließlich), gleichverteilt (siehe Beispielprogramm Zufall02).

Die Methode nextGaussian liefert irgendeinen double-Wert, normalverteilt mit einem Mittelwert von 0.0 und einer Standardabweichung von 1.0. Wer das nicht gleich versteht kann in einem Mathe-Lexikon oder in einem Buch über Wahrscheinlichkeitsrechnung und Statistik unter „N" wie „Normalverteilung" nachsehen. Praktisch heißt „Mittelwert 0.0", dass der Durchschnitt vieler solcher Zufallszahlen nahe bei 0.0 liegt. „Standardabweichung" 1.0 heißt, dass Zahlen, die etwas weiter weg vom Mittelwert liegen, nur mit sehr kleiner Wahrscheinlichkeit drankommen. Z. B. liegen von 10 Millionen solcher normalverteilter Zahlen nur etwa 2 bis 3 außerhalb des Intervalls von -5.0 bis +5.0 (siehe Beispielprogramm `Zufall03`).

Die Methode `nextFloat` funktioniert ganz entsprechend wie `nextDouble` und `nextBoolean` liefert gleich verteilte `boolean`-Werte.

Im Beispielprogramm `Zufall05` wird mehrmals zufällig eine `next`-Methode ausgewählt und ihr zufälliges Ergebnis ausgegeben. Die Ausgaben des Programms sind nicht-reproduzierbar (d. h. es ist sehr unwahrscheinlich, dass man ohne zu schummeln zweimal die gleiche Ausgabe bekommt).

Beispiel-03: Die `setSeed`-Methode eines `Random`-Objekts (nicht nur für Gärtner)

```
13   Random r06 = new Random(321);      // Keim 321
14   int     n01 = r01.nextInt();
15   double  d01 = r01.nextDouble();
16   ...
17   r06.setSeed(321);                  // Keim 321
18   int     n02 = r01.nextInt();
19   double  d03 = r01.nextDouble();
20   ...
```

Die `setSeed`-Methode in Zeile 17 bringt das Objekt r06 genau in den Zustand, in dem es sich nach seiner Erzeugung (in Zeile 13) schon mal befunden hat. Die Variablen n01 und n02 (und ebenso d01 und d02) enthalten nachher gleiche Werte. Die `setSeed`-Methode eines Objekts darf man beliebig oft aufrufen.

10.6 Die Klassen BigInteger und BigDecimal

Alle sieben *numerischen* Typen (`byte`, `char`, `short`, `int`, `long`, `float` und `double`) sind *primitiv*. Ein primitiver Wert belegt nur wenig Speicherplatz (ein `byte`-Wert 1 Byte, ein `char`- oder `short`-Wert 2 Bytes, ein `int`- oder `float`-Wert 4 Bytes und ein `long`- oder `double`-Wert 8 Bytes) und heute übliche, maschinelle Java-Ausführer können mit solchen Werten ziemlich schnell rechnen. Dieser erfreulichen Effizienz der primitiven Werte stehen eine Reihe Nachteile gegenüber:

1. Das Rechnen mit Ganzzahlen ist (in Java, anders als z. B. in Ada) *unsicher*, weil Überläufe keine Ausnahmen auslösen und auch kein „offensichtlich falsches Ergebnis" liefern.

2. Zum umfangreichsten Ganzzahltyp (`long`) gehören Werte im Bereich von etwa -9 Trillionen bis etwa +9 Trillionen. Ganzzahlen außerhalb dieses Bereichs können nicht als Werte eines primitiven Ganzzahltyps dargestellt werden.

3. Als Werte des Typs `double` kann man zwar betragsmäßig ziemlich kleine und ziemlich große Zahlen darstellen (zwischen etwa 10^{-300} und 10^{+300}), aber diese Zahlen sind höchstens auf etwa 15 Dezimalziffern genau. D. h. dass eine Zahl in der Größenordnung von 10^{+300} nur mit einem Fehler von etwa 10^{+285} darstellbar ist. Dieser Fehler ist zwar relativ (als Prozentzahl ausgedrückt) ziemlich klein, absolut aber doch erheblich.

4. Das Rechnen mit Gleitpunktzahlen ist in allen praktischen Anwendungen mit *Rundungsfehlern* verbunden. Bei intensiven Rechnungen können sich diese Rundungsfehler „aufschaukeln", so dass in einigen Fällen nach vielen Rechenschritten ein Endergebnis nicht nur um z. B. 10% oder 20% falsch ist, sondern um z. B. einen Faktor von 1000 oder mehr (siehe dazu die Beispielprogramme `GleitRech07` und `GleitRech08`).

5. Auch wenn beim Rechnen mit Gleitpunktzahlen die Rundungsfehler in vielen praktischen Fällen klein und erträglich bleiben, weichen sie von *den* Fehlern ab, die man erhält, wenn man das Ergebnis mit einem üblichen (dezimal rechnenden) Taschenrechner nachrechnet. Wenn man einem Kunden eine Rechnung schickt, genügt es meist nicht, wenn der Rechnungsbetrag auf zwei oder mehr Stellen nach dem Dezimalpunkt genau ist. Auch die Zwischenergebnisse und Rundungsfehler sollten für den Kunden nachvollziehbar und verständlich sein. Das Beispielprogramm `Kommerziell01` zeigt, wie man kommerzielle Berechnungen *nicht* durchführen soll und warum Gleitpunkttypen (`float` und `double`) für solche Berechnungen grundsätzlich *nicht geeignet* sind.

Statt mit den primitiven Werten der sieben numerischen Typen kann man in Java Berechnungen auch mit Objekten der Klassen `BigInteger` (Ganzzahlen) oder `BigDecimal` (Bruchzahlen) durchführen. Solche Objekte können praktisch beliebig große und beliebig genaue Zahlen darstellen. Das Rechnen mit solchen Objekten kann für den Ausführer mit erheblich mehr Aufwand (Zeit und Speicherplatz) verbunden sein, als das Rechnen mit primitiven Werten, aber in vielen Anwendungsfällen merkt der Benutzer nichts davon, weil sein Ausführer schnell genug ist und genügend Hauptspeicher hat.

10.6.1 Die Klasse BigInteger

Ein Objekt der Klasse `BigInteger` kann eine praktisch beliebig große Ganzzahl repräsentieren.

„Praktisch beliebig groß" bedeutet hier: Zahlen die in dezimaler Darstellung bis zu etwa *20 Milliarden Ziffern* lang sind. Das größte `BigInteger`-Objekt belegt ungefähr 8 Gigabyte Hauptspeicher (das ist der Speicherplatz für eine maximal lange Reihung von `int`-Werten). Kleinere Zahlen werden von entsprechend kleineren `BigInteger`-Objekten repräsentiert.

Anmerkung: Eine *Reihung* kann in Java höchstens `Integer.MAX_VALUE` viele Komponenten haben (etwa 2,15 Milliarden), weil die Indizes einer Reihung Zahlen des Typs `int` sind und nicht negativ sein dürfen.

Auf `BigInteger`-Objekte darf man keine *Operatoren* wie +, -, *, / etc. anwenden, man kann aber entsprechende *Objektmethoden* namens `add`, `subtract`, `multiply`, `divide` etc. aufrufen, wie das folgende Beispiel zeigen soll.

Zur Erinnerung: Die *Fakultät* einer natürlichen Zahl n ist gleich dem Produkt aller natürlichen Zahlen zwischen 1 und n (einschließlich). Z. B. ist die Fakultät von 5 gleich `1 * 2 * 3 * 4 * 5` gleich `120`. Mit wachsendem n wird der Wert der Fakultätsfunktion sehr schnell ziemlich groß.

Beispiel-01: Mit `BigInteger`-Objekten die Fakultät eines `int`-Wertes berechnen (siehe auch das Beispielprogramm `BigInteger02`)

```
1    import java.math.BigInteger;
2    ...
3         int n = ...
4
5         BigInteger erg    = new BigInteger("1");
6         BigInteger faktor = BigInteger.ONE;
7
8         for (int i=1; i < n; i++) {
9              faktor = faktor.add(BigInteger.ONE);
10             erg    = erg.multiply(faktor);
11        }
12
13        printf("Die Fakultaet von %d ist gleich: %s\n", n, erg);
14   ...
```

In Zeile 3 muss die Variable n mit irgendeinem `int`-Wert größer als 0 initialisiert werden. Dieser Wert legt fest, wie oft der Rumpf der `for`-Schleife (Zeilen 9 und 10) ausgeführt wird. Die „wichtigen" Rechnungen werden aber nicht mit den `int`-Variablen n und i, sondern mit `BigInteger`-Objekten durchgeführt.

In Zeile 5 wird ein solches Objekt namens `erg` erzeugt und mit dem Wert 1 initialisiert. Den Wert kann man als einen String von Dezimalziffern angeben. Auf diese Weise könnte man statt 1 auch deutlich größere Zahlen beschreiben, z. B. solche mit 100 oder 1000 oder mehr Dezimalziffern.

`BigInteger.ONE` (in Zeile 6) bezeichnet ein `BigInteger`-Objekt mit dem Wert 1 (ein nützliches Klassenattribut der Klasse `BigInteger`). Das Objekt `faktor` wird also ebenfalls mit dem Wert 1 initialisiert. Außer `ONE` gibt es in der Klasse `BigInteger` noch zwei weitere Konstanten namens `ZERO` und `TEN`.

In Zeile 9 wird der `faktor` um 1 erhöht. In Zeile 10 wird `erg` mit dem `faktor` multipliziert. Diese beiden Befehle werden `(n-1)`-Mal wiederholt und danach repräsentiert das Objekt `erg` die Fakultät von n.

Grundsätzlich gilt: `BigInteger`-Objekte sind *unveränderbar* (ähnlich wie `String`-Objekte). Ein Funktionsaufruf wie z. B. `faktor.add(BigInteger.ONE)` in Zeile 9 verändert weder `faktor` noch `ONE`, sondern liefert ein neues Objekt, welches eine um `ONE` größere Zahl repräsentiert als `faktor`. Nach Ausführung der Zuweisung zeigt die Referenzvariable `faktor` nicht mehr auf das alte, sondern auf das neue Objekt. Entsprechendes passiert in Zeile 10.

Um z. B. die Fakultät von 101 zu berechnen, müssen also 200 `BigInteger`-Objekte erzeugt werden (100 in Zeile 9 und 100 in Zeile 10). Das erledigt ein halbwegs moderner, behertzter (genauer: be-giga-hertzter) Java-Ausführer aber ohne merkliches Zögern.

Aufgabe-01: Berechnen Sie mit dem Beispielprogramm `BigInteger02` die Fakultät von 5 (zum Nachrechnen), von 100, von 1000 und eventuell von weiteren Zahlen. Ab wann beginnt Ihr Java-Ausführer merklich zu zögern, bevor er das Ergebnis ausgibt?

Das Beispielprogramm `BigInteger01` ist eine Art „Taschenrechner für beliebig große Ganzzahlen" (der allerdings kaum in eine Hosentasche passt, weil heute übliche PCs dazu noch zu groß sind). Nachdem das Programm zwei Ganzzahlen als `BigInteger`-Objekte `bi1` und `bi2` eingelesen hat (mit der Funktion `EM.lies-BigInteger`), gibt es die Werte der Ausdrücke `bi1.add(bi2)`, `bi.subtract(bi2)`, `bi1.multiply(bi2)`, `bi1.divide(bi2)`, `bi1.mod(b2)` und weitere Rechenergebnisse aus.

Eine Zahl `r` ist *rational*, wenn man sie als Quotient `z/n` zweier Ganzzahlen `z` und `n` (Zähler und Nenner) darstellen kann. 3/4, 17/1 und 999/1000 sind Beispiele für rationale Zahlen, die Wurzel aus 2 und die Kreiszahl π sind nicht rational. Im Beispielprogramm `BigInteger03` werden rationale Zahlen durch je zwei `BigInte`-

ger-Objekte dargestellt und es gibt Methoden zum Addieren und Subtrahieren solcher rationalen Zahlen.

Aufgabe-02: Erweitern Sie das Beispielprogramm `BigInteger03` um Methoden zum Multiplizieren und Dividieren von rationalen Zahlen.

Die Klasse `BigInteger` enthält 6 Konstruktoren, 42 Objektmethoden und zwei Klassenmethoden zum Rechnen mit und Bearbeiten von `BigInteger`-Objekten. Es ist interessant und lohnend, sich bei Gelegenheit die Dokumentation etwas genauer anzusehen.

10.6.2 Die Klasse BigDecimal

Jedes Objekt der Klasse `BigDecimal` repräsentiert einen Dezimalbruch mit praktisch beliebig vielen Stellen vor und nach dem Dezimalpunkt.

„Praktisch beliebig viele Stellen" bedeutet hier ungefähr: Bis zu etwa 20 Milliarden Ziffern vor und bis zu 2 Milliarden Ziffern nach dem Dezimalpunkt.

In einem `BigDecimal`-Objekt werden solche Dezimalbrüche durch zwei Ganzzahlen dargestellt, die wir hier als *Ziffernfolge* und *Skalenpotenz* bezeichnen (und die im Englischen *unscaled value* und *scale* heißen). Die Ziffernfolge ist ein (nicht-negatives) `BigInteger`-Objekt und die Skalenpotenz ein `int`-Wert. Diese beiden Ganzzahlen repräsentieren den folgenden Wert (Dezimalbruch):

Dezimalbruch = Ziffernfolge $* 10^{-\text{Skalenpotenz}}$

Die Zahl 10 in dieser Formel rechtfertig es, von Dezimalbrüchen zu sprechen, unabhängig davon, in welchem Zahlensystem die Ziffernfolge und die Skalenpotenz dargestellt werden. Die folgende Tabelle mit Beispielen soll die Bedeutung der Formel veranschaulichen:

Beispiel-01: Ein paar Ziffernfolgen, Skalenpotenzen und die durch sie repräsentierten Dezimalbrüche

```
+----------------------------------+-----------------------------------+
|Ziffern-   Skalen-    Dezimal-    |Ziffern-   Skalen-    Dezimal-     |
|folge      potenz     Bruch       |folge      potenz     Bruch        |
+----------------------------------+-----------------------------------+
|  123      +4           0.0123    |  700      +4              0.07    |
|  123      +3           0.123     |  700      +3              0.7     |
|  123      +2           1.23      |  700      +2              7.0     |
|  123      +1          12.3       |  700      +1             70.3     |
|  123       0         123.0       |  700       0            700.0     |
|  123      -1        1230.0       |  700      -1           7000.0     |
|  123      -2       12300.0       |  700      -2          70000.0     |
|  123      -3      123000.0       |  700      -3         700000.0     |
```

Die Skalenpotenz gibt also an, „wie weit die letzte Ziffer der Ziffernfolge von der Einerstelle entfernt steht".

Man beachte, dass ein bestimmter Dezimalbruch durch verschiedene Ziffernfolge-Skalenpotenz-Paare dargestellt werden kann, z. B. der Dezimalbruch 67.89 durch die Paare (6789, 2), (67890, 3), (678900, 4) etc.

Es gibt rationale Zahlen, die man nicht durch einen *endlichen Dezimalbruch* (und somit auch nicht durch ein `BigDecimal`-Objekt) repräsentieren kann, z. B. die Zahl 1/3 (ihre Darstellung als Dezimalbruch $0.3333...{}_{10}$ ist periodisch-unendlich). Ganz entsprechend gibt es rationale Zahlen, die man nicht durch einen *endlichen Binärbruch* (und somit auch nicht als Gleitpunktzahl) darstellen kann, z. B. die Zahl 1/10 (ihre Darstellung als Binärbruch $0.000110011001100...{}_2$ ist periodisch-unendlich). Glücklicherweise gilt aber:

Theorem: Jede durch einen endlichen Binärbruch darstellbare Zahl kann man auch durch einen endlichen Dezimalbruch darstellen.

Das Beispielprogramm `BigDecimal03` versucht, diese praktisch wichtige Tatsache zu veranschaulichen und ist gleichzeitig eine typische Anwendung von `Big-Decimal`-Objekten. Das folgende Beispiel zeigt den Kern des Programms:

Beispiel-02: Die Stellenwerte der binären Nachpunktstellen (d. h. die Zahlen 1/2, 1/4, 1/8, ...) exakt ausgeben

```
1     final
2     BigDecimal ZWEI        = new BigDecimal("2"); // Konstante 2
3     BigDecimal zweierPotenz = new BigDecimal("2"); // 2 hoch 1
4     BigDecimal erg;
5
```

```
6     for (int i=1; i <=20; i++) {
7        erg = BigDecimal.ONE.divide(zweierPotenz, 20,
8           RoundingMode.UNNECESSARY);
9        printf("1 / %-10s = %25.23f\n", zweierPotenz, erg);
10       zweierPotenz = zweierPotenz.multiply(ZWEI);
11    } // for i
```

Mit dem Befehl in Zeile 7 und 8 wird der Dezimalbruch `BigDecimal.ONE` durch eine `zweierPotenz` (`ZWEI` hoch i) dividiert. Der Ausführer soll das Ergebnis auf 20 Stellen nach dem Dezimalpunkt genau berechnen. Mit der Angabe `Rounding-Mode.UNNECESSARY` versichert der Programmierer, dass ein Runden unnötig ist, weil alle weiteren Stellen (nach den 20 zu berechnenden Stellen) gleich 0 sein werden. Beim Ausführen des `divide`-Befehls („zur Laufzeit") überprüft der Ausführer diese Versicherung und wirft er eine Ausnahme (des Typs `ArithmeticException` mit der Meldung „Rounding necessary"), falls sie nicht zutrifft.

In Zeile 9 wird die `zweierPotenz` in einer Breite von 10 Zeichen, linksbündig und `erg` in einer Breite von 25 Zeichen mit 23 Nachpunktstellen ausgegeben. In Zeile 10 wird die `zweierPotenz` mit `ZWEI` multipliziert. Die `for`-Schleife gibt folgende Zeilen zur Standardausgabe aus (die **halbfetten** Hervorhebungen wurden nachträglich von Hand eingefügt):

```
1    1 / 2        = 0,50000000000000000000000
2    1 / 4        = 0,25000000000000000000000
3    1 / 8        = 0,12500000000000000000000
4    1 / 16       = 0,06250000000000000000000
5    1 / 32       = 0,03125000000000000000000
6    1 / 64       = 0,01562500000000000000000
7    1 / 128      = 0,00781250000000000000000
8    1 / 256      = 0,00390625000000000000000
9    1 / 512      = 0,00195312500000000000000
10   1 / 1024     = 0,00097656250000000000000
11   1 / 2048     = 0,00048828125000000000000
12   1 / 4096     = 0,00024414062500000000000
13   1 / 8192     = 0,00012207031250000000000
14   1 / 16384    = 0,00006103515625000000000
15   1 / 32768    = 0,00003051757812500000000
16   1 / 65536    = 0,00001525878906250000000
17   1 / 131072   = 0,00000762939453125000000
18   1 / 262144   = 0,00000381469726562500000
19   1 / 524288   = 0,00000190734863281250000
20   1 / 1048576  = 0,00000095367431640625000
```

Aufgabe-01: Ändern Sie das Beispielprogramm `BigDecimal03` so, dass es (anstelle von 20 Zahlen mit 20 Nachpunktstellen) 30 Zahlen mit 30 (oder 40 Zahlen mit 40 Nachpunktstellen) berechnet und (mit 33 bzw. 43 Nachpunktstellen) ausgibt. Eine Lösung finden Sie im Beispielprogramm `BigDecimal06`. Siehe dazu auch die Aufgabe-03 im Abschnitt 5.4 über Gleitpunktarithmetik.

Wenn man den Wert einer `double`-Variablen d mit der Methode `System.out.-print` oder `System.out.printf` ausgibt, erscheint auf dem Bildschirm in aller Regel nicht der genaue Wert von d sondern nur eine Näherung. Z. B. bewirkt ein Befehl wie

```
21 System.out.printf("%300.290f", d);
```

dass d als Dezimalzahl in einer Breite von 300 Zeichen mit 290 Stellen nach dem Dezimalpunkt ausgegeben wird, aber die meisten der 290 Nachpunktstellen sind in vielen Fällen (abhängig vom Wert von d) einfach falsch. Entsprechendes gilt auch für `float`-Werte. Ein `BigDecimal`-Objekt bd hat dagegen die praktische Eigenschaft, dass man seinen exakten Wert (auch mit 290 oder mehr Nachpunktstellen) leicht ausgeben kann, z. B. durch einen Befehl wie `System.out.print(bd);`.

Aus dem oben angegebenen Theorem (und einigen konkreten Festlegungen der Sprache Java) folgt, dass man jede Gleitpunktzahl (d. h. jeden Wert der Typen `float` und `double`) durch ein `BigDecimal`-Objekt (exakt) repräsentieren kann. Mit einem Befehl wie `System.out.print(new BigDecimal(d));` kann man den Wert der `double`-Variablen d in ein entsprechendes `BigDecimal`-Objekt umwandeln und (exakt) ausgeben lassen. Für `float`-Werte gilt ganz Entsprechendes.

Das Beispielprogramm `Typen08` liest ein Gleitpunktliteral ein (z. B. `0.1` oder `-12.0624` oder `0.5E-2` etc.), wandelt es intern in einen `float`-Wert und in einen `double`-Wert um und gibt diese Werte exakt aus (mit Hilfe entsprechender `BigDecimal`-Objekte). Mit diesem Programm kann man z. B. feststellen, dass das Literal `0.1` nicht den Wert 0.1, sondern einen etwas größeren Wert hat (und dass das `double`-Literal `0.1` einen etwas kleineren Wert hat als das `float`-Literal `0.1F`).

Das Beispielprogramm `Kommerziell01` demonstriert typische Fehler beim kommerziellen Rechnen mit Gleitpunktzahlen und das Programm `Kommerziell02` zeigt, wie man solche Rechnungen richtig und problemlos mit `BigDecimal`-Objekten durchführen kann. Die Fehler im Programm `Kommerziell01` sind interessant, `Kommerziell02` ist dagegen langweilig, weil alle Ergebnisse so sind „wie erwartet".

Das Beispielprogramm `Typen05` gibt die Extremwerte (`MIN_VALUE` und `MAX_VA-LUE`) der sieben numerischen Typen (`byte`, `char`, `short`, `int`, `long`, `float` und `double`) aus. Die Extremwerte der Gleitpunkttypen werden „wie üblich" (d. h. nur näherungsweise) und zusätzlich exakt (mit Hilfe von `BigDecimal`-Objekten) ausgegeben. Als Dezimalbruch hat `Double.MIN_VALUE` etwa 10000 Stellen nach dem Punkt und `Double.MAX_VALUE` etwa 300 Stellen vor dem Punkt (was in vielen Programmierbüchern verheimlicht wird :-).

Wenn man zwei `BigDecimal`-Objekte *addiert, subtrahiert* oder *multipliziert*, kann der Ausführer grundsätzlich ein exaktes Ergebnis berechnen. Wenn man will, kann man das exakte Ergebnis auf eine bestimmte Stellenzahl runden lassen. Ausser der Rundungsart `UNNECESSARY` (siehe oben Beispiel-02) gibt es noch sieben weitere Rundungsarten: `UP` (weg von 0.0), `DOWN` (hin zu 0.0), `CEILING` (immer nach rechts, d. h. in Richtung plus Unendlich), `FLOOR` (immer nach links, d. h. in Richtung minus Unendlich), `HALF_UP`, `HALF_DOWN` und `HALF_EVEN` (zum nächstliegenden Nachbarn, und falls beide Nachbarn exakt gleich weit entfernt sind, wird `DOWN`, bzw. `UP` bzw. zum geraden Nachbarn hin gerundet).

Das Beispielprogramm `BigDecimal06` gibt eine Tabelle gerundeter Zahlen aus, die die Wirkung der einzelnen Rundungsarten erkennbar machen.

Aufgabe-03: Erfinden Sie eine weitere Art zu runden und implementieren Sie eine entsprechende Funktion

```
22 BigDecimal mySetScale(BigDecimal bd, int neueSkalenPotenz);
```

Die Funktion soll ein `BigDecimal`-Objekt mit der angegebenen neuen Skalenpotenz liefern, das den (auf Ihre neue Art) gerundeten Wert von `bd` repräsentiert.

Wenn man zwei `BigDecimal`-Objekte *dividiert*, ist das Ergebnis in bestimmten Fällen kein endlicher Dezimalbruch und kann somit nicht exakt durch ein `BigDecimal`-Objekt dargestellt werden (z. B. bei der Division 1/3). Beim Dividieren sollte man deshalb die Genauigkeit des Ergebnisses (die Anzahl der Nachpunktstellen, die berechnet werden sollen) angeben.

Beispiel-01: Die Genauigkeit eines Divisionsergebnisses ausdrücklich angeben

```
23   import java.math.BigDecimal;
24   import java.math.RoundingMode;
25   ...
26   BigDecimal dora = BigDecimal.ONE;
27   BigDecimal dirk = new BigDecimal("3");
28   BigDecimal qarl = dora.divide(dirk, 17, RoundingMode.UP);
29   System.out.println(qarl);
```

Der `println`-Befehl gibt die Zeichenkette `0.33333333333333334` zum Bildschirm aus (1 geteilt durch 3 auf 17 Stellen genau berechnet und dann nach oben gerundet).

Jedes `BigDecimal`-Objekt enthält u.a. 10 (in Worten: *zehn*) Methoden zum Dividieren, bei denen man die gewünschte Genauigkeit auf verschiedene Weise festlegen kann (zum Addieren, Subtrahieren und Multiplizieren gibt es dagegen nur je *zwei* Methoden). Für alle Methoden gilt aber die Regel:

BigDecimal-Grundregel: Der Ausführer lässt bei keinem Rechenergebnis irgendwelche wesentlichen (von 0 verschiedenen) Stellen weg, ohne vom Programmierer ausdrücklich den Befehl dazu bekommen zu haben.

Falls er diese Regel verletzen müsste, wirft der Ausführer vorher eine Ausnahme.

Das Beispielprogramm `BigDecimal04` ist eine Art „Taschenrechner" für `BigDe-cimal`-Zahlen. Es liest wiederholt zwei `BigDecimal`-Objekte `b1` und `b2` ein (mit der Methode `EM.liesBigDecimal`) und gibt die Werte der Ausdrücke

```
b1.add(b2)),
b1.subtract(b2)),
b1.multiply(b2)),
b1.divide(b2, RoundingMode.HALF_UP)),
b1.divide(b2, 12, RoundingMode.HALF_UP))
```
und weitere Ergebnisse zur Standardausgabe aus.

Die Klasse `BigDecimal` enthält 16 Konstruktoren, 57 Objektmethoden und drei Klassenmethoden zum Rechnen mit und Bearbeiten von `BigDecimal`-Objekten. Es ist interessant und lohnend, sich bei Gelegenheit die Dokumentation etwas genauer anzusehen.

10.7 Die Klasse Formatter und die printf-Methoden

Wenn man Daten zum Bildschirm oder in eine Textdatei ausgibt, muss man sie nicht nur in Strings umwandeln, sondern häufig auch noch weitergehend *formatieren*. Damit Zahlen übersichtliche Spalten bilden, muss man sie unabhängig von ihrer Größe in einer bestimmten Breite ausgeben, ein positives Vorzeichen soll manchmal ausgegeben und manchmal unterdrückt werden, Bruchzahlen sollen nur mit einer bestimmten Anzahl von Nachpunktstellen erscheinen und müssen vorher eventuell gerundet werden, Texte sollen manchmal linksbündig und manchmal rechtsbündig ausgerichtet werden etc.

Mit der Java-Version 5.0 sind die Möglichkeiten zum Formatieren von Ausgabedaten erheblich erweitert worden, vor allem durch die Klasse `Formatter`. Objekte dieser Klasse enthalten Methoden namens `format`, mit denen man Daten verschiedener Typen auf viele verschiedene Weisen formatieren kann. Außerdem enthält jetzt auch jedes `PrintStream`-Objekt (z. B. das Objekt `System.out` d. h. die

Standardausgabe) entsprechende Methoden. Aus historischen Gründen gibt es (in jedem `Formatter`-Objekt und jedem `PrintStream`-Objekt) zusätzlich zwei Methoden namens `printf`, die ganz Ähnliches leisten wie die `format`-Methoden. Im Folgenden wird stets der traditionell Methodenname `printf` (anstelle des neuen Namens `format`) verwendet.

Eine normale Methode hat eine *bestimmte Anzahl* von Parametern, z. B. 0 Parameter oder zwei etc. Die beiden `printf`-Methoden haben dagegen mindestens einen bzw. zwei Parameter, können aber mit beliebig vielen weiteren Parametern aufgerufen werden. Somit ist es möglich, mit *einem* Aufruf einer solchen Methode *mehrere* Datenelemente (Zahlen, Strings, Wahrheitswerte etc.) auf einmal zu formatieren und auszugeben.

Die folgenden Beispiele sollen einen allgemeinen Eindruck davon vermitteln, was die `printf`-Methoden leisten. Da in den Beispielen die Methode `System.out.-printf` sehr häufig aufgerufen werden soll, wird für diesen etwas unhandlichen Namen zuvor eine Abkürzung eingeführt (siehe auch das Beispielprogramm `Format07`):

```
1    static void printf(String f, Object... v) {
2        System.out.printf(f, v);
3    } // printf
```

Die hier vereinbarte Methode `printf` hat eine variable Anzahl von Parametern. Wenn man sie aufruft, muss man mindestens einen `String`-Parameter angeben. Zusätzlich kann man beliebig viele (0 oder mehr) Parameter des Typs `Object` angeben. Der Name v steht für all diese optionalen Parameter (technisch gesehen hat v große Ähnlichkeit mit einem Parameter des Typs `Object[]`). Die „neue" Methode `printf` macht nichts weiter, als die Methode `System.out.printf` aufzurufen (und das Ergebnis dieser Methode wegzuwerfen, weil wir es nicht benutzen werden). Mit obiger Methodenvereinbarung ist `printf` jetzt eine Abkürzung für `System.out.printf`.

10.7.1 Konkrete Beispiele für printf-Befehle

Im einfachsten Fall hat ein Aufruf einer `printf`-Methode nur *einen* Parameter, der zum Typ `String` gehören muss und häufig als *Formatstring* bezeichnet wird.

Beispiel-01: `printf`-Aufrufe mit nur *einem* Parameter (nur mit Formatstring)

```
1    printf("-------------------------------------------%n");
2    printf("Whiskey enthaelt 54%% Alkohol!%n");
```

In Zeile 1 wird der Formatstring zur Standardausgabe ausgegeben. Die Zeichen %n werden dabei durch eine plattformabhängige *Zeilenendemarkierung* ersetzt (auf einem MacIntosh durch ein CR-Zeichen, auf Unix-Systemen durch ein LF-Zeichen und unter Windows durch zwei Zeichen, ein CR- und ein LF-Zeichen). Schreibt man anstelle von %n nur \n, so wird (unabhängig von der aktuellen Plattform) nur ein CR-Zeichen ausgegeben. Das geht häufig (aber nicht immer) gut.

Das Prozentzeichen % hat im Formatstring der Methode `printf` eine *besondere Bedeutung*. Will man die ausschalten (um ein schlichtes Prozentzeichen auszugeben) muss man *zwei* Prozentzeichen notieren. In Zeile 2 wird also nur ein Prozentzeichen ausgegeben (und der Benutzer hat nicht automatisch das Gefühl, alles doppelt zu sehen).

Der Formatstring kann nicht nur „normalen Text" enthalten, sondern außerdem die Zeichenkombinationen %% und %n (wie im Beispiel-01) und *Umwandlungsbefehle*. Ein Umwandlungsbefehl beginnt immer mit einem Prozentzeichen % und endet mit einem speziellen *Umwandlungsbuchstaben*, z. B. d oder f etc. Zwischen dem Prozentzeichen und dem abschließenden Umwandlungsbuchstaben können weitere Zeichen stehen, die die gewünschte Umwandlung näher beschreiben.

Beispiel-02: Ganzzahlen formatieren

```
3    int i01 = 123456;
4    int i02 = 23;
5    int i03 = 50;
6
7    printf("B Der Preis betraegt %d Euro.%n",    23);
8    printf("C Der Preis betraegt %d Euro.%n", i01);
9    printf("D Der Preis betraegt %7d Euro.%n", i02);
10   printf("E Der Preis betraegt %7d Euro.%n", i01);
11   printf("F Der Preis betraegt %7d Euro.%n", 123456789);
```

Die vier `printf`-Befehle geben folgende Zeilen aus:

```
12   B Der Preis betraegt 23 Euro.
13   C Der Preis betraegt 123456 Euro.
14   D Der Preis betraegt      23 Euro.
15   E Der Preis betraegt  123456 Euro.
16   F Der Preis betraegt 123456789 Euro.
```

Der Umwandlungsbefehl %d in Zeile 7 bewirkt, dass der int-Wert 23 in einen Dezimalzahl-String "23" umgewandelt wird. Der Umwandlungsbefehl wird dann durch diesen String ersetzt und der Formatstring (mit der Ersetzung darin) wird ausgegeben. Entsprechend wird in Zeile 8 der Umwandlungsbefehl durch den Dezimalzahl-String "123456" ersetzt und der Formatstring dann ausgegeben.

Einzeln sind die Ausgabezeilen 12 und 13 einigermaßen lesbar, zusammen betrachtet aber eher hässlich, weil die Zahlen 23 und 123456 nicht „stellengerecht" untereinander stehen.

Der Umwandlungsbefehl %7d in Zeile 9 bewirkt, dass der Wert der Variablen i02 in einen Dezimalzahl-String umgewandelt wird, der *mindestens* die Länge 7 hat (wir sagen auch: i02 soll mit einer *Mindestbreite* von 7 Zeichen ausgegeben werden). Falls nötig wird der String links mit Blanks verlängert. In Zeile 10 passiert Ähnliches wie in Zeile 9. In den Ausgabezeilen 14 und 15 stehen die Zahlen 23 und 123456 stellengerecht untereinander.

Der Umwandlungsbefehl %7d in Zeile 11 soll unterstreichen, dass die 7 hier nur eine *Mindestbreite* ist und *nicht* bewirkt, dass wichtige Ziffern der zu formatierenden Zahl abgeschnitten werden. Die Zahl 123456789 wird in ihrer „natürlichen Breite" von 9 Zeichen ausgegeben (siehe Zeile 16), nicht in der Mindestbreite von 7 Zeichen.

Der Formatstring eines printf-Befehls kann im Prinzip beliebig viele Umwandlungsbefehle enthalten, wie das folgende Beispiel zeigen soll.

Beispiel-03: Mehrere Umwandlungsbefehle in einem Formatstring

```
17   double d01 = 123.45678;
18
19   printf("G Das kostet %d Euro und %d Cents.%n", i02, i03);
20   printf("H 3 Zahlen: %d, %d, %f.%n",           i02, i03, d01);
```

Die zwei printf-Befehle geben folgende Zeilen aus:

```
21   G Das kostet 23 Euro und 50 Cents.
22   H 3 Zahlen: 23, 50, 123,456780.
```

Wenn der Formatstring z. B. *drei* Umwandlungsbefehle enthält, müssen ihm *drei* zusätzliche Parameter folgen (wie in Zeile 20 die zusätzlichen Parameter i02, i03 und d01). Zu dieser Regel gibt es (wie zu allen Formatierungsregeln) Ausnahmen (siehe unten das Beispiel-09).

Der Umwandlungsbefehl %f (wie fraction, in Zeile 20) bewirkt, dass der entsprechende zu formatierende Parameter in einen *Dezimalbruch-String* "123,456780" umgewandelt wird. Der zu formatierende Parameter muss eine *Bruchzahl* sein (z. B. vom Typ double oder float), sonst wird eine Ausnahme geworfen. Da die Ausgabezeile 22 in Deutschland produziert wurde und der Programmierer im printf-Befehl (in Zeile 20) nicht ausdrücklich etwas anderes angeordnet hat, wird der Dezimalbruch-String wie in Deutschland üblich formatiert, d. h. mit einem *Komma* als Dezimaltrennzeichen („Dezimalkomma"). In England oder in den USA würde der printf-Befehl in Zeile 20 den Dezimalbruch mit einem *Punkt* als

Dezimaltrennzeichen formatieren. Unabhängig von den Bräuchen in verschiedenen Ländern werden wir hier weiter von *Nachpunktstellen* (und nicht von Nach*kommastellen*) einer Bruchzahl sprechen.

Da der Umwandlungsbefehl %f nichts Anderes festlegt, enthält der Dezimalbruch-String 6 Nachpunktstellen hinter dem Komma (das gilt für alle Ländern).

Bruchzahlen zu formatieren ist anspruchsvoller und interessanter als das Formatieren von Ganzzahlen. Das folgende Beispiel zeigt ein paar Möglichkeiten.

Beispiel-04: Bruchzahlen formatieren

```
23   printf("I Ein Euro kostet %f US-Cents.%n",    d01);
24   printf("J Ein Euro kostet %10.4f US-Cents.%n", d01);
25   printf("K Ein Euro kostet %10.2f US-Cents.%n", d01);
26   printf("L Ein Euro kostet %-10.4f US-Cents.%n", d01);
27   printf("M Ein Euro kostet %-10.2f US-Cents.%n", d01);
28   printf("N Ein Euro kostet %3.1f US-Cents.%n",   d01);
```

Die sechs printf-Befehle geben folgende Zeilen aus:

```
29   I Ein Euro kostet 123,456780 US-Cents.
30   J Ein Euro kostet    123,4568 US-Cents.
31   K Ein Euro kostet      123,46 US-Cents.
32   L Ein Euro kostet 123,4568    US-Cents.
33   M Ein Euro kostet 123,46      US-Cents.
34   N Ein Euro kostet 123,5 US-Cents.
```

Der Umwandlungsbefehl %10.4f (in Zeile 24) legt eine Mindestbreite von 10 Zeichen und 4 Nachpunktstellen fest. Man beachte, dass die Ausgabe (in Zeile 30) *gerundet* ist. Das Gleiche gilt auch für die Zahlen in den Zeilen 31 bis 34.

Der Umwandlungsbefehl %3.1f (in Zeile 28) soll unterstreichen, dass die Zahl 3 nur eine *Mindestbreite* ist und *nicht* bewirkt, dass wichtige Ziffern der zu formatierenden Zahl abgeschnitten werden. Die Zahl 123,46 wird wie gewünscht mit einer Nachpunktstelle, aber in ihrer natürlichen Breite von 5 Zeichen ausgegeben, nicht in der Mindestbreite von 3 Zeichen.

Der Umwandlungsbefehl %-10.4f (in Zeile 26) legt eine Mindestbreite von 10 Zeichen und (mit dem Minuszeichen) eine *linksbündige* Ausrichtung der Zahl fest (siehe Ausgabezeile 32). Das Minuszeichen darf nur in Kombination mit einer Mindestbreite angegeben werden, weil eine bündige Ausrichtung nur dann möglich ist, wenn die betreffende Zeichenkette kürzer ist als die Mindestbreite.

Vorzeichen von Zahlen können mit printf auf verschiedene Weisen formatiert werden, wie das folgende Beispiel zeigen soll.

Beispiel-05: Vorzeichen auf vier verschiedene Weisen formatieren

```
35   printf("O Negativ: %d. Positiv: %d.%n",    -123, +123);
36   printf("P Negativ: %+d. Positiv: %+d.%n", -123, +123);
37   printf("Q Negativ: % d. Positiv: % d.%n", -123, +123);
38   printf("R Negativ: %(d. Positiv: %(d.%n", -123, +123);
```

Die vier `printf`-Befehle geben folgende Zeilen aus:

```
39   O Negativ: -123. Positiv: 123.
40   P Negativ: -123. Positiv: +123.
41   Q Negativ: -123. Positiv:  123.
42   R Negativ: (123). Positiv: 123.
```

Die drei Umwandlungsbefehle `%d`, `%+d` und `% d` (mit einem Blank zwischen dem `%` und dem `d`) haben bei negativen Zahlen gleiche Wirkungen: Vor der ersten Ziffer der Zahl erscheint ein Minuszeichen `-`. Bei positiven Zahlen erscheint vor der ersten Ziffer entweder nichts, ein Pluszeichen `+` oder ein Blank. Das Pluszeichen und das Blank haben gegenüber dem Nichts die manchmal wünschenswerte Wirkung, dass Zahlen wie `-123` und `123` nach dem Formatieren gleich lang sind. Der vierte Umwandlungsbefehl `%(d` (in Zeile 38) stellt negative Zahlen in runde Klammern eingeschlossen dar.

Umwandlungsbefehle mit dem Umwandlungsbuchstaben `d` darf man nur auf *Ganzzahlen* und solche mit `f` (wie fraction) nur auf *Bruchzahlen* anwenden. Mit dem Umwandlungsbuchstaben `s` kann man Werte *beliebiger* Typen in Strings umwandeln lassen, wie das folgende Beispiel zeigen soll.

Beispiel-06: Werte verschiedener Typen mit `%s` formatieren

```
43   String vor  = "Moritz";
44   String nach = "Meyer";
45
46   printf("S Nach-,Vorname: %s, %s, Alter: %d%n", nach, vor, i02);
47   printf("T Nach-,Vorname: %s, %s, Alter: %s%n", nach, vor, i02);
```

Die zwei `printf`-Befehle geben folgende Zeilen aus:

```
48   S Nach-,Vorname: Meyer, Moritz, Alter: 23
49   T Nach-,Vorname: Meyer, Moritz, Alter: 23
```

Der `int`-Wert der Variablen `i02` wird einmal mit `%d` umgewandelt (in Zeile 46) und einmal mit `%s` (in Zeile 47). Das Ergebnis ist hier in beiden Fällen genau gleich. Das Formatieren von Zahlen mit `%s` ist aber mit Gefahren verbunden, wie das nächste Beispiel zeigt.

Bisher wurde der Formatstring der `printf`-Befehle immer als *Literal* angegeben. Das muss aber nicht sein. Jeder Ausdruck, der einen String bezeichnet, ist als Formatparameter erlaubt.

Beispiel-07: Eine `String`-Variable als Formatstring, Gefahren des Umwandlungsbuchstabens s

```
50   String f1 = "U Nach-,Vorname: %6s, %6s, Alter: %d%n";
51   String f2 = "V Nach-,Vorname: %6.2s, %6.3s, Alter: %.1s%n";
52
53   printf(f1, vor, nach, i02); // Formatstring f1
54   printf(f2, vor, nach, i02); // Foramtstring f2
```

Die zwei `printf`-Befehle geben folgende Zeilen aus:

```
55   U Nach-,Vorname: Moritz,   Meyer, Alter: 23
56   V Nach-,Vorname:     Mo,     Mey, Alter: 2
```

In einem Umwandlungsbefehl wie z. B. `%6.2s` ist die Zahl 6 („wie immer") eine *Mindestbreite*. Die Zahl 2 legt dagegen nicht die Anzahl von Nachpunktstellen fest (weil Strings im Allgemeinen keine Nachpunktstellen haben), sondern die *maximale* Anzahl der Zeichen des betreffenden Strings, die überhaupt angezeigt werden sollen. Alle außer den ersten zwei Zeichen des Strings werden abgeschnitten und gehen verloren. Die Strings `Mo` und `Mey` als Abkürzungen für `Moritz` und `Meyer` können unter Umständen sinnvoll sein, aber 2 ist wohl fast immer eine schlechte Abkürzung für 23. Wenn man Zahlen mit dem Umwandlungsbuchstaben d bzw. f formatiert, können solche „gefährlichen Informationsverluste" nicht auftreten.

Bisher wurde hier nur *die* `printf`-Methode verwendet, die nach „den Bräuchen des aktuellen Landes" formatiert. Es gibt noch eine zweite `printf`-Methode, die nach den Bräuchen eines *angebbaren* Landes formatiert. Diese Methode erwartet als ersten Parameter ein `Locale`-Objekt. Die Klasse `Locale` enthält für einige Länder vorgefertigte `Locale`-Objekte mit Informationen über bestimmte Bräuche des Landes (z. B. beim Formatieren von Zahlen, Uhrzeiten etc.).

Beispiel-08: Nach den Bräuchen bestimmter Länder formatieren

```
57   Locale loc01 = Locale.ENGLISH;
58   Locale loc02 = Locale.FRENCH;
59   Locale loc03 = Locale.ITALIAN;
60
61   printf(loc01, "W Englisch    : %,f%n", 1234567.890123);
62   printf(loc02, "X Französisch : %,f%n", 1234567.890123);
63   printf(loc03, "Y Italienisch : %,f%n", 1234567.890123);
```

Die drei `printf`-Befehle geben folgende Zeilen aus:

```
64   W Englisch    : 1,234,567.890123
65   X Französisch : 1 234 567,890123
66   Y Italienisch : 1.234.567,890123
```

Im Umwandlungsbefehl `%,f` (in den Zeilen 61 bis 63) drückt das Komma aus, dass die Vorpunktstellen der Bruchzahl in Dreiergruppen angeordnet und die Gruppen

durch das *landesspezifische Gruppentrennzeichen* voneinander getrennt werden
sollen. Offenbar werden in England, Frankreich und Italien unterschiedliche Gruppentrennzeichen verwendet (und Entsprechendes gilt auch für das Dezimaltrennzeichen).

Anmerkung: Eigentlich ist es schade, dass die *Nachpunktstellen* einer Bruchzahl
nicht auch so übersichtlich gruppiert werden wie die *Vorpunktstellen*.

Häufig stehen die Umwandlungsbefehle im Formatstring eines `printf`-Befehls in
einer 1-zu-1-Beziehung zu den zu formatierenden Zusatzparametern und jeder Zu-
satzparameter wird genau *einmal* formatiert. Das muss aber nicht so sein.

Beispiel-09: Die zu formatierenden Parameter mit *Indizes* adressieren und mit Hilfe des Zeichens < einen Parameter mehrmals formatieren

```
67   printf("F%1$s%2$s%2$s, f%1$s%2$s%2$s.%n", "latter", "ta");
68   printf("F%s%s%<s, f%1$s%2$s%<s.%n",        "latter", "ta");
```

Die zwei `printf`-Befehle geben folgendes Zitat (aus dem Gedicht „Das Hemmed"
von Christian Morgenstern) aus:

```
69   Flattertata, flattertata.
70   Flattertata, flattertata.
```

Innerhalb eines Umwandlungsbefehls bezeichnet der Index 1$ den ersten zu for-
matierenden Parameter, 2$ den zweiten usw. Ein Umwandlungsbefehl wie $<s (in
Zeile 68) formatiert den selben Parameter wie der vorangehende Umwandlungsbefehl (und nicht „den nächsten"). Das Zeichen < sollte als eine Art *Pfeil* gelesen werden, der auf den vorangehenden Umwandlungsbefehl zeigt.

Zum Formatieren von Datums- und Zeitangaben gibt es besonders zahlreiche Umwandlungsbefehle (`%tH`, `%tI`, `%tk` etc., insgesamt sind es je nach Zählweise 31
oder 62), und ihre Wirkung hängt zum Teil stark von den Bräuchen der verschiedenen Lokalitäten (`Locale.ENGLISH`, `Locale.CHINESE`, `Locale.GERMAN` etc.)
ab. Diese speziellen Umwandlungsbefehle darf man auf Parameter der Typen `Ca-
lendar`, `Long` und `long` anwenden. Ein primitiver `long`-Wert (bzw. ein `Long`-
Objekt) wird als „Nummer einer Millisekunde innerhalb unserer Epoche" interpretiert. Dabei beginnt die Zählung der Millisekunden am 1. Januar 1970 (null Uhr
UTC, Coordinated Universal Time. Natürlich beginnt die Zählung bei 0 und nicht
bei 1). Negative `long`-Werte (bzw. `Long`-Objekte) bezeichnen Zeitpunkte *vor* dem
1. Januar 1970.

Beispiel-10: Ein `Calendar`-Objekt und einen `long`-Wert als Datums-und-Zeitangaben (duz) formatieren

```
71  Calendar duz1 = new GregorianCalendar(2004, 9, 8, 7, 6, 5);
72  long     duz2 = 1097215565000L;
73
74  printf("Millisekunde der Epoche : %tQ%n", duz1);
75  printf("Abgekuerzter Monatsname : %tb%n", duz1);
76  printf("Datum und Zeit          : %tc%n", duz1);
77
78  printf("Millisekunde der Epoche : %tQ%n", duz2);
79  printf("Abgekuerzter Monatsname : %tb%n", duz2);
80  printf("Datum und Zeit          : %tc%n", duz2);
```

Die sechs `printf`-Befehle geben folgende Zeilen aus:

```
81  Millisekunde der Epoche : 1097215565000
82  Abgekuerzter Monatsname : Okt
83  Datum und Zeit          : Fr Okt 08 07:06:05 GMT+01:00 2004
84  Millisekunde der Epoche : 1097215565000
85  Abgekuerzter Monatsname : Okt
86  Datum und Zeit          : Fr Okt 08 07:06:05 GMT+01:00 2004
```

Das Beispielprogramm `Format08` formatiert verschiedene Datums-und-Zeitangaben nach den Bräuchen verschiedener Lokalitäten mit allen möglichen Umwandlungsbefehlen und gibt die Ergebnisse (ähnlich wie in den Zeilen 81 bis 86) aus. Wenn man alle „bremsenden Kommentarzeichen" entfernt, werden etwas mehr als 1000 Zeilen ausgegeben (mit den „bremsenden Kommentarzeichen" sind es nur etwa 80 Zeilen).

Zum Abschluss dieses Abschnitts hier noch das vollständige Gedicht „Das Hemmed" von Christian Morgenstern:

> Kennst du das einsame Hemmed?
> Flattertata, flattertata.
>
> Ders trug, ist baß verdämmet!
> Flattertata, flattertata.
>
> Es knattert und rattert im Winde.
> Windurudei, windurudei.
>
> Es weint wie ein kleines Kinde.
> Windurudei, windurudei.
>
> Das ist das einsame
> Hemmed.

10.7.2 Die printf-Methode praktisch kennen lernen

Die Dokumentation der Methoden `printf` und `format` (siehe [HTML_Doc]) ist etwa 25 kleinbedruckte Seiten lang (die allgemeine Beschreibung der Klasse `String` belegt dagegen nur etwa eine halbe Seite). Es ist ziemlich mühsam, diese Seiten zu lesen und zu verstehen. Als Ergänzung (oder Alternative) zu diesen Seiten werden hier zwei Beispielprogramme (`Format10` und `PrintfApplet`) angeboten, mit denen man die komplizierten Formatierungsbefehle interaktiv ausprobieren und experimentell erkunden kan.

Wenn man das Konsolen-Programm `Format01` startet, gibt es kurze Hinweise zu seiner Bedienung aus. Eine etwas genauere Bedienungsanleitung findet man am Anfang der Quelldatei `Format10.java` als Kommentar (in der im Abschnitt 1.3 beschriebenen Sammlung von Beispielprogrammen).

Das `PrintfApplet` (ebenfalls bei den Beispielprogrammen) bietet eine grafische Benutzeroberfläche zur Erkundung der `printf`-Befehle. Um dieses Applet ausführen zu können, braucht man:

1. Einen Browser, der Java 5.0 „kann" (wenn man Java 5.0 auf einem Windows- oder Linux-Rechner installiert hat und danach den Browser *Firefox* oder *Opera* installiert, dann „können" diese Browser Java 5.0).

2. Einen relativ breiten Bildschirm (mehr als 800 mal 600 Pixel).

3. Möglichst einen UNICODE-Font (z. B. die Datei `Arialuni.ttf`, ca. 24 MB, von Microsoft), damit auch japanische und koreanische Tagesnamen richtig angezeigt werden. Ohne einen solchen Font erscheinen anstelle von asiatischen Schriftzeichen nur kleine leere Kästchen auf dem Bildschirm.

Um das Applet auszuführen, sollte man die Datei `PrintfApplet.java` compilieren und dann die Datei `PrintfApplet.html` mit einem Browser öffnen. Dabei sollten die Dateien `PrintfApplet.class`, `PrintfApplet$1.class`, `Printf-Applet$2.class` (die der Compiler erzeugt hat) und die Dateien `PrintfAppletHilfe.html` alle in einem gemeinsamen Verzeichnis stehen. Das Applet hat eine Hilfe-Menü, über das man die umfangreiche Hilfedatei `PrintfApplet-Hilfe.html` öffnen kann.

10.7.3 Übersicht über alle Umwandlungsbefehle

Im Abschnitt 10.7.1 wurde eine Reihe von konkreten Beispielen für das Formatieren von Daten mit `printf`-Befehlen vorgestellt. Als Ergänzung soll jetzt eine allgemeine Übersicht über alle Umwandlungsbefehle entwickelt werden. Um die Darstellung wenigstens einigermaßen kurz und einfach zu halten, werden eine Reihe von Unregelmäßigkeiten und Ausnahmen einfach ignoriert. Entsprechend sollte die Darstellung mit einer gewissen Vorsicht gelesen und als nur „im Großen und Ganzen zutreffend" verstanden werden.

In jedem Aufruf einer `printf`-Methode muss man einen *Formatstring* angeben (als zweiten Parameter nach einem `Locale`-Objekt bzw. als ersten Parameter). Der `printf`-Befehl bewirkt, ganz grob gesprochen, dass dieser Formatstring (nach gewissen „Ersetzungen") ausgegeben wird.

Der Formatstring kann normalen Text, die Zeichenkombinationen `%%` und `%n` (siehe Beispiel-01 im Abschnitt 10.7.1) und *Umwandlungsbefehle* enthalten. Normalerweise muss man dem `printf`-Befehl für jeden Umwandlungsbefehl einen weiteren, zusätzlichen Parameter übergeben. Jeder Umwandlungsbefehl im Formatstring bewirkt die Formatierung „seines" Parameters und wird durch das Ergebnis der Formatierung ersetzt.

Jeder Umwandlungsbefehl beginnt mit einem Prozentzeichen `%` und endet mit einem bestimmten *Umwandlungsbuchstaben* (kurz: `UBuchstaben`) wie z. B. `b` oder `f` etc. und hat folgenden allgemeinen Aufbau:

`%[Index][Schalter][Breite][.Genauigkeit]UBuchstabe`

Alle Angaben in eckigen Klammern sind optional, nur das Prozentzeichen und ein `UBuchstabe` müssen immer angegeben werden.

Der `UBuchstabe` legt Zweierlei fest:
1. Die Typen der Parameter, auf die man den Umwandlungsbefehl anwenden darf.
2. Was der Umwandlungsbefehl grundsätzlich bewirkt.

Mit den optionalen Angaben `Schalter`, `Breite` und `Genauigkeit` kann man die grundsätzliche Wirkung des Umwandlungsbefehls modifizieren. Sie werden weiter unten (nach den Tabellen) erläutert.

Die Typen der zu formatierenden Parameter kann man in *fünf* Gruppen einteilen, die hier wie folgt bezeichnet werden: *AlleTypen, ZeichenTypen, GanzzahlTypen, BruchzahlTypen* und *DatumUndZeitTypen*. Zu jeder Gruppe gibt es eine Liste von Umwandlungsbuchstaben, die man nur auf Parameter dieser Typen anwenden darf.

Die folgenden Tabellen geben eine Übersicht über die *Typgruppen*, die *Typen* der einzelnen Gruppen, die *Umwandlungsbuchstaben*, die mit den Typen der Gruppe verträglich sind und die grundsätzliche Wirkung der Umwandlungsbuchstaben. In der Tabelle bezeichnet *param* immer den gerade umzuwandelnden Parameter des `printf`-Befehls. In der schmalen Spalte ganz links stehen (**halbfett** hervorgehoben) die Umwandlungsbuchstaben (z. B. **b**, **B** oder **h**, **H** etc.).

Gruppe **AlleTypen** (dazu gehören alle Typen)	
b **B**	Der param wird in `"true"` bzw. `"false"` umgewandelt. Der Referenzwert `null`, der `boolean`-Wert `false`, und das entsprechende Hüllobjekt werden in den String `"false"` umgewandelt, alle anderen Werte in `"true"`.
h **H**	Der param wird in eine hex-Darstellung seines Hashcodes umgewandelt (mit `Integer.toHexString(param.hashCode)`).
s **S**	Der param wird in einen String umgewandelt. Wenn er die Schnittstelle `Formattable` implementiert, ist das Ergebnis gleich `param.formatTo()`, sonst gleich `param.toString()`.

Gruppe **ZeichenTypen** (`char, Character, byte, Byte, short, Short, int, Integer`)	
c **C**	param wird in ein Unicode-Zeichen umgewandelt. Falls ein primitiver `int`-Wert oder ein `Integer`-Objekt kein Unicode-Zeichen (keinen „code point") bezeichnet, müsste eine Ausnahme des Typs `IllegalFormatCodePointException` geworfen werden (konnte diesen Effekt aber mit Java 5.0 unter Windows nicht beobachten, U.G., 12.11.04).

Gruppe **GanzzahlTypen** (`byte, Byte, short, Short, int, Integer, long, Long` und `BigInteger`)	
d	param wird in einen Dezimalzahl-String umgewandelt.
o	param wird in einen Oktalzahl-String umgewandelt.
x **X**	param wird in einen Hexzahl-String umgewandelt.

Gruppe **Bruchzahltypen** (`float`, `Float`, `double`, `Double` und `BigDecimal`)	
e **E**	param wird in einen Dezimalbruch-String *mit* Exponent umgewandelt (z. B. `"1.234e+02"`).
f	param wird in einen Dezimalbruch-String *ohne* Exponent umgewandelt (z. B. `"12.345"`).
g **G**	param wird in einen Dezimalbruch-String umgewandelt, *ohne* Exponent, wenn param zwischen 10^{-3} (einschließlich) und 10^7 (ausschließlich) liegt, und sonst *mit* Exponent.

Gruppe **DatumUndZeitTypen** (`Calendar`, `long`, `Long`)	
t **T**	Unmittelbar nach dem t bzw. **T** muss einer der Buchstaben H, I, k, l, M, S, L, N, p, z, Z, s, Q (für *Zeitangaben*), B, b, h, A, a, C, Y, y, j, m, d, e (für *Datumsangaben*), R, T, r, D, F, c (für *Kombinationen*) stehen. Dieser zweite Buchstabe legt fest, was genau passiert (mit den Beispielprogrammen `Format08` oder `PrintfApplet` kann man ausprobieren, was genau passiert).

Der Referenzwert `null` wird von allen Umwandlungsbefehlen in den String `"null"` umgewandelt (einzige Ausnahme: siehe Gruppe **AlleTypen**, Umwandlungsbuchstabe **b**). Falls param ein primitiver Wert ist und irgendwelche Objektmethoden aufgerufen werden (z. B. `param.hashCode` oder `param.toString`), wird param vorher in ein Hüllobjekt gehüllt.

Die *großen Umwandlungsbuchstaben* (z. B. **B** oder **E**) haben fast die gleiche Wirkung wie die entsprechenden kleinen (**b** bzw. **e**), wandeln im Ergebnisstring aber alle Buchstaben in Großbuchstaben um. Ist **s** der Ergebnisstring, den ein kleiner Buchstabe liefern würde, dann liefert der entsprechende große Buchstabe den Ergebnisstring `s.toUpperCase()`.

Als *Schalter* sind höchstens die folgenden sieben Zeichen zulässig (das vierte Zeichen zwischen + und 0 ist ein Blank):

`-#+ 0,(`

Der Schalter *Minuszeichen* – darf im Prinzip in allen Umwandlungsbefehlen angegeben werden, aber nur in Kombination mit einer *Mindestbreite*. Es bewirkt, dass das „rohe" Umwandlungsergebnis auf seiner *rechten* Seite mit Blanks verlängert wird (oder: dass es *linksbündig ausgerichtet* wird), falls es kürzer als die Mindestbreite ist (siehe das Beispiel-04 im Abschnitt 10.7.1). Ohne das Minuszeichen wird ein zu kurzes rohes Umwandlungsergebnis *rechtsbündig ausgerichtet* (d. h. auf seiner *linken* Seite mit Blanks verlängert).

Der Schalter *Nummernzeichen* # darf man nur in Umwandlungen für die Typgruppen **AlleTypen**, **GanzzahlTypen** und **BruchzahlTypen** anwenden (alle anderen Anwendungen lösen eine Ausnahme des Typs `FormatFlagsConversion-MismatchException` aus). Es bewirkt, dass das Umwandlungsergebnis nicht „wie normal" aussieht, sondern in „eine besondere Form" gebracht wird. Was das genau bedeutet, hängt vom Umwandlungsbuchstaben und dem Typ des zu formatierenden Parameters ab. Wandelt man z. B. die Ganzzahl `255` mit dem Buchstaben x in eine hex-Darstellung um, so ist das normale Ergebnis der String wie `"ff"` und das besondere Ergebnis (mit Nummernzeichen erzeugt) der String `"0xff"`. Ganz entsprechend hat das besondere Ergebnis einer o-Umwandlung eine führende 0, die das normale Ergebnis nicht hat.

Die übrigen fünf Schalterzeichen (*Pluszeichen, Blank, Null, Komma* und *öffnende runde Klammer*) darf man nur in Umwandlungen für die Typgruppen **Ganzzahl-Typen** und **BruchzahlTypen** anwenden (und auch da nicht in allen Fällen). Eine nicht erlaubte Verwendung dieser Schalterzeichen löst eine Ausnahme des Typs `FormatFlagsConversionMismatchException` aus.

Der Schalter *Pluszeichen* + bewirkt, dass eine positive Zahl mit einem Pluszeichen und eine negative Zahl mit einem Minuszeichen beginnt (siehe Beispiel-05 im Abschnitt 10.7.1).

Der Schalter *Blank* ' ' bewirkt, dass eine positive Zahl mit einem Blank und eine negative Zahl mit einem Minuszeichen beginnt (siehe Beispiel-05 im Abschnitt 10.7.1).

Der Schalter *Null* 0 darf nur zusammen mit einer Mindestbreite verwendet werden (sonst wird eine Ausnahme des Typs `MissingFormatWidthException` ausgelöst). Er bewirkt, dass ein zu kurzes Rohergebnis mit Nullen verlängert wird (statt mit Blanks).

Der Schalter *Komma* , bewirkt, dass die Vorpunktziffern der zu formatierenden Zahl zu Dreiergruppen zusammengefasst und durch ein lokalitätsabhängiges Gruppentrennsymbol (in England durch ein Komma, in Deutschland durch einen Punkt etc.) voneinander getrennt werden (siehe Beispiel-08 im Abschnitt 10.7.1).

Der Schalter *öffnende runde Klammer* (bewirkt, dass eine negative Zahl in runde Klammern eingefasst wird und eine positive Zahl mit ihrer ersten Ziffer beginnt, und nicht mit irgendeiner Art Vorzeichen (siehe Beispiel-05 im Abschnitt 10.7.1).

Mehrere Schalter darf man in beliebiger Reihenfolge angeben.

Eine (Mindest-) *Breite* darf man in jedem Umwandlungsbefehl angeben. Falls das rohe Ergebnis der Umwandlung kürzer als die angegebene Mindestbreite ist, wird es normalerweise an der linken Seite mit Blanks verlängert (d. h. rechtsbündig ausgerichtet). Wurde der Schalter Minuszeichen – angegeben, wird ein zu kurzes Rohergebnis an der rechten Seite mit Blanks verlängert (d. h. linksbündig ausgerichtet). Wurde der Schalter Null 0 angegeben, wird ein zu kurzes Rohergebnis mit Nullen (statt mit Blanks) verlängert.

Eine *Genauigkeit* darf man nur in Umwandlungen für die Typgruppen *AlleTypen* und *BruchzahlTypen* angeben und je nach Typgruppe hat sie eine ganz andere Bedeutung und Wirkung. Beim Formatieren einer Bruchzahl legt die Genauigkeit die Anzahl der gewünschten Nachpunktstellen fest. Bei Umwandlungen für die Typgruppe *AlleTypen* (mit den Buchstaben b, B, h, H, s und S) gibt man mit der Genauigkeit an, wie viele Zeichen des Rohergebnisses höchstens in das endgültige Ergebnis übernommen werden (und eventuell auf die Mindestbreite verlängert werden) sollen.

Beispiel-01: Unterschiedliche Wirkung der *Genauigkeit* bei Umwandlungen für die Typgruppe *BruchzahlTypen* und die Typgruppe *AlleTypen*

```
1    printf("123.456 mit %%6.2f umgewandelt: %6.2f%n", 123.456);
2    printf("123.456 mit %%6.2s umgewandelt: %6.2s%n", 123.456);
```

Die zwei `printf`-Befehle geben folgende Zeilen aus:

```
3    123.456 mit %6.2f umgewandelt: 123,46
4    123.456 mit %6.2s umgewandelt:     12
```

Obwohl die Zahl `123.456` *drei* Nachpunktstellen hat, wird sie in Zeile 3 auf nur *zwei* Nachpunktstellen gerundet ausgegeben. Die Ursache dafür ist die Genauigkeit `.2` im Umwandlungsbefehl `%6.2f` in Zeile 1.

Obwohl der Umwandlungsbefehl `%6.2s` in Zeile 2 sich von dem genau darüber stehenden Befehl nur durch *einen* einzigen Buchstaben unterscheidet, hat er eine ganz andere Wirkung: Die Zahl `123.456` wird zuerst in einen String `"123.456"` umgewandelt. Weil der Programmierer die Genauigkeit `.2` angegeben hat, werden von diesem Rohergebnis nur die ersten 2 Zeichen genommen: `"12"`. Weil der Programmierer eine Mindestbreite von 6 angegeben hat, wird dieses noch immer rohe Ergebnis durch Einfügen von Blanks auf die Mindestbreite verlängert. Das (abgekochte?) Endergebnis ist der `String` `"    12"` der Länge 6 . Dieser String ist eine schlechte Abkürzung für die ursprüngliche Zahl `123.456` (siehe auch das Beispielprogramm `Format07`).

Im Umwandlungsbefehl `%6.2s` bezeichnet 6 eine Mindestbreite und `.2` eine maximale Anzahl von Zeichen. „Nehmen Sie mindestens 6, aber höchstens 2!" ist normalerweise ein unlösbarer Widerspruch. Im Umwandlungsbefehl `%6.2s` steckt dieser Widerspruch aber höchstens scheinbar (und wahrscheinlich fällt das Formatieren von Daten mit dem `printf`-Befehl nicht unter „normalerweise" :-).

Normalerweise bewirkt der n-te Umwandlungsbefehl im Formatstring eines `printf`-Befehls die Formatierung des n-ten zusätzlichen Parameters und jeder zusätzliche Parameter wird genau einmal formatiert. Indem man im Umwandlungsbefehl einen *Index* angibt (z. B. `1$` oder `2$` etc.) kann man diese starre Zuordnung aufheben und einen zusätzlichen Parameter mehrmals formatieren lassen. Siehe dazu das Beispiel-09 im Abschnitt 10.7.1.

11 Struktur und Ausführung eines Java-Programms

Dieses Kapitel beschreibt, woraus Java-Programme bestehen und wie sie ausgeführt werden. Durch ihre Struktur und ihre Ausführungsregeln unterscheiden Java-Programme sich erheblich von Programmen, die in älteren Sprachen (wie z. B. Pascal, C++ oder Ada) geschrieben wurden.

Ein Java-Programm besteht aus Klassen. Genauer: Ein Java-Programm namens `Hallo` besteht aus einer *Hauptklasse* namens `Hallo` und beliebig vielen *Nebenklassen*. Die Hauptklasse muss eine `main`-Methode enthalten. Diese `main`-Methode muss als Prozedur („`void`-Methode") mit den Modifizierern `static` und `public` und einem Parameter vom Typ `String[]` vereinbart worden sein.

Nebenklassen des Programms `Hallo` sind genau die Klassen, die zum Ausführen dieser `main`-Methode benötigt werden.

Angenommen, der Benutzer fordert den Ausführer dazu auf, das Programm namens `Hallo` auszuführen, indem er z. B. in eine Kommandozeile folgenden Befehl eingibt:

```
> java Hallo
```

Dann führt der Java-Ausführer folgende Schritte durch:

Schritt 1: Er sucht (in bestimmten Verzeichnissen) nach einer Datei namens `Hallo.class`. Falls er keine solche Datei findet, gibt er eine Fehlermeldung wie die folgende aus

```
> Exception in thread "main" java.lang.NoClassDefFoundError: Hallo
```

und beendet seine Arbeit. In dieser Meldung ist `thread "main"` (Hauptfaden) der Name *des* Teils des Ausführers, der für das Suchen der Datei `Hallo.class`, das Erzeugen der Hauptklasse `Hallo` und das Ausführen ihrer `main`-Methode zuständig ist.

Schritt 2: Falls der Ausführer (genauer: der Hauptfaden des Ausführers) eine Datei namens `Hallo.class` findet und diese Datei die Vereinbarung einer Klasse namens `Hallo` enthält, führt er diese Vereinbarung aus, d. h. er erzeugt die Klasse `Hallo`. Dazu muss er im Wesentlichen alle Konstruktoren und die Klassenelemente („die mit `static` gekennzeichneten Elemente") der Klasse `Hallo` erzeugen. Erst wenn dieser Schritt abgeschlossen ist, existiert die Klasse `Hallo` und enthält ihre Klassenelemente und Konstruktoren.

Schritt 3: Der Hauptfaden prüft, ob die Klasse (oder: der Modul) `Hallo` eine `main`-Methode enthält. Falls das nicht der Fall ist, gibt er eine Fehlermeldung wie die folgende aus

```
> Exception in thread "main" java.lang.NoSuchMethodError: main
```

und beendet seine Arbeit.

Schritt 4: Falls die Klasse `Hallo` eine `main`-Methode enthält, führt der Hauptfaden sie aus. Wenn er damit fertig ist, zerstört er alle bis dahin erzeugten Klassen wieder und ist mit der Ausführung des Programms `Hallo` fertig.

Eine Ausführung eines Java-Programm besteht also im Kern aus einer Ausführung der `main`-Methode der Hauptklasse. Andere Methoden werden nur ausgeführt, wenn sie (direkt oder indirekt) in der `main`-Methode aufgerufen werden. Das ist bei Java-Programmen ganz ähnlich wie bei Programmen älterer Sprachen (z. B. C und C++). Ganz anders und neu ist bei Java dagegen die folgende Regel:

Nebenklassen-Regel: Bei einer Ausführung eines Programms P wird eine Nebenklasse NK von P erst dann erzeugt, wenn sie zum ersten Mal benutzt wird. Falls die Nebenklasse NK bei einer bestimmten Ausführung von P nicht benutzt wird, wird sie bei dieser Ausführung auch nicht erzeugt.

Ob eine bestimmte Nebenklasse NK benutzt wird oder nicht, kann von den Eingaben des Benutzers, vom Tagesdatum oder von anderen Größen abhängen. Es ist also möglich, dass NK bei einigen Ausführungen von P erzeugt und bei anderen Ausführungen nicht erzeugt wird.

Das folgende Programm soll diese Regel illustrieren. Es besteht aus der Hauptklasse `P01Haupt` und der Nebenklasse `P01Neben`. Die Nebenklasse wird nur erzeugt, wenn der Benutzer einen bestimmten String (`"e"` wie „erzeugen") eingibt. Zögert der Benutzer mit der Eingabe dieses Strings, wird die Nebenklasse entsprechend später erzeugt. Wenn der Benutzer einen anderen String (z. B. `"q"` wie „quit") eingibt, wird die Nebenklasse nicht erzeugt und das Programm beendet.

Die Nebenklasse ist nicht besonders groß:

```
1   class P01Neben {
2       static long erzeugungsZeitpunkt = System.currentTimeMillis();
3   } // class P01Neben
```

Sie enthält nur eine einziges Klassenattribut (d. h. eine Variable). In dem Moment, in dem der Ausführer die Klasse (und ihr Attribut) erzeugt, initialisiert er diese Variable mit dem Erzeugungszeitpunkt. Die Funktion `System.currentTimeMil-lis` liefert bei jedem Aufruf die Anzahl der Millisekunden, die seit dem 1. Januar 1970 vergangen sind.

Die Hauptklasse des Programms `P01Haupt` enthält ebenfalls eine `long`-Variable mit ihrem Erzeugungszeitpunkt und außerdem drei Methoden (`main`, `gibAus01` und `gibAus02`):

```
 4   class P01Haupt {
 5       // Die Hauptklasse des Programms P01Haupt
 6       static long erzeugungsZeitpunkt = System.currentTimeMillis();
 7       // ----------------------------------------------------------
 8       static public void main(String[] sonja) {
 9           gibAus01("P01Haupt", P01Haupt.erzeugungsZeitpunkt);
10
11           printf("Die Klasse P01Neben erzeugen (e) oder nicht (q)? ");
12           String eingabe = EM.liesString();
13
14           if (eingabe.equals("e")) {
15               // Jetzt wird die Nebenklasse P01Neben benutzt:
16               gibAus01("P01Neben", P01Neben.erzeugungsZeitpunkt);
17
18               // Zeitdifferenz ausgeben: Wieviele Millis nach der
19               // Klasse P01Haupt wurde die Klasse P01Neben erzeugt?
20               gibAus02(P01Neben.erzeugungsZeitpunkt -
21                        P01Haupt.erzeugungsZeitpunkt);
22               return;
23           } // if
24           printf("Klasse P01Neben wurde diesmal NICHT erzeugt!\n");
25       } // main
26       // ----------------------------------------------------------
27       static private void gibAus01(String klasse, long zeitPunkt) {
28           printf("Die Klasse %s wurde erzeugt um %5d Millis\n",
29               klasse, zeitPunkt % 100000);
30       } // gibAus01
31       // ----------------------------------------------------------
32       static private void gibAus02(long zeitDifferenz) {
33           printf("Zeitdifferenz:                %5d Millis\n",
34               zeitDifferenz % 100000);
35       } // gibAus02
36       // ----------------------------------------------------------
37       // Eine Methode mit einem kurzen Namen:
38       static void printf(String f, Object... v)
39           {System.out.printf(f, v);}
40       // ----------------------------------------------------------
41   } // class P01Haupt
```

Ein Dialog mit dem Programm `P01Haupt` kann z. B. so aussehen (die Eingabe e des Benutzers wurde halbfett hervorgehoben):

```
42 Die Klasse P01Haupt wurde erzeugt um 53859 Millis
43 Die Klasse P01Neben erzeugen (e) oder nicht (q)? e
44 Die Klasse P01Neben wurde erzeugt um 58890 Millis
45 Zeitdifferenz:                         5031 Millis
```

Aus diesem Dialog geht hervor, dass die Klasse `P01Neben` etwa 5 Sekunden nach der Klasse `P01Haupt` erzeugt wurde (weil der Benutzer solange brauchte, um den String e einzugeben).

Der folgende Dialog mit dem Programm `P01Haupt` lässt erkennen, dass die Klasse `P01Neben` bei dieser Programmausführung nicht geladen wurde:

```
46 Die Klasse P01Haupt wurde erzeugt um 63546 Millis
47 Die Klasse P01Neben erzeugen (e) oder nicht (q)? quit
48 Die Klasse P01Neben wurde diesmal NICHT erzeugt!
```

Wenn man die `main`-Methode in der Klasse `P01Haupt` sorgfältig liest kann man relativ leicht erkennen, dass zu ihrer Ausführung nicht nur die Klasse `P01Neben`, sondern auch die Klasse `String` benötigt wird (weil die `main`-Methode einen Parameter vom Typ `String[]` hat). Weniger offensichtlich ist, dass zur Ausführung der `main`-Methode noch fast 290 weitere Klassen benötigt werden. Die Namen aller Klassen, aus denen das Programm `P01Haupt` besteht, kann man herausfinden, indem man das Programm wie folgt startet:

```
> java -verbose P01Haupt
```

Falls man Mühe hat, die schnell vorüber huschenden Klassennamen zu erkennen, empfiehlt es sich, die Ausgabe des Programms in eine Datei umzulenken, etwa so:

```
> java -verbose P01Haupt > tmp
```

Nachdem man dann „blind" den String "e" oder "q" eingegeben hat, kann man sich die Datei `tmp` mit einem beliebigen Editor in Ruhe ansehen. Eine der ersten Zeilen in dieser Datei sollte etwa so aussehen:

```
[Loaded java.lang.Object from C:\Progs\Java\j2re\lib\rt.jar]
```

Sie dokumentiert, dass die Klasse `Object` geladen (d. h. erzeugt) wurde und somit eine Nebenklasse des Programms `P01Haupt` ist.

Man kann ein Java-Programm relativ leicht so gestalten, dass bestimmte Nebenklassen aus bestimmten Verzeichnissen des lokalen Rechners oder von bestimmten Adressen im Internet geladen werden.

12 Klassen erweitern (beerben) und Typgrafen

Angenommen, wir haben in der Vergangenheit eine Klasse K01 sorgfältig programmiert, ausgetestet und in mehreren Programmen P01, P02, ... benutzt. Jetzt brauchen wir eine etwas *erweiterte Version* von K01. Wie können wir sie erstellen?

Nicht empfehlenswert ist es, die Klasse K01 zu *verändern* („don't change a running class"), denn solche Veränderungen könnten bewirken, dass die schon laufenden Programme P01, P02, ... plötzlich nicht mehr einwandfrei funktionieren.

Nicht viel besser ist es, eine *Kopie* der Quelldatei K01.java zu erstellen, die Klasse darin mit einem neuen Namen zu versehen (z. B. K02) und mit einem Editor wie gewünscht zu erweitern. Denn wenn in Zukunft eine Änderung der Klasse K01 nötig wird (z. B. eine Korrektur oder eine Anpassung an eine veränderte Umgebung), müssen wir diese Änderung wahrscheinlich zweimal durchführen, einmal

an der Originalklasse K01 und dann noch mal an der Kopie K02. Außerdem ist es
für einen Leser nicht offensichtlich, dass K02 eine Kopie von K01 enthält. Wir
müssen diese Tatsache also sorgfältig dokumentieren, und wenn diese Dokumentation übersehen wird oder verloren geht, können daraus Missverständnisse entstehen.

Mehrere Varianten einer Quelldatei (K01.java, K02.java, ...) von Hand zu verwalten ist problematisch. Objektorientierte Programmiersprachen bieten deshalb
die Möglichkeit, dass eine neue Klasse K02 eine schon vorhandene Klasse K01 *erweitert* (K02 extends K01), d. h. alle Elemente von ihr übernimmt. Die dazu nötigen Kopier- und Verwaltungsarbeiten werden vom Ausführer automatisch durchgeführt. Das hat vor allem folgende Vorteile: Dem Programmierer können beim
Kopieren keine Flüchtigkeitsfehler unterlaufen und er wird entlastet. Die Leser
eines Programms erkennen leicht, welche Klasse welche andere Klasse erweitert
und können sich darauf verlassen, dass die nötigen Verwaltungsarbeiten von einem
maschinellen (und im allgemeinen verlässlichen) Ausführer und nicht von einem
menschlichen (zu Fehlern neigenden) Programmierer durchgeführt werden.

Statt „K02 wurde als Erweiterung von K01 vereinbart" sagt man auch kürzer: „K02
erweitert K01" oder „K02 beerbt K01".

12.1 Ein kleines Beispiel für Beerbung

In diesem Abschnitt wird eine Klasse namens Person01 vereinbart, von der wir
annehmen wollen, dass sie bereits in vielen Programmen benutzt wird. Ausserdem
wird eine Klasse Person02 als Erweiterung der „alten und bewährten" Klasse
Person01 vereinbart.

Beispiel-01: Die Klasse `Person01`

```
 1  class Person01 {
 2      // ------------------------------------------------------------
 3      // Modulaspekt der Klasse Person01:
 4
 5      // Wiviele Objekte dieser Klasse wurden bisher erzeugt?
 6      static private int anzahlPerson01 = 0;
 7
 8      static public void druckeAnzahlPerson01() {
 9         p("Bisher wurden " + anzahlPerson01 +
10            " Person01-Objekte erzeugt!");
11      } // druckeAnzahlPerson01
12      static public void p(Object ob) {System.out.print(ob);}
13
14      // Ein Konstruktor:
15      public Person01(String vor, String nach) {
16         vorName  = vor;
17         nachName = nach;
18         anzahlPerson01++;
19      } // Konstruktor Person01
20      // ------------------------------------------------------------
21      // Bauplanaspekt der Klasse Person01:
22
23      private String vorName;
24      private String nachName;
25
26      public void druckeName() {
27         p("Name: " + vorName + " " + nachName);
28      } // druckeName
29      // ------------------------------------------------------------
30  } // class Person01
```

Jedes Objekt der Klasse `Person01` beschreibt eine Person (ihren Vor- und Nachnamen). Die Klassenelemente und der Konstruktor sorgen dafür, dass die Anzahl der erzeugten Objekte festgehalten wird (im Attribut `anzahlPerson01`) und ausgegeben werden kann (mit der Methode `druckeAnzahlPerson01`).

Der Modul `Person01` sieht etwa so aus:

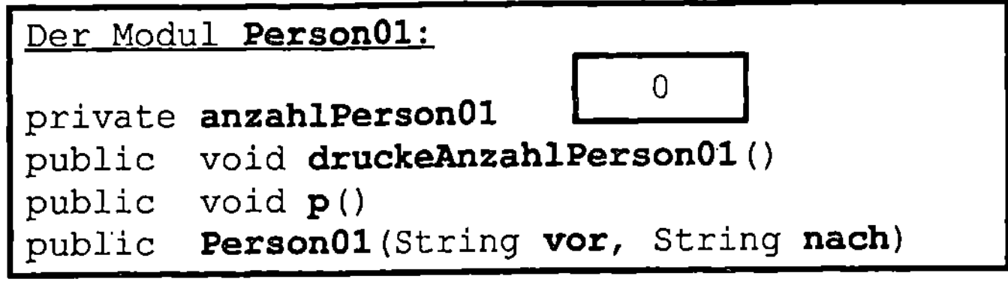

Bild 12.1 Der Modulaspekt der Klasse `Person01`

Dieser Modul enthält ein Attribut (`anzahlPerson01`), zwei Methoden (`drucke-AnzahlPerson01, p`) und einen Konstruktor mit zwei `String`-Parametern.

Ein Objekt der Klasse `Person01` kann man wie folgt erzeugen lassen:

```
31      Person01 persA = new Person01("Anna", "Blume");
```

Als Boje dargestellt sieht dieses Objekt etwa so aus:

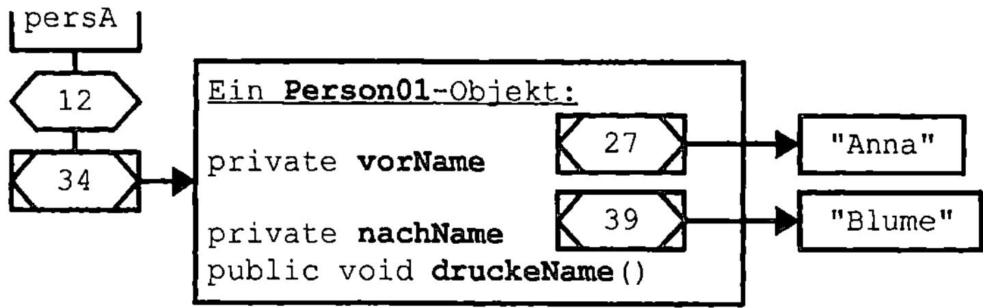

Bild 12.2 Ein `Person01`-Objekt

In jedes `Person01`-Objekt werden 2 Attribute (`vorName` und `nachName`) und eine Methode (`druckeName`) eingebaut. Im Beispiel hat der Konstruktor die beiden Attribute mit den Werten [<27>] bzw. [<39>] initialisiert. Diese Referenzwerte zeigen auf die `String`-Objekte "Anna" bzw. "Blume".

Jedes Mal, wenn der Konstruktor (siehe Zeile 15 bis 19) aufgerufen wird, erhöht er das Attribut `anzahlPerson01` im Modul `Person01` um 1 (siehe Zeile 18). Somit steht in diesem Attribut (in dieser Variablen) in jedem Moment die Anzahl der bis dahin erzeugten `Person01`-Objekte.

Im Beispielprogramm `Person01Tst` (in der im Abschnitt 1.3 beschriebenen Sammlung, hier nicht wiedergegeben) wird die Klasse `Person01` auf typische Weise benutzt.

Angenommen, die Klasse `Person01` wurde bereits in vielen Programmen benutzt und hat sich dort bewährt. Jetzt taucht die Notwendigkeit auf, in neuen Programmen von jeder Person zusätzlich zu den bisherigen Daten (*Vor-* und *Nachname*) auch eine *Personal-Nr.* zu speichern. Dazu vereinbaren wir eine weitere Klasse `Person02` als *Erweiterung* der bewährten Klasse `Person01`, etwa so:

Beispiel-02: Die Klasse `Person02`, eine Erweiterung der Klasse `Person01`

```
32 class Person02 extends Person01 {
33     // --------------------------------------------------------
34     // Modulaspekt der Klasse Person02:
35
36     // Wiviele Objekte dieser Klasse wurden bisher erzeugt?
37     static private int anzahlPerson02 = 0;
38
39     static public void druckeAnzahlPerson02() {
40        p("Bisher wurden " + anzahlPerson02 +
41          " Person02-Objekte erzeugt!");
42     } // druckeAnzahlPerson01
43
44     // Ein Konstruktor:
45     public Person02(String vor, String nach, int pnr) {
46        super(vor, nach);
47        personalNr = pnr;
48        anzahlPerson02++;
49     } // Konstruktor Person02
50     // --------------------------------------------------------
51     // Bauplanaspekt der Klasse Person02:
52
53     private int personalNr;
54
55     public void druckeAlles() {
56        druckeName();
57        p(", ");
58        p("Pers.-Nr: " + personalNr);
59     } // druckeAlles
60     // --------------------------------------------------------
61 } // class Person02
```

In Zeile 32 erkennt man, dass die Klasse `Person02` als *Erweiterung* der Klasse `Person01` vereinbart wird (`extends Person01`). Das bedeutet, dass die Klasse `Person02` alle (sechs) Elemente der Klasse `Person01` *erbt*. Konstruktoren gelten nicht als Elemente und werden grundsätzlich *nicht* vererbt.

Der *Modul* `Person02` ist eine Erweiterung des Moduls `Person01` und der Modul `Person01` ist „ein Abschnitt innerhalb des Moduls `Person02`". Ein Element, welches sich im Modul `Person01` befindet, befindet sich damit automatisch auch im Modul `Person02` . Somit kann man z. B. die Methode p wahlweise mit dem Namen `Person01.p` („p im Modul `Person01`") oder `Person02.p` („p im Modul `Person02`") bezeichnen. Diese Regel gilt nur für *Elemente*, nicht für Konstruktoren. Das folgende Bild soll diese Tatsachen veranschaulichen:

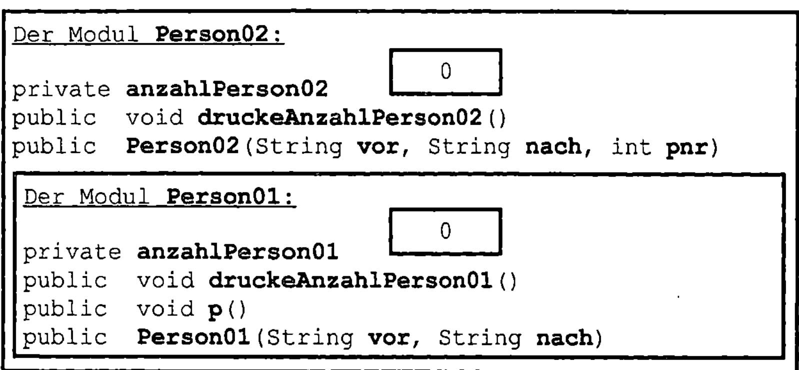

Bild 12.3 Der Modulaspekt der Klasse `Person02`

Ein *Objekt* der Klasse `Peson02` kann man wie folgt erzeugen lassen:

```
62      Person02 persC = new Person02("Virginia", "Cramer", 321);
```

Als Boje dargestellt sieht dieses Objekt etwa so aus:

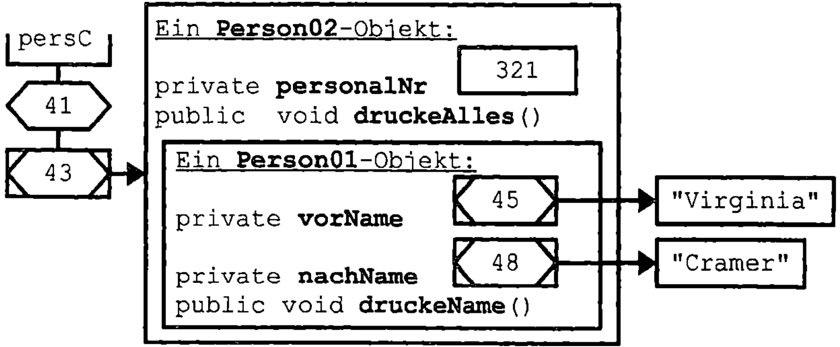

Bild 12.4 Ein Person02-Objekt (als „Zwiebel" dargestellt)

Wie man sieht enthält jedes `Person02`-Objekt ein `Person01`-Objekt und zusätz-lich ein Attribut (`personalNr`) und eine Methode (`druckeAlles`). Insgesamt enthält ein `Person02`-Objekt also drei Attribute (`personalNr`, `vorName` und `nachName`) und zwei Methoden (`druckeAlles` und `druckeNamen`).

Durch den `new`-Befehl in Zeile 62 wird das neues `Person02`-Objekt erzeugt und seine Attribute werden standardmäßig initialisiert (`personalNr` mit 0, `vorName` und `nachName` mit `null`). Dann wird der Konstruktor `Person02` mit drei aktuel-len Parametern (`"Virginia"`, `"Cramer"` und 321) aufgerufen. Seine Aufgabe ist es, alle drei Attribute (`vorName`, `nachName` und `personalNr`) mit den Werten seiner Parameter zu initialisieren. Problem: Dem Konstruktor `Person02` ist es verboten, direkt auf die Attribute `vorName` und `nachName` zuzugreifen, weil diese in einer anderen Klasse (`Person01`) als `private`-Elemente vereinbart wurden. Lösung dieses Problems: Das Wort `super` in Zeile 46 bezeichnet den Konstruktor der Oberklasse (engl. superclass) `Person01`. Dieser `Person01`-Konstruktor ist öffentlich (`public`, siehe Zeile 15) und initialisiert „das enthaltene `Person01`-Objekt". Anschließend initialisiert der `Person02`-Konstruktor das „neue" Attribut `personalNr` (siehe Zeile 47).

Aufgabe-01: Schreiben Sie ein Programm namens `Person02Anw01`, welches Daten zu drei Personen einliest (jeweils Vorname, Nachname und Personal-Nr.), daraus drei Objekte der Klasse `Person02` erzeugt und diese Objekte in einer Reihung speichert. Anschließend sollen die Daten dieser `Person02`-Objekte zur Standardausgabe ausgegeben werden. Eine Lösung dieser Aufgabe findet man unter den Beispielprogrammen (in der im Abschnitt 1.3 beschriebenen Sammlung).

Bisher wurde (zur Vereinfachung der Darstellung) so getan, als ob die Klasse `Person01` *keine* andere Klasse beerbt. Tatsächlich beerbt die Klasse `Person01` die Klasse `Object` (weil der Programmierer in Zeile 1 nicht ausdrücklich etwas anderes festgelegt hat). Der Modul `Person02` sieht deshalb in Wirklichkeit etwa so aus:

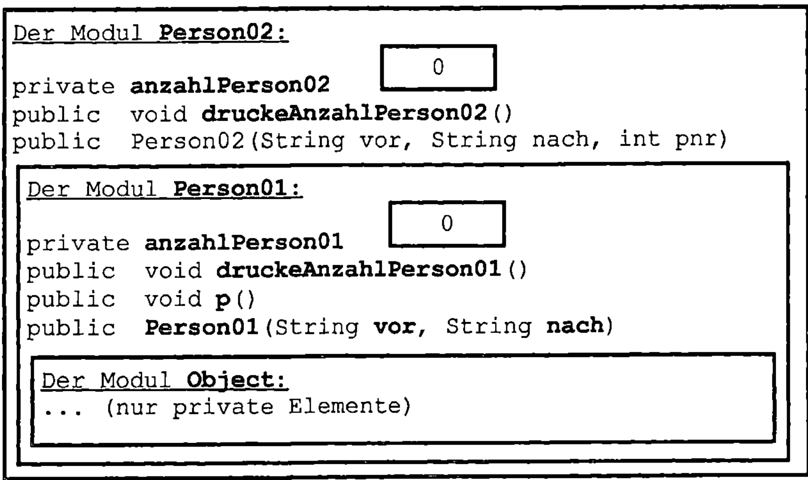

Bild 12.5 Der Modulaspekt der Klasse Person02 (vollständig)

Diese „Richtigstellung" hat kaum praktische Bedeutung, weil der *Modul* `Object` nur private Elemente enthält. Dagegen gehören zum *Bauplanaspekt* der Klasse

`Object` insgesamt elf nicht-private Methoden, von denen einige häufig benutzt werden. Die oben in Zeile 62 vereinbarte Variable `persC` sieht in Wirklichkeit eher wie folgt aus:

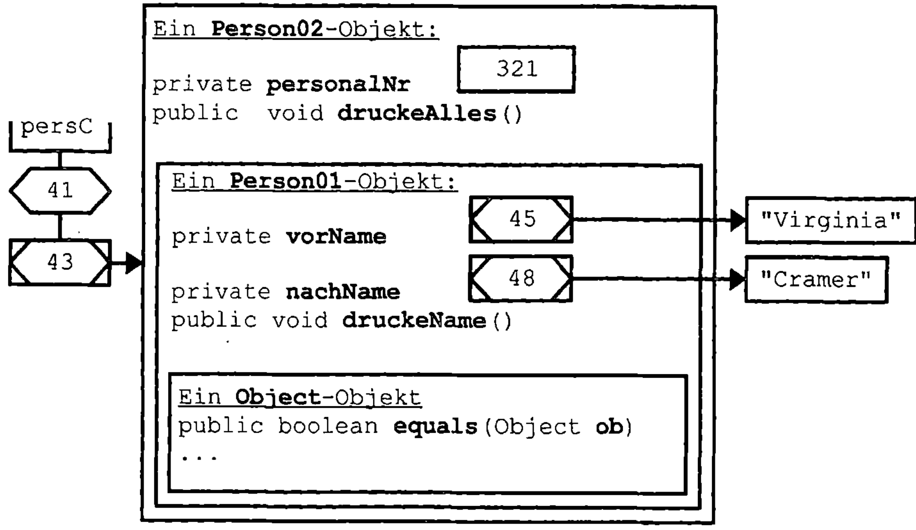

Bild 12.6 Ein Person02-Objekt (als „Zwiebel" dargestellt, vollständig)

Was die elf Objektmethoden (`clone`, `equals`, `finalize`, `getClass`, `hashCode`, `notify`, `notifyAll`, `toString` und 3 namens `wait`) der Klasse `Object` leisten, kann man in der Dokumentation der Java-Standardbibliothek nachlesen (siehe [HTML_Doc] im Literaturverzeichnis).

12.2 Allgemeine Regeln zum Beerben und Vererben

Erbregel-1: Jede Java-Klasse UK darf und muss genau *eine* andere Klasse OK erweitern (d. h. beerben). Man bezeichnet OK auch als *die direkte Oberklasse* (direct superclass) der Klasse UK.

Erbregel-2: Jede Java-Klasse OK darf ihre Elemente an beliebig viele (0 oder mehr) andere Klassen UK1, UK2, ... etc. vererben (d. h. beliebig viele Klassen dürfen OK beerben). Man bezeichnet UK1, UK2, ... etc. auch als *direkte Unterklassen* von OK.

Eine Klasse hat also genau *eine* direkte Oberklasse und *beliebig viele* (0 oder mehr) direkte Unterklassen.

Erbregel-3: Die einzige Ausnahme von Erbregel-1 ist die Klasse `Object` (in der Java-Standardbibliothek), die keine Klasse beerbt und somit keine Oberklasse hat.

Erbregel-4: Wenn der Programmierer eine Klasse UK vereinbart und nicht ausdrücklich eine andere Klasse angibt, ist automatisch die Klasse `Object` die direkte Oberklasse von UK.

Wegen Erbregel-4 sind folgende Klassenvereinbarungen gleichbedeutend:

```
1    class Otto extends Object { ... };
2    class Otto               { ... };
```

Erbregel-5: Eine Klasse erbt immer *alle* Elemente ihrer direkten Oberklasse, unabhängig von der Erreichbarkeitsstufe (`public`, `protected`, paketweit oder `private`) der Elemente.

Diese Regel ist sinnvoll, weil eine Klasse UK z. B. ein *privates* Attribut a und eine *öffentliche* Objektmethode m erben kann, wobei m auf a zugreift. In einem solchen Fall darf man in der Klasse UK zwar nicht direkt auf das private Attribut a, wohl aber auf die öffentliche Methode m (und damit indirekt auch auf a) zugreifen.

Eine Klasse erbt von ihrer direkten Oberklasse OK nicht nur die Elemente, die in OK vereinbart wurden, sondern auch alle Elemente, die die Klasse OK (von *ihrer* direkten Oberklasse) geerbt hat.

Erbregel-6: Eine Klasse darf sich weder direkt noch indirekt selbst beerben.

Aus Erbregel-1, -2, -3 und -6 folgt, dass alle Java-Klassen zusammen mit der Relation *erweitert* einen so genannten *Baum* bilden, mit der Klasse `Object` an der Wurzel. Dieser Baum ist ziemlich groß, denn er enthält die mehr als 2500 Klassen der Java-Standardbibliothek und alle vom Programmierer vereinbarten Klassen. Die folgende Grafik zeigt einen kleinen Teil dieses Baumes (und deutet die vielen nicht dargestellten Klassen durch Auslassungen „ ... " an). Ein Pfeil z. B. von der Klasse `Person02` zur Klasse `Person01` bedeutet: `Person02` *erweitert* `Person01` (oder: `Person02` *beerbt* `Person01`).

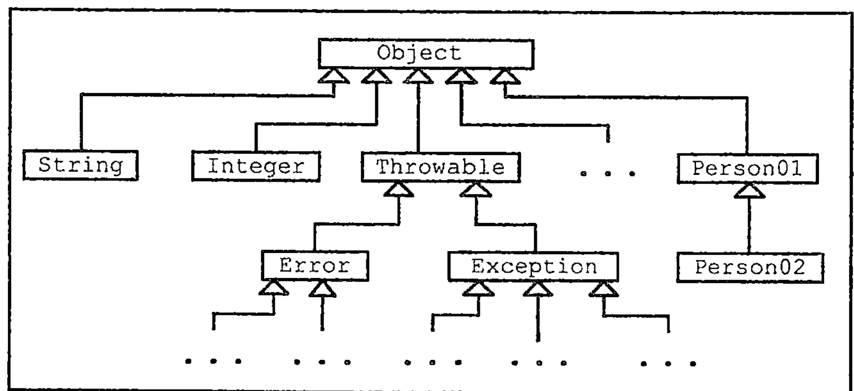

Bild 12.7 Ein Typgraf mit vielen Typen (und noch mehr Auslassungen)

Die Klasse `Object` ist die direkte Oberklasse der Klasse `Person01` und damit eine *indirekte Oberklasse* der Klasse `Person02`. Ganz entsprechend hat die Klasse `Exception` zwei Oberklassen, die direkte Oberklasse `Throwable` und die indirekte Oberklasse `Object`. Eine Klasse kann im Prinzip beliebig viele (indirekte) Oberklassen haben, aber nur eine *direkte* Oberklasse. In der Standardbibliothek sind Klassen mit vier, fünf und sogar sechs Oberklassen keine Seltenheit.

Umgekehrt ist die Klasse `Person01` eine *direkte Unterklasse* von `Object` und `Person02` ist eine *indirekte Unterklasse* von `Object`. Eine Klasse kann beliebig viele direkte und beliebig viele indirekte Unterklassen haben. Z. B. hat die Klasse `Throwable` zwei direkte Unterklassen (`Error` und `Exception`) und etwa 75 indirekte Unterklassen (hier nicht dargestellt, siehe die Dokumentation der Standardbibliothek [HTML_Doc]).

Jede Klasse gilt als *Unterklasse von sich selbst*. Diese Festlegung ist ganz praktisch und erleichtert die Formulierung bestimmter Regeln.

Jede im obigen Grafen eingezeichnete *Klasse* repräsentiert genau einen *Typ*. Deshalb gibt es ganz „parallel" zu den Begriffen *(direkte) Oberklasse* und *(direkte) Unterklasse* auch die Begriffe *(direkter) Obertyp* und *(direkter) Untertyp*. Der Typ `Object` ist ein (direkter oder indirekter) Obertyp von jedem anderen Typ, der Typ `Throwable` ist der direkte Obertyp der Typen `Error` und `Exception`, der Typ `Error` ist ein direkter Untertyp von `Throwable` etc.

Die Begriffe *Obertyp* und *Untertyp* sind auch dann sinnvoll anwendbar, wenn ein (Referenz-) Typ statt durch eine Klasse durch eine *Schnittstelle* repräsentiert wird (siehe Kapitel 14), oder wenn eine Klasse mehrere so genannte parametrisierte

Typen repräsentiert (siehe Kapitel 16). Einen Grafen wie den obigen bezeichnen wir deshalb allgemein als *Typgrafen* (statt speziell als *Klassengrafen*).

Def.: Ein *Typgraf* besteht aus Knoten und Pfeilen. Jeder Knoten repräsentiert einen Referenztyp. Ein Pfeil von einem Typ T2 zu einem Typ T1 bedeutet, dass T2 ein *direkter Untertyp* von T1 ist. Führt ein „Weg von Pfeilen" von einem Typ T2 zu einem Typ T1, so ist T2 ein *Untertyp* von T1. Jeder Typ T gilt als Untertyp von sich selbst (dazu kann man sich einen „Pfeilweg" von T nach T vorstellen, der aus null Pfeilen besteht).

Erbregel-7: Sei UK eine (direkte oder indirekte) Unterklasse einer Klasse OK. Dann gilt jedes UK-Objekt auch als ein OK-Objekt.

Praktisch bedeutet das etwa: Überall da, wo in einem Java-Programm ein `Person01`-Objekt gebraucht wird, darf man auch ein `Person02`-Objekt angeben. Das ist sinnvoll, weil jedes `Person02`-Objekt ein `Person01`-Objekt enthält. Anstelle eines `Object`-Objektes darf man sogar ein Objekt eines *beliebigen* Typs angeben, da *jedes* Objekt (unabhängig von seinem genauen Typ) ein `Object`-Objekt enthält.

Zur Erinnerung: Die Werte der acht primitiven Typen `byte`, `int`, `float`, `boolean` ... etc. sind *keine* Objekte! Diese primitiven Typen haben weder Ober- noch Untertypen und werden deshalb nie in Typgrafen dargestellt.

12.3 Ein größeres Beispiel für Beerbung

In diesem Abschnitt werden mehrere Klassen vorgestellt, die sich gegenseitig beerben und den folgenden Typgrafen bilden:

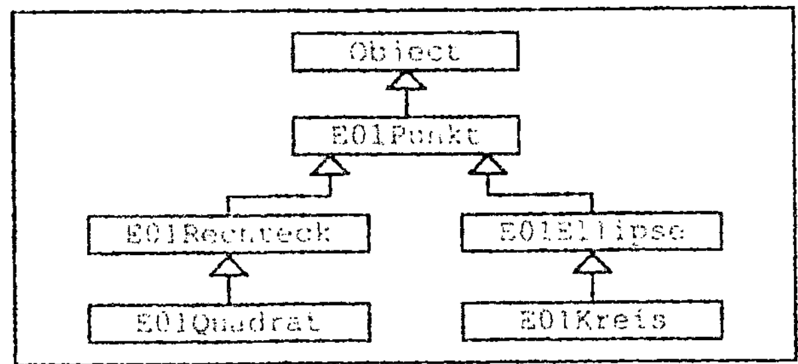

Bild 12.8 Ein Typgraf mit 6 Typen

Objekte dieser Klassen repräsentieren Punkte, Rechtecke, Quadrate etc. auf einer zweidimensionalen Ebene. E01 steht für „Erbengemeinschaft 01" (eine „Erbengemeinschaft 02" wird später eingeführt). Es folgt als erste die Klasse E01Punkt:

```
1   class E01Punkt {
2       // Die Koordinaten dieses Punktes:
3       private double x, y;
4
5       public E01Punkt(double x, double y) {
6           this.x = x;
7           this.y = y;
8       } // Konstruktor E01Punkt
9
10      public double urAbstand() {
11          // Liefert den Abstand dieses Punktes vom Punkt (0, 0)
12          return Math.sqrt(x*x + y*y);
13      } // urAbstand
14
15      public void urSpiegeln() {
16          // Spiegelt diesen Punkt am Punkt (0, 0)
17          x = -x; y = -y;
18      } // urSpiegeln
19
20      public String text() {
21          // Liefert die Koordinaten dieses Punktes,
22          // z. B. "(2.0, 3.5)"
23          return new String("(" + x + ", " + y + ")");
24      } // text
25
26      public String toString() {
27          // Liefert eine String-Repraesentation dieses Objekts:
28          return new String("Punkt: " + text());
29      } // toString
30
31  } // class E01Punkt
```

Die Klasse E01Punkt ist eine Erweiterung der Klasse Object (weil in Zeile 1 kein anders lautender extends-Befehl steht). Somit erbt E01Punkt alle elf Elemente der Klasse Object. Da sie in diesem Beispiel keine wichtige Rolle spielen, werden diese elf Elemente im Folgenden *nicht weiter beachtet.*

Jedes E01Punkt-Objekt enthält (wenn man die von der Klasse Object geerbten Elemente ignoriert) 6 Elemente, 2 Attribute namens x und y und 4 Methoden namens urAbstand, urSpiegeln, text und toString.

Im Konstruktor (vereinbart in den Zeilen 5 bis 8) gibt es ein kleines Benennungsproblem. Die Namen x und y bezeichnen zum einen die beiden Parameter des Konstruktors (siehe Zeile 5) und andererseits die beiden Attribute der Klasse E01Punkt (siehe Zeile 3). Aufgabe des Konstruktors ist es, das Attribut namens x mit dem Wert des Parameters namens x zu initialisieren (und entsprechend für y). Das Java-Schlüsselwort `this` in Zeile 6 und 7 bezeichnet das Objekt, welches gerade erzeugt wurde und jetzt vom Konstruktor initialisiert werden soll. Der Ausdruck `this.x` bezeichnet somit das *Attribut* x im Objekt (d. h. im Modul) `this`, wohingegen mit x (ohne `this` davor) der *Parameter* des Konstruktors gemeint ist.

Man kann dieses kleine Benennungsproblem auch *ohne* this lösen, indem man die Parameter des Konstruktors z. B. `xx` und `yy` nennt, aber die Lösung *mit* `this` ist weit verbreitet und man sollte sie auf jeden Fall „flüssig lesen und verstehen" können.

Es folgt eine weitere Klasse aus der Erbengemeinschaft `E01`:

```
32 class E01Rechteck extends E01Punkt {
33     // Die Seiten des Rechtecks:
34     private double seiteX;
35     private double seiteY;
36
37     public E01Rechteck(double x,       double y,
38                        double seiteX, double seiteY) {
39         super(x, y);
40         this.seiteX = seiteX;
41         this.seiteY = seiteY;
42     } // Konstruktor E01Rechteck
43
44     // Funktionen, die die Laenge der x- bzw. y-Seite liefern:
45     public double getSeiteX()  {return seiteX;}
46     public double getSeiteY()  {return seiteY;}
47
48     // Funktionen, die den Umfang bzw. die Flaeche dieses Objekts
49     // liefern:
50     public double getUmfang() {return (seiteX + seiteY) * 2;}
51     public double getFlaeche() {return  seiteX * seiteY;}
52
53     public String toString() {
54         return new String("Rechteck, Mittelpunkt: " +
55             text() + ", Seiten: " + seiteX + "|" + seiteY);
56     } // toString
57 } // class E01Rechteck
```

Jedes `E01Rechteck`-Objekt enthält 13 Elemente (4 Attribute und 9 Methoden), wie die folgende Tabelle verdeutlichen soll:

```
| Nr.| Name des Elements | Art        | Kommentar                |
+----+-------------------+------------+--------------------------+
|  1 | x                 | Attribut   | geerbt von E01Punkt      |
|  2 | y                 | Attribut   | geerbt von E01Punkt      |
|  3 | urAbstand         | Methode    | geerbt von E01Punkt      |
|  4 | urSpiegeln        | Methode    | geerbt von E01Punkt      |
|  5 | text              | Methode    | geerbt von E01Punkt      |
|  6 | toString          | Methode    | geerbt von E01Punkt      |
+----+-------------------+------------+--------------------------+
|  7 | seiteX            | Attribut   | neu in E01Rechteck       |
|  8 | seiteY            | Attribut   | neu in E01Rechteck       |
|  9 | getSeiteX         | Methode    | neu in E01Rechteck       |
| 10 | getSeiteY         | Methode    | neu in E01Rechteck       |
| 11 | getUmfang         | Methode    | neu in E01Rechteck       |
| 12 | getFlaeche        | Methode    | neu in E01Rechteck       |
| 13 | toString          | Methode    | neu in E01Rechteck       |
+----+-------------------+------------+--------------------------+
```

Jedes `E01Rechteck`-Objekt enthält zwei verschiedene Methoden namens `toString`, eine geerbte (Nr. 6) und eine „neue" (Nr. 11). Da diese Methoden sich auch nicht durch ihre Parameterlisten unterscheiden (beide haben 0 Parameter) *überschreibt* die neue Methode die geerbte (the new method *overrides* the inherited method). Das folgende Beispiel soll deutlich machen, was das heißt:

Beispiel-01: Aufruf der `toString`-Methode eines `E01Rechteck`-Objekts

```
58   E01Rechteck r01 = new E01Rechteck(1.0, 2.0, 3.0, 4.0);
59   pln(r01.toString());
```

Aufgerufen wird hier die neue, im Bauplanteil der Klasse `E01Rechteck` vereinbarte Methode namens `toString`, nicht die geerbte und überschriebene Methode aus der Klasse `E01Punkt`. Somit wird durch den `pln`-Befehl in Zeile 59 der Text

```
"Rechteck, Mittelpunkt: (1.0, 2.0), Seiten: 3.0|4.0"
```

ausgegeben (und nicht der Text `"Punkt: (1.0, 2.0)"`). Statt wie in Zeile 59 `pln(r01.toString());` kann man auch einfach `pln(r01);` schreiben, denn die Methode `pln` ruft automatisch die Methode `toString` ihres Parameterobjekts auf.

Entsprechend einer weit verbreiteten Konvention hat eine Objektmethode namens `getSeiteX` immer die Aufgabe, den Wert eines Objektattributs namens `seiteX` zu liefern. Im Jargon werden solche Methoden auch als *getter*-Methoden bezeichnet. Das Attribut selbst ist in aller Regel als `private`-Variable vereinbart (siehe Zeile 34), so dass es von Stellen außerhalb des betreffenden Objekts (Moduls) nicht verändert werden kann.

Häufig gibt es zu einem Attribut namens `seiteX` (vom Typ `double`) auch eine *setter*-Methode namens `setSeiteX` (mit einem `double`-Parameter), mit der man das Attribut verändern kann. Je nach Anwendung kann die setter-Methode bestimmte Veränderungen verhindern (z. B. Veränderungen mit einem negativen Wert oder mit einem Wert über 250.0 oder eine Veränderung nach 15 Uhr oder ...). In den `E01`-Klassen gibt es der Einfachheit halber keine setter-Methoden.

Aufgabe-01: Vereinbaren Sie eine Klasse namens `E01Quadrat` als Erweiterung der Klasse `E01Rechteck`. Die Objekte dieser neuen Klasse sollen *Quadrate* repräsentieren. Folgen Sie bei der Vereinbarung der neuen Klasse der mathematischen Definition: „Ein Quadrat ist ein Rechteck, bei dem alle Seiten gleich lang sind". Beachten Sie außerdem Folgendes: Die neue Klasse `E01Quadrat` erbt die Attribute `seiteX` und `seiteY`, darf aber trotzdem nicht direkt darauf zugreifen, weil diese Attribute in der alten Klasse `E01Rechteck` als *privat* vereinbart wurden (siehe Zeile 34 und 35). Sie können die Attribute nur dadurch initialisieren, dass Sie den Konstruktor der alten Klasse `E01Rechteck` aufrufen (nicht mit seinem „richtigen Namen" `E01Rechteck`, sondern mit dem Schlüsselwort `super`). Eine Lösung finden Sie unmittelbar nach dieser Aufgabe.

Lösung-01: Die Klasse `E01Quadrat`, eine Erweiterung von `E01Rechteck`

```
60 class E01Quadrat extends E01Rechteck {
61
62     public E01Quadrat(double x, double y, double seite) {
63         super(x, y, seite, seite);
64     } // Konstruktor E01Quadrat
65
66     public String toString() {
67         // Liefert eine String-Repraesentation dieses Objekts:
68         return new String("Quadrat,   Mittelpunkt: " +
69             text() + ", Seite:  " + getSeiteX());
70     } // toString
71
72 } // class E01Quadrat
```

In dieser Klasse werden keine neuen Attribute vereinbart, da sie ja „mehr als genug" erbt. Im Konstruktor (Zeile 62 bis 64) wird nur der Konstruktor der Oberklasse `E01Rechteck` aufgerufen (in Zeile 63, mit dem Schlüsselwort `super`), und zwar so, dass die Attribute `seiteX` und `seiteY` mit *gleichen* Werten initialisiert werden. Ein `E01Quadrat`-Objekt ist im Wesentlichen ein `E01Rechteck`-Objekt, dessen Seiten gleich groß sind.

Aufgabe-02: Wie viele und welche Elemente werden in jedes Objekt der Klasse `E01Quadrat` eingebaut? Eine Lösung finden Sie am Ende dieses Abschnitts.

Aufgabe-03: Was wird durch die folgenden Befehle zum Bildschirm ausgegeben?

```
73  E01Quadrat q01 = new E01Quadrat(2.0, 3.0, 4.0);
74  pln(q01.toString());      // Oder gleichbedeutend: pln(q01);
```

Eine Lösung finden Sie am Ende dieses Abschnitts.

Ein `E01Quadrat`-Objekt besteht, so kann man sich vorstellen, im Kern aus einem `E01Rechteck`-Objekt und einem zusätzlichen Elemente (der Methode `toString`, die in der Klasse `E01Quadrat` vereinbart wurde). Ein `E01Rechteck`-Objekt besteht im Kern aus einem `E01Punkt`-Objekt und sieben zusätzlichen Elementen (die in der Klasse `E01Rechteck` vereinbart wurden). Ein `E01Punkt`-Objekt besteht im Kern aus einem `Object`-Objekt und sechs zusätzlichen Elemente (die in der Klasse `E01Punkt` vereinbart wurden). Die folgende Grafik stellt dieses „Zwiebelmodell" eines `E01Quadrat`-Objekts dar:

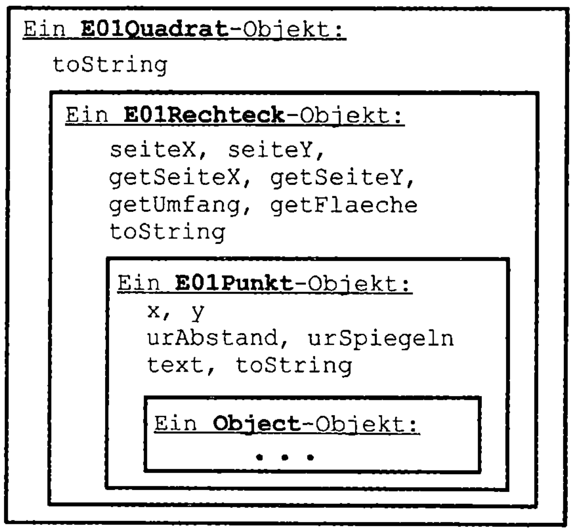

Bild 12.9 Ein E01Quadrat-Objekt (als „Zwiebel" dargestellt)

Dieses Zwiebelmodell soll die oben angeführte **Erbregel-7** veranschaulichen. Diese Regel besagt, dass jedes `E01Quadrat`-Objekt auch ein `E01Rechteck`-Objekt ist und dass jedes `E01Rechteck`-Objekt auch ein `E01Punkt`-Objekt ist und dass jedes `E01Punkt`-Objekt auch ein `Object`-Objekt ist. Umgekehrt ist ein `Object`-Objekt kein `E01Punkt`-Objekt, weil ihm dazu die Elemente `x`, `y`, `urAbstand`, ... etc. fehlen, und ein `E01Rechteck`-Objekt ist kein `E01Quadrat`-Objekt, weil ihm dazu „die richtige `toString`-Methode" (nämlich die, die in der Klasse `E01Quadrat` vereinbart wurde) fehlt.

Warum wurde die Klasse `E01Quadrat` hier als eine Erweiterung der Klasse `E01Rechteck` vereinbart, obwohl sie keine neuen Attribute einführt? Programmiertechnisch liegt es eigentlich näher, zuerst die Klasse `Quadrat` (mit einem Attribut `seiteX`) und dann `Rechteck` als Erweiterung von `Quadrat` (mit einem zusätzlichen Attribut `seiteY`) zu vereinbaren. Diese Lösung hat den Vorteil, dass Quadrat-Objekte nur ein Attribut haben statt zwei.

Programme sollten vor allem leicht verständlich sein. Viele Menschen kennen den Lehrsatz „Jedes Quadrat ist ein Rechteck". Dieses verbreitete Vorwissen sollte man wenn irgend möglich ausnutzen, auch wenn dadurch ein Quadrat-Objekt ein Attribut mehr bekommt als unbedingt nötig. Eine Klasse Rechteck als Unterklasse von Quadrat zu vereinbaren wäre ähnlich unglücklich wie die Festlegung, die Zuweisungsoperation durch *ein* Gleichheitszeichen und die Gleichheitsoperation durch *zwei* Gleichheitszeichen darzustellen, obwohl viele Menschen aus der Schule wissen, dass ein Gleichheitszeichen die Gleichheitsoperation darstellt.

Die folgende Klasse `E01Ellipse` hat große Ähnlichkeit mit der Klasse `E01Rechteck`, nur die Namen der beiden Attribute sind ein bisschen anders und die Formeln für den Umfang und die Fläche stammen aus einem anderen Kapitel der Formelsammlung:

```
75 class E01Ellipse extends E01Punkt {
76     // Die Radien dieser Ellipse:
77     private double radiusX; // Radius in x-Richtung
78     private double radiusY; // Radius in y-Richtung
79
80     public E01Ellipse(double x,       double y,
81                       double radiusX, double radiusY) {
82        super(x, y);
83        this.radiusX = radiusX;
84        this.radiusY = radiusY;
85     } // Konstruktor E01Ellipse
86
87     public double getRadiusX() {return radiusX;}
88     public double getRadiusY() {return radiusY;}
89
90     // Funktionen, die den Umfang bzw. die Flaeche dieses Objekts
91     // liefern:
92     public double getUmfang() {
93        double summ = radiusX + radiusY;
94        double prod = radiusX * radiusY;
95        return Math.PI * (1.5 * summ - Math.sqrt(prod));
96     } // getUmfang
97
98     public double getFlaeche() {return Math.PI*radiusX*radiusY;}
99
```

```
100     public String toString() {
101         // Liefert eine String-Repraesentation dieses Objekts:
102         return new String("Ellipse, Mittelpunkt: " + text() +
103             ", Radien: " + radiusX + "|" + radiusY);
104     } // toString
105
106} // class E01Ellipse
```

Aufgabe-04: Wie viele und welche Elemente werden in jedes Objekt der Klasse E01Ellipse eingebaut? Eine Lösung finden Sie am Ende dieses Abschnitts.

Aufgabe-05: Vereinbaren Sie eine Klasse namens E01Kreis als Erweiterung der Klasse E01Ellipse. Die Objekte dieser neuen Klasse sollen Kreise repräsentieren. Beachten Sie, dass die Methode getUmfang in der Klasse E01Ellipse (siehe Zeile 92 bis 96) auf einer Näherungsformel beruht. Auch wenn man diese Näherungsformel geschenkt bekommt oder erbt, sollte man den Umfang eines Kreises nach einer einfacheren, exakten Formel berechnen (siehe dazu auch das Beispielprogramm E01KreisTst). Eine Lösung finden Sie in der Datei E01Kreis.java (in der im Abschnitt 1.3 beschriebenen Sammlung von Beispielen).

Zum Abschluss dieses Abschnitts folgen noch die ausstehenden Lösungen zu einigen der Aufgaben.

Lösung-02: In jedes Objekt der Klasse E01Quadrat werden die folgenden 14 Elemente eingebaut:

Nr.	Name des Elements	Art	Kommentar
1	x	Attribut	geerbt von E01Punkt
2	y	Attribut	geerbt von E01Punkt
3	urAbstand	Methode	geerbt von E01Punkt
4	urSpiegeln	Methode	geerbt von E01Punkt
5	text	Methode	geerbt von E01Punkt
6	toString	Methode	geerbt von E01Punkt
7	seiteX	Attribut	neu in E01Rechteck
8	seiteY	Attribut	neu in E01Rechteck
9	getSeiteX	Methode	neu in E01Rechteck
10	getSeiteY	Methode	neu in E01Rechteck
11	getUmfang	Methode	neu in E01Rechteck
12	getFlaeche	Methode	neu in E01Rechteck
13	toString	Methode	neu in E01Rechteck
14	toString	Methode	neu in E01Quadrat

Lösung-03: Durch die beiden Befehle wird Folgendes ausgegeben:

```
Quadrat, Mittelpunkt: (2.0, 3.0), Seite:  4.0
```

Lösung-04: In jedes Objekt der Klasse `E01Ellipse` werden die folgenden 13 Elemente (4 Attribute und 9 Methoden) eingebaut:

```
| Nr.| Name des Elements | Art       | Kommentar             |
+----+-------------------+-----------+-----------------------+
|  1 | x                 | Attribut  | geerbt von E01Punkt   |
|  2 | y                 | Attribut  | geerbt von E01Punkt   |
|  3 | urAbstand         | Methode   | geerbt von E01Punkt   |
|  4 | urSpiegeln        | Methode   | geerbt von E01Punkt   |
|  5 | text              | Methode   | geerbt von E01Punkt   |
|  6 | toString          | Methode   | geerbt von E01Punkt   |
+----+-------------------+-----------+-----------------------+
|  7 | radiusX           | Attribut  | neu in E01Rechteck    |
|  8 | radiusY           | Attribut  | neu in E01Rechteck    |
|  9 | getRadiusX        | Methode   | neu in E01Rechteck    |
| 10 | getRadiusY        | Methode   | neu in E01Rechteck    |
| 11 | getUmfang         | Methode   | neu in E01Rechteck    |
| 12 | getFlaeche        | Methode   | neu in E01Rechteck    |
| 13 | toString          | Methode   | neu in E01Rechteck    |
+----+-------------------+-----------+-----------------------+
```

12.4 Wozu Untertypen gut sind

Im vorigen Abschnitt wurden fünf Klassen (`E01Punkt`, `E01Rechteck` etc.) vorgestellt, die zusammen einen kleinen Typgrafen bilden (siehe den Anfang des vorigen Abschnitts). In diesem Abschnitt soll gezeigt werden, welchen Vorteil es haben kann, dass mehrere Typen *Untertypen* eines gemeinsamen *Obertyps* sind.

Um Probleme diskutieren zu können, die beim Entwickeln eins Systems (insbesondere beim Hinzufügen neuer Typen) auftreten können, wird hier vorerst angenommen, dass wir die Klasse `E01Kreis` noch *nicht* programmiert haben. Unser Typgraf besteht also vorerst nur aus den vier Klassen `E01Punkt`, `E01Rechteck`, `E01Quadrat` und `E01Ellipse` (und der Standardklasse `Object`).

Zur Erinnerung: Jedes `E01Quadrat`-Objekt enthält auch ein `E01Rechteck`-Objekt und jedes `E01Rechteck`-Objekt (und jedes `E01Ellipse`-Objekt) enthält ein `E01Punkt`-Objekt.

Deshalb darf eine E01Punkt-Variable nicht nur auf E01Punkt-Objekte zeigen, sondern auch auf E01Rechteck-, E01Quadrat- und E01Ellipse-Objekte. Diese Tatsache wird im folgenden Beispiel ausgenutzt.

Beispiel-01: Die Urabstände verschiedener E01Punkt-Objekte ausgeben (siehe auch das Beispielprogramm E01Anwendung)

```
1      ...
2      E01Punkt[] tab = new E01Punkt[6];
3      pr[0] = new E01Ellipse (1.0, -2.0, 3.0, 4.0);
4      pr[1] = new E01Quadrat (2.0, -3.0, 4.0);
5      pr[2] = new E01Ellipse (3.0, -4.0, 5.0, 6.0);
6      pr[3] = new E01Rechteck(4.0, -5.0, 6.0, 7.0);
7      pr[4] = new E01Punkt   (5.0, -6);
8      pr[5] = new E01Rechteck(5.0, -6.0, 7.0, 8.0);
9
10     pln("Die Urabstaende der tab-Komponenten:");
11     for (int i=0; i<tab.length; i++) {
12        printf("tab[%d].urAbstand", i); // z.B. "tab[3].urAbstand:"
13        printf("%6.3%n", tab[i].urAbstand());
14     }
15     ...
```

In Zeile 2 wird eine Reihung tab vom Typ E01Punkt[] (Reihung von E01-Punkt-Variablen) vereinbart. In den Zeilen 3 bis 8 wird diese Reihung mit „einer wilden Mischung" aus Ellipsen, Quadraten, Rechtecken und Punkten gefüllt. Die Befehle in den Zeilen 10 bis 14 geben folgende Zeilen zum Bildschirm aus:

```
16 Die Urabstaende der tab-Komponenten:
17 tab[0].urAbstand: 2.236
18 tab[1].urAbstand: 3.606
19 tab[2].urAbstand: 5.000
20 tab[3].urAbstand: 6.403
21 tab[4].urAbstand: 7.810
22 tab[5].urAbstand: 7.810
```

Wichtig ist, dass hier nicht mit komplizierten if-Befehlen unterschieden wird, auf was für Objekte die einzelnen Reihungskomponenten tab[i] zeigen. Statt dessen hat der Programmierer die Tatsache ausgenutzt, dass jedes dieser Objekte zu einem Untertyp von E01Punkt gehört und somit eine Methode urAbstand enthält. Diese Methode wird in Zeile 13 aufgerufen und ihr Ergebnis wird ausgegeben.

In diesem Beispiel sehen die einzelnen Ausgabezeilen sehr ähnlich aus und lassen nicht erkennen, ob sie den Urabstand eines E01Punkt-Objekts oder eines E01-Quadrat-Objekts oder ... enthalten. Die nächsten beiden Beispiele (-02 und -03) geben noch informativere Zeilen aus.

Aufgabe-01: Ersetzen Sie die Auslassung . . . durch geeignete Befehle:

```
23     static void reihungBearbeiten(E01Punkt[] pr) {
24         // Spiegelt alle Komponenten von pr am Ursprung:
25         ...
26     } // reihungBearbeiten
```

Eine Lösung findet man im Beispielprogramm E01Anwendung.

Beispiel-02: Eine Reihung mit E01Punkt-Komponenten ausgeben

Die folgende Methode soll als *abschreckendes Beispiel* dienen. Sie zeigt, wie man in einem objektorientierten Programm *nicht* vorgehen sollte:

```
27     static void reihungAusgeben02(E01Punkt[] pr, String name) {
28         // Gibt alle Komponenten von pr aus.
29         pln("Die Komponenten der Reihung " + name + ":");
30
31         String     s0, s1, s2, s3, s4;
32         E01Rechteck r;
33         E01Ellipse  e;
34
35         for (int i=0; i<pr.length; i++) {
36             s0 = name + "[" + i + "]: "; // z. B. "tab[3]: "
37             s2 = pr[i].text();           // z. B. "(2.0, 3.0)"
38
39             if        (pr[i] instanceof E01Quadrat)   {
40                 s1 = "Quadrat,  Mittelpunkt: ";
41                 s3 = ", Seite:  ";
42                 s4 =  "" + ((E01Quadrat)pr[i]).getSeiteX();
43                 pln(s0 + s1 + s2 + s3 + s4);
44             } else if (pr[i] instanceof E01Rechteck) {
45                 r  = (E01Rechteck) pr[i];
46                 s1 = "Rechteck, Mittelpunkt: ";
47                 s3 = ", Seiten: ";
48                 s4 = r.getSeiteX() + "|" + r.getSeiteY();
49                 AM.pln(s0 + s1 + s2 + s3 + s4);
50             } else if (pr[i] instanceof E01Ellipse)   {
51                 e  = (E01Ellipse) pr[i];
52                 s1 = "Ellipse,  Mittelpunkt: ";
53                 s3 = ", Radien: ";
54                 s4 = e.getRadiusX() + "|" + e.getRadiusY();
55                 pln(s0 + s1 + s2 + s3 + s4);
56             } else if (pr[i] instanceof E01Punkt)     {
57                 s1 = "Punkt: ";
58                 pln(s0 + s1 + s2);
59             } else {
60                 pln("Objekt einer unbekannten Klasse!");
61             } // if
62         } // for
63     } // reihungAusgeben02
```

Ein Aufruf dieser Methode wie etwa

```
64    reihungAusgeben02(tab, "tab");
```

bewirkt, dass die folgenden Zeilen zum Bildschirm ausgegeben werden (wenn die
Reihung `tab` wie im Beispiel-01 vereinbart und initialisiert wurde, siehe auch das
Beispielprogramm `E01Anwendung02`):

```
65 Die Komponenten der Reihung tab:
66 tab[0]: Ellipse,   Mittelpunkt: (1.0, -2.0), Radien: 3.0|4.0
67 tab[1]: Quadrat,   Mittelpunkt: (2.0, -3.0), Seite:  4.0
68 tab[2]: Ellipse,   Mittelpunkt: (3.0, -4.0), Radien: 5.0|6.0
69 tab[3]: Rechteck,  Mittelpunkt: (4.0, -5.0), Seiten: 6.0|7.0
70 tab[4]: Punkt: (5.0, -6.0)
71 tab[4]: Rechteck,  Mittelpunkt: (5.0, -6.0), Seiten: 7.0|8.0
```

Die Methode `reihungAusgeben02` hat einen *wichtigen* Parameter `pr` vom Typ
`E01Punkt[]` (Reihung von `E01Punkt`-Variablen) und einen etwas *weniger wichtigen* `String`-Parameter (der „nur"dazu dient, die Ausgabe lesbarer zu gestalten).
Die Reihungskomponenten `pr[0]`, `pr[1]`, ... können nicht nur auf Objekte der
Klasse `E01Punkt` zeigen, sondern auch auf Objekte der Unterklassen `E01Recht-
eck`, `E01Quadrat` etc. Die Methode `reihungAusgeben02` besteht im Wesentli-
chen aus einer komplizierten Fallunterscheidung (siehe die `if`-Anweisung in Zeile
39 bis 61). Mit der wird unterschieden, ob die Reihungskomponente `pr[i]` zur
Klasse `E01Quadrat` oder zur Klasse `E01Rechteck` oder zur Klasse ... gehört. Ein
Ausdruck wie etwa `(pr[i] instanceof E01Quadrat)` hat genau dann den
Wert `true`, wenn das Objekt `pr[i]` zur Klasse `E01Quadrat` gehört.

Die Methode `reihungAusgeben02` leistet das, was ihr Anfangskommentar (in
Zeile 28) verspricht. Trotzdem ist sie *nicht empfehlenswert*, denn sie ist *änderungsunfreundlich*. Damit ist gemeint: Wenn wir eine weitere (direkte oder indirekte) Unterklasse von `E01Punkt` vereinbaren, z. B. eine Klasse `E01Kreis`, müssen wir die Methode `reihungAusgeben02` entsprechend ändern, damit sie auch
Reihungskomponenten `pr[i]` des neuen Typs `E01Kreis` richtig ausgeben kann.
Solche Änderungen einer Fallunterscheidung sind im allgemeinen schwierig und
fehlerträchtig und man sollte sie möglichst vermeiden. Eine der wichtigsten Vorteile der objektorientierten Programmierung besteht darin, dass man solche Fallunterscheidungen durch *änderungsfreundlichere* Befehle ersetzen kann.

Beispiel-03: Eine Reihung mit E01Punkt-Komponenten ausgeben (siehe auch das Beispielprogramm E01Anwendung)

```
72      static void reihungAusgeben(E01Punkt[] pr, String name) {
73          // Gibt alle Komponenten von pr aus:
74          pln("Die Komponenten der Reihung " + name + ":");
75          for (int i=0; i<pr.length; i++) {
76              p (name + "[" + i + "]: ");
77              pln(pr[i].toString());  // oder: pln(pr[i]);
78          }
79      } // reihungAusgeben
```

Diese Methode enthält keine Fallunterscheidung, gibt aber die gleichen Zeilen (65 bis 71) aus wie reihungAusgeben02 im vorigen Beispiel-02.

Auch bei der Methode reihungAusgeben03 können die Komponenten pr[0], pr[1], ... der Reihung pr nicht nur auf Objekte der Klasse E01Punkt zeigen, sondern auch auf Objekte der Unterklassen E01Rechteck, E01Quadrat und E01Ellipse. Von jedem dieser Objekten wissen wir (und der Java-Ausführer), dass es eine Methode toString enthält, die eine Stringrepräsentation des Objekts liefert. Diese toString-Methode der aktuellen Reihungskomponenten pr[i] wird in Zeile 77 aufgerufen und ihr Ergebnis wird ausgegeben.

In einem bestimmten Sinne hat die Methode reihungAusgeben „hellseherische Fähigkeiten". Sie kann nämlich auch Reihungskomponenten pr[i] ausgeben, deren Typen erst in Zukunft vereinbart werden. Damit ist sie änderungsfreundlicher als die Methode reihungAusgeben02.

Aufgabe-02: Angenommen, in ein paar Tagen oder Wochen führen wir folgende Schritte durch:

1. Wir vereinbaren eine neue Klasse E01Kreis als Erweiterung der Klasse E01Ellipse.
2. In dieser neuen Klasse E01Kreis vereinbaren wir eine Methode toString (mit null Parametern und dem Ergebnistyp String).
3. Wir vereinbaren eine Reihung namens otto vom Typ E01Punkt[], die auch Komponenten des neuen Typs E01Kreis enthält (siehe dazu die Methode produziereReihung im Beispielprogramm E01Anwendung).
4. Wir lassen die Reihung otto mit dem folgenden Methodenaufruf ausgeben:

```
80      reihungAusgeben03(otto, "otto");
```

Wie werden die Komponenten der Reihung otto ausgegeben, die zum neuen Typ E01Kreis gehören? Eine Antwort auf diese Frage können Sie z. B. dadurch erzeugen, dass Sie das Beispielprogramm E01Anwendung entsprechend ändern (diese Änderung ist bereits „vorbereitet") und dann ausführen lassen.

Aufgabe-03: Wie werden die E01Kreis-Komponenten ausgegeben, wenn wir den 2. Schritt weglassen (d. h. wenn wir in der Klasse E01Kreis *keine* neue toString-Methode vereinbaren)? Eine Lösung dieser Aufgabe können Sie z. B. dadurch erzeugen, dass Sie in der Beispieldatei E01Kreis die Methode toString auskommentieren und danach das (veränderte) Programm E01Anwendung erneut ausführen lassen.

Aufgabe-04: Was passiert, wenn wir die Reihung otto mit der nicht empfehlenswerten Methode reihungAusgeben02 aus dem Beispiel-02 ausgeben?

Die folgende Aufgabe soll eine Schwäche der Klasse E01Punkt (der „Wurzelklasse" unseres kleinen Typgrafen) deutlich machen:

Aufgabe-05: Ersetzen Sie die Auslassung ... durch geeignete Befehle:

```
81      static void flaechenSummeAusgeben03(E01Punkt[] pr) {
82          // Berechnet die Flaechen aller Reihungskomponenten pr[i]
83          // und gibt die Summe dieser Flaechen aus.
84
85          double summe = 0;
86          ...
87          p  ("Die Summe aller Flaechen: ");
88          pln(summe, 3, 2);
89      } // flaechenSummeAusgeben03
```

Diese Aufgabe kann nur mit einer änderungs*un*freundlichen Fallunterscheidung gelöst werden (ähnlich der oben im Beispiel-02). Weil in der Klasse E01Punkt keine getFlaeche-Methode vereinbart wurde, ist nicht garantiert, dass jedes E01Punkt-Objekt eine solche Methode enthält und deshalb können wir im Rumpf der Methode flaechenSummeAusgeben03 nicht einfach so etwas schreiben wie

```
90      for (int i=0; i<pr.length; i++) {
91          summe += pr[i].getFlaeche();
92      }
```

Im Kapitel 14 über abstrakte Klassen wird ein Typgraf mit einer besseren Wurzelklasse vorgestellt, die diese Schwäche nicht hat.

12.5 Kleinere und größere Klassen und Objekte

In diesem Abschnitt sollen intuitive und qualitative Bezeichnungen wie *größer*, *kleiner* und *mindestens* mit den Klassen eines Typgrafen und ihren Objekten verbunden werden. Mit diesen (hoffentlich) intuitiven Worten kann man sich möglicherweise das Verstehen von komplizierten Zusammenhängen und Regeln erleichtern.

Wir beginnen mit einer einfachen Frage: Sei UK eine Unterklasse von OK. Wer ist dann *größer*, die Unterklasse UK oder die Oberklasse OK?

Die Frage ist deshalb einfach, weil man sie kaum falsch beantworten kann. Beide nahe liegenden (und sich widersprechenden) Antworten sind richtig. Man muss nur das richtige Maß für „Größe" wählen.

Die Unterklasse UK ist größer als die Oberklasse OK, wenn man als Maß die *Menge der Elemente* wählt. Da UK alle Elemente von OK erbt, ist UK normalerweise größer als OK (und immer mindestens gleich groß).

Die Oberklasse OK ist größer als die Unterklasse UK, wenn man als Maß die *Anzahl der Objekte* wählt. Da jedes UK-Objekt auch ein OK-Objekt ist, existieren in jedem Moment normalerweise mehr OK-Objekte als UK-Objekte (und immer mindestens gleich viele).

Es folgt ein konkretes Beispiel als Illustration der zuletzt genannten Tatsache:

Beispiel-02: In jedem Moment gibt es mindestens soviel `E01Punkt`-Objekte wie `E01Quadrat`-Objekte

```
1      E01Rechteck  r01 = new E01Rechteck(1.0, 2.0, 3.0, 4.0);
2      E01Quadrat   q01 = new E01Quadrat (2.0, 3.0, 4.0);
3      E01Punkt     p01 = new E01Punkt   (3.0, 4.0);
```

Vor der Ausführung von Zeile 1 existieren (so sei hier angenommen) null `E01Punkt`-Objekte und null `E01Quadrat`-Objekte.

Nach der Ausführung von Zeile 1 existieren null `E01Quadrat`-Objekte und ein `E01Punkt`-Objekt (weil das Objekt `r01` auch ein `E01Punkt`-Objekt ist).

Nach der Ausführung von Zeile 2 existieren zwei `E01Punkt`-Objekte (nämlich `r01` und `q01`) und ein `E01Quadrat`-Objekt (nämlich `q01`).

Nach der Ausführung von Zeile 3 existieren drei `E01Punkt`-Objekte (nämlich `r01`, `q01` und `p01`) und ein `E01Quadrat`-Objekt (nämlich `q01`).

Im Folgenden werden wir immer das erste Maß zugrunde legen. Somit ist eine *Oberklasse kleiner als eine Unterklasse* und die Klasse *Object* ist die *kleinste* aller

Klassen (als Trost dafür wird sie in einem Typgrafen immer ganz oben eingezeichnet).

Bei Objekten liegt es nahe, sie als *Mengen von Elementen* aufzufassen. Ein Objekt ob2 ist dann größer als ein Objekt ob1, wenn ob1 in ob2 enthalten ist. Betrachten wir noch einmal den Typgrafen aus dem vorigen Abschnitt als Beispiel:

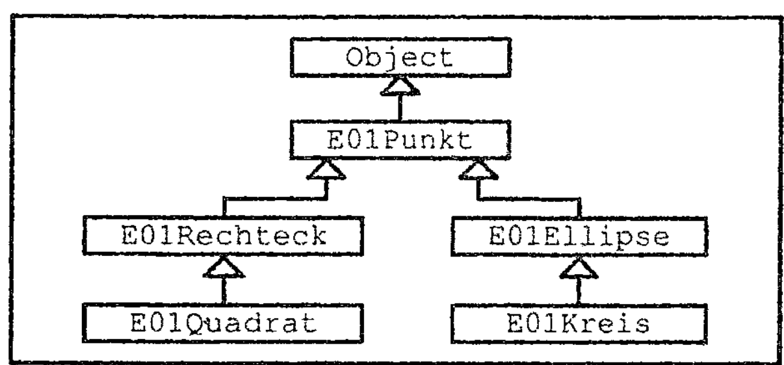

Bild 12.10 Ein Typgraf mit 6 Typen

Wenn man sich zu jedem Typ in einem solchen Grafen ein Objekt vorstellt, dann werden diese Objekte von oben nach unten größer: Ein E01Quadrat-Objekt enthält ein E01Rechteck-Objekt und ein E01Rechteck-Objekt enthält ein E01Punkt-Objekt etc. Ein E01Rechteck-Objekt und ein E01Kreis-Objekt sind dagegen unvergleichbar, weil keines das andere enthält. Die intuitiven Vorstellungen von *größeren* und *kleineren* Objekten setzen also voraus, dass wir uns entlang eines Pfeilweges bewegen: In Pfeilrichtung („nach oben") werden die Objekte kleiner, gegen die Pfeilrichtung („nach unten") werden sie größer.

Objekte des Typs Object sind kleiner als alle anderen Objekte. Auf der anderen Seite sind Objekte des Typs E01Quadrat nicht größer als alle anderen Objekte (weil man sie z.B. nicht mit E01Ellipse-Objekten vergleichen kann). Aber immerhin gibt es (solange keine Unterklasse von E01Quadrat existiert) keine Objekte, die größer als E01Quadrat-Objekte sind.

Eine Variable des Typs E01Punkt darf nicht nur auf E01Punkt-Objekte zeigen, sondern auch auf größere Objekte. Mit anderen (und weniger) Worten: Eine E01Punkt-Variable muss *mindestens* auf ein E01Punkt-Objekt zeigen. Das gilt allerdings nur, wenn die Variable auf ein Objekt zeigt (und nicht den Wert null hat).

Der Zieltyp einer Referenzvariablen muss mindestens so groß wie ihr Typ sein. Oder andersherum: Der Typ einer Referenzvariablen darf höchstens so groß sein wie ihr Zieltyp.

12.6 Konstruktoren in Unterklassen

Konstruktor-Regel-01: Konstruktoren werden grundsätzlich nicht vererbt/geerbt.

Trotz dieser Regel hängen die Konstruktoren einer Klasse eng mit den Konstruktoren der direkten Oberklasse zusammen, wie die folgenden Regeln deutlich machen sollen.

Konstruktor-Regel-02: Innerhalb einer Klasse darf der Programmierer *beliebig viele* (null, einen, zwei, drei, ...) Konstruktoren vereinbaren. Mehrere Konstruktoren müssen sich durch die Anzahl und/oder Typen ihrer Parameter (d. h. durch ihre Signaturen) voneinander unterscheiden. Einen Konstruktor mit null Parametern („ohne Parameter") bezeichnet man auch als *Standardkonstruktor*.

Konstruktor-Regel-03: Wenn der Programmierer innerhalb einer Klasse null Konstruktoren vereinbart, „schenkt" der Ausführer dieser Klasse automatisch einen *öffentlichen Standardkonstruktor*, dessen Rumpf einen einzigen Befehl enthält (siehe die folgende Regel-04).

Aus der Regel-03 folgt, dass jede Klasse mindestens *einen* Konstruktor besitzt (entweder einen vom Programmierer vereinbarten oder einen „vom Ausführer geschenkten").

Es ist üblich von dem „geschenkten Standardkonstruktor" zu sagen, er habe einen *leeren Rumpf*, obwohl das bei genauer Betrachtung nicht ganz stimmt.

Konstruktor-Regel-04: Sei OK eine beliebige Klasse und UK ein direkte Unterklasse von OK. Dann ist der erste Befehl in jedem UK-Konstruktor ein Aufruf eines OK-Konstruktors. In diesem Aufruf wird das Wort `super` (wie „superclass") anstelle des sonst üblichen Namens des Konstruktors verwendet. Falls der Programmierer diesen „super-Aufruf" nicht selbst hinschreibt, fügt der Ausführer den Befehl `super();` ein.

Die Regel-04 gilt für *alle* Konstruktoren aller Klassen. Die einzige Ausnahme ist der *eine* Konstruktor, den die Klasse `Object` besitzt.

Der Programmierer kann also den Rumpf eines Konstruktors mit einem Befehl wie `super(1.5, 2.5);` oder `super(x, y, "Hallo!");` oder `super();` etc. beginnen lassen. Ein Befehl wie `super(1.5, 2.5);` wird vom Ausführer aber nur dann akzeptiert, wenn die direkte Oberklasse einen Konstruktor mit zwei Parametern vom Typ `double` hat (weil `1.5` und `2.5` zum Typ `double` gehören). Für die anderen `super(...)`-Befehle (Aufrufe eines Konstruktors der direkten Oberklasse) gilt natürlich Entsprechendes. Wenn der Programmierer einen Konstruktor *nicht* mit einem `super`-Aufruf beginnen lässt, ruft der Ausführer (mit dem Befehl `super();`) den Standardkonstruktor der direkten Oberklasse auf.

Merkwürdigerweise kann es dann passieren, dass der Ausführer den von ihm selbst eingefügten Befehl `super();` ablehnt, weil die direkte Oberklasse keinen Standardkonstruktor besitzt oder weil der Standardkonstruktor an der Stelle des Aufrufs *nicht sichtbar* ist.

Ein OK-Konstruktor ist in UK auf jeden Fall sichtbar, wenn er `public` oder `protected` ist. Der Konstruktor ist auf keinen Fall sichtbar, wenn er `private` ist. Falls er paketweit sichtbar ist, müssen OK und UK zum selben Paket gehören, damit der OK-Konstruktor in UK sichtbar ist (siehe dazu das Kapitel 17 über Pakete).

Konstruktor-Regel-05: Ein `super(...)`-Befehl (Aufruf eines Konstruktors der direkten Oberklasse) ist nur als *erster* Befehl im Rumpf eines Konstruktors erlaubt (und an keiner anderen Stelle eines Java-Programms).

Konstruktor-Regel-06: Mit dem *ersten* Befehl eines Konstruktors kann man auch einen *anderen Konstruktor der selben Klasse* aufrufen. Anstelle des normalen Namens des Konstruktors muss man dazu allerdings den besonderen Namen `this` verwenden (siehe das Beispielprogramm `Konstruktor01`).

12.7 Der Typ und der Zieltyp einer Referenzvariablen

Eine Variable vom Typ `E01Punkt` darf nicht nur auf `E01Punkt`-Objekte zeigen, sondern allgemein auf Objekte von *Untertypen* von `E01Punkt`.

Zur Erinnerung: Jeder Typ gilt als Untertyp von sich selbst.

Allgemein hat eine Referenzvariable `v` nicht nur einen *Wert*, sondern kann auch einen *Zielwert* haben. Den Typ des Zielwertes bezeichnen wir auch als den *Zieltyp* von `v`.

> **Def.:** Der *Zieltyp* einer Referenzvariablen `v` ist der Typ des Objekts, auf das `v` gerade zeigt. Wenn die Variable `v` auf *kein* Objekt zeigt (weil sie den Wert `null` hat oder noch nicht initialisiert wurde) hat sie den Zieltyp `void`. Der Zieltyp einer Variablen kann (z. B. durch eine Zuweisung an die Variable) *verändert* werden.

Zur Erinnerung: Wenn man Klassen vergleicht und „die Menge ihrer Elemente" als Maß nimmt, ist eine Unterklasse größer als jede ihrer Oberklassen.

Der *Zieltyp* einer Referenzvariablen ist immer größer oder gleich ihrem *Typ* (oder aber gleich `void`). Der Zieltyp einer Variablen kann nie „kleiner" sein als ihr Typ.

Beispiel-01: Typ und Zieltyp von Referenzvariablen (siehe auch Beispielprogramm `E01Anwendung03`)

Die Variable `p01` hat den Typ `E01Punkt` und (zumindest anfänglich) auch den Zieltyp `E01Punkt`. Für die Variablen `r01`, `q01` und `e01` gilt entsprechendes:

```
1     E01Punkt     p01 = new E01Punkt    (1.0, 2.0);
2     E01Rechteck  r01 = new E01Rechteck(2.0, 3.0, 4.0, 5.0);
3     E01Quadrat   q01 = new E01Quadrat (3.0, 4.0, 5.0);
4     E01Ellipse   e01 = new E01Ellipse (4.0, 5.0, 6.0, 7.0);
```

Die Variable `p02` hat den Typ `E01Punkt` und (anfänglich) den Zieltyp `void`:

```
5     E01Punkt     p02 = null;
```

Jetzt wird der *Zieltyp* von `p02` mehrfach verändert, indem der Variablen verschiedene Werte zugewiesen werden. Der *Typ* von `p02` bleibt dabei unverändert (nämlich gleich `E01Punkt`):

```
6                                            // Zieltyp von p02:
7     p02 = q01;                             // E01Quadrat
8     p02 = p01;                             // E01Punkt
9     p02 = r01;                             // E01Rechteck
10    p02 = e01;                             // E01Ellipse
11    p02 = new E01Quadrat(1.0, 2.0, 3.0);   // E01Quadrat
```

Eine Referenzvariable wie `p02`, die auf Objekte verschiedener Typen zeigen kann, wird auch als *polymorph* bezeichnet. Das Wort polymorph stammt aus dem Griechischen und bedeutet etwa *vielgestaltig* (das Objekt, auf das `p02` zeigt, kann die Gestalt eines Punktes oder die Gestalt eines Rechtecks oder ... haben).

Ein zusammengesetzter Name wie etwa `p02.toString` kann eine von mehreren verschiedenen `toString`-Methoden bezeichnen: Die in der Klasse `E01Punkt` vereinbarte Methode `toString`, oder die in der Klasse `E01Rechteck` vereinbarte Methode `toString`, oder ... etc. Welche Methode der Name `p02.toString` tatsächlich bezeichnet, kann während der Ausführung des Programms festgelegt und geändert werden (durch Zuweisungen wie in den Zeilen 7 bis 11). Man bezeichnet diese Möglichkeit auch als *späte Bindung* (weil der Name `p02.toString` noch nicht beim Schreiben eines Programms an eine bestimmte Bedeutung, d. h. Methode, gebunden werden muss, sondern erst bei der Ausführung des umgebenden Programms).

Bisweilen werden auch die Namen überschriebener Methoden (wie `p02.toSt-ring`) und überladene Methodennamen (wie `System.out.print`) als *polymorph* bezeichnet. Das nimmt dem Begriff allerdings einen Teil seiner Genauigkeit und Klarheit.

Anmerkung: Das *Überschreiben* von Methoden (engl. overriding of methods) findet nur beim Beerben und zwischen Methoden mit *gleicher* Signatur statt. Das *Überladen* von Methodennamen (engl. overloading of names of methods) ist unabhängig vom Beerben und setzt Methoden *verschiedener* Signaturen voraus.

12.8 Referenzwerte umdeuten (Cast-Befehle)

Ein Cast-Befehl besteht aus einem in runde Klammern eingeschlossenen *Typna-men*, gefolgt von einem *Ausdruck*, z. B. so:

```
1    ... (int)      1.75 ...
2    ... (double) (2*3) ...
```

Den Typ des Ausdrucks bezeichnen wir hier als *Quelltyp* und den Typ in runden Klammern als den *Zieltyp* des Cast-Befehls. Der Cast-Befehl in Zeile 1 hat den Quelltyp `double` (weil `1.75` ein `double`-Literal ist) und den Zieltyp `int`. Der Cast-Befehl in Zeile 2 hat den Quelltyp `int` und den Zieltyp `double`.

Cast-Regel-01: Der Quell- und der Zieltyp eines Cast-Befehls müssen
- beide numerisch oder
- beide gleich `boolean` oder
- beide Referenztypen sein.

Das „Mischen von primitiven und Referenztypen" (z. B. ein Cast-Befehl von `int` oder `boolean` nach `String` oder von `String` nach `int` oder `boolean`) ist *nicht* erlaubt.

Zur Erinnerung: Als *numerisch* gelten alle primitiven Typen mit Ausnahme von `boolean` (d. h. die Typen `byte`, `char`, `short`, `int`, `long`, `float` und `double`). Typumwandlungen zwischen numerischen Typen (mit und ohne Cast-Befehlen) wurden bereits im Abschnitt 5.2 behandelt.

Cast-Befehle zwischen numerischen Typen bewirken, dass ein Wert *umgewandelt* wird. Z. B. bewirkt der Cast-Befehl in Zeile 1, dass der `double`-Wert `1.75` in den `int`-Wert 1 umgewandelt wird. Der Befehl in Zeile 2 bewirkt, dass der 32-Bit-int-Wert 6 in den 64-Bit-double-Wert `6.0` umgewandelt wird.

Cast-Befehle zwischen *Referenztypen* bewirken dagegen keine wirkliche Umwandlung, sondern nur eine *Typprüfung* und eine „Umdeutung" oder „Uminterpretation" des Referenzwertes.

Vergleich: Bei einem Fest trifft ein Gast ein und wird dem etwas kurzsichtigen Großvater vorgestellt: „Das hier ist dein Enkel Gustav, der so schön singen kann!". Durch diese Vorstellung wird aus dem „unspezifischen Gast" eine spezielle Person, nämlich ein Enkel mit bestimmten Fähigkeiten. Der Gast wird durch diese Einführung nicht verändert, aber (in der Vorstellung des Großvaters, hoffentlich) umgedeutet. Weil der Großvater seinen Augen nicht mehr richtig traut, könnte er vor der Umdeutung eine Typprüfung durchführen, indem er den neuen Gast bittet, etwas vorzusingen.

Ganz ähnlich kann der Programmierer dem Ausführer gegenüber mit einem Cast-Befehl z. B. erklären: „Diese `E01Punkt`-Variable zeigt momentan nicht nur auf ein `E01PunktObjekt`, sondern sogar auf ein `E01Rechteck`-Objekt". Der Ausführer überprüft diese Behauptung und wirft eine Ausnahme (falls sie nicht zutrifft) oder interpretiert den Wert der Variablen als Referenz auf ein `E01Rechteck`-Objekt.

Zur Erinnerung: Die Klassen `E01Punkt`, `E01Rechteck`, `E01Quadrat`, `E01Ellipse` und `E01Kreis` bilden den folgenden Typgrafen:

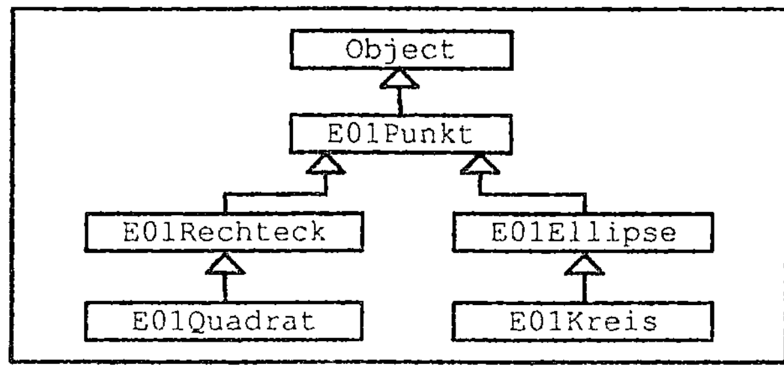

Bild 12.11 Ein Typgraf mit 6 Typen

Diese Graf liegt auch dem folgenden Beispiel zu Grunde.

Beispiel-01: Cast-Befehle mit Referenztypen als Quell- und Zieltyp

Im Folgenden werden acht Variablen vereinbart. Vier davon (p01, r01, q01, e01) werden initialisiert, die übrigen (p02, r02, q02, e02) nicht:

```
3    E01Punkt    p01 = new E01Punkt    (1.0, 2.0),              p02;
4    E01Rechteck r01 = new E01Rechteck(2.0, 3.0, 4.0, 5.0),     r02;
5    E01Quadrat  q01 = new E01Quadrat (3.0, 4.0, 5.0),          q02;
6    E01Ellipse  e01 = new E01Ellipse (4.0, 5.0, 6.0, 7.0),     e02;
```

Die folgenden Zuweisungen findet man auch im Beispielprogramm `E01Anwen-dung03`. Die Befehle, die der Ausführer schon bei der Übergabe des Programms („zur Compilezeit") ablehnt, sind als `nicht erlaubt` gekennzeichnet und zusätzlich auskommentiert.

```
7      p02 =                     r01;    // Ohne Cast         erlaubt
8  //  r02 =                     p02;    // Ohne Cast  nicht erlaubt
9      r02 = (E01Rechteck) p02;          // Mit  Cast         erlaubt
10
11     r02 =                     q01;    // Ohne Cast         erlaubt
12 //  q02 =                     r02;    // Ohne Cast  nicht erlaubt
13     q02 = (E01Quadrat)  r02;          // Mit  Cast         erlaubt
14
15 //  e02 =                     q01;    // Ohne Cast  nicht erlaubt
16 //  e02 = (E01Ellipse)  q01;          // Mit  Cast  nicht erlaubt
17 //  q02 =                     e01;    // Ohne Cast  nicht erlaubt
18 //  q02 = (E01Quadrat)  e01;          // Mit  Cast  nicht erlaubt
19
20     p02 =                     r01;    // Ohne Cast         erlaubt
21 //  q02 =                     p02;    // Ohne Cast  nicht erlaubt
22     q02 = (E01Quadrat)  p02;          // Mit  Cast         erlaubt aber
23                                       // Laufzeitfehler
```

Der Cast-Befehl in Zeile 9 hat den Quelltyp `E01Punkt` (weil p02 eine Variable dieses Typs ist) und den Zieltyp `E01Rechteck`. Der Ausführer soll hier den Wert der Variablen `p02` also als Referenz auf ein `E01Rechteck`-Objekt deuten (und nicht nur als Referenz auf ein `E01Punkt`-Objekt). Wegen der Zuweisung in Zeile 7 geht dieser Cast-Befehl gut.

Dagegen misslingt der Cast-Befehl `(E01Quadrat)` in Zeile 22. Bei der Übergabe des Programms („zur Compilezeit") akzeptiert der Ausführer ihn zwar, aber bei der Ausführung merkt er, dass `p02` nicht auf ein `E01Quadrat`-Objekt zeigt (sondern auf ein `E01Rechteck`-Objekte, siehe Zeile 20). Deshalb wirft er eine Ausnahme (des Typs `ClassCastException`) und bricht die Ausführung des Programms ab (Ausnahmen werden im Kapitel 15 behandelt).

RefCastRegel-01: Cast-Befehle zwischen zwei Referenztypen Q (wie „Quelltyp") und Z (wie „Zieltyp") werden (bei der Übergabe des Programms, „zur Compilezeit") nur dann akzeptiert, wenn *Q ein Untertyp von Z* oder *Z ein Untertyp von Q* ist.

Mit anderen Worten: Cast-Befehle zwischen Q und Z werden nur dann akzeptiert, wenn im Typgrafen entweder eine Pfeilweg von Q nach Z oder ein Pfeilweg von Z nach Q führt.

Die vier Klassen `Object`, `E01Punkt`, `E01Rechteck` und `E01Quadrat` liegen im Typgrafen alle auf *einem Pfeilweg*. Somit akzeptiert der Ausführer Cast-Befehle zwischen diesen Typen („von jedem zu jedem").

Die Typen `E01Quadrat` und `E01Ellipse` sind nicht durch einen Pfeilweg verbunden (sie liegen „schief zueinander"). Deshalb lehnt der Ausführer die Cast-Befehle in den Zeilen 16 und 18 ab. Entsprechende Fehlermeldungen eines Compilers findet man am Ende des Beispielprogramms `E01Anwendung03` als Kommentar.

RefCastRegel-02: Cast-Befehle von einem *Untertyp* zu einem *Obertyp* (z. B. vom Quelltyp `E01Quadrat` zum Zieltyp `E01Punkt`) sind erlaubt, aber *nicht nötig*. Der Ausführer führt die entsprechenden Umdeutungen auch ohne ausdrücklichen Befehl des Programmierers aus. Solche Cast-Befehle *können nicht misslingen*.

RefCastRegel-03: Cast-Befehle von einem *Obertyp* zu einem *Untertyp* (z. B. vom Quelltyp `E01Punkt` zum Zieltyp `E01Quadrat`) werden vom Ausführer akzeptiert, aber bei jeder Ausführung überprüft. Solche Cast-Befehle können schief gehen (d. h. eine Ausnahme des Typs `ClassCastException` auslösen). Der Programmierer trägt für alle von ihm erteilten Cast-Befehle die Verantwortung.

Die harmlosen Cast-Befehle von unten nach oben bezeichnet man auch als *erweiternde Typumwandlungen*. Die gefährlichen Cast-Befehle von oben nach unten bezeichnet man auch als *verengende Typumwandlungen*.

RefCastRegel-04: Ein Ausdruck der Form `(T) v`, der aus einem Cast-Befehl `(T)` und einer Variablen v besteht, hat den Typ `T`, aber den Zieltyp der Variablen v.

In einem solchen Fall bestimmt der Cast-Befehl `(T)` also nur den Typ des Ausdrucks, hat aber keinen Einfluss auf seinen Zieltyp. Diese Regel spielt unten im Beispiel-05 des Abschnitts 12.7 eine wichtige Rolle und ist dort (hoffentlich) leicht verständlich.

12.9 Geerbte Elemente ersetzen

Es kommt häufig vor, dass eine Klasse `Unter` von ihrer direkten Oberklasse `Ober` mehrere Elemente erbt, aber einige davon „nicht brauchen kann". Z. B. erbt die Klasse `E01Punkt` von ihrer direkten Oberklasse `Object` eine Methode `toString`, die ein für `E01Punkt`-Objekte „ungeeignetes Ergebnis" liefert. In solchen Fällen kann der Programmierer das unbrauchbare geerbte Element (z. B. die Methode `toString`) *ersetzen*, indem er in der Klasse `Unter` ein *homonymes* ("be-

zeichnungsgleiches") Element vereinbart. Um genau zu beschreiben, was hier mit
homonym gemeint ist, brauchen wir den Begriff der *Signatur*, dessen Definition
schon im Abschnitt 8.4 steht und hier wiederholt wird:

> **Def.:** Die **Signatur** einer Methode besteht aus dem Namen der Methode, gefolgt
> von den Namen der Typen ihrer Parameter.

Beispiel-01: Zwei Methoden mit unterschiedlichen Signaturen

```
1    static public  String machWas(int n, String s) { ... }
2            private String machWas(String s, int n) { ... }
```

Die in Zeile 1 vereinbarte Methode hat die Signatur `machWas int String`.
Die in Zeile 2 vereinbarte Methode hat die Signatur `machWas String int`.

Nicht zur Signatur gehören die Namen der Parameter, der Ergebnistyp, Modifizierer wie `static`, `public` und `private` etc. und der Rumpf der Methode. Die
Signatur einer *parameterlosen* Methode besteht nur aus dem Namen der Methode.

> **Def.:** Das **Profil** einer Methode besteht aus dem Namen ihres Ergebnistyps
> gefolgt von ihrer Signatur.

Beispiel-02: Zwei Methoden mit gleichen Signaturen, aber unterschiedlichen Profilen

```
3            public  double machsGut(int n, int m) { ... }
4    static   private void   machsGut(int x, int y) { ... }
```

Die in Zeile 3 vereinbarte Methode hat das Profil `double machsGut int int`.
Die in Zeile 4 vereinbarte Methode hat das Profil `void    machsGut int int`.

Zur Erinnerung: Ein *Attribut* (engl. a field) ist eine Variable, die direkt in einer
Klasse (und nicht als lokale Variable einer Methode) vereinbart wurde.

> **Def.:** Zwei **Attribute** sind **homonym** („bezeichnungsgleich"), wenn ihre *Namen*
> gleich sind.

Zwei homonyme Attribute innerhalb derselben Klasse zu vereinbaren ist nicht
erlaubt. Aber wenn man homonyme Attribute in verschiedenen Klassen vereinbart
(von denen möglicherweise eine die andere beerbt), können sie zum selben Typ
oder zu verschiedenen Typen gehören.

> **Def.:** Zwei Methoden sind **homonym**, wenn ihre *Profile* gleich sind.

Beispiel-03: Drei homonyme Methoden

```
5      static public  long machsBesser(String name,  long n) { ... }
6      static private long machsBesser(String s,     long n) { ... }
7             public  long machsBesser(String str,   long n) { ... }
```

Alle drei Methoden haben das Profil `long machsBesser String long` und sind
somit *homonym.* Die in den Klassen `Object`, `E01Punkt`, `E01Rechteck`, `E01-
Quadrat` und `E01Ellipse` vereinbarten Methoden namens `toString` haben alle
das Profil `String toString` und sind somit ebenfalls *homonym* zueinander.

Im folgenden wird zuerst das (häufig vorkommende) Ersetzen von *Objektmethoden* und *Objektattributen* behandelt und danach das (seltener vorkommende)
Ersetzen von Klassenmethoden, Klassenattributen und inneren Klassen.

Beispiel-04: Drei durch Beerbung miteinander verbundene Klassen

```
8  class Ober {
9     String att = new String("   Ober-Attribut");
10    String met() {return    "   Ober-Methode ";}
11 } // class Ober
12
13 class Mittel extends Ober {
14    String att = new String(" Mittel-Attribut");
15    String met() {return    " Mittel-Methode ";}
16 } // class Mittel
17
18 class Unter  extends Mittel{
19    String att = new String("   Unter-Attribut");
20    String met() {return    "   Unter-Methode ";}
21 } // class Unter
```

Die Klasse `Mittel` erbt von der Klasse `Ober` zwei Elemente, ein Objektattribut
namens `att` und eine Objektmethode mit dem Profil `String met`. Diese geerbten
Elemente werden in der Klasse `Mittel` (durch homonyme Elemente) ersetzt.

Die Klasse `Unter` erbt von der Klasse `Mittel` vier Elemente, zwei Objektattribute namens `att` (von denen eines das andere ersetzt) und zwei Objektmethoden mit
den Profilen `String met` (von denen ebenfalls eine die andere ersetzt).

Beispiel-05: Drei Variablen, die auf ein Objekt zeigen

```
22    Unter  uOb = new Unter(); // V-Typ Unter,  M-Typ Unter
23    Mittel mOb = uOb;         // V-Typ Mittel, M-Typ Unter
24    Ober   oOb = mOb;         // V-Typ Ober,   M-Typ Unter
```

Die Variablen oOb, mOb und uOb unterscheiden sich durch ihre *Typen* Ober, Mittel bzw. Unter, haben hier aber (zumindest unmittelbar nach ihrer Erzeugung) denselben *Zieltyp* Unter, denn jede von ihnen zeigt auf ein Unter-Objekt. Diese drei Variablen sehen in einer kombinierten Bojen- und Zwiebeldarstellung etwa so aus:

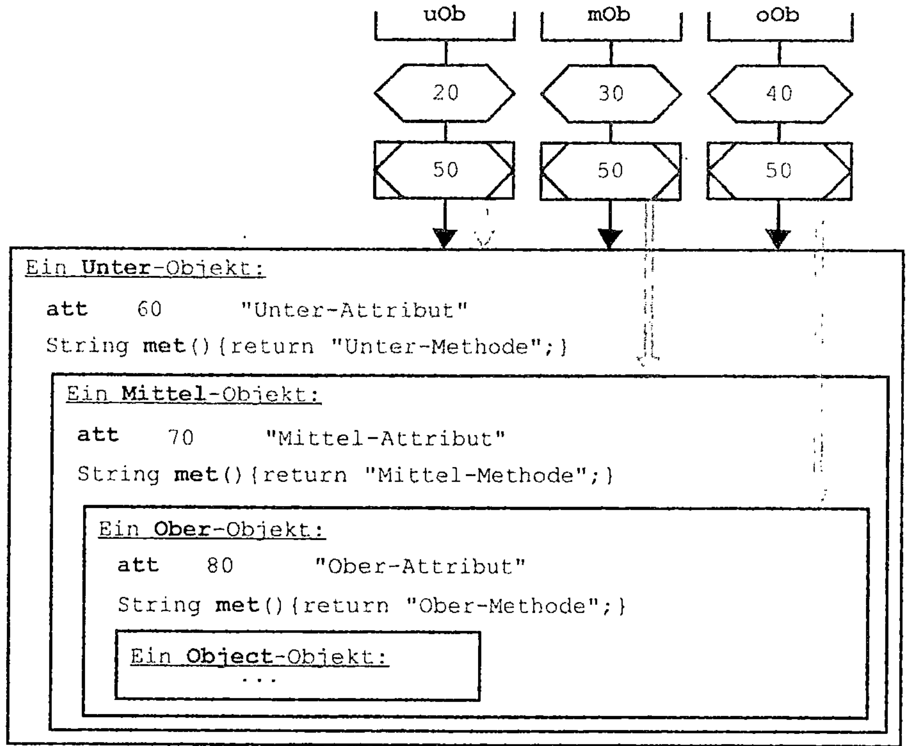

Bild 12.12 Drei Variablen, die auf ein Unter-Objekt zeigen

Ein Unter-Objekt besteht aus zwei Elementen att und met und einem Mittel-Objekt. Ein Mittel-Objekt besteht aus zwei Elementen att und met und einem Ober-Objekt. Ein Ober-Objekt besteht aus zwei Elementen att und met und einem Object-Objekt. Insgesamt enthält ein Unter-Objekt also drei Attribute mit dem Namen att und drei Methoden mit dem Profil String met.

Mit ihrem *schwarzen* Pfeil zeigt eine Referenzvariable auf eine Objekt-Zwiebel. Der graue „Geisterpfeil" zeigt innerhalb dieser Zwiebel auf das Objekt, welches dem *Typ der Variablen* entspricht (von der Unter-Variablen uOb zum Unter-

Objekt, von der `Mittel`-Variable `mOb` zum `Mittel`-Objekt und von der `Ober`-Variablen `oOb` zum `Ober`-Objekt).

Wenn der Ausführer auf ein Objektelement zugreifen will, durchsucht er die einzelnen „Schichten" des Objekts immer „von oben nach unten" (oder: „von außen nach innen"). Wenn er nach einer *Objektmethode* sucht, beginnt er seine Suche bei der Spitze des *schwarzen* Pfeils. Sucht er ein *Objektattribut*, beginnt er bei der Spitze des *grauen* Pfeils.

Beispiel-05: Der Name `oOb.att` bezeichnet das Attribut mit dem Zielwert `"Ober-Attribut"`. Der Name `uOb.att` bezeichnet das Attribut mit dem Zielwert `"Unter-Attribut"`.

Beispiel-06: Die Namen `oOb.met` und `uOb.met` bezeichnen dieselbe Methode (die den String `"Unter-Methode"` als Ergebnis liefert). Auf die beiden Methoden namens `met` im `Mittel`-Objekt und im `Ober`-Objekt kann man mit Variablen wie `oOB`, `mOb` oder `uOb` *nicht* zugreifen, solange sie auf ein `Unter`-Objekt zeigen (mit ihren schwarzen Pfeilen).

Wenn man mit einer Referenzvariablen `v` auf ein *Attribut* zugreift, ist der *Typ* von `v` wichtig. Beim Zugriff auf eine *Methode* ist der *Zieltyp* von `v` wichtig.

Das Ersetzen eines geerbten Elementes hat also bei Objekt*attributen* eine ganz andere Wirkung als bei Objekt*methoden*. In den folgenden Regeln soll `att` der Name eines Attributs, `met` der Name einer Methode und `ob` eine Referenzvariable sein, die (ähnlich wie `oOb`, `mOb` und `uOb`) auf eine Objekt-Zwiebel zeigt.

Ersetzungsregel-1: Ein geerbtes *Objektattribut* wird durch ein homonymes Objektattribut („nur") *verdeckt*. Die Suche nach einem Attribut `ob.att` in der Zwiebel `ob` beginnt bei der Schicht, die dem *Typ* von `ob` (d. h. dem grauen Pfeil) entspricht.

Ersetzungsregel-2: Eine geerbte *Objektmethode* wird durch eine homonyme Objektmethode („unwiderruflich") *überschrieben*. Die Suche nach einer Methode `ob.met` in der Zwiebel `ob` beginnt bei der Schicht, die dem *Zieltyp* von `ob` (d. h. dem schwarzen Pfeil) entspricht.

Um die Worte „nur" bzw. „unwiderruflich" in dieser Regel kurz aber genau erklären zu können, führen wir zwei zusätzliche Rollen (im Rollenspiel des Programmierens, siehe Abschnitt 1.1) ein:

Zusätzliche Rolle 1: Der **Unter-Programmierer** programmiert eine Unterklasse (z. B. die Klasse `Unter` im Beispiel-04).

Zusätzliche Rolle 2: Der **Unter-Verwender** verwendet die Unterklasse, um damit Objekte erzeugen zu lassen (z. B. die Objekte oOb, mOb und uOb der Klasse Unter, die durch die new-Befehle in den Zeilen 22 bis 24 erzeugt werden).

Es gilt: Der Unter-*Programmierer* kann auf *alle* (nicht-privaten) *Elemente* der direkten Oberklasse zugreifen (im Beispiel ist Mittel die direkte Oberklasse von Unter). Falls er einige dieser Elemente ersetzt hat, muss er Namen wie super.att oder super.met verwenden, um auf die ersetzten Elemente der Oberklasse zuzugreifen. In diesem Zusammenhang bedeutet das Schlüsselwort super so viel wie „das in der direkten Oberklasse (superclass) sichtbare Element".

Dagegen kann der Unter-*Verwender* (über seine Variablen oOb, mOb und uOb) zwar auf verdeckte, aber *nicht auf überschriebene* Elemente zugreifen. Für ihn sind ersetzte Objektmethoden *unwiderruflich* überschrieben, ersetzte Objektattribute dagegen „nur" verdeckt, denn er kann sie wieder aufdecken.

Weil die Variablen oOb, mOb und uOb (siehe Zeilen 22 bis 24) zu drei verschiedenen Typen gehören, kann man mit ihnen auf die drei verschiedenen Attribute namens att zugreifen, die in jedem Unter-Objekt enthalten sind. Ähnliches kann man aber auch mit *einer* Variablen und Cast-Befehlen erreichen.

Beispiel-05: Mit Cast-Befehlen den Typ eines Referenzwertes verändern

```
25                               //  Ausgabe:
26   pln(            oOb .att)   //    Ober-Attribut
27   pln( ((Mittel)  oOB).att); //   Mittel-Attribut
28   pln( ((Unter)   oOb).att); //    Unter-Attribut
```

Siehe dazu auch das Beispielprogramm Ersetzen01.

Hier wird (hoffentlich) die **RefCastRegel-04** deutlich: Ein Cast-Befehl verändert nur den *Typ* eines Ausdrucks, aber nicht seinen Zieltyp (und schon gar nicht das Ziel-Objekt, auf das sein Wert zeigt).

Achtung: Mit dem Schlüsselwort super kann der Unter-*Programmierer* nur auf Elemente der *direkten* Oberklasse zugreifen, aber nicht auf weiter oben ersetzte Elemente. Im Beispiel-04 kann er also nicht auf die Elemente att und met zugreifen, die in der Klasse Ober vereinbart (und in der Klasse Mittel ersetzt) wurden. Namen wie super.super.att oder super.super.met sind *nicht* erlaubt.

Bisher wurden nur die Fälle behandelt, in denen Objektattribute durch Objektattribute oder Objektmethoden durch Objektmethoden ersetzt wurden. Es ist aber auch möglich, dass Klassenelemente durch Klassenelemente, Objektelemente durch Klassenelemente oder umgekehrt, Klassenelemente durch Objektelemente ersetzt werden. Es folgen die Regeln für diese seltener vorkommenden Fälle:

Ersetzungsregel-3: Ein (in einer Klasse `Unter` vereinbartes) *Attribut* verdeckt jedes gleichnamige, geerbte Attribut. Dies gilt unabhängig davon, ob das verdeckende Attribut ein Klassen- oder ein Objektattribut und ob das verdeckte Attribut ein Klassen- oder ein Objektattribut ist. Siehe dazu auch das Beispielprogramm `Ersetzen03`.

Ersetzungsregel-4: Eine (in einer Klasse `Unter` vereinbarte) Objektmethode darf nicht die gleiche Signatur (und erst recht nicht das gleiche Profil) haben wie eine geerbte Klassenmethode. Siehe dazu auch die Methode `metKO` im Beispielprogramm `Ersetzen02`.

Ersetzungsregel-5: Eine (in einer Klasse `Unter` vereinbarte) Klassenmethode darf nicht die gleiche Signatur (und erst recht nicht das gleiche Profil) haben wie eine geerbte Objektmethode. Siehe dazu auch die Methode `metOK` im Beispielprogramm `Ersetzen02`.

Ersetzungsregel-6: Eine (in einer Klasse `Unter` vereinbarte) Klassenmethode verdeckt eine geerbte Klassenmethode mit gleichem Profil. Siehe dazu auch die Methode `metKK` im Beispielprogramm `Ersetzen02`.

Ersetzungsregel-7: Wenn eine (in einer Klasse `Unter` vereinbarte) Methode die gleiche Signatur hat wie eine geerbte Methode, dann müssen auch die Rückgabetypen der beiden Methoden (und somit auch ihre Profile) gleich sein.

Beispiel-06: In einer Klasse, die eine Methode mit dem Profil `int add int int` geerbt hat, darf man keine Methode mit dem Profil `long add int int` oder `double add int int` oder `String add int int` vereinbaren (wohl aber eine Methode mit dem Profil `int add int int` und/oder eine mit dem Profil `int add int long`).

Mit anderen Worten: Eine „neue" (in der Klasse `Unter` vereinbarte) Methode `m2` darf eine geerbte Methode `m1` *ersetzen* (dazu sind gleiche Profile erforderlich) oder sie darf den Namen von `m1` *überladen* (dazu sind unterschiedliche Signaturen erforderlich, siehe Abschnitt 8.4). Dass `m1` und `m2` *gleiche Signaturen*, aber *unterschiedliche Profile* haben (sich also nur durch ihre *Ergebnistypen* unterscheiden), ist in Java im allgemeinen nicht erlaubt.

Zu dieser Ersetzungsregel gibt es seit der Java-Version 5.0 (endlich :-) eine Ausnahme:

Ersetzungsregel-8: Wenn eine Klasse UK von ihrer direkten Oberklasse OK eine Funktion mit dem Ergebnistyp OK erbt, darf sie diese mit einer Funktion mit dem Ergebnistyp UK überschreiben.

Beispiel-07: Beim Überschreiben einer Funktion ihren Ergebnistyp erweitern (siehe auch das Beispielprogramm `Ersetzen09`)

```
29 class Zweitupel {
30     // Jedes Objekt dieser Klasse enthaelt zwei long-Zahlen.
31     long zahl1;
32     long zahl2;
33
34     Integer   verdopple (Integer d) {return 2*d;}
35     Zweitupel alleGleich(long z)    {return new Zweitupel(z, z);}
36     ...
37 } // class Zweitupel
38
39 class Dreitupel extends Zweitupel {
40     // Jedes Objekt dieser Klasse enthaelt drei long-Zahlen
41     long zahl3;
42
43     Number    verdopple (Integer d) {return 2*d;} // Fehler
44     Dreitupel alleGleich(long z) {return new Dreitupel(z, z, z);}
45     ...
46 } // class Dreitupel
```

In Zeile 43 wird versucht, die geerbte Funktion `verdopple` mit einer Funktion zu überschreiben, die einen anderen Ergebnistyp hat. Obwohl `Number` ein Obertyp von `Integer` ist, lehnt der Ausführer diesen Versuch ab.

In Zeile 44 passiert etwas ganz ähnliches, aber hier wird der Ergebnistyp `Zweitupel` zum Ergebnistyp `Dreitupel` erweitert. Da `Dreitupel` eine Erweiterung von `Zweitupel` ist und die Zeile 44 in der Klasse `Dreitupel` steht, akzeptiert der Ausführer diese Vereinbarung.

Freunde schwieriger Fremdworte bezeichnen diese neue Möglichkeit in Java 5.0 als *kovariante Erweiterung eines Ergebnistyps* (andere finden Digitaluhren schön).

Zum Bauplanaspekt einer Klasse K können nicht nur Objektattribute (Variablen) und Objektmethoden (Unterprogramme) gehören, sondern auch so genannte *innere Klassen*. Eine innere Klasse wird in jedes Objekt der Klasse K eingebaut (genau wie die anderen Objektelemente auch). Zwei innere Klassen sind homonym, wenn ihre Namen gleich sind. Beim Ersetzen werden innere Klassen ganz ähnlich wie Attribute behandelt: Eine (in einer Klasse `Unter` vereinbarte) innere Klasse *verdeckt* eine homonyme, geerbte innere Klasse. Siehe dazu auch das Beispielprogramm `Ersetzen05`.

Schnittstellen (interfaces) können auch innerhalb einer Klasse vereinbart werden, aber nicht als Objektelemente, sondern nur als *Klassenelemente*. Zwar darf man beim Vereinbaren einer Schnittstelle innerhalb einer Klasse das Schlüsselwort `static` angeben oder weglassen, aber in beiden Fällen zählt die Schnittstelle als

Klassenelement und nicht als Objektelement. Zwei Schnittstellen sind homonym, wenn ihre Namen gleich sind. Eine (in einer Klasse Unter vereinbarte) Schnittstelle *verdeckt* eine homonyme, geerbte Schnittstelle.

Jedes Element einer Klasse gehört zu einer der vier Erreichbarkeitsstufen public, protected, paketweit oder private (die man beim Vereinbaren des Elements durch die Modifizierer public, protected, durch keinen Modifizierer bzw. den Modifizierer private bezeichnet). Diese Erreichbarkeitsstufen wurden hier in absteigender Sortierung angegeben: Elemente der Stufe public sind von den meisten Stellen innerhalb eines Programms aus erreichbar, private-Elemente sind am wenigsten erreichbar und die Stufen protected und paketweit liegen dazwischen.

Ersetzungsregel-8: Ein geerbtes Element darf nur durch ein Element ersetzt werden, welches zur gleichen oder zu einer höheren Erreichbarkeitsstufe gehört.

Beispiel-07: Ein public-Element darf man nur durch ein public-Element ersetzen. Ein paketweit erreichbares Element darf man durch eine paketweit erreichbares, ein protected oder ein public-Element (aber nicht durch ein private-Element) ersetzen.

Ersetzungsregel-9: Eine geerbte Methode gm darf man nur durch eine neue Methode nm ersetzen, die keine anderen geprüften Ausnahmen wirft als gm.

Ersetzungsregel-10: Ersetzen kann man in einer Klasse K nur solche (geerbte) Elemente, die in K *sichtbar* sind.

Wenn eine Klasse K z. B. eine private Methode erbt und eine Methode mit gleichem Profil vereinbart, wird die geerbte Methode dadurch nicht ersetzt (siehe dazu das Beispielprogramm Ersetzen07).

Der Programmierer einer Klasse K kann festlegen, dass bestimmte in K vereinbarte Methoden „endgültig" sind und Erben von K sie *nicht ersetzt dürfen*. Dazu muss er diese Methoden als final vereinbaren (z.B. final void machWas() {...}, siehe dazu das Beispielprogramm Ersetzen11).

Ersetzungsregel-11: Eine als final vereinbarte, geerbte Methode kann nicht ersetzt werden.

12.10 Überschriebene Methoden in geerbten Methoden aufrufen

Angenommen, in einer geerbten Objektmethode m1 wird eine Objektmethode m2 aufgerufen, von der es mehrere (überschriebene) Varianten gibt. Welche Variante wird in einem solchen Fall wirklich ausgeführt? Diese ziemlich komplizierte Frage und die einfache Antwort darauf sollen hier anhand eines konkreten Beispiels erläutert werden.

Beispiel-01: Drei Klassen, in denen vier Objektmethoden vereinbart werden

```
1   class Ober {
2       public String met01() {return "met01 rief auf: " + met02();}
3       public String met02() {return "met02 aus Ober!";}
4   } // class Ober
5
6   class Mittel extends Ober {
7       public String met02() {return "met02 aus Mittel!";}
8   } // class Mittel
9
10  class Unter  extends Mittel{
11      public String met02() {return "met02 aus Unter!";}
12  } // class Unter
```

Die hier vereinbarten Klassen bilden einen kleinen Typgrafen, der (wenn man ihn vorsichtig nach links auf die Seite kippt) etwa so aussieht:

```
Ober <--- Mittel <--- Unter
```

In den drei Klassen werden insgesamt vier Objektmethoden vereinbart, drei namens met02 und eine namens met01.

Nachdem man die Vereinbarung der Klasse Ober (Zeile 1 bis 4) sorgfältig gelesen hat, liegt folgende Vermutung nahe: Wenn man die Methode met01 aufruft, liefert sie als Ergebnis den String "met01 rief auf: met02 aus Ober!". Diese Vermutung ist auch richtig, aber nur im Zusammenhang mit Ober-Objekten. Im Zusammenhang mit Mittel- oder Unter-Objekten ist sie falsch.

```
13          Ober    oOb = new    Ober();
14          Mittel mOb = new Mittel();
15          Unter  uOb = new   Unter();
16
17                          // Ausgabe:
18          pln(oOb.met01()); // met01 rief auf: met02 aus Ober!
19          pln(mOb.met01()); // met01 rief auf: met02 aus Mittel!
20          pln(uOb.met01()); // met01 rief auf: met02 aus Unter!
```

Es folgt eine Bojen- und Zwiebeldarstellung der Variablen mOb:

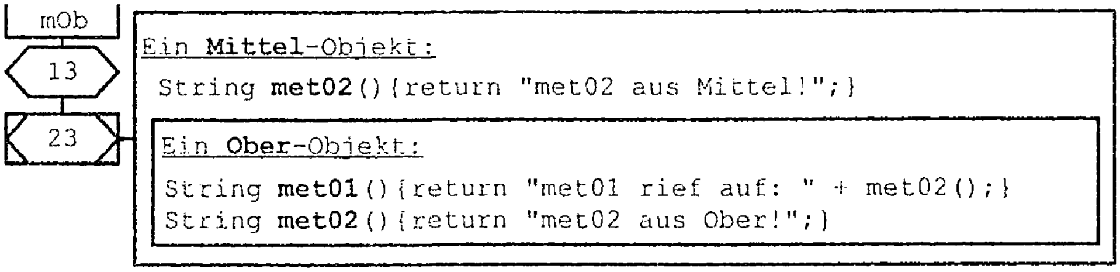

```
 | mOb |
 _______
<  13   >      Ein Mittel-Objekt:
 ‾‾‾‾‾‾‾          String met02(){return "met02 aus Mittel!";}
<  23   >
                Ein Ober-Objekt:
                  String met01(){return "met01 rief auf: " + met02();}
                  String met02(){return "met02 aus Ober!";}
```

Bild 12.13 Ein Mittel-Objekt (als „Zwiebel" dargestellt)

Wenn der Ausführer einen Methodenaufruf wie mOb.met01() ausführt und dabei
(im Rumpf von met01) zum Methodenaufruf met02() kommt, beginnt er in *der*
Schicht der Zwiebel zu suchen, die dem *Zieltyp* der Variablen mOb entspricht (also
im Mittel-Objekt). In unserem Beispiel wird er gleich fündig und führt die
met02-Methode im Mittel-Objekt (und nicht die im Ober-Objekt) aus. Ganz
entsprechend wird bei der Ausführung eines Aufrufs uOb.met01() die met02-
Methode im Unter-Objekt aufgerufen (siehe Zeile 20), weil die Variable uOb auf
ein Unter-Objekt zeigt (und nicht nur auf ein Ober-Objekt).

Dieses Beispiel bekräftigt noch einmal, dass eine überschriebene Objektmethode
wie met02 *endgültig* überschrieben ist, und der Verwender von Unter-Objekten
sie weder direkt noch indirekt (über eine Methode wie met01) aufrufen kann.

Diese Regel ist in vielen Fällen sinnvoll. Wenn eine Variable ob auf ein
E01Kreis-Objekt zeigt, dann kann ein E01Kreis-Verwender über ob nur auf solche Methoden zugreifen, die für E01Kreis-Objekte programmiert wurden, und
mit keinem Trick (weder mit Cast-Befehlen noch mit indirekten Aufrufen) kann er
über ob auf E01Ellipse-Methoden zugreifen.

Es gibt aber auch Fälle, in denen das Überschreiben von Objektmethoden ein Programm schwer lesbar macht. In extremen Fällen tritt der so genannte *Yoyo-Effekt*
auf und zwingt den Leser eines Programms, den Vererbungsbaum mehrfach von
unten nach oben und wieder von oben nach unten zu durchsuchen, um die Wirkung eines Methodenaufrufs zu verstehen.

Beispiel-02: Ein Vererbungsbaum mit Yoyo-Effekt

```
21 class Yoyo01 {
22     void m01() {printf("m01 in Yoyo01, ganz oben\n" ); m02();}
23     void m02() {printf("m02 in Yoyo01, ganz oben\n" );        }
24     void m03() {printf("m03 in Yoyo01, ganz oben\n" ); m04();}
25     void m04() {printf("m04 in Yoyo01, ganz oben\n" );        }
26     void m05() {printf("m05 in Yoyo01, ganz oben\n" ); m06();}
27     void m06() {printf("m06 in Yoyo01, ganz oben\n" );        }
28     ...
29 } // class Yoyo01
30 // -------------------------------------------------
31 class Yoyo02 extends Yoyo01 {
32     void m02() {printf("m02 in Yoyo02, halb oben\n" );        }
33     void m03() {printf("m03 in Yoyo02, halb oben\n" ); m04();}
34     void m04() {printf("m04 in Yoyo02, halb oben\n" );        }
35     void m06() {printf("m06 in Yoyo02, halb oben\n" );        }
36 } // class Yoyo02
37 // -------------------------------------------------
38 class Yoyo03 extends Yoyo02 {
39     void m02() {printf("m02 in Yoyo03, halb unten\n");        }
40     void m04() {printf("m04 in Yoyo03, halb unten\n");        }
41     void m06() {printf("m06 in Yoyo03, halb unten\n");        }
42 } // class Yoyo03
43 // -------------------------------------------------
44 class Yoyo04 extends Yoyo03 {
45     void m02() {printf("m02 in Yoyo04, ganz unten\n"); m03();}
46     void m04() {printf("m04 in Yoyo04, ganz unten\n"); m05();}
47 } // class Yoyo04
48 // -------------------------------------------------
49 class YoyoTst {
50     static public void main(String[] _) {
51         // Die Methode m01 in einem Yoyo04-Objekt wird aufgerufen.
52
53         Yoyo04 ob = new Yoyo04();
54         ob.m01();          // Was bewirkt dieser Methoden-Aufruf?
55
56     } // main
57 } // YoyoTst
```

Der Methodenaufruf `ob.m01()` (in Zeile 54) bewirkt dass die in der Klasse
`Yoyo01` vereinbarte Methode `m01` (siehe Zeile 22) aufgerufen wird. Diese ruft
ihrerseits die Methode `m02` auf, die in der Klasse `Yoyo04` vereinbart wurde (siehe
Zeile 45). Diese ruft ihrerseits die Methode `m03` auf, die in der Klasse `Yoyo02`
vereinbart wurde (siehe Zeile 33) etc.

Aufgabe-01: Was gibt das Programm `YoyoTst` zum Bildschirm aus? (Tip: Es
sind 6 Zeilen). Vielleicht hilft es beim Bearbeiten dieser Aufgabe, das `Yoyo04`-

Objekt ob (vereinbart in Zeile 53) zuerst einmal als Zwiebel darzustellen. Eine Lösung findet man am Ende des Beispielprogramms YoyoTst als Kommentar.

Es folgt hier ein Yoyo04-Objekt als Zwiebel dargestellt. Wenn man den Methodenaufruf ob.m01() ausführen will und nach einer bestimmten Methode (m01, m02, m03, ... etc.) sucht, muss man immer „bei der äußersten Zwiebelschale" (die dem Zieltyp Yoyo04 der Variablen ob entspricht) mit der Suche beginnen und zu weiter innen liegenden Schalen vorrücken, bis man die erste passende Methode gefunden hat.

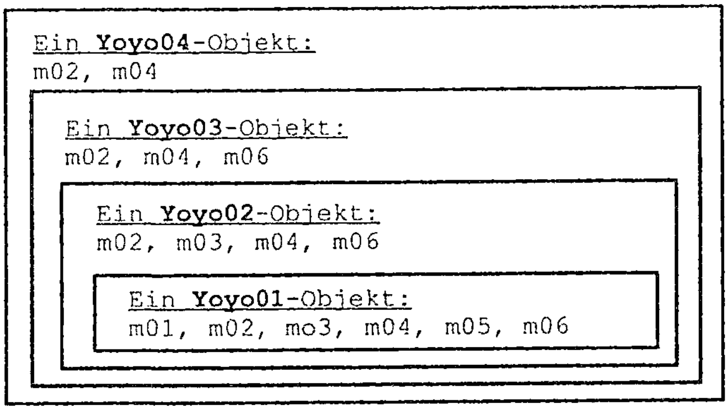

```
Ein Yoyo04-Objekt:
m02, m04

    Ein Yoyo03-Objekt:
    m02, m04, m06

        Ein Yoyo02-Objekt:
        m02, m03, m04, m06

            Ein Yoyo01-Objekt:
            m01, m02, mo3, m04, m05, m06
```

Bild 12.14 Ein Yoyo04-Objekt (als „Zwiebel" dargestellt)

12.11 Erweitern oder instanziieren?

Jede Klasse hat einen (möglicherweise leeren) *Modulaspekt* und einen *Bauplanaspekt*. Den Modulaspekt einer Klasse AK (d. h. die Klassenelemente von AK, the static members of AK) kann man „einfach so" benutzen, indem man mit Namen wie AK.e1, AK.e2, ... auf sie zugreift. Natürlich geht das nur, wenn die Klassenelemente e1, e2, ... vom Ort des Zugriffs aus erreichbar sind (wenn man von außerhalb zugreift dürfen sie z. B. nicht private sein).

Den Bauplanaspekt (d. h. die Objektelemente) einer alten und bewährten Klasse AK kann man dagegen auf zwei grundsätzlich verschiedene Weisen ausnützen oder wiederverwenden, wenn man eine neue Klasse NK programmiert:

Beispiel-01: Man *erweitert* die Klasse AK durch die neue Klasse NK1:

```
1    class NK1 extends AK { ... }
```

Beispiel-02: Man *instanziiert* die Klasse AK, d. h. man sorgt dafür, dass jedes Objekt der neuen Klasse NK2 ein *Objekt* der alten Klasse AK enthält, etwa so:

```
2    class NK2 {
3        AK ob = new AK(...);
4        ...
5    }
```

Anmerkung: Häufig muss man die Initialisierung der Variablen ob durch einen Konstruktor der Klasse NK2 erledigen lassen (weil man dazu bestimmte Parameterwerte benötigt) und kann nicht so einfach und direkt vorgehen wie in Zeile 3.

In Java darf eine Klasse NK nur *eine* Klasse AK *beerben* (wie im Beispiel-01 angedeutet). Für das *Instanziieren* gibt es keine solche Beschränkung: In einer Klasse NK kann man beliebig viele Klassen AK01, AK02, AK03, ... instanziieren, etwa so:

Beispiel-03:

```
6    class NK3 {
7        AK01 ob01 = new AK01(...);
8        AK02 ob02 = new AK02(...);
9        AK03 ob03 = new AK03(...);
10       ...
11   }
```

Man bezeichnet die Klasse NK3 in einem solchen Fall auch als die *Komposition* der Klassen AK01, AK02, AK03, ... Als Grenzfall betrachtet man dann die Klasse NK2 als Komposition der *einen* Klasse AK.

Statt „Erweitern oder instanziieren?" kann man auch „Erweitern oder komponieren?" fragen.

Dass man beim Entwerfen einer neuen Klassen nur *eine* Klasse erweitern, aber *beliebig viele* Klassen komponieren kann, spricht für das Komponieren. Es gibt aber noch weitere wichtige Argumente.

Eine Klasse ist ein Modul und ihre Objekte sind ebenfalls Module. Diese Module sind (wenn sie gut programmiert wurden) gegen unerwünschte Zugriffe und Veränderungen von außen abgesichert. Das Erweitern einer Klasse (NK4 extends AK) gefährdet in einem gewissen Sinne den Modulcharakter der beerbten Klasse AK, wie das folgende Beispiel deutlich machen soll:

Beispiel-04: Veränderung einer privaten Methode durch Erweitern einer Klasse

```
12   class AK {
13       public  int machWas(int n) {return plus3(n);}
14       private int plus3  (int n) {return inkr(inkr(inkr(n)));}
15       public  int inkr   (int n) {return n+1;}
16   } // class Ober
17
18   class NK4 extends AK {
19       public  int inkr   (int n) {return n+2;}
20   } // class Unter
```

In der alten Klasse AK ruft die öffentliche Methode machWas die private Methode plus3 auf, und diese ruft mehrmals die öffentliche Methode inkr auf. Die neue Klasse NK4 erweitert AK und überschreibt nur die öffentliche Methode inkr. Dadurch wird aber auch das Verhalten der (von NK4 geerbten) Methode plus3 verändert, obwohl plus3 (als private Methode von AK) in NK4 nicht sichtbar ist. Im Beispielprogramm Ersetzen07 findet man diese Klassen und ein kleines Testprogramm, welches die „unerwartete Veränderung der privaten Methode plus3" demonstriert.

Programme, die nur die alte Klasse AK benutzen werden durch die neue Klasse NK4 natürlich nicht verändert und funktionieren genau so (gut oder schlecht) wie vorher. Aber das AK-Objekt, welches in jedem NK4-Objekt enthalten ist, funktioniert nicht so, wie ein AK-Objekt außerhalb der neuen NK4-Umgebung.

In diesem kleinen Beispiel ist es schon nicht ganz einfach, den „unerwarteten Effekt" der Methode inkr in der Klasse NK4 auf die private Methode plus3 in der Klasse AK nachzuvollziehen. Wenn die Erweiterung sich über mehrere Stufen erstreckt (etwa so: NK4 erweitert K1, K1 erweitert K2, K2 erweitert K3, K3 erweitert AK) und die beteiligten Klassen zahlreiche Elemente enthalten, ist es noch erheblich schwieriger, solche merkwürdigen Effekte zu erkennen und zu verstehen.

Im Programm Ersetzen08 findet man ein weiteres Beispiel für eine fehlerhafte Erweiterung. Auch der dort gezeigte Fehler beruht darauf, dass der erweiternde Programmierer bestimmte Abhängigkeiten zwischen Methoden der beerbten Klasse nicht richtig durchschaut hat.

Klassen sind also Module, aber indem man eine Klasse erweitert verändert man möglicherweise auch Methoden *im geschützten Teil* eines solchen Moduls.

In dem sehr empfehlenswerten Buch „Effective Java" (siehe [Bloch2001]) findet man (als „Item 15") zu diesem Problem folgenden Rat:

„Design and document for inheritence or else prohibit it" (etwa: „Entwirf und dokumentiere Klassen ausdrücklich als erweiterbar oder aber verhindere, dass sie erweitert werden").

Zur Dokumentation einer erweiterbaren Klasse gehört unter anderem (aber nicht nur) eine genaue Beschreibung aller Abhängigkeiten zwischen überschreibbaren Objektmethoden. Als überschreibbar (overridable) gelten alle Methoden, die `public` oder `protected` sind.

Dass eine Klasse K erweitert wird, kann man auf zwei verschiedene Weisen verhindern:

Beispiel-05: Eine Klasse als `final` vereinbaren

```
21 final class K5 {
22    ...
23 }
```

Eine `final`-Klasse darf man nicht erweitern. Beispiele für `final`-Klassen aus der Standardbibliothek sind die acht Hüllklassen `Byte`, `Character`, `Short`, ... etc., die Klasse `String` und die Klasse `StringBuilder`.

Beispiel-06: Alle Konstruktoren `private` (oder paketweit sichtbar) machen

```
24 class K6 {
25     private K6()      { ... } // Standardkonstruktor
26     private K6(int n) { ... } // Anderer Konstruktor
27     ...
28 } // class K6
```

Dass man eine Klasse wie K6, die nur private Konstruktoren besitzt, nicht erweitern kann, folgt aus zwei, im Abschnitt 12.5 über Konstruktoren bereits erwähnten Regeln:

1. Jede Erweiterung der Klasse K6 (etwa: K7 extends K6) müsste mindestens einen Konstruktor enthalten (entweder einen vom Programmierer vereinbarten oder den vom Ausführer „geschenkten").

2. Der erste Befehl im Rumpf eines jeden K7-Konstruktors müsste eine `super` `(...)`-Befehl (d. h. ein Aufruf eines Konstruktors der direkten Oberklasse K6) sein (entweder vom Programmierer geschrieben oder vom Ausführer eingefügt).

Da alle Konstruktoren von K6 privat sind, ist keiner davon in K7 sichtbar. Deshalb lehnt der Ausführer jede Erweiterung von K6 (schon bei der Übergabe des Programms, „zur Compilezeit") ab.

Bevor man ein größeres und ernsthaftes Java-Projekt beginnt, sollte man Einzelheiten in [Bloch2001] nachlesen (nicht nur Item 15, sondern möglichst Item 1 bis

18 und Item 23 bis Item 57. Item 19 bis 22 sind nur interessant für C-Programmierer, die ihre alten C-Gewohnheiten „nach Java übersetzen" wollen).

Anmerkung: Der Java-Compiler `jikes` (ein quelloffenes Produkt der Firma IBM, siehe `http://oss.software.ibm.com/developerworks/opensource/jikes/`) bezieht sich in einigen seiner Fehlermeldungen ausdrücklich auf die Items in dem Buch „Effective Java" (siehe [Bloch2001]), etwa so:

Beispiel-07: Eine Fehlermeldung des jikes-Compilers

```
29 *** Semantic Warning: A private constructor would enforce the
30  noninstantiability of "Ersetzen08". (See item 3 of "Effective
31  Java".)
```

12.12 Klassen- und Objektinitialisierer

Die meisten *Blockanweisungen* sind Rümpfe von Methoden oder in solchen Rümpfen enthalten (als geschachtelte Blockanweisungen). Eine Blockanweisung darf aber auch direkt in eine Klassenvereinbarung geschrieben werden, außerhalb von allen Methoden. Solche Blockanweisungen bezeichnet man als *Initialisierer.*

Es gibt zwei Arten von Initialisierern: *Klasseninitialisierer* und *Objektinitialisierer.* Ähnlich wie Klassenelemente sind Klasseninitialisierer mit dem Schlüsselwort `static` gekennzeichnet, Objektinitialisierer nicht. Klasseninitialisierer sind ein wichtiges und nützliches Konstrukt der Sprache Java, Objektinitialisierer sind eher eine Verzierung, die „ganz schön, aber nicht lebensnotwendig" ist.

Beispiel-01: Eine Klasse mit zwei Klasseninitialisierern und einer `main`-Methode

```
1  class Init01Tst {
2      // ------------------------------------------------------------
3      static {
4          ...
5      }
6      // ------------------------------------------------------------
7      static public void main(String[] _) {
8          ...
9      } // main
10     // ------------------------------------------------------------
11     static {
12         ...
13     }
14     // ------------------------------------------------------------
15 } // class Init01Tst
```

Die beiden Blockanweisungen in Zeile 3 bis 5 und Zeile 11 bis 13 sind mit `static` gekennzeichnet und somit *Klasseninitialisierer*. Sie dürfen (wie andere Blockanweisungen auch) beliebige Vereinbarungen und Anweisungen enthalten.

Während der Ausführung eines Programms wird eine Klasse erst dann erzeugt, wenn der Ausführer sie zum ersten Mal benötigt. Sobald er die Klasse erzeugt hat, führt er als erstes alle ihre *Klasseninitialisierer* aus, in der Reihenfolge, in der der Programmierer sie in die Klassenvereinbarung geschrieben hat. Falls es sich bei der Klasse um die *Hauptklasse* des Programms handelt („die Klasse mit der `main`-Methode"), werden ihre Klasseninitialisierer noch *vor* der `main`-Methode ausgeführt. Die Klasseninitialisierer werden nur dieses eine Mal ausgeführt.

Mit einem *Konstruktor* initialisiert man normalerweise die Attribute von *Objekten*. Mit einem *Klasseninitialisierer* kann man die Attribute einer *Klasse* initialisieren. Im Beispielprogramm `Init01Tst` enthält die Hauptklasse eine `int`-Reihung als Klassenattribut, die von einem Klasseninitialisierer mit Zufallszahlen gefüllt wird. Es wäre möglich, aber mühsam, diese Reihung auf andere Weise zu initialisieren.

Die Reihenfolge, in der man Klasseninitialisierer in eine Klasse schreibt, ist wichtig. Ansonsten kann man sie beliebig vor, hinter oder zwischen die Elemente und Konstruktoren der Klasse schreiben. Obwohl oben im Beispiel-01 der zweite Klasseninitialisierer *hinter* der `main`-Methode steht, wird er *vor* ihr ausgeführt.

Soll eine Klasse z. B. mit drei Klassenattributen ausgerüstet werden, die „auf komplizierte Weise" initialisiert werden müssen, kann man erwägen, jeweils eines des Attribute zu vereinbaren und unmittelbar dahinter einen dazugehörigen Klasseninitialisierer, etwa so wie im folgenden Beispiel:

Beispiel-02: Drei Klassenattribute und drei Klasseninitialisierer

```
16 class Ottokar {                    .
17     static int[] ka1 = new int[100]; // Klassenattribut 1
18     static {
19         ... // initialisiert ka1
20     }
21
22     static long[] ka2 = new long[5000];
23     static {
24         ... // initialisiert ka2
25     }
26
27     static long[] ka3 = new long[5000];
28     static {
29         ... // initialisiert ka3
30     }
31     ...
32 } // class Ottokar
```

Diese drei Initialisierer „in der Nähe ihrer Attribute" sind möglicherweise übersichtlicher als nur *ein* Initialisierer für alle drei Attribute.

Aufgabe-01: Angenommen, in Java gäbe es keine Klasseninitialisierer. Wie könnte man dann ein Klassenattribut eines Reihungstyps (wie etwa ka1 im vorigen Beispiel) trotzdem „kompliziert initialisieren" (z. B. mit Zufallszahlen füllen)? Eine Lösung findet man im Beispielprogramm Init03Tst.

Objektinitialisierer (Blockanweisungen direkt in einer Klasse ohne static davor) sind so etwas wie „Zusatz- und Hilfs*konstruktoren*". Jedes Mal bevor ein Konstruktor ausgeführt wird, werden alle Objektinitialisierer der betreffenden Klasse ausgeführt (in der Reihenfolge, in der sie in der Klassenvereinbarung stehen).

Beispiel-03: Eine Klasse mit zwei Objektinitialisierern und zwei Konstruktoren

```
33 class Init02 {
34     // ------------------------------------------------------
35     {
36         ...
37     }
38     // ------------------------------------------------------
39     Init02(int a) {
40         ...
41     } // Konstruktor Init02
42     // ------------------------------------------------------
43     Init02(double b) {
44         ...
45     } // Konstruktor Init02
46     // ------------------------------------------------------
47     {
48         ...
49     }
50     // ------------------------------------------------------
51 } // class Init02
```

Die beiden Blockanweisungen in Zeile 35 bis 37 und Zeile 47 bis 49 sind *nicht* mit static gekennzeichnet und somit *Objektinitialisierer*. Sie dürfen (wie andere Blockanweisungen auch) beliebige Vereinbarungen und Anweisungen enthalten (siehe auch das Beispielprogramm Init02Tst).

Ein Befehl wie ... new Init02(333); ... bewirkt, dass zuerst die beiden Objektinitialisierer und danach der Konstruktor mit dem int-Parameter ausgeführt werden. Ein Befehl wie ... new Init02(3.3); ... bewirkt entsprechend, dass zuerst die beiden Objektinitialisierer und danach der Konstruktor mit dem double-Parameter ausgeführt werden.

Wenn alle Konstruktoren einer Klasse zuerst die gleichen Befehle ausführen müssen, kann man diese Befehle in Objektinitialisierer auslagern. Außerdem kann man (ähnlich wie bei Klasseninitialisierern) Objektattribute „in der Nähe ihrer Vereinbarung" durch Objektinitialisierer mit einem Anfangswert versehen, statt sie in einem (möglicherweise „weit entfernten") Konstruktor zu initialisieren. Grundsätzlich aber kann man mit Objektinitialisierern nichts „wirklich Neues" erreichen, was nicht auch mit Konstruktoren möglich wäre.

13 Aufzählungstypen (enum types)

In Java konnte der Programmierer schon immer eigene Klassentypen und Schnittstellentypen vereinbaren. Ab Java 1.5 kann er außerdem so genannte *Aufzählungstypen* (engl. enumeration types) vereinbaren. Wie viele Werte zu einem solchen Typ gehören, kann (und muss) der Programmierer genau festlegen, indem er für jeden Wert einen Namen erfindet und diese Namen „aufzählt".

13.1 Ein paar einfache Beispiele

Beispiel-01: Fünf einfache Aufzählungstypen und typische Anwendungen (siehe auch das Beispielprogramm `Aufzaehlungen01`)

```
1    enum Farbe      {rot, gruen, blau, farblos;}
2    enum Wein       {weiss, rot, rosé;}
3    enum Zustand    {an, aus, kaputt;}
4    enum WochenTag  {Mo, Di, Mi, Do, Fr, Sa, So;}
5    enum Richtung   {oben, rechts, unten, links;}
6
7    Farbe meineFarbe = Farbe.gruen;
8    Farbe deineFarbe = Farbe.rot;
9    Farbe seineFarbe = null;
10
11   Wein   meinWein   = Wein.rot;
12   Wein   deinWein   = Wein.weiss;
13
14   deinWein = meinWein;     // Erlaubt
15   deinWein = Wein.rot;     // Erlaubt
16   deinWein = Farbe.rot;    // Compiler meldet Typfehler
17   deinWein = 3;            // Compiler meldet Typfehler
18   deinWein = "rot";        // Compiler meldet Typfehler
19
20   if (deinWein != meinWein) { ... }
21
22   if (deinWein.compareTo(Wein.weiss) < 0) { ... }
23
24   System.out.println(meinWein);
25
26   for (Farbe f: Farbe.values()) { ... }
```

```
27
28   switch (deinWein) {
29       case rot:    ...
30       case weiss: ...
31       ...
32   }
```

Zum Aufzählungstyp `Farbe` gehören genau vier Werte namens `rot`, `gruen`, `blau` und `farblos`. Eine Variable des Typs `Farbe` kann nur auf einen *dieser* vier Werte zeigen (oder den Wert `null` enthalten.) Jeder Versuch, einer `Wein`-Variablen wie `deinWein` einen `Farbe`-Wert, einen `int`-Wert oder einen `String`-Wert etc. zuzuweisen wie in Zeile 16 bis 18, wird vom Ausführer (schon bei der Übergabe des Programms) abgelehnt.

Werte eines Aufzählungstyps kann man mit den Gleichheitsoperatoren `==` und `!=` (wie in Zeile 20) und mit der natürlichen Ordnungsmethode `compareTo` (wie in Zeile 22) vergleichen, aber nicht mit den Ordnungsoperatoren `<`, `<=`, `>` oder `>=`.

Gibt man einen Aufzählungswert wie z. B. `Farbe.rot` oder `Zustand.kaputt` zur Konsole aus (etwa so wie in Zeile 24), erscheint dort die Zeichenkette `rot` bzw. `kaputt` (natürlich nur, wenn die Konsole nicht kaputt ist :-).

Der Rumpf der `for`-Schleife in Zeile 26 wird insgesamt viermal ausgeführt und die Variable `f` hat jedes Mal einen anderen Wert des Typs `Farbe` (zuerst `rot` und zuletzt `farblos`, wie in Zeile 1 vereinbart).

Aufzählungstypen sind besonders gut geeignet für `switch`-Anweisungen wie in Zeile 28 bis 32. Nach `case` dürfen (und müssen) die Namen der Aufzählungswerte *unqualifiziert* angegeben werden, d. h. statt `case Farbe.rot:` muss man nur `case rot:` schreiben.

Aufzählungstypen sind besonders *nützlich*, wenn man die Namen für die einzelnen Werte so wählt, dass jeder Leser sie mühelos versteht.

Bevor es Aufzählungstypen gab, wurden Farben, Wochentage und Richtungen etc. häufig durch `int`-Werte codiert. Diese Codierungen waren aber meistens *uneinheitlich* (ein Wochentag wie Montag hatte in verschiedenen Programmen verschiedene Codenummern) und *nicht typsicher*, d. h. man konnte z. B. einer Variablen für Wochentage einen Farbcode zuweisen, ohne vom Ausführer gewarnt zu werden. Mit Aufzählungstypen kann man Programme sicherer und lesbarer gestalten.

13.2 Ein Aufzählungstyp ist eine Klasse

Im vorigen Abschnitt wurden nur *die* Eigenschaften skizziert, die Aufzählungstypen auch in anderen Programmiersprachen haben. In diesem Abschnitt werden die
Java-spezifischen Eigenschaften behandelt.

In Java wird ein Aufzählungstyp vom Ausführer als eine Erweiterung der Klasse
Enum implementiert, wie das folgende Beispiel zeigen soll.

Beispiel-01: Vereinbarung eines Aufzählungstyp und seine Implementierung als
Erweiterung der Klasse Enum (siehe Beispielprogramme Aufzaehlungen02)

```
1   // Vereinbarung (vom Programmierer erstellt):
2   enum FarbeA {rot, gruen, blau, farblos;}
3
4   // Implementierung (vom Ausfuehrer erzeugt):
5   class FarbeA extends Enum<FarbeA> implements Comparable<FarbeA> {
6       // Private Objektattribute und oeffentliche getter-Methoden:
7       private String objektName;
8       private int    ordinalzahl;
9       public  String name    () {return objektName;}
10      public  int    ordinal() {return ordinalzahl;}
11
12      // Implementierung der Schnittstelle Comparable<FarbeA>:
13      public int compareTo(FarbeA that) {
14          return this.ordinalzahl - that.ordinalzahl;
15      } // compareTo ("natuerliche Ordnungsmethode")
16
17      // Ein einziger privater Konstruktor:
18      private FarbeA(String name, int ordinalzahl) {
19          this.name        = name;
20          this.ordinalzahl = ordinalzahl;
21      } // Konstruktor FarbeA
22
23      // Oeffentliche Klassenattribute:
24      static final public
25          FarbeA rot     = new FarbeA("rot",        0);
26      static final public
27          FarbeA gruen   = new FarbeA("gruen",      1);
28      static final public
29          FarbeA blau    = new FarbeA("blau",       2);
30      static final public
31          FarbeA farblos = new FarbeA("farblos",    3);
32
33      // Ein priv. Klassenatt. r mit oeffentlicher getter-Methode:
34      static private FarbeA[] r     = {rot, gruen, blau, farblos};
35      static public  FarbeA[] values() {return (FarbeA[])r.clone();}
36
37      static public  FarbeA valueOf(String name) {
```

```
38          for (FarbeA f: r) {
39              if (name == f.name) return f;
40          }
41          throw new IllegalArgumentException(...);
42      }
43      ...
44 } // class FarbeA
```

Der Ausführer verbietet es dem Programmierer, eine Klasse wie `FarbeA` selbst zu vereinbaren (siehe Beispielprogramm `Aufzaehlungen06`), aber wenn der Programmierer den Typ `FarbeA` wie in Zeile 2 vereinbart, erzeugt der Ausführer eine Klasse `FarbeA` etwa so wie in Zeile 5 bis 44 angedeutet. Die Namen der `public`-Elemente (`name`, `ordinal`, `compareTo`, `rot`, `gruen`, `blau`, `farblos`, `values` und `valueOf`) sind *verbindlich festgelegt*. Die Namen der `private`-Elemente (`objektName`, `ordinalzahl` und `r`) sind hier frei erfunden.

Die Klasse `FarbeA` hat nur *einen* Konstruktor (siehe Zeile 18 bis 21). Damit werden (in den Zeilen 24 bis 31) vier `FarbeA`-Objekte namens `rot`, `gruen`, `blau` und `farblos` als Klassenattribute (static fields) vereinbart. Der Ausführer garantiert, dass das die einzigen `FarbeA`-Objekte sind, die er je erzeugen wird. Der Programmierer kann keine weiteren `FarbeA`-Objekte vereinbaren, weil der einzige Konstruktor *private* ist und somit nur innerhalb der (vom Ausführer vereinbarten) Klasse `FarbeA` aufgerufen werden darf.

Jedes `FarbeA`-Objekt enthält zwei (natürlich private) Attribute `objektName` und `ordinalzahl` und zwei zugehörige öffentliche getter-Methoden namens `name` und `ordinal` (d. h. ohne das übliche `get` am Anfang ihrer Namen, siehe Zeile 7 bis 10). Die `ordinalzahl` eines `FarbeA`-Objekts ist eine fortlaufende (mit 0 beginnende) Nummer (siehe Zeile 25, 27, 29 und 31, jeweils am Ende).

Die Klasse `FarbeA` enthält ein weiteres privates Klassenattribut `r` des Typs `FarbeA[]` (siehe Zeile 34). Diese Reihung `r` enthält alle `FarbeA`-Objekte (in der vom Programmierer festgelegten Reihenfolge). Mit der öffentlichen Klassenmethode `values` kann der Programmierer sich jederzeit eine Kopie dieser Reihung holen. Änderungen an einer solchen Kopie haben keinen Einfluss auf das Original `r`.

Die öffentliche Klassenmethode `valueOf` (siehe Zeile 37) liefert zu einem Namen das zugehörige `FarbeA`-Objekt bzw. wirft eine Ausnahme (wenn man als `name`-Parameter einen falschen String angibt).

Der Programmierer kann die hier angedeutete Klasse `FarbeA` nicht direkt selbst vereinbaren, aber er kann dem Ausführer befehlen, noch ein paar zusätzliche Elemente in eine solche Klasse einzubauen, etwa so, wie im folgenden Beispiel.

Beispiel-02: Einen Aufzählungstyp mit primitiven Zusätzen vereinbaren (siehe auch das Beispielprogramm Aufzählungen03)

```
45 enum FarbeB {
46    rot(1), gruen(2), blau(4), farblos(8);   // Die Aufzaehlung
47
48    public final int wert;                    // Ein Objektattribut
49    FarbeB (int wert) {this.wert = wert;}     // Ein Konstruktor
50 } // enum FarbeB
```

Hier hat der Programmierer jedem Aufzählungsobjekt noch einen bestimmten int-Wert (1, 2, 4 bzw. 8, siehe Zeile 46) zugeordnet. Das akzeptiert der Ausführer nur, wenn der Programmierer zusätzlich einen Konstruktor mit einem int-Parameter vereinbart (wie in Zeile 49). Sinnvollerweise sollte der den Wert seines Parameters in einem Objektattribut speichern, wie es in Zeile 48 vereinbart wurde. Wie üblich kann man dann mit einem Ausdruck wie fob.wert auf das Attribut wert eines FarbeB-Objekts fob zugreifen (siehe auch das Beispielprogramm Aufzaehlungen03).

Anstelle eines *primitiven* Wertes kann der Programmierer jedem Aufzählungsobjekt auch ein *Objekt* eines beliebigen Typs zuordnen, etwa so, wie im folgenden Beispiel:

Beispiel-03: Einen Aufzählungstyp mit nicht-primitiven Zusätzen vereinbaren (siehe auch das Beispielprogramm Aufzaehlungen04)

```
51 enum FarbeC implements Comparable<FarbeC>, Comparator<FarbeC> {
52    rot ("red"), gruen  ("green"),
53    blau("blue"),farblos ("colourless");
54
55    public final String uebersetzung;
56    FarbeC (String uebersetzung) {
57       this.uebersetzung = uebersetzung;
58    } // Konstruktor FarbeC
59
60    public int compare(FarbeC f1, FarbeC f2) {
61       return f1.uebersetzung.compareTo(f2.uebersetzung);
62    } // compare ("zusaetzliche Ordnungsmethode")
63
64 } // enum FarbeC
```

Jedem Aufzählungsobjekt des Typs FarbeC ist ein String-Objekt (seine Übersetzung ins Englische) zugeordnet. Dieses String-Objekt wird vom Konstruktor in einem unveränderbaren (final) Objektattribut namens uebersetzung gespeichert.

Aufzählungsobjekte sind immer *natürlich geordnet* (d. h. geordnet über die Methode compareTo der Schnittstelle Comparable, siehe dazu den Abschnitt 18.4).

Diese Methode `compareTo` kann man nicht ersetzen (überschreiben), weil sie in der Klasse `Enum` als `final`-Methode vereinbart wurde. Man kann aber mit Hilfe der Schnittstelle `Comparator` und ihrer Methode `compare` auch für die Objekte eines Aufzählungstyps beliebig viele weitere Ordnungen festlegen. Die in den Zeilen 60 bis 62 vereinbarte Methode `compare` vergleicht zwei `FarbeC`-Objekte nach ihrem `uebersetzung`-Attribut. Im Beispielprogramm `Aufzaehlungen04` wird gezeigt, welche Auswirkungen das hat, wenn man alle (vier) `FarbeC`-Objekte in eine sortierte Sammlung (des Typs `TreeSet<FarbeC>`) einfügt.

Der Hinweis `implements Comparable<FarbeC>` in Zeile 51 ist hier nur eine Art von Kommentar, der auch weggelassen werden kann (weil jeder Aufzählungstyp diese Schnittstelle sowieso schon implementiert). Den Hinweis, dass auch die Schnittstelle `Comparator` implementiert wird (ebenfalls in Zeile 51) und die zugehörige Vereinbarung der Methode `compare` (in Zeile 60 bis 62) kann man dagegen nicht ohne Verlust weglassen.

13.3 Aufzählungstypen und static import

Auf die Objekte eines Aufzählungstyps wie etwa `Farbe` kann man immer mit der Punktnotation `Farbe.rot`, `Farbe.gruen` etc. zugreifen. Diese Notation hat die sehr positive Eigenschaft, immer *eindeutig* zu sein, d. h. der Ausführer und die Kollegen des Programmierers erkennen leicht und deutlich den Unterschied zwischen Aufzählungsobjekten wie etwa `Farbe.rot` und `Wein.rot`.

Wenn der Name eines Aufzählungstyps sehr lang ist, kann die Punktnotation aber ziemlich lästig werden:

```
1   if (NeueModefarbenFruehjahr2010.rot != meineLieblingsFarbe) {
2       pln(NeueModefarbenFruehjahr2010.rot  + " abbestellen!");
3       pln(NeueModefarbenFruehjahr2010.rosé + " bestellen!");
4       ...
```

Mit dem Befehl `import static` kann man ganz allgemein Abkürzungen für Bezeichnungen von *Klassenelementen* vereinbaren. Da Aufzählungsobjekte in Java als *Klassenattribute* realisiert werden (wie im vorigen Abschnitt erläutert wurde), kann man auch ihre Bezeichnungen mit `static import` abkürzen.

Beispiel-01: Bezeichnungen von Aufzählungsobjekten abkürzen

```
5  // Vereinbarungen in einer Datei:
6  enum Farbe {rot, gruen, blau, farblos;}
7  enum Wein  {weiss, rot, rosé}
8
9  // Vereinbarungen in einer anderen Datei:
10 import static Farbe.rot;
11 import static Wein .*;
12 class Irgendeine {
13    ...
14 }
```

In Zeile 10 wird `rot` als Abkürzung für `Farbe.rot` vereinbart. In Zeile 11 werden `weiss` und `rosé` als Abkürzungen für `Wein.weiss` bzw. `Wein.rosé` vereinbart. Nach Zeile 11 ist `rot` aber *keine* Abkürzung für `Wein.rot`, sondern steht weiterhin nur für `Farbe.rot`. Allgemein ist eine Einzel-import-Vereinbarung wie in Zeile 10 „stärker" als eine Pauschal-import-Vereinbarung wie in Zeile 11. Zwei Einzel-import-Vereinbarungen derselben Abkürzung, etwa so:

```
15 import static Farbe.rot;
16 import static Wein .rot;
```

werden vom Ausführer abgelehnt. Die folgenden beiden Pauschal-import-Vereinbarungen

```
17 import static Farbe.*;
18 import static Wein .*;
```

definieren `gruen`, `blau`, `farblos` (vom Typ `Farbe`) und `weiss` und `rosé` (vom Typ `Wein`) als Abkürzungen für die entsprechenden langen Bezeichnungen, aber *keine* Abkürzung namens `rot`. Die „roten" Aufzählungsobjekte müssen trotz der Pauschal-import-Vereinbarungen mit den längeren, aber eindeutigen Bezeichnungen `Farbe.rot` bzw. `Wein.rot` unterschieden werden.

In Programm `Aufzaehlungen05` findet man ein umfangreicheres Beispiel zu diesem Thema (mit *drei* Aufzählungstypen, die noch dazu in einem Paket-mit-Namen vereinbart wurden, und viele interessante Fehlermeldungen eines Compilers).

14 Abstrakte Klassen und Schnittstellen

Manchmal muss der Programmierer mehrere Klassen K1, K2, K3, ... entwickeln, von denen er weiß, dass sie alle einen „gemeinsamen Kern gleicher Elemente" enthalten. Dann liegt es nahe, diese „gemeinsamen Elemente" in einer zusätzlichen Klasse G (wie „gemeinsam") zu vereinbaren und K1, K2, K3, ... als *Erweiterungen* von G zu vereinbaren.

Häufig ist „der gemeinsame Kern" der Klassen K1, K2, K3, ... kein vollständiger Bauplan und in diesen Fällen ist es nicht sinnvoll, von der Oberklasse G Objekte zu erzeugen. Diese Tatsache kann man besonders wirkungsvoll dadurch dokumentieren, dass man G als *abstrakte Klasse* vereinbart, etwa so:

```
1    abstract class G {
2        ... // Gemeinsame Elemente der Klassen K1, K2, K3, ...
3    }
```

Der Ausführer lehnt Programme ab, in denen versucht wird, eine abstrakte Klasse wie G zu *instanziieren* (d. h. Objekte von ihr zu erzeugen), erlaubt aber, dass andere Klassen die Klasse G *erweitern*, etwa so:

```
4    class K1 extends G {
5        ... // Spezifische Elemente der Klasse K1
6    }
```

Eine abstrakte Klasse darf „normale", konkrete Elemente und Konstruktoren enthalten, wie andere Klassen auch (Beispiele siehe unten). Zusätzlich darf eine abstrakte Klasse auch so genannte *abstrakte Objektmethode* enthalten. Das sind Methoden, deren *Profil* (Ergebnistyp, Name der Methode und Typen der Parameter) festgelegt wurde, die aber noch keinen *Rumpf* haben.

Eine *Schnittstelle* (engl.: interface) ist eine Art „total abstrakte Klasse", denn sie darf (fast) nur abstrakte Elemente enthalten.

In diesem Kapitel werden zuerst *abstrakte Klassen* und dann *Schnittstellen* erläutert.

14.1 Abstrakte Klassen

Als konkretes Beispiel betrachten wir die abstrakte Klasse `E02GeoFigur`.

Beispiel-01: Eine abstrakte Klasse

```
1   public abstract class E02GeoFigur {
2       // Die Koordinaten dieser Figur:
3       private double x, y;
4
5       public E02GeoFigur(double x, double y) {
6           this.x = x;
7           this.y = y;
8       } // Konstruktor E02GeoFigur
9
10      public double urAbstand()   {
11          // Liefert den Abstand dieser Figur vom Punkt (0, 0)
12          return Math.sqrt(x*x + y*y);
13      } // urAbstand
14
15      public void urSpiegeln() {
16          // Spiegelt diese Figur am Punkt (0, 0)
17          x = -x; y = -y;
18      } // urSpiegeln
19
20      public String text() {
21          // Liefert die Koordinaten dieser Figur,
22          // z. B. "(2.0, 3.5)"
23          return new String("(" + x + ", " + y + ")");
24      } // text
25
26      abstract public double getFlaeche();
27          // Liefert die Oberflaeche dieser Figur.
28
29      abstract public double getUmfang();
30          // Liefert den Umfang dieser Figur.
31  } // class E02GeoFigur
```

Am Schlüsselwort `abstract` in Zeile 1 erkennt man, dass `E02GeoFigur` eine abstrakte Klasse ist. Das Wort `abstract` bedeutet hier konkret, dass das Erzeugen von Objekten dieser Klasse mit einem Befehl wie etwa

```
32      ... new E02GeoFigur(...) ...
```

verboten ist (obwohl die Klasse einen *Konstruktor* (!) enthält, siehe Zeilen 5 bis 8).

In einer abstrakten Klasse darf man alle Größen vereinbaren, die auch in einer konkreten Klasse erlaubt sind (nicht nur konkrete *Elemente*, sondern auch Konstruktoren, deren Sinn gleich erläutert wird). Zusätzlich darf man in einer abstrakten Klasse auch *abstrakte Objektmethoden* vereinbaren (siehe Zeile 26 und 29), was in einer konkreten Klasse nicht erlaubt ist. Die Vereinbarung einer abstrakten Methode erkennt man am Schlüsselwort `abstract` und daran, dass sie keinen Rumpf `{ ... }` festlegt, sondern nur mit einem Semikolon endet. Im obigen Beispiel sind die Objektmethoden `double getFlaeche();` und `double getUmfang();` abstrakt, die übrigen Objektmethoden (`urAbstand`, `urSpiegeln` und `text`) sind konkret.

Abstrakte Klassen sind vor allem dazu da, erweitert (d. h. beerbt) zu werden. Zusätzlich könnte eine abstrakte Klasse auch als Modul verwendet werden. Es folgt eine konkrete Klasse, die die abstrakte Klasse `E02GeoFigur` erweitert:

```
33 class E02Rechteck extends E02GeoFigur {
34     // Die Seiten des Rechtecks:
35     private double seiteX;
36     private double seiteY;
37
38     public E02Rechteck(double x,        double y,
39                        double seiteX, double seiteY) {
40         super(x, y);
41         this.seiteX = seiteX;
42         this.seiteY = seiteY;
43     } // Konstruktor E02Rechteck
44
45     // Funktionen, die die Laenge der x- bzw. y-Seite liefern:
46     public double getSeiteX() {return seiteX;}
47     public double getSeiteY() {return seiteY;}
48
49     // Funktionen, die den Umfang bzw. die Flaeche dieser Figur
50     // liefern:
51     public double getUmfang() {return 2 * (seiteX + seiteY);}
52     public double getFlaeche() {return       seiteX * seiteY;}
53
54     public String toString() {
55         // Liefert eine String-Repraesentation dieser Figur:
56         return new String("Rechteck, Mittelpunkt: " +
57             text() + ", Seiten: " + seiteX + "|" + seiteY);
58     } // toString
59 } // class E02Rechteck
```

Wenn eine Klasse `K1` eine abstrakte Objektmethode `m` erbt, muss der Programmierer *eine* der folgenden beiden Aktionen (oder beide) durchführen:

1. Er muss in der Klasse `K1` einen Rumpf für `m` vereinbaren (d. h. er muss die abstrakte Methode `m` durch ein konkrete Methode mit gleichem Profil überschreiben).
2. Er muss die Klasse `K1` ebenfalls als abstrakte Klasse vereinbaren.

Die Klasse `E02Rechteck` im obigen Beispiel erbt zwei abstrakte Methoden namens `getUmfang` und `getFlaeche` und überschreibt sie in Zeile 51 bzw. 52 durch konkrete Methoden.

Im Konstruktor der konkreten Klasse `E02Rechteck` wird (mit dem Schlüsselwort `super` in Zeile 40) ein Konstruktor der abstrakten Oberklasse aufgerufen. Auf diese Weise und *nur auf diese Weise* darf man Konstruktoren einer abstrakten Klasse aufrufen (ein direkter Aufruf wie in Zeile 32 ist ja, wie schon erwähnt, verboten).

Ganz allgemein gilt: Nur *Objektmethoden* können abstrakt sein. Wenn von einem abstrakten *Element* oder von einer abstrakten *Methode* die Rede ist, ist immer eine abstrakte *Objektmethode* gemeint.

Eine abstrakte Klasse kann auch von einer abstrakten Klasse beerbt werden, etwa so:

```
60 public abstract class E02GeoFigurMitFarbe extends E02GeoFigur {
61     private Farbe farbe;
62
63     E02GeoFigurMitFarbe(double x, double y, Farbe farbe) {
64         super(x, y);
65         this.farbe = farbe;
66     } // Konstruktor E02GeoFigurMitFarbe
67     ...
68     public String text() {
69         // Liefert den Text einer E02GeoFigur gefolgt von
70         // ihrer Farbe, z. B. so: "(2.0, 3.5), Farbe: rot"
71         return super.text() + ", Farbe: " + farbe;
72     } // text
73
74 } // class E02GeoFigurMitFarbe
```

Da sie selbst auch abstrakt ist, muss die erbende Klasse `E02GeoFigurMitFarbe` die geerbten abstrakten Methoden `getFlaeche` und `getUmfang` nicht unbedingt konkret überschreiben (dazu sind nur *konkrete* Erben verpflichtet).

Unter den Beispielprogrammen findet man auch die (konkrete) Klasse `E02RechteckMitFarbe`, die die abstrakte Klasse `E02GeoFigurMitFarbe` beerbt, und das Programm `E02RechteckMitFarbeTst`, in dem diese konkrete Klasse benutzt wird.

Aufgabe-01: In der abstrakten Klasse `E02GeoFigurMitFarbe` muss man mindestens einen Konstruktor vereinbaren, sonst lehnt der Ausführer die Klasse ab. Warum? Was passiert und was geht schief, wenn man dort *keinen* Konstruktor vereinbart? In einem solchen Fall „schenkt" der Ausführer der Klasse doch einen Standardkonstruktor. Warum funktioniert in diesem Fall der geschenkte Konstruktor nicht? Eine Lösung findet man am Ende dieses Abschnitts.

Eine abstrakte Klasse eignet sich als Wurzelklasse eines Vererbungsbaumes. So bildet die abstrakte Klasse `E02GeoFigur` zusammen mit den konkreten Klassen `E02Rechteck`, `E02Quadrat`, `E02Ellipse` und `E02Kreis` einen ganz ähnlichen Vererbungsbaum, wie die entsprechenden `E01`-Klassen. Nur die Wurzelklassen der beiden Bäume (die abstrakte Klasse `E02GeoFigur` bzw. die konkrete Klasse `E01Punkt`) unterscheiden sich wesentlich voneinander:

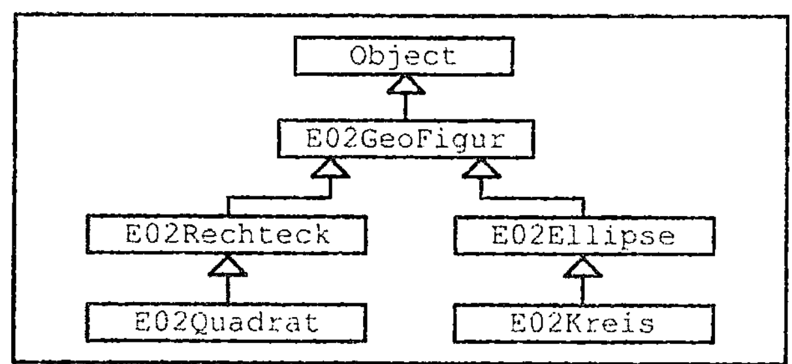

Bild 14.1 Ein Typgraf mit 6 Typen

Es folgt eine Methode aus dem Programm `E02Anwendung` (welches große Ähnlichkeit mit dem Programm `E01Anwendung` hat):

```
75      static void flaechenSummeAusgeben(E02GeoFigur[] gr) {
76.         double summe = 0;
77
78          for (E02GeoFigur g: gr) {
79              summe += g.getFlaeche();
80          }
81
82          printf("Die Summe aller Flaechen: %6.2f\n", summe);
83      } // flaechenSummeAusgeben
```

Aufgabe-02: Vergleichen Sie die diese Methode mit der gleichnamigen Methode im Programm `E01Anwendung`. Warum kann die `E02`-Variante der Methode einfacher und eleganter sein, als die `E01`-Variante? Was hat das mit den Wurzelklassen `E01Punkt` bzw. `E02GeoFigur` der Vererbungsbäume zu tun? Eine Lösung findet man am Ende dieses Abschnitts.

Aufgabe-03: Vereinbaren Sie ein Objekt der abstrakten Klasse `E02GeoFigur`. Weil `E02GeoFigur` abstrakt ist, ist der direkte Weg zu einer Lösung (ein Befehl wie ... new `E02GeoFigur(...)`, siehe oben Zeile 32) verboten. Aber vielleicht finden Sie einen „indirekten Weg" „untenherum" zu einer Lösung?

Zum Abschluss dieses Abschnitts folgen noch die Lösungen zu den Aufgaben:

Lösung-01: Wenn der Programmierer in der Klasse `E02GeoFigurMitFarbe` keinen Konstruktor vereinbart, „schenkt" der Ausführer der Klasse einen Standardkonstruktor, der mit dem Befehl `super();` beginnt. Dieser Aufruf eines Standardkonstruktors in der direkten Oberklasse ist falsch, weil die Klasse `E02GeoFigur` keinen Standardkonstruktor besitzt.

Lösung-02: Eine Reihung des Typs `E01Punkt[]` kann auch Objekte des Typs `E01Punkt` enthalten und diese Objekte enthalten keine `getFlaeche`-Methode. Deshalb muss die `E01`-Variante der Methode `flaechenSummeAusgeben` eine hässliche Fallunterscheidung enthalten. Dagegen enthalten alle Komponenten einer Reihung des Typs `E02GeoFigur` garantiert eine `getFlaeche`-Methode, so dass die `E02`-Variante der Methode `flaechenSummeAusgeben` keine Fallunterscheidung enthalten muss.

Lösung-03: Man vereinbart eine konkrete Unterklasse `KU` der abstrakten Klasse `E02GeoFigur` und ein Objekt `ob` dieser konkreten Klasse. Das Objekt `ob` gilt auch als ein Objekt der Oberklasse `E02GeoFigur` (wie alle Objekte von Unterklassen).

14.2 Schnittstellen (interfaces)

In einer abstrakten Klasse darf man konkrete Elemente und Konstruktoren und außerdem abstrakte Objektmethoden vereinbaren. Eine Schnittstelle ist so etwas wie eine „total abstrakte" Klasse. Darin darf man (fast) nur abstrakte Objektmethoden vereinbaren. Das kleine (fast) wird im nächsten Abschnitt behandelt.

Beispiel-01: Eine Schnittstelle

```
1   interface Vergroesserbar {
2       public abstract void verdopple();
3       // Verdoppelt die Groesse dieses Objekts.
4
5       public abstract void verdreifache();
6       // Verdreifacht die Groesse dieses Objekts.
7   } // interface Vergroesserbar
```

In diesem einfachen Beispiel enthält die Schnittstelle zwei parameterlose Prozeduren („void-Methoden"). Im Prinzip kann eine Schnittstelle beliebige abstrakte Methoden (Prozeduren und Funktionen, mit 0 oder mehr Parametern) enthalten.

Eine Schnittstelle S kann man auf zwei verschiedene Weisen verwenden:

Verwendungsweise-1: *Implementieren*: Man schreibt *Klassen* K1, K2, K3, ..., die die Schnittstelle S implementieren.

Verwendungsweise-2: *Erweitern*: Man vereinbart *Schnittstellen* S1, S2, S3, ..., die die Schnittstelle S erweitern (d. h. beerben).

Beispiel-02: Eine Klasse, die die Schnittstelle `Vergroesserbar` implementiert:

```
8   class GanzZahl01 implements Vergroesserbar {
9       private int groesse;
10
11      public GanzZahl01(int groesse) {
12          this.groesse = groesse;
13      } // Konstruktor GanzZahl01
14
15      public void verdopple()      {groesse *= 2;}
16      public void verdreifache()   {groesse *= 3;}
17
18      public void halbiere()       {groesse /= 2;}
19
20      public String toString() {
21          return "GanzZahl01  mit Groesse " + groesse;
22      } // toString
23  } // class GanzZahl01
```

Jedes Objekt dieser Klasse enthält ein Attribut (eine Variable) namens `groesse` vom Typ `int` und ein paar Methoden zum Bearbeiten dieses Attributs.

Die Klausel `implements Vergroesserbar` in Zeile 8 verpflichtet die Klasse dazu, jede Methode der Schnittstelle `Vergroesserbar` zu implementieren, d. h. mit einer konkreten Methode (mit gleichem Profil) zu überschreiben. In den Zeilen 15 und 16 erfüllt die Klasse `GanzZahl01` diese Verpflichtung.

Weil die Klasse die Schnittstelle `Vergroesserbar` implementiert, sind ihre Objekte *vergrößerbar* in folgendem Sinn:

```
24      GanzZahl01 ob01 = new GanzZahl01(5);
25      ob01.verdreifache();
26      ob01.verdopple();
27      ob01.verdopple();
```

Die `groesse` des Objekts `ob01` wird durch die Befehle in den Zeilen 25 bis 27 insgesamt um den Faktor 12 (von 5 auf 60) vergrößert.

Schnittstellen haben häufig Adjektive als Namen, die im Deutschen auf *-bar* enden (`Vergroesserbar`, `Verkleinerbar`, `Veraenderbar`, `Druckbar`, `Speicherbar` etc.) oder im Englischen auf -able enden (z. B. `Runnable`, `Serializable`, `Adjustable`, `Cloneable` etc.). Zahlreiche Ausnahmen (z. B. die Schnittstellen

`ActionListener`, `MouseListener`, `AppletInitializer` etc.) bestätigen diese Regel.

Schnittstellenregel-1: Eine Klasse darf *beliebig viele* (null, eine, zwei, ...) Schnittstellen implementieren.

Beispiel-03: Die Klasse `GanzZahl02` implementiert zwei Schnittstellen (und ähnelt ansonsten sehr stark der Klasse `GanzZahl01`):

```
28 class GanzZahl02 implements Vergroesserbar, Verkleinerbar {
29     private long groesse;
30
31     public GanzZahl02(int groesse) {
32         this.groesse = groesse;
33     } // Konstruktor GanzZahl02
34
35     public void verdopple()    {groesse *= 2;}
36     public void verdreifache() {groesse *= 3;}
37     public void halbiere()     {groesse /= 2;}
38
39     public String toString() {
40         return "GanzZahl02  mit Groesse " + groesse;
41     } // toString
42 } // class GanzZahl02
```

Die Schnittstelle `Verkleinerbar` findet man bei den Beispielprogrammen. Sie enthält nur eine Methode namens `halbiere`. Objekte der Klasse `GanzZahl02` sind *vergrößerbar* und *verkleinerbar*.

Im Gegensatz dazu sind `GanzZahl01`-Objekte offiziell nicht verkleinerbar, obwohl sie auch eine `halbiere`-Methode enthalten. Aber in der `implements`-Klausel der Klasse `GanzZahl01` wird die Schnittstelle `Verkleinerbar` nicht erwähnt.

Schnittstellenregel-2: Eine Schnittstelle darf *beliebig viele* (null, eine, zwei, ...) andere Schnittstellen erweitern (d. h. beerben).

Die Schnittstelle `Vergroesserbar` im Beispiel-01 erweitert *null* (als Zahl: 0) andere Schnittstellen (in Zeile 1 steht *keine* `extends`-Klausel). Im folgenden Beispiel erweitert eine Schnittstelle *zwei* andere.

Beispiel-04: Eine Schnittstelle, die zwei andere Schnittstellen beerbt:

```
43 interface Veraenderbar extends Vergroesserbar, Verkleinerbar {
44
45     public abstract void aendere(int prozent);
46     // ... eine genaue Beschreibung dessen, was alle
47     // Implementierungen dieser Methode leisten sollen ...
48
49 } // interface Veraenderbar
```

Die Schnittstelle `Veraenderbar` beerbt die beiden Schnittstellen `Vergroesser-bar` und `Verkleinerbar` (siehe Zeile 43). Eine konkrete Klasse, die mit der Klausel `implements Vergroesserbar` beginnt, muss insgesamt also vier Methoden (namens `verdopple`, `verdreifache`, `halbiere` und `aendere`) implementieren. Die Objekte einer solchen Klasse (siehe etwa die Klasse `GanzZahl03`, in der Sammlung der Beispielprogramme, hier nicht wiedergegeben) sind dann *vergrößerbar*, *verkleinerbar* und *veränderbar*.

> **Def.:** Eine `S`-Klasse ist eine Klasse, die die Schnittstelle `S` implementiert.

Eine `Vergroesserbar`-Klasse ist also eine Klasse, die die Schnittstelle `Vergroesserbar` implementiert. Eine `Veraenderbar`-Klasse muss entsprechend die Schnittstelle `Veraenderbar` implementieren etc.

> **Def.:** Ein `S`-Objekt ist ein Objekt einer `S`-Klasse.

Ein `Vergroesserbar`-Objekt ist also ein Objekt einer `Vergroesserbar`-Klasse und ein `Veraenderbar`-Objekt ist eines einer `Veraenderbar`-Klasse etc.

`GanzZahl01` (siehe Beispiel-02), `GanzZahl02` (siehe Beispiel-03) und die Klassen `BruchZahl01`, `SeitenFormat` und `WalFisch` (in der Sammlung der Beispielprogramme, hier nicht wiedergegeben) sind Beispiele für `Vergroesser-bar`-Klassen. Objekte dieser Klassen sind somit `Vergroesserbar`-Objekte.

Jede Schnittstelle ist ein *Typ*, den man zum Vereinbaren von Variablen verwenden kann. Eine Variable mit dem vereinbarten Typ `Vergroesserbar` darf auf beliebige `Vergroesserbar`-Objekte zeigen (oder den Wert `null` haben). Es folgen ein paar Variablenvereinbarungen aus dem Programm `VergroesserbarAnwendung01`:

```
50   Vergroesserbar v01 = new GanzZahl01(17);
51   Vergroesserbar v02 = new SeitenFormat(210.0, 297.0);
52   Vergroesserbar v03 = new WalFisch(95);
53   Vergroesserbar v04 = null;
```

Die Variable `v02` zeigt auf ein Objekt, welches das Seitenformat DIN A4 repräsentiert (210 mal 297 mm). Die Variable `v03` zeigt auf einen 95 t schweren Blauwal (Blauwale werden bis zu 100 t schwer).

Die folgende Methode erzeugt und liefert eine Reihung, die eine „wilde Mischung" von `Vergroesserbar`-Objekten enthält:

Beispiel-06: Eine Methode mit dem Rückgabetyp `Vergroesserbar[]` (Reihung von `Vergroesserbar`-Variablen):

```
54      static private Vergroesserbar[] produziereReihung() {
55          Vergroesserbar[] vr = new Vergroesserbar[7];
56          vr[0] = new GanzZahl03 (111);
57          vr[1] = new GanzZahl01 (222);
58          vr[2] = new BruchZahl01(33.3F);
59          vr[3] = new BruchZahl01(44.4F);
60          vr[4] = new GanzZahl01 (555);
61          vr[5] = new SeitenFormat(210.0, 297.0); // DIN A4
62          vr[6] = new WalFisch(10);                // Ein Mini-Blauwal
63          return vr;
64      } // produziereReihung
```

Die Klassen `GanzZahl01`, `BruchZahl01`, `SeitenFormat` und `WalFisch` unterscheiden sich erheblich voneinander, implementieren aber alle die Schnittstelle `Vergroesserbar`. Deshalb können Objekte dieser Klassen trotz ihrer Verschiedenheit als Komponenten einer Reihung vom Typ `Vergroesserbar[]` gespeichert und bearbeitet werden.

Die folgende Methode erwartet als Parameter eine Reihung von `Vergroesserbar`-Objekten. Ohne genau zu untersuchen, um was für Objekte es sich genau handelt, vergrößert die Methode jedes dieser Objekte um den Faktor vier.

Beispiel-07: Eine Methode mit einem Parameter vom Typ `Vergroesserbar[]`:

```
65      static void reihungVervierfachen(Vergroesserbar[] vr) {
66          // Vervierfacht die Groesse von jeder Komponenten von vr:
67          for (Vergroesserbar v: vr) {
68              v.verdopple();
69              v.verdopple();
70      } // reihungVervierfachen
```

Im Beispielprogramm `VergroesserbarAnwendung` wird diese Methode auf das Ergebnis der Funktion `produziereReihung` angewendet. Dadurch wird z. B. die `WalFisch`-Komponente von 10 t auf 40 t und die `SeitenFormat`-Komponente von DIN A4 auf DIN A2 vergrößert.

Die drei Programme `E01Anwendung`, `E02Anwendung` und `VergroesserbarAnwendung` sind „Variationen eines gemeinsamen Themas". Es wird deshalb wärmstens empfohlen, sie auszudrucken, nebeneinander zu legen und zu vergleichen. Das gemeinsame Thema: Objekte verschiedener Klassen werden bearbeitet, ohne dass durch komplizierte Fallunterscheidungen untersucht wird, zu welchen Klassen die Objekte gehören. Im Programm `E01Anwendung` weiß man nur, dass diese Klassen Unterklassen der konkreten Klasse `E01Punkt` sind. Im Programm `E02Anwendung` weiß man entsprechend nur, dass die Klassen Unterklassen einer abstrakten Klasse

`E02GeoFigur` sind. Im Programm `VergroesserbarAnwendung` ist schließlich nur noch bekannt, dass es sich um irgendwelche Klassen handelt, die die Schnittstelle `Vergroesserbar` implementieren.

Schnittstellenregel-03: Alle in einer Schnittstelle vereinbarten Methoden sind automatisch *abstrakt* und *öffentlich*. Es ist erlaubt (und üblich) die Modifizierer `abstract` und `public` wegzulassen, da sie selbstverständlich sind.

Dies Regel hat noch eine wichtige Konsequenz: Eine abstrakte Objektmethode, die man von einer Schnittstelle geerbt hat, darf man nur durch eine *öffentliche* Methode überschreiben (weil man grundsätzlich beim Überschreiben die Erreichbarkeit eines Elements nicht *einschränken*, höchstens *erweitern* darf).

In Java darf eine Klasse nur *eine* andere Klasse *erweitern*, aber beliebig *viele* Schnittstellen *implementieren*. Eine Schnittstelle darf *beliebig viele* andere Schnittstellen erweitern. Alle Klassentypen `K01`, `K02`, `K03`, ... , zusammen mit der Relation *erweitert*, bilden einen *Baum*:

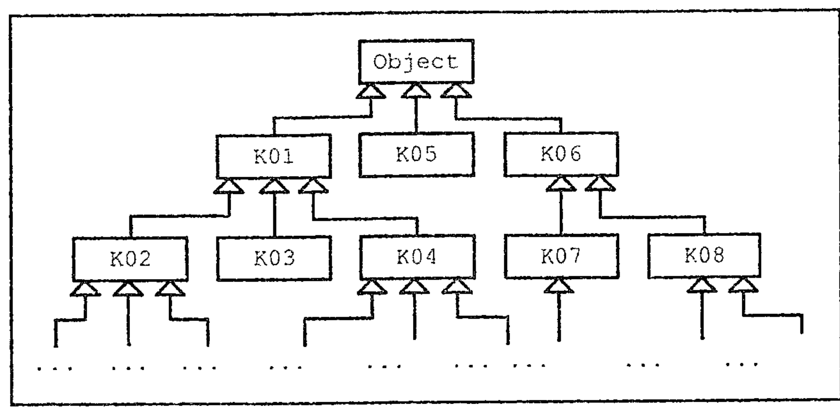

Bild 14.2 Ein Typgraf mit vielen Klassentypen (ein Baum)

Der Pfeil von `K02` nach `K01` soll ausdrücken, dass `K02` eine Erweiterung von `K01` ist. Für die anderen Pfeile gilt entsprechendes.

Alle Schnittstellentypen `S01`, `S02`, `S03`, ... zusammen mit der Relation *erweitert* bilden dagegen eine *Menge* von so genannten *zyklenfreien Grafen*:

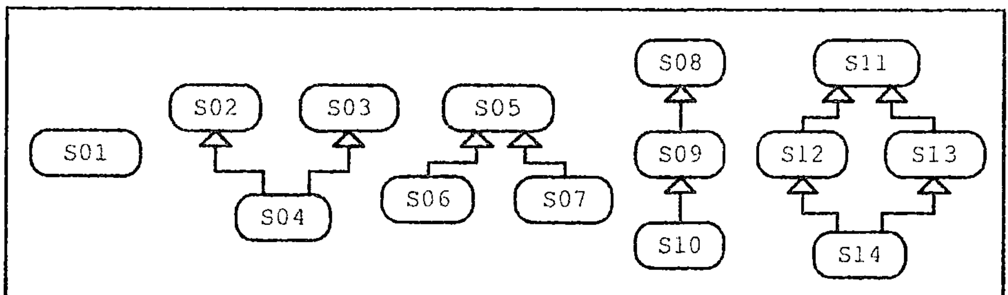

Bild 14.3 Ein Typgraf mit vielen Schnittstellentypen

Die Schnittstellen dürfen durch die *erweitert*-Pfeile fast beliebig verbunden sein, die Pfeile dürfen nur keinen Zyklus („Weg, der zu seinem Beginn zurückführt") bilden. Die meisten Schnittstellen sind so, wie S01 in dieser Abbildung: Sie erweitern keine andere Schnittstelle und sie werden von keiner anderen Schnittstelle erweitert.

Der folgende Typgraf zeigt einen möglichen Zusammenhang zwischen vier Klassen K01 bis K04 und fünf Schnittstellen S01 bis S05:

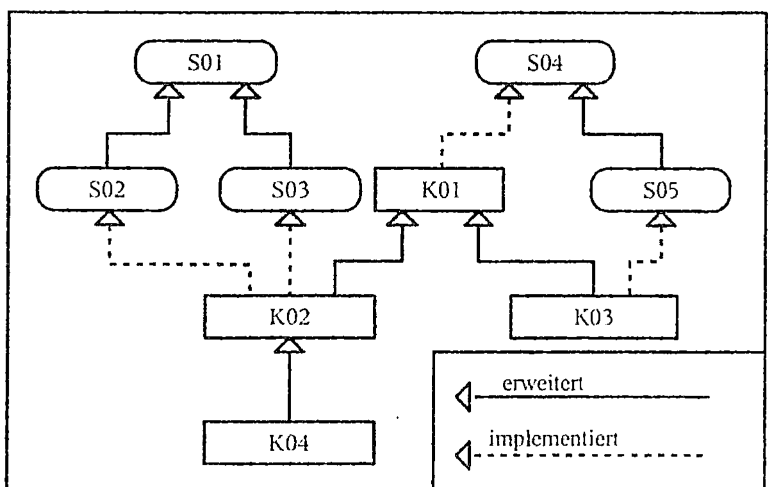

Bild 14.4 Ein Typgraf mit Klassen- und Schnittstellentypen

Die Klasse K02 erweitert die Klasse K01 und implementiert die Schnittstellen S02 und S03 (und damit auch die Schnittstelle S01, die von S02 und S03 erweitert wird). Die Schnittstelle S04 wird von der Klasse K01 implementiert und von der Schnittstelle S05 erweitert.

In Java darf eine Klasse nur *eine* Klasse beerben. In anderen Sprachen darf eine Klasse *mehrere* Klassen beerben (z. B. in C++ und in Eiffel). Diese mehrfache Beerbung bietet dem Programmierer mehr Möglichkeiten als die einfache Beerbung, allerdings auch mehr Möglichkeiten, bestimmte berüchtigte Fehler zu machen. Die Entwickler von Java haben sich deshalb ausdrücklich gegen die mehrfache Beerbung entschieden. Schnittstellen kann man in Java unter anderem als „Ersatz und Trostpflaster" für die fehlende mehrfache Beerbung verstehen. Indem man eine Klasse mehrere Schnittstellen implementieren lässt, kann man die wichtigsten und positiven Effekte der mehrfachen Beerbung nachmachen, ohne dass dabei die berüchtigten mehrfach-Beerben-Fehler auftreten können.

Anmerkung zur Bezeichnung *mehrfache Beerbung*: In einigen deutschen Büchern wird der englische Fachbegriff *multiple inheritance* durch *mehrfache Vererbung* übersetzt. Das ist unglücklich und ein bisschen verwirrend. *To inherit* bedeutet *erben* (von), nicht *vererben* (an). *Vererben* heißt auf Englisch *to leave* oder *to bequeathe*. Mehrfache Vererbung (*multiple leaving* or *bequeathing* d. h. die Möglichkeit, dass eine Klasse ihre Elemente an mehrere Klassen *vererbt*) ist in *allen* objektorientierten Sprachen erlaubt, mehrfache Beerbung (*multiple inheritance*, d. h. die Möglichkeit, dass eine Klasse mehrere Klassen *beerbt*) gibt es nur in *einigen* Sprachen.

14.3 Schnittstellen dürfen auch Konstanten enthalten

Viele Java-Schnittstellen enthalten nur Methoden (genauer: abstrakte Objektmethoden). Eine Schnittstelle darf aber auch öffentliche Klassenkonstanten (`static public final` Variablen) enthalten.

Beispiel-01: Eine Schnittstelle, die nur Konstanten enthält

```
1   interface MeineKonstanten {
2       double      PI          = 3.14159265358979323846;
3       int         KRAGENWEITE = 41;
4
5       static public final // darf man angeben, muss man aber nicht
6       BigDecimal MWSt         = new BigDecimal("16.00");
7   } // class MeineKonstanten
```

Da alle in einer Schnittstelle vereinbarten Attribute `static public final` sein müssen (andere Attribute sind in Schnittstellen nicht erlaubt), darf man die Modifizierer `static, public` und `final` auch weglassen, sie gelten trotzdem.

Beispiel-02: Eine Klasse, die die Schnittstelle `MeineKonstanten` implementiert

```
8   class MeineKonstantenTst implements MeineKonstanten {
9       double     radius  = ...
10      double     flaeche = 2 * PI * radius*radius;
11      BigDecimal betrag  = ...
12      BigDecimal steuer  = betrag.multiply(MWSt);
13      ...
```

Innerhalb der Klasse `MeineKonstantenTst` darf man die in der Schnittstelle `MeineKonstanten` vereinbarten Konstanten mit ihren einfachen Namen (`PI`, `KRAGENWEITE` etc.) bezeichnen, statt mit zusammengesetzten Namen wie `Meine-Konstanten.PI`, `MeineKonstanten.KRAGENWEITE` etc.

Normalerweise verpflichtet eine `implements`-Klausel am Anfang einer Klasse den Programmierer dazu, in der Klasse bestimmte Methoden zu implementieren. Das gilt aber nicht für die `implements`-Klausel in Zeile 8, weil die Schnittstelle `MeineKonstanten` nur Konstanten enthält, aber keine (abstrakten) Methoden.

In der Standardbibliothek gibt es eine ganze Reihe von Schnittstellen, die nur als Zusammenfassungen von Konstanten dienen und keine Methoden enthalten. Die Namen solcher Schnittstellen enden typischerweise mit `Constants` (z. B. `Swing-Constants`, `WindowConstants`, `ObjectStreamConstants` etc.).

Anmerkung: Ab der Java-Version 5.0 kann man anstelle einer *Schnittstelle* wie `MeineKonstanten` (siehe Beispiel-01) auch eine *Klasse* mit Klassenattributen namens `PI`, `KRAGENWEITE` etc. vereinbaren. Die Klassenelemente einer Klasse kann man jetzt auch statisch importieren (mit `import static ...`) und darf sie dann auch mit ihren einfachen Namen bezeichnen.

Zusammenfassung: Eine Schnittstelle `S` darf also abstrakte *Objektmethoden* und/oder (konkrete) *Klassenkonstanten* enthalten. Ein Befehl wie `implements S` *verpflichtet* dazu, die Methoden zu implementieren und *erlaubt*, die einfachen Namen der Konstanten zu benutzen.

14.4 Schnittstellen als Parametertypen

Beim Schreiben von Methoden sollte man als Parametertypen möglichst oft *Schnittstellen* statt Klassen verwenden. Das folgende Beispiel soll zeigen warum.

Angenommen, wir haben die folgende Klasse `SeitenFormat`:

```
1  class SeitenFormat {
2      private double breite;
3      private double laenge;
4
5      public SeitenFormat(double breite, double laenge) {
6          this.breite = breite;
7          this.laenge = laenge;
8      } // Konstruktor SeitenFormat
9
10     public void halbiere()      {breite /= 2.0; laenge /= 2.0;}
11     ...
12     public String toString() {
13         return "SeitenFormat " + breite + " mal " + laenge + " mm";
14     } // toString
15 } // class SeitenFormat
```

Sei weiter angenommen, dass wir `SeitenFormat`-Objekte häufig „vierteilen" müssen. Deshalb schreiben wir die folgende Methode:

```
16     static public void vierTeile(SeitenFormat sf) {
17         // Verkleinert sf auf 1/4 seiner Groesse
18         sf.halbiere();
19         sf.halbiere();
20     } // vierTeile
```

Diese erste Version der Methode darf man nur auf Objekte der Klasse `SeitenFormat` anwenden, weil wir diese Klasse als Parametertyp festgelegt haben (in Zeile 16).

Diese „Einschränkung" können wir wie folgt mildern: Wir ermitteln, welche Eigenschaften ihres Parameters die Methode `vierTeile` *wirklich braucht*. In unserem einfachen Beispiel stellen wir fest: Der Parameter `sf` muss nur eine `halbiere`-Methode haben. Also vereinbaren wir eine entsprechende Schnittstelle

```
21 interface Verkleinerbar {
22     public abstract void halbiere();
23 } // interface Verkleinerbar
```

und lassen die Klasse `SeitenFormat` diese Schnittstelle implementieren:

```
24 class SeitenFormat implements Verkleinerbar {
25     ... // wie bisher
26 } // class SeitenFormat
```

Jetzt können wir in der Methode `vierTeile` den Typ des Parameters austauschen: Anstelle der konkreten Klasse `SeitenFormat` verwenden wir die „abstraktere" Schnittstelle `Verkleinerbar`:

Beispiel-01: Ein Methodenparameter eines Schnittstellentyps

```
27      static public void vierTeile(Verkleinerbar v) {
28          // Verkleinert v auf 1/4 seiner Groesse
29          v.halbiere();
30          v.halbiere();
31      } // vierTeile
```

Damit haben wir uns die Möglichkeit geschaffen, diese zweite Version der Methode `vierTeile` nicht nur auf `SeitenFormat`-Objekte, sondern auch auf Objekte anderer Klassen anzuwenden, z. B. auf Objekte der Klassen `Ganzzahl01`, `Bruchzahl01` und `WalFisch` (siehe Abschnitt 14.2). Diese anderen Klassen müssen nur die Schnittstelle `Verkleinerbar` implementieren.

Zugegeben, bei einer trivialen Methode wie `vierTeile` haben wir mit diesem Ersetzen einer Klasse durch einen Schnittstelle nicht viel gewonnen. Im folgenden Beispiel geht es um ein in der Praxis sehr wichtiges Problem: Das Sortieren von Reihungen.

Beispiel-02: Methoden zum Sortieren von Reihungen von Objekten

```
32   static public void sortiereS(String[]     sr) { ... }
33   static public void sortiereD(Double[]     dr) { ... }
34   static public void sortiere (Comparable[] cr) { ... }
```

Mit der Methode `sortiereS` kann man nur Reihungen von `String`-Objekten sortieren. Mit der Methode `sortiereD` kann man nur Reihungen von `Double`-Objekten sortieren. Mit der Methode `sortiere` kann man alle Reihungen von `Comparable`-Objekten sortieren. Dabei ist `Comparable` eine Schnittstelle (aus der Java-Standardbibliothek), die eine einzige Methode namens `compareTo` enthält, mit der man ein Objekt mit einem anderen vergleichen kann. Wenn man sicher ist, dass jede Komponente einer Reihung eine solche `compareTo`-Methode enthält, kann man die Reihung sortieren. Etwa 50 Klassen der Standardbibliothek (darunter die Klassen `String` und `Double`) implementieren die Schnittstelle `Comparable` (und ihre Objekte sind somit „vergleichbar"). Deshalb ist die Methode `sortiere` viel nützlicher als die Methoden `sortiereS` und `sortiereD`.

Die Schnittstelle `Comparable` ist etwas komplizierter als hier angedeutet und wird im Abschnitt 18.4 genauer behandelt.

14.5 Leere Schnittstellen als Markierungen

Wenn eine Referenzvariable v auf irgendein Objekt zeigt, kann man mit dem Operator `instanceof` prüfen, ob dieses Objekt z. B. `Verkleinerbar` ist, d. h. ob seine Klasse die Schnittstelle `Verkleinerbar` implementiert oder nicht.

Beispiel-01: Ein Objekt mit `instanceof` prüfen

```
1    Object v = new ... ; // Wird irgendwie initialisiert
2    ...
3    if (v instanceof Verkleinerbar) {
4       pln("v ist Verkleinerbar!");
5       ((Verkleinerbar) v).halbiere();
6    } else {
7       pln("v ist nicht Verkleinerbar!");
8       ...
9    }
```

Der Cast-Befehl in Zeile 5 wird mit Sicherheit gut gehen und keine Ausnahme (des Typs `ClassCastException`) werfen.

Eine Abfrage wie in diesem Beispiel funktioniert unabhängig davon, *wie viele* Methoden in der verwendeten Schnittstelle (`Verkleinerbar`) vereinbart wurden.

> **Def.:** Eine Markierungsschnittstelle (engl. a marker interface) ist eine leere Schnittstelle S, die nur dazu dient, S-Objekte und andere Objekte zu unterscheiden.

Zur Erinnerung: Ein *S-Objekt* ist ein Objekt einer Klasse, die die Schnittstelle S implementiert.

Beispiel-02: Die Markierungsschnittstelle `Serializable` und wozu sie gut ist

Sei `oos` ein Objekt-Ausgabestrom (d. h. ein Objekt der Klasse `ObjectOutputStream`, mit dem man Objekte z. B. in eine Datei schreiben kann). Dann enthält `oos` eine Methode namens `writeObject`, mit der man ein Objekt in den Strom `oos` schreiben kann (siehe das Beispielprogramm `Serial01`). Allerdings funktioniert diese Methode nur bei `Serializable`-Objekten. Wenn man sie auf ein anderes Objekt anwendet, wirft sie eine Ausnahme des Typs `NotSerializableException`. Damit kann der Programmierer einer Klasse K entscheiden ob es möglich sein soll, Objekte dieser Klasse in Objekt-Ausgabeströme zu schreiben oder nicht. Bei bestimmten Objekten kann es sehr sinnvoll sein, das Schreiben in Ströme grundsätzlich zu verbieten (z. B. bei Objekten mit sicherheitsrelevanten Daten).

Beispiel-01: Zwei Klassen mit nicht-schreibbaren bzw. schreibbaren Objekten

```
10   class K1 {...}                        // Nicht markiert
11   class K2 implements Serializable {...} // Markiert
```

Der Programmierer der Klasse `K1` hat seine Klasse *nicht* mit der Schnittstelle `Se-rializable` markiert. Deshalb kann man Objekte dieser Klasse nicht in Objekt-Ausgabeströme schreiben. Dagegen hat der Programmierer von `K2` seine Klasse markiert und damit das Schreiben von `K2`-Objekten möglich gemacht. Oft sprechen wichtige Gründe dafür, die Objekte einer Klasse nicht „schreibbar" zu machen.

Da die Schnittstelle `Serializable` *leer* ist, braucht der Programmierer in der Klasse `K2` keine besonderen Methoden zu implementieren. Die „Behauptung" `implements Serializable` (in Zeile 11) ist *selbstverwirklichend*. Wenn der Programmierer sie hinschreibt, trifft sie damit auch zu.

`Cloneable` ist eine weitere wichtige Markierungsschnittstelle aus der Java-Standardbibliothek. Mit der in der Klasse `Object` vereinbarten Methode `clone` kann man Objekte kopieren („klonen"), aber nur solche, deren Klasse mit der Schnittstelle `Cloneable` markiert wurde. Indem er eine Klasse *nicht* als `Cloneable` markiert, kann der Programmierer *verhindern*, dass Objekte dieser Klasse mit der Methode `clone` kopiert werden. Oft sprechen wichtige Gründe dafür, die Objekte einer Klasse nicht „kopierbar" zu machen.

14.6 Anmerkungen (annotations) statt leere Schnittstellen

Markierungsschnittstellen (siehe vorigen Abschnitt) haben zwei wesentliche Nachteile:

1. Man kann damit nur Klassen (bzw. ihre Objekte) markieren, aber keine Methoden, Attribute, Konstruktoren oder andere Programmteile.

2. Man kann eine Klasse nur markieren oder nicht, aber man kann einer Markierung nicht noch Parameter (z. B. ein Tagesdatum oder einen Namen oder eine Zahl etc.) mitgeben.

Mit der Java-Version 5.0 wurde ein Formalismus eingeführt, mit dem man praktisch alle wichtigen Programmteile (Pakete, Klassen, Methoden, Attribute, Konstruktoren und Parameter) sehr flexibel mit *Anmerkungen* (engl. annotations) versehen kann. Solche Anmerkungen sind so etwas wie „getypte Kommentare" die vom Ausführer bestimmten Prüfungen (u. a. Typprüfungen) unterzogen werden.

Entsprechende Werkzeuge (Programme zum Bearbeiten von Java-Quelldateien und/oder Bytecode-Dateien) können diese Kommentare finden, interpretieren und die Dateien entsprechend bearbeiten (compilieren oder nicht, in bestimmten Verzeichnissen installieren, durch weitere Dateien vervollständigen etc.). Zur Zeit (Anfang 2005) gibt es nur wenige Werkzeuge die auf bestimmte Anmerkungen reagieren (und nur wenige Anmerkungen, auf die irgendein Werkzeug reagiert). Man kann aber vermuten dass sehr bald mehr und mächtigere Werkzeuge, die auf Anmerkungen reagieren, auf dem Markt erscheinen werden.

Zu den Werkzeugen, die Quell- und Bytecodedateien bearbeiten, gehören auch Java-*Compiler*. Der Compiler `javac` der Firma Sun reagiert bereits jetzt auf eine bestimmte Anmerkung: Wenn man eine geerbte Methode `mg` mit einer neuen Methode `mü` überschreiben will, sollte man die überschreibende Methode `mü` mit der Anmerkung `@Override` versehen („einfach davor schreiben"). Falls die Methode `mü` dann *keine* Methode überschreibt (weil man ihren Namen oder die Parameterliste aus Versehen falsch geschrieben hat), meldet der Compiler `javac` einen entsprechenden Fehler, etwa so:

```
1   D:\Java\ProgXY.java:65: method does not override a
2   method from its superclass
3      @Override static void druckea() {printf("Methode druckeA%n");}
4         ^
```

Vielleicht heißt die zu überschreibende Methode in der Oberklasse nicht `druckea` sondern `druckeA`, oder sie hat nicht *null* Parameter sondern *einen* oder *zwei* etc. *Ohne* die Anmerkung `@Override` und die Fehlermeldung des Compilers waren solche Fehler bisher nur durch gründliches Testen zu finden. *Mit* der Anmerkung kann man sie jetzt leicht schon vor der ersten Ausführung eines Programms erkennen und beseitigen.

Es gibt noch ein zweites Beispiel für bereits wirksame Anmerkungen: Mit dem Werkzeug `javadoc` von Sun kann man aus bestimmten Kommentaren in Java-Klassen automatisch eine Dokumentation in HTML-Form (mit Querverweisen und Verzeichnissen etc.) erzeugen lassen. Mit Anmerkungen des Typs `@Documented` kann man das Programm `javadoc` dazu bewegen, bestimmte *Anmerkungen* mit in diese Dokumentation zu übernehmen (siehe unten).

Anmerkungen sind Objekte bestimmter Anmerkungstypen (annotation types). Anmerkungstypen stammen von den Schnittstellentypen ab und sind Erweiterungen der Schnittstelle `Annotation` (im Paket `java.lang.annotation`). Aber man darf Anmerkungstypen nicht wie normale Schnittstellen vereinbaren, sondern muss dazu eine ganz andere Notation benutzen.

Beispiel-01: Drei Anmerkungstypen werden vereinbart (siehe auch die Beispiel-programme `Anmerk01` bis `Anmerk04`)

```
5    public @interface AutorArno {}
6
7    public @interface Autor {
8        String value() default "Noch unklar";
9    } // @interface Autor
10
11   public @interface Hersteller {
12       String firma() default "ABC GmbH";
13       int    jahr() default 2003;
14   } // @interface
```

Der erste Anmerkungstyp heißt `AutorArno`. Er ist besonders simpel und hat große Ähnlichkeit mit einer *Markierungsschnittstelle*. Man kann damit alle Programmteile markieren, die `Arno` programmiert hat. Der zweite Anmerkungstyp heißt `Autor` und ist etwas komplizierter. Da dieser Typ aber nur *eine* Methode enthält und diese Methode den speziellen Namen `value` hat, kann man Anmerkungen dieses Typs auf eine besonders einfache Weise notieren (wie im nächsten Beispiel gezeigt wird). Der Anmerkungstyp `Hersteller` ist ein „allgemeiner Anmerkungstyp" mit zwei Methoden namens `firma` und `jahr`.

Eine Anmerkung des Typs `Hersteller` ist, so kann man sich vorstellen, ein Objekt mit zwei *privaten Attributen*, die wir hier `firma_attribut` und `jahr_attribut` nennen. Der Rumpf der Methode `firma` besteht nur aus dem einen Befehl `return firma_attribut;` und der Rumpf der Methode `jahr` aus dem Befehl `return jahr_attribut;`. Die Methoden eines Anmerkungstyps sind also getter-Funktionen für entsprechende private Attribute. Sie liefern nur einen Wert, und dürfen keine Parameter haben, keine Ausnahmen werfen und keine anderen Seiteneffekte bewirken.

Die Erreichbarkeitsmodifizierer `public`, `protected`, kein Modifizierer und `private` haben bei *Anmerkungstypen* die gleiche Bedeutung und Wirkung wie bei *Schnittstellen* und *Klassen*.

Beispiel-02: Eine Klasse und einige ihrer Elemente mit verschiedenen Anmerkungen versehen

```
15   @AutorArno
16   @Autor("Carl")
17   @Hersteller(jahr=2005, firma="Meyer&Sohn")
18   class AnmerkA {
19
20       @Autor        // Standardbelegung "Noch unklar"
21       @AutorArno
22       static public void druckeA() {pln("Methode druckeA!");}
```

```
23
24      static public void druckeB() {pln("Methode druckeB!");}
25
26      @Hersteller(firma="Schulz&Tochter")// Standardjahr 2003
27      String text1 = "Attribut text1";
28
29      @Autor(value="Carl")
30      @Hersteller(jahr=2002)              // Standardfirma "ABC GmbH"
31      String text2 = "Attribut text2";
32
33      ...
34  } // class AnmerkA
```

Die Klasse `AnmerkA` wurde hier mit *drei* Anmerkungen versehen die ausdrücken, dass die Klasse von zwei Autoren `Arno` und `Carl` geschrieben und von der Firma `"Meyer&Sohn"` im Jahre `2005` hergestellt wurde (vermutlich handelt es sich bei den Autoren um Arno Meyer und seinen Sohn Carl Meyer).

Die Methode `druckeA` wurde mit *zwei* Anmerkungen versehen. Die Methode soll offenbar von zwei Autoren entwickelt werden, von denen der eine aber "noch unklar" ist. Der andere Autor ist `Arno`.

Die Methode `druckeB` wurde mit *null* Anmerkungen versehen (auch das ist weiterhin möglich :-).

Das Attribut `text1` wurde mit *einer* Anmerkung versehen aus der hervorgeht, dass es im Jahr `2003` von der Firma `"Schulz&Tochter"` hergestellt wurde. Das Jahr `2003` wurde in der Vereinbarung des Anmerkungstyps `Hersteller` (siehe Beispiel-01) als Standardbelegung festgelegt.

Das Attribut `text2` hat hier *zwei* Attribute. Es wurde offenbar vom Autor `Carl` programmiert und im Jahr `2002` von der Firma `"ABC GmbH"` hergestellt. Die Firma `"ABC GmbH"` wurde in der Vereinbarung des Anmerkungstyps `Hersteller` (siehe Beispiel-01) als Standardbelegung festgelegt.

Weil der Anmerkungstyp `Autor` nur *eine* Funktion mit dem speziellen Namen `value` hat, kann man ihn wahlweise *normal* oder *abgekürzt* instanziieren:

```
35  Autor("Carl")         // Abgekürzt, wie oben in Zeile 16
36  Autor(value="Carl")   // Normal,    wie oben in Zeile 29
```

Allgemein gilt: Wenn man eine Anmerkung (ein Objekt eines Anmerkungstyps) erzeugen lässt, muss man für jedes Attribut einen *konstanten Ausdruck* angeben (es sei denn, für dieses Attribut wurde nach dem Schlüsselwort `default` eine *Standardbelegung* festgelegt wie in den Zeilen 8, 12 und 13 im Beispiel-01).

Zur Erinnerung: Ein Ausdruck ist konstant, wenn der Ausführer seinen Wert schon bei der Übergabe des Programms („zur Compilezeit") berechnen kann.

Als Typ eines privaten Attributs einer Anmerkung (oder: als Rückgabetyp einer Funktion einer Anmerkung) sind ersteinmal nur die folgenden *18 Typen* erlaubt:

1. Die acht *primitiven Typen* (byte, char, short, int, long, float, double, boolean),
2. Der Typ String
3. Einstufige Reihungstypen mit Komponenten dieser Typen (d. h. die 9 Reihungs-typen byte[], char[], ..., boolean[], String[]).

4. Außerdem sind alle *Anmerkungstypen* und einstufige Reihungen von Anmer-kungstypen erlaubt (siehe dazu das Beispielprogramm Anmerk06).

Es folgen noch zwei wichtige Grundregeln für das Anbringen von Anmerkungen.

Anmerk-Regel-1: Jeden Programmteil (Paket, Klasse, Schnittstelle, Methode etc.) darf man im Prinzip mit beliebig vielen Anmerkungen versehen.

Anmerk-Regel-2: Man darf einen Programmteil nicht mit mehreren Anmerkungen *desselben Typs* versehen.

Beispiel-03: Zwei Anmerkungen desselben Typs sind verboten

```
37   @Autor("Carl")
38   @Autor("Emil")
39   class AnmerkB { ... }
```

Die beiden Anmerkungen der Klasse AnmerkB sind vom selben Typ @Autor und somit verboten.

Mit einer Anmerkung des Typs @AutorArno darf man alle möglichen Programm-teile (Pakete, Klassen, Schnittstellen, Methoden etc.) versehen. Beim Vereinbaren eines Anmerkungstyps kann man seine Anwendbarkeit auf bestimmte Arten von Programmteilen („auf bestimmte Ziele") einschränken.

Beispiel-04: Anmerkungstypen mit eingeschränktem Ziel

```
40   @Target    (ElementType.TYPE)
41   @interface AutorT {
42       String value();
43   } // @interface AutorT
44
45   @Target    ({ElementType.METHOD, ElementType.FIELD})
46   @interface AutorMA {
47       String value();
48   } // @interface AutorMA
```

Mit Anmerkungen des Typs `AutorT` (vereinbart in Zeile 40 bis 43) darf man nur *Typen* versehen, d. h. Klassen, Schnittstellen, Aufzählungstypen und Anmerkungstypen.

Mit Anmerkungen des Typs `AutorMA` (vereinbart in Zeile 45 bis 48) darf man nur *Methoden* und *Attribute* versehen.

Nach `@Target` darf man also *einen* Wert des Typs `ElementType` angeben (wie in Zeile 40) oder *eine Liste* solcher Werte in geschweiften Klammern (wie in Zeile 45). `ElementType` ist ein Aufzählungstyp (aus dem Paket `java.lang.annotation` der Java-Standardbibliothek), zu dem die folgenden 8 Werte gehören:

`ANNOTATION_TYPE`, `CONSTRUCTOR`, `FIELD`, `LOCAL_VARIABLE`, `METHOD`, `PACKAGE`, `PARAMETER` und `TYPE`.

Mit Anmerkungen eines Typs, dessen Ziel (engl. target) auf `ANNOTATION_TYPE` eingeschränkt ist, darf man nur *Anmerkungstypen* versehen. Mit Anmerkungen eines Typs, dessen Ziel auf `TYPE` eingeschränkt ist, darf man *alle Typen* (Klassen, Schnittstellen, Aufzählungstypen und *Anmerkungstypen*) versehen.

Anmerk-Regel-3: Wenn man einen Anmerkungstyp *ohne* eine Anmerkung des Typs `@Target` vereinbart, darf man *alle möglichen Programmteile* mit Anmerkungen dieses Typs versehen, d. h. Anmerkungstypen, Konstruktoren, Attribute, lokale Variablen von Methoden und Konstruktoren, Methoden, Pakete, Parameter von Methoden und Konstruktoren und alle Typen (Klassen, Schnittstellen, Aufzählungstypen und die bereits erwähnten Anmerkungstypen).

Der Anmerkungsformalismus geht davon aus, dass der Programmierer Anmerkungen in seine *Quelldateien* (.java-Dateien) schreibt, dass diese Quelldateien mit einem Compiler in *Bytecode-Dateien* (.class-Dateien) übersetzt werden und dass die Bytecode-Dateien von einem Interpreter (a java virtual machine) *geladen* und ausgeführt werden.

Beim Vereinbaren eines Anmerkungstyps kann man festlegen, wie weit Anmerkungen dieses Typs auf dem Weg von den Quelldateien bis zum Speicher des Interpreters „mitgenommen" werden sollen. Dabei unterscheidet man drei Stufen:

`SOURCE`   Die Anmerkungen stehen nur in den *Quelldateien* , und werden vom Compiler *nicht* in die Bytecode-Dateien übertragen.

`CLASS`   Die Anmerkungen werden vom Compiler aus den Quelldateien in die *Bytecode-Dateien* übertragen, werden vom Interpreter aber nicht geladen (d. h. man kann während einer Ausführung eines Programms nicht auf solche Anmerkungen zugreifen).

RUNTIME Die Anmerkungen werden vom Compiler in die Bytecode-Dateien
übertragen und *vom Interpreter geladen* (d. h. man *kann* während einer
Ausführung eines Programms auf solche Anmerkungen zugreifen).

Zum Aufzählungstyp `RetentionPolicy` (aus dem Paket `java.lang.annota-
tion` der Java-Standardbibliothek) gehören entsprechend die drei Werte `SOURCE`,
`CLASS` und `RUNTIME`, die im folgenden Beispiel benutzt werden.

Beispiel-05: Drei Anmerkungstypen, deren Instanzen „verschieden weit mitgenommen" werden

```
49  @Retention(RetentionPolicy.SOURCE)
50  @interface AutorS {
51      String value();
52  } // @interface
53
54  @Retention(RetentionPolicy.CLASS)
55  @interface AutorC {
56      String value();
57  } // @interface
58
59  @Retention(RetentionPolicy.RUNTIME)
60  @interface AutorR {
61      String value();
62  } // @interface
```

Anmerkungen des Typs `AutorS` stehen nur in den Quelldateien, in die der Programmierer sie schreibt. Anmerkungen des Typs `AutorC` stehen auch in den vom
Compiler erzeugten Bytecode-Dateien. Nur Anmerkungen des Typs `AutorR`
werden auch vom Interpreter geladen, so dass man während der Ausführung eines
Programms darauf zugreifen kann.

Anmerk-Regel-4: Wenn man einen Anmerkungstyp *ohne* eine Anmerkung des
Typs `@Retention` vereinbart, gilt standardmäßig die `RetentionPolicy.CLASS`
(wie beim Typ `AutorC` im vorigen Beispiel).

Die Beispielprogramme `Auswert01` bis `Auswert05` greifen während ihrer Ausführung auf die Anmerkungen ihrer Klassen, Methoden und Attributen zu und geben sie zum Bildschirm aus. Dabei erscheinen nur solche Anmerkungen auf dem
Bildschirm, deren Typen mit der `RetentionPolicy.RUNTIME` vereinbart wurden.

Ein besonders wichtiges Anwendungsgebiet für Anmerkungen sind Anmerkungen.

`@Target` und `@Retention` sind zwei Anmerkungstypen, mit deren Instanzen man
nur Anmerkungstypen versehen darf (wie in Beispiel-04 und -05). Typen wie
`@Retention` und `@Target` bezeichnet man auch als *Meta-Anmerkungstypen.*

Es gibt noch zwei weitere vordefinierte Meta-Anmerkungstypen: @Documented und @Inherited. Beide sind parameterlos (wie @AutorArno im Beispiel-01). Anmerkungen eines Typs, der mit einer Anmerkung des Typs @Documented versehen wurde, werden von dem Werkzeug javadoc „übernommen" und erscheinen in der Ausgabe dieses Werkzeugs.

Anmerkungen einer Klasse werden normalerweise nicht an Unterklassen vererbt. Nur Anmerkungen eines Typs, der mit einer Anmerkung des Typs @Inherited versehen wurde, werden vererbt.

Beispiel-06: Vereinbarungen der vier vordefinierten Meta-Anmerkungstypen

```
63   @Documented
64   @Retention(value=RUNTIME)
65   @Target(value=ANNOTATION_TYPE)
66   public @interface Documented
67
68   @Documented
69   @Retention(value=RUNTIME)
70   @Target(value=ANNOTATION_TYPE)
71   public @interface Inherited
72
73   @Documented
74   @Retention(value=RUNTIME)
75   @Target(value=ANNOTATION_TYPE)
76   public @interface Retention {
77       RetentionPolicy value() default RetentionPolicy.CLASS;
78   }
79
80   @Documented
81   @Retention(value=RUNTIME)
82   @Target(value=ANNOTATION_TYPE)
83   public @interface Target {
84       ElementType[] value();
85   }
```

Diese Vereinbarungen setzen voraus, dass die Anmerkungstypen @Documented, @Retention und @Target bereits vereinbart sind. Drei der Vereinbarungen sind somit „endlos rekursiv" und nur die Vereinbarung des Typs @Inherited ist eine „richtig funktionierende Vereinbarung". Trotzdem sind alle vier Vereinbarungen nützlich: Wenn man eine Vermutung über die Bedeutung der Typen hat, kann man die Vermutung anhand dieser Vereinbarungen überprüfen.

In Zeile 84 erkennt man an den eckigen Klammern [], dass man mit einer Anmerkung des Typs @Target beliebig viele (0, 1, 2, 3, ...) Ziele des Typs ElementType angeben darf (siehe Beispiel-04, Zeile 40 und 45).

Zum Abschluss dieses Abschnitts folgt noch ein etwas ausgefalleneres Beispiel, in dem Reihungen (auch leere) eine wichtige Rolle spielen.

Beispiel-07: Anmerkungen, die Reihungen von Strings bzw. Reihungen von Anmerkungen enthalten (siehe auch Beispielprogramm Anmerk06)

```
86   @interface AutorR {              // R wie "Reihung"
87      String[] value() default {};
88   } // @interface AutorR
89
90   @Target   ({})
91   @interface ProTag {
92      int[] value() default {};
93   } // @interface AutorR
94
95   @interface ProMitarbeiter {
96      ProTag[] value() default {};
97   } // @interface AutorR
```

Mit *einer* Anmerkung des Typs AutorR kann man beliebig viele (0, 1, 2, 3, ...) Namen von Autoren angeben.

Die Anmerkung des Typs @Target in Zeile 90 verhindert, dass man irgendwelche Programmteile (Klassen oder Methoden oder ...) mit Anmerkungen des Typs @ProTag versehen kann. Der Typ @ProTag kann aber zum Vereinbaren weiterer Anmerkungstypen verwendet werden (siehe Zeile 96).

Eine Anmerkung des Typs @ProMitarbeiter ist im Grunde eine zweistufige Reihung von int-Werten. Sie kann z. B. beschreiben, wieviele Stunden der j-te Programmierer am i-ten Tag eines Projekts an einem bestimmten Programmteil gearbeitet hat, etwa so:

```
98   @AutorR({"Arno", "Bert", "Carl"})
99   @ProMitarbeiter({@ProTag({4, 8, 6}),
100                   @ProTag({0, 8, 8, 8}),
101                   @ProTag({8, 4})
102                  })
103  class Anmerk06 {
104     ...
105  }
```

Die beiden Anmerkungen drücken aus, dass die Klasse Anmerk06 von Arno, Bert und Carl programmiert wurde. Arno hat an den ersten drei Projekttagen 4, 8 und 6 Stunden an dieser Klasse gearbeitet. Bert kam erst am zweiten Tag dazu und hat dann 3 Tage lang je 8 Stunden gearbeitet. Carl hat nur an den ersten beiden Projekttagen 8 und 4 Stunden gearbeitet.

15   Ausnahmen fangen und werfen

Viele Programme bestehen aus „Befehlen für normale Fälle" und aus „Befehlen für Ausnahmefälle". Was dabei mit einem *Ausnahmefall* gemeint ist, sollen die folgenden Beispiele andeuten:

Ausnahmefall 1: Der Benutzer soll eine Zahl eingeben, gibt aber unerlaubte Buchstaben ein.

Ausnahmefall 2: Aus einer Datei sollen Daten gelesen werden, aber die Datei existiert nicht.

Ausnahmefall 3: Das Programm soll eine Datei erzeugen, ist dazu aber (dem Betriebssystem gegenüber) nicht berechtigt.

Ausnahmefall 4: Das Ergebnis einer Berechnung ist unplausibel oder offensichtlich falsch (z. B. nach der Division einer Ganzzahl durch 0).

Ausnahmefall 5: Ein großes Objekt (z. B. eine Reihung mit 100 000 Komponenten) soll erzeugt werden, es ist dafür aber nicht genug freier Speicher vorhanden.

Häufig gilt:

1. Die Befehle zur Erledigung der *normalen* Fälle sind *relativ* kurz und *einfach*.
2. Die Befehle zum Behandeln der *Ausnahmefälle* sind *lang* und *kompliziert*.
3. Die Leser können im Text des Programms vor lauter komplizierten Ausnahmefällen den einfachen Normalfall nur mit Mühe erkennen.

Zur Lösung oder zumindest Milderung dieses Problems hat man in neuere Programmiersprachen (z. B. Ada, C++, Java) spezielle Konstrukte zum Behandeln von Ausnahmefällen eingebaut. Diese Konstrukte sollen es dem Programmierer ermöglichen, die Befehle für die normalen Fälle von den Befehlen für die Ausnahmefälle zu *trennen*. Durch diese Trennung sollen beide Arten von Befehlen leichter verstehbar werden.

Def.: *Ausnahmeklassen* sind die Standardklasse `Throwable` und alle ihre Unterklassen.

Def.: Ein *Ausnahmeobjekt* (kurz: eine *Ausnahme*, engl. exception) ist ein Objekt einer Ausnahmeklasse.

Angenommen, an einer Stelle S1 eines Programms wird ein Ausnahmefall erkannt. Statt die Ausnahme sofort an dieser Stelle S1 zu behandeln, kann man Informationen über den Ausnahmefall in ein Ausnahmeobjekt packen und dieses Objekt mit einem speziellen Befehl „werfen". Das Objekt „fliegt" dann nach bestimmten Regeln zu anderen Stellen S2, S3, ... im Programm und kann dort „gefangen" und behandelt werden.

Einige Befehle der Sprache Java und viele Methoden der Java-Standardklassen werfen in bestimmten Ausnahmefällen eine Ausnahme.

Beispiel-01: Division durch 0

```
1    int a, b, q;
2    ... Den Variablen a und b werden irgendwelche Werte zugwiesen
3    q = a / b;
```

Falls die Variable b beim Ausführen der Zeile 3 den Wert 0 hat, wird ein Objekt der Ausnahmeklasse `java.lang.ArithmeticException` geworfen.

Beispiel-02: Strings in `int`-Werte umwandeln

```
4    String s;
5    ... Der Variablen s wird ein String zugewiesen
6    int n = Integer.parseInt(s);
```

Die Methode `parseInt` versucht, ihren `String`-Parameter in einen `int`-Wert umzuwandeln. Falls das nicht gelingt, weil der String z. B. mit Buchstaben beginnt oder leer ist, wird ein Objekt der Klasse `java.lang.NumberFormatException` als Ausnahme geworfen.

Mit einer `throw`-Anweisung kann der Programmierer jederzeit ein Objekt einer beliebigen Ausnahmeklasse als Ausnahme werfen, etwa so:

Beispiel-03: Ein Anweisungsobjekt erzeugen und werfen

Wenn das Ergebnis einer Berechnung eigentlich positiv sein müsste, es aber nicht ist, kann der Programmierer wie folgt eine Ausnahme werfen:

```
7    ...                  // Ein Ergebnis erg wird berechnet
8    if (erg <= 0) {
9        throw new ArithmeticException(erg + " ist nicht positiv!");
10   }
```

Jedes Ausnahmeobjekt enthält eine Meldung, die man beim Erzeugen des Objekts als `String`-Parameter dem Konstruktor übergeben kann. Was mit dieser Meldung passiert (ob sie ausgegeben, verheimlicht oder auf andere Weise verarbeitet wird), kann der Programmierer an anderen Stellen des Programms festlegen.

Grundsätzlich gilt: Wird im Laufe einer Programmausführung eine Ausnahme geworfen und *nicht gefangen*, so wird die Programmausführung *abgebrochen* und eine *Fehlermeldung ausgegeben.*

Beispiel-04: Wenn die if-Anweisung aus dem vorigen Beispiels in der `main`-Methode einer Klasse namens `Ausnahmen01` steht, und die Variable `erg` dort den Wert `-17` hat, wird die Ausführung dieser `main`-Methode etwa mit der folgenden Fehlermeldung abgebrochen:

```
11 Exception in thread "main"
12     java.lang.ArithmeticException: -17 ist nicht positiv!
13     at Ausnahmen01.main(Ausnahmen01.java:9)
```

Der Aufbau und Text dieser Meldung ist nicht genau festgelegt und kann von Ausführer zu Ausführer ein bisschen variieren (die gezeigte Meldung stammt vom Bytecode-Interpreter `java` der Firma Sun), aber *alle* Java-Ausführer müssen die Ausführung der `main`-Methode abbrechen und eine Fehlermeldung ausgeben.

15.1 Ausnahmen fangen (der try-catch-Befehl)

Dass während einer Programmausführung Ausnahmen *geworfen* werden, ist ganz normal. Um aber zu verhindern, dass dadurch die Programmausführung sofort abgebrochen wird, muss der Programmierer die Ausnahmen mit speziellen Befehlen *fangen*.

Das Beispielprogramm Ausnahmen02 (hier nicht wiedergegeben) ist eine Variante des Programms Ausnahmen01 und soll einen ersten Eindruck davon vermitteln, wie man Ausnahmen fangen kann. Es wird empfohlen, die beiden Programme (Ausnahmen01 und Ausnahmen02) zu lesen und zu vergleichen.

Im Folgenden wird das Fangen und Behandeln von Ausnahmen an einem etwas umfangreicheren Beispiel erläutert, welches man auch im Programm Ausnahmen05 findet.

Dieses Beispielprogramm enthält unter anderem eine Funktion, mit der man „Strings dividieren" kann. Die Funktion wandelt dazu ihre beiden String-Parameter in int-Werte um, dividiert die int-Werte und liefert das Ergebnis wieder als String.

Beispiel-01: Eine einfache, aber gefährliche Funktion

```
1   static String dividiere(String s1, String s2) {
2       int n1   = Integer.parseInt(s1); // s1 in int umwandeln
3       int n2   = Integer.parseInt(s2); // s2 in int umwandeln
4       int quot = n1 / n2;
5       return "" + quot;                // quot in String umwandeln
6   } // dividiere
```

Diese Funktion zeigt nur, was im *Normalfall* passiert und ist deshalb (hoffentlich) leicht zu verstehen. Bei ihrer Ausführung können aber durchaus auch *Ausnahmefälle* auftreten:

Falls der Ausführer in Zeile 2 den String-Parameter s1 nicht in einen int-Wert umwandeln kann (weil s1 z. B. nur Buchstaben enthält oder leer ist), wird dort eine Ausnahme des Typs NumberFormatException geworfen. Ganz entsprechendes gilt auch für den Parameter s2 und die Zeile 3.

Falls der String s2 die Zahl 0 repräsentiert (und somit die int-Variablen n2 mit dem Wert 0 initialisiert wird), wirft die Divisionsoperation / in Zeile 4 eine Ausnahme des Typs ArithmeticException.

Das Aufrufen der Funktion dividiere ist also „gefährlich" und kann bewirken, dass Ausnahmeobjekte geworfen werden.

In der folgenden main-Methode wird jede Komponente der String-Reihung dend (wie Dividend) durch die darunter stehende Komponente der String-Reihung dor (wie Divisor) dividiert, mit der gefährlichen Methode dividiere aus dem vorigen Beispiel. Einige dieser Divisionen laufen ganz normal ab, andere lösen Ausnahmen aus.

Beispiel-02: Ausnahmen fangen und behandeln

```
7   static public void main(String[] sonja) {
8
9       String[] dend = {"9", "a", "3", "1", "8"};
10      String[] dor  = {"4", "6", "0", "b", "2"};
11      String   quot;
12
13      for (int i=0; i<dend.length; i++) {
14          try {
15              p(dend[i] + " / " + dor [i]);
16              quot = dividiere(dend[i], dor[i]); // gefaehrlich!
17              pln(" ergibt " + quot);
18          } catch (NumberFormatException ex01) {
19              pln(" wirft eine NumberFormatException");
20              pln("Meldung: " + ex01.getMessage());
21          } catch (ArithmeticException    ex02) {
22              pln(" wirft eine   ArithmeticException");
23              pln("Meldung: " + ex02.getMessage());
24          } // try-catch
25      } // for
26  } // main
```

Diese main-Methode gibt folgende Zeilen zum Bildschirm aus:

```
27  9 / 4 ergibt 2
28  a / 6 wirft eine NumberFormatException
29  Meldung: For input string: "a"
30  3 / 0 wirft eine   ArithmeticException
31  Meldung: / by zero
32  1 / b wirft eine NumberFormatException
33  Meldung: For input string: "b"
34  8 / 2 ergibt 4
```

Neu in obiger main-Methode ist der try-catch-Befehl in den Zeilen 14 bis 24. Er besteht hier aus einem try-Block gefolgt von zwei catch-Blöcken.

Dieser try-catch-Befehl steht hier (als einziger Befehl) im Rumpf einer for-Schleife und wird deshalb mehrmals ausgeführt. *Eine* Ausführung des try-catch-Befehls kann auf eine von zwei Weisen *ordnungsgemäß beendet* werden:

Beendigungsweise 1: Der try-Block wird vollständig ausgeführt, ohne dass dabei eine Ausnahme auftritt. In diesem Normalfall wird keiner der catch-Blöcke ausgeführt.

Beendigungsweise 2: Während der Ausführung des `try`-Blocks wird eine Ausnahme der Klasse `NumberFormatException` oder der Klasse `ArithmeticException` geworfen (durch den Aufruf der gefährlichen Methode `dividiere` in Zeile 16). Die Ausführung des `try`-Blocks wird daraufhin abgebrochen und der entsprechende `catch`-Block wird ausgeführt. Der andere `catch`-Block und der noch nicht ausgeführte Rest des `try`-Blocks werden in einem solchen Ausnahmefall *nicht* ausgeführt.

Es gibt noch eine dritte Möglichkeit: Wenn während einer Ausführung des `try`-Blocks eine Ausnahme auftritt, für die es hier keinen „zuständigen" `catch`-Block gibt, wird der `try-catch`-Befehl (und die ihn umgebende Methode) nicht *ordnungsgemäß beendet*, sondern *abgebrochen*. Dieser Fall wird weiter unten genauer behandelt.

Bei jeder Ausführung der `main`-Methode im Beispiel-02 wirft die gefährliche Methode `dividiere` mehrmals Ausnahmen. Aber weil sie gefangen und behandelt werden (in den `catch`-Blöcken), bewirken diese Ausnahmen *nicht*, dass die gesamte Programmausführung abgebrochen wird.

Jeder `catch`-Block dient dazu, Ausnahmen eines bestimmten Typs zu fangen und zu behandeln. Im Beispiel-02 fängt der erste `catch`-Block (Zeile 18 bis 20) Ausnahmeobjekte des Typs `NumberFormatException`, der zweite `catch`-Block (Zeile 21 bis 23) ist für `ArithmeticException`-Objekte zuständig. Wenn ein `catch`-Block ein Ausnahmeobjekt fängt, gibt er ihm automatisch einen Namen, damit man damit auf das Objekt und seine Elemente zugreifen kann. Im Beispiel-02 werden gefangene Ausnahmen `ex01` bzw. `ex02` genannt.

Jedes Ausnahmeobjekt enthält unter anderem eine (private) Meldung und eine (öffentliche, parameterlose) Funktion namens `getMessage`, die einem die Meldung (als `String`-Objekt) liefert. In Zeile 20 wird diese Methode im Objekt `ex01` aufgerufen (`ex01.getMessage()`).

In einen `try`-Block schreibt man vor allem „gefährliche" Befehle, deren Ausführung möglicherweise eine Ausnahme auslöst. Im Beispiel-02 ist der Aufruf der Methode `dividiere` gefährlich, weil er eine Ausnahme des Typs `NumberFormatException` oder eine Ausnahme des Typs `ArithmeticException` auslösen kann. Die `catch`-Blöcke fangen nur solche Ausnahmen, die aus dem davor stehenden `try`-Block geflogen kommen.

Allgemein gilt: Ein `try-catch`-Befehl besteht aus einem `try`-Block gefolgt von einem oder mehreren `catch`-Blöcken. Jeder `catch`-Block fängt alle Ausnahmen, die zu einer bestimmten Klasse K oder einer Unterklasse von K gehören („Jedes Objekt einer Unterklasse ist auch ein Objekt der Oberklasse").

Beispiel-03: Ein `catch-Throwable`-Block fängt alle Ausnahmen

```
35    try {
36       ...
37    } catch (ArithmeticException ex01) {
38       ...
39    } catch (Throwable ex02) {
40       ...
41    } // try-catch
```

Ausnahmen der Klasse `ArithmeticException` werden in diesem Beispiel durch den ersten `catch`-Block gefangen. Der zweite catch-Block fängt alle anderen Ausnahmen, weil „per Definition" jede Ausnahme zur Klasse `Throwable` (oder zu einer Unterklasse von `Throwable`) gehört.

Die *Reihenfolge* von `catch`-Blöcken ist wichtig. Wenn man im Beispiel-03 die beiden `catch`-Blöcke vertauscht, fängt der `Throwable`-Block dem danach stehenden `ArithmeticException`-Block alle Ausnahmen weg. In diesem Fall sollte man den `ArithmeticException`-Block weglassen.

Aufgabe-01: Führen Sie die `main`-Methode im Beispiel-02 mit Papier und Bleistift aus. Notieren Sie dabei die Nummern aller Zeilen, „an denen der Ausführer vorbeikommt". Zeilen, die mehrfach ausgeführt werden, sollen entsprechend mehrfach notiert werden.

Lösung-01: Die Nummern der Zeilen

```
7,  9-11,
13-16,  17,      24,
13-16,  18-20,  24,
13-16,  21-23,  24,
13-16,  18-20,  24,
13-16,  17,      24,
13,  25,  26
```

Aufgabe-02: Ersetzen Sie in der `main`-Methode des Beispielprogramms `Ausnahmen05` den Befehl

```
42          pln("Meldung: " + ex01.getMessage());
```

durch den einfacheren Befehl

```
43          pln(ex01);
```

und prüfen Sie nach, wie die Ausgabe des Programms sich dadurch verändert.

15.2 Flugregeln für Ausnahmen

Wird innerhalb einer Methode `main` eine Methode `metA` aufgerufen, so unterbricht der Ausführer an dieser Stelle die Ausführung von `main` und führt `metA` aus. Danach setzt er die Ausführung von `main` fort, und zwar unmittelbar hinter dem Aufruf von `metA`.

Wird innerhalb der Methode `metA` eine Methode `metB` aufgerufen, so unterbricht der Ausführer an dieser Stelle die Ausführung von `metA` und führt `metB` aus. Danach setzt er die Ausführung von `metA` fort, und zwar unmittelbar hinter dem Aufruf von `metB`, usw. Die folgende Grafik soll solche Methodenaufrufe und ihre Ausführung veranschaulichen:

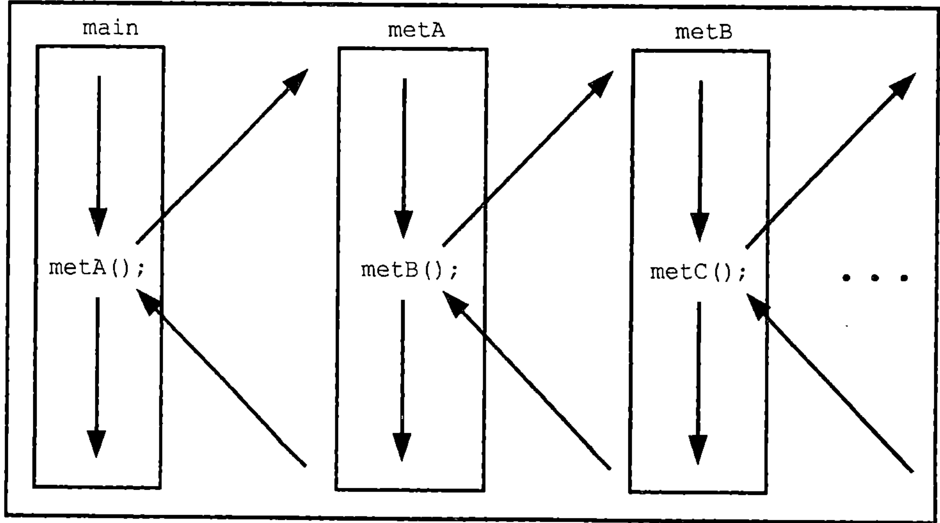

Bild 15.1 Methoden, die weitere Methoden aufrufen

Informationen darüber, welche Methoden er schon angefangen, aber noch nicht fertig ausgeführt hat, und darüber, an welche Stelle im Programm er zurückkehren muss, wenn er eine bestimmte Methode fertig ausgeführt hat, verwaltet der Ausführer auf einem so genannten *Stapel* (engl.: stack). Das ist eine Datenstruktur, die Ähnlichkeit mit einem Stapel von zerbrechlichen Tellern hat: Auf einen Stapel darf man nur oben jeweils einen neuen Teller (bzw. ein neues Objekte) drauflegen oder oben einen Teller (bzw. ein Objekt) entfernen. Aus der Mitte des Stapels etwas herausziehen oder dort etwas einfügen wäre zu gefährlich und ist deshalb nicht erlaubt.

Wenn der Ausführer mit der Ausführung einer Methode m beginnt, legt er bestimmte Informationen über m oben auf seinen Stapel. Zu diesen Informationen gehört unter anderem die „Rücksprungadresse", zu der er nach der Ausführung von m
zurückkehren muss.

Wenn er die Methode m später fertig ausgeführt hat, entfernt der Ausführer diese
Informationen vom Stapel und kehrt zur Rücksprungadresse zurück. Auf dem Stapel liegen also in jedem Moment Informationen über alle begonnenen, aber noch
nicht fertig ausgeführten Methoden.

Beispiel-01: Ein paar Methoden, die sich gegenseitig aufrufen

```
 1   class Stapel01 {
 2       // --------------------------------------------------------------
 3       static public void main(String[] sonja) {
 4           ...
 5           metB();
 6           ...
 7           metA();
 8           ...
 9       } // main
10       // --------------------------------------------------------------
11       static void metA() {
12           ...
13           metB();
14           ...
15           metB();
16           ...
17       } // metA
18       // --------------------------------------------------------------
19       static void metB() {
20           ...
21       } // metB
22       // --------------------------------------------------------------
23   } // Stapel01
```

Von diesem Programm Stapel01 sind hier nur die Methodenvereinbarungen und
Methodenaufrufe wiedergegeben. Wenn der Ausführer dieses Programm ausführt,
nimmt sein Stapel der Reihe nach die folgenden neun Zustände an:

```
|      |     | |      | |      | |       | |       | |       | |       | |       | |       |
|      |     | |      | |      | |       | |metB|  | |       | |metB|  | |       | |       |
|      |     |metB|   | |      | |metA|  | |metA|  | |metA|  | |metA|  | |metA|  | |       |
|main| |main| |main|  | |main|  | |main|  | |main|  | |main|  | |main|  | |main|
+----+ +-----+ +-----+ +-----+ +-----+ +-----+ +-----+ +-----+ +-----+
  z1      z2      z3      z4      z5      z6      z7      z8      z9
```

Jedem Zustand entsprechen bestimmte Stellen (Zeilen-Nrn.) in *den* Methoden, die
schon begonnen, aber noch noch nicht fertig ausgeführt wurden:

```
Zustand   Zeilen-Nrn-in-Methoden
  z1      (4 in main)
  z2      (5 in main)  (20 in metB)
  z3      (6 in main)
  z4      (7 in main)  (12 in metA)
  z5      (7 in main)  (13 in metA)  (20 in metB)
  z6      (7 in main)  (14 in metA)
  z7      (7 in main)  (15 in metA)  (20 in metB)
  z8      (7 in main)  (16 in metA)
  z9      (8 in main)
```

Auch in dieser Darstellung kann man den Stapel erkennen. Er ist nur um 90 Grad nach rechts „auf die Seite gekippt" worden.

Wenn während einer Programmausführung ein Ausnahmeobjekt geworfen wird, fliegt dieses Objekt solange „durch das Programm", bis es irgendwo gefangen wird. Die genaue „Flugbahn" hängt unter anderem vom Zustand des Stapels ab. Im folgenden Beispiel wird angenommen, dass während einer Ausführung des Programms Stapel01 eine Ausnahme a eines Typs ATyp geworfen wird, während der Stapel sich gerade im Zustand z5 befindet. Dieser Zustand charakterisiert folgende Situation: In der Methode main wurde die Methode metA aufgerufen (in Zeile 7) und in metA wurde metB aufgerufen (in Zeile 13). Was passiert jetzt?

Beispiel-02: Im Zustand z5 tritt eine Ausnahme a auf

1. Der Ausführer prüft:
Trat die Ausnahme a (in der Methode metB) innerhalb eines try-Blocks auf, dem ein (zum Fangen von a) geeigneter catch-Block folgt?

1.1. Wenn ja: Der betreffende catch-Block wird ausgeführt. Danach fährt der Ausführer unmittelbar hinter dem betreffenden try-catch-Befehl ganz normal mit der Ausführung der Methode metB fort.

1.2. Wenn nein: Die Ausführung der Methode metB wird abgebrochen und der Ausführer kehrt hinter die Aufrufstelle (zur Zeile 14 in der Methode metA) zurück und wirft die Ausnahme a dort erneut. Dann passiert folgendes:

2. Der Ausführer prüft:
Trat die Ausnahme a (in der Methode metA) innerhalb eines try-Blocks auf, dem ein (zum Fangen von a) geeigneter catch-Block folgt?

2.1. Wenn ja: Der betreffende catch-Block wird ausgeführt. Danach fährt der Ausführer unmittelbar hinter dem betreffenden try-catch-Befehl ganz normal mit der Ausführung der Methode metA fort.

2.2. Wenn nein: Die Ausführung der Methode metA wird abgebrochen und der Ausführer kehrt hinter die Aufrufstelle (zur Zeile 8 der Methode main) zurück und wirft die Ausnahme a dort erneut. Dann passiert folgendes:

3. Der Ausführer prüft:
Trat die Ausnahme a (in der Methode main) innerhalb eines try-Blocks auf, dem ein (zum Fangen von a) geeigneter catch-Block folgt?

3.1. Wenn ja: Der betreffende catch-Block wird ausgeführt. Danach fährt der Ausführer unmittelbar hinter dem betreffenden try-catch-Befehl ganz normal mit der Ausführung der Methode main fort.

3.2. Wenn nein: Die Ausführung der Methode main wird abgebrochen, der Ausführer gibt noch eine Fehlermeldung aus und gibt dann die Kontrolle zurück an das Betriebssystem, von dem er gestartet wurde. Damit ist das Programm Stapel01 beendet.

Das folgende Ablaufdiagramm stellt den Kern dieser Aktionen (ohne die Beendigung des Programms mit dem Abbruch der main-Methode) grafisch dar

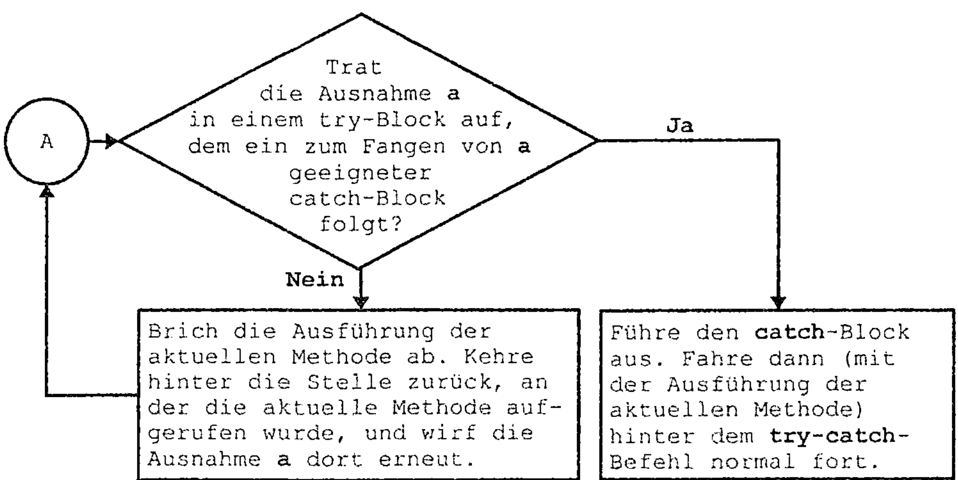

Bild 15.2 Was der Ausführer macht, wenn eine Ausnahme auftritt

Aufgabe-01: Führen Sie das Beispielprogramm Ausnahmen03 (aus der im Abschnitt 1.3 beschriebenen Sammlung, hier nicht wiedergegeben) mit Papier und Bleistift aus. Wenden Sie dabei die im vorigen Beispiel beschriebenen Regeln (Der Ausführer prüft: ... Wenn ja: ... Wenn nein: ...) genau an. Die Methode bearbeiteAusnahmeobjekt ist dabei ersteinmal nicht so wichtig und muss nicht in allen Einzelheiten ausgeführt werden. Was das Programm zum Bildschirm ausgibt, findet man am Ende der Datei `Ausnahmen03.java` als Kommentar.

15.3 Der try-catch-finally-Befehl

Wenn man eine Herdplatte einschaltet, sollte man sicherstellen, dass sie auch dann wieder ausgeschaltet wird, wenn man durch einen Telefonanruf oder andere Ausnahmefälle unterbrochen und abgelenkt wird. Ähnliche Regeln sollten auch von Programmen eingehalten werden. Wenn ein Programm z. B. eine Datei für sich reserviert (um sie zu verändern), sollte es die Datei (möglichst bald) auch wieder freigeben, damit andere Programme darauf zugreifen können.

In einem Programm, welches an vielen Stellen durch viele verschiedene Ausnahmen unterbrochen werden kann, ist es schwierig bis unmöglich, solche Probleme mit den bisher behandelten Befehlen (einschließlich `try-catch`-Befehlen) zuverlässig und übersichtlich zu lösen. Deshalb hat man in die Sprache Java einen speziellen Befehl zur Lösung solcher Probleme aufgenommen.

Ein `try-catch-finally`-Befehl beginnt mit einem `try`-Block und endet mit einem `finally`-Block. Dazwischen dürfen beliebig viele (0 oder mehr) `catch`-Blöcke stehen, etwa so:

Beispiel-01: Struktur eines `try-catch-finally`-Befehls

```
1  try {               // Ein try-Block
2     ...
3  } catch (...) {      // Einer von beliebig vielen catch-Blöcken
4     ...
5  } catch (...) {      // Einer von beliebig vielen catch-Blöcken
6     ...
7     ...               // ...
8  } finally {          // Ein finally-Block
9     ...
10 } // try-catch-finally
```

Der `finally`-Block darf (ähnlich wie der `try`- und die `catch`-Blöcke) eine beliebige Folge von Vereinbarungen und Anweisungen enthalten.

Das Besondere an diesem Befehl ist die folgende *Garantie* des Ausführers:

Finally-Garantie: Wenn der Ausführer den `try`-Block betritt (d. h. seine Ausführung zumindest *beginnt*), betritt er später auch garantiert den zugehörigen `finally`-Block.

Diese Regel gilt nicht nur, wenn der `try`-Block vollständig ausgeführt und normal beendet wird, sondern auch in den folgenden Spezial- und Ausnahmefällen:

1. Der `try`-Block befindet sich im Rumpf einer Schleife und wird mit einem `break`-Befehl verlassen.
2. Der `try`-Block befindet sich im Rumpf einer Methode und wird mit einem `return`-Befehl verlassen.
3. Der `try`-Block wird auf Grund einer Ausnahme abgebrochen, für die es keinen zugehörigen `catch`-Block gibt.
4. Der `try`-Block wird auf Grund einer Ausnahme abgebrochen und der zugehörige `catch`-Block wird mit einem `break`-Befehl verlassen.
5. Der `try`-Block wird auf Grund einer Ausnahme abgebrochen und der zugehörige `catch`-Block wird mit einem `return`-Befehl verlassen.
6. Der `try`-Block wird auf Grund einer Ausnahme abgebrochen und der zugehörige `catch`-Block wird ebenfalls auf Grund einer Ausnahme abgebrochen.

Der `finally`-Block wird vollständig ausgeführt, wenn er nicht auf Grund einer `break`- oder `return`-Anweisung oder durch eine neue Ausnahme abgebrochen wird, die während seiner Ausführung auftritt (und nicht schon vorher auftrat).

Im Beispielprogramm `Ausnahmen05` findet man eine (hoffentlich) einfache Anwendung eines `try-catch-finally`-Befehls. Im Beispielprogramm `Ausnahmen06` werden die hier aufgezählten Spezial- und Ausnahmefälle demonstriert.

Es gibt allerdings *einen* Befehl (nur einen einzigen), mit dem man die Einhaltung der `finally-Garantie` verhindern („sabotieren") kann: Der Befehl `System.exit` beendet *sofort* das gesamte Programm. Lässt man diesen Befehl in einem `try-` oder einem `catch`-Block eines `try-catch-finally`-Befehls ausführen, so wird der `finally`-Block *nicht* mehr ausgeführt (siehe dazu auch das Beispielprogramm `Ausnahmen06`).

Vergleich: Wenn man ein elektronisches Gerät „aufschraubt", erlischt meistens jegliche Garantie des Herstellers. Wenn man in einem Java-Programm einen `System.exit`-Befehl verwendet, erlischt die `finally`-Garantie des Ausführers.

Typische Anwendungen eines `try-catch-finally`-Befehls sehen etwa so aus:

Im `try`-Block reserviert man eine Datei und im `finally`-Block gibt man sie wieder frei.

Im `try`-Block schaltet man eine Herdplatte an und im `finally`-Block schaltet man sie wieder aus.

Falls man seine Herdplatten so mit einem Java-Programm an- und ausschaltet, sollte man den Befehl `System.exit` möglichst nicht verwenden (oder eine Hausratsversicherung abschließen).

Ein `try-catch-finally`-Befehl kann beliebig viele oder wenige `catch`-Blöcke enthalten, insbesondere auch null. Mit einem `try-finally`-Befehl kann man zwar keine Ausnahmen fangen und behandeln, aber immerhin eine eingeschaltete Herdplatte garantiert wieder ausschalten.

15.4 Ausnahmen beim Behandeln von Ausnahmen

Wenn ein Löschzug LZ zu brennen beginnt, hat die Feuerwehr ein Problem, weil sie LZ dann vermutlich nicht zum Löschen von LZ einsetzen kann. Nur wenn der Löschzug einen Feuerlöscher enthält (vorzugsweise im noch nicht brennenden Teil) kann der in solch brenzligen Situationen eventuell helfen.

Ein `catch`-Block CB darf auch `try-catch`-Befehle enthalten. Wenn während einer Ausführung von CB (d. h. während einer Ausnahmebehandlung) eine Ausnahme a auftritt, wird sie ganz normal wie jede andere Ausnahme auch behandelt:

1. Der Ausführer prüft:
Trat die Ausnahme a innerhalb eines `try`-Blocks (innerhalb von CB) auf, dem ein (zum Fangen von a) geeigneter `catch`-Block folgt?

1.1. Wenn ja: Der betreffende `catch`-Block wird ausgeführt. Danach fährt der Ausführer unmittelbar hinter dem betreffenden `try-catch`-Befehl ganz normal mit der Ausführung des `catch`-Blocks CB fort.

1.2. Wenn nein: Die Ausführung der aktuellen Methode met, wird abgebrochen, der Ausführer kehrt mit der Ausnahme a hinter die Stelle zurück, an der met aufgerufen wurde und wirft die Ausnahme a dort erneut.

Was dann passiert, wurde im vorigen Abschnitt mit dem Beispiel-02 erläutert.

Auch `try-` und `finally`-Blöcke dürfen geschachtelte `try-catch-finally`-Befehle enthalten (siehe dazu das Beispielprogramm `Ausnahmen07`).

Das folgende Beispiel zeigt einen relativ häufig vorkommenden Fall: In einer Methode `met27` fängt ein einfacher `catch`-Block (der keinen `try-catch`-Befehl enthält) eine Ausnahme, behandelt sie „ein bisschen" und *wirft sie dann erneut:*

Beispiel-01: Eine Ausnahme wird gefangen und erneut geworfen

```
1    static void met27(...) {
2       ...
3       try {
4          ...
5       } catch (ArithmeticException ex) {
6          pln("Das haette nicht passieren duerfen!");
7          pln("Die Methode met27 wird abgebrochen!");
8          throw ex;
9       } catch ( ... ) {
10         ...
11      } // try-catch
12      ...
13   } // met27
```

Da die throw-Anweisung in Zeile 8 nicht innerhalb eines try-Blocks steht, wird die umgebende Methode (met27) abgebrochen und hinter ihre Aufrufstelle zurückgekehrt. Diese Technik verwendet man z. B. dann, wenn auf einer „niedrigen Ebene" eines Softwaresystems eine Ausnahme auftritt, die dort teilweise, aber nicht vollständig und endgültig behandelt werden kann. Durch das erneute Werfen der Ausnahme werden die „höheren Ebenen" des Systems auf die Ausnahme aufmerksam gemacht. Im Beispiel-01 sollen die Befehle in den Zeilen 6 und 7 eine teilweise Behandlung der Ausnahme darstellen.

Häufig fängt man eine Ausnahme auch nur, um sie durch eine Ausnahme eines anderen Typs zu *ersetzen*. Mit dieser Technik kann man z. B. maschinennahe Ausnahmen („Hardwarefehler beim Abspeichern") so übersetzen und zusammenfassen, dass sie auf den höheren Ebenen eines Systems sinnvoll und verständlich werden („Ihr Bankkonto wurde leider durch einen Hardwarefehler zerstört").

Beispiel-02: Ausnahmen „umwandeln" und verketten

```
14   static void met28(...) {
15      ...
16      try {
17         ...
18      } catch (ArithmeticException alt) {
19         Error neu = new Error("Rechenfehler in met28!");
20         neu.initCause(alt);
21         throw neu;
22      } catch (NumberFormatException alt) {
23         Error neu = new Error("Rechenfehler in met28!");
24         neu.initCause(alt);
25         throw neu;
26      } // try-catch
27      ...
28   } // met28
```

Der erste `catch`-Block fängt eine Ausnahme des Typs `ArithmeticException` und wirft eine Ausnahme des Typs `Error`. Der zweite `catch`-Block fängt eine Ausnahme des Typs `NumberFormatException` und wirft ebenfalls eine Ausnahme des Typs `Error`. In beiden `catch`-Blöcken wird die gefangene Ausnahme `alt` als *Ursache* an die neue Ausnahme `neu` angehängt (mit der Methode `initCause`). Da, wo eine der neuen Ausnahmen z. B. unter dem Namen `ex` gefangen wird, kann man mit dem Befehl `ex.getCause()` auf die angehängte Ursache zugreifen (siehe dazu auch das Beispielprogramm `Ausnahmen04`).

15.5 Geprüfte und ungeprüfte Ausnahmen

Zur Dokumentation jeder Methode `met` gehört auch eine Beschreibung aller Ausnahmen, die in `met` auftreten können und dort nicht gefangen und endgültig behandelt werden. Denn jeder Verwender („Aufrufer") der Methode muss damit rechnen, dass diese Ausnahmen zu *den* Stellen seines Programms geflogen kommen, an denen er `met` aufruft.

Dokumentationen, die der Programmierer freiwillig schreibt, sind häufig unzuverlässig und nicht auf dem neusten Stand. Die Entwickler von Java haben deshalb versucht, den Programmierer zum Dokumentieren von Ausnahmen zu *verpflichten* und diese Verpflichtung durch den Ausführer überprüfen zu lassen.

Es gibt allerdings Ausnahmen, die praktisch an jeder Stelle eines Programms und jederzeit auftreten können. Ein typisches Beispiel sind Ausnahmen der Klasse `OutOfMemoryError`. Die werden geworfen, wenn der Ausführer nicht mehr genug Speicher (zum Erzeugen von Variablen) hat. Es wäre nicht sinnvoll den Programmierer zu zwingen, am Anfang *jeder Methode* auf Ausnahmen solcher Typen hinzuweisen.

Man unterscheidet in Java deshalb zwei Arten von Ausnahmeklassen bzw. Ausnahmen: *Geprüfte* und *ungeprüfte* (checked and unchecked exception classes or exceptions resp.). Wenn der Aufruf einer Methode `met` eine *geprüfte* Ausnahme auslösen kann, muss das am Anfang der Methode in einer `throws`-Klausel dokumentiert werden. *Ungeprüfte* Ausnahmen muss man nicht auf diese Weise dokumentieren (man darf es aber).

Beispiele für *ungeprüfte* Ausnahmen (die man nicht unbedingt dokumentieren muss): `OutOfMemoryError`, `ArithmeticException` und `NumberFormatEx-`

`ception` (siehe dazu auch den Abschnitt 15.9 Kritik am Konzept der geprüften Ausnahme).

Beispiele für *geprüfte* Ausnahmen (die man entweder fangen und behandeln oder aber in einer `throws`-Klausel am Anfang der Methode dokumentieren muss): `IOException` und `FileNotFoundException`.

Beispiel-01: Eine Methode mit `throws`-Klausel

```
1   static void met30() throws IOException, NumberFormatException {
2
3       InputStreamReader isr  = new InputStreamReader(System.in);
4       BufferedReader     bufr = new BufferedReader(isr);
5
6       while (true) {
7           p  ("A Eine Ganzzahl (q zum Beenden)?  ");
8
9           String einS = bufr.readLine();
10          if (einS.equals("q")) break;
11
12          int einI = Integer.decode(einS).intValue();
13
14          pln("B Folgende Zahl wurde eingegeben: " + einI);
15      } // while
16      pln("C Das Prog. Ausnahmen08 wird ordnungsgemaess beendet!");
17  } // met30
```

Der Methodenaufruf `bufr.readLine` (in Zeile 9) löst möglicherweise eine Ausnahme des Typs `IOException` aus. Da dies eine *geprüfte* Ausnahmeklasse ist, und die Ausnahme in der Methode `met30` nicht gefangen wird, muss die Ausnahmeklasse in der `throws`-Klausel von `met30` (in Zeile 1) dokumentiert werden.

Der Methodenaufruf `Integer.decode` (in Zeile 12) löst möglicherweise eine Ausnahme des Typs `NumberFormatException` aus. Da dies eine *ungeprüfte* Ausnahmeklasse ist, muss sie nicht unbedingt in der `throws`-Klausel von `met30` dokumentiert werden. Sie wird hier aber freiwillig dokumentiert (siehe Zeile 1).

Wenn man eine *geprüfte* Ausnahme *nicht* dokumentiert, lehnt der Java-Ausführer das Programm schon bei der Übergabe („zur Compilezeit") ab. Entsprechende Fehlermeldungen (von 2 Compilern) findet man als Kommentar im Beispielprogramm `Ausnahmen08` (welches auch eine ausführlich kommentierte Version der Methode `met30` enthält).

Ströme und Stromklassen (wie `InputStreamReader` und `BufferedReader`) werden im Kapitel 19 behandelt.

Es wird empfohlen, eine `throws`-Klausel (mit einem s am Ende) möglichst selten mit einer `throw`-Anweisung (ohne s am Ende) zu verwechseln. Eine `throws`-Klausel ist eine Art Kommentar, der vom Ausführer geprüft wird. Eine `throw`-Anweisung ist dagegen ein Befehl, den der Ausführer ausführen muss.

15.6 Eigene Ausnahmeklassen vereinbaren

In den vorangehenden Abschnitten dieses Kapitels wurde gezeigt, wie der Programmierer Ausnahmen der Java-Standardklassen `ArithmeticException`, `NumberFormatException`, `IOException` etc. werfen und behandeln kann.

Der Programmierer kann aber auch eigene Ausnahmeklassen (als Erweiterungen von Standard-Ausnahmeklassen) vereinbaren, etwa so wie im folgenden Beispiel:

Beispiel-01: Eigene Ausnahmeklassen vereinbaren

```
1   class ZahlIstNichtGut extends Exception{}
2   class ZahlIstNegativ  extends ZahlIstNichtGut{}
3   class ZahlIstNull      extends ZahlIstNichtGut{}
4   class ZahlIstGerade    extends ZahlIstNichtGut{}
```

Diese Klassen enthalten nur die von der Klasse `Exception` geerbten Elemente und fügen keine neuen Elemente hinzu. Trotzdem sind sie nützlich, denn durch ihre Namen und die erweitert-Relation drücken sie aus, dass eine Zahl „nicht gut" ist, wenn sie negativ, gleich 0 oder gerade ist. Diese Ausnahmeklassen bilden folgenden Typgrafen:

```
ZahlIstNichtGut
    |
    +--ZahlIstNegativ
    |
    +--ZahlIstNull
    |
    +--ZahlIstGerade
```

Technisch gilt: Jede `ZahlIstNegativ`-Ausnahme ist auch eine `ZahlIstNichtGut`-Ausnahme (weil die Klasse `ZahlIstNegativ` die Klasse `ZahlIstNichtGut` erweitert). Entsprechend ist auch jede `ZahlIstNull`- und jede `ZahlIstGerade`-Ausnahme eine `ZahlIstNichtGut`-Ausnahme.

Eine vom Programmierer vereinbarte Ausnahmeklasse ist *geprüft* (bzw. *nicht geprüft*), wenn ihre direkte Oberklasse *geprüft* (bzw. *nicht geprüft*) ist. Die vier in diesem Beispiel vereinbarten Ausnahmeklassen sind alle *geprüft*, weil die Standardklasse `Exception` geprüft ist.

Achtung: In der Standardbibliothek gibt es Unterklassen der Klasse `Exception`, die *ungeprüft* sind, obwohl ihre Oberklasse `Exception` *geprüft* ist. Solche Klassen kann aber nur ein „Standardklassen-Programmierer" vereinbaren, kein normaler Java-Programmierer.

Beispiel-02: Ausnahmen selbst vereinbarter Klassen werfen

```
5       static int liesGuteZahl() throws ZahlIstNichtGut {
6
7           String einS = EM.liesString();
8           int    einI = Integer.decode(einS).intValue();
9
10          if (einI <  0)      throw new ZahlIstNegativ();
11          if (einI == 0)      throw new ZahlIstNull    ();
12          if (einI % 2 == 0)  throw new ZahlIstGerade ();
13
14          return einI;
15      } // liesGuteZahl
```

Dass in der Methode `liesGuteZahl` geprüfte Ausnahmen geworfen (und nicht gefangen) werden, muss in einer `throws`-Klausel dokumentiert werden. Statt die drei Unterklassen `ZahlIstNegativ`, `ZahlIstNull` und `ZahlIstGerade` einzeln anzugeben kann man sich hier aber auf die pauschale Angabe beschränken, dass die Methode „irgendwelche `ZahlIstNichtGut`-Objekte" als Ausnahmen wirft (siehe Zeile 5).

Ähnliche Vorteile hat ein Vererbungsbaum von Ausnahmeklassen auch beim Fangen und Behandeln von Ausnahmen, wie etwa im folgenden Beispiel:

Beispiel-03: Ausnahmen selbst vereinbarter Klassen fangen und behandeln

```
16      static public void main(String[] _) {
17
18          while (true) {
19              try {
20                  p ("Eine gute Ganzzahl (0 zum Beenden)? ");
21                  int n = liesGuteZahl();
22                  pln(n + " ist tatsaechlich gut!");
23              } catch (ZahlIstNull aus) {
24                  break;
25              } catch (ZahlIstNichtGut aus) {
26                  pln("Die eingegebene Zahl ist nicht gut!");
27              } // try-catch
28          } // while
29
30      } // main
```

Der erste `catch`-Block fängt nur `ZahlIstNull`-Ausnahmen. Der zweite `catch`-Block fängt alle anderen `ZahlIstNichtGut`-Ausnahmen, d. h. alle `ZahlIstNegativ`- und alle `ZahlIstGerade`-Ausnahmen.

Im Beispiel-01 wurden Ausnahmeklassen vereinbart, die (direkt oder indirekt) die Standardklasse `Exception` beerben, aber keine neuen Elemente enthalten. Im folgenden werden ein paar Ausnahmeklassen mit zusätzlichen Elementen und komfortableren Konstruktoren vereinbart:

Beispiel-04: Ausnahmeklassen mit zusätzlichen Elementen

```
31 class ZahlIstNichtGutB extends Exception{
32     private int zahl; // Die nicht-gute Zahl
33
34     ZahlIstNichtGutB(int zahl, String meldung) {
35         super(meldung);
36         this.zahl = zahl;
37     } // Konstruktor ZahlIstNichtGutB
38
39     int getZahl() {return zahl;}
40 } // ZahlIstNichtGutB
41 // -----------------------------------------------------
42 class ZahlIstNegativB  extends ZahlIstNichtGutB{
43     ZahlIstNegativB(int z) {super(z, z + " ist negativ!");}
44 } // ZahlIstNegativB
45 // -----------------------------------------------------
46 class ZahlIstNullB     extends ZahlIstNichtGutB{
47     ZahlIstNullB() {super(0, "Die Zahl ist gleich 0!");}
48 } // ZahlIstNullB
49 // -----------------------------------------------------
50 class ZahlIstGeradeB   extends ZahlIstNichtGutB{
51     ZahlIstGeradeB(int z) {super(z, z + " ist gerade!");}
52 } // ZahlIstGeradeB
53 // -----------------------------------------------------
```

Jedes Objekt der Ausnahmeklasse `ZahlIstNichtGutB` enthält ein `int`-Attribut namens `zahl` (Zeile 32) und eine Methode `getZahl`, mit der man sich den Wert dieses Attributs aus einem `ZahlIstNichtGutB`-Objekt herausholen kann. (Zeile 39). Dem Konstruktor `ZahlIstNichtGutB` muss man eine Zahl und eine Meldung als Parameter übergeben. Mit der Zahl wird das `zahl`-Attribut initialisiert (Zeile 36) und mit der Meldung wird ein Konstruktor der Oberklasse `Exception` aufgerufen (Zeile 35). Mit der (in der Klasse `Exception` vereinbarten) Methode `getMessage()` kann man diese Meldung aus einem `ZahlIstNichtGutB`-Objekt herausholen.

In jeder der übrigen drei Ausnahmeklassen wird nur ein Konstruktor vereinbart, der den (einzigen) Konstruktor der Oberklasse `ZahlIstNichtGutB` mit geeigneten Parametern aufruft.

Im Beispielprogramm `Ausnahmen09` werden die einfachen Ausnahmeklassen aus dem Beispiel-01, im Beispielprogramm `Ausnahmen10` die komplizierteren B-Ausnahmeklassen aus dem Beispiel-04 verwendet. Ansonsten stimmen die beiden Beispielprogramme weitgehend überein.

15.7 Übersicht über ein paar wichtige Ausnahmeklassen

Alle Ausnahmeklassen bilden („per Definition") einen Vererbungsbaum mit der Klasse `Throwable` an der Wurzel. Den oberen Anfang dieses Baums (der aus den drei Klassen `Throwable`, `Exception` und `Error` besteht) sollte man möglichst auswendig lernen. Im Folgenden wird die *erweitert*-Relation durch Einrückung dargestellt (`Throwable` erweitert `Object`, `Exception` erweitert `Throwable`, `Error` erweitert auch `Throwable` etc.):

```
Object
    Throwable       (geprüft)
        Exception   (geprüft)
        Error       (ungeprüft)
```

Die Klasse `Exception` hat (bei der Java Version 5.0) etwa 70 direkte und ein paar Hundert indirekte Unterklassen, von denen einige *ungeprüft* sind (die Klasse `RuntimeException` und alle ihre Unterklassen, siehe unten) und andere *geprüft* sind (alle anderen Unterklassen von `Exception`). Es folgen ein paar der *geprüften* Unterklassen der Klasse `Exception`:

```
Exception                           (geprüft)
    ClassNotFoundException          (geprüft)
    CloneNotSupportedException      (geprüft)
    ...
    IOException                     (geprüft)
        EOFException                (geprüft)
        FileNotFoundException       (geprüft)
        InterruptedIOException      (geprüft)
        ...
        ZipException                (geprüft)
```

Die folgenden Unterklassen der Klasse `Exception` sind dagegen *ungeprüft*:

```
Exception                               (geprüft)
   RuntimeException                     (ungeprüft)
      ArithmeticException               (ungeprüft)
      ArrayStoreException               (ungeprüft)
      BufferOverflowException           (ungeprüft)
      . . .
      ClassCastException                (ungeprüft)
      . . .
      IllegalArgumentException          (ungeprüft)
         NumberFormatException          (ungeprüft)
         PatternSyntaxException         (ungeprüft)
         . . .
      IndexOutOfBoundsException         (ungeprüft)
         ArrayIndexOutOfBoundsException (ungeprüft)
         StringIndexOutOfBoundsException (ungeprüft)
      NullPointerException              (ungeprüft)
      . . .
      UnsupportedOperationException     (ungeprüft)
```

Alle Unterklassen der Klasse `Error` sind ungeprüfte Ausnahmeklassen, unter anderem die folgenden:

```
Error                                   (ungeprüft)
   AssertionError                       (ungeprüft)
   LinkageError                         (ungeprüft)
   ThreadDeath                          (ungeprüft)
   . . .
   VirtualMachineError                  (ungeprüft)
      OutOfMemoryError                  (ungeprüft)
      StackOverflowError                (ungeprüft)
   . . .
```

Es wird empfohlen und ist üblich, dass der Programmierer seine Ausnahmeklassen als Erweiterungen der Klassen `Exception` bzw. `Error` vereinbart, je nachdem, ob sie *geprüft* bzw. *ungeprüft* sein sollen.

15.8 Zusicherungen (assertions)

Häufig ist der Programmierer fest davon überzeugt, dass eine bestimmte Bedingung zutreffen muss, wenn der Ausführer eine bestimmte Stelle in seinem Programm erreicht. Statt diese Überzeugung für sich zu behalten oder nur durch einen unverbindlichen Kommentar auszudrücken, kann der Programmierer sie auch als verbindliche *Zusicherung* formulieren.

Beispiel-01: Eine Zusicherung (siehe auch das Beispielprogramm `Zusiche-rung01`)

```
1    ...
2    int n = ...;        // n wird irgendwie initialisiert
3
4    if (n<0) n = -n;    // n wird "nicht-negativ" gemacht
5    assert n>=0;        // Eine Zusicherung (an assertion)
6    ...
```

Der Programmierer war offenbar davon überzeugt, dass nach Ausführung des Befehls in Zeile 4 der Ausdruck `n >= 0` den Wert `true` haben wird und hat das mit der `assert`-Anweisung in Zeile 5 ausgedrückt.

Die Zusicherung in Zeile 5 kann man wie folgt ins Deutsche übersetzen: „Stelle sicher, dass die Bedingung `n>=0` erfüllt ist. Wirf eine Ausnahme, falls die Bedingung (wider Erwarten) nicht erfüllt sein sollte".

Die `assert`-Anweisung in Zeile 5 hat eine ganz ähnliche Wirkung wie die folgende `if-throw`-Anweisung:

```
7    if ( ! (n >= 0) ) throw new AssertionError();
```

Falls die Bedingung doch einmal den Wert `false` haben sollte, wird eine Ausnahme geworfen, damit dieser „Denkfehler des Programmierers" möglichst sofort erkennbar wird.

Die `assert`-Anweisung in Zeile 5 ist eine Art Abkürzung für die `if-throw`-Anweisung in Zeile 7, unterliegt aber zusätzlich den folgenden Regeln:

Assert-Regel-01: Normalerweise werden Zusicherungen (`assert`-Anweisungen) bei der Ausführung eines Programms vom Ausführer *ignoriert* (d. h. *nicht* ausgeführt) und kosten keine Ausführungszeit.

Assert-Regel-02: Zusicherungen werden nur dann ausgeführt, wenn der Benutzer das beim Starten eines Programms *ausdrücklich befiehlt*.

Wenn man den Bytecode-Interpreter `java` von Sun verwendet, kann man Zusicherungen beim Start eines Programms namens `Zusicherung01` z. B. wie folgt aktivieren:

```
8  > java -ea              Zusicherung01
9  > java -ea:java.lang... Zusicherung01
10 > java -ea:...          Zusicherung01
11 > java -ea:Neben01      Zusicherung01
```

Achtung: Die 3-Punkte-Folgen `...` sind hier keine Auslassungen, sondern Bestandteile der Syntax. Sie müssen so wie angegeben notiert werden.

Die Abkürzung `ea` steht für *enable assertions* (aktiviere Zusicherungen).

In Zeile 8 werden Zusicherungen in *allen* Klassen des Programms `Zusiche-rung01` aktiviert.

In Zeile 9 werden Zusicherungen nur in den Klassen aktiviert, die zum Paket `java.lang` oder einem Unterpaket davon gehören.

In Zeile 10 werden Zusicherungen nur in den Klassen aktiviert, die zum namenlosen Paket gehören und deren `class`-Dateien im aktuellen Arbeitsverzeichnis stehen.

In Zeile 11 werden Zusicherungen nur in der Klasse `Neben01` aktiviert.

Man darf auch mehrere ea-Optionen nacheinander angeben, etwa so:

```
12 > java -ea:Zusicherung01 -ea:Neben01 Zusicherung01
```

Hier werden Zusicherungen nur in den beiden Klassen `Zusicherung01` und `Neben01` aktiviert.

Es gibt noch weitere Möglichkeiten, Zusicherungen nur in ganz bestimmten Klassen zu aktivieren. Z. B. kann man wie in Zeile 9 nach der Option `-ea` ein Paket angeben und dann mit der Option `-da` (*disable assertions*) bestimmte Klassen wieder ausnehmen. Eine vollständige Bedienungsanleitung mit allen Optionen des Bytecode-Interpreters `java` findet man in der Dokumentation [HTML_Doc] unter dem Stichworten *JDK Tool and Utility Documentation, Basic Tools*, dem Namen eines Betriebssystems wie z. B. *Solaris and Linux* und schließlich *java - the Java application launcher*.

Die hier skizzierten Regeln zum Aktivieren von Zusicherungen sind keine Regeln der Sprache Java, sondern gelten nur für den Java-Ausführer (`javac`, `java`) von Sun. Wie man anderen Java-Ausführern befiehlt, Zusicherungen zu aktivieren, muss man in ihrer Bedienungsanleitung nachlesen.

Zusicherungen werden bei der Übergabe eines Programms auf formale Korrektheit geprüft und (falls man einen Compiler verwendet) vom Compiler in Bytecode übersetzt und in die entsprechende `class`-Datei geschrieben. Sie werden aber nur ausgeführt, wenn sie ausdrücklich aktiviert wurden. Vor allem dadurch unterscheidet sich die `assert`-Anweisung in Zeile 5 von der ansonsten sehr ähnlichen `if-throw`-Anweisung in Zeile 7.

Aufgabe-01: In welchem Sonderfall ist die Zusicherung im Beispiel-01 falsch und wirft (falls sie aktiviert wurde) eine Ausnahme? Eine Lösung findet man im Beispielprogramm `Zusicherung01`.

In einer `assert`-Anweisung kann man nach dem `boolean`-Ausdruck noch einen *zweiten Operanden* angeben. Der wird dann in einen String umgewandelt und als Meldung in das Ausnahmeobjekt eingefügt.

Beispiel-02: Drei Zusicherungen mit einem zweiten Operanden

```
13   assert n >= 0 : "Das hätte nich passieren dürfen!";
14   assert n >= 0 : n + " ist immer noch negativ";
15   assert n >= 0 : n;
```

Als zweiten Operanden darf man einen Ausdruck angeben, der zu einem der Typen `boolean`, `char`, `double`, `float`, `int`, `long` oder `Object` gehört. Vermutlich wird der Typ `String` (als Untertyp von `Object` erlaubt) besonders häufig verwendet. Der zweite Operand muss durch einen *Doppelpunkt* `:` vom ersten Operanden (der Bedingung) getrennt werden.

Zusicherungen sind im Grunde sehr einfach und gerade deshalb sehr nützlich und empfehlenswert. Mit Hilfe von `boolean`-Funktionen kann man sie auch in komplizierteren Fällen einsetzen.

Beispiel-03: Eine Zusicherung ruft eine `boolean`-Funktion auf

```
16   ...
17   boolean istSortiert(int[] ir) {
18       // Liefert true, wenn ir aufsteigend sortiert ist.
19       int n1 = Integer.MIN_VALUE;
20       for (int n2: ir) {
21           if (n1 > n2) return false;
22           n1 = n2;
23       }
24       return true;
25   }
26   ...
27   void machWas() {
28       int[] tab = ... ; // tab wird irgendwie initialisiert
29       ...               // tab wird (hoffentlich) sortiert
30       assert istSortiert(tab);
31       ...
32   }
```

Mit Hilfe der `boolean`-Funktion `istSortiert` kann man leicht zusichern, dass eine Reihung wie `tab` sortiert ist (*ohne* eine Funktion wie `istSortiert` wäre das sehr mühsam oder unmöglich).

15.9 Kritik am Konzept der geprüften Ausnahmen

Dass es in Java Ausnahmeklassen gibt und Ausnahmeobjekte, die man an einer Programmstelle werfen und an anderen Programmstellen fangen und behandeln kann, wird allgemein als wichtiger Fortschritt angesehen. Das Konzept einer *geprüften Ausnahme*, die der Programmierer behandeln oder in einer throws-Klausel dokumentieren muss, ist dagegen auch auf Kritik gestoßen. Dieses Konzept „klingt sehr gut", hat sich aber in bestimmten Situationen als *änderungsunfreundlich* herausgestellt.

Beispiel-01: Ein großes Java-Programm soll geringfügig erweitert werden: Eine Methode m17 soll zusätzlich ein paar Informationen in eine Datei ausgeben. Leider kann der dazu benötigte write-Befehl verschiedene geprüfte Ausnahmen werfen. Mindestens einige davon kann man in m17 nicht sinnvoll behandeln. Aber wenn man m17 mit einer throws-Klausel versieht und die betreffenden Ausnahmen darin dokumentiert, akzeptiert der Ausführer die 10 Methoden nicht mehr, in denen m17 *direkt* aufgerufen wird. Außerdem akzeptiert er die 100 Methoden nicht mehr, in denen m17 *indirekt* aufgerufen wird. Theoretisch wäre es möglich, alle 110 Methoden anzupassen, aber praktisch wird häufig eine „schnelle und schmutzige" Lösung gewählt: Mit leeren catch-Blöcken „kehrt man die Ausnahmen unter den Teppich", in einem besonders drastischen Fall etwa so:

```
1    try {
2        ...
3        write(...); // Gefaehrlicher neuer Befehl
4        ...
5    } catch (Throwable t) {}
```

Diese Lösung erspart einem eine Änderung an z. B. 110 Methoden, unterdrückt aber auch solche Ausnahmen, die besser zu einem sofortigen Programmabbruch führen sollten. Eine „differenziertere Lösung" wäre zwar theoretisch möglich, wird aber in Projekten, die unter Zeitdruck stehen, nicht immer entwickelt. Ein write-Befehl, der nur *ungeprüfte* Ausnahmen wirft, wäre in solchen Fällen besser als die hier skizzierte „gefährliche, aber praktische Notlösung".

Außer dieser grundsätzlichen Kritik am Konzept einer geprüften Ausnahme gibt es (sehr viel kleinere) kritische Fragen nach Details. Warum sind Ausnahmen der Klasse NumberFormatException und ArithmeticException *ungeprüft*, aber fast alle Ausnahmen, die mit dem Einlesen und Ausgeben von Daten zu tun haben, *geprüft*? Warum gibt es keine „unauffälligen Ausgabebefehle", die höchstens ungeprüfte Ausnahmen werfen?

16   Generische Einheiten

Generische Klassen, Schnittstellen und Methoden wurden im Jahr 2004 mit der Version 5.0 zur Sprache Java hinzugefügt, nachdem sie fast 10 Jahre lang herbeigewünscht, diskutiert, vorbereitet und geplant worden waren. Im Folgenden unterscheiden wir *vorgenerisches Java* (die Sprache vor Einführung der generischen Einheiten, also bis zur Version 1.4 einschließlich) und *generisches Java* (Java ab der Version 5.0).

Anders als z. B. bei den Programmiersprachen C und C++ werden Typfehler in Java-Programmen in jedem Fall erkannt, entweder schon bei der Übergabe des Programms („zur Compilezeit", statisch), oder später während der Ausführung („zur Laufzeit"). Als *stark typsicher* bezeichnen wir einen Java-Befehl, von dem der Ausführer schon bei der Übergabe des Programms feststellen und garantieren kann, dass bei seiner Ausführung kein Typfehler auftreten wird. Alle anderen Befehle (bei deren Ausführung der Ausführer möglicherweise Typfehler erkennt und eine entsprechende Ausnahme wirft) bezeichnen wir als *schwach typsicher.*

16.1 Warum generische Einheiten?

Im Abschnitt 10.3 wurde anhand konkreter Beispiele bereits gezeigt, wie man die generische Klasse `ArrayList` (als eine Art luxuriösen Ersatz für Reihungen) benutzen kann. Vertrautheit mit diesen konkreten Beispielen erleichtert vermutlich das Lesen der folgenden eher abstrakten Erläuterungen.

Java beruht auf einem im Wesentlichen *starken* Typensystem. Das bedeutet, dass jedes Literal, jede Variable und jeder kompliziertere Ausdruck zu einem bestimmten Typ gehört und dass der Ausführer (fast) alle Typprüfungen schon bei der Übergabe eines Programms ("zur Compilezeit") durchführen kann und sie nicht bei jeder Ausführung des Programms wiederholen muss.

Wenn viele oder alle Typprüfungen erst beim Ausführen eines Programms durchgeführt werden, spricht man von einem *schwachen* Typensystem. Schwache Typensysteme sind meist sehr flexibel und erlauben es z. B., den Typ einer Variablen während der Ausführung eines Programms zu ändern. Ein *starkes* Typensystem hat gegenüber einem *schwachen* Typensystem aber den wesentlichen Vorteil, dass der Ausführer viele Flüchtigkeitsfehler des Programmierers schon vor der ersten Ausführung eines Programms erkennen und auf ihrer Beseitigung bestehen kann.

Das Typensystem von Java ist im Wesentlichen stark, hat aber die folgenden beiden Schwachstellen:

Schwachstelle 1: Reihungen (mit nicht-primitiven Komponenten)
Schwachstelle 2: Cast-Befehle, angewendet auf nicht-primitive Operanden

Diese Schwachstellen machen es dem Ausführer unmöglich, alle Typfehler schon bei der Übergabe eines Programms zu erkennen. Sie zwingen ihn zum Akzeptieren von Programmen, bei deren Ausführung er Typprüfungen durchführen und evtl. eine Ausnahme (des Typs `ArrayStoreException` bzw. `ClassCastException`) werfen muss.

Beispiel-01: Schreibender Zugriff auf eine Komponente einer Reihung

```
1  Object[] or = new String[3];
2  ...
3  or[0] = new Integer(17);
```

Die Reihungsvariable `or` hat den *vereinbarten* Typ `Object[]`. Deshalb stellt der Ausführer bei der Übergabe des Programms in Zeile 3 keinen Typfehler fest („in eine Reihung von `Object`-Variablen darf man auch `Integer`-Objekte schreiben"). Bei der Ausführung des Programms zeigt `or` aber auf eine Reihung des Typs `String[]` und in Zeile 3 wird versucht, ein `Integer`-Objekt in diese Reihung von `String`-Objekten zu schreiben. Das ist verboten und löst eine Ausnahme des Typs `ArrayStoreException` aus.

Die Einfachheit (oder Primitivität) dieses Beispiels legt die Vermutung nahe, dass es dem Ausführer doch möglich sein müsste, den Typfehler in Zeile 3 schon bei der Übergabe des Programms vorherzusehen. Das folgende Beispiel soll zumindest ahnen lassen, dass ein solches Vorhersehen im Allgemeinen sehr schwierig bis unmöglich ist.

Beispiel-02: Eine Situation, in der das Vorhersehen von Typfehlern kaum möglich ist

```
4   Object[] or;
5   ...
6   if (/* komplizierte Bedingung 1 */) {
7   •  or = new String[3];
8   } else {
9      or = new Integer[3];
10  }
11  ...
12  if (/* komplizierte Bedingung 2 */) {
13     or[0] = new Integer(17);
14  } else {
15     or[0] = new String("Hallo!");
16  }
```

Ob diese Befehlsfolge ohne Typfehler ausgeführt werden kann oder nicht, hängt von den Bedingungen der `if`-Anweisungen ab, deren Werte (`true` oder `false`) z. B. von eingelesenen Daten abhängen und vom Ausführer nicht schon bei der Übergabe des Programms vorhergesehen werden können. Möglicherweise muss die Ausführung dieser Befehlsfolge mit einer Ausnahme (des Typs `ArrayStore-Exception`) abgebrochen werden.

Der tiefere Grund für diese Schwachstelle im starken Typensystem von Java ist die Festlegung, dass die Reihungstypen `String[]` und `Integer[]` *Untertypen* des Reihungstyps `Object[]` sind und deshalb Zuweisungen wie in Zeile 7 und 9 erlaubt sind. Diese Festlegung (und warum sie kaum zu vermeiden war) wurde im Abschnitt 7.9 über das Kovarianzproblem genauer behandelt.

Die Schwachstelle 1 kann man häufig vermeiden, indem man anstelle von Reihungen *Objekte einer Sammlungsklasse* wie `ArrayList` verwendet. Beim vorgenerischen Java wurde dadurch aber fast unvermeidbar die *Schwachstelle 2* wirksam, wie das folgende Beispiel zeigen soll:

Beispiel-03: Eine Sammlung in einem vorgenerischen Java-Programm

```
17 ArrayList sam = new ArrayList();
18 sam.add(new String("Hallo!"));
19 ...
20 String  s = (String)  sam.get(0);
21 Integer i = (Integer) sam.get(0);
```

In Zeile 17 wird ein Sammlungsobjekt `sam` erzeugt. In Zeile 18 wird ein `String`-Objekt in die Sammlung `sam` eingefügt („an der ersten freien Indexposition"). In Zeile 20 wird das Objekt von der Indexposition 0 der Sammlung `sam` gelesen und zum Initialisieren der `String`-Variablen s verwendet. Der Haken an Sammlungen wie `sam` ist der, dass ein Ausdruck wie `sam.get(0)` nur ein Objekt der Klasse `Object` bezeichnet, welches praktisch immer mit einem Cast-Befehl in seinen „eigentlichen Typ" uminterpretiert werden muss, bevor man es weiterverarbeiten kann. Der Cast-Befehl `(String)` in Zeile 20 geht gut, aber der Cast-Befehl `(Integer)` in Zeile 21 löst eine Ausnahme des Typs `ClassCastException` aus. Bei der Übergabe des Programms kann der Ausführer nicht vorhersagen, welche Cast-Befehle gut gehen und welche eine Ausnahme auslösen werden. Er akzeptiert also insbesondere die Zeilen 20 und 21, obwohl er für ihre typenmäßige Korrektheit nicht garantieren kann.

Anmerkung: Es wäre relativ leicht möglich, Java-Ausführer so umzubauen, dass sie Typumwandlungen wie in Zeile 20 und 21 automatisch durchführen, statt nur auf ausdrücklichen (Cast-) Befehl des Programmierers. Diesen „trügerischen Komfort" haben die Entwickler von Java dem Programmierer aber absichtliche und gezielt verweigert. Cast-Befehle wie in Zeile 20 und 21 sind grundsätzlich gefährlich. Indem er sie selbst hinschreibt (weil das Programm sonst nicht akzeptiert wird), übernimmt der Programmierer die Verantwortung dafür, dass solche Befehle gut gehen (und testet diese gefährlichen Stellen seines Programms hoffentlich besonders sorgfältig und gründlich).

Generische Einheiten verhindern nicht, dass dem Programmierer Typfehler unterlaufen. Sie ermöglichen es ihm aber, die Schwachstellen 1 und 2 in vielen Fällen zu vermeiden. Dazu muss er nur 1. zum Sammeln von Objekten grundsätzliche keine Reihungen, sondern nur Sammlungen (Objekte eines Sammlungstyps) verwenden und 2. anstelle der alten, nicht-generischen Sammlungsklassen (z. B. `ArrayList`) die neuen, parametrisierten Sammlungstypen (z. B. `ArrayList<Integer>`, `ArrayListy<String>` etc.) verwenden.

Reihungen mit primitiven Komponenten (d. h. Reihungen der Typen `boolean[]`, `int[]`, `float[]` etc.) waren schon im vorgenerischen Java stark typsicher. Der Programmierer kann sie weiterhin verwenden, ohne Typfehler während der Ausführung eines Programms zu riskieren.

Generische Einheiten wurden also eingeführt, damit der Ausführer mehr Typfehler schon bei der Übergabe eines Programms entdecken kann und nicht erst während einer Ausführung.

> **Def.:** Eine *generische Einheit* ist ein Programmteil, in dem Typvariablen wie S, T, ... etc. an Stelle von Typen vorkommen. Eine generische Einheit kann *instanziiert* werden, indem man die Typvariablen darin durch konkrete Typen ersetzt.

Eine generische Einheit ist also eine abstrakte Repräsentation vieler konkreter Instanzen.

Generische Einheiten kann man zur Lösung verschiedener Probleme nutzen, aber das mit Abstand prominenteste Gebiet für ihre Anwendung sind *Sammlungen*. In den folgenden Abschnitten werden generische Einheiten im Zusammenhang mit sehr simplen, selbstdefinierten Sammlungsklassen („Klassen von Paaren") eingeführt. Im Kapitel 18 werden dann die Sammlungsklassen der Java-Standardbibliothek behandelt, die mit der Java Version 5.0 alle generisch geworden sind.

16.2 Generische Klassen selbst vereinbaren

Ein *Paar-Objekt* ist ein Objekt, welches zwei Objekte (zwei Komponenten) enthält. Paar-Objekte sind z. B. als Ergebnis einer Funktion (non void method) nützlich. Eine Funktion darf ja „formal" nur *ein* Ergebnis liefern, aber indem sie *ein* Paar-Objekt liefert, kann sie dem Aufrufer „inhaltlich" *zwei* Ergebnisse zur Verfügung stellen.

Im folgenden Beispiel werden drei Klassen vereinbart, eine nicht-generische und zwei generische. Alle Objekte dieser Klassen sind Paar-Objekte. Damit sie möglichst kurz und einfach sind, verstoßen diese Klassen gegen einige vernünftige Grundregeln für die Gestaltung von Klassen (z. B. sind die Objekt-Attribute `k1` und `k2` nicht `private`, es gibt keine `get`- und `set`-Methoden etc.). Diese Paar-Klassen sind nicht für den praktischen Einsatz gedacht, sondern nur als „Demonstrations-Klassen" (siehe auch das Beispielprogramm `GenTypen01` in der im Abschnitt 1.3 beschriebenen Sammlung).

Beispiel-01: Nicht-generische und generische Klassen im Vergleich

```
1  // ==================================================================
2  class PaarA {          // Eine nicht-generische Klasse
3     Object k1;          // Komponente 1
4     Object k2;          // Komponente 2
5     // ------------------------------------------------------------
6     PaarA(Object k1, Object k2) {
7        this.k1 = k1;
8        this.k2 = k2;
9     } // Konstruktor PaarA
10    // ------------------------------------------------------------
11    public String toString() {
12       return "[" + k1 + ", " + k2 + "]";
13    } // toString
14    // ------------------------------------------------------------
15 } // Klasse PaarA
16 // ==================================================================
17 class PaarB<K> {        // Eine generische Klasse, 1 Parameter K
18    K k1;                // Komponente 1
19    K k2;                // Komponente 2
20    // ------------------------------------------------------------
21    PaarB(K k1, K k2) {
22       this.k1 = k1;
23       this.k2 = k2;
24    } // Konstruktor PaarB
25    // ------------------------------------------------------------
26    public String toString() {
27       return "[" + k1 + ", " + k2 + "]";
28    } // toString
29    // ------------------------------------------------------------
30 } // Klasse PaarB
31 // ==================================================================
32 class PaarC<S, T> { // Eine generische Klasse, 2 Parameter S, T
33    S k1;                // Komponente 1
34    T k2;                // Komponente 2
35    // ------------------------------------------------------------
36    PaarC(S k1, T k2) {
37       this.k1 = k1;
38       this.k2 = k2;
39    } // Konstruktor PaarC
40    // ------------------------------------------------------------
41    public String toString() {
42       return "[" + k1 + ", " + k2 + "]";
43    } // toString
44    // ------------------------------------------------------------
45 } // Klasse PaarC
46 // ==================================================================
```

Dem Klassennamen PaarB (in Zeile 17) folgt ein Paar spitzer Klammern mit einem Namen darin: <K>. Das ist die Vereinbarung eines Typparameters namens

K. Nach dem Klassennamen `PaarC` werden (in Zeile 32) sogar zwei Typparameter namens `S` und `T` vereinbart: `<S, T>`.

An diesen Vereinbarungen von Typparametern erkennt man, dass `PaarB` und `PaarC` *generische* Klassen sind. Dagegen ist `PaarA` eine „normale", *nicht-generische* Klasse.

Der Typparameter `K` der Klasse `PaarB` darf durch beliebige Referenztypen (wie etwa `String` oder `Double` oder `int[]` etc.) ersetzt werden, aber nicht durch primitive Typen wie `int`, `double` oder `boolean` etc. Entsprechendes gilt für die beiden Typparameter `S` und `T` der Klasse `PaarC` (z. B. darf man `S` durch `String` und `T` durch `int[]` oder `S` und `T` beide durch `Double` ersetzen etc.).

Zur Erinnerung: Obwohl `int` ein primitiver Typ ist, ist der *Reihungstyp* `int[]` („Reihung von `int`-Variablen") ein Referenztyp.

Als nächstes soll das Verhältnis zwischen den Begriffen *Klasse* und *Typ* geklärt werden. Allgemein gilt: Eine Klasse repräsentiert *einen* oder *mehrere* Typen.

Die nicht-generische Klasse `PaarA` repräsentiert nur *einen* Typ namens `PaarA`. Dagegen repräsentiert die generische Klasse `PaarB<K>` *mehrere* Typen, und zwar

1. *einen* rohen Typ (raw type) namens `PaarB` und
2. *viele* parametrisierte Typen (p-Typen) mit Namen wie z. B.
`PaarB<String>`, `PaarB<Double>`, `PaarB<int[]>`, `PaarB<String[][][]>`, `PaarB<PaarA>`, `PaarB<PaarB<String>>`... etc.

Den Umgang mit rohen Typen sollte man (nicht nur beim Besuch einer Kneipe, sondern auch beim Programmieren) möglichst vermeiden (siehe dazu den Abschnitt 16.9).

Die von der generischen Klasse `PaarB` repräsentierten Typen (einschließlich des rohen Typs) bezeichnen wir im Folgenden auch als *PaarB*-Typen. Soll der rohe Typ ausgeschlossen sein, so verwenden wir die Bezeichnung *parametrisierte PaarB*-Typen (oder kürzer: *p-PaarB*-Typen). Als PaarB-*Objekte* (bzw. *p-PaarB*-Objekte) bezeichnen wir alle Objekte aller PaarB-Typen (bzw. aller p-PaarB-Typen).

Aufgabe-01: Geben Sie etwa ein Dutzend `PaarC`-Typen an. Eine von vielen möglichen Lösungen findet man am Ende dieses Abschnitts.

Der Paar-Typ `PaarA` ist so „unspezifisch und allgemein", dass man zwei Objekte *beliebiger Typen* zu einem `PaarA`-Objekt zusammenfassen kann.

Beispiel-02: Ein paar Hilfsobjekte und dann Objekte des Typs `PaarA`

```
47 String s1 = new String("Eins");
48 String s2 = new String("Zwei");
49 Double d1 = new Double(1.1);
50 Double d2 = new Double(2.2);
51 int[]  r1 = new int[] {111, 112, 113};
52 int[]  r2 = new int[] {221, 222};
53
54 PaarA a1 = new PaarA(s1, s2);
55 PaarA a2 = new PaarA(d1, d2);
56 PaarA a3 = new PaarA(s1, d2);
57 PaarA a4 = new PaarA(r1, s2);
58 PaarA a5 = new PaarA(a1, a2);
```

Das `PaarA`-Objekt a4 enthält eine Reihung und ein `String`-Objekt, und a5 enthält die beiden `PaarA`-Objekte a1 und a2.

Bemerkenswert ist, dass die Objekte a1 bis a5 alle zum *selben* Typ (nämlich zum Typ `PaarA`) gehören, und deshalb Zuweisungen wie a1 = a2; oder a5 = a3; ... etc. *erlaubt* sind.

Die Paar-Objekte des „altmodischen" (nicht-generischen) Typs `PaarA` haben einen wichtigen *Nachteil*: Der Ausführer weiß von ihren Komponenten a1.k1, a1.k2, a2.k1, ... etc. nur, dass sie zum Typ `Object` gehören, ihren genaueren Typ (`String`, `Double`, `int[]` etc.) kennt er nicht. Deshalb muss man praktisch immer einen Cast-Befehl anwenden, wenn man auf eine der Komponenten zugreifen will, um sie zu bearbeiten, etwa so:

Beispiel-03: Komponenten von `PaarA`-Objekten bearbeiten

```
59 String s = (String) a1.k1 + '?';     // String-Konkatenation
60 Double d = (Double) a2.k2 + 3.3;     // Addition von double-Werten
61 int    i = ((int[]) a4.k1)[0];       // Zugriff auf Reihungskompo.
62 String r = ((PaarA) a5.k1).k2;       // Zugriff auf Paar-Komponente
```

Diese Cast-Befehle sind „kleine Löcher im starken Typensystem von Java", denn sie zwingen den Ausführer dazu, während der Ausführung des Programms Typprüfungen durchzuführen. Außerdem sind sie gefährlich, denn wenn der Programmierer einen falschen Cast-Befehl gibt, muss der Ausführer eine Ausnahme (des Typs `ClassCastException`) werfen und evtl. die Ausführung des Programms abbrechen (Ausnahmen wurden im Kapitel 15 behandelt).

Anmerkung: In Zeile 60 hat der Programmierer sich darauf verlassen, dass das `Double`-Objekt `(Double) a2.k2` automatisch in einen primitiven `double`-Wert umgewandelt wird, der dann zum primitven Wert `3.3` addiert wird. Siehe dazu den Abschnitt 5.8 über das Autohüllen (auto boxing).

Beispiel-04: Objekte verschiedener `PaarB`-Typen

```
63 PaarB<String>        b1 = new PaarB<String>         (s1, s2);
64 PaarB<Double>        b2 = new PaarB<Double>         (d1, d2);
65 PaarB<Object>        b3 = new PaarB<Object>         (s1, d2);
66 PaarB<int[]>         b4 = new PaarB<int[]>          (r1, r2);
67 PaarB<PaarB<String>>b5 = new PaarB<PaarB<String>> (b1, b1);
68 PaarB<String>        b6 = new PaarB<String>         (s1, d2); // CF
69 PaarB<Double>        b7 = new PaarB<Double>         (s1, d2); // CF
```

Für jedes Objekt eines Typs `PaarB<K>` gilt, dass seine beiden Komponenten zum selben Typ `K` gehören müssen. Das Objekt `b1` hat zwei `String`-Komponenten, `b2` zwei `Double`-Komponenten, `b4` zwei `int[]`-Komponenten und `b5` zwei Komponenten des Typs `PaarB<String>`. Die Vereinbarungen von `b6` und `b7` werden vom Ausführer schon bei der Übergabe des Programms abgelehnt („CF" soll an „Compiler-Fehler" erinnern), weil `d2` kein `String`- bzw. `s1` kein `Double`-Objekt ist.

Dass beide Komponenten eines `PaarB`-Objekts zum selben Typ gehören müssen ist weniger einschränkend, als es im ersten Moment erscheinen mag. Denn es gibt ja unter anderem den `PaarB`-Typ namens `PaarB<Object>`, und der hat große Ähnlichkeit mit dem nicht-generischen Typ `PaarA`: Zu einem Paar des Typs `PaarB<Object>` kann man zwei Objekte beliebiger Typen zusammenfassen (siehe z. B. `b3` in Zeile 65). Paare des Typs `PaarB<Object>` haben aber auch die Nachteile von `PaarA`-Objekten: Wenn man auf ihre Komponenten zugreift um sie zu bearbeiten, muss man in aller Regel Cast-Befehle anwenden.

Aufgabe-02: Angenommen, Sie wollen zwei `Double`-Objekte `d1` und `d2` zu einem Paar zusammenfassen. Geben Sie zwei verschiedene parametrisierte `PaarB`-Typen an, die dazu geeignet sind. Können Sie (nachdem Sie kurz in die Online-dokumentation der Klasse `Double` geschaut haben) noch einen dritten p-`PaarB`-Typ angeben, der ebenfalls geeignet ist? Eine Lösung findet man am Ende dieses Abschnitts.

Bemerkenswert ist, dass die Paare `b1` bis `b5` alle zu *verschiedenen* Typen gehören und Zuweisungen wie `b3=b1;` oder `b1=b3;` ... etc. alle *verboten* sind.

Man kann sich das auch so merken: Obwohl `String` ein Untertyp von `Object` ist, ist der Typ `PaarB<String>` weder ein Untertyp noch ein Obertyp von `PaarB<Object>`. Zwischen einem beliebigen Typ wie `String` und dem zugehörigen Typ `PaarB<String>` gibt es weder einen kovarianten noch einen kontravarianten Zusammenhang (siehe dazu den Abschnitt 7.9 über das Kovarianzproblem bei Reihungen). Das folgende Beispiel soll zeigen, dass diese Festlegung vernünftig ist und parametrisierte Typen sicherer macht als Reihungstypen.

Beispiel-05: Eine Methode mit einem Parameter eines p-Typs

```
70 static void liesUndSchreib(PaarB<Object> pob) {
71     pob.k1 = new Integer(17); // Schreibender Zugriff auf pob.k1
72     pob.k2 = new String("AB); // Schreibender Zugriff auf pob.k2
73     pln(pob.k1);              // Lesender    Zugriff auf pob.k1
74     pln(pob.k2);              // Lesender    Zugriff auf pob.k2
75 }
```

Wenn `PaarB<String>` ein Untertyp von `PaarB<Object>` wäre, dürfte man die Methode `liesUndSchreib` auch auf ein `PaarB<String>`-Objekt wie `b1` anwenden, etwa so:

```
76 liesUndSchreib(b1);
```

In Zeile 71 würde dann versucht, der `String`-Komponenten `b1.k1` (alias `pob.k1`) ein `Integer`-Objekt zuzuweisen, was verboten ist und eine Ausnahme auslösen müsste. Indem der Ausführer Methodenaufrufe wie den in Zeile 76 (schon bei der Übergabe des Programms) mit der Begründung ablehnt, dass `PaarB<String>` kein Untertyp von `PaarB<Object>` ist, wird zuverlässig verhindert, dass während der Ausführung des Programms Typfehler auftreten.

Die nicht-generische Klasse `PaarA` stellt dem Programmierer nur *einen* Typ zur Verfügung, den man mit einem Anzug „von der Stange" vergleichen kann: Zwar passen alle möglichen Paare in diesen Anzug, aber bei vielen Paaren schlackert er dann ganz erheblich. Dagegen stellt die generische Klasse `PaarB<K>` dem Programmierer *viele* verschiedene Typen zur Verfügung, unter denen er einen besonders gut auf seine Paare passenden („eine von vielen Konfektionsgrößen") auswählen kann. Falls der Programmierer will, kann er sich auch für den „Schlackeranzug" `PaarB<Object>` entscheiden, aber im allgemeinen ist eine elegantere Wahl möglich und empfehlenswert.

Beispiel-06: Objekte verschiedener `PaarC`-Typen

```
77 PaarC<String,String> c1 = new PaarC<String,String>(s1, s2);
78 PaarC<Double,Double> c2 = new PaarC<Double,Double>(d1, d2);
79 PaarC<String,Double> c3 = new PaarC<String,Double>(s1, d2);
80 PaarC<int[], String> c4 = new PaarC<int[], String>(r1, s2);
81 PaarC<String,Double> c5 = new PaarC<String,Double>(s1, s2);// CF
82 PaarC<String,Double> c6 = new PaarC<String,Double>(d1, d2);// CF
83 PaarC<String,Double> c7 = new PaarC<String,Double>(d1, s2);// CF
```

Die Vereinbarungen der Paar-Objekte `c5` bis `c7` werden vom Ausführer (schon bei der Übergabe des Programms) abgelehnt, weil `s2` kein `Double`-Objekt bzw. `d1` kein `String`-Objekt ist. Das Objekt `c4` fasst eine Reihung und einen String zusammen. Die Vereinbarung eines `PaarC`-Objekts `c8`, welches ein oder zwei

`PaarC`-Objekte als Komponenten enthält, fehlt hier nur deshalb, weil sie ziemlich lang ist und das Druckbild stören würde :-).

Die Klasse `PaarC<S, T>` gibt dem Programmierer noch mehr Möglichkeiten als die Klasse `PaarB<K>`, seine Paar-Typen „auf Maß zu wählen", statt sich mit „nur einem Satz von Konfektionsgrößen" zufrieden zu geben. Jedem B-Typ wie z. B. `PaarB<String>` entspricht weitgehend der C-Typ `PaarC<String, String>`, aber zusätzlich gibt es auch noch den C-Typ `PaarC<String, Object>` mit den größeren Hosen, den C-Typ `PaarC<Object, String>` mit dem größeren Jacket und viele weitere C-Typen.

Aufgabe-03: Angenommen, Sie wollen zwei `Double`-Objekte d1 und d2 zu einem Paar zusammenfassen. Geben Sie *vier* parametrisierte `PaarC`-Typen an, die dazu geeignet sind. Geben Sie insgesamt *neun* geeignete parametrisierte `PaarC`-Typen an (am besten in alphabetischer Reihenfolge) indem Sie berücksichtigen, dass die Klasse `Number` eine Oberklasse von `Double` ist. Eine Lösung findet man am Ende dieses Abschnitts.

Als *Namen von Typparametern* einer generischen Einheit sind beliebige Bezeichner erlaubt, die aus großen und kleinen Buchstaben, Ziffern und Unterstrichen bestehen dürfen und mit einem Buchstaben oder Unterstrich beginnen müssen. Es wird aber empfohlen, Typparameter mit besonders kurzen Namen zu versehen, die nur aus Großbuchstaben bestehen, z. B. K, S, T, UT, OT etc.

Lösung-01: Ein Dutzend `PaarC`-Typen

```
PaarC<Object,                      Object>
PaarC<Object,                      String>
PaarC<String,                      Object>
PaarC<String,                      String>
PaarC<String,                      PaarC<String, String>>
PaarC<PaarC<String, String>,       String>
PaarC<int[],                       in[]>
PaarC<int[],                       int[][]>
PaarC<String,                      int[]>
PaarC<int[],                       String>
PaarC<Integer[],                   String>
PaarC<String,                      Integer[]>
. . .
```

Lösung-02: Drei `PaarB`-Typen für ein Paar von `Double`-Objekten

```
PaarB<Object>, PaarB<Double>, PaarB<Number>.
```

Lösung-03: Es folgen hier nur die neun Typ-Paare `<S, T>`, mit denen man den Typ `PaarC` parametrisieren kann, wenn man `Double`-Objekte zu Paaren zusammenfassen will (z. B. so: `PaarC<Double, Number>`):

```
<Double, Double>, <Double, Number>, <Double, Object>,
<Number, Double>, <Number, Number>, <Number, Object>,
<Object, Double>, <Object, Number>, <Object, Object>.
```

16.3 Generische Schnittstellen implementieren

Generische Schnittstellen (generic interfaces) funktionieren ganz entsprechend wie generische Klassen. Als Beispiel betrachten wir hier die Schnittstelle `Comparable<K>` aus der Java-Standardbibliothek:

Beispiel-01: Die generische Schnittstelle `Comparable<K>`

```
1  public interface Comparable<K> {
2      public int compareTo(K that);
3      // Liefert einen negativen Wert, den Wert 0 bzw. einen
4      // positiven Wert je nachdem, ob this (das Objekt, zu
5      // dem diese Objektmethode compareTo gehoert) kleiner,
6      // gleich oder groesser that ist.
7  }
```

Die Schnittstelle `Comparable<K>` repräsentiert mehrere Typen, nämlich

1. *einen* rohen Typ (raw type) namens `Comparable` und
2. *viele* parametrisierte Typen (p-Typen) mit Namen wie z. B.
`Comparable<String>`, `Comparable<Double>`, `Comparable<int[]>` ... etc.

Auch bei Schnittstellen gilt, dass man den Umgang mit rohen Typen möglichst vermeiden sollte (siehe dazu den Abschnitt 16.9).

Eigentlich repräsentiert die generische Schnittstelle `Comparable<K>` genauso viele *Schnittstellen* („Dinge die man implementieren kann") wie Typen („Baupläne für Variablen") und jede Klasse darf *höchstens eine* dieser Schnittstellen implementieren (entweder `Comparable<String>` oder `Comparable<Double>` oder `Comparable<Object>` ... oder die rohe Schnittstelle `Comparable`).

In aller Regel wird eine Klasse `Apfel` die Schnittstelle `Comparable<Apfel>` und eine Klasse `Birne` wird die Schnittstelle `Comparable<Birne>` implementieren. Das hat dann zur Folge, dass man `Apfel`-Objekte nur mit `Apfel`-Objekten, aber nicht mit `Birnen`-Objekten vergleichen kann (und dass für `Birnen`-Objekte entsprechendes gilt).

Beispiel-01: Eine Klasse `Apfel` , die die Schnittstelle `Comparable<Apfel>` implementiert (siehe auch das Beispielprogramm `GenTypen06`):

```
 8   class Apfel implements Comparable<Apfel> {
 9       private int qualitaet;
10       private int gewicht;
11
12       public int compareTo(Apfel that) {
13           // Beim Vergleich zweier Aepfel zaehlt zuerst nur die
14           // Qualitaet. Nur bei gleicher Qualitaet entscheidet
15           // das Gewicht, welcher Apfel "der Groessere" ist.
16           if (this.qualitaet != that.qualitaet) {
17               return this.qualitaet - that.qualitaet;
18           } else { // wenn die qualitaet-en gleich sind:
19               return this.gewicht  - that.gewicht;
20           }
21       } // compareTo
22
23       public Apfel(int qualitaet, int gewicht) {
24           this.qualitaet = qualitaet;
25           this.gewicht   = gewicht;
26       } // Konstruktor Apfel
27       ...
28   } // class Apfel
```

Es folgen ein paar Vereinbarungen von `Apfel`-Objekten und die Ergebnisse, die sich bei ihrem Vergleich mit `compareTo` ergeben:

```
29       static public void main(String[] _) {
30           Apfel a1 = new Apfel(20, 10);
31           Apfel a2 = new Apfel(15, 20);
32           Apfel a3 = new Apfel(15, 30);
33           Apfel a4 = new Apfel(15, 30);
34           Birne b1 = new Birne ...
35
36           pln("A a1.compareTo(a2): " + a1.compareTo(a2));
37           pln("B a2.compareTo(a3): " + a2.compareTo(a3));
38           pln("C a3.compareTo(a4): " + a3.compareTo(a4));
39 //        pln("D a1.compareTo(b1): " + a1.compareTo(b1)); // CF
40       } // main
```

Wenn der Befehl in Zeile 39 nicht auskommentiert ist, wird er vom Ausführer abgelehnt (weil man Äpfel nicht mit Birnen vergleichen darf). Die `main`-Methode produziert folgende Ausgabe (die Kommentare wurden nachträglich ergänzt):

```
41 A a1.compareTo(a2): 5       // qualitaet 20 - 15
42 B a2.compareTo(a3): -10     // gewicht   20 - 30
43 C a3.compareTo(a4): 0       // gewicht   30 - 30
```

16.4 Typparameter mit extends beschränken

In den bisher behandelten Beispielen für generische Klassen und Schnittstellen waren alle Typparameter K, S, T etc. *unbeschränkt*, d. h. man durfte sie durch *jeden beliebigen* Referenztyp (und mehrere Typparameter S, T *unabhängig* voneinander) ersetzen.

Manchmal ist es sinnvoll, einen Typparameter zu *beschränken*, d. h. festzulegen, dass er nur durch bestimmte Typen ersetzt werden darf, oder auf eine bestimmte Weise von anderen Typparametern abhängen soll, etwa so:

Beispiel-01: Typparameter mit extends beschränken

```
1   class PaarJ<K extends OberKlasse & Verzierbar & Dehnbar> { ... }
2   class PaarD<S, T extends S> { ... }
```

Im Zusammenhang mit Typparametern kann man das Schlüsselwort extends etwa so ins Deutsche übersetzen: „ ... *muss die folgende Klasse und/oder Schnittstelle(n) erweitern bzw. implementieren:*". Eine etwas kürzere Übersetzung ist: „ ... *muss ein Untertyp von jedem der folgenden Typen sein:*".

In der generischen Klasse PaarJ darf der Typparameter K nur durch solche Klassen ersetzt werden, die die Klasse OberKlasse erweitern und die Schnittstellen Verzierbar und Dehnbar implementieren (siehe auch das Beispielprogramm GenTypen07).

Allgemein gilt: Nur der erste nach extends angegebene Name darf eine *Klasse* (*oder* eine Schnittstelle) bezeichnen. Alle anderen Namen müssen *Schnittstellen* bezeichnen. Man muss mindestens *einen* Namen angeben. Wenn man mehrere Namen angibt, müssen sie durch & voneinander getrennt werden.

In der generischen Klasse PaarD darf der Typparameter T nur durch eine Erweiterung des für S gewählten Typs ersetzt werden (S darf dagegen „frei" ersetzt werden). Im folgenden Beispiel garantiert diese Beschränkung des Parameters T, dass die Methode weiseZu immer funktioniert und keinen Typfehler verursacht:

Beispiel-02: Paare mit zuweisungskompatiblen Komponenten (siehe auch das Beispielprogramm GenTypen02)

```
3   class PaarD<S, T extends S> {
4       S k1;          // Komponente 1
5       T k2;          // Komponente 2
6       ...
7       void weiseZu() {k1 = k2;}
8   } // Klasse PaarD
```

Die Zuweisung im Rumpf der Methode `weiseZu` funktioniert immer, weil `k2` garantiert zu einem Untertyp des Typs von `k1` gehört.

Zur Erinnerung: Jeder Typ `T` gilt als Untertyp von sich selbst. Will man den Typ `T` selbst ausdrücklich *ausschließen*, spricht man von *echten* Untertypen (bzw. *echten* Obertypen) von `T`.

16.5 Generische Methoden

Zwei Typen, von denen keiner ein Untertyp (oder Obertyp) des anderen ist, bezeichnen wir im Folgenden als *unabhängig* (voneinander).

Generische Klassen und Schnittstellen machen es dem Programmierer ziemlich leicht, sehr viele unabhängige Typen zu definieren, z. B. (siehe das Beispiel-02 im vorigen Abschnitt) die p-Typen `PaarD<String, String>`, `PaarD<Object, String>`, `PaarD<Double, Double>`, `PaarD<Number, Double>`, `PaarD<Object, Double>` etc. etc.

Die „Leichtigkeit der Typproduktion" ist für den Programmierer ein großer Vorteil, gleichzeitig aber auch eine Bedrohung: Wenn er die Objekte all dieser Typen bearbeiten will, muss er sehr viele Methoden schreiben. Der Versuch, *eine* (normale) Methode zu schreiben, die Objekte *vieler* p-Typen bearbeiten kann, scheitert an der Unabhängigkeit der Typen. Hat eine Methode z. B. einen Parameter des Typs `PaarD<Object, Object>`, kann man sie nicht auf Objekte der Typen `PaarD<Object, String>` oder `PaarD<String, Object>` oder `PaarD<String, String>` etc. anwenden.

Für dieses durch die Einführung generischer Typen entstandene Problem gibt es nur eine Lösung: *Mehr* generische Einheiten, genauer: *Generische Methoden.*

Generische Einheiten sind also so etwas wie „suchterregend". Wenn man einmal damit anfängt, braucht man immer mehr davon. Das muss aber keineswegs schlecht sein. Gut gestaltete generische Einheiten können oft leichter und häufiger wiederverwendet werden als nicht-generische Einheiten. Schädliche Nebenwirkungen (z. B. auf die Gesundheit des Programmierers) sind bisher nicht bekannt geworden.

Beispiel-01: Drei generische Methoden namens bearbeite in zwei Klassen

```
1  class PaarD<S, T extends S> {
2      S k1;           // Komponente 1
3      T k2;           // Komponente 2
4      // ---------------------------------------------------------
5      public String toString() {
6          return "[" + k1 + ", " + k2 + "]";
7      } // toString
8      // ---------------------------------------------------------
9      void weiseZu() {k1 = k2;}
10     // ---------------------------------------------------------
11     void bearbeite(String name) {
12         pln("-----------------------------------------");
13         pln(name + ": " + this.toString());
14         this.weiseZu();
15         pln(name + ": " + this.toString());
16     } // bearbeite
17     // ---------------------------------------------------------
18     static <U, V extends U>
19     void bearbeite(PaarD<U, V> paar, String name) {
20         pln("-----------------------------------------");
21         pln(name + ": " + paar.toString());
22         paar.weiseZu();
23         pln(name + ": " + paar.toString());
24     } // bearbeite
25     // ---------------------------------------------------------
26     ...
27 } // Klasse PaarD
```

Es folgt eine Klasse GenTypen02, in der PaarD-Objekte bearbeitet werden:

```
28 class GenTypen02 {
29
30     static <U, V extends U>
31     void bearbeite(PaarD<U, V> paar, String name) {
32         pln("-----------------------------------------");
33         pln(name + ": " + paar.toString());
34         paar.weiseZu();
35         pln(name + ": " + paar.toString());
36     } // bearbeite
37     // ---------------------------------------------------------
38     static public void main(String[] _) {
39         ...
40     } // main
41     // ---------------------------------------------------------
42 } // GenTypen02
```

In diesem Beispiel werden drei generische Methoden namens bearbeite vereinbart, zwei in der Klasse PaarD und eine in der Klasse GenTypen02. Alle drei Methoden leisten dasselbe (in einem „ernsthaften" Programm würde man normalerweise nur *eine* davon vereinbaren). Mit jeder dieser Methoden kann man alle Objekte aller `PaarD`-Typen bearbeiten.

Die erste `bearbeite`-Methode (vereinbart in den Zeilen 11 bis 16) ist eine *Objektmethode* (non-static method). Sie ist generisch, weil sie als Objektmethode der generischen Klasse `PaarD` im Gültigkeitsbereich der (in der Zeile 1 vereinbarten) Typvariablen `<S, T extends S>` steht.

Die zweite `bearbeite`-Methode (vereinbart in den Zeilen 18 bis 24) ist eine *Klassenmethode* (static method). Sie gehört zwar zur generischen Klasse `PaarD`, aber als Klassenmethode liegt sie *nicht* im Gültigkeitsbereich der (in der Zeile 1 vereinbarten) Typvariablen `<S, T extends S>`.

Allgemein gilt: Die Typvariablen einer generischen Klasse haben grundsätzlich nichts mit den Klassenelementen (static members) der Klasse zu tun.

Diese zweite `bearbeite`-Methode ist generisch, weil sie mit einer eigenen Vereinbarung von Typvariablen (`<U, V extends U>` in Zeile 18) beginnt.

Die dritte `bearbeite`-Methode (vereinbart in den Zeilen 30 bis 36) ist ebenfalls eine *Klassenmethode* und eine genaue Kopie der zweiten, gehört aber nicht zu der generischen Klasse `PaarD`, sondern zu einer (beliebigen, hier nicht-generischen) anderen Klasse `GenTypen02`.

In der `main`-Methode der Klasse `GenTypen02` (in Zeile 38 bis 40 nur angedeutet) kann man Paare beliebiger `PaarD`-Typen vereinbaren und wahlweise mit einer der drei `bearbeite`-Methoden bearbeiten.

Das Beispiel-01 sollte zeigen: Mit *einer* generischen Methode kann man Objekte *vieler* verschiedener Typen bearbeiten. Will man die Objekte einer bestimmten generischen Klasse (z. B. der Klasse `PaarD`) bearbeiten, kann man eine entsprechende generische Methode auf drei verschiedene Weisen vereinbaren:

1. Als Objektmethode in der generischen Klasse.
2. Als Klassenmethode in der generischen Klasse.
3. Als Klassenmethode in einer anderen Klasse.

Das folgende Beispiel soll deutlich machen, dass man in einer Klassenmethode einer generischen Klasse die Typparameter der Klasse *nicht* benutzen darf:

Beispiel-02: Drei erlaubte und eine verbotene Methode in einer generischen Klasse (siehe auch das Beispielprogramm GenTypen03)

```
43 class PaarG<K> {       // Eine generische Klasse, 1 Parameter K
44    K k1;               // Komponente 1
45    K k2;               // Komponente 2
46    // -------------------------------------------------------
47    PaarG(K k1, K k2) {
48       ·this.k1 = k1;
49        this.k2 = k2;
50    } // Konstruktor PaarG
51    // -------------------------------------------------------
52    // Eine generische Objektmethode, die vom Typparameter K
53    // ihrer Klasse abhaengt:
54    void gibAusO2(K k) {pln("C " + k);}
55    // -------------------------------------------------------
56    // Eine generische Klassenmethode, die vom Typparameter K
57    // ihrer Klasse abhaengt (nicht erlaubt!):
58 // static
59 // void gibAusK2(K k) {pln("D " + k);} // Verboten!
60    // -------------------------------------------------------
61    // Eine generische Objektmethode, die von einem eigenen
62    // Typparameter N abhaengt:
63    <N extends Number>
64    void gibAusO3(N n) {pln("E " + n);}
65    // -------------------------------------------------------
66    // Eine generische Klassenmethode, die von einem eigenen
67    // Typparameter N abhaengt:
68    static <N extends Number>
69    void gibAusK3(N n) {pln("F " + n);}
70    // -------------------------------------------------------
71 } // Klasse PaarG
```

Wenn die Zeilen 58 bis 59 nicht auskommentiert sind, lehnt der verwendete Ausführer das Programm mit der folgenden Fehlermeldung ab:

```
72 D:\Java\GenTypen03.java:58: non-static class K
73  cannot be referenced from a static context
74  void gibAusK2(K k) {pln("D " + k);} // Verboten!
75                     ^
```

Diese Meldung lässt ahnen, dass der verwendete Ausführer die Typvariable K als eine Art *Objektelement* (non-static member) behandelt, welches man im Zusammenhang mit *Klassenelementen* (static members) nicht benutzen darf.

Maschinelle Ausführer haben typischerweise einen relativ kleinen Wortschatz und sagen z. B. class K wenn sie eigentlich type K meinen. Das sollte man ihnen aber nachsehen, denn sie leisten sonst ja oft sehr Nützliches, indem sie z. B. in sehr kurzer Zeit Millionen von langweiligen Prüfungen gewissenhaft durchführen ohne zu murren.

16.6 Die Jokervariable ? im Vergleich mit anderen Typvariablen

Alle bisher angeführten generischen Funktionen konnte man daran erkennen, dass in ihrer Nähe und in spitze Klammern <...> eingeschlossen *Typvariablen* mit charakteristischen Namen wie S und T vereinbart wurden. In besonders einfachen Fällen kann man auf die Vereinbarung solcher Variablen verzichten und die Jokervariable ? verwenden.

Normale Typvariablen wie S, T etc. darf man nur nach *oben* beschränken (mit extends, „muss ein Untertyp sein von"). Die Jokervariable ? darf man auch nach *unten* beschränken (mit super, „muss ein Obertyp sein von").

Das folgende Beispiel-01 zeigt Anwendungen normaler Typvariablen, der Jokervariablen ? und Beschränkungen mit extends und mit super.

Zur Erinnerung: Number ist eine (abstrakte) Klasse aus der Standardbibliothek, zu deren Unterklassen unter anderem die Hüllklassen Double und Integer gehören. Number ist eine direkte Unterklasse von Object, etwa so:

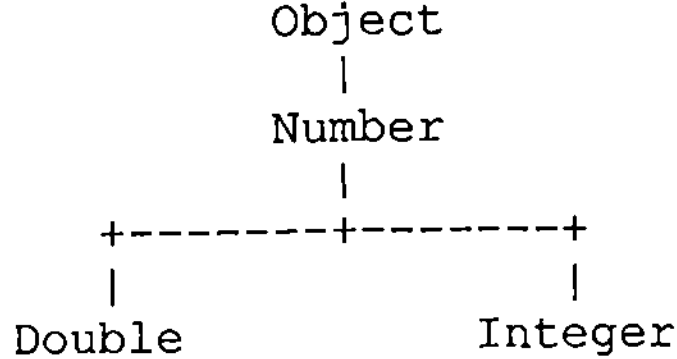

Beispiel-01: Sechs Klassenmethoden mit unterschiedlich beschränktem Parameter

```
1    class PaarH<K> {        // Eine generische Klasse, 1 Parameter K
2        K k1;               // Komponente 1
3        K k2;               // Komponente 2
4        // --------------------------------------------------------
5        PaarH(K k1, K k2) {
6            this.k1 = k1;
7            this.k2 = k2;
8        } // Konstruktor PaarH
9        // --------------------------------------------------------
10       public String toString() {
11           return "[" + k1 + ", " + k2 + "]";
12       } // toString
13       // --------------------------------------------------------
14   } // Klasse PaarH
15   // ========================================================
```

```
16 class GenTypen04 {
17     // ----------------------------------------------------------------
18     // Sechs (Klassen-) Methoden gibAusA bis gibAusF:
19     static
20     void gibAusA(PaarH<Object>            p) {pln("A " + p);}
21     // ----------------------------------------------------------------
22     static <S extends Number>
23     void gibAusB(PaarH<S>                 p) {pln("B " + p);}
24     // ----------------------------------------------------------------
25     static
26     void gibAusC(PaarH<? extends Number> p) {pln("C " + p);}
27     // ----------------------------------------------------------------
28     static
29     void gibAusD(PaarH<? super   Number> p) {pln("D " + p);}
30     // ----------------------------------------------------------------
31     static <S>
32     void gibAusE(PaarH<S>                 p) {pln("E " + p);}
33     // ----------------------------------------------------------------
34     static
35     void gibAusF(PaarH<?>                 p) {pln("F " + p);}
36     // ----------------------------------------------------------------
37     static public void main(String[] _) {
38         ...
39     } // main
40     // ----------------------------------------------------------------
41 } // class GenTypen04
```

Alle sechs `gibAus`-Methoden (A bis F) dienen dazu, p-`PaarH`-Objekte (Objekte eines parametrisierten `PaarH`-Typs) auszugeben. Aber jede der Methoden hat einen anders beschränkten (bzw. unbeschränkten) Parameter und kann deshalb auf Objekte von mehr oder weniger `PaarH`-Typen angewendet werden. Es folgt eine Beschreibung dieser Beschränkungen:

A. Die Methode `gibAusA` kann man nur auf Objekte des *einen* Typs `PaarH<Object>` anwenden, aber nicht auf Objekte von Typen wie `PaarH<String>` oder `PaarH<Number>` etc. Grund: Obwohl `String` ein Untertyp von `Object` ist, gilt `PaarH<String>` nicht als Untertyp von `PaarH<Object>` (und fuer `Number` und andere Typen gilt Entsprechendes).

B. Die Methode `gibAusB` kann man auf Objekte der Typen `PaarH<S>` anwenden, bei denen S gleich dem Typ `Number` oder gleich einem *Untertyp* von `Number` ist. Zu diesen Typen gehören z. B. `PaarH<Number>`, `PaarH<Double>` und `PaarH<Integer>`. Nicht dazu gehören z. B. die Typen `PaarH<String>` und `PaarH<Object>` (weil `String` und `Object` keine Untertypen von `Number` sind).

C. Fuer die Methode `gibAusC` gilt genau das Gleiche wie fuer `gibAusB`.

D. Die Methode `gibAusD` kann man auf Objekte der Typen `PaarH<S>` anwenden, bei denen `S` gleich dem Typ `Number` oder gleich einem *Obertyp* von `Number` ist. Zu diesen Typen gehören nur die Typen `PaarH<Number>` und `PaarH<Object>`, weil `Object` der einzige Obertyp von `Number` ist.

E. Die Methode `gibAusE` kann man auf alle Objekte aller Typen `PaarH<S>` anwenden, wobei `S` ein beliebiger Typ sein darf.

F. Fuer die Methode `gibAusF` gilt genau das Gleiche wie fuer `gibAusE`.

In der Methode `gibAusF` wird eine *unbeschränkte* Jokervariable ? verwendet (siehe Zeile 35), in den Methoden `gibAusC` und `gibAusD` werden dagegen *beschränkte* Jokervariablen ? verwendet (siehe Zeile 26 bzw. 29).

In einigen Fällen kann man wahlweise eine *normale Typvariable* wie `K`, `S`, `T` etc. vereinbaren oder (ohne vorherige Vereinbarung) eine *Jokervariable* ? benutzen (siehe `gibAusB` und `gibAusC` sowie `gibAusE` und `gibAusF`). In diesen Fällen sollte man die etwas einfachere Notation mit den Jokervariablen vorziehen. Eine normale Typvariable wie `K`, `S`, `T` etc. *muss* man benutzen, wenn sie (in der generischen Methode) an mehr als einer Stelle benötigt wird.

Man beachte, dass in diesem Beispiel die sechs `gibAus`-Methoden nur *lesend* auf ihren Parameter p zugreifen und nicht versuchen, ihn zu verändern. Im nächsten Abschnitt wird ein ähnliches Beispiel vorgestellt, in dem Methoden versuchen, ihren Parameter zu verändern.

Die parametrisierten `PaarH`-Typen `PaarH<String>`, `PaarH<Object>`, `PaarH<Number>`, `PaarH<Double>`, ... etc. sind alle unabhängig voneinander, d. h. keiner ist ein Ober- oder Untertyp eines anderen. Sie sind aber alle Untertypen des Joker-parametrisierten Typs `PaarH<?>`. und der ist seinerseits ein Untertyp des rohen Typs `PaarH`, etwa so:

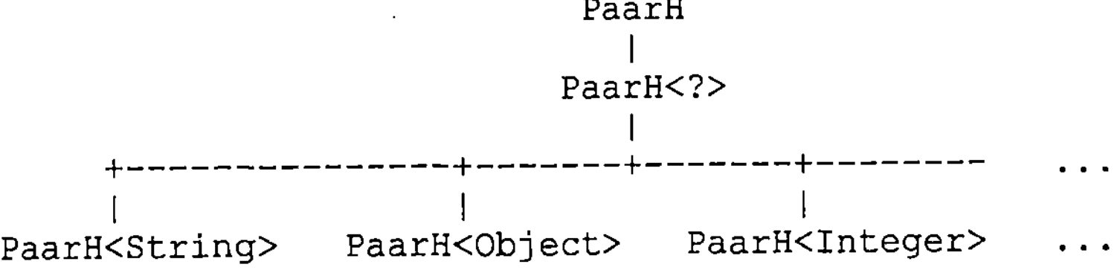

```
                    PaarH
                      |
                   PaarH<?>
                      |
     +---------------+-------+-------+--------     . . .
     |               |               |
PaarH<String>   PaarH<Object>   PaarH<Integer>    . . .
```

Eine Methode mit einem Parameter des nicht-rohen Typs `PaarH<?>` kann man somit auf Objekte *aller* parametrisierten `PaarH`-Typen anwenden.

Beispiel-02: Eine simple Methode mit einem Parameter des Typs `PaarH<?>` (siehe auch das Beispielprogramm `GenTypen11`)

```
42      static String toStringA(PaarH<?> p) {
43          Object ob = p.k2;  // Lesender     Zugriff, erlaubt
44 //       p.k2      = ob;   // Schreibender Zugriff, verboten
45          p.k1      = null; // Schreibender Zugriff, erlaubt
46          return "--> " + p.toString();
47      } // toStringA
```

Auf ihren Parameter p darf diese Methode natürlich nur solche Befehle anwenden, die (für den Ausführer bei der Übergabe des Programms klar erkennbar) mit *jedem* Typ anstelle des Jokers ? verträglich sind. Das schließt fast alle schreibenden Zugriffe auf die Komponenten p.k1 und p.k2 des Paares aus (die einzige Ausnahme steht in Zeile 45). Der schreibende Zugriff auf die Komponente p.k2 würde zwar auch in jedem Falle gut gehen, aber das kann ein Ausführer der Java-Version 5.0 leider nicht erkennen.

16.7 Die Jokervariable ? und schreibende Zugriffe auf Parameter

Das folgende Beispiel hat Ähnlichkeit mit dem Beispiel-01 im vorigen Abschnitt. Der wesentliche Unterschied besteht darin, dass im vorigen Abschnitt Methoden nur *lesend* auf ihren Parameter zugreifen, in diesem Abschnitt aber auch *schreibend* (oder: verändernd).

Beispiel-01: Sechs Klassenmethoden mit unterschiedlich beschränktem Parameter

```
1   class PaarI<K> {      // Eine generische Klasse, 1 Parameter K
2       K k1;             // Komponente 1
3       K k2;             // Komponente 2
4       ... // Ganz entsprechend wie PaarH<K>
5   } // Klasse PaarI
6   // ==================================================================
7   class GenTypen05 {
8       // ----------------------------------------------------------------
9       // Sechs (Klassen-) Methoden vertauscheEtcA bis vertauscheEtcF:
10      static
11      void vertauscheEtcA(PaarI<Object>       p) {
12          Object tmp = p.k1;
13          p.k1      = p.k2;
14          p.k2      = tmp;
15          pln("A " + p);
16      } // vertauscheEtcA
```

```
17      // ------------------------------------------------
18      static <S extends Number>
19      void vertauscheEtcB(PaarI<S>                  p) {
20          S tmp = p.k1;
21          p.k1    = p.k2;
22          p.k2    = tmp;
23          pln("B " + p);
24      } // vertauscheEtcB
25      // ------------------------------------------------
26      static
27      void vertauscheEtcC(PaarI<? extends Number> p) {
28          Number tmp = p.k1;
29 //     p.k1        = p.k2; // Verboten!
30 //     p.k2        = tmp;  // Verboten!
31          pln("C " + p);
32      } // vertauscheEtcC
33      // ------------------------------------------------
34      static
35      void vertauscheEtcD(PaarI<? super   Number> p) {
36          Object tmp = p.k1;
37 //     p.k1        = p.k2; // Verboten!
38 //     p.k2        = tmp;  // Verboten!
39          pln("D " + p);
40      } // vertauscheEtcD
41      // ------------------------------------------------
42      static <S>
43      void vertauscheEtcE(PaarI<S>                  p) {
44          S tmp = p.k1;
45          p.k1    = p.k2;
46          p.k2    = tmp;
47          pln("E " + p);
48      }
49      // ------------------------------------------------
50      static
51      void vertauscheEtcF(PaarI<?>                  p) {
52          Object tmp = p.k1;
53 //     p.k1        = p.k2; // Verboten!
54 //     p.k2        = tmp;  // Verboten!
55          pln("F " + p);
56      } // vertauscheEtcF
57      // ----------------------------------------------------
58      static public void main(String[] _) {
59          ...
60      } // main
61      // ----------------------------------------------------
62 } // class GenTypen05
```

Drei der sechs vertauscheEtc-Methoden enthalten Befehle, die der Ausführer
(schon bei der Übergabe des Programms) ablehnt. Die Parameter p dieser Methoden gehören zu PaarI-Typen, die mit einer (beschränkten bzw. unbeschränkten)

Jokervariablen ? parametrisiert sind. Warum vertragen sich mit einem Joker parametrisierte Typen nicht mit *schreibenden Zugriffen* auf die Parameter?

Vom Parameter p der Methode vertauscheEtcF weiß der Ausführer (bei der Übergabe des Programms, „zur Compilezeit") nur, dass er zu irgendeinem parametrisierten Typ PaarI<?> gehört. Daraus schließt er (richtig), dass die Variable p.k2 zu irgendeinem Typ ? gehört, z. B. zum Typ String oder zum Typ Object oder ... etc. Deshalb muss er die Zuweisung in Zeile 54 ablehnen, denn dort soll er der Variablen p.k2 den Wert der Object-Variablen tmp zuweisen ohne sicher zu sein, dass p.k2 ebenfalls zum Typ Object gehört.

Eigentlich müsste der *Programmierer* in Zeile 54 den Object-Wert der Variablen tmp mit einem Cast-Befehl in den Typ der Variablen p.k2, d. h. in den unbekannten Typ ? umwandeln lassen. Aber ein Cast-Befehl (TYP) ist grundsätzlich nur erlaubt, wenn der TYP dem Ausführer (bei der Übergabe des Programms) bekannt ist. Bei einem Cast (?) wäre das nicht der Fall.

Die Zuweisung in Zeile 54 ist also nicht typsicher und der Programmierer kann sie auch nicht mit einem Cast-Befehl reparieren. Für die anderen vom Ausführer abgelehnten Befehle gilt Ähnliches: Der Ausführer kann (bei der Übergabe und Prüfung des Programms) nicht feststellen, dass die Befehle in allen möglichen Fällen typenmäßig korrekt sind. Deshalb lehnt er sie ab. Es folgen hier die entsprechenden Fehlermeldungen des Compilers javac der Firma Sun (siehe dazu auch das Beispielprogramm GenTypen05):

```
63 D:\Java\GenTypen05.java:29: assigning to
64 wildcard ? extends java.lang.Number
65      p.k1         = p.k2; // Verboten!
66                     ^
67 D:\Java\GenTypen05.java:30: assigning to
68 wildcard ? extends java.lang.Number
69      p.k2         = tmp;  // Verboten!
70                     ^
71 D:\Java\GenTypen05.java:37: assigning from
72 wildcard ? super java.lang.Number
73      p.k1         = p.k2; // Verboten!
74                     ^
75 D:\Java\GenTypen05.java:38: incompatible types
76 found    : java.lang.Object
77 required: ? super java.lang.Number
78      p.k2         = tmp;  // Verboten!
79                     ^
80 D:\Java\GenTypen05.java:53: assigning from wildcard ?
81      p.k1         = p.k2; // Verboten!
82                     ^
83 D:\Java\GenTypen05.java:54: assigning to wildcard ?
```

```
84       p.k2        = tmp;   // Verboten!
85                    ^
```

Dabei ist *wildcard* („wilde Karte" beim Kartenspiel) das englische Wort für das ursprünglich ebenfalls englische, aber schon seit längerem ins Deutsche übernommene Wort *Joker* („Spaßmacher", „Narr").

Wie man die drei im obigen Beispiel-01 vom Ausführer abgelehnten `vertauscheEtc`-Methoden mit einem Trick (*Joker fangen*, engl. wildcard capture) doch noch zum Laufen bringen kann, wird im nächsten Abschnitt gezeigt.

Ein parametrisierter Typ wie etwa `PaarL<? extends K>` (mit einem nach *oben* beschränkten Typparameter wie `<? extends K>`) ist besonders für Methodenparameter geeignet, auf die nur *lesend* zugegriffen wird.

Ein parametrisierter Typ wie etwa `PaarL<? super K>` (mit einem nach *unten* beschränkten Typparameter wie `<? super K>`) ist besonders für Methodenparameter geeignet, auf die nur *schreibend* zugegriffen wird.

Das folgende Beispiel soll deutlich machen, was mit diesen möglicherweise ziemlich dunkel klingenden Sätzen gemeint ist.

Beispiel-02: Generische Methoden, die nur *lesend* bzw. nur *schreibend* auf ihren Parameter zugreifen (der natürlich zu einem p-Typ gehört, siehe auch das Beispielprogramm `GenTypen09`)

```
86  // ===============================================================
87  class PaarL<K> {        // Eine generische Klasse, 1 Parameter K
88     K k1;                // Komponente 1
89     K k2;                // Komponente 2
90     ... // genau wie PaarI<K>
91  } // Klasse PaarL
92  // ===============================================================
93  class GenTypen09 {
94     // --------------------------------------------------------------
95     static
96     <T> void kopiereA(PaarL<? extends T> quelle,
97                       PaarL<? super   T> ziel) {
98        ziel.k1 = quelle.k1;
99        ziel.k2 = quelle.k2;
100    } // kopiereA
101    // --------------------------------------------------------------
102    static
103    <T> void kopiereB(PaarL<? extends T> quelle,
104                      PaarL<T>           ziel) {
105       ziel.k1 = quelle.k1;
106       ziel.k2 = quelle.k2;
107    } // kopiereB
108    // --------------------------------------------------------------
```

```
109    static
110    <T> void kopiereC(PaarL<T>          quelle,
111                      PaarL<? super    T> ziel) {
112       ziel.k1 = quelle.k1;
113       ziel.k2 = quelle.k2;
114    } // kopiereC
115    // ----------------------------------------------------------
116    static
117    <T> T liesKomp1(PaarL<? extends T> p) {
118       T alt = p.k1; // Lesender Zugriff auf p.k1
119       return alt;
120    } // liesKomp1
121    // ----------------------------------------------------------
122    static
123    <T> void schreibKomp2(PaarL<? super T> p, T neu) {
124       p.k2 = neu; // Schreibender Zugriff auf p.k2
125    } // schreibKomp2
126    // ----------------------------------------------------------
```

Die Methode `kopiereA` (vereinbart in den Zeilen 95 bis 100) kopiert die beiden
Komponenten eines Paares `quelle` in die Komponenten eines Paares `ziel`. Normalerweise (so kann man sich vorstellen) sollen `quelle` und `ziel` zum selben p-
Typ `PaarL<T>` gehören. Die Zuweisung in Zeile 98 funktioniert allerdings auch,
wenn gilt:

1. Der Typ der linken Seite (`ziel.k1`)   ist ein *Obertyp* von T und/oder
2. der Typ der rechten Seite (`quelle.k1`) ist ein *Untertyp* von T.

Diesen „kontravarianten Charakter" hat natürlich auch die Zuweisung in Zeile 99.
Deshalb hat der Programmierer erlaubt, dass der p-Typ von `quelle` (siehe Zeile
96) mit irgendeinem *Untertyp* von T und der p-Typ von `ziel` (siehe Zeile 97) mit
irgendeinem *Obertyp* von T parametrisiert sein darf.

Die Methode `kopiereA` soll zwei „begriffliche Verbindungen" deutlich machen:
Zwischen `extends` und `lesen` und zwischen `super` und `schreiben`. Um diese
Verbindung offensichtlich zu machen, wurde die Methode komplizierter vereinbart
als eigentlich nötig. Die Methoden `kopiereB` und `kopiereC` leisten genau dasselbe wie `kopiereA`, haben aber jeweils einen etwas einfacheren Parameter.

Die Methode `liesKomp1` (vereinbart in den Zeile 116 bis 120) greift nur *lesend*
auf die Komponente `k1` ihres Parameters `p` zu. Deshalb darf diese Komponente
`p.k1` auch zu einem *Untertyp* von T gehören. Die Methode `schreibKomp2` (vereinbart in den Zeilen 122 bis 125) greift nur *schreibend* auf die Komponente `k2`
ihres Parameters `p` zu. Deshalb darf diese Komponente `p.k2` auch zu einem *Obertyp* von T gehören.

16.8 Joker fangen (wildcard capture)

Im Beispiel-01 des vorigen Abschnitts wurden sechs Methoden (vertauscheEt-cA bis F) vereinbart, von denen drei (C, D und F) vom Ausführer abgelehnt wurden. In diesem Abschnitt wird gezeigt, wie man die abgelehnten Methoden mit dem Trick des Joker-Fangens doch noch zum Laufen bringen kann.

Das gemeinsame Problem der abgelehnten Methoden bestand darin, dass die zu vertauschenden Komponenten k1 und k2 zu „irgendeinem Typ ?" gehörten, man aber keine Variable von „irgendeinem Typ ?" vereinbaren darf. In bestimmten (stark eingeschränkten) Fällen ist es aber möglich, den durch die Jokervariable ? bezeichneten Typ „einzufangen", ihm einen „richtigen Namen" zu geben und mit Hilfe dieses Typnamens z. B. eine Variable zu vereinbaren.

Beispiel-01: Den Joker ? in einer FALLE fangen

```
 1  // ===============================================================
 2  class PaarM<K> {       // Eine generische Klasse, 1 Parameter K
 3      K k1;              // Komponente 1
 4      K k2;              // Komponente 2
 5      ... // Genau wie PaarI im vorigen Abschnitt
 6  } // Klasse PaarM
 7  // ===============================================================
 8  class GenTypen10 {
 9      // -----------------------------------------------------------
10      // Drei vertauscheEtc-Methoden C, D und F und eine
11      // Hilfsmethode mit dem etwas geschwaetzigen Namen
12      // fangDenJokerUndVertausche:
13
14      static public
15      void vertauscheEtcC(PaarM<? extends Number> p) {
16          fangDenJokerUndVertausche(p);
17          pln("C " + p);
18      } // vertauscheEtcC
19      // -----------------------------------------------------------
20      static public
21      void vertauscheEtcD(PaarM<? super    Number> p) {
22          fangDenJokerUndVertausche(p);
23          pln("D " + p);
24      } // vertauscheEtcD
25      // -----------------------------------------------------------
26      static public
27      void vertauscheEtcF(PaarM<?>                 p) {
28          fangDenJokerUndVertausche(p);
29          pln("F " + p);
30      } // vertauscheEtcF
31      // -----------------------------------------------------------
```

```
32     static private <FALLE>
33     void fangDenJokerUndVertausche (PaarM<FALLE> p) {
34         FALLE tmp = p.k1;
35         p.k1      = p.k2;
36         p.k2      = tmp;
37     } // fangDenJokerUndVertausche
38     // ---------------------------------------------------------
39        ...
40  } // class GenTypen10
```

Wenn man die Methode `fangDenJokerUndVertausche` mit einem aktuellen Parameter aufruft, der z. B. zum p-Typ `PaarM<String>` gehört, dann bezeichnet innerhalb der Methode der Name `FALLE` den Typ `String`. Wenn der aktuelle Parameter zum Typ `PaarM<?>` gehört, dann bezeichnet der Name `FALLE` den Typ ?, d. h. den Typ, den die Jokervariable ? gerade bezeichnet. Wenn der Jokertyp in die FALLE gegangen ist, kann man mit diesem „richtigen Namen" wie in Zeile 34 eine Variable vereinbaren. Ganz entsprechendes gilt, wenn der aktuelle Parameter z. B. zu einem Typ wie `PaarM<? extends Number>` oder `PaarM<? super Number>` gehört.

Das Beispielprogramm `GenTypen10` enthält noch weitere Varianten dieser Technik des Joker-Fangens. Insbesondere wird dort gezeigt, dass man in *einer* Falle nicht gleichzeitig *zwei* Joker fangen kann (wohl aber *zwei* Joker in *zwei* getrennten Fallen).

16.9 Rohe Typen

In der Version 5.0 der Java-Standardbibliothek gibt es zahlreiche *generische* Klassen und Schnittstellen (z. B. `ArrayList` und `Collection`), die die gleichnamigen, aber *nicht-generischen* Klassen bzw. Schnittstellen in früheren Versionen der Standardbibliothek ersetzen.

Viele Java-Programme benutzen diese älteren, nicht-generischen Klassen und Schnittstellen. Einige dieser älteren Programme werden möglicherweise auf die neuen, generischen Klassen und Schnittstellen umgestellt, aber das wird nicht über Nacht, sondern im Verlauf mehrerer Jahre passieren. Große Programmsysteme (die aus sehr vielen Klassen bestehen), können nicht auf einmal umgestellt werden. Wenn überhaupt, müssen sie in Abschnitten und Etappen an die neuen Möglichkeiten des generischen Javas angepasst werden. Ältere (nicht-generische) Programme werden in zunehmendem Maße mit neuen (generischen) Programmen kooperieren und interagieren müssen.

Die Version 5.0 von Java enthält zwar zahlreiche und teilweise tief gehende und schwerwiegende Neuerungen (vor allem die generischen Einheiten), ist aber trotzdem (weitestgehend) abwärtskompatibel: Ein Java-Ausführer der Version 5.0 kann alle Programme der Version 1.4 ausführen und das Ergebnis ist das Gleiche wie bisher. Speziell für die generischen Einheiten gilt: Es ist möglich, in einem Programm die alten, *nicht-generischen* Klassen und Schnittstellen und die neuen, *generischen* Versionen nebeneinander zu benutzen. Das Grundkonzept, mit dem das ermöglicht wurde, sind die *rohen Typen*. Z. B. kann die alte, nicht-generische Klasse `ArrayList` als roher Typ auch in neuen Programmen benutzt werden und mit den neuen parametrisierten Typen wie `ArrayList<String>`, `ArrayList <Double>`, `ArrayList<Object>`, ... etc. interagieren.

Die rohen Sammlungstypen im generischen Java haben allerdings den gleichen Nachteil wie die nicht-generischen Sammlungsklassen in älteren Java-Versionen: Sie zwingen den Programmierer in aller Regel dazu, Cast-Befehle in sein Programm zu schreiben und damit das starke Typensystem von Java zu schwächen. Beispiele dafür folgen weiter unten.

Rohe-Typen-Regel-1: Ist `GK<T>` eine generische Klasse mit einem Typparameter `T`, dann sind die parametrisierten Typen `GK<String>`, `GK<Double>`, `GK<Object>`, ... etc. *Untertypen* des rohen Typs `GK`.

Für generische Klassen mit *mehreren* Typparametern und für *Schnittstellen* gilt ganz Entsprechendes. Z. B. sind die parametrisierten Typen `GS<String, Object>`, `GS<String, Double>`, `GS<Object, Object>`, ... etc. einer generischen Schnittstelle `GS` Untertypen des rohen Typs `GS`.

Zur Erinnerung: Kein parametrisierter Typ wie `GK<String>`, `GK<Double>`, `GK<Object>`, ... etc. ist ein Ober- oder Untertyp eines anderen parametrisierten Typs. Insbesondere ist `GK<Object>` kein Obertyp von `GK<String>` oder von `GK<Double>` etc. und der rohe Typ `GK` unterscheidet sich somit ganz wesentlich von dem parametrisierten Typ `GK<Object>`.

Eine Variable eines rohen Typs wie `GK` bezeichnen wir im Folgenden auch als *rohe Variable*, und den Wert einer solchen Variablen als *rohen Wert*. Eine Variable eines parametrisierten Typs (p-Typs) wie `GK<String>` bezeichnen wir auch als *p-Variable* und den Wert einer solchen Variablen als *p-Wert*.

Das folgende Beispiel soll deutlich machen, welche Zuweisungen zwischen rohen Variablen und p-Variablen erlaubt sind und welche davon typsicher bzw. nicht typsicher sind.

Beispiel-01: Zuweisungen zwischen rohen Variablen und p-Variablen (siehe auch das Beispielprogramm GenTypen08)

```
 1  // ================================================================
 2  class PaarJ<K> {       // Eine generische Klasse, 1 Parameter K
 3      K k1;              // Komponente 1
 4      K k2;              // Komponente 2
 5      // ----------------------------------------------------------
 6      PaarJ(K k1, K k2) {
 7          this.k1 = k1;
 8          this.k2 = k2;
 9      } // Konstruktor PaarJ
10      // ----------------------------------------------------------
11      public String toString() {
12          return "[" + k1 + ", " + k2 + "]";
13      } // toString
14      // ----------------------------------------------------------
15  } // Klasse PaarJ
16  // ================================================================
17  class GenTypen08 {
18      // ----------------------------------------------------------
19      static public void main(String[] _) {
20          pln("GenTypen08: Jetzt geht es los!");
21          // ------------------------------------------------------
22          PaarJ<String> ps_01, ps_02, ps_03; //     p-Variablen
23          PaarJ<Double> pd_01, pd_02, pd_03; //     p-Variablen
24          PaarJ         roh01, roh02, roh03; // Rohe Variablen
25          // ------------------------------------------------------
26          ps_01 = new PaarJ<String>("aaa", "AAA");
27          roh01 = ps_01;                          // typsicher
28  //      pd_01 = ps_01;                          // Fehlermeldung
29          // ------------------------------------------------------
30          roh02 = new PaarJ<String>("bbb", "BBB"); // typsicher
31          roh03 = new PaarJ        ("ccc", 1.1);   // Warnung
32          // ------------------------------------------------------
33          ps_02 = roh02;                          // Warnung
34          ps_03 = roh03;                          // Warnung
35          // ------------------------------------------------------
36          pd_02 = roh02;                          // Warnung
37          pd_03 = roh03;                          // Warnung
38          // ------------------------------------------------------
39
40          pln("----------------------------------------");
41          pln("A ps_01: " + ps_01);
42          pln("B roh01: " + roh01);
43          pln("----------------------------------------");
44          pln("C roh02: " + roh02);
45          pln("D roh03: " + roh03);
46          pln("----------------------------------------");
47          pln("E ps_02: " + ps_02);
48          pln("F ps_03: " + ps_03);
```

```
49          pln("--------------------------------------");
50          pln("G pd_02: " + pd_02);
51          pln("H pd_03: " + pd_03);
52          pln("--------------------------------------");
53          Double d2 = pd_03.k2;
54 //       String s1 = pd_03.k1;                        // Fehlermeldung
55          Double d1 = pd_03.k1;                        // Laufzeitfehler
56          pln("--------------------------------------");
57          pln("GenTypen08: Das war's erstmal!");
58      } // main
59      // --------------------------------------------------
60 } // GenTypen08
```

Die Zuweisung in Zeile 28 wird vom Ausführer abgelehnt (schon bei der Übergabe des Programms), weil `PaarJ<String>` kein Untertyp von `PaarJ<Double>` ist.

In Zeile 30 wird nach `new` ein Konstruktor `PaarJ` mit dem Typparameter `<String>` („ein p-Konstruktor") aufgerufen. Der resultierende p-Wert wird der rohen Variablen `roh02` zugewiesen. Solche Zuweisungen sind typsicher und werden deshalb vom Ausführer ohne Warnung akzeptiert. Das entspricht auch der Festlegung, dass der rohe Typ `PaarJ` ein *Obertyp* aller parametrisierten `PaarJ`-Typen ist.

In Zeile 31 wird ein Konstruktor `PaarJ` ohne Typparameter („ein roher Konstruktor") aufgerufen. Der Ausführer kann die Methodenparameter `"ccc"` und `1.1` dieses Aufrufs keiner Typprüfung unterziehen. Deshalb warnt er den Programmierer, akzeptiert die Zuweisung aber. Man beachte, dass hier ein „rohes Paar" erzeugt wird, mit Komponenten unterschiedlicher Typen (`String` und `Double`). Dieses Paar gehört zu keinem der parametrisierten `PaarJ`-Typen, insbesondere nicht zum Typ `PaarJ<String>` oder zum Typ `PaarJ<Double>`.

Auch die folgenden vier Zuweisungen (in den Zeilen 33-34 und 36-37) kann der Ausführer keiner exakten Typprüfung unterziehen. Deshalb warnt er den Programmierer, akzeptiert sie aber. Tatsächlich sind die ersten beiden Zuweisungen (in den Zeilen 33-34) typenmäßig in Ordnung, die letzten beiden aber nicht. Trotzdem werden sie vom Ausführer nicht nur akzeptiert sondern später auch ausgeführt, *ohne dass dadurch eine Ausnahme geworfen wird!*.

In Zeile 53 wird eine `Double`-Variable mit der Komponenten `k2` des Paares `pd_03` initialisiert. Tatsächlich hat diese Komponente den `Double`-Wert `1.1` (siehe Zeile 31 und 37), so dass die Initialisierung glückt.

Wenn der Ausführer zur Zeile 54 kommt, hat die Komponente `k1` des Paares `pd_03` den `String`-Wert `"ccc"` (siehe Zeile 31 und 37). Dieser Wert ist offenbar als Anfangswert der `String`-Variablen `s1` geeignet. Trotzdem lehnt der Ausführer die Vereinbarung in Zeile 54 ab, mit der Begründung, dass die Variable `pd_03` zum p-Typ `PaarJ<Double>` gehört und ihre Komponente `k1` somit eine `Double`-Variable sein müsste. Die tiefere Ursache für diese „falsche Ablehnung" ist die Nichtbeachtung der Warnungen zu den Zeilen 31 und 37.

Der Befehl in Zeile 55 wird vom Ausführer ohne Warnung akzeptiert, löst aber bei der Ausführung eine Ausnahme aus. Auch hier liegt die tiefere Ursache in der Nichtbeachtung der Warnungen zu den Zeilen 31 und 37.

Allgemein gilt: Wenn man rohe Typen benutzt, akzeptiert der Ausführer bestimmte Befehle nur mit Warnungen. Wenn man diese Warnungen nicht beachtet, können bei der Ausführung des Programms Typfehler (Ausnahmen des Typs `Class-CastException`) auftreten.

Allerdings wird man rohe Typen in aller Regel nur dann anwenden, wenn man dem Ausführer solche „gefährlichen Befehle" geben will (vor denen er einen dann warnt). In solchen Fällen muss der Programmierer sein Programm selbst besonders sorgfältig überprüfen und die Verantwortung dafür übernehmen, dass es (trotz der Warnungen des Ausführers) keine Typfehler enthält.

Etwas vereinfacht gesagt gilt: Man kann jedes neue Java-Programm (*mit* generischen Einheiten darin) in ein altes Java-Programm (*ohne* generische Einheiten) umwandeln, indem man alle Paare von spitzen Klammern mit Typinformationen darin entfernt, generische Typen durch den Typ `Object` ersetzt und „an einigen Stellen passende Cast-Befehle" einfügt. Bei der Ausführung dieses alten Programms treten dann an genau den gleichen Stellen die gleichen Typfehler auf wie bei der Ausführung des neuen Programms. Java 1.5 ist typsicherer als frühere Java-Versionen. Aber um abwärtskompatibel zu sein, erlaubt Java 1.5 dem Programmierer, einige der alten, typunsicheren Konstrukte auch in neuen Programmen zu verwenden. Bei alten Programmen werden die Typfehler durch Cast-Befehle ausgelöst, die der Programmierer in sein Programm schreiben musste. In neuen Programmen treten entsprechende Typfehler an Stellen auf, vor denen der Ausführer einen warnt. In keinem Fall kann der Programmierer beim Auftreten eines Typfehlers behaupten: „Ich wusste gar nicht, dass dieser Fehler in meinem Programm auftreten kann".

Es folgen zwei Regel zu rohen Typen, als Ergänzungen zu der oben angegeben Regel-1:

Zur Erinnerung: Ein *p-Wert* ist ein Wert eines p-Typs. Ein p-Typ ist ein parametrisierter Typ wie `PaarJ<String>`, `Vector<Double>` etc.

Rohe-Typen-Regel-2: Eine Zuweisung eines p-Wertes an eine rohe Variable (siehe Beispiel-01, Zeile 27 und 39) ist *typsicher*, d. h. sie löst während der Ausführung des Programms garantiert keine Ausnahme aus.

Rohe-Typen-Regel-3: Eine Zuweisung eines rohen Wertes an eine p-Variable (siehe Beispiel-01, Zeile 33 und 34) ist *typunsicher*. Ihre Ausführung wird zwar selbst keine Ausnahme auslösen, kann aber die Ursache für später auftretende Typfehler sein. Der Ausführer akzeptiert solche Zuweisungen, *warnt* den Programmierer aber.

16.10 Typgraf roher und parametrisierter Typen

Mit den generischen Klassen und Schnittstellen ist Java um zahlreiche Typen erweitert worden, von denen geklärt werden muss, welcher davon als *Untertyp* von welchen anderen gilt.

Als Beispiel betrachten wir hier die generische Klasse `Vector<K>` (weil sie einen relativ kurzen Namen hat). Die spezifischen Eigenschaften dieser Klasse werden im Kapitel 18 behandelt. Hier interessiert uns nur, dass sie generisch ist mit *einem* Typparameter K.

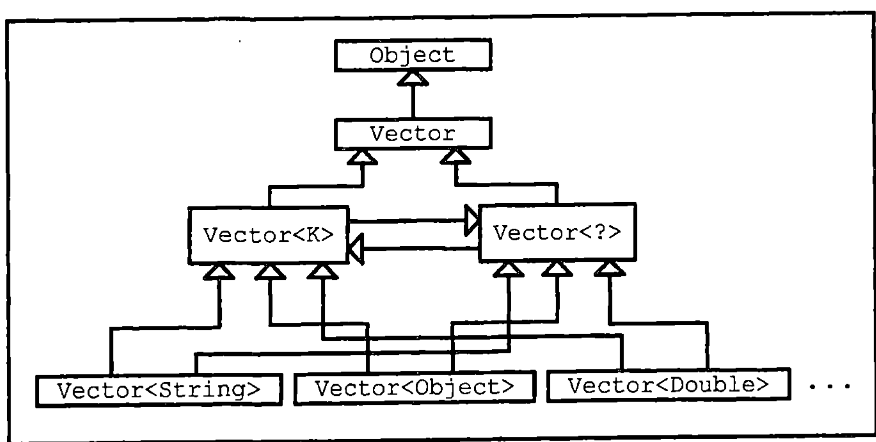

Bild 16.1 Ein Typgraf mit parametrisierten Klassentypen

Der *Typgraf* im Bild 1.1 soll zeigen, dass die beiden Typen `Vector<K>` und `Vector<?>` Untertypen des rohen Typs `Vector`, Untertypen voneinander und Obertypen aller parametrisierten Typen wie `Vector<String>`, `Vector<Object>`, `Vector<Double>`, ... etc. sind (siehe auch das Beispielprogramm `GenTypen15`).

Obwohl z. B. `Object` ein Obertyp von `String` ist, ist der parametrisierte Typ `Vector<Object>` weder ein Ober- noch ein Untertyp des parametrisierten Typs `Vector<String>`. Entsprechendes gilt natürlich für alle parametrisierten Typen.

16.11 Falsche und fragwürdige Befehle

Als *falsch* werden hier Befehle bezeichnet, die vom Ausführer (bei der Übergabe des Programms, „zur Compilezeit") mit einer *Fehlermeldung* abgelehnt werden. Als *fragwürdig* werden dagegen Befehle bezeichnet, die vom Ausführer mit einer *Warnung* akzeptiert werden.

In diesem Abschnitt sollen einige falsche und einige fragwürdige Befehle, die mit generischen Einheiten zu tun haben, kurz dargestellt werden. Die „volle Wahrheit" über diese Befehle kann man im Beispielprogramm `GenTypen12` nachlesen.

Als „generisches Rohmaterial" wird hier (ganz ähnlich wie in den früheren Beispielen) eine generische Paar-Klasse verwendet:

```
1   class PaarO<K> {       // Eine generische Klasse, 1 Parameter K
2       K k1;              // Komponente 1
3       K k2;              // Komponente 2
4       ...
5   } // Klasse PaarO
```

Außerdem werden folgende Variablenvereinbarungen vorausgesetzt:

```
6    String        s1 = new String ("Eins");
7    String        s2 = new String ("Zwei");
8    Double        d1 = new Double (1.1);
9    Double        d2 = new Double (2.2);
10   PaarO<String> pS = new PaarO<String>(s1, s2);  // String-Paar
11   PaarO<Double> pD = new PaarO<Double>(d1, d2);  // Double-Paar
```

Fragwürdiger Befehl 1: Ein Cast-Befehl `(PaarO<K>)` mit einem p-Typ darin

```
12   Object    ob = new PaarO<K>(s1, s2);
13   ...
14   PaarO<K> pS = (PaarO<K>) ob;              // Warnung
```

Ein Cast-Befehl wie `(PaarO<K>)` in Zeile 14 hat die gleiche Wirkung wie der Cast-Befehl `(PaarO)`. Vermutlich ist das in aller Regel weniger, als der Programmierer sich von einem solchen Cast erhofft (es sei denn, er wollte den Ausführer nur zu einer Warnung provozieren :-).

Falscher Befehl 1: Erzeugung eines Objekts mit einer Typvariablen als Konstruktor

```
15  K k3 = new K();                          // Fehler
```

Fragwürdiger Befehl 2: Ein Cast-Befehl (K) mit einer Typvariablen darin

```
16  Object ob = k1;
17  ...
18  K       k4 = (K) ob;                      // Warnung
```

Erlaubter Befehl 1: Vereinbarung einer Variablen eines Reihungstyps mit einer Typvariablen als Komponententyp

```
19  K[]     r1;                               // Erlaubt
```

Falscher Befehl 2: Erzeugung (mit new) einer Reihung mit einer Typvariablen als Komponententyp

```
20  K[]     r2 = new K[3];                    // Fehler
```

Falscher Befehl 3: Vereinbarung einer Variablen eines Reihungstyps mit einem p-Typ als Komponententyp

```
21  PaarO<String>[] r3;                       // Fehler
```

Falscher Befehl 4: Erzeugung (mit new) einer Reihung mit einem p-Typ als Komponententyp

```
22  Object          r4 = new PaarO<String>[3]; // Fehler
```

Erlaubter Befehl 3: Vereinbarung einer Variablen und Erzeugung einer Reihung eines Reihungstyps mit einem p-Typ als Komponententyp, der mit einem unbeschränkten Joker ? parametrisiert ist

```
23  PaarO<?>[]      r5 = new PaarO<?>[3];     // Erlaubt
```

Falscher Befehl 5: Vergleich der Class-Objekte der Objekte pS und pD (vereinbart oben in Zeile 10 und 11). Die Class-Objekte gehören zu unvergleichbaren Typen (weil die Klasse Class generisch ist)

```
24  ... pS.getClass() == pD.getClass() ...    // Fehler
```

Erlaubter Befehl 4: Mit dem Operator `instanceof` prüfen, ob die
`Paar0<String>`-Variable `pS` eine Instanz des p-Typs `Paar0<String>` ist (das
Ergebnis dieser Prüfung ist natürlich `true`)

```
25  ... pS instanceof Paar0<String> ...        // Erlaubt
```

Falscher Befehl 6: Mit dem Operator `instanceof` prüfen, ob die
`Paar0<String>`-Variable pS eine Instanz des p-Typs `Paar0<Double>` ist

```
26  ... pS instanceof Paar0<Double> ...        // Fehler
```

17 Pakete (packages)

Unter einem Unix- oder Windows-Betriebssystem kann ein *Dateiverzeichnis* (z. B. auf einer Festplatte oder einem USB-Stick) nicht nur Dateien, sondern auch weitere Dateiverzeichnisse enthalten. Java-*Pakete* haben Ähnlichkeit mit solchen Verzeichnissen.

Def.: Ein Paket ist ein Behälter für Klassen, Schnittstellen und weitere Pakete.

Ist ein Paket p2 direkt in einem Paket p1 enthalten, dann bezeichnen wir p1 auch als *das direkte Oberpaket* von p2 und p2 als *ein direktes Unterpaket* von p1.

In jedem Unix-Dateisystem gibt es *ein* oberstes Verzeichnis (das Wurzelverzeichnis mit dem kurzen Namen /), in dem alle anderen Verzeichnisse und Dateien direkt oder indirekt enthalten sind. In Java gibt es dagegen *mehrere* oberste Pakete, die (ähnlich wie die „Laufwerke" A, C, D etc. unter Windows) in keinem anderen Paket enthalten sind und hier als *Top-Pakete* bezeichnet werden. Die Java-Standardbibliothek enthält zur Zeit drei Top-Pakete (`java`, `javax` und `org`) und der Programmierer kann jederzeit weitere Top-Pakete erzeugen lassen.

Def.: Der *volle Name* eines Top-Paketes besteht nur aus dem Namen des Paketes. Der *volle Name* eines Paketes p in einem (direkten Ober-) Paket op besteht aus dem vollen Namen von op gefolgt von einem Punkt ' . ' und dem Namen von p.

Beispiel-01: Der volle Name des Paketes `javax` ist `javax`. Das Paket `text` im Paket `javax.swing` hat den vollen Namen `javax.swing.text`.

Ein besonders wichtiges Top-Paket ist das so genannte *namenlose Paket*, welches, wie sein Name ja schon andeutet, keinen Namen hat.

Es ist üblich, Paketnamen vollständig *klein* zu schreiben und die Namen von Klassen und Schnittstellen mit einem Großbuchstaben beginnen zu lassen. So kann man die beiden Arten von Namen leicht auseinander halten.

17.1 Pakete und Klassen

Was in diesem Abschnitten über *Klassen* gesagt wird, gilt grundsätzlich auch für *Schnittstellen*.

Paketregel-1: Jede Klasse gehört zu genau *einem* Paket.

Wenn der Programmierer am Anfang einer Quelldatei nicht ausdrücklich ein anderes Paket angibt, gehören alle in dieser Datei vereinbarten Klassen zum *namenlosen Paket*. Alle bisher erwähnten Beispielklassen (darunter die Klassen `Hallo01` bis `Hallo10`) gehören zum namenlosen Paket.

Die folgenden Beispiele zeigen, wie man Klassen einem Paket-mit-Namen zuordnen kann.

Beispiel-01: Alle in der Quelldatei `Doppelpack01.java` vereinbarten Klassen werden dem Top-Paket `patrick` zugeordnet

```
1   // Datei Doppelpack01.java
2   package patrick;
3
4   class Klaus {
5       ...
6   }
7
8   class Kalle {
9       ...
10  }
```

Ein `package`-Befehl wie in Zeile 2 ist nur als *erster* Befehl in einer Quelldatei erlaubt und gilt für alle in dieser Quelldatei vereinbarten Klassen. *Vor* einem `package`-Befehl dürfen nur Kommentare stehen.

Nach dem Schlüsselwort `package` muss man immer den *vollen Namen* eines Paketes angeben. Das namenlose Paket hat keinen Namen und kann deshalb nicht in einem `package`-Befehl angegeben werden (das war bei der Java-Version 1.2 noch anders).

Anmerkung: Es ist zwar grundsätzlich erlaubt, mehrere Klassen in einer Quelldatei zu vereinbaren, es wird aber empfohlen, jede Klasse in einer eigenen Datei zu vereinbaren. Hier wird von dieser Empfehlung nur abgewichen, um die „volle Wirkung" des `package`-Befehls zu verdeutlichen.

Beispiel-02: Alle in der Quelldatei `Doppelpack02.java` vereinbarten Klassen werden dem nicht-Top-Paket `phase1` zugeordnet

```
11  // Datei Doppelpack02.java
12  package patrick.versuche.phase1;
13
14  class Klara {
15      ...
16  }
17
18  class Kathrin {
19      ...
20  }
```

Dass das Paket `phase1` kein Top-Paket ist, erkennt man an seinem vollen Namen.

Die folgende Definition gilt nur für Klassen, die einem Paket-*mit-Namen* zugeordnet wurden (und nicht für die Klassen im namenlosen Paket).

> **Def.:** Der *volle Name* einer Klasse K besteht aus dem vollen Namen des Paketes, zu dem K gehört, gefolgt von einem Punkt ' . ' und dem Namen von K.

Beispiel-03: Die im vorigen Beispiel erwähnten Klassen heißen mit vollem Namen `patrick.versuche.phase1.Klara` und `patrick.versuche.phase1.Kathrin`. Die Standardklasse `BoxView` im Paket `javax.swing.text` hat den vollen Namen `javax.swing.text.BoxView`. Der volle Name der Standardklasse `BitSet` ist `java.util.BitSet`.

17.2 Öffentliche und nur paketweit erreichbare Klassen

Auch für diesen Abschnitt gilt: Alles was über *Klassen* gesagt wird, gilt auch für *Schnittstellen*.

Eine Klasse kann man *mit* dem Erreichbarkeitsmodifizierer `public` oder *ohne* diesen Modifizierer vereinbaren. Im ersten Fall ist die Klasse *öffentlich*, im zweiten Fall ist sie nur *paketweit erreichbar*.

Anmerkung: Die Modifizierer `protected` und `private` sind nur für die *Elemente* einer Klasse erlaubt, aber nicht für die Klasse selbst.

Einige Java-Compiler (darunter der Compiler `javac` der Firma Sun) bestehen auf folgender Regel: Eine *öffentliche* (`public`) Klasse oder Schnittstelle namens `Otto` muss in einer Datei namens `Otto.java` vereinbart werden. Daraus folgt: Innerhalb einer Quelldatei darf man zwar beliebig viele Klassen und Schnittstellen vereinbaren, aber höchstens *eine* davon darf *öffentlich* sein.

Beispiel-01: Drei Klassen, die zu zwei Paketen gehören

```
1  // Datei Karl.java
2  package p00.p10;
3
4  public class Karl {...}   // mit  public
5
6  class Paul {...}          // ohne public

7  // Datei Andrea.java
8  package p00.p20;
9
10 class Andrea {...}        // ohne public
```

Die Klasse `Karl` ist öffentlich, die Klassen `Paul` und `Andrea` sind nur paketweit erreichbar.

Aufgabe-01: Welcher „harter Grund" verbietet es, die Klasse `Andrea` in derselben Quelldatei (`Karl.java`) zu vereinbaren wie die Klassen `Karl` und `Paul`? Eine Lösung findet man am Ende dieses Abschnitts.

Paketregel-2: Auf eine *paketweit erreichbare* Klasse kann man nur innerhalb ihres Paketes zugreifen. Dabei darf man die Klasse wahlweise mit ihrem einfachen Namen (z. B. `Paul`) oder mit ihrem vollen Namen (z. B. `p00.p10.Paul`) bezeichnen.

Im Beispiel-01 darf man in der Klasse `Karl` auf die Klasse `Paul`, aber nicht auf die Klasse `Andrea` zugreifen.

Paketregel-3: Die Klassen im *namenlosen Paket* sind grundsätzlich nur *paketweit erreichbar* (auch wenn ihre Vereinbarung mit dem Modifizierer `public` beginnt).

Diese Regel wurde erst mit der Java-Version 1.4 eingeführt (siehe dazu den Fehlerbericht mit der `bug ID 4361575` in der Fehlerdatenbank unter der Netzadresse `http://bugs.sun.com/bugdatabase/index.jsp`). Aus dieser Regel folgt, dass es im namenlosen Paket keine *wirklich öffentlichen* Klassen (die in anderen Paketen erreichbar sind) gibt. Beim Vereinbaren von Klassen im namenlosen Paket sollte man deshalb den Modifizierer `public` nicht angeben, da er vom Ausführer ignoriert wird und höchstens die Kollegen verwirrt.

Das *namenlose Paket* ist nur für relativ kleine und einfache Demonstrationsprogramme gedacht. Wenn man ein „richtiges Java-Programm" schreibt, sollte man seine Klassen und Schnittstellen in *Paketen-mit-Namen* ablegen.

Im Folgenden ist mit einer *öffentlichen Klasse* immer eine *öffentliche Klasse in einem Paket-mit-Namen* gemeint (weil es andere öffentliche Klassen nicht gibt).

Paketregel-4: Auf eine öffentliche Klasse darf man auch außerhalb ihres Paketes zugreifen, muss dabei aber ihren vollen Namen angeben (z. B. `p00.p10.Karl`).

Im Beispiel-01 darf man in der Klasse `Andrea` auf die Klasse `p00.p10.Karl`, aber nicht auf die Klasse `p00.p10.Paul` zugreifen. In der Klasse `Paul` darf man auch auf die Klasse `p00.p10.Karl` zugreifen und braucht dort nur ihren einfachen Namen `Karl` anzugeben (weil `Paul` und `Karl` zum selben Paket gehören).

Auch im *namenlosen Paket* darf man auf öffentliche Klassen zugreifen, die in *Paketen-mit-Namen* vereinbart wurden (aber in einem *Paket-mit-Namen* darf man nicht auf Klassen zugreifen, die im *namenlosen Paket* vereinbart wurden).

Paketregel-5: Zu einem Paket dürfen nicht zwei Elemente (Klassen, Schnittstellen oder Pakete) mit gleichen Namen gehören.

Im Beispiel-01 darf also zum Paket `p00.p10` (zusätzlich zur Klasse namens `Karl`) kein Paket namens `Karl` gehören, und zum Paket `p00` darf (zusätzlich zu den Paketen `p10` und `p20`) keine Klasse namens `p10` oder `p20` gehören.

Anmerkung: Ein Paket ist zwar ein *Behälter* für Klassen und Pakete, aber kein richtiger *Modul*, denn die Pakete innerhalb eines Pakets sind automatisch „öffentlich" und man kann den Zugriff auf sie nicht einschränken.

Nach diesen vielen Regeln können wir jetzt zum Sinn und Zweck von Paketen kommen. Pakete sind vor allem dazu da, um *Namenskonflikte zu vermeiden*. Angenommen, Petra und Patrick erstellen gemeinsam ein größeres Programm. Petra legt alle ihre Klassen in einem Paket namens `petra` und Patrick seine Klassen in einem Paket `patrick` ab. Wenn dann jeder der beiden eine Klasse namens `Test` erstellt, dann heißen diese Klassen mit vollen Namen `petra.Test` bzw. `patrick.Test` und können problemlos gemeinsam in einem Programm benutzt werden.

Angenommen, die Programmiererin Petra arbeitet bei einer Firma mit der Internetadresse `www.intersoft.de`. Ihre `Test`-Klasse hat sich sehr bewährt und soll jetzt international vertrieben werden. Für diesen Fall gibt es die Empfehlung, die wesentlichen „Einzelteile" der Firmenadresse als Paketnamen zu verwenden, aber in umgedrehter Reihenfolge, und die zu vertreibende Klasse in diesem Paket oder einem Unterpaket davon abzulegen, etwa so: `de.intersoft.Test` oder: `de.intersoft.petra.Test` oder so ähnlich. Wenn sich alle Firmen an diese Empfehlung halten, sind die vollen Namen aller Klassen weltweit eindeutig und man kann beliebige Klassen in einem Programm kombiniert anwenden.

Lösung-01: Die Klasse `Andrea` soll zu einem *anderen* Paket gehören als die Klassen `Karl` und `Paul`. Weil ein `package`-Befehl immer für *alle* Klassen innerhalb einer Quelldatei gilt, muss `Andrea` in einer *anderen* Quelldatei vereinbart werden als `Karl` und `Paul`.

17.3 Mit import Abkürzungen vereinbaren

Die Standardklasse `BitSet` gehört zum Paket `util` im Paket `java`. Im folgenden Beispiel wird diese Klasse in einer Variablenvereinbarung verwendet:

Beispiel-01: Mit ihrem *vollen Namen* auf die Klasse `BitSet` zugreifen

```
1   class IrgendEine01 {
2       ...
3       java.util.BitSet b01 = new java.util.BitSet();
4       ...
```

Das häufig wiederholte Notieren und Lesen eines vollen Klassennamens wie `java.util.BitSet` kann lästig sein. Deshalb darf man den *einfachen Klassennamen* zu einer Abkürzung für den *vollen Klassennamen* erklären. Das geschieht mit einer so genannten `import`-Vereinbarung.

Beispiel-02: Mit einer `import`-Vereinbarung wird der einfache Klassenname `BitSet` zu einer Abkürzung für den vollen Namen `java.util.BitSet` erklärt:

```
5   package p00.p20;
6   import java.util.BitSet;
7
8   public class Klaus {
9       BitSet b02 = new BitSet();
10      ...
11  }
12
13  class Klementine {
14      BitSet              b03 = new BitSet()
15      java.util.BitSet b04 = new java.util.BitSet();
16      ...
17  }
```

Auch wenn man eine Abkürzung vereinbart hat, darf man den vollen Klassennamen weiterhin verwenden (wie in Zeile 15).

Alle `import`-Vereinbarungen müssen ganz am Anfang einer Quelldatei stehen, aber *nach* einem `package`-Befehl (falls vorhanden). Sie gelten für alle Klassen und Schnittstellen in dieser Quelldatei.

Das Schlüsselwort `import` suggeriert leider eine andere als seine tatsächliche Bedeutung. Ein `import`-Vereinbarung bewirkt *nicht*, dass eine Klasse zu einem Programm hinzugenommen („in das Programm importiert") wird. Insbesondere bewirken überflüssige `import`-Vereinbarungen *nicht*, dass ein Programm „größer wird und mehr Speicher belegt". Eine `import`-Vereinbarung wie in Zeile 6 führt nur eine Abkürzung (`BitSet` für `java.util.BitSet`) ein, die der Compiler wieder beseitigt. Einem übersetzten Java-Programm (d. h. einer `.class`-Datei) kann man nicht ansehen, ob die betreffende Quelldatei (`.java`-Datei) `import`-Vereinbarungen enthielt oder nicht.

Eine *pauschale* `import`-*Vereinbarung* (engl.: a Type-Import-On-Demand Declaration) führt Abkürzungen für alle öffentlichen Klassen und Schnittstellen ein, die zu einem bestimmten Paket-mit-Namen gehören.

Beispiel-03: Eine pauschale `import`-Vereinbarung (oder: Ein `import`-Vereinbarung mit Sternchen)

```
18 package p00.p30;
19 import java.util.*;
20 import java.util.jar.*;
21
22 public class Klaus {
23     ...
24     ... BitSet ... // statt java.util.BitSet
25     ... Calendar  ... // statt java.util.Calendar
26     ... List      ... // statt java.util.List
27     ... JarFile   ... // statt java.util.jar.JarFile
28 }
```

Das Paket `java.util` in der Java-Standardbibliothek enthält unter anderem die beiden Klassen `BitSet` und `Calendar`, die Schnittstelle `List` und das Paket `jar`. Das Paket `java.util.jar` enthält unter anderem die Klasse `JarFile`.

Im Allgemeinen erleichtern pauschale `import`-Vereinbarungen (wie in Zeile 19 und 20) das *Schreiben* eines Programms, erschweren aber gleichzeitig das *Lesen*. Wenn eine Quelldatei mit zwei oder mehr pauschalen `import`-Vereinbarungen beginnt und eine LeserIn in der Datei auf den Namen einer ihr unbekannten Klasse stößt, hat sie möglicherweise Mühe, den vollen Namen der Klasse zu ermitteln. Trotzdem werden pauschale `import`-Befehle in der Praxis häufig verwendet.

Der Befehl `import java.util.*;` führt *keine* Abkürzungen für die Klassen und Schnittstellen ein, die sich in *Unterpaketen* von `java.util` befinden. Will man solche Abkürzungen benutzen, muss man sie mit zusätzlichen `import`-Vereinbarungen einführen (wie in Zeile 20).

Wenn man mehrere pauschale `import`-Vereinbarungen verwendet, können Konflikte auftreten, die einen zum Benutzen der *vollen Namen* bestimmter Klassen zwingen.

Beispiel-04: Ein Konflikt zwischen zwei pauschalen `import`-Vereinbarungen

```
29 package p00.p40;
30 import p00.p20.*;   // siehe Beispiel-02
31 import p00.p30.*;   // siehe Beispiel-03
32
33 class Karola {
34     ...
35     ... Klaus ...              // Verboten, trotz import
36     ... p00.p20.Klaus ... // erlaubt
37     ... p00.p30.Klaus ... // erlaubt
38     ...
39 }
```

Der *einfache Klassenname* `Klaus` in Zeile 35 ist mehrdeutig, denn er könnte die Klasse `p00.p20.Klaus` oder die Klasse `p00.p30.Klaus` bezeichnen. Deshalb ist er verboten und man muss den *vollen Namen* der gemeinten Klasse notieren (wie in Zeile 36 und 37).

Zum Paket `java.lang` (wie „language") gehören etwa 80 besonders häufig verwendete Standardklassen wie `String`, `StringBuilder`, `System` und `Object` und ein paar häufig verwendete Standardschnittstellen wie `Cloneable`, `Comparable` und `Runnable`.

Paketregel-06: Auf die Klassen und Schnittstellen im Paket `java.lang` kann man in jeder Quelldatei so zugreifen, als hätte man am Anfang der Datei die folgende pauschale `import`-Vereinbarung geschrieben:

```
import java.lang.*;
```

Klassen und Schnittstellen, die zum *namenlosen Paket* gehören, darf man grundsätzlich nicht in einer `import`-Vereinbarung angeben. Das ist eine sinnvolle „Ausführungsvorschrift" zur Paketregel-3 („im namenlosen Paket sind alle Klassen und Schnittstellen nur paketweit erreichbar").

17.4 Der Klassenbaum und der Paketwald

Alle Klassen zusammen mit der Relation *erweitert* bilden einen *Baum* (mit der Klasse `Object` an der Wurzel). Alle Pakete zusammen mit der Relation *istEnthaltenIn* bilden einen *Wald*, d. h. mehrere Bäume mit je einem Top-Paket an der Wurzel.

Dieser Klassenbaum und der Paketwald sind in folgendem Sinne unabhängig voneinander: Man kann jede Klasse einem beliebigen Paket zuordnen. Hat man eine

Klasse K einem Paket p zugeordnet, dann darf man z. B. die direkten Unterklassen von K demselben Paket p oder einem Unterpaket von p oder einem Oberpaket von p oder einem ganz anderen Paket q zuordnen.

In einem gemeinsamen Paket ablegen sollte man nur solche Klassen, die „inhaltlich zusammengehören und eng miteinander zu tun haben". Denn jede Klasse K1 hat gegenüber jeder Klasse K2 im selben Paket folgende Privilegien:

1. K1 darf auf K2 zugreifen, auch wenn K2 *nicht öffentlich* (public) ist.
2. K1 darf auf alle nur *paketweit erreichbaren* Elemente von K2 zugreifen (d. h. auf die Elemente, die in K2 *ohne* einen der Erreichbarkeitsmodifizierer public, protected oder private vereinbart wurden).

Gehören K1 und K2 zu zwei verschiedenen Paketen p01 und p02, dann haben sie keine solchen Privilegien. Dabei spielt es keine Rolle, ob p01 ein Oberpaket oder ein Unterpaket von p02 ist oder nicht. Wichtig ist nur, ob K1 und K2 zum *selben* Paket oder zu zwei *verschiedenen* Paketen gehören.

Wenn eine Klasse K2 eine Klasse K1 beerbt, hat K2 ebenfalls bestimmte Zugriffsprivilegien gegenüber K1. Beide Arten von Privilegien (die durch ein gemeinsames Paket und die durch Erbschaft verliehenen) werden durch die Beispielklassen K10, K11, K12, K21 und K22 und das Beispielprogramm K10Tst (in den Verzeichnissen p00, p00\p01 und p00\p02 in der im Abschnitt 1.3 beschriebenen Sammlung) systematisch vorgeführt und hier zusammengefasst dargestellt.

In der Klasse K10 werden Elemente aller Erreichbarkeitsstufen vereinbart: Öffentliche (public), geschützte (protected), paketweit erreichbare und private (private) Elemente. Ob es sich um Klassenattribute, Klassenmethoden, Objektattribute oder Objektmethoden handelt, macht hier keinen Unterschied.

Die Klassen K11, K12, K21 und K22 haben „alle möglichen Beziehungen" zur Klasse K10:

K11 gehört zum selben   Paket wie K10 und beerbt K10.
K12 gehört zum selben   Paket wie K10 und beerbt K10 nicht.
K21 gehört zu einem anderen Paket als K10 und beerbt K10.
K22 gehört zu einem anderen Paket als K10 und beerbt K10 nicht.

Die folgende Grafik stellt dar, welche in K10 vereinbarten Elemente in welchen der Klassen K11 bis K21 erreichbar sind:

```
Paket p00.p01                          Paket p00.p02

public class K10 {
    // Elemente werden vereinbart:
    public      ...    publicE ...
    protected   ... protectedE ...
                ... paketweitE ...
    private     ...   privateE ...
}


public class K11 extends K10 {         public class K21 extends K10 {
    // Aus K10 sind erreichbar:            // Aus K10 sind erreichbar:
    ...     publicE ...                    ...     publicE ...
    ... protectedE ...                     ... protectedE ...
    ... paketweitE ...                  }
}


public class K12 {                     public class K22 {
    // Aus K10 sind erreichbar:            // Aus K10 sind erreichbar:
    ...     publicE ...                    ...     publicE ...
    ... protectedE ...                  }
    ... paketweitE ...
}
```

Bild 17.1 Fünf Klassen in zwei Paketen

In den Klassen K11 und K12 (die zum selben Paket gehören wie K10) kann man
auf alle nicht-privaten Elemente von K10 zugreifen. In den Klassen K21 und K22
(die zu einem anderen Paket gehören als K10) kann man auf öffentliche Elemente
von K10 zugreifen. Nur in der Klasse K21 macht es einen Unterschied, ob ein Element geschützt (protected) oder paketweit erreichbar ist: Geschützte Elemente
sind erreichbar (weil K21 die Klasse K10 beerbt), paketweit erreichbare Elemente
sind nicht erreichbar (weil K21 zu einem anderen Paket gehört als K10).

Anmerkung: Vereinbart man ein Element *mit* dem Schlüsselwort protected,
dann ist es weniger geschützt (d. h. an mehr Stellen erreichbar, siehe die Klasse
K21) als wenn man es *ohne* Erreichbarkeitsmodifizierer vereinbart. Nur im Vergleich zu *öffentlichen* Elementen sind geschützte Elemente stärker geschützt, im
Vergleich zu *paketweit erreichbaren* Elementen sind sie weniger geschützt.

In vielen Programmen kann man sich auf *öffentliche* und *private* Elemente be-schränken. *Geschützte* und *paketweit erreichbare* Elemente sind nur in ziemlich speziellen Situationen nützlich und sollten nur von erfahrenen ProgrammiererInnen vereinbart werden.

17.5 Programme in Paketen compilieren und ausführen

Wenn die Klassen eines Programms zu Paketen-mit-Namen gehören, muss man beim Ablegen der Quelldateien, beim Übergeben des Programms an den Ausführer (beim Compilieren) und beim Starten des Programms besondere Regeln beachten, die vom verwendeten Ausführer abhängen. Für den Ausführer (javac, java) der Firma Sun (der im Kern aus dem Java-Compiler javac und dem Bytecode-Interpreter java besteht), werden die wichtigsten Regeln hier anhand eines Beispiels unter Windows dargestellt (unter Linux kann man ganz ähnlich und entsprechend vorgehen). Eine ausführlichere Beschreibung findet man im Kapitel 27, welches kein Bestandteil dieses gedruckten Buches ist, sondern als zusätzliche Datei im Internet zur Verfügung steht (siehe dazu den Abschnitt 1.3).

Das Beispielprogramm K10Tst.java besteht aus sechs Klassen, die zu drei Paketen namens p00, p00.p10 und p00.p20 gehören. Für dieses Programm sollte man ein *oberstes Quellverzeichnis* (z. B. d:\Quellen) und ein *oberstes Klassenverzeichnis* (z. B. c:\Klassen) wählen und erstellen.

Die sechs Quelldateien (.java-Dateien) des Programms sollte man (entsprechend ihrer Zugehörigkeit zu den drei Paketen) in Unterverzeichnissen des obersten Quellverzeichnisses ablegen, wie in der folgenden Tabelle beschrieben:

Die Quelldateien	gehören zum Paket

`d:\Quellen\`**`p00\p10`**`\K10.java`
`d:\Quellen\`**`p00\p10`**`\K11.java`
`d:\Quellen\`**`p00\p10`**`\K12.java`
	`package `**`p00.p10;`**

`d:\Quellen\`**`p00\p20`**`\K21.java` `d:\Quellen\`**`p00\p20`**`\K22.java`	`package `**`p00.p20;`**
`d:\Quellen\`**`p00`**`\K10Tst.java`	`package `**`p00;`**

Es empfiehlt sich, das oberste Quellverzeichnis (im Beispiel: d:\Quellen) zum aktuellen Arbeitsverzeichnis zu machen. Dann kann man mit dem folgenden Kommando dem Compiler javac befehlen, alle sechs Quelldateien zu compilieren und die entstehenden Bytecode-Dateien (entsprechend ihrer Zugehörigkeit zu den drei

Paketen) in Unterverzeichnissen des obersten Klassenverzeichnisses (im Beispiel:
`c:\Klassen`) abzulegen:

```
d:\Quellen>  javac -cp c:/Klassen;. -d c:/Klassen p00/K10Tst.java
```

Auch unter Windows darf man in solchen Kommandos Schrägstriche `/` anstelle
von Rückwärtsschrägstrichen `\` angeben. Die Option `-cp c:/Klassen;.` befiehlt dem Compiler, Quelldateien und weitere benötigte Klassen in Unterverzeichnissen der beiden Verzeichnisse `c:\Klassen` und `.` zu suchen. Mit der Option
`-d c:\Klassen` befiehlt man dem Compiler, die von ihm erzeugten Bytecode-
Dateien (`.class`-Dateien) in Unterverzeichnissen des Verzeichnisses `c:\Klas-
sen` abzulegen. Als zu compilierende Datei braucht man nur die Haupt-Quelldatei
`p00\K10Tst.java` anzugeben, in der die Hauptklasse `K10Tst` des Programms
vereinbart wird. Die Nebenklassen des Programms werden dann automatisch auch
gesucht und compiliert, weil die Hauptklasse von ihnen abhängig ist.

Wenn der Compiler Fehler meldet, muss man sie korrigieren und das Compilati-
onskommando erneut geben.

Wenn der Ausführer das Programm `K10Tst` akzeptiert hat, kann man es mit dem
folgenden Kommando ausführen lassen:

```
d:\Quellen> java -cp c:/Klassen p00.K10Tst
```

Mit der Option `-cp c:/Klassen` befiehlt man dem Interpreter `java`, Bytecode-
Dateien in Unterverzeichnissen des Verzeichnisses `c:\Klassen` zu suchen. Au-
ßerdem muss man ihm nur den vollen Namen der Hauptklasse des auszuführenden
Programms angeben (im Beispiel: `p00.K10Tst`).

18 Sammlungen (collections) und Abbildungen (maps)

Angenommen, wir wollen 100 `int`-Werte bearbeiten, z. B. addieren oder ausgeben. Wenn die Werte in 100 separaten `int`-Variablen `n001`, `n002`, ... `n100` stehen, müssen wir zur Lösung des Problems etwa 100 Befehle schreiben. Stehen die Werte dagegen in einer *Reihung*, genügt eine Schleife, die nur etwa 3 Zeilen lang ist. Damit wir viele Werte oder Objekte mit möglichst wenig Programmierarbeit verarbeiten können, müssen die Werte oder Objekte geeignet „zusammengefasst und organisiert" sein, z. B. in einer Reihung.

Reihungen sind nicht für alle Anwendungen die idealen Konstrukte. Zum einen muss man die Größe einer Reihung bei ihrer Erzeugung festgelegt und kann sie danach nicht mehr verändern. Mit einer „zu großen" Reihung verschwendet man Speicherplatz, mit einer „zu kleinen" Reihung riskiert man, dass sie nicht ausreicht.

Außerdem kann man in Java Reihungstypen nicht *beerben*. Damit ist es unmöglich, wichtige Techniken der objektorientierten Programmierung (die auf der Erweiterung von Klassen beruhen) direkt auf Reihungstypen anzuwenden.

Aus diesen und weiteren Gründen hat man *Sammlungsklassen* und *Sammlungsobjekte* eingeführt. Eine Sammlung ist ein Objekt, in das man Objekte *einfügen* („hineintun") kann, von dem man prüfen kann, ob es ein bestimmtes Objekt *enthält* und aus dem man Objekte wieder *entfernen* kann. Kurz: Eine Sammlung ist ein Objekt, in dem man Objekte *sammeln* kann. Sammlungen, so kann man sich vorstellen, ähneln Reihungen, sind aber voll objektorientiert, für den Programmierer komfortabler und insgesamt leichter an spezielle Anforderungen anpassbar.

Die Objekte, die man in eine Sammlung `s` eingefügt hat, werden hier als die *Komponenten* von `s` bezeichnet.

Anmerkung: Den im Englischen üblichen Fachbegriff „elements of a collection" kann man leider nicht gut mit „Elemente einer Sammlung" übersetzen, weil diese Bezeichnung schon als Übersetzung von „members of an object" verbreitet ist. Da eine Sammlung ein Objekt ist, sollte man möglichst klar zwischen ihren *Elementen*

(Attributen und Methoden) und ihren *Komponenten* (den Objekten, die in die Sammlung eingefügt wurden) unterscheiden.

In Java bietet es sich an, die Begriffe *Sammlungsklasse* und *Sammlung* etwas genauer und technischer wie folgt zu definieren:

> **Def.:** Eine *Sammlung* (collection) ist ein Objekt einer Sammlungsklasse.

> **Def.:** Eine *Sammlungsklasse* (collection class) ist eine Klasse, die die Schnittstelle `Collection` implementiert.

Reihungen sind in diesem engeren und technischen Sinn *keine* Sammlungen (man kann sie aber mit der Methode `Arrays.asList` relativ leicht dazu machen). Das Verhältnis zwischen Reihungen und „richtigen Sammlungen" wird im Abschnitt 18.7 genauer behandelt. Beispiele für Sammlungsklassen sind die Standardklassen `ArrayList`, `HashSet`, `PriorityQueue`, `LinkedHashSet`, `LinkedList`, `TreeSet` und `Vector`. Eine (unvollständige) Übersicht über einige besonders wichtige Standard-Sammlungsklassen findet man im Abschnitt 18.6. Sammlungen (des Typs `ArrayList`) werden unter anderem in den Beispielprogrammen `ArrayList01` bis `ArrayList05` verwendet.

Sammlungen spielen in fast allen Anwendungsprogrammen eine zentrale Rolle. Die konkreten Anforderungen an eine Sammlung können allerdings von Anwendung zu Anwendung sehr unterschiedlich sein. Einige Sammlungen sollen möglichst wenig Speicherplatz belegen, bei anderen Sammlungen ist die Geschwindigkeit wichtiger. In einigen Sammlungen wird oft gesucht, aber selten eine Komponente eingefügt oder entfernt. Bei anderen ist es umgekehrt: Die Sammlung wird oft verändert aber relativ selten durchsucht. Bei einigen Sammlungen ist die Größe (die Anzahl der Komponenten in der Sammlung) bekannt und ziemlich konstant, bei anderen kann sie nur ungefähr abgeschätzt werden und schwankt stark. In einigen Sammlungen müssen „Doppelgänger" (mehrere gleiche Komponenten) erlaubt werden, bei anderen kann man Doppelgänger grundsätzlich ausschließen. Einige Sammlungen muss man sortiert bearbeiten und ausgeben können, bei anderen spielt eine Sortierung keine Rolle etc. etc. Die Java-Standardbibliothek enthält etwa ein halbes Dutzend Grundformen von Sammlungsklassen, die auf bestimmte Anforderungen hin optimiert sind. Der Programmierer kann diese Standard-Sammlungsklassen unverändert verwenden oder darauf aufbauend eigene Sammlungsklassen entwickeln und auf seine speziellen Bedürfnisse hin optimieren.

Die Sammlungsklassen in der Java-Standardbibliothek sind nicht nur nützliche „Einzelgänger". Vielmehr bilden sie zusammen ein *System*, welches durch Schnittstellen und bestimmte Regeln zusammengehalten wird. Als Teil dieses Systems ist jede Sammlungsklasse noch deutlich nützlicher als allein. Eine der wichtigsten „Systemeigenschaften" besteht (etwas vereinfacht gesagt) darin, dass man aus jeder Sammlung s1 (eines bestimmten Sammlungstyps T1) eine Sammlung s2 erzeugen kann, die dieselben Komponenten enthält wie s1, aber zu einem beliebigen anderen Sammlungstyp T2 gehört. So kann man z. B. mit einem einzigen Befehl aus einer auf Geschwindigkeit optimierten Sammlung s1 eine Sammlung s2 erzeugen, die möglichst wenig Speicherplatz benötigt oder aus einer unsortierten Sammlung s1 eine sortierte Sammlung s2.

Es ist üblich und sinnvoll von *Sammlungen von Objekten* zu sprechen. Genau genommen enthält eine Sammlung aber eigentlich keine Objekte, sondern nur *Referenzen* auf Objekte. Wenn ein Sammlung kopiert wird, werden die Referenzen, die sich in der Sammlung befinden, kopiert, nicht die Objekte, auf die die Referenzen referieren. Wenn ein drei Megabyte großes Objekt in eine Sammlung eingefügt wird, werden nur die wenigen Bytes einer Referenz in die Sammlung geschrieben und nicht etwa die drei Megabyte des Objekts. Wenn eine Komponente einer Sammlung gelöscht wird, dann wird nur eine Referenz gelöscht, nicht das referierte Objekt. In vielen Zusammenhängen ist es realistisch und wichtig, sich *Sammlungen von Referenzen* vorzustellen, auch wenn man von *Sammlungen von Objekten* spricht.

Anmerkung: Ganz Ähnliches gilt auch für Dateien und Verzeichnisse (engl. files and directories). Eigentlich enthält ein Verzeichnis keine Dateien, sondern nur „Referenzen auf Dateien". Deshalb kann dieselbe Datei in mehreren Verzeichnissen stehen und wenn man eine Datei löscht, wird nur eine Referenz in einem Verzeichnis gelöscht, nicht die Datei selbst.

18.1 Schnittstellen sind Verträge

Eine Schnittstelle kann man als einen *Vertrag* verstehen, und zwar als Vertrag zwischen dem *Implementierer*, der die Schnittstelle (in einer Klasse K) implementiert und dem *Anwender*, der die Implementierung (d. h. die Klasse K) anwendet. Ein solcher Vertrag besteht aus *Bedingungen*, die der Implementierer erfüllen muss und auf die der Anwender sich verlassen darf. Einige wenige dieser Bedingungen sind *hart*, d. h. ihre Einhaltung wird vom Ausführer überwacht. Diese harten (oder:

syntaktischen) Bedingungen bestehen vor allem aus den *Profilen* der in der Schnittstelle vereinbarten Methoden.

Zur Erinnerung: Das *Profil* einer Methode besteht aus ihrem Rückgabetyp, ihrem Namen und den Typen ihrer Parameter. Nicht zum Profil gehören die Namen der Parameter.

Wird in einer Schnittstelle z. B. eine Methode mit dem Profil `float mult int float` vereinbart, dann akzeptiert der Ausführer eine Implementierung der Schnittstelle nur, wenn sie eine Methode mit genau diesem Profil enthält.

Die meisten und wichtigsten Vertragsbedingungen einer Schnittstelle sind aber *weich* und ihre Einhaltung kann vom Ausführer nicht überwacht werden. Zu diesen weichen (oder: *semantischen*) Bedingungen gehört die Semantik jeder einzelnen Methode. Die Semantik (oder: Bedeutung) einer Methode besteht aus den Antworten auf die Fragen: Was bewirkt die Methode? Welche Ergebnisse liefert sie? Welche Ausnahmen wirft sie? Außerdem gehören zu vielen Schnittstellen weitere weiche Bedingungen, die sich auf mehrere oder alle Methoden beziehen (z. B. eine Bedingung wie „Die `init`-Methode muss *vor* allen anderen Methoden dieser Schnittstelle aufgerufen werden, sonst wird von den anderen Methoden eine Ausnahme des Typs `InitialisierungsFehler` geworfen").

In den folgenden Abschnitten werden die wichtigsten Schnittstellen der Java-Standardbibliothek beschrieben, die mit *Sammlungen* zu tun haben. Das sind die Schnittstellen `Collection`, `Queue`, `List`, `Set` und `SortedSet` (und „in wichtigen Nebenrollen" die Schnittstellen `Comparable` und `Comparator`). Für jede Schnittstelle werden die Profile all ihrer Methoden angegeben. Die Semantik der einzelnen Methoden wird im Text skizziert. Die wichtigsten übergreifenden (weichen) Bedingungen werden als Paragraphen eines Vertrages gekennzeichnet (etwa so: *Collection § 1*, *Collection § 2* oder *SortedSet § 1* etc.).

Die Sammlungsklassen in der Java-Standardbibliothek (z. B. `ArrayList`, `HashSet` oder `LinkedList`) sind vorbildlich programmiert und erfüllen alle (harten und weichen) Vertragsbedingungen der Schnittstellen, die sie implementieren. Wenn der Programmierer eigene Sammlungsklassen entwickelt, sollte er diesen Vorbildern nacheifern.

Im vorgenerischen Java (bis zur Version 1.4 einschließlich) kann man Objekte nur als *Objekte der Klasse Object* sammeln. Das heißt konkret: Wenn man z. B. ein `String`-Objekte in eine Sammlung einfügt, vergisst der Ausführer, dass es sich um ein `String`-Objekt handelt und weiß ab da nur noch, dass es ein `Object`-Objekt ist. Wenn man später auf das Objekt in der Sammlung zugreifen will um es weiter zu bearbeiten, muss man es in aller Regel mit einem Cast-Befehl in seinen eigentlichen Typ `String` umdeuten. Wenn man aus Versehen versucht, z. B. ein `String`-Objekt mit einem Cast-Befehl in ein `Integer`-Objekt umzudeuten, wird eine Ausnahme des Typs `ClassCastException` ausgelöst.

Im generischen Java (ab Version 5.0) sind alle Sammlungsklassen (wie `Array-List`, `PriorityQueue`, `HashSet` oder `LinkedList`) generisch und haben einen Typparameter `K`, der für den Typ der zu sammelnden Komponenten steht. In eine Sammlung s des Typs `ArrayList<String>` kann man nur `String`-Objekte einfügen. Das ist erstmal eine Einschränkung, die aber den großen Vorteil hat, dass der Ausführer immer weiß, dass alle Komponenten von s vom Typ `String` sind. Wenn man auf eine Komponente von s zugreift, um sie weiter zu bearbeiten, braucht man keinen Cast-Befehl anzuwenden und somit wird garantiert auch keine Ausnahme des Typs `ClassCastException` ausgelöst.

Um die generischen Sammlungsklassen zu einem System verbinden zu können, müssen auch die Sammlungsschnittstellen (`Collection`, `Queue`, `List`, `Set`, `SortedSet`, und in wichtigen Nebenrollen `Comparable` und `Comparator`) ebenfalls generisch sein (mit einem Typparameter `K`, der für den Typ der zu sammelnden Komponenten steht).

Anmerkung: Der Variablenname `K` ist eine Übersetzung des englischen Variablennamens `E` :-).

18.2 Die Sammlungsschnittstelle Collection (ohne s)

`Collection<K>` ist die wichtigste Sammlungsschnittstelle und eine der wichtigsten Schnittstellen der Java-Standardbibliothek überhaupt. Sie enthält 15 (öffentliche, abstrakte Objekt-) Methoden. Die selbstverständlichen Modifizierer `abstract public` vor jeder Vereinbarung wurden im Folgenden (wie es in Schnittstellen erlaubt und üblich ist) weggelassen. Die Typvariable `K` steht für den Komponententyp der Sammlung.

```
1  boolean      add          (K         ob)                            // opt
2  boolean      remove       (Object ob)                               // opt
3  boolean      contains     (Object ob)
4
5  boolean      addAll       (Collection<? extends K> c) // opt
6  boolean      removeAll    (Collection<?>           c) // opt
7  boolean      containsAll  (Collection<?>           c)
8  boolean      retainAll    (Collection<?>           c) // opt
```

```
9   void        clear       ()                          // opt
10
11  int         size        ()
12  Iterator<K> iterator    ()
13  boolean     isEmpty     ()
14
15  boolean     equals      (Object ob)
16  int         hashCode    ()
17  Object[]    toArray     ()
18  <T> T[]     toArray     (T[] rei)
```

Mit der Methode add kann man eine Komponente in eine Sammlung einfügen, mit remove kann man eine Komponente entfernen und die Methode contains liefert true, wenn das angegebene Objekt ob eine Komponente der aktuellen Sammlung ist.

Alle Collection-Methoden mit dem Rückgabetyp boolean liefern true als Ergebnis, wenn sie „das bewirkt haben, was sie eigentlich bewirken sollen", und liefern sonst false.

Mit der Methode add kann man nur Objekte des Typs K in die aktuelle Sammlung einfügen. Die Methoden remove und contains haben dagegen einen „großzügiger getypten Parameter" und können auf beliebige Object-Objekte o angewendet werden. Falls o nicht zum Typ K gehört, wird das Ergebnis der Methode aber sicherlich false sein. Man darf also ruhig versuchen, z. B. ein String-Objekt aus einer Sammlung von Double-Objekten zu entfernen, der Versuch wird die Sammlung aber nicht verändern.

Einige Sammlungstypen (z. B. TreeSet und HashSet) verbieten „Doppelgänger". Versucht man bei einer solchen Sammlung eine Komponente zum zweiten Mal einzufügen, liefert die add-Methode false.

Anwendungen der Methoden add, remove und contains findet man u.a. in den Beispielprogrammen ArrayList01 bis ArrayList04.

Die All-Methode addAll hat eine Sammlung c als Parameter und wendet die Methode add auf jede Komponente von c an. Der (mit einem nach oben beschränkten Joker parametrisierte) Typ Collection<? extends K> garantiert, dass alle Komponenten von c zu einem Untertyp von K gehören. Die All-Methoden removeAll und containsAll leisten Entsprechendes, haben aber einen „großzügiger getypten" Parameter c. Man darf also auch versuchen, z. B. eine Sammlung von String-Objekten aus einer Sammlung von Double-Objekten zu entfernen, ein solcher Versuch wird die Sammlung aber nicht verändern.

Die All-Methode `retainsAll` entfernt aus der aktuellen Sammlung alle Komponenten, die *nicht* in ihrem Parameter c vorkommen („sie behält nur die Komponenten zurück, die in c *vorkommen*").

Alle vier All-Methoden dienen dazu, „Sammlungen zu verbinden", die möglicherweise zu unterschiedlichen Typen gehören. Mit `addAll` kann man z. B. alle Komponenten einer Sammlung von `Double`-Objekten zu einer Sammlung von `Double`-Objekten oder von `Number`-Objekten hinzufügen und mit `removeAll` kann man z. B. eine `Double`-Sammlung von einer `Double`- oder `Number`-Sammlung „abziehen".

Zur Erinnerung: `Number` ist die direkte Oberklasse (und damit ein Obertyp) von `Double`.

Mit der Methode `clear` kann man alle Komponenten aus einer Sammlung entfernen. Nach einem Aufruf `c.clear()` ist die Sammlung c leer.

Ein *Iterator-Objekt* (ein Schrittmacher) unterstützt einen dabei, „durch eine Sammlung zu schreiten" und auf die einzelnen Komponenten der Sammlung zuzugreifen (um sie irgendwie zu bearbeiten), etwa wie im folgenden Beispiel.

Beispiel-01: Mit einem Iterator durch eine Sammlung gehen

```
19  Collection<String> cs = new ArrayList<String>();
20  ...     // Irgendwie String-Komponenten in die
21  ...     // Sammlung cs einfuegen
22
23  for (Iterator ilse = cs.iterator(); ilse.hasNext(); ) {
24      String str = ilse.next();
25      ... // Das Objekt str aus der Sammlung cs bearbeiten
26  } // for ilse
```

Die generische Klasse `ArrayList<K>` implementiert die generische Schnittstelle `Collection<K>`. Deshalb ist insbesondere `Collection<String>` ein Obertyp von `ArrayList<String>` und die Variable cs des Typs `Collection<String>` darf auf ein Objekt des Typs `ArrayList<String>` zeigen (siehe Zeile 19).

Der Ausdruck `cs.iterator()` (siehe Zeile 23) liefert ein `Iterator`-Objekt für die Sammlung cs. Dieses Objekt wird hier `ilse` genannt. Der Ausdruck `ilse.hasNext()` hat den Wert `true`, wenn der Schrittmacher noch *nicht* am Ende der Sammlung cs angekommen ist. Die Schrittfunktion `ilse.next` liefert bei jedem Aufruf die jeweils nächste Komponente der Sammlung cs (falls eine nächste Komponente vorhanden ist) oder wirft eine Ausnahme des Typs `NoSuchElementException` (falls das Ende der Sammlung cs bereits erreicht wurde).

Auf die Komponenten einer Sammlung eines `ArrayList`-Typs (z. B. des Typs `ArrayList<String>`) könnte man auch mit Hilfe von *Indizes* zugreifen, etwa so:

Beispiel-02: Mit *Indizes* durch eine `ArrayList`-Sammlung gehen

```
27  ArrayList<String> as = new ArrayList<String>();
28  ...      // Irgendwie String-Komponenten in die
29  ...      // Sammlung as einfuegen
30
31  for (int i=0; i<as.size(); i++) {
32      String str = as.get(i);
33      ... // Das Objekt str aus der Sammlung as bearbeiten
34  } // for i
```

Sammlungen anderer Typen (z. B. `Queue<K>`, `Set<K>` oder `HashSet<K>`) erlauben aber keinen solchen Zugriff per Index.

Iterator-Objekte wurden eingeführt, damit man mit einer *einheitlichen Notation* durch Sammlungen *aller* Typen gehen kann. Mit der für alle `Collection`-Objekte einheitlichen *Iterator-Notation* kann man das *Austauschen* eines Sammlungstyps vereinfachen und damit Programme *änderungsfreundlich* gestalten. Im Beispiel-01 wurde diese Iterator-Notation verwendet. Deshalb kann man dort (in Zeile 19) den Typ `ArrayList<String>` durch einen beliebigen anderen (mit `<String>` parametrisierten) Sammlungstyp ersetzen, ohne die Schleife verändern zu müssen. Das Beispiel-02 ist weniger änderungsfreundlich. Würde man dort (in Zeile 27) die Sammlung as vom Typ `ArrayList<String>` z. B. durch eine `HashSet<String>`-Sammlung ersetzen, müsste man die Schleife anpassen (d. h. von der Index-Notation auf die Iterator-Notation umschreiben).

Aufgabe-01: Warum kann man im Beispiel-01 auf die Komponenten der Sammlung cs *nicht* mit Indizes zugreifen wie im Beispiel-02, obwohl es sich in beiden Beispielen um Sammlungen des Typs `ArrayList<String>` handelt? Eine Lösung findet man am Ende dieses Abschnitts.

`Iterator<K>` ist eine generische *Schnittstelle*. Eine `Iterator<String>`-*Klasse* (bzw. `Iterator<Integer>`- oder `Iterator<StringBuilder>`-Klasse etc.) ist eine Klasse, die die Schnittstelle `Iterator<String>` (bzw. `Iterator<Integer>` oder `Iterator<StringBuilder>` etc.) implementiert. Ein Iterator-*Objekt* ist ein Objekt einer Iterator-Klasse.

Bis zur Version 1.4 von Java waren Iteratoren für *alle* Programmierer wichtig. Ab Version 5.0 sind sie eigentlich nur noch wichtig, wenn man selbst neue Sammlungsklassen programmiert (und somit auch die Methode `iterator` der Schnittstelle `Collection` und eine `Iterator`-Klasse implementieren muss). Statt Iteratoren direkt anzuwenden (wie im Beispiel-01) kann man jetzt die neuen `for`-Schleifen benutzen, etwa so:

Beispiel-03: Das Beispiel-01 mit vereinfachter for-Schleife

```
35  Collection<String> cs = new ArrayList<String>();
36  ...      // Irgendwie String-Komponenten in die
37  ...      // Sammlung cs einfuegen                        /
38
39  for (String str: cs) {
40     ... // Das Objekt str aus der Sammlung cs bearbeiten
41  } // for
```

Diese vereinfachten `for`-Schleifen sind sogar noch allgemeiner als die Iterator-Notation: Sie funktionieren nicht nur für *Sammlungen* aller Typen, sondern auch für *Reihungen* (siehe Kapitel 7) und für Objekte aller Klassen, die die Schnittstelle `Iterable` implementieren. Im Beispielprogramm `Iterable01` implementiert eine Klasse von `String`-Paaren die spezielle Schnittstelle `Iterable<String>`. Im Beispielprogramm `Iterable02` implementiert eine Klasse von K-Paaren (wobei `K` für einen beliebigen Typ steht) die allgemeine Schnittstelle `Iterable<K>`. Im Beispielprogramm `Iterable03` wird aus einem `Long`-Objekt eine „Quasi-Sammlung von Dezimalziffern" gemacht, über deren Komponenten (die Dezimalziffern des `long`-Wertes) man iterieren kann, natürlich auch mit vereinfachten `for`-Schleifen.

Zur Schnittstelle `Collection` gehören noch die folgenden übergreifenden (natürlich weichen) Vertragsbedingungen:

Collection §1: Jede `Collection`-Klasse `CK<K>` soll einen *Standardkonstruktor* `CK<K>()` `{...}` enthalten, der die neue Sammlung als *leere* Sammlung initialisiert.

Collection §2: Jede `Collection`-Klasse `CK<K>` soll einen Konstruktor `CK(Collection<? extends K> c)` `{...}` enthalten, der alle Komponenten der Sammlung c in die neue (zu initialisierende) Sammlung einfügt.

Der Typ `Collection<? extends K>` ist ein Obertyp *aller* Sammlungstypen. Wenn jede Sammlungsklasse den in §2 geforderten Konstruktor hat, kann man aus einer Sammlungen s1 eine Sammlung s2 eines (fast) beliebigen anderen Sammlungstyps mit denselben Komponenten erzeugen. Z. B. kann man mit diesen Konstruktoren aus einer Sammlung des Typs `ArrayList<Double>` Sammlungen der Typen `ArrayList<Number>`, `HashSet<Double>`, `HashSet<Number>` oder `LinkedList<Object>` erzeugen (aber keine Sammlungen der Typen `ArrayList<String>` oder `HashSet<Long>` etc., weil `Double` kein Untertyp von `String` bzw. `Long` ist).

Beispiel-04: Aus einer Sammlung eine Sammlung eines anderen Typs erzeugen

```
42 Collection<String> cs1 = new ArrayList<String>();
43 ...    // cs1 irgendwie mit Komponenten fuellen
44 Collection<String> cs2 = new LinkedList<String>(cs1);
45 Collection<Object> cs3 = new LinkedList<Object>(cs1);
```

In Zeile 44 (bzw. 45) wird aus der Sammlung `cs1` eine Sammlung `cs2` (bzw. `cs3`) erzeugt, die dieselben Komponenten enthält wie `cs1`. Weitere Beispiele für solche Umformungen von Sammlungen findet man im Beispielprogramm `Sammlungen03`.

Anmerkung: Man beachte, dass die Sammlung `cs1` genau genommen nur *Referenzen* auf `String`-Objekte enthält, nicht die `String`-Objekte selbst. Beim Erzeugen der Sammlung `cs2` werden deshalb auch nur diese (relativ kleinen) Referenzen kopiert, keine (möglicherweise großen) `String`-Objekte, und am Ende enthalten die Sammlungen `cs1` und `cs2` Referenzen auf *dieselben* Strings, nicht auf „*gleiche* Kopien von Strings".

Collection §3: Optionale Methoden: Alle Methoden, mit denen man eine Sammlung *verändern* kann (`add`, `remove`, `addAll`, `removeAll`, `retainAll` und `clear`) dürfen so implementiert werden, dass sie bei jedem Aufruf nur eine Ausnahme des Typs `OperationNotSupportedException` werfen, statt „richtig zu funktionieren" und die Sammlung zu verändern.

Der §3 der Vertragsbedingungen macht es möglich, Klassen von *unveränderbaren* Sammlungen zu programmieren. In der Darstellung der Schnittstelle `Collection<K>` am Anfang dieses Abschnitts sind die verändernden Methoden mit `opt` (wie *optionale Methode*) gekennzeichnet. Natürlich sollte in der Dokumentation jeder Sammlungsklasse genau beschrieben werden, ob die optionalen Methoden „richtig funktionieren" oder nur eine Ausnahme werfen. Ein paar Feinheiten zu optionalen Sammlungsmethoden werden im Beispielprogramm `Sammlungen04` erläutert.

Kritik: Das Konzept einer *optionalen Methode* steht im Widerspruch zu dem wichtigen Grundsatz der Objektorientierung, dass jedes Objekt einer Klasse K auch ein Objekt einer Oberklasse OK von K ist. Optionale Methoden sind Schwachpunkte im (ansonsten starken) Typensystem von Java, denn sie bewirken, dass bei der Ausführung eines Programms möglicherweise Ausnahmen geworfen werden, die eng mit Typen (z. B. mit dem Typ `Collection`) zu tun haben. Andere Programmiersprachen realisieren unveränderbare Sammlungen, indem sie grundsätzlich zwischen Typen von *veränderbaren* Variablen und Typen von *unveränderbaren* Variablen unterscheiden und durch Referenzen, die ausdrücklich *nicht* mit einer Berechtigung zum Verändern der referenzierten Variablen verbunden sind.

Lösung-01: Die Referenzvariable `cs` hat den *Typ* `Collection<String>` (und nur ihr *Zieltyp* ist, möglicherweise nur zeitweise, gleich `ArraList<String>`). Auf die Komponenten einer `ArrayList`-Sammlung `as` dürfte man mit Indizes zugreifen (z. B. `as.get(i)`), aber auf die Komponenten einer „nur-`Collection`-Sammlung" wie `cs` nicht.

18.3 Die Sammlungsschnittstellen Set, Queue und List

Die Sammlungsklassen in der Standardbibliothek implementieren nicht direkt die Schnittstelle `Collection<K>`, sondern eine ihrer Erweiterungen. Besonders wichtig sind die vier Erweiterungen, die im folgenden Typgrafen dargestellt werden:

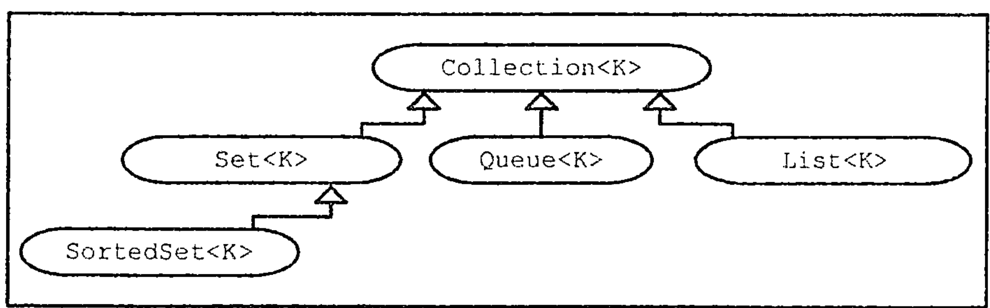

Bild 18.1 Ein Typgraf mit vier generischen Schnittstellen

18.3.1 Die Schnittstelle Set

Die Schnittstelle `Set<K>` erweitert die Schnittstelle `Collection<K>` um genau 0 (in Worten: null) Methoden und besteht im wesentlichen aus der folgenden (weichen) Vertragsbedingung:

Set §1: Jede `Set`-Klasse soll sicherstellen, dass ihre Sammlungsobjekte *keine Doppelgänger* enthalten können.

Ein `Set`-Objekt soll damit einer mathematischen Menge entsprechen (die als „Zusammenfassung wohlunterschiedener Elemente" auch keine Doppelgänger enthalten darf).

> **Def.:** Zwei beliebige Objekte `ob1` und `ob2` sind *Doppelgänger* voneinander, wenn der Ausdruck `ob1.equals(ob2)` den Wert `true` hat.

Anhand der `equals`-Methode wird also entschieden, ob ein Objekt in eine `Set`-Sammlung eingefügt werden kann, oder ob sich schon ein gleiches Objekt in der Sammlung befindet.

Beispiel-01: Welche Objekte sind gleich und welche sind ungleich?

```
1    String        s1 = new String        ("Hallo!");
2    String        s2 = new String        ("Hallo!");
3    StringBuilder b1 = new StringBuilder("Hallo!");
4    StringBuilder b2 = new StringBuilder("Hallo!");
```

In einem intuitiven Sinn sind die vier Objekte `s1`, `s2`, `b1` und `b2` alle gleich, da jedes die Zeichenkette `"Hallo!"` repräsentiert. Die `equals`-Methoden der Klassen `String` und `StringBuilder` entsprechen aber *nicht* dieser Intuition. Vielmehr gilt:

equals	s1	s2	b1	b2
s1	true	true	false	false
s2	true	true	false	false
b1	false	false	true	false
b2	false	false	false	true

Die `equals`-Methoden der Klassen `String` und `StringBuilder` liefern höchstens dann `true`, wenn die verglichenen Objekte beide zur selben Klasse gehören (z. B. ist `s1.equals(b1)` gleich `false`). Ansonsten haben die Programmierer der Standardklassen festgelegt: Zwei `StringBuilder`-Objekte sind nur dann gleich, wenn sie *identisch* sind, zwei `String`-Objekte sind dagegen schon dann gleich, wenn sie gleiche Zeichenketten repräsentieren (z. B. ist `s1.equals(s2)` gleich `true` aber `b1.equals(b2)` ist gleich `false`).

Eine Sammlung, die die Schnittstelle `Set` implementiert, könnte z. B. die Objekte `b1`, `b2` und `s1` enthalten, aber *nicht* die Objekte `s1` und `s2`.

Implementiert wird die Schnittstelle `Set<K>` unter anderem von den Standardklassen `HashSet<K>`, `LinkedHashSet<K>` und `TreeSet<K>`.

18.3.2 Die Schnittstelle Queue

Die Schnittstelle `Queue<K>` erweitert `Collection<K>` um folgende Methoden:

```
1    K          element ()
2    boolean    offer   (K o)
3    K          peek    ()
4    K          poll    ()
5    K          remove  ()
```

Queue §1: In einer (nicht-leeren) Sammlung dieses Typs muss in jedem Moment eine Komponente als *Kopf* (engl. head) ausgezeichnet sein.

Der Kopf kann z. B. die *älteste* Komponente (die *vor* allen anderen eingefügte Komponente) sein. Sammlungen mit dieser Eigenschaft bezeichnet man als *Schlangen* oder als FIFO-Queues (first in, first out). Z. B. sind Sammlungen der Klasse `ArrayBlockingQueue<K>` Schlangen. Bei einer Sammlung der Klasse `PriorityQueue<K>` ist nicht die älteste, sondern die jeweils *kleinste* Komponente als Kopf ausgezeichnet. Wenn man aus einer solchen Sammlung immer die Kopf-Komponente holt und entfernt, erhält man die Komponenten in aufsteigend sortierter Reihenfolge.

`Queue`-Sammlungen können eine *unbegrenzte* (nur vom vorhandenen Speicher abhängige) *Kapazität* haben oder (ähnlich wie Reihungen) eine *begrenzte*, unveränderbare *Kapazität*. Z. B. haben Sammlungen der Klasse `LinkedList<E>` eine unbegrenzte Kapazität und Sammlungen der Klasse `ArrayBlockingQueue<K>` eine begrenzte Kapazität.

Die Methoden `element`, `remove`, `peek` und `poll` liefern alle den Kopf der Sammlung. `remove` und `poll` *entfernen* den Kopf aus der Sammlung (dadurch wird automatisch eine andere Komponente zum Kopf, wie bei gewissen Drachen in alten Sagen), `element` und `peek` lassen die Sammlung *unverändert*. Falls die Sammlung leer ist liefern `peek` und `poll` den Wert `null`, dagegen werfen `element` und `remove` eine Ausnahme (des Typs `NoSuchElementeException`).

Die Methode `offer` ist eine Alternative zur Einfügemethode `add` (der Schnittstelle `Collection`). Falls das Einfügen nicht funktioniert (z. B. weil die Sammlung unveränderbar ist oder weil sie eine unveränderbare Kapazität hat und voll ist) liefert `offer` einfach `false`, dagegen wirft `add` eine Ausnahme.

Implementiert wird die Schnittstelle `Queue<K>` unter anderem von den Standardklassen `PriorityQueue<K>`, `PriorityBlockingQueue<K>` und `LinkedList<K>`.

18.3.3 Die Schnittstelle List

Die Schnittstelle `List<K>` erweitert die Schnittstelle `Collection<K>` um folgende Methoden:

```
1  void           add          (int index, K ob);              //opt
2  K              set          (int index, K ob);              //opt
3  K              remove       (int index);                    //opt
4  K              get          (int index);
5  int            indexOf      (Object ob);
6  int            lastIndexOf  (Object ob);
7
8  boolean        addAll       (int index,
9                               Collection<? extends K> c)     //opt
10 List<K>        subList      (int vonIndex, int bisIndex);
11
12 ListIterator<K> listIterator();
13 ListIterator<K> listIterator(int index);
```

Diese Schnittstelle führt die Vorstellung ein, dass die Komponenten innerhalb einer Sammlung „an bestimmten Positionen liegen", die durch *Indizes* gekennzeichnet sind. Die Indizes sollten `int`-Werte sein, bei *0* beginnen und *dicht* liegen, d. h. der letzte belegte Index einer `List`-Sammlung s sollte immer gleich `s.size()-1` sein. Einige Standard-Implementierungen der Schnittstelle `List` erlauben Doppelgänger. Eine `List`-Klasse darf Doppelgänger aber auch ausschließen.

Die Methoden `indexOf` und `lastIndexOf` sind vor allem für den Fall gedacht, dass Doppelgänger *erlaubt* sind. Sie liefern den kleinsten bzw. den größten Index, bei dem das angegebene Objekt ob in dieser Sammlung vorkommt (oder -1, falls das Objekt *nicht* vorkommt). Wenn Doppelgänger in einer Sammlung s ausgeschlossen sind, müssen die Methoden `indexOf` und `lastIndexOf` (für gleiche Parameterobjekte) immer gleiche Ergebnisse liefern.

Der `List`-Vertrag schreibt vor, dass die Methode `add` (die mit den 2 Parametern, siehe oben Zeile 1) eine Komponente an einer bestimmten Indexposition einfügt. Schon vorhandene Komponenten ab dieser Stelle sollen (nicht gelöscht sondern) „um eine Indexposition nach rechts" verschoben werden. Mit der `set`-Methode kann man eine schon vorhandene Komponente durch eine neue ersetzen (die alte Komponente wird aus der Sammlung entfernt und als Ergebnis von `set` geliefert).

Beispiel-01: Zwei Komponenten einer List-Sammlung vertauschen

```
14  List<String> ls = new ArrayList<String>();
15  ... // Mind. 3 Komponenten in die Sammlung s einfuegen
16  // Die Komponenten mit Index 1 und 2 vertauschen:
17  String tmp = ls.get(1);
18  ls.set(1, ls.get(2));
19  ls.set(2, tmp);
```

Die Schnittstelle `ListIterator<K>` ist eine Erweiterung der Schnittstelle `Iterator<K>`. Mit einem einfachen `Iterator`-Objekt kann man sich nur in *einer* Richtung durch die Sammlung bewegen („vorwärts"). Mit einem `ListIterator`-Objekt kann man sich dagegen „vorwärts und rückwärts" bewegen. Das `ListIterator`-Objekt, so sollte man sich vorstellen, zeigt dabei immer *zwischen* zwei Komponenten der Sammlung (oder *vor* die erste Komponente bzw. *hinter* die letzte).

Mit der Methode `sublist` kann man einen beliebigen (zusammenhängenden) Abschnitt einer `List`-Sammlung beschreiben (vom `vonIndex` *einschließlich* bis zum `bisIndex` *ausschließlich*, siehe dazu auch das Beispielprogramm `Sammlungen05`). Das Ergebnis von `sublist` ist ein `List`-Objekt, auf das man z. B. die Methoden `addAll`, `removeAll`, `retainAll` und `containsAll` der Schnittstelle `Collection` anwenden kann (weil `List` eine Erweiterung von `Collection` ist). Darum gibt es keine speziellen Methoden namens `addAll`, `removeAll`, ... mit Indizes (`vonIndex` und `bisIndex`) als Parameter.

Beispiel-03: Alle Komponenten zwischen zwei Indizes entfernen

Ein Aufruf wie etwa `ls1.removeAll(int vonIndex, int bisIndex)` ist zwar nicht möglich, weil es keine entsprechende Methode `removeAll` gibt, aber seine Wirkung kann man leicht nachmachen, etwa so:

```
20  List<String> ls1 = new LinkedList<String>();
21  ... // Mind. 9 Komponenten einfuegen
22  List<String> ls2 = ls1.subList(5, 8);
23  ls1.removeAll(ls2);
```

Die beiden Befehle in Zeile 22 und 23 bewirken, dass aus der Sammlung `ls1` die drei Komponenten zwischen den Indizes 5 (einschließlich) und 8 (ausschließlich) entfernt werden.

Implementiert wird die Schnittstelle `List<K>` unter anderem von den Standardklassen `ArrayList<K>`, `AttributeList<K>`, `LinkedList<K>`, `Stack<K>` und `Vector<K>`.

18.4 Die Vergleichsschnittstellen Comparable und Comparator

`SortedTree<K>` ist eine Standard-Sammlungsklasse. Sammlungen dieser Klasse sind immer *sortiert*.

In einer `SortedTree`-Sammlung darf man nur solche Komponenten sammeln, die „sortierbar" sind. Offiziell und etwas genauer sagt man: Die Komponenten einer solchen Sammlung müssen *total geordnet* sein, d. h. von zwei beliebigen Komponenten `k1` und `k2` muss man feststellen können, ob `k1` kleiner, gleich oder größer `k2` ist.

Anmerkung: Die Punkte einer Ebene (dargestellt durch eine x- und eine y-Koordinate) sind „von Hause aus und erstmal" *nicht* total geordnet (ohne spezielle Festlegungen ist z. B. der Punkt (10, 20) weder kleiner, gleich noch größer als der Punkt (30, 20)). Die natürlichen Zahlen 0, 1, 2, 3, ... sind total geordnet. Für Zeichenketten sind sogar mehrere totale Ordnungen von praktischer Bedeutung, die *lexikographische* Ordnung (die in Lexika verwendet wird) und die *lexikalische* Ordnung (jede kürzere Zeichenkette ist kleiner als eine längere, gleich lange Ketten werden lexikographisch geordnet). In der Literatur und im Internet wird die lexikographische Ordnung häufig auch als lexikalische Ordnung bezeichnet (wodurch man sich möglichst wenig verwirren lassen sollte).

Objekte (im Gegensatz zu primitiven Werten) darf man in Java grundsätzlich nicht mit den Ordnungsoperatoren <, <=, > und >= vergleichen (warum das ein vernünftiges Verbot ist, wurde im Abschnitt 10.2 am Beispiel von `String`-Objekten erläutert). Die Objekte einer Klasse sind nur dann total geordnet, wenn der Programmierer eine geeignete Vergleichsmethode für sie programmiert hat. Mit der Vergleichsmethode definiert er die von ihm gewünschte totale Ordnung.

Manchmal möchte der Programmierer für die Objekte einer Klasse nicht nur eine, sondern *mehrere* totale Ordnungen (d. h. Vergleichsmethoden) vereinbaren, damit er die Objekte nach verschiedenen Kriterien sortieren lassen kann.

Beispiel-01: Sei `Mango` ein Klasse, in der drei Objektattribute namens `saftmenge`, `guete` und `preis` vereinbart werden. Meistens sollen `Mango`-Objekte nach ihrer `saftmenge` sortiert werden, manchmal aber auch nach ihrer `guete` und manchmal nach ihrem `preis`. `Mangos` und weitere vergleichbare Südfrüchte findet man im Beispielprogramm `Vergleichen01` (keine Angst, auch `Mango`-Objekte mit großer Saftmenge tropfen nicht und neigen nicht zum Schimmeln).

Eine Vergleichsmethode für die Objekte einer Klasse wie `Mango` kann man mit Hilfe der Schnittstelle `Comparable<K>` wie folgt vereinbaren:

1. Man lässt die Klasse `Mango` die Schnittstelle `Comparable<Mango>` implementieren, etwa so:

```
1   class Mango implements Comparable<Mango> {
2       int     saftmenge;
3       char    guete;
4       double  preis;
5       ...
6   } // class Mango
```

Dadurch verpflichtet man sich offiziell zum nächsten Schritt.

2. Man vereinbart in der Klasse `Mango` eine öffentliche Objektmethode namens `compareTo` mit dem Rückgabetyp `int` und einem `Mango`-Parameter, z. B. so:

Beispiel-02: Eine `compareTo`-Methode zum Vergleichen von `Mango`-Objekten

```
7       public int compareTo(Mango that) {
8           return this.saftmenge - that.saftmenge;
9       }
```

Diese Objektmethode sollte das Objekt, zu dem sie gehört (das Objekt `this`), mit ihrem Parameterobjekt `that` vergleichen und als Ergebnis eine negative Zahl, 0 bzw. eine positive Zahl liefern, je nachdem ob `this` kleiner, gleich oder größer `that` ist.

Die in Zeile 7 bis 9 vereinbarte `compareTo`-Methode vergleicht `Mango`-Objekte „nach ihrer `saftmenge`". Sind `m1` und `m2` zwei `Mango`-Objekte, so bezeichnet der Ausdruck `m1.compareTo(m2)` eine negative Zahl, 0 bzw. eine positive Zahl, je nachdem, ob `m1` eine kleinere, gleiche oder größere `saftmenge` hat als `m2`.

Aufgabe-01: Obige `compareTo`-Methode drückt aus, dass ein `Mango`-Objekt um so *größer* ist, je *größer* seine `saftmenge` ist. Schreiben Sie eine `compareTo`-Methode die ausdrückt, dass ein `Mango`-Objekt um so *größer* ist, je *kleiner* sein `preis` ist. Beachten Sie dabei, dass das Ergebnis der `compareTo`-Methode immer ein `int`-Wert sein muss, auch wenn z. B. nach einem `double`-Attribut wie `preis` verglichen werden soll. Drei verschiedene Lösungen findet man im Beispielprogramm `Vergleichen02`).

Die mit Hilfe der Schnittstelle `Comparable` (und ihrer Methode `compareTo`) vereinbarte Ordnung wird auch als die *natürliche Ordnung* von `Mango`-Objekten bezeichnet. Mit *natürlich* ist hier nur gemeint, dass die Vergleichsmethode `compareTo` eine Objektmethode der Klasse `Mango` und somit „ein *natürlicher* Bestandteil" von jedem `Mango`-Objekt ist. Klassen, die eine `Comparable`-Schnittstelle implementieren, bezeichnet man entsprechend als *natürlich geordnet* (auch wenn die Ordnung selbst   ziemlich „unnatürlich" definiert ist, wie etwa bei den Klassen Orange und Zitrone im Beispielprogramm Vergleichen01).

Von den etwa 2500 Standardklassen sind nur etwa vier Dutzend natürlich geordnet (darunter die Klasse String und die acht Hüllklassen Byte, Character, Short etc.). StringBuilder ist ein Beispiel für eine Standardklasse *ohne* natürliche Ordnung.

Beliebig viele weitere („nicht-natürliche") Ordnungen für die Objekte einer Klasse wie Mango kann man mit Hilfe der Schnittstelle Comparator<Mango> vereinbaren. Diese Schnittstelle verpflichtet ihre Implementierer dazu, eine öffentliche Methode namens compare mit einem int-Ergebnis und zwei Mango-Parametern zu vereinbaren, z. B. so:

Beispiel-03: Eine compare-Methode zum Vergleichen von Mango-Objekten

```
10 public int compare(Mango ob1, Mango ob2) {
11    return (int) (100.0 * ob2.preis - 100.0 * ob1.preis);
12 }
```

Diese Objektmethode sollte die Objekte ob1 und ob2 vergleichen und als Ergebnis eine negative Zahl, 0 bzw. eine positive Zahl liefern, je nachdem ob ob1 kleiner, gleich oder größer ob2 ist.

Die in Zeile 10 bis 12 vereinbarte Methode vergleicht ob1 und ob2 nach ihrem preis. Sind m1 und m2 zwei Mango-Objekte, so bezeichnet der Ausdruck compare(m1, m2) eine negative Zahl, 0 bzw. eine positive Zahl, je nachdem, ob m1 einen größeren, gleichen oder kleineren preis hat als m2. Hier ist eine Mango also um so *kleiner*, je *größer* ihr preis ist. Wenn der Preis in Euro angegeben wurde, stellt diese compare-Methode erst dann einen Unterschied fest, wenn die Preise sich um einen Cent oder mehr unterscheiden (siehe dazu auch das Beispielprogramm Vergleichen02).

Eine solche compare-Methode zum Vergleichen von Mango-Objekten muss in irgendeiner Comparator<Mango>-Klasse (einer Klasse, die die Schnittstelle Comparator<Mango> implementiert) vereinbart werden. Diese Klasse kann man auch als Klassenelement (static member) einer anderen Klasse vereinbaren, etwa so:

Beispiel-04: Zwei Comparator<Mango>-Klassen

```
13    static class NachPreis implements Comparator<Mango> {
14       public int compare(Mango ob1, Mango ob2) {
15       return (int) (ob2.preis - ob1.preis);
16    }
17    } // class NachPreis
18
```

```
19    static class NachGuete implements Comparator<Mango> {
20        public int compare(Mango ob1, Mango ob2) {
21            return ob1.guete - ob2.guete; // Cast (int) nicht noetig
22        }
23    } // class NachGuete
```

Mit Hilfe eines Objekts der Klasse `NachPreis` können wir die Mangos in einer Sammlung des Typs `SortedTree<Mango>` nach ihrem `preis` sortieren lassen. Für die Klasse `NachGuete` gilt Entsprechendes.

Beispiel-05: Unterschiedlich sortierte Sammlungen von `Mango`-Objekten

```
24   NachPreis nachPreis = new NachPreis();
25   NachGuete nachGuete = new NachGuete();
26
27   SortedTree<Mango> st01 = new SortedTree<Mango>();
28   SortedTree<Mango> st02 = new SortedTree<Mango>(nachPreis);
29   SortedTree<Mango> st03 = new SortedTree<Mango>(nachGuete);
```

Die Sammlungen `st01`, `st02` und `st03` sind anfangs leer. Aber wenn man `Mango`-Objekte einfügt, werden sie automatisch sortiert. Die Sammlung `st01` wird nach der natürlichen Ordnung für `Mango`-Objekte sortiert, `st01` nach dem `preis` und `st03` nach der `guete` der Mango-Objekte.

18.5 Die Sammlungsschnittstelle SortedSet

Die Schnittstelle `SortedSet<K>` erweitert die Schnittstelle `Set<K>` um folgende Methoden:

```
1   K                    first      ();
2   K                    last       ();
3
4   SortedSet<K>         headSet    (K bisKompo);
5   SortedSet<K>         tailSet    (K vonKompo);
6   SortedSet<K>         subSet     (K vonKompo, K bisKompo);
7
8   Comparator<? super K> comparator ();
```

Die Schnittstelle `SortedSet<K>` erbt von der Schnittstelle `Set<K>` nicht nur „harte Methoden", sondern auch die weiche Bedingung:

SortedSet §1: Jede `SortedSet`-Klasse soll sicherstellen, dass ihre Sammlungsobjekte *keine Doppelgänger* enthalten können.

Die Methode `first` liefert die *erste* Komponente einer sortierten Sammlung. Welche Komponente das ist, hängt von der verwendeten Vergleichsmethode (`compa-`

reTo bzw. compare) der Sammlung ab. Die erste Komponente einer Mango-Sammlung (siehe vorigen Abschnitt) kann z. B. das Mango-Objekt mit der kleinsten saftmenge oder das Objekt mit dem größten preis sein. Ist s eine leere Sammlung, so löst der Befehl s.first() eine Ausnahme des Typ NoSuchElementException aus.

Ganz entsprechend liefert die Methode last die *letzte* Komponente ihrer Sammlung oder wirft eine Ausnahme des Typ NoSuchElementException.

Zu einem headSet gehören alle Komponenten dieser Sammlung, die *echt kleiner* sind als die angegebene Komponente bisKompo. Zu einem tailSet gehören alle Komponenten, die *größer oder gleich* vonKompo sind. Die Ergebnisse der Methoden headSet und tailSet können leere Sammlungen sein.

Die Methode comparator liefert das Comparator-Objekt dieser Sammlung (welches der Programmierer beim Erzeugen der Sammlung dem Konstruktor als Parameter angegeben hat) oder null, falls diese Sammlung kein Comparator-Objekt besitzt, sondern natürlich geordnet ist (Schnittstelle Comparable).

Zur Schnittstelle SortedSet gehören ausserdem die folgenden (weichen) Vertragsbedingungen:

SortedSet §2: Die Komponenten einer SortedSet-Sammlung sollten immer sortiert sein.

SortedSet §3: Ein Iterator-Objekt einer SortedSet-Sammlung sollte die Komponenten der Sammlung in sortierter Reihenfolge liefern.

Hinweis: Wenn man eine Klasse K programmiert, deren Objekte man in Set<K>-Sammlungen einfügen will, spielt die equals-Methode von K eine wichtige Rolle. Wenn man K-Objekte in SortedSet<K>-Sammlungen einfügen will, sind außerdem Vergleichsfunktionen (entweder compareTo oder compare) wichtig. Die equals-Methode hängt eng mit der Methode hashCode zusammen (wenn man eine der beiden Methoden überschreibt, muss man fast immer auch die andere überschreiben). Wenn man die Methoden equals, compare, compareTo und hashCode nicht richtig aufeinander abstimmt, können beim Sammeln von K-Objekten in SortedSet<K>-Sammlungen sehr interessante Fehler auftreten. In der Dokumentation der Java-Standardbibliothek (siehe [HTML_Doc]) findet man unter der Überschrift „The Java Collections Framework" gute Hinweise wie man solche Fehler in ein Programm einbauen (oder vermeiden) kann.

18.6 Standard-Sammlungsklassen

Von welchen Standard-Sammlungsklassen werden die vier Sammlungsschnittstellen Queue, List, Set und SortedSet implementiert? Die folgende Tabelle enthält die Antworten. Alle Schnittstellen und Klassen in dieser Tabelle sind generisch und haben einen Typparameter <K>, der für den Typ der Komponenten der Sammlungen steht.

Queue	List	Set	SortedSet
AbstractQueue ArrayBlockingQueue ConcurrentLinkedQueue DelayQueue LinkedBlockingQueue LinkedList PriorityBlockingQueue PriorityQueue SynchronousQueue	AbstractList AbstractSequentialList ArrayList AttributeList CopyOnWriteArrayList LinkedList RoleList RoleUnresolvedList Stack Vector	AbstractSet CopyOnWrite- ArraySet EnumSet HashSet JobStateReasons LinkedHashSet TreeSet	TreeSet

Die abstrakten Klassen (AbstractCollection, AbstractList, ...) sollen dem Programmierer das Schreiben eigener Sammlungsklassen erleichtern. Statt z. B. die Schnittstelle Set vollständig selbst zu implementieren, kann er die Klasse AbstractSet erweitern. Damit erbt er einige „brauchbare" Methoden und braucht diese nicht mehr selbst zu (über-) schreiben.

Die Klasse Vector leistet Ähnliches wie die Klasse ArrayList, aber Vector ist im Gegensatz zu ArrayList *fadensicher* (engl. thread safe) und deshalb etwas langsamer. Was „fadensicher" bedeutet wird im Kapitel 20 über Steuerfäden erläutert. Außerdem implementiert Vector nicht nur die Methoden der Schnittstelle List<K>, sondern enthält zusätzlich einige „ältere Methoden", die fast das Gleiche leisten. Wenn Fadensicherheit nicht erforderlich ist, sollte man immer die Klasse ArrayList verwenden, und nicht die Klasse Vector.

Die Klasse LinkedList ist die einzige, die zwei (voneinander unabhängige) Sammlungsschnittstellen implementiert (Queue<K> und List<K>). Siehe auch das Beispielprogramm Sammlungen03.

Sammlungen des Typs HashSet (kurz: Hash-Tabellen) sind im allgemeinen sehr schnell, ihre Komponenten sind aber *nicht sortiert*. Eine Sammlung des Typs LinkedHashSet enthält zusätzlich die Information, in welcher Reihenfolge ihre Komponenten eingefügt wurden. Wenn man die Komponenten in sortierter Reihenfolge einfügt, erzeugt man damit also eine Art *sortierte Hash-Tabelle.*

Bei einer Sammlung des Typs Stack kann man nur an einer Seite („oben") neue Komponenten einfügen oder vorhandene Komponenten wieder entfernen.

Eine Sammlung des Typs TreeSet wird intern als *binärer Baum* realisiert. Ein solcher Baum muss immer sortiert sein, sonst funktioniert er nicht. Das Einfügen von und das Suchen nach Komponenten geht typischerweise sehr schnell (nur etwas langsamer als bei einer Hash-Tabelle), das Löschen einer Komponenten kann ein bisschen länger dauern. Doppelgänger sind nicht erlaubt.

Beim Erzeugen einer Sammlung des Typs PriorityQueue muss man eine Ordnung festlegen (über eine der Schnittstellen Comparable oder Comparator, siehe Abschnitt 18.4). Die Komponenten stehen dann nicht unbedingt sortiert in der Reihung, aber die jeweils kleinste Komponente ist als *Kopf* (-Komponente) ausgezeichnet. Auf diesen Kopf der Sammlung kann man besonders schnell zugreifen. Wenn man den Kopf entfernt, „wächst schnell ein neuer nach", d. h. man kann dann wieder schnell auf die kleinste Komponente zugreifen etc. Aus einer solchen Sammlung kann man die Komponenten also besonders schnell in sortierter Reihenfolge entfernen (siehe auch das Beispielprogramm Sammlungen02).

Anmerkung: Der Name *priority queue* (deutsch: Halde) kommt vermutlich aus Anwendungen solcher Sammlungen in Betriebssystemen. Dort werden *Prozesse* in solche Sammlungen eingefügt und dann entsprechend ihrer *Priorität* wieder entfernt und bearbeitet.

BlockingQueue ist eine Schnittstelle, die von mehreren Standardklassen implementiert wird (ArrayBlockingQueue, LinkedBlockingQueue, PriorityBlockingQueue). Eine BlockingQueue-Sammlung kann eine feste Kapazität haben (ähnlich wie eine Reihung immer eine feste Länge hat). Die Schnittstelle enthält verschiedene Methoden zum Einfügen und zum Entfernen von Komponenten. Einige dieser Methoden „blockieren" den aufrufenden Faden solange, bis die Methode ausgeführt werden kann. Wenn ein Faden z. B. versucht, eine Komponente in eine volle Sammlung einzufügen, wird er solange schlafen gelegt, bis in der Sammlung wieder Platz ist. Entsprechend geht es einem Faden, der versucht, aus einer leeren Sammlung eine Komponente zu entfernen: Er wird solange schlafen gelegt, bis die Sammlung wieder eine Komponente enthält. BlockingQueue-Sammlungen werden unter anderem zum Lösen von so genannten *Produzenten-Konsumenten-Problemen* verwendet (z. B. *produziert* ein Faden Dokumente und eine anderer Faden *konsumiert* die Dokumente, d. h. druckt sie aus oder bearbeitet sie auf andere Weise).

Einzelheiten zu allen hier erwähnten Schnittstellen und Klassen findet man in der Dokumentation der Java-Standardbibliothek (siehe [HTML_Doc]).

18.7 Die Klasse Collections (mit s)

Die Klasse `Collections` enthält etwa vier Dutzend Klassenmethoden zum Bearbeiten von Sammlungen: `sort` (sortiert eine `List`-Sammlung), `binarySearch` (sucht in einer sortierten `List`-Sammlung nach einer Komponenten, ist normalerweise sehr schnell), `reverse` (kehrt die Reihenfolge der Komponenten einer `List`-Sammlung um), `shuffel` („mischt" die Komponenten einer Sammlung wie ein Kartenspiel, d. h. ändert mit Hilfe eines Zufallsgenerators ihre Reihenfolge), `unmodifiableList` (liefert eine unveränderbare Sicht auf eine `List`-Sammlung), `unmodifiableSet` (liefert eine unveränderbare Sicht auf eine `Set`-Sammlung) und weitere nützliche Methoden und Konstanten.

Es empfiehlt sich, die *Klasse* `Collections` (mit einem s am Ende des Namens) möglichst selten mit der *Schnittstelle* `Collection` (ohne s) zu verwechseln.

Normalerweise enthält eine Sammlung eines Typs wie `Collection<Integer>` ausschließlich Komponenten des Typs `Integer`. Nur wenn der Programmierer bereit ist, mit rohen Typen zu arbeiten und Warnungen des Compilers zu ignorieren kann er in eine solche Sammlung auch Objekte anderer Typen einfügen. Mit der Methode `checkedCollection` kann man prüfen lassen, ob eine Sammlung wirklich nur solche Objekte enthält, die sie enthalten sollte (z. B. nur `Integer`-Objekte). Diese Prüfung findet während der Ausführung des Programms („zur Laufzeit") statt, nicht bei der Übergabe des Programms („zur Compilezeit"). Im Beispielprogramm `Sammlungen07` wird diese Methode angewendet (funktionierte aber bei der Java-Version 5.0 offenbar noch nicht ganz richtig). Die Methoden `checkedList`, `checkedSet`, `checkedSortedSet`, `checkedMap` und `checkedSortedMap` sollen ganz Entsprechendes leisten wie `checkedCollection`.

18.8 Reihungen und Sammlungen

Reihungen haben „inhaltlich" große Ähnlichkeit mit Sammlungen, denn man kann
(in einem bestimmten Sinn) Werte in eine Reihung einfügen, dort suchen und wieder entfernen. Technisch gesehen sind Reihungstypen aber *keine* Sammlungstypen,
da sie nicht die Schnittstelle `Collection` implementieren.

Es bestehen aber enge Verbindungen zwischen Reihungen und „richtigen Sammlungen". In jedem `Collection`-Objekt gibt es eine generische und eine nicht-generische Methode namens `toArray`:

```
1   <T> T       [] toArray(T[] r); //        generisch
2       Object[] toArray();        // nicht-generisch
```

Ist s irgendeine Sammlung (d. h. ein `Collection`-Objekt), so liefert der Ausdruck `s.toArray()` eine Reihung des Typs `Object[]`, die dieselben Komponenten enthält wie die Sammlung s.

Mit der generischen Methode `toArray` kann man versuchen, aus einer Sammlung
eines beliebigen *Sammlungstyps* `Collection<K>` eine Reihung eines beliebigen
Reihungstyps `T[]` zu erzeugen. Das gelingt aber nur, wenn alle Komponenten der
Sammlung zu einem Untertyp von `T` gehören. Andernfalls wird (während der Ausführung des Programms) eine Ausnahme des Typs `ArrayStoreException` geworfen.

Beispiel-01: Sei `sO` eine Sammlung des Typs `Collection<Object>`, die nur
Komponenten des Typs `Double` enthält, und seien die Reihungen `rO`, `rN`, `rD` und
`rI` wie folgt vereinbart:

```
3   Collection<Object> sO = new ArrayList<Object>();
4   // In die Sammlung sO drei Double-Komponenten einfuegen
5   sO.add(1.1); sO.add(2.2); sO.add(3.3);
6
7   // Vier Reihungen unterschiedlicher Typen und Laengen:
8   Object[]  rO = new Object [3]; // Passende Laenge
9   Number[]  rN = new Number [0]; // Zu kurz
10  Double[]  rD = new Double [5]; // Zu lang
11  Integer[] rI = new Integer[3]; // Passende Laenge
```

Jeder der folgenden Ausdrücke liefert jetzt eine Reihung, die dieselben Komponenten enthält wie die Sammlung `sO`:

```
12 ... sO.toArray(rO)... // Eine Reihung des Typs Object[]
13 ... sO.toArray(rN)... // Eine Reihung des Typs Number[]
14 ... sO.toArray(rD)... // Eine Reihung des Typs Double[]
15 ... sO.toArray(rI)... // Ausnahme ArrayStoreException
```

Falls die als Parameter angegebene Reihung (z. B. rO) lang genug ist, werden die Komponenten der Sammlung (z. B. sO) in diese Reihung eingefügt und die gefüllte Reihung wird als Ergebnis geliefert. Falls die angegebene Reihung zu kurz ist, wird eine neue Reihung des selben Typs und der richtigen Länge (sO.size()) erzeugt, mit Komponenten gefüllt und als Ergebnis geliefert. Ist die angegebene Reihung zu lang (z. B. rD), so wird sie „teilweise gefüllt" und ihrer ersten nicht mehr benötigten Komponente der Wert null zugewiesen (siehe auch das Beispielprogramm Sammlungen06).

Der Ausdruck sO.toArray(rI) löst eine Ausnahme aus, weil die Double-Komponenten der Sammlung sO nicht in eine Reihung des Typs Integer[] eingefügt werden können.

Anmerkung: Die Entwickler von Java hätten die generische Methode toArray auch so beschränken können, dass man eine Sammlung des Typs Collection<K> nur in eine Reihung des Typs K[] (statt eines beliebigen Typs T[]) umwandeln darf. Diese Lösung wäre typsicher (siehe auch das Beispielprogramm GenTypen13) würde aber ein paar sinnvolle Anwendungen ausschließen. Die Entwickler haben sich für eine weniger beschränkte Lösung entschieden, die aber Ausnahmen zur Laufzeit nicht ausschließt.

Mit den beiden Objektmethoden toArray kann man jede Sammlung in eine Reihung umwandeln. Umgekehrt kann man mit Hilfe der (Klassen-) Methode Arrays.asList jede Reihung von Objekten als eine Sammlung fester Länge „sehen und bearbeiten", etwa so:

Beispiel-02: Eine Reihung von Objekten als Liste „sehen und bearbeiten"

```
16   String[]      sRei = {"aa", "bb", "cc"};   // Eine String-Reihung
17   List<String> SLst = Arrays.asList(sRei); // Eine String-Liste
18   ...
19                       // Komponenten von sRei und sLst:
20   rS[0] = "xx";       // {"xx", "bb", "cc"}
21   ...
22   lS.set(2, "yy"); // ["xx", "bb", "yy"]
23   ...
```

Die Liste sLst ist keine *Kopie* der Reihung sRei, sondern bietet eine „Listensicht auf die Reihung" sRei. Das bedeutet: Wenn man die Liste sLst verändert, verändert man damit automatisch auch die Reihung sRei, und umgekehrt ist jede Änderung an sRei auch eine Änderung an sLst (siehe auch das Beispielprogramm Sammlungen04). Methoden, die die *Länge* der Liste sLst verändern würden (z. B. sLst.add, sLst.remove, ...), funktionieren nicht richtig, sondern werfen eine

Ausnahme des Typs `UnsupportedOperationException`, denn die Länge der Reihung `sRei` kann ja nicht verändert werden.

Die Methode `Arrays.asList` kann man nur auf Reihungen von *Objekten* (d. h. auf Reihung von Typen wie `String[]`, `Double[]`, `Object[]`, ... etc.) anwenden, aber nicht auf Reihungen mit *primitiven* Komponenten. Eine Verbindung zwischen Reihungen mit primitiven Komponenten (d. h. Reihungen der Typen `byte[]`, `char[]`, `short[]` etc.) und richtigen Sammlungen findet man zwar nicht in der Java-Standardbibliothek, aber in der Klasse `ArraysP` bei den Beispielprogrammen. Das „P" in „ArraysP" soll an „primitiv" erinnern). Diese Klasse enthält 8 Schnittstellen (`ByteList`, `CharList`, `ShortList`, `IntList`, `LongList`, `FloatList`, `DoubleList` und `BooleanList`), von denen jede eine List-Schnittstelle erweitert (`ByteList` erweitert `List<Byte>`, `CharList` erweitert `List<Character>` etc.), und zu jeder Schnittstelle eine Methode namens `asList`. Das folgende Beispiel zeigt, wie man die Schnittstelle `DoubleList` und die zugehörige `asList`-Methode benutzen kann:

Beispiel-02: Eine Reihung von primitiven `double`-Werten als Liste „sehen und bearbeiten" (siehe auch das Beispielprogramm `ArraysPAnw01`)

```
24   double[]          dRei = {31.5, 11.5, 21.5, 41.5};
25   ArraysP.DoubleList dLst = ArraysP.asList(dRei);
26
27   dRei      [3] = 42.5;        // double-Wert   42.5
28   dLst.setP(3,   43.5);        // double-Wert   43.5
29   dLst.set (3,   44.5);        // Double-Objekt 44.5
30   Arrays.sort         (dRei);  // Die Reihung dRei sortieren
31   Collections.shuffle(dLst);   // Die Liste   dLst "mischen"
32   Collections.shuffle(dLst);   // Die Liste   dLst "mischen"
33   Collections.sort   (dLst);   // Die Liste   dLst sortieren
```

In Zeile 24 wird eine Reihung `dRei` mit primitiven Komponenten (des Typs `double`) vereinbart. `DoubleList` ist eine Schnittstelle innerhalb der Klasse `ArraysP`. Das `DoubleList`-Objekt `dLst` (vereinbart in Zeile 25) bietet eine List-Sicht auf die Reihung `dRei`. : Wenn man `dRei` (bzw. `dLst`) verändert, so verändert man damit automatisch auch `dLst` (bzw. `dRei`). Genau genommen bietet das List-Objekt `dLst` sogar *zwei* Sichten auf die Reihung `dRei`: Als Liste von primitiven `double`-Werten und als Liste von `Double`-Objekten. Der Programmierer kann wahlweise die Reihungssicht, die double-List-Sicht oder die Double-List-Sicht verwenden und beliebig zwischen diesen Sichten hin- und herwechseln, etwa so:

In den Zeilen 27 bis 29 wird derselben Komponenten der Reihung `dRei` bzw. der Liste `dLst` auf drei verschiedene Weisen ein neuer Wert zugewiesen: In Zeile 27 wird der Reihungskomponenten `dRei[3]` der `double`-Wert `42.5` zugewiesen, in

Zeile 28 wird die entsprechende `double`-Komponente der Liste `dLst` auf den Wert `43.5` gesetzt und in Zeile 29 wird der entsprechenden `Double`-Komponenten der Liste `dLst` ein `Double`-Objekt mit dem Wert `44.5` zugewiesen. Das `Double`-Objekt wird per automatischer Verhüllung aus dem Wert `44.5` erzeugt.

In Zeile 30 wird die Reihung `dRei` sortiert. In Zeile 33 wird die Liste `dLst` sortiert. Der Effekt ist in beiden Fällen derselbe. Zwischendurch wird (in Zeile 31 und 32) die Liste `dLst` zweimal „gemischt" (ähnlich wie ein Kartenspiel „zufällig durcheinander gebracht").

Die Schnittstelle `DoubleList` (vereinbart als Klassenelement der Klasse `ArraysP`) ist eine Erweiterung der Standardschnittstelle `List<Double>` und erweitert sie um 6 Methoden, wie die folgende Darstellung zeigt:

Schnittstelle **DoubleList** (eine Erweiterung der Schnittstelle **List<Double>**):

```
34   boolean  containsAllP(double[]  suchReihung);
35   boolean      containsP(double    wert);
36   double           getP(int        index);
37   int         indexOfP(double      wert);
38   double          setP(int         index,  double neuerWert);
39   double[]    toArrayP();
```

Diese Methoden (mit einem „P" wie „primitiv" am Ende ihres Namens) bieten eine Sicht auf eine Sammlung von primitiven `double`-Werten. Es folgen die entsprechenden Methoden der Schnittstelle `List<Double>`, die eine Sicht auf eine Sammlung von `Double`-Objekten bieten:

Schnittstelle **List<Double>**: (ein Auszug)

```
40   boolean  containsAll(Collection  suchSammlung);
41   boolean      contains(Double     objekt);
42   Double            get(int        index);
43   int          indexOf(Double      objekt);
44   Double           set(int         index,  Object neuesObjekt);
45   Object[]     toArray();
```

Das Sammlungsobjekt `dLst` (vereinbart in Zeile 25) enthält beide Arten von Methoden (weil die Schnittstelle `DoubleList` eine Erweiterung der Schnittstelle `List<Double>` ist).

Als Abschluss dieses Abschnitts folgt ein Beispiel mit einer besonders einfachen Anwendung der Klasse `ArraysP`:

Beispiel-03: Eine Liste von `Character`-Objekten initialisieren mit Hilfe einer Reihung von primitiven `char`-Werten (siehe auch das Beispielprogramm `ArraysPAnw02`)

```
46   // Die 21 Konsonanten als Reihung von char-Werten:
47   char[] cRei = {'b', 'c', 'd', 'f', 'g', 'h', 'j',
48                  'k', 'l', 'm', 'n', 'p', 'q', 'r',
49                  's', 't', 'v', 'w', 'x', 'y', 'z'
50                 };
51
52   // Die 21 Konsonanten als Liste von Character-Objekten:
53   List<Character> cLst =
54       new ArrayList<Character>(ArraysP.asList(cRei));
```

18.9 Abbildungen (map objects)

Auf die Komponenten einer Reihung kann man mit Hilfe von *Indizes* zugreifen. Diese Indizes müssen immer Zahlen vom Typ `int` sein. Werte der primitiven Typen `long` oder `double` oder Objekte der Typen `String`, `StringBuilder` oder `BigInteger` etc. sind als Indizes *nicht* erlaubt.

Ein *Abbildungsobjekt* kann man als eine „verallgemeinerte Reihung" verstehen, bei der man beliebige Objekte als Indizes verwenden darf, z. B. Objekte der Klassen `String`, `StringBuilder` oder `BigInteger`.

> **Def.:** Eine *Abbildung* (engl. map) besteht aus einer Menge von *Einträgen*.

> **Def.:** Ein *Eintrag* (engl. entry) besteht aus zwei Objekten beliebiger Typen, einem *Schlüssel* (-Objekt, key object) und einem *Wert* (-Objekt, value object).

Innerhalb einer Abbildung müssen die Schlüssel aller Einträge zum selben („Schlüssel-") Typ und die Werte aller Einträge alle zum selben („Werte-") Typ gehören, aber der Schlüsseltyp und der Wertetyp können verschieden sein.

Die *Schlüssel* einer Abbildung entsprechen den *Indizes* einer Reihung. Sie müssen eindeutig sein, d. h. für zwei beliebige Schlüsselobjekte `s1` und `s2` muss der Ausdruck `s1.equals(s2)` den Wert `false` haben.

Die *Werte* innerhalb einer Abbildung müssen dagegen nicht eindeutig sein, d. h. verschiedene Einträge können gleiche oder verschiedene Wertobjekte haben.

In Java bietet es sich an, die Begriffe *Abbildungsklasse* und *Abbildung* etwas genauer und technischer wie folgt zu definieren:

> **Def.:** Eine Abbildung ist ein Objekt einer Abbildungsklasse.

> **Def.:** Eine Abbildungsklasse ist eine Klasse, die die Schnittstelle `Map` implementiert.

Die Schnittstelle `Map<S, W>` ist generisch mit zwei Typparametern. Der erste repräsentiert den Typ der Schlüsselobjekte und der zweite den Typ der Wertobjekte (siehe auch das Beispielprogramm `AbbildungenO1`).

18.9.1 Schnittstelle Map<S, W>

```
1   W                    put            (S schluessel, W wert)  // opt
2   W                    get            (Object schluessel)
3   W                    remove         (Object schluessel)        // opt
4   boolean              containsKey    (Object schluessel)
5   boolean              containsValue  (Object wert)
6
7   void                 putAll         (Map<? extends S,
8                                               ? extends W> ab)   // opt
9   void                 clear          ()                         // opt
10
11  Set<S>               keySet         ()
12  Collection<W>        values         ()
13  Set<Map.Entry<S,W>>  entrySet       ()
14
15  boolean              isEmpty        ()
16  int                  size           ()
17  int                  hashCode       ()
18  boolean              equals         (Object o)
```

Mit der Methode `put` kann man einen neuen Eintrag `(schluessel, wert)` in die aktuelle Abbildung einfügen. Falls es schon einen Eintrag mit demselben Schlüssel gab, wird er entfernt und sein Wert wird als Ergebnis der `put`-Methode geliefert. Sonst liefert `put` den Wert `null`.

Die `get`-Methode liefert den Wert zu dem angegebenen Schlüssel, bzw. `null`, wenn es keinen Eintrag mit diesem Schlüssel gibt.

Mit der `remove`-Methode kann man einen Eintrag aus der aktuellen Abbildung entfernen. Als Ergebnis wird der Wert des entfernten Eintrags geliefert bzw. `null`, wenn es keinen Eintrag mit dem angegebenen Schlüssel gab.

Die Methode `containsKey` (bzw. `containsValue`) liefert `true`, wenn das angegebene Objekt als Schlüssel (bzw. als Wert) in der aktuellen Abbildung vorkommt, und sonst `false`.

Die Methode `putAll` fügt alle Einträge der angegebenen Abbildung ab in die aktuelle Abbildung ein. Die Methode `clear` entfernt alle Einträge aus der aktuellen Abbildung.

Die Methode `keySet` liefert eine Menge (des Typs `Set<S>`), die alle Schlüsselobjekte der aktuellen Abbildung enthält. Die Methode `values` liefert eine Sammlung (des Typs `Collection<W>`), die alle Wertobjekte der aktuellen Abbildung enthält. Die Methode `entrySet` liefert eine Menge, die alle Einträge der aktuellen Abbildung enthält. Ein Eintrag ist ein Objekt eines `Map.Entry`-Typs (siehe unten).

Die Methode `isEmpty` liefert `true`, wenn die aktuelle Abbildung leer ist, und sonst `false`. Die Methode `size` liefert die Anzahl der Einträge, die sich momentan in der aktuellen Abbildung befinden. Die Methode `hashCode` liefert einen Hash-Code der aktuellen Abbildung und mit `equals` kann man die aktuelle Abbildung mit einem beliebigen Objekt o vergleichen.

Aufgabe-01: Warum liefert die Methode `keySet` ein `Set`-Objekt, die Methode `values` dagegen ein `Collection`-Objekt? Eine Lösung findet man am Ende dieses Abschnitts.

Zur Schnittstelle `Map` gehören auch die folgenden (weichen) Vertragsbedingungen:

Map §1: Innerhalb einer Abbildung soll jeder Schlüssel höchstens *einmal* vorkommen. Genauer: Sind `s1` und `s2` die Schlüssel von zwei unterschiedlichen Einträgen eines `Map`-Objekts, dann soll der Ausdruck `s1.equals(s2)` den Wert `false` haben.

Die `Map`-Klasse `IdentityHashMap` hält diese Vertragsbedingung ausdrücklich *nicht* ein. Das Beispielprogramm `Abbildungen02` soll zumindest ahnen lassen, warum dieser Vertragsbruch (in seltenen Spezialfällen) sinnvoll sein kann.

Map §2: Alle Methoden, mit denen man eine Abbildung *verändern* kann (`put`, `remove`, `putAll` und `clear`) dürfen so implementiert werden, dass sie bei jedem Aufruf nur eine Ausnahme des Typs `OperationNotSupportedException` werfen, statt „richtig zu funktionieren" und die Abbildung zu verändern.

Der §2 der Vertragsbedingungen macht es möglich, Klassen von *unveränderbaren* Abbildungen zu programmieren. In der Darstellung der Schnittstelle `Map<S, W>` am Anfang dieses Abschnitts sind die verändernden Methoden mit `opt` (wie *optional*) gekennzeichnet. Natürlich sollte in der Dokumentation jeder Abbildungsklasse genau beschrieben werden, ob die optionalen Methoden „richtig funktionieren" oder nur eine Ausnahme werfen.

Map §3: Wenn ein Objekt (z. B. ein `StringBuilder`-Objekt) verändert wird, während es sich als Schlüssel oder als Wert in einer Abbildung befindet, kann das die interne Organisation der Abbildung (z. B. die Sortierung der Einträge) empfindlich stören. Der Programmierer, der das Objekt verändert hat, ist für die Folgen verantwortlich.

Map §4: Eine `Map`-Klasse darf zulassen oder verbieten, dass anstelle eines Objekts der Referenzwert `null` in eine Abbildung eingefügt wird (*einmal* anstelle eines Schlüsselobjekts, *beliebig oft* anstelle eines Wertobjekts).

Wenn eine Abbildung `null` als Schlüssel oder als Wert enthält ist es schwierig, das Ergebnis `null` der Methoden `get` und `put` richtig zu interpretieren (siehe auch das Beispielprogramm `Abbildungen01`). Einen `null`-Schlüssel und `null`-Werte sollte man deshalb möglichst vermeiden, auch wenn die verwendete `Map`-Klasse sie zulässt.

Eine Abbildung enthält *Einträge*. Die Einträge einer Abbildung eines parametrisierten Typs wie etwa `Map<String, Double>` sind Objekte des ebenfalls parametrisierten Typs `Map.Entry<String, Double>`. Dabei ist `Entry<S, W>` eine generische Schnittstelle, die innerhalb der Schnittstelle `Map` vereinbart wurde (siehe auch das Beispielprogramm `Abbildungen03`):

Lösung-01: Die *Schlüssel* einer Abbildung müssen *eindeutig* sein. Deshalb kann man alle Schlüssel in eine `Set`-Sammlung einfügen (und die Methode `keySet` tut das auch). Die *Werte* einer Abbildung müssen *nicht* eindeutig sein, deshalb kann man sie im Allgemeinen nicht in eine `Set`-Sammlung einfügen. Das Beste, was die Methode `values` liefern kann, ist eine `Collection`-Sammlung.

18.9.2 Schnittstelle Entry<W, S>

```
1   boolean    equals    (Object o)
2   S          getKey    ()
3   W          getValue  ()
4   W          setValue  (W neuerWert)    // opt
5   int        hashCode  ()
```

Mit der equals-Methode kann man das aktuelle Entry-Objekt mit dem angegebenen Objekt o vergleichen. Die Methoden getKey und getValue liefern den Schlüssel bzw. den Wert des aktuellen Entry-Objekts. Mit der setValue-Methode kann man den alten Wert des aktuellen Entry-Objekts durch das Objekt neuerWert ersetzen, als Ergebnis wird das alte Wertobjekt geliefert.

Zur Schnittstelle Map.Entry gehört noch die folgende (weiche) Vertragsbedingung:

Map.Entry §1: Die Methode setValue, mit der man einen Eintrag verändern kann, darf auch so implementiert werden, dass sie bei jedem Aufruf nur eine Ausnahme des Typs OperationNotSupportedException wirft, statt „richtig zu funktionieren" und den Eintrag zu verändern.

In der obigen Darstellung der Schnittstelle ist die Methode setValue deshalb mit opt (wie „optional") gekennzeichnet.

Die folgende Tabelle enthält einige Klassen der Standardbibliothek, die die Schnittstelle Map implementieren. Jede dieser Klassen ist *generisch* und hat *zwei* Typparameter <S, W>, wobei S für den Typ der *Schlüssel* und W für den Typ der *Werte* steht. Die Tabelle ist unvollständig (insgesamt wird die Schnittstelle Map von etwa anderthalb Dutzend Standardklassen implementiert).

Map-Klasse	**Besonderheiten**
AbstractMap	Abstrakte Klasse, die das Programmieren eigener Map-Klassen erleichtern soll.
Concurrent-HashMap	null ist weder als Wert noch als Schlüssel erlaubt. Eine fadensichere (thread safe) Implementierung der Schnittstelle Map, die ohne die (möglicherweise zeitaufwendige) Reservierung der ganzen Abbildung für jeden zugreifenden Faden auskommt.
HashMap	null ist als Wert und als Schlüssel erlaubt. Die Einträge sind *nicht* sortiert.

Map-Klasse	Besonderheiten
`Hashtable`	`null` ist weder als Wert noch als Schlüssel erlaubt. Die Einträge sind *nicht* sortiert.
`IdentityHashMap`	`null` ist als Wert und als Schlüssel erlaubt. Für zwei beliebige Schlüssel `s1` und `s2` muss nur der Ausdruck `s1 == s2` den Wert `false` haben, aber `s1.equals(s2)` darf `true` oder `false` sein. Die Einträge sind *nicht* sortiert.
`LinkedHashMap`	`null` ist als Wert und als Schlüssel erlaubt. Die Einträge sind in der Reihenfolge miteinander verknüpft, in der sie in die Abbildung eingefügt wurden.
`TreeMap`	Die Einträge sind nach ihren Schlüsseln sortiert. Weil dazu die Schlüssel verglichen werden müssen, kann `null` als Schlüssel Probleme verursachen.
`WeakHashMap`	Hat mit der Klasse `WeakReference` zu tun, für fortgeschrittene Eingriffe in die Speicherverwaltung.

Wenn die Einträge einer Abbildung nicht sortiert zu sein brauchen, sind die ältere Klasse `Hashtable` (seit Java 1.0) und die neuere Klasse `HashMap` (seit Java 1.2) für viele Anwendungen gut geeignet. Müssen die Einträge sortiert sein, kommt von den Standard-Map-Klassen nur `TreeMap` in Frage.

19 Ein-/Ausgabe mit Strömen (streams)

Wenn man mit einem Java-Programm Daten einliest oder ausgibt, müssen die Daten in aller Regel umgewandelt und anderweitig bearbeitet werden. Das folgende Beispiel soll einen ersten Eindruck davon vermitteln, um was für Umwandlungen und Bearbeitungsschritte es sich dabei handelt.

Zur Erinnerung: In Java belegt ein `byte`-Wert 8 Bit, ein `char`-Wert 16 Bit und ein `int`-Wert 32 Bit.

Beispiel-01: Umwandlungen etc. beim Ein- und Ausgeben von Daten

Wir betrachten die Aufgabe „Ein `int`-Wert soll ausgegeben werden" und als konkretes Beispiel den `int`-Wert 26 (hex.: `0000001A`). Welche Schritte sind erforderlich, um diesen Wert auszugeben?

Variante 1: Der `int`-Wert soll binär in eine Datei geschrieben werden:

Schritt 1.1: Der `int`-Wert wird in eine Folge von vier `byte`-Werten (hex.: `00 00 00 1A`) umgewandelt.
Schritt 1.2: Die `byte`-Werte werden in einen Puffer geschrieben.
Schritt 1.3: Wenn der Puffer voll ist, wird sein Inhalt in die Datei geschrieben.

Variante 2: Der `int`-Wert soll zum Bildschirm ausgegeben werden

Schritt 2.1: Der `int`-Wert wird in eine Folge von `char`-Werten umgewandelt, z. B. in die zwei `char`-Werte `'2'` und `'6'` (hex.: `0032` und `0036`).
Schritt 2.2: Die Folge von `char`-Werten wird in eine entsprechende Folge von `byte`-Werten umgewandelt (hex.: `32 36`).
Schritt 2.3: Die Folge von `byte`-Werten wird zum Bildschirm ausgegeben.

Variante 3: Der `int`-Wert soll als lesbare Zeichenfolge in eine Datei geschrieben werden.

Schritt 3.1: Der `int`-Wert wird in eine Folge von `char`-Werten umgewandelt, z. B. in die zwei `char`-Werte `'2'` und `'6'` (hex.: `0032` und `0036`).
Schritt 3.2: Die Folge von `char`-Werten wird in eine entsprechende Folge von `byte`-Werten umgewandelt (hex.: `32 36`).
Schritt 3.3: Die `byte`-Werte werden in einen Puffer geschrieben.

Schritt 3.4: Wenn der Puffer voll ist, wird sein Inhalt in die Datei geschrieben.

Dieses Beispiel soll deutlich machen, dass es von der betrachteten Aufgabe mehrere Varianten gibt, dass die Lösungen dieser Varianten aus mehreren Schritten bestehen und dass einige dieser Schritte in mehreren Varianten vorkommen. Folgende Schritte stimmen miteinander überein: 1.2 und 3.3, 1.3 und 3.4, 2.1 und 3.1, 2.2 und 3.2.

Von der Aufgabe „Ein `int`-Wert soll ausgegeben werden" gibt es natürlich noch viele weitere Varianten. Anstelle einer Ausgabe als *Dezimalzahl* könnte eine Ausgabe als *Oktalzahl* oder als *Binärzahl* etc. verlangt sein (siehe Schritt 2.1 und 3.1) und statt einer Ausgabe in eine *Datei* könnte eine Ausgabe zu einer Verbindung mit dem Internet gefordert werden etc. Von ähnlichen Aufgaben, z. B. „Ein `float`-Wert soll ausgegeben werden" oder „Ein String soll ausgegeben werden" etc., gibt es ähnlich viele Varianten und in den Lösungen dieser Varianten tauchen immer wieder gleiche Schritte auf.

Heute übliche maschinelle Ausführer brauchen in aller Regel deutlich weniger Zeit, um z. B. *einmal* 1000 Zeichen auszugeben als um 1000 mal *ein* Zeichen auszugeben. Deshalb werden „kleine Datenportionen" meist nicht direkt ausgegeben, sondern vorher in einem Puffer (z. B. in einer Reihung) gesammelt. Für das Einlesen von Dateien gilt Entsprechendes. Man sagt dann auch, dass die Daten *gepuffert* (statt *ungepuffert*) ausgegeben oder eingelesen werden.

19.1 Erste Beispiele mit Strömen

Def.: Ein *Strom* (engl. stream) ist ein Objekt, welches einen für das Einlesen bzw. Ausgeben von Daten wichtigen Arbeitsschritt ausführen kann (z. B. eine Umwandlung der Daten, eine Pufferung etc.) und sich einfach mit anderen Strömen kombinieren lässt.

In der Java-Standardbibliothek gibt es etwa vier Dutzend Stromklassen. Indem man Objekte dieser Klassen (d. h. Ströme) miteinander kombiniert, kann man sehr viele Ein-/Ausgabe-Probleme lösen, ohne selbst komplizierte Befehlsfolgen zu programmieren.

Beispiel-02: `Strings` und `char`-Werte in eine Datei schreiben (siehe dazu auch
das Beispielprogramm `Stroeme01` und `Stroeme02`):

```
1    String              pfad  = "D:/meineDateien/Stroeme01.tmp";
2    FileOutputStream    felix = new FileOutputStream  (pfad);
3    OutputStreamWriter  oskar = new OutputStreamWriter(felix);
4    BufferedWriter      bruno = new BufferedWriter     (oskar);
5
6    bruno.write("Hallo Sonja! ");  // Ein String
7    bruno.write("Wie geht's?");    // Ein String
8    bruno.write('?');              // Ein Zeichen
9    bruno.newLine();               // Eine Zeilenende-Markierung
10   ...
```

Im Pfadnamen einer Datei (siehe Zeile 1) darf man auch unter Windows Schrägstriche `'/'` (anstelle von Rückwärtsschrägstrichen `'\'`) verwenden. Wenn man
Rückwärtsschrägstriche verwendet, muss man sie doppelt notieren, damit sie nicht
als Fluchtsymbol wirken, etwa so:

```
11 String              pfad  = "D:\\meineDateien\\Stroeme01.tmp";
```

In den Zeilen 2, 3 und 4 werden drei Stromobjekte namens `felix`, `oskar` und
`bruno` erzeugt und mit der (durch den String `pfad` beschriebenen) Datei bzw. miteinander verbunden. In Zeile 6 wird ein `String` in den Strom `bruno` geschrieben.
Der Strom `bruno` schreibt den String in einen internen Puffer (von `char`-Werten).
Erst wenn dieser Puffer voll ist, schreibt `bruno` seinen Inhalt in den Strom `oskar`.
Der Strom `oskar` wandelt die `char`-Werte in `byte`-Werte um und schreibt diese
in den Strom `felix`. Der Strom `felix` schreibt die `byte`-Werte in die Datei, mit
der er verbunden ist. Die Daten fließen also wie folgt aus dem Programm durch die
drei Ströme in die Datei:

```
Datei <-- felix <-- oskar <-- bruno <-- Programm
```

Anmerkung: In solchen Datenflussdiagrammen werden wir die *Stromobjekte* (im
Beispiel: `felix`, `oskar` und `bruno`) immer in *der* Reihenfolge einzeichnen, in der
man sie erzeugen muss (im Beispiel: von links nach rechts zuerst `felix`, dann `os-
kar`, zuletzt `bruno`). Als Folge dieser Regel steht das Programm immer ganz
rechts und die Datei (oder andere Datensenke bzw. Datenquelle) ganz links. *Ausgaben* fließen immer von *rechts nach links* und *Eingaben* von *links nach rechts*.
Diese Konventionen sollen dazu beitragen, die Regeln zum Verbinden von Strömen leichter verständlich zu machen. Siehe dazu auch das Datenflussdiagramm
nach dem folgenden Beispiel-03.

Der Befehl `bruno.newLine();` in Zeile 9 schreibt eine Zeilenende-Markierung
in den Strom `bruno` und damit in die Datei. Eine Zeilenende-Markierung ist plattformabhängig (siehe auch die Beispielprogramme `Stroeme01` und `Stroeme02`).

Unter Unix/Linux besteht sie aus einem LF-Zeichen (line feed, hex.: 0A), unter einem Macintosh-Betriebssystem aus einem CR-Zeichen (carriag return, hex.: 0D) und unter DOS/Windows aus zwei Zeichen: Einem CR-Zeichen gefolgt von einem LF-Zeichen (hex: 0D 0A). Java-Programme, gute Editoren und andere Programme können unabhängig von der verwendeten Plattform beim Einlesen von Zeilen alle drei Arten von Zeilenende-Markierungen erkennen, aber es gibt immer noch plattformabhängige Programme, die das *nicht* können.

Beispiel-03: Daten zeilenweise aus einer Datei lesen:

```
12   FileInputStream    fiona  = new FileInputStream   (pfad);
13   InputStreamReader  ilse   = new InputStreamReader(fiona);
14   BufferedReader     britta = new BufferedReader    (ilse);
15
16   String einZeile;
17   while (true) {
18       einZeile = britta.readLine();
19       if (einZeile == null) break;    // Ende der Datei erreicht
20       System.out.println(einZeile);
21   }
```

In den Zeilen 12, 13 und 14 werden drei Stromobjekte namens `fiona`, `ilse` und `britta` erzeugt und mit der (durch den String `pfad` beschriebenen) Datei bzw. miteinander verbunden. In Zeile 18 wird jeweils eine Zeile aus dem Strom `britta` gelesen, `britta` holt diese Zeile aus einem internen Puffer. Wenn dieser Puffer leer ist, liest `britta` aus dem Strom `ilse` eine längere Folge von `char`-Werten und füllt damit den Puffer wieder auf. Der Strom `ilse` liest `byte`-Werte aus dem Strom `fiona` und wandelt sie in `char`-Werte um. Der Strom `fiona` liest die `byte`-Werte aus der Datei. Die Daten fließen also wie folgt aus der Datei durch die drei Ströme zum Programm:

`Datei --> fiona --> ilse --> britta --> Programm`

Zur Reihenfolge der Stromobjekte in diesem Datenflussdiagramm siehe die Anmerkung nach dem vorigen Beispiel-02.

Ketten von Stromobjekten wie in den vorigen beiden Beispielen kann man relativ leicht verändern und an neue Anforderungen anpassen. Dazu ein kleines Beispiel:

Aufgabe des `FileInputStream`-Objekts `fiona` (im Beispiel-03) ist es, `byte`-Werte aus einer *Datei* zu lesen. In Zeile 12 wird der Eingabestrom `fiona` mit einer Datei im lokalen Dateisystem verbunden. Statt als `FileInputStream`-Objekt kann man `fiona` aber auch als `InputStream`-Objekt erzeugen und mit einer Datei im Internet verbinden, etwa so:

```
22  URL url = new URL("http://www.tfh-berlin.de/~grude/" +
23                     "JavaIstEineSprache/Stroeme01.tmp");
24  InputStream fiona  = url01.openStream();
```

Nur Zeile 12 muss durch die Zeilen 22 bis 24 ersetzt werden, alle anderen Zeilen können unverändert bleiben (siehe dazu auch das Beispielprogramm Stroeme01).

19.2 Zeichenorientierte und byteorientierte Ströme

Wenn man einen int-Wert wie z. B. 26 zum *Bildschirm* ausgeben will, muss er zuerst in eine von Menschen lesbare Folge von Zeichen umgewandelt werden, z. B. in eine der Zeichenfolgen "26" (dezimale Darstellung) oder "1A" (hexadezimale Darstellung) oder "11010" (binäre Darstellung) oder "sechsundzwanzig" (Darstellung in Worten, deutsch) oder ... etc. Würde man den int-Wert 26 ohne Umwandlung direkt zum Bildschirm schicken, würde dort keine dieser Darstellungen (sondern die Zeichenkette " → ") erscheinen.

In eine *Datei* kann man einen int-Wert wie z. B. 26 auf zwei verschiedene Weisen ausgeben: Als eine von Menschen lesbare Folge von Zeichen (wie bei der Ausgabe zum Bildschirm) oder als eine Folge von vier byte-Werten (hex: 00 00 00 1A).

Dateien, die nur von Menschen lesbare Folgen von Zeichen enthalten, bezeichnet man auch als *Textdateien*, andere Dateien als *Binärdateien*. Zu den Binärdateien gehören auch Audiodateien (z. B. .cda- oder .wav-Dateien) und Bilddateien (z. B. .tif- oder .bmp-Dateien). Den Inhalt einer Textdatei kann jeder noch so einfache Editor anzeigen. Um sich den Inhalt einer Binärdatei anzusehen, braucht man mindestens einen so genannten Hex-Editor (der den Inhalt der Datei byteweise in hexadezimaler Darstellung anzeigt) oder ein komfortableres und spezifisches Programm, welches den Inhalt der Datei in eine von Menschen wahrnehmbare Darstellung (z. B. Zeichenfolgen oder Klänge oder Bilder etc.) umwandelt.

Um einen int-Wert in eine Folge von vier byte-Werten umzuwandeln, muss ein heute üblicher Java-Ausführer null oder einen Maschinenbefehl ausführen (der eine Befehl dient dazu, die vier byte-Werte in eine plattformunabhängige Reihenfolge zu bringen). Um einen int-Wert in eine von Menschen lesbare Folge von Zeichen umzuwandeln muss ein heute üblicher Java-Ausführer dagegen mehrere Maschinenbefehle ausführen (z. B. 10 oder 20 oder noch mehr Maschinenbefehle).

Von einer Tastatur kann man eine Zahl wie 26 nur in Form einer Zeichenfolge einlesen (als Zeichenfolge kommen z. B. in Frage: `"26"` oder `"1A"` oder `"11010"` oder `"sechsundzwanzig"` oder ... etc.). Diese Zeichenfolge muss man dann z. B. in einen `int`-Wert (oder einen `long`-Wert oder ...) umwandeln lassen.

Aus einer Datei kann man einen `int`-Wert auf zwei verschiedene Weisen lesen: Als Zeichenfolge (wie beim Einlesen von der Tastatur) oder als Folge von vier `byte`-Werten, je nachdem, wie der `int`-Wert in die Datei geschrieben wurde. Die Umwandlung der vier `byte`-Werte in einen `int`-Wert kostet null oder einen Maschinenbefehl, die Umwandlung einer Zeichenfolge kostet mehrere Maschinenbefehle (z. B. 10 oder 20 oder noch mehr).

Was hier am Beispiel von `int`-Werten skizziert wurde, gilt natürlich ganz entsprechend auch für Werte anderer Typen.

In Java unterscheidet man ganz allgemein zwischen *byteorientierten* Strömen (zum Lesen/Schreiben von *Binärdaten*) und *zeichenorientierten* Strömen (zum Lesen/Schreiben von *Textdaten*). Zeichenorientierte Ströme werden u.a. in den Beispielprogrammen `Stroeme01` bis `Stroeme03` angewendet. Anwendungen von byteorientierte Ströme findet man u.a. in den Beispielprogrammen `Stroeme04` und `Stroeme05`.

Ein Strom ist eine Art „Einbahnstrasse" für Daten. Mit einem Strom kann man entweder Daten *lesen* (von draußen in Variablen eines Programms) oder Daten *schreiben* (aus Variablen eines Programms nach draußen). Will man Daten lesen *und* schreiben braucht man dazu *zwei* Ströme, einen zum Lesen und einen zum Schreiben.

In Java gibt es vier abstrakte Stromklassen (die byteorientierten Stromklassen `InputStream` und `OutputStream`, und die zeichenorientierten Stromklassen `Reader` und `Writer`). Jede dieser abstrakten Klassen ist die Wurzel eines kleinen Typgrafen, der im Folgenden wiedergegeben wird. Dabei stehen *Untertypen* um eine Stufe *eingerückt* unter ihrem direkten Obertyp. Jeweils *zwei* Typgrafen werden nebeneinander dargestellt, um so „waagerechte Entsprechungen" sichtbar zu machen und zu betonen:

Stromklassen-Typgrafen-01 und -02: Byteorientierte Stromklassen

```
1   InputStream (abstract)          OutputStream (abstract)
2       ByteArrayInputStream            ByteArrayOutputStream
3       FileInputStream                 FileOutputStream
4       FilterInputStream               FilterOutputStream
5           BufferedInputStream             BufferedOutputStream
6           CheckedInputStream              CheckedOutputStream
7           CipherInputStream               CipherOutputStream
8           DataInputStream                 DataOutputStream
9           DigestInputStream               DigestOutputStream
10          InflaterInputStream             DeflaterOutputStream
11              GZIPInputStream                 GZIPOutputStream
12              ZipInputStream                  ZipOutputStream
13          LineNumberInputStream       PrintStream
14      ObjectInputStream               ObjectOutputStream
15      PipedInputStream                PipedOutputStream
16
17      AudioInputStream
18      SequenceInputStream
19      ProgressMonitorInputStream
20      PushbackInputStream
```

Stromklassen-Typgrafen-03 und -04: Zeichenorientierte Stromklassen

```
21  Reader (abstract)               Writer (abstract)
22      BufferedReader                  BufferedWriter
23          LineNumberReader
24      CharArrayReader                 CharArrayWriter
25      FilterReader                    FilterWriter
26          PushbackReader
27      InputStreamReader               OutputStreamWriter
28          FileReader                      FileWriter
29      PipedReader                     PipedWriter
30      StringReader                    StringWriter
31
32                                      PrintWriter
```

Hier kann man z. B. erkennen, dass `LineNumberReader` (Zeile 23) eine Unterklasse von `BufferedReader` und `BufferedReader` eine Unterklasse der abstrakten Klasse `Reader` ist. Der Eingabeklasse `BufferedReader` entspricht die Ausgabeklasse `BufferedWriter`, aber zur Eingabeklasse `LineNumberReader` gibt es keine entsprechende Ausgabeklasse.

Einzelheiten zu den 4 abstrakten und den 45 konkreten Stromklassen in den Typgrafen-01 bis -04 findet man z. B. in dem Buch [Harold99] auf etwas weniger als 600 Seiten zusammengedrängt, oder in der Dokumentation der Java-Standardbibliothek [HTML_Doc].

Hier soll vor allem erläutert werden, wie man Ströme mit Datenquellen bzw. Datensenken und miteinander *verbinden* kann.

19.3 Ströme, Quellen und Senken miteinander verbinden

Mit Hilfe von *Ausgabeströmen* kann man Daten in eine *Datensenke* schreiben.
Mit Hilfe von *Eingabeströmen* kann man Daten aus einer *Datenquelle* lesen, etwa
so:

Beispiel-01: Miteinander verbundene Ein- bzw. Ausgabeströme

```
33   Datenquelle --> ES1 --> ES2 --> ... --> ESn --> Programm
34
35   Datensenke  <-- AS1 <-- AS2 <-- ... <-- ASm <-- Programm
```

Die Indizes `1, 2, ... n` bzw. `1, 2, ... m` geben die Reihenfolge an, in der
man die Stromobjekte normalerweise vereinbaren muss: Zuerst das Stromobjekt,
das direkt mit einer Datenquelle bzw. Datensenke verbunden ist, zuletzt das
Stromobjekt, aus dem das Programm liest bzw. in welches es schreibt.

Als Datensenke bzw. Datenquelle kommen in Frage: Dateien, `String`-Objekte
und Reihungen (mit `byte`- oder `char`-Komponenten).

Man kann also Daten statt aus einer Datei auch aus einem `String`-Objekt oder aus
einer Reihung lesen, und statt in eine Datei kann man Daten auch in ein `String`-
Objekt oder in eine Reihung schreiben.

Dass man Daten in ein `String`-Objekt *schreiben* kann, widerspricht der Unverän-
derbarkeit von `String`-Objekten. Tatsächlich wird dem Programmierer vom Ausführer mit Hilfe eines (internen, privaten) `StringBuilder`-Objekts ein *veränder-
bares* `String`-Objekt *überzeugend vorgetäuscht*.

Für jede Art von Datenquelle (Datei, String oder Reihung) gibt es spezielle *Einga-
bestromklassen*, deren Objekte man direkt mit einer solchen Quelle verbinden
kann (etwa so wie `ES1` im Beispiel-01). Entsprechend gibt es für jede Art von Datensenke (Datei, String oder Reihung) spezielle *Ausgabestromklassen*, deren Objekte man direkt mit einer solchen Senke verbinden kann (etwa so wie `AS1` im Bei-
spiel-01).

Ein Stromobjekt „mit einer Datei verbinden" bedeutet, dass der Konstruktor, mit
dem man das Stromobjekt initialisiert, als Parameter die Angabe einer Datei
erwartet. Ganz entsprechend kann man ein Stromobjekt mit einem `String`-Objekt
oder einer Reihung verbinden.

Die folgende Tabelle gibt eine Übersicht über alle Stromklassen, deren Objekte
man *direkt* mit einer Datenquelle bzw. Datensenke verbinden kann:

Tabelle-01: Datenquellen --> Eingabeströme

Quelle	Eingabeströme
Datei	`--> FileInputStream` `--> FileReader`
`byte[]` `char[]`	`--> ByteArrayInputStream` `--> CharArrayReader`
`String`	`--> StringReader`

Tabelle-02: Datensenken <-- Ausgabeströme

Senke	Ausgabeströme

Datei	`<-- FileOutputStream`
	`<-- FileWriter`
	`<-- PrintStream`
	`<-- PrintWriter`

`byte[]` `char[]`	`<-- ByteArrayOutputStream` `<-- CharArrayWriter`
`String`	`<-- StringWriter`

Erläuterungen zu Tabelle-01 und -02:

1. Eine *Datei* kann man auf eine von drei Weisen angeben: 1. Durch ein `String`-Objekt, welches den Pfadnamen enthält, 2. durch ein `File`-Objekt oder 3. durch ein `FileDescriptor`-Objekt. Ein `String`-Objekt ist meist am einfachsten zu erzeugen, aber um eine Datei zu löschen, muss man sie sowieso mit einem `File`-Objekt verbinden, und dann kann man dieses `File`-Objekt auch beim Vereinbaren von Strömen angeben. Einige Stromklassen (`FileInputStream`, `FileReader`, `FileOutputStream` und `FileWriter`) haben Konstruktoren für alle drei Weisen der Dateiangabe, andere (`PrintStream` und `PrintWriter`) erlauben nur die Angabe eines Strings mit dem Pfadnamen darin.

2. Wenn man ein `ByteArrayInputStream`-Objekt vereinbart, muss man eine Reihung des Typs `byte[]` als Quelle *angeben*. Wenn man ein `ByteArrayOutputStream`-Objekt b erzeugt, wird als privates Attribut von b *automatisch* eine Reihung des Typs `byte[]` erzeugt. Falls diese Reihung sich später als zu klein erweist, wird sie automatisch gegen eine größere ausgetauscht. Man darf eine solche Reihung *nicht* als Parameter des Konstruktors angeben. Ganz Entsprechendes gilt

für Stromobjekte der Klassen `CharArrayReader/CharArrayWriter` bzw. `StringReader/StringWriter` (siehe auch das Beispielprogramm `Stroeme10`).

Eingabestromobjekte darf man nur dann miteinander verbinden, wenn ihre Typen *zusammenpassen*. Die folgende Tabelle beschreibt: Wenn man ein Objekt `ES1` des Typs `InputStream` (bzw. des Typs `Reader`) hat, zu welchen Typen darf ein Objekt `ES2` dann gehören, damit die Verbindung `ES1 --> ES2` erlaubt ist? Achtung: Nicht alle *erlaubten* Verbindungen sind inhaltlich *sinnvoll*.

Tabelle-03: Eingabeströme miteinander verbinden `ES1 --> ES2`

Typ von ES1	Typ von ES2
InputStream d. h.	
AudioInputStream	AudioInputStream
BufferedInputStream	BufferedInputStream
ByteArrayInputStream	
CheckedInputStream	CheckedInputStream
CipherInputStream	CipherInputStream
DataInputStream	DataInputStream
DigestInputStream	DigestInputStream
FileInputStream	
FilterInputStream	FilterInputStream
GZIPInputStream	GZIPInputStream
InflaterInputStream	InflaterInputStream
	InputStreamReader
LineNumberInputStream	LineNumberInputStream
ObjectInputStream	ObjectInputStream
PipedInputStream	
ProgressMonitorInputStream	
PushbackInputStream	PushbackInputStream
SequenceInputStream	
ZipInputStream	ZipInputStream
Reader d. h.	
BufferedReader	BufferedReader
CharArrayReader	
FileReader	
FilterReader	FilterReader
InputStreamReader	
LineNumberReader	LineNumberReader
PipedReader	
PushbackReader	PushbackReader
StringReader	
	StreamTokenizer

In der oberen Hälfte der Tabelle stehen `xxxInputStream`-Klassen (einzige Ausnahme: die Klasse `InputStreamReader` in der rechten Spalte). In der unteren Hälfte stehen `yyyReader`-Klassen (einzige Ausnahme `StreamTokenizer` in der rechten Spalte).

Dieser Tabelle kann man z. B. entnehmen:

1. Rechts an ein `AudioStream`-Objekt (ganz oben) `ES1` darf man ein Stromobjekt `ES2` der Klasse `AudioStream` oder `BufferedInputStream` oder ... oder `ZipInputStream` anhängen.

2. Rechst an ein `StringReader`-Objekt (ganz unten) darf man ein Stromobjekt `ES2` der Klasse `BufferedReader` oder `FilterReader` oder ... oder `StreamTokenizer` anhängen.

3. Ein Objekt der Klasse `ByteArrayInputStream` kann man nicht rechts an einen anderen Strom anhängen, weil diese Klasse nicht in der rechten Spalte vorkommt. Das Gleiche gilt für die Klasse `FileInputStream`-Objekte.

4. Man kann beliebig lange Ketten von Objekten der Klasse `FilterInputStream` bilden, weil diese Klasse in der rechten *und* in der linken Spalte vorkommt.

5. Ein Objekt der Klasse `InputStreamReader` kann rechts von vielen verschiedenen `xxxInputStream`-Objekten stehen, weil diese Klasse in der rechten Spalte der oberen Hälfte vorkommt. Aber rechts von einem `InputStreamReader`-Objekt kann man kein weiteres `xxxInputStreamReader`-Objekt anhängen, weil die Klasse `InputStreamReader` nicht in der linke Spalte der *oberen* Hälfte vorkommt.

6. Rechts von einem `InputStreamReader`-Objekt kann man aber verschiedene `yyyReader`-Objekte anhängen, weil die Klasse `InputStreamReader` in der linken Spalte der *unteren* Hälfte vorkommt.

Ganz entsprechend wie für Eingabeströme gilt in der umgekehrten Richtung:

Ausgabestromobjekte darf man nur dann miteinander verbinden, wenn ihre Typen *zusammenpassen*. Die folgende Tabelle beschreibt: Wenn man ein Objekt `AS1` des Typs `OutputStream` (bzw. des Typs `Writer`) hat, zu welchen Typen darf ein Objekt `AS2` dann gehören, damit die Verbindung `AS1   <-- AS2` erlaubt ist? Achtung: Nicht alle *erlaubten* Verbindungen sind inhaltlich *sinnvoll*.

Tabelle-04: Ausgabeströme miteinander verbinden AS1 <-- AS2

Typ von AS1	Typ von AS2
OutPutStream d. h.	
BufferedOutputStream	BufferedOutputStream
ByteArrayOutputStream	
CheckedOutputStream	CheckedOutputStream
CipherOutputStream	CipherOutputStream
DataOutputStream	DataOutputStream
DeflaterOutputStream	DeflaterOutputStream
DigestOutputStream	DigestOutputStream
FileOutputStream	
FilterOutputStream	FilterOutputStream
GZIPOutputStream	GZIPOutputStream
ObjectOutputStream	ObjectOutputStream
	OutputStreamWriter
PipedOutputStream	
PrintStream	PrintStream
	PrintWriter
ZipOutputStream	ZipOutputStream
Writer d. h.	
BufferedWriter	BufferedWriter
CharArrayWriter	
FileWriter	
FilterWriter	FilterWriter
OutputStreamWriter	
PipedWriter	
PrintWriter	PrintWriter
StringWriter	

In der oberen Hälfte der Tabelle stehen xxxOutputStream-Klassen (drei Ausnahmen: die Klassen OutputStreamWriter, PrintStream und PrintWriter in der rechten Spalte). In der unteren Hälfte stehen nur yyyWriter-Klassen (ohne Ausnahme).

Dieser Tabelle kann man z. B. entnehmen:

1. Rechts neben ein BufferedOutputStream-Objekt (ganz oben) darf man ein Objekt der Klasse BufferedOutputStream oder CheckedOutputStream oder ... oder ZipOutputStream anhängen.

2. Rechts neben ein StringWriter-Objekt (ganz unten) darf man ein Objekt der Klasse BufferedWriter oder FilterWriter oder PrintWriter anhängen.

3. Ein Objekt der Klasse `ByteArrayOutputStream` kann man nicht rechts an einen anderen Strom anhängen, weil diese Klasse nicht in der rechten Spalte vorkommt. Das Gleiche gilt auch für die Klasse `FileOutputStream`.

4. Man kann beliebig lange Ketten von Objekten der Klasse `FilterOutput-Stream` bilden, weil diese Klasse in der rechten *und* in der linken Spalte vorkommt.

5. Ein Objekt der Klasse `OutputStreamWriter` kann rechts von vielen verschiedenen `xxxOutputStream`-Objekten stehen, weil diese Klasse in der rechten Spalte der oberen Hälfte vorkommt. Aber rechts von einem `OutputStreamWriter`-Objekt kann man kein weiteres `xxxOutputStreamWriter`-Objekt anhängen, weil die Klasse `OutputStreamWriter` nicht in der linke Spalte der *oberen* Hälfte vorkommt.

6. Rechts von einem `OutputStreamWriter`-Objekt kann man aber verschiedene `yyyWriter`-Objekte anhängen, weil die Klasse `OutputStreamWriter` in der linken Spalte der *unteren* Hälfte vorkommt.

19.4 Die Standardströme System.out, -.err und -.in

Die Klasse `System` enthält drei öffentliche Klassenattribute namens `out`, `err` und `in`. Die Attribute `System.out` und `System.err` sind Stromobjekte des Typs `PrintStream`, das Attribut `System.in` ist ein `InputStream`-Objekt. Das Stromobjekt `System.in` wird auch als *Standardeingabe* bezeichnet und ist normalerweise mit der Tastatur verbunden, von der aus das betreffende Java-Programm gestartet wurde. Die Ströme `System.out` und `System.err` werden auch als *Standardausgabe* bzw. *Standardfehlerausgabe* bezeichnet und sind normalerweise mit dem Bildschirm verbunden, der zur Tastatur `System.in` gehört.

Mit den öffentlichen Klassenmethoden `System.setOut`, `System.setErr` und `System.setIn` kann man die Standardströme umlenken, d. h. mit anderen Datensenken bzw. Datenquellen verbinden.

19.5 Brücken zwischen char-Werten und byte-Werten

Etwas vereinfacht gesagt gilt, dass man bei den Ausgabeströmen normalerweise nur zeichenorientierte Ausgabeströme mit ebensolchen (Writer-Klassen mit Writer-Klassen) kombinieren kann. Die Klasse OutputStreamWriter ist eine wichtige Ausnahme zu dieser Regel: Sie gehört zu den Writer-Klassen, ihre Objekte kann man aber mit OutputStream-Objekten verbinden (siehe Tabelle-04). Ein OutputStreamWriter-Objekt wird in der Dokumentation der Standardbibliothek als ein *Brücke* zwischen *zeichenorientierten* und *byteorientierten* Strömen bezeichnet. Die Zeichen (char-Werte), die man in einen Output-StreamWriter-Strom schreibt, werden in byte-Werte umgewandelt. Dabei spielt eine so genannte *Enkodierung* eine wichtige Rolle, die der Programmierer (beim Erzeugen des OutputStreamWriter-Objekts) ausdrücklich angeben kann. Falls er keine Enkodierung angibt, verwendet der Ausführer eine bestimmte Standard-Enkodierung, die von der Lokalität (dem betreffenden Land oder einer kleineren kulturellen Einheiten) abhängt. Mit dieser Enkodierung wandelt ein Output-StreamWriter-Objekt länderunabhängige Unicode-char-Werte (d. h. Zeichen) in länderspezifische byte-Werte um. Das betrifft z. B. Zeichen wie ä, ö, ü, Ä, Ö, Ü, ß, ø, å, æ, ç, π, Я, 彈, ... etc.

Ganz entsprechend ist ein InputStreamReader-Objekt eine Brücke in der umgekehrten Richtung, zwischen *byteorientierten* und *zeichenorientierten* Strömen (siehe Tabelle-03). Eine solches Brücken-Objekt muss länderspezifische byte-Werte in länderunabhängige Unicode-char-Werte umwandeln. Auch hier wird eine von der Lokalität abhängige Standardenkodierung verwendet, wenn der Programmierer nichts anderes angibt.

Anmerkung: Die Namen OutputStreamWriter und InputStreamReader deuten die Brückenfunktion dieser Klassen ziemlich deutlich an. Die Worte OutputStream bzw. InputStream charakterisieren *byteorientierte* Ströme, die Worte Writer bzw. Reader *zeichenorientierte* Ströme.

Die Klassen OutputStreamWriter und InputStreamReader werden unter anderem in den Beispielprogrammen Stroeme01 bis Stroeme03 und Unicode03 bis Unicode05 verwendet. Das Beispielprogramm Unicode04 benutzt eine ausdrücklich angegebene *Enkodierung* und wird im Abschnitt 23.3 behandelt.

19.6 Objekte in Ströme schreiben/aus Strömen lesen

In Java kann man *Objekte* in einen Ausgabestrom (und damit z. B. in eine Datei) *schreiben* und später mit Hilfe eines Eingabestroms wieder *einlesen.*

Wenn man ein Objekt in einen Strom schreibt, wird es dazu in eine externe Darstellung (in eine „Serie von Bytes") umgewandelt. Beim Einlesen eines Objekts muss aus seiner externen Darstellung das interne Objekt rekonstruiert werden. Man sagt auch: Das Objekt wird (beim Schreiben) *serialisiert* bzw. (beim Lesen) *deserialisiert.*

Serialsiert und deserialisiert werden können nur Objekte, deren Klasse die Markierungsschnittstelle `Serializable` implementiert (zu Markierungsschnittstellen siehe den Abschnitt 14.5). Von den etwa 2500 Klassen der Standardbibliothek implementieren knapp 100 diese Schnittstelle.

Beispiel-01: Objekte in eine Datei schreiben (siehe Beispielprogramm `Serial01`)

```
1  FileOutputStream    fos = new FileOutputStream  ("datei17.tmp");
2  ObjectOutputStream oos = new ObjectOutputStream(fos);
3
4  oos.writeObject(new String          ("Hallo Sonja!"));
5  oos.writeObject(new StringBuilder("Wie geht's?"));
6  oos.writeObject(new Integer         (17));
7  oos.close();
```

Der Strom `fos` (Zeile 1) wird mit der Datei namens `datei17.tmp` verbunden. Seine Aufgabe ist es, `byte`-Werte in die Datei zu schreiben. Der Strom `oos` (Zeile 2) wird mit dem Strom `fos` verbunden. Seine Aufgabe ist es, Objekte zu serialisieren, d. h. „in eine Serie von `byte`-Werten umzuwandeln". Mit einem Befehl wie `oos.writeObject(...);` kann man ein Objekt in den Strom `oos` schreiben. Daten fließen also wie folgt vom Programm in die Datei:

```
datei17.tmp <-- fos <-- oos <-- Programm
```

Nachdem alle Objekte in die Datei geschrieben wurden, sollte man den Strom `oos` schließen (Zeile 7). Damit wird automatisch auch der Strom `fos` geschlossen und seine Verbindung zur Datei aufgehoben. Nachdem sie geschlossen wurden, sind die Stromobjekte `oos` und `fos` endgültig unbrauchbar.

Auch dieses Beispiel zeigt, dass die Stromklassen der Standardbibliothek Bausteine sind, die man auf vielfältige Weise kombinieren kann. Indem man nur den Strom `fos` austauscht, könnte man Objekte auch in einen `String` oder zu einer Adresse im Internet ausgeben. Indem man nur den Strom `oos` austauscht könnte man statt Objekte andere Daten in `byte`-Werte umwandeln lassen. Wenige allgemeine, aber kombinierbare Bausteine leisten ähnlich viel, wie sehr viele spezielle Bausteine (aber die wenigen allgemeinen Bausteine kann man leichter kennen lernen und verwalten).

Beispiel-02: Objekte aus einer Datei lesen (siehe Beispielprogramm Serial01)

```
8  FileInputStream    fis = new FileInputStream  ("datei17.tmp");
9  ObjectInputStream ois = new ObjectInputStream(fis);
10
11 try {
12     while (true) {
13         Object ob = ois.readObject();
14         pln(ob + "(Typ: " + ob.getClass().getName() + ")" );
15     }
16 }  catch (EOFException e) {
17     pln("Ende der Datei erreicht!");
18 } // try/catch
19
20 ois.close();
```

Der Strom `fis` (Zeile 8) wird mit der Datei `datei17.tmp` verbunden. Seine Aufgabe ist es, `byte`-Werte aus der Datei zu lesen. Der Strom `ois` (Zeile 9) wird mit dem Strom `fis` verbunden. Seine Aufgabe ist es, Objekte zu deserialisieren, d. h. bei jedem Aufruf der Methode `readObject` aus einer „Serie von byte-Werten" ein Objekt zu rekonstruieren. Daten fließen also wie folgt von der Datei zum Programm:

```
datei17.tmp --> fis --> ois --> Programm
```

In diesem Beispiel wird jedes eingelesene Objekt `ob` zusammen mit dem Namen seiner Klasse (`ob.getClass().getName()`, siehe Zeile 14) ausgegeben. Damit soll deutlich gemacht werden, dass die serialisierte Form eines Objekts genaue Angaben über den Typ des Objekts enthält.

Nachdem alle Objekte aus der Datei gelesen wurden, sollte man den Strom `ois` schließen (Zeile 20). Damit wird automatisch auch der Strom `fis` geschlossen und seine Verbindung zur Datei aufgehoben. Nachdem sie geschlossen wurden sind die Stromobjekte `ois` und `fis` endgültig unbrauchbar.

Der Lesebefehl `readObject` liefert immer ein Ergebnis vom Typ `Object` (siehe Zeile 13). Anders als in diesem simplen Beispiel muss man auf ein eingelesenes Objekt in aller Regel einen Cast-Befehl anwenden, um es richtig weiterverarbeiten zu können. Wenn dieser Cast-Befehl falsch ist (weil er z. B. versucht, ein `String`-Objekt als `StringBuilder`-Objekt zu interpretieren), wird wie üblich eine Ausnahme des Typs `ClassCastException` geworfen.

Auch subtilere Typfehler werden erkannt. Wenn man z. B. Objekte einer Klasse K in eine Datei schreibt, die Klasse K verändert und dann die „alten K-Objekte" wieder einliest, merkt der Ausführer, dass diese Objekte nicht zur neuen Version der Klasse gehören.

Im Beispiel-01 wurden Objekte sehr unterschiedlicher Typen in eine Datei geschrieben. Das ist zwar erlaubt, in aller Regel aber keine gute Idee, weil es dann schwierig ist, die Objekte später richtig einzulesen und weiterzuverarbeiten. Im Beispielprogramm `Serial02` werden Objekte einer selbst vereinbarten Klasse in eine Datei geschrieben und von dort wieder eingelesen.

Objekte zu serialisieren ist für den Ausführer im allgemeinen eine sehr schwierige Aufgabe. Das liegt vor allem daran, dass Objekte (über Attribute von Referenztypen) miteinander „verkettet" sein können. Ein Objekt kann z. B. Referenzen auf drei weitere Objekte enthalten, und diese Objekte können Referenzen auf weitere Objekte (und eventuell zurück auf das erste Objekt) enthalten usw. Objekte und die in ihnen enthaltenen Referenzen können einen beliebig komplizierten Grafen bilden.

Wenn man dem Ausführer befiehlt, *ein* Objekt `ob1` zu serialisieren (etwa mit dem `writeObject`-Befehl eines `OutputStream`-Objekts wie im Beispiel-01), so muss er auch alle Objekte serialisieren, die von `ob1` aus über Referenzen erreichbar sind. Ein schwieriges Detailproblem besteht darin, *kein* Objekt `ob2` *mehrmals* zu serialisieren, auch wenn von `ob1` aus viele verschiedene Referenzwege nach `ob2` führen.

Die gute Nachricht zu diesem Problemgebiet: Der Java-Ausführer kann beliebig kompliziert miteinander verkettete Objekte korrekt serialisieren und deserialisieren. Die weniger gute (aber kaum überraschende) Nachricht ist: In schwierigen Fällen brauchen heute übliche, maschinelle Java-Ausführer dazu ziemlich viel Zeit und Speicherplatz. Das liegt unter anderem daran, dass die Standardmethoden zum Serialisieren keine Annahmen über die Verkettung der Objekte machen dürfen und immer „mit dem Schlimmsten und Kompliziertesten" rechnen müssen. Deshalb hat der Java-Programmierer grundsätzlich die Möglichkeit, in seinen Klassen die Standard-Serialisierungs- und Deserialisierungsmethoden `writeObject` und `readObject` durch eigene Methoden zu überschreiben.

In vielen Fällen sind die Standardmethoden `writeObject` und `readObject` aber sehr mächtige, bequeme und ausreichend effiziente Werkzeuge.

Im Beispielprogramm `Serial04` wird eine ganze Kette von Objekten (einer dort vereinbarten Klasse `Perle`) mit einem einzigen `writeObject`-Befehl in eine Datei geschrieben und mit einem einzigen `readObject`-Befehl von dort wieder zurückgelesen. Eine hexadezimale Darstellung der Datei findet man als Kommentar am Ende des Programms.

Im Beispielprogramm `Serial05` wird eine *Reihung* von Objekten mit einem einzigen `writeObject`-Befehl in eine Datei geschrieben und mit einem einzigen `readObject`-Befehl von dort wieder zurückgelesen. Eine hexadezimale Darstellung der Datei findet man als Kommentar am Ende des Programms.

Das Beispielprogramm `Serial03` zeigt, dass man in ein `ObjectOutputStream`-Objekt nicht nur *Objekte*, sondern auch Werte *primitiver Typen* schreiben kann. Allerdings können einem dabei bestimmte Typfehler unterlaufen, die der Ausführer *nicht erkennt*. So ist es z. B. möglich, *einen* (64-Bit langen) `double`-Wert in eine Datei zu schreiben und ihn später in Form von *zwei* (32-Bit langen) `int`-Werten oder in Form von *einem* (64-Bit) `long`-Wert wieder einzulesen. Indem man die primitiven Werte in Objekte der entsprechenden Hüllklassen hüllt und (anstelle der primitiven Werte) diese Hüllobjekte in den Strom schreibt, ermöglicht man es dem Ausführer, *alle* Typfehler zu erkennen.

Einige Typfehler, die allgemein beim Einsatz von byteorientierten Strömen auftreten können, werden im Beispielprogramm `Stroeme04` vorgeführt.

19.7 Programmteile mit Röhren (pipes) verbinden

Häufig produziert ein Programmteil gewisse Daten, die dann von einem anderen Programmteil weiterverarbeitet werden sollen. Solche Programmteile kann man durch eine *Röhre* (engl. pipe) miteinander verbinden: Der produzierende Programmteil schreibt Daten an einer Seite in die Röhre, der weiterverarbeitende Programmteil liest die Daten an der anderen Seite aus der Röhre. Nachdem Daten geschrieben wurden, werden sie solange in der Röhre aufbewahrt, bis sie gelesen werden. Besonders nützlich und sinnvoll sind solche Datenröhren, wenn es sich bei den beiden Programmteilen um *Steuerfäden* (engl. threads of control) handelt, die nebenläufig zueinander (d. h. zeitlich unabhängig voneinander) ausgeführt werden (siehe Kapitel 20 über Steuerfäden).

In Java besteht eine Röhre aus zwei miteinander verbundenen Strömen unterschiedlicher Typen, einem `PipedWriter`-Objekt und einem `PipedReader`-Objekt (wenn es um Zeichen und Texte geht) bzw. einem `PipedOutputStream`-Objekt und einem `PipedInputStream`-Objekt (wenn es um andere Daten geht).

Beispiel-01: Vier Möglichkeiten, die zwei Teile (d. h. Ströme) einer Röhre miteinander zu verbinden

```
1   PipedReader r1 = new PipedReader();
2   PipedWriter w1 = new PipedWriter(r1);
3
4   PipedWriter w2 = new PipedWriter();
5   PipedReader r2 = new PipedReader(w2);
6
7   PipedReader r3 = new PipedReader();
8   PipedWriter w3 = new PipedWriter();
9   r3.connect (w3);
10
11  PipedReader r4 = new PipedReader();
12  PipedWriter w4 = new PipedWriter();
13  w4.connect (r4);
```

Man kann zuerst einen der beiden Ströme erzeugen und ihn beim Erzeugen des anderen Stroms als Konstruktorparameter angeben (siehe `r1/w1` und `w2/r2`). Alternativ dazu kann man beide Ströme erstmal erzeugen und dann (den einen mit dem anderen oder den anderen mit dem einen) mit dem `connect`-Befehl verbinden (siehe `r3/w3` und `r4/w4`). Alle vier Vorgehensweisen bewirken das selbe: Die beiden Ströme werden zu *einer* Röhre verbunden. Was man in den Schreibstrom hineinschreibt, kann man aus dem Lesestrom wieder herauslesen (siehe dazu das Beispielprogramm `Stroeme08`).

Beispiel-02: Schreiben und Lesen in/aus der Röhre `w3/r3`

```
14  // Programmteil A              // Programmteil B
15      ...                            ...
16      w3.write("ABCDE");             ...
17      ...                        while (r3.ready()) {
18      w3.write('a');                 char c = (char) r3.read();
19      ...                            ...
20      w3.write('b');             }
21      ...                            ...
22      w3.close();                r3close();
```

Der Ausdruck `r3.ready()` im Programmteil B liefert `false`, wenn der Strom `r3` (zum ersten Mal) kein Zeichen mehr enthält. Auf diese Weise die `while`-Schleife zu beenden funktioniert nur, wenn der Programmteil A schneller Zeichen in den Strom schreibt als Programmteil B sie lesen und verarbeiten kann. In anderen Fällen sollte A ein spezielles Zeichen (z. B. `'z'` oder `'\0'`) als „Endezeichen" in die Röhre schreiben, und B sollte solange Zeichen lesen und verarbeiten, bis er dieses Zeichen liest.

Objekte der Typen `PipedWriter` und `PipedReader` sind relativ primitiv. Insbesondere kann man aus einem `PipedReader`-Objekt nur einzelne Zeichen (als `int`-Werte) oder Reihungen von Zeichen lesen, aber z. B. keine *Zeilen* („alle Zeichen bis zum nächsten newline-Zeichen \n"). Man kann eine Röhre aber an beiden Seiten durch weitere Ströme verlängern und dadurch komfortabler gestalten, etwa so:

Beispiel-03: An die Röhre `w4/r4` an beiden Seiten gepufferte Ströme anbauen

```
23 BufferedWriter bw4 = new BufferedWriter(w4);
24 BufferedReader br4 = new BufferedReader(r4);
```

Damit haben wir eine aus vier Strömen bestehende Röhre mit folgendem Datenfluss erzeugt:

```
25      w4 <-- bw4 <-- Programm
26      |
27      r4 --> br4 --> Programm
```

Vom Programm aus können wir jetzt `String`-Objekte oder einzelne `char`-Werte in den Strom `bw4` schreiben und sie am anderen Ende zusammengefasst zu *Zeilen* aus dem Strom `br4` wieder lesen. Durch die miteinander verbundenen Ströme `w4` und `r4` in der Mitte fließen die Daten meistens von ganz allein (in bestimmten Situationen muss man mit einem `flush`-Befehl ein bisschen nachhelfen, siehe das Beispielprogramm `Stroeme08`).

Man könnte jetzt vor dem Strom `bw4` noch weitere Ausgabeströme und/oder nach dem Strom `br4` weitere Eingabeströme anbringen, die irgendwelche nützlichen Bearbeitungsschritte durchführen. Im Beispielprogramm `Stroeme06` werden zwei Filterstromklassen (Erweiterungen der Klasse `FilterWriter`) namens `BlanksRausFilterWriter` und `AllesGrossFilterWriter` vereinbart. Objekte dieser Klassen werden mit einer Röhre verbunden und zum Bearbeiten von Strings eingesetzt. Im Beispielprogramm `Stroeme09` werden Erweiterungen der Klassen `FilterReader` und `FilterWriter` vereinbart und es wird eine Röhre aus sechs Stromobjekten zusammengesetzt.

19.8 Kurze Hinweise auf weitere Stromklassen

Mit Strömen der Klassen `GZIPInputStream`, `GZIPOutputStream`, `ZipInputStream` und `ZipOutputStream` kann man *mehrere* Dateien zu *einem* Archiv zusammenfassen und Daten beim Schreiben komprimieren und beim Lesen dekomprimieren lassen.

Statt *mehrere* `InputStream`-Objekte nacheinander zu bearbeiten, kann man sie auch zu *einem* `SequenceInputStream`-Objekt zusammenfassen und dieses eine Objekt bearbeiten. Bei dieser Vorgehensweise braucht man das „nacheinander" nicht selbst zu programmieren. Natürlich kann man auf diese Weise auch mehrere `SequenceInputStream`-Objekte zu einem Objekt zusammenfassen.

Mit einem `StreamTokenizer`-Strom kann man aus einem Zeichenstrom (einem `Reader`-Objekt) Zeichenfolgen lesen, die durch bestimmte Zeichen voneinander getrennt sind (z. B. durch Kommas oder Blanks) oder nur aus bestimmten Zeichen bestehen (z. B. nur aus Buchstaben oder nur aus Ziffern). Die Trennzeichen und die anderen erlaubten Zeichen kann man frei angeben. In einfachen Fällen sollte man erwägen, anstelle eines `StreamTokenizer`-Stroms ein `StringTokenizer`-Objekt zu verwenden.

Ein `LineNumberReader`-Objekt zählt intern, wieviele *Zeilenendemarkierungen* schon aus ihm gelesen wurden und kennt deshalb immer die aktuelle Zeilen-Nummer. Mit der Methode `getLineNumber()` kann man sich diese Zeilen-Nummer jederzeit ansehen (und mit `setLineNumber` kann man sie auf einen beliebigen Wert setzen).

Manchmal möchte man aus einem Strom etwas lesen und prüfen und, falls es „nicht das Richtige" war, wieder in den Strom zurücklegen, um es später erneut lesen zu können. Die Klassen `PushbackReader` (für Zeichen und Texte) bzw. `PushbackInputStream` (für andere Daten) ermöglichen diese Vorgehensweise.

19.9   Ein-/Ausgabe ohne Ströme (mit RandomAccessFile und nio)

Daten werden in Java-Programmen sehr häufig mit Hilfe von Strömen eingelesen und ausgegeben, aber nicht immer.

Fast alle hier erwähnten Stromklassen gehören zu dem (schon viele Wochen *alten*) Paket `java.io`. Seit der Java-Version 1.4 gibt es zusätzlich das *neue* Ein-/Ausgabe-Paket `java.nio` („new i/o"). Jedes der beiden Pakete ist ein Kompromiss zwischen den sich widersprechenden Zielen *Geschwindigkeit* und *Plattformunabhängigkeit*. Das alte Paket wurde vor allem mit dem Ziel der Plattformunabhängigkeit entwickelt. Das neue Paket nützt ein paar „Beschleunigungstechniken" aus, die es nicht auf allen Plattformen in gleicher Form gibt (auf einigen Plattformen gibt es sie gar nicht und auf anderen gibt es unterschiedliche Varianten davon). In einem formalen Sinne ist auch das neue Paket plattformunabhängig, aber sein „beschleunigender Effekt" ist auf unterschiedlichen Plattformen unterschiedlich stark ausgeprägt (und auf einigen praktisch gleich null).

Eine Ausgabe von Daten mit Strömen funktioniert (stark vereinfacht gesagt) wie folgt: Das Programm schreibt Daten in einen *Programmpuffer*. Wenn der voll ist, wird sein Inhalt in einen *Betriebssystempuffer* kopiert und von dort nach draußen geschrieben (z. B. auf eine Festplatte). Umgekehrt werden Daten zuerst in einen *Betriebssystempuffer* gelesen, von dort in einen *Programmpuffer* kopiert und dann vom Programm verarbeitet. Das Paket nio versucht vor allem, alle Kopiervorgänge zwischen Programmpuffern und Betriebssystempuffern einzusparen. Anstelle von relativ komfortablen und hardwarefernen Stromobjekten verwendet das neue Paket etwas weniger komfortable und hardwarenähere Channel-Objekte und Buffer-Objekte.

Für sehr viele Anwendungen sind Ströme schnell genug und leichter zu handhaben als Channel- und Buffer-Objekte. Nur in einigen Spezialfällen lohnt es sich, die Ein-/Ausgabe eines Programms mit dem Paket nio zu beschleunigen. Die Klassen und Schnittstellen im Paket nio werden hier nicht dargestellt. Eine genaue Beschreibung findet man z. B. in [Hitchens2002] (auf etwa 280 Seiten).

Mit *Strömen* kann man Dateien im Wesentlichen nur *sequenziell* bearbeiten. Das bedeutet: Den fünfhundertsten Datensatz kann man erst lesen (bzw. schreiben), nachdem man die Datensätze 0 bis 499 gelesen (bzw. geschrieben) hat. Mit skip-Befehlen (bei InputStream-Strömen) bzw. mark- und reset-Befehlen (bei PushbackInputStream- und PushbackReader-Strömen) kann man nur wenig von dieser sequentiellen Arbeitsweise abweichen. Dagegen kann man mit einem Objekt der Klasse java.io.RandomAccessFile direkt auf jedes Byte einer Datei zugreifen und z. B. zuerst den fünfhundertsten Datensatz und danach den hundertzwanzigsten lesen (bzw. schreiben). RandomAccessFile-Objekte sind *keine Ströme* und man kann damit nur Dateien bearbeiten, aber keine Daten von einer Tastatur lesen oder zu einer Konsole ausgeben.

Eine Datei, die mit Hilfe eines RandomAccessFile-Objekts bearbeitet wird, bezeichnen wir hier als *Direktdatei* (engl. random access file). Im Prinzip kann man *jede* Datei als Direktdatei bearbeiten (die Datei muss dazu *keine* speziellen „Strukturinformationen" enthalten).

Beispiel-01: Eine Direktdatei erzeugen und bearbeiten

```
1    File              dat   = new File("d:/RandomAccessDatei01.raf");
2    RandomAccessFile raf    = new RandomAccessFile(dat, "rw");
3
4    raf.setLength(10 * 1000);
5
6    raf.seek(145);
7    raf.writeInt    (255);
8    raf.writeDouble(0.1);
9    raf.writeUTF     ("Hallo Sonja!");
10
11   raf.seek(157);
12   String t1 = raf.readUTF();
13
14   raf.seek(145);
15   int     n1 = raf.readInt();
16   double d1 = raf.readDouble();
17
18   raf.seek(raf.length());
19   raf.writeUTF("Das Hinterletzte!");
20
21   raf.close();
22   dat.delete();
```

In Zeile 1 wird ein `File`-Objekt namens `dat` erzeugt. Mit Hilfe dieses Objekts kann später die entsprechende Datei (auf der Festplatte) wieder gelöscht werden (siehe Zeile 22).

In Zeile 2 wird auf der Festplatte eine *Direktdatei* erzeugt, zum Lesen und Schreiben (`"rw"`, read and write) geöffnet und mit einem `RandomAccessFile`-Objekt `raf` (und implizit mit dem `File`-Objekt `dat`) verbunden.

In Zeile 4 wird die *Länge* der Direktdatei auf 10 Tausend Byte vergrößert. Entsprechend kann man die Länge jederzeit vergrößern oder verkleinern. Beim Verkleinern können Daten, die man vorher in die Datei geschrieben hat, verloren gehen. Die Bytes einer Direktdatei sind (ähnlich wie die Komponenten einer Reihung) mit 0 beginnend durchnummeriert.

Im Objekt `raf` gibt es einen *Dateizeiger* (vom Typ `long`), der immer auf das *aktuelle Byte* der Direktdatei zeigt. In bestimmten Situationen ist das erste Byte hinter der Datei (welches nicht mehr zur Datei gehört) das aktuelle Byte. In Zeile 6 wird dem Dateizeiger mit dem `seek`-Befehl der (willkürlich gewählte) Wert 145 zugewiesen.

In den Zeilen 7 bis 9 werden ab dem aktuellen Byte drei Datenelemente nacheinander in die Datei geschrieben: ein `int`-Wert, ein `double`-Wert und ein `String` (im UTF-8-Code). Danach zeigt der Dateizeiger auf das erste Byte hinter den geschriebenen Werten (das ist das Byte 145 + 4 + 8 + 14 gleich 171).

In Zeile 11 wird das erste Byte des Strings zum aktuellen Byte gemacht und der `String` wird in die Variable `t1` gelesen. In Zeile 14 bis 16 werden entsprechend ein `int`-Wert und ein `double`-Wert gelesen.

In den Zeilen 18 bis 19 wird hinter das letzte Byte der Datei ein String geschrieben. Dadurch wird die Datei implizit *verlängert*.

In Zeile 21 wird die Verbindung zwischen dem Objekt `raf` und der Direktdatei aufgehoben (ab jetzt würden Befehle wie `raf.seek` oder `raf.readInt` etc. nicht mehr funktionieren, sondern eine Ausnahme des Typs `IOException` auslösen).

In Zeile 22 wird die Datei, die mit dem Objekt `dat` verbunden ist, so verändert, dass einige Benutzer Mühe haben, sie wiederzufinden. Dieser Vorgang wird häufig kurz (aber mild irreführend) als „Löschen der Datei" bezeichnet, obwohl dabei nur eine Art von „Referenz auf eine Datei" gelöscht wird, aber nicht die Datei selbst.

Warum belegt der String `"Hallo Sonja!"` in der Datei 14 Byte, obwohl er nur 12 Zeichen enthält? Was passiert, wenn man an eine bestimmte Stelle der Datei z. B. einen `int`-Wert schreibt und dann von dieser Stelle einen `float`-Wert einliest? Das Beispielprogramm `RandomAccessDatei01` gibt Antworten auf einige dieser Fragen (und enthält als Kommentar eine hexadezimale Darstellung der Datei `d:\RandomAccessDatei01.raf`, die von dem Programm erstellt und bearbeitet wird).

20   Steuerfäden (threads of control)

Alle bisher vorgestellten Beispielprogramme waren so genannte *sequentielle Programme*. Die einzelnen Befehle eines solchen Programms werden einer nach dem anderen in einer bestimmten Reihenfolge (Sequenz) ausgeführt. Diese Reihenfolge wird durch die Sprache Java und die Eingabedaten des Programms genau festgelegt. Lässt man ein sequentielles Programm zweimal mit den selben Eingaben ausführen, werden seine Befehle beide Male in genau derselben Reihenfolge ausgeführt.

Es gibt Probleme, die man mit sequentiellen Programmen nicht richtig lösen kann, z. B. das folgende: Von zwei Tastaturen (an denen zwei Benutzer sitzen) sollen Zahlen eingelesen und addiert werden. Ein Lösungsversuch könnte etwa so aussehen:

Beispiel-01: Von zwei Tastaturen Zahlen einlesen

```
1    ...
2    while ( ... ) {
3       ...
4       Lies eine Zahl z1 von der Tastatur T1;
5       Addiere z1 zur Summe;
6       ...
7       Lies eine Zahl z2 von der Tastatur T2;
8       Addiere z2 zur Summe;
9       ...
10   } // while
11   ...
```

Diese Befehlsfolge zwingt die beiden Benutzer dazu, gleich viele Zahlen einzugeben. Wenn irgendwann z. B. der Benutzer-2 eine Pause macht, bleibt das Programm beim Lesebefehl in Zeile 7 hängen und der Benutzer-1 kann keine weiteren
Zahlen eingeben.

Das Problem wird lösbar, wenn der *Programmierer* ausdrücklich darauf *verzichtet*,
die Ausführungsreihenfolge bestimmter Befehle festzulegen und es dem *Ausführer*
überlässt, diese Reihenfolge situationsabhängig möglichst günstig zu wählen. Eine
Variante dieser Idee sieht vor, dass der Ausführer sich (zumindest konzeptuell) in
mehrere *sequentielle Ausführer* aufspaltet, die *nebenläufig* zueinander (d. h. *zeitlich unabhängig* voneinander, engl. concurrently) Programme oder Programmteile
ausführen können. Das folgende Beispiel deutet an, welche Struktur eine Lösung
mit *nebenläufigen Programmteilen* haben könnte.

Beispiel-02: Eine Lösung mit nebenläufigen Programmteilen

```
12   ...
13   Führe folgende Blöcke nebenläufig aus {
14       Block1: {
15           while ( ... ) {
16               Lies eine Zahl z1 von der Tastatur T1;
17               Addiere z1 zur Summe;
18           } // while
19       }
20       Block2: {
21           while ( ... ) {
22               Lies eine Zahl z2 von der Tastatur T2;
23               Addiere z2 zur Summe;
24           } // while
25       }
26   } // Führe nebenläufig aus
27   ...
```

Innerhalb eines Blocks sollen die bisherigen Regeln (sequentielle Abarbeitung der
Befehle) gelten, aber die beiden Blöcke sollen *nebenläufig* zueinander ausgeführt

werden. Das bedeutet, dass der Ausführer zwischen verschiedenen Möglichkeiten der Ausführung wählen darf:

- Erst Block1, dann Block2
- Erst Block2, dann Block1
- Stückchenweise abwechselnd (ein Stückchen von Block1, dann ein Stückchen von Block2, dann wieder eine Stückchen von Block1 usw.)
- Block1 und echt gleichzeitig dazu Block2

Von der stückchenweise-abwechselnden Ausführung gibt es sehr viele Varianten, je nachdem, wie der Ausführer die Größe der einzelnen Stückchen wählt. Bei einer häufig verwendeten Strategie wird jeder nebenläufige Block solange ausgeführt, bis entweder eine bestimmte Zeit abgelaufen ist (z. B. 0.01 Sekunden) oder die Ausführung des Blocks z. B. an einem Lesebefehl hängen bleibt (weil der Benutzer an der Tastatur eine Pause macht oder länger als 0.1 Sekunden braucht, um ein einziges Zeichen einzutippen). Wenn alle nebenläufigen Blöcke z. B. an je einem Lesebefehl hängen geblieben sind, macht der Ausführer eine Pause, aber sobald einer der Lesebefehle abgeschlossen ist, setzt er die Ausführung des betreffenden Blocks fort.

Die Bezeichnung *nebenläufiges Programm* macht nicht wirklich deutlich, ob ein Programm gemeint ist, welches *nebenläufige Programmteile* enthält, oder eins, welches *nebenläufig* zu anderen Programmen *ausgeführt* werden soll (oder eins, das beiden Formen von Nebenläufigkeit kombiniert). Im Folgenden wird deshalb die Abkürzung *Proma* mit folgender Bedeutung verwendet:

> **Def.:** Ein *Proma* ist ein Programm, welches von mehreren sequentiellen Ausführern ausgeführt wird („Programm mit mehreren Ausführern").

Wenn er ein Programm ausführt, kann der Java-Ausführer sich in mehrere *Teilausführer* aufspalten. Jeder Teilausführer arbeitet sequentiell (Schritt für Schritt, in fester Reihenfolge), aber nebenläufig zu (d. h. zeitlich unabhängig von) den anderen Teilausführern.

Vergleich: Man stelle sich eine Seite eines Kochbuchs vor, auf der zahlreiche Rezepte stehen. Mehrere Köche können diese Seite sehen (z. B. als Projektion auf einer Wand einer Großküche). Jeder Koch führt sequentiell eine bestimmte Folge von Rezepten aus, arbeitet dabei aber nebenläufig (zeitlich unabhängig) von den anderen Köchen. Dabei kann es vorkommen, dass mehrere Köche das selbe Rezept ausführen und sich gegenseitig überholen. Die einzelnen Rezepte entsprechen den

Methoden eines Programms und die Köche den Teilausführern, die das Programm
ausführen.

Anmerkung: In diesem Vergleich werden Köche (der Einfachheit und Verständ-
lichkeit halber) als sequentielle Ausführer dargestellt. Für diese Unterschätzung
möchte der Autor sich ausdrücklich entschuldigen. Tatsächlich kann ein professio-
neller Koch sich in mehrere „Teilköche aufspalten", die weitgehend nebenläufig
zueinander arbeiten: Während der eine die Vorsuppe kocht, mariniert der andere
schon das Fleisch für den Hauptgang und ein dritter bereitet Gemüse als Beilage
zu etc.

> **Def.:** Ein sequentielles Programm ist ein Programm, welches von nur *einem* se-
> quentiellen Ausführer ausgeführt wird.

Ein Proma kann qualitativ leistungsfähiger und flexibler sein als ein sequentielles
Programm. Es muss nicht bei einem Lesebefehl hängen bleiben und untätig warten,
wenn noch andere Stellen des Programms ausgeführt werden könnten. Andererseits ist ein Proma im allgemeinen *schwerer zu programmieren* als ein sequentielles Programm, weil es (von den nebenläufigen Ausführern) auf viele verschiede
Weisen ausgeführt werden kann und der Programmierer dafür sorgen muss, dass
bei *jeder möglichen Ausführung* die Ausgaben und Seiteneffekte des Promas korrekt sind.

Ein Proma ist im allgemeinen *schwerer zu testen* ist als ein sequentielles Programm. Fehler, die bei einer bestimmten Ausführung aufgetreten sind, lassen sich
häufig nur schwer oder gar nicht reproduzieren, weil sie von subtilen zeitlichen
Bedingungen abhängen („nur wenn man vor Eingabe des ersten Zeichens mindestens 0.35 Sekunden wartet, aber die Return-Taste höchstens 0.02 Sekunden später
betätigt" oder so ähnlich).

Im Kapitel 22 wird erläutert, dass jedes Java-Programm mit einer graphischen Benutzeroberfläche (jedes Grabo-Programm) ein Proma ist.

20.1 Prozesse und Fäden

In der Praxis unterscheidet man heute zwei Arten von nebenläufigen Einheiten:
Prozesse (eines Betriebssystems) und *Fäden* (innerhalb eines Programms).

Ein *Prozess* ist eine Verwaltungseinheit eines Betriebssystems. Prozesse werden vom Betriebssystem erzeugt, benutzt und wieder zerstört. Einem Prozess werden vom Betriebssystem *Betriebsmittel* (Hauptspeicherbereiche, Dateien, Geräte etc.) zur alleinigen Benutzung zugeordnet. Ein *Programm* kann nur im Rahmen eines Prozesses (mit den Betriebsmitteln des Prozesses) ausgeführt werden. Im Rahmen eines Prozesses können *mehrere* Programme (eines nach dem anderen, sequentiell) ausgeführt werden.

Jeder Prozess hat einen eigenen Hauptspeicherbereich und kann nicht auf den Hauptspeicherbereich eines anderen Prozesses zugreifen. Das erschwert die Kommunikation zwischen Prozessen ein bisschen, hat aber den ganz wichtigen Vorteil, dass kein Prozess den Variablen eines anderen Prozesses falsche Werte zuweisen kann. Selbst wenn innerhalb eines Prozesses schwerwiegende Fehler auftreten und viele Variableninhalte zerstört werden, können die anderen Prozesse unbehelligt weiterlaufen. Man sagt auch: Jeder Prozess hat einen eigenen *Adressraum*. Damit ist gemeint, dass z. B. die Adresse 134 in einem Prozess P1 eine andere Stelle im Hauptspeicher des Rechners bezeichnet als die Adresse 134 in einem anderen Prozess P2.

Prozesse werden vom Betriebssystem *nebenläufig* zueinander ausgeführt. Bei heute üblichen Rechnern mit einem einzigen Zentralprozessor bedeutet das in aller Regel, dass die Prozesse stückchenweise-abwechselnd ausgeführt werden. Wichtig dabei ist, dass ein *Prozesswechsel* (Unterbrechung eines Prozesses und Wiederaufnahme eines anderen) eine ziemlich *teure Operation* ist, die viele Hundert Maschinenbefehle kosten kann. Das hängt vor allem mit den Adressräumen der Prozesse zusammen. Bei einem Wechsel von P1 nach P2 müssen die Bedeutungen aller Adressen (u.a. die Bedeutung der Adresse 134) geändert werden.

Steuerfäden (oder kurz: *Fäden*, engl. threads) sind Verwaltungseinheiten zur Ausführung eines Programms. Ein Programm kann von mehreren Fäden ausgeführt werden. Alle Fäden eines Programms werden *nebenläufig* zueinander ausgeführt (d. h. zeitlich unabhängig voneinander, z. B. stückchenweise-abwechselnd). Alle Fäden eines Programms laufen im selben Adressraum (im Adressraum des zuständigen Prozesses), d. h. die Adresse 134 bezeichnet für alle Fäden eines Programms dieselbe Stelle im Hauptspeicher des Rechners. Das hat drei wichtige Konsequenzen:

1. Ein Fadenwechsel ist deutlich billiger als ein Prozesswechsel.
2. Fäden können einfacher miteinander kommunizieren als Prozesse.
3. Fäden können sich leichter gegenseitig stören als Prozesse.

„Sich gegenseitig stören" ist offenbar eine spezielle Form der Kommunikation.

Beispiel-01: Wie sich zwei Fäden stören können

Angenommen, zwei Fäden F1 und F2 haben die Aufgabe, irgendwelche Dinge zu zählen und wollen jetzt beide eine Variable namens anzahl um je 1 erhöhen. *Vor* diesen beiden Erhöhungen, so wollen wir konkret annehmen hat die Variable anzahl den Wert 17. Nach den beiden Erhöhungen sollte sie somit den Wert (wo ist bloß mein Taschenrechner, ach da ...) 19 haben. Es kann aber auch anders kommen, etwa so:

1. Der Faden F1 liest den Wert der Variablen anzahl, nämlich 17.
2. Danach findet ein Fadenwechsel statt und ab jetzt wird F2 ausgeführt.
3. Der Faden F2 liest den Wert der Variablen anzahl, nämlich 17,
   berechnet den Wert des Ausdrucks 17+1, nämlich 18
   und schreibt dieses Ergebnis zurück in die Variable anzahl.
4. Danach findet ein Fadenwechsel statt und ab jetzt wird wieder F1 ausgeführt.
5. F1 berechnet den Wert des Ausdrucks 17+1, nämlich 18
   und schreibt dieses Ergebnis zurück in die Variable anzahl.

Offenbar hat anzahl jetzt den falschen Wert 18 und nicht den richtigen Wert 19.

Solche Nebenläufigkeitsfehler muss man immer dann befürchten, wenn *zwei nebenläufige Einheiten* Schreibzugriff auf eine *gemeinsam genutzte Variable* haben. In den Abschnitten 20.5 und 22.4 findet man Beispielprogramme, die mehr oder weniger zuverlässig solche Fehler produzieren.

Da Prozesse (normalerweise) keine *Variablen* gemeinsam nutzen können, muss man als Ersatz z. B. auf *Dateien* zurückgreifen, um Nebenläufigkeitsfehler zu produzieren. Besonders beliebt ist die folgende Vorgehensweise:

1. Mit einem Editor öffnet man eine Datei und verändert ihren bisherigen Inhalt I zu einem neuen Inhalt I1 (vorläufig ohne I1 mit einem save-Befehl abzuspeichern).
2. Dann öffnet man dieselbe Datei mit einem anderen Editor und verändert ihren bisherigen Inhalt I zu einem neuen Inhalt I2.
3. Dann speichert man die neuen Inhalte I1 und I2 in irgend einer Reihenfolge ab.

Danach steht einer der neuen Inhalte I1 oder I2 in der Datei und der andere wurde zerstört.

Wenn man Variablen und Dateien beide als *Wertebehälter* versteht und bezeichnet, ist es fast selbstverständlich, dass man mit Fäden und mit Prozessen ganz entsprechende Nebenläufigkeitsfehler produzieren kann.

20.2 Die Klasse Thread und die Schnittstelle Runnable

In Java kann man Fäden (threads) auf zwei Weisen programmieren:

1. Indem man die Klasse `Thread` erweitert.
2. Indem man die Schnittstelle `Runnable` implementiert.

Beide Vorgehensweisen werden anhand von zwei (hoffentlich) einfachen Beispielen erläutert, in denen jeweils zwei Fäden um die Wette ein paar Meldungen zur Standardausgabe ausgeben und nach jeder Ausgabe eine zufällig gewählte Anzahl von Millisekunden schlafen.

Beispiel-01: Die Klasse `Thread` wird erweitert (siehe auch das Beispielprogramm `Faden01Tst`)

```
 1   class Faden01 extends Thread {
 2       // ------------------------------------------------------------
 3       static Random r01 = new Random();
 4
 5       public void run() {
 6           String name    = getName();
 7           int    millis = 0;
 8
 9           for (int i=1; i<=5; i++) {
10              pln(i + ". " + name + ", msec: " + millis);
11              try {
12                  millis =  r01.nextInt(500);
13                  sleep(millis);
14              } catch (InterruptedException ie) {
15                  pln(ie);
16              } // catch
17           } // for
18       } // run
19       // ------------------------------------------------------------
20       Faden01(String name)  {super(name);}
21       Faden01()             {super();}
22       // ------------------------------------------------------------
23       static void pln(Object ob)  {System.out.println(ob);}
24   } // class Faden01
```

Ein Faden-Objekt besteht in Java vor allem aus einer run-Methode (einer parameterlosen Prozedur, siehe Zeile 5). „Ein Faden-Objekt ausführen" bedeutet, die run-Methode des Objekts ausführen.

In der Klasse `Thread` ist eine run-Methode mit *leerem Rumpf* vereinbart. Die wird in der Klasse `Faden01` durch eine „leistungsfähigere" Methode überschrieben (Zeile 5 bis 18). Die neue Methode gibt 5 Zeilen zur Standardausgabe aus (mit dem `pln`-Befehl in Zeile 10).

Jedes `Thread`-Objekt (und jedes `Faden01`-Objekt ist auch ein `Thread`-Objekt) hat einen *Namen*, den man beim Erzeugen des Objekts als Konstruktorparameter übergeben kann (Zeile 20). Wenn der Programmierer keinen Namen festlegt (Zeile 21), gibt der Ausführer dem Objekt einen der Standardnamen `Thread-0`, `Thread-1`, `Thread-2`, ... (den nächsten, der noch nicht vergeben ist). Die Objektmethode `getName` (siehe Zeile 6) liefert den Namen des betreffenden Objekts.

Ein Aufruf der `sleep`-Methode wie etwa `sleep(500);` bewirkt, dass der betreffende Faden mindestens 500 Millisekunden lang nicht weiter ausgeführt wird (siehe Zeile 13).

Zufallsgeneratoren der Klasse `Random` wurden im Abschnitt 10.4 behandelt. Der Methodenaufruf `r01.nextInt(500);` in Zeile 12 liefert einen zufällig gewählten `int`-Wert aus dem Intervall 0 (einschließlich) und 500 (ausschließlich!).

Beispiel-02: Fäden des Typs `Faden01` erzeugen und starten

```
25      static public void main(String[] _) {
26          Faden01 f1 = new Faden01();
27          Faden01 f2 = new Faden01(" Faden-1");
28          f1.start();
29          f2.start();
30      } // main
```

Das Faden-Objekt `f1` bekommt den Standardnamen `"Thread-0"`, `f2` bekommt den angegebenen Namen `" Faden-1"` (Blanks sind als Teil eines Fadennamens erlaubt). Der Befehl `f1.start()` bewirkt, dass der Faden `f1` gestartet wird, d. h. dass der Ausführer damit beginnt, die `run`-Methode von `f1` nebenläufig zu allen anderen Fäden dieses Programms auszuführen.

Beispiel-03: Zwei Ausgaben der `main`-Methode aus dem Beispiel-02 (nebeneinander angeordnet)

```
Eine Ausgabe:                   Eine andere Ausgabe:

1. Thread-0, msec: 0            1. Thread-0, msec: 0
1.  Faden-1, msec: 0           1.  Faden-1, msec: 0
2.  Faden-1, msec: 50         2. Thread-0, msec: 204
3.  Faden-1, msec: 36         2.  Faden-1, msec: 433
4.  Faden-1, msec: 42         3.  Faden-1, msec: 65
2. Thread-0, msec: 195        3. Thread-0, msec: 463
5.  Faden-1, msec: 380        4.  Faden-1, msec: 486
3. Thread-0, msec: 420        5.  Faden-1, msec: 53
4. Thread-0, msec: 76         4. Thread-0, msec: 409
5. Thread-0, msec: 43         5. Thread-0, msec: 226
```

Hier kann man erkennen, dass die beiden Fäden Thread-0 und Faden-1 nebenläufig zueinander ausgeführt wurden (vermutlich stückchenweise-abwechselnd),
und dass bei verschiedenen Ausführungen die Größe und Reihenfolge der Stückchen unterschiedlich war. Mit dem Beispielprogramm Faden01Tst kann man
weitere ähnliche Ausgaben erzeugen.

Die sleep-Befehle im Beispiel-01 stehen stellvertretend für Methodenaufrufe, die
bestimmte „nützliche Arbeiten" verrichten, z. B. eine Reihung sortieren oder eine
Datenbank durchsuchen oder eine Festplatte formatieren etc. Die Schlafzeiten
wurden zufällig gewählt, weil auch nützliche Arbeiten von Fall zu Fall unterschiedlich lange dauern können.

Ein *Faden* ist ein *sequentieller Ausführer* und ein Java-Programm, in dem Fäden
erzeugt werden, ist ein *Proma* (Programm mit mehreren Ausführern). Ein (sequentieller) Java-Ausführer hat also die interessante Eigenschaft, dass er weitere (sequentielle) Java-Ausführer erzeugen und starten kann. „*Der* Java-Ausführer" besteht während der Ausführung eines Programms aus einem oder mehreren sequentiellen Ausführern (Fäden).

Die Klasse Faden02 im folgenden Beispiel leistet ganz Ähnliches wie die Klasse
Faden01 in den vorigen Beispielen, aber auf eine etwas andere Weise.

Beispiel-04: Die Schnittstelle Runnable wird implementiert (siehe auch das Beispielprogramm Faden02Tst)

```
31 class FadenO2 implements Runnable {
32     // ------------------------------------------------------
33     static Random r01 = new Random();
34
35     public void run() {
36         String name   = Thread.currentThread().getName(); // <---
37         int     millis = 0;
38
39         for (int i=1; i<=5; i++) {
40             pln(i + ". " + name + ", msec: " + millis);
41             try {
42                 millis =  r01.nextInt(500);
43                 Thread.sleep(millis);                 // <---
44             } catch (InterruptedException ie) {
45                 pln(ie);
46             } // catch
47         } // for
48     } // run
49     // ------------------------------------------------------
50     static void pln(Object ob) {System.out.println(ob);}
51 } // class FadenO2
```

Die Schnittstelle `Runnable` enthält eine einzige Methode namens `run` (eine parameterlose Prozedur). Die Klasse `Faden02` implementiert diese Methode in Zeile 35 bis 48. Nur die beiden mit dem Kommentar `// <---` gekennzeichneten Zeilen sind hier anders als im Beispiel-01. Da die Klasse `Faden02` von ihrer Oberklasse (`Object`) keine `getName`- und `sleep`-Methoden erbt, werden hier entsprechende Klassenmethoden der Klasse `Thread` aufgerufen. Der Aufruf `Thread.currentThread()` (Zeile 36) liefert den aktuellen Faden (d. h. sein `Thread`-Objekt), und der ganze Ausdruck `Thread.currentThread().getName()` seinen Namen. Ein Aufruf wie `Thread.sleep(500);` bewirkt, dass der aktuelle Faden mindestens 500 Millisekunden lang nicht weiter ausgeführt wird (siehe Zeile 43).

Ein `Faden02`-Objekt ist eigentlich nur ein Behälter, der eine `run`-Methode enthält. Eine so verpackte `run`-Methode kann man einem `Thread`-Objekt übergeben als Ersatz für seine `run`-Methode mit leerem Rumpf, etwa so:

Beispiel-05: Die `run`-Methode eines `Thread`-Objekts durch die eines `Runnable`-Objekts ersetzen

```
52      static public void main(String[] _) {
53         Runnable r1 = new Faden02();
54         Runnable r2 = new Faden02();
55         Thread   f1 = new Thread(r1);
56         Thread   f2 = new Thread(r2, " Faden-1");
57         f1.start();
58         f2.start();
59      } // main
```

Jedes `Faden02`-Objekt ist auch ein `Runnable`-Objekt (wegen Zeile 31). In Zeile 55 wird ein `Thread`-Objekt `f1` erzeugt und seine `run`-Methode durch die des `Runnable`-Objekts `r1` ersetzt. Das `Thread`-Objekt `f1` bekommt (wie im Beispiel-02) den Standardnamen `"Thread-0"`. In Zeile 56 passiert Ähnliches.

Man kann das auch so beschreiben: In Zeile 55 wird ein sequentieller Ausführer erzeugt und mit der Ausführung der Methode `r1.run` beauftragt. In Zeile 57 wird dieser neue Ausführer vom aktuellen Ausführer gestartet. In den Zeilen 56 und 58 passiert Entsprechendes.

Die Ausgaben dieser `main`-Methode unterscheiden sich kaum von denen, die im Beispiel-03 wiedergegebenen wurden. Mit dem Beispielprogramm `Faden02Tst` kann man weitere ähnliche Ausgaben erzeugen.

20.3 Der Hauptfaden (main thread) eines Programms

In Java enthält jeder Faden f eine `run`-Methode. Sobald der Faden gestartet wird (mit dem Befehl `f.start()`) wird diese `run`-Methode nebenläufig zu den `run`-Methoden aller anderen aktiven Fäden ausgeführt.

Zu dieser einfachen Regel gibt es eine Ausnahme: Wenn der Ausführer den Befehl bekommt, ein Programm (z. B. eines mit dem Namen `Hallo`) auszuführen, erzeugt und startet er einen Faden namens `main`. Dieser *Hauptfaden* hat drei Aufgaben:

1. Die Hauptklasse des Programms (eine Datei namens `Hallo.class`) zu finden.
2. In dieser Hauptklasse eine `main`-Methode (`Hallo.main`) zu finden.
3. Die `main`-Methode auszuführen.

Wenn der Hauptfaden die 1. Aufgabe nicht lösen kann, gibt er eine Fehlermeldung wie die folgende aus und beendet sich:

```
1  java.lang.NoClassDefFoundError: Hello
2  Exception in thread "main"
```

Wenn der Hauptfaden die 2. Aufgabe nicht lösen kann, gibt er eine Fehlermeldung wie die folgende aus und beendet sich:

```
3  java.lang.NoSuchMethodError: main
4  Exception in thread "main"
```

Die Hauptaufgabe des Hauptfadens ist es also, die `main`-Methode eines Programms (und nicht eine `run`-Methode) auszuführen, natürlich nebenläufig zu den `run`-Methoden der anderen Fäden.

Das Beispielprogramm `Faden03Tst` ist ein kleine Erweiterung von `Faden01Tst`. Dort geben zwei normale Fäden *und* der Hauptfaden um die Wette Meldungen zur Standardausgabe aus und schlafen nach jeder Ausgabe eine zufällig gewählte Anzahl von Millisekunden.

20.4 Reihungen und Gruppen von Fäden

Da Fäden durch *Objekte* repräsentiert werden, kann man sie auch in Reihungen (arrays) und Sammlungen zusammenfassen und dann z. B. mit Schleifen bearbeiten (z. B. starten). Das ist vor allem dann sehr nützlich, wenn man sehr viele Fäden zu verwalten hat.

Das Beispielprogramm `Faden04Tst` kann eine im Prinzip beliebig große Anzahl von Fäden erzeugen, in einer Reihung speichern und starten. Der Kern des Programms sieht so aus:

Beispiel-01: Auszug aus dem Beispielprogramm `Faden04Tst`

```
1      int anzahl = ...
2      int wieOft = ...
3
4      Runnable[] rr = new Faden04[anzahl];
5      Thread   [] tr = new Thread [anzahl];
6      char        c = 'A'; // Der erste Faden wird FA heissen
7
8      for (int i=0; i<anzahl; i++) {
9          rr[i] = new Faden04(wieOft);
10         tr[i] = new Thread(rr[i], ("F" + c++));
11         tr[i].start();
12     }
```

Die Klasse `Faden04` implementiert (ähnlich wie die Klasse `Faden02`) die Schnittstelle `Runnable`. Jedes `Faden04`-Objekt ist also im Grunde nur eine Verpackung für eine `run`-Methode. In der `for`-Schleife werden `anzahl` viele `Faden04`-Objekte erzeugt und in der Reihung `rr` gespeichert (Zeile 9). Der Parameter `wieOft` teilt dem `Faden04`-Objekt mit, wie oft es eine Meldung zur Standardausgabe ausgeben soll. Dann werden `anzahl` viele `Thread`-Objekte mit Namen wie `"FA"`, `"FB"`, `"FC"`, ... etc. erzeugt, und jedem wird eine `run`-Methode (verpackt in ein `Faden04`-Objekt `rr[i]`) übergeben (Zeile 10). Die `Thread`-Objekte werden in der Reihung `tr` gespeichert. Schließlich werden alle `Thread`-Objekte in `tr` gestartet (Zeile 11).

Wenn `anzahl` größer als 26 gewählt wird, enthalten die die Namen einiger Fäden merkwürdige Sonderzeichen, aber im Prinzip hat das Programm bei Tests auch mit `anzahl` gleich 500 oder gleich 1000 ordnungsgemäß funktioniert.

Eine *Fadengruppe* kann Fäden und weitere Fadengruppen („Untergruppen") enthalten (und ähnelt damit einem Dateiverzeichnis, welches Dateien und weitere Verzeichnisse enthalten kann). Eine Fadengruppe wird durch ein Objekt der Klasse `ThreadGroup` (oder einer Unterklasse davon) repräsentiert.

Wenn man ein `ThreadGroup`-Objekt erzeugen lässt, kann man ein „Obergruppen-Objekt" angeben. Wenn man ein `Thread`-Objekt erzeugen lässt, kann man eine Fadengruppe angeben. Auf diese Weise kann man größere Mengen von Fäden auf eine baumförmige Struktur verteilen (siehe auch das Beispielprogramm `Faden08`).

Der Sinn und Zweck von Fadengruppen kann hier nur angedeutet werden: Wenn in einem Faden eine Ausnahme auftritt und kein passender Behandler vorhanden ist, wird in der Fadengruppe des Fadens (und dann in der Obergruppe der Gruppe usw. bis zur obersten Gruppe des Baumes) nach einem gesucht. Indem man eigene Unterklassen der Klasse `ThreadGroup` und eigene `ThreadGroup`-Objekte vereinbart, kann man also Ausnahmen, die in Fäden auftreten, besser behandeln.

20.5 Nebenläufigkeitsfehler und synchronized-Blöcke

Weil alle Fäden eines Programms im *selben Adressraum* ausgeführt werden, können sie *Nebenläufigkeitsfehler* produzieren, wenn sie gemeinsam genutzte Variablen verändern. Allerdings eignen sich nicht alle Variablen dazu, solche Nebenläufigkeitsfehler zu produzieren. Nur bestimmte Variablen können von mehreren Fäden gemeinsam benutzt werden. Von anderen Variablen wird für jeden Faden eine separate Kopie angelegt. Das folgende Programm soll zeigen, welche Variablen nur *einmal* und welche *einmal pro Faden* erzeugt werden.

Beispiel-01: Lokale Variablen eines Fadens und gemeinsam nutzbare Variablen

```
1   class Faden07 extends Thread {
2       // ---------------------------------------------
3       static int kAtt = 1;        // Ein Klassenattribut
4              int oAtt = 1;        // Ein  Objektattribut
5       // ---------------------------------------------
6       public void run() {
7           int    loca = 1;        // Eine lokale Variable
8           String name = getName(); // Eine lokale Variable
9
10          for (int i=1; i<=4; i++) {
11              System.out.println(
12                  name + ".kAtt: " +   kAtt++  + ", " +
13                  name + ".oAtt: " +   oAtt++  + ", " +
14                          "loca: " +   loca++);
15          } // for
16      } // run
17      // ---------------------------------------------
18      Faden07(String name) {super(name);}
19      // ---------------------------------------------
20  } // class Faden07
```

In diesem Beispiel sind vor allem die folgenden Variablenvereinbarungen interessant:

1. Das Klassenattribut namens kAtt.
2. Das Objektattribut namens oAtt.
3. Die lokale Variable loca der Methode run.

Alle drei Vereinbarungen befehlen dem Ausführer, eine int-Variable mit dem Anfangswert 1 zu erzeugen. In der run-Methode werden drei Variablen (namens kAtt, oAtt und loca) mit Hilfe einer for-Schleife (Zeile 10 bis 15) viermal ausgegeben und nach jeder Ausgabe um 1 erhöht. Jeder Faden erhöht also jede ihm zugängliche Variable viermal um 1.

Die folgende main-Methode erzeugt (ganz ähnlich wie in früheren Beispielen) zwei Faden07-Objekte und startet sie:

```
21      static public void main(String[] _) {
22          Faden07 f1 = new Faden07("f1");
23          Faden07 f2 = new Faden07("f2");
24          f1.start();
25          f2.start();
26      } // mai
```

Die Ausgabe dieser main-Methode sieht so aus:

```
27 f1.kAtt: 1,  f1.oAtt: 1,  loca: 1
28 f1.kAtt: 2,  f1.oAtt: 2,  loca: 2
29 f1.kAtt: 3,  f1.oAtt: 3,  loca: 3
30 f1.kAtt: 4,  f1.oAtt: 4,  loca: 4
31 f2.kAtt: 5,  f2.oAtt: 1,  loca: 1
32 f2.kAtt: 6,  f2.oAtt: 2,  loca: 2
33 f2.kAtt: 7,  f2.oAtt: 3,  loca: 3
34 f2.kAtt: 8,  f2.oAtt: 4,  loca: 4
```

Offenbar hat der Ausführer zuerst den Faden f1 vollständig ausgeführt und danach den Faden f2. Das ist eine von vielen Ausführungsreihenfolgen, die unter dem allgemeinen Vertrag der Nebenläufigkeit erlaubt ist.

An der Ausgabe erkennt man, dass das Klassenattribut kAtt offenbar 8 Mal erhöht wurde. Daraus kann man schließen, dass es nur *einmal* vorhanden war und von beiden Fäden gemeinsam benutzt wurde. Das entspricht auch den allgemeinen Regeln für Klassenattribute.

Ein Attribut namens oAtt wurde in jedes der beiden Faden07-Objekte f1 und f2 eingebaut und jede der beiden Variablen f1.oAtt und f2.oAtt wurde 4 Mal erhöht. Das entspricht den allgemeinen Regeln für Objektattribute und gilt nicht nur speziell für Fadenobjekte.

Aus der letzten Spalte der Ausgabe kann man schließen, dass *zwei* lokale Variablen namens loca existiert haben, von denen die eine vom Faden f1 und die andere vom Faden f2 viermal erhöht wurde. Dieses Phänomen kann nur im Zusammenhang mit Fäden auftreten.

Allgemein gilt: Variablenvereinbarungen innerhalb einer Methode werden von jedem Faden f, der die Methode ausführt, erneut ausgeführt und auf die dadurch entstehenden Variablen kann nur der Faden f zugreifen.

Wenn man einen richtigen Nebenläufigkeitsfehler produzieren will, muss man also entweder zwei Fadenobjekten ausdrücklich den Zugriff auf ein gemeinsames Objekt ermöglichen (was möglich, aber ein bisschen umständlich ist) oder ein *Klassenattribut* verwenden, wie im folgenden Beispiel.

Beispiel-02: Ein Klassenattribut und eine Methode, die es verändert (siehe auch das Beispielprogramm Faden05Tst)

```
35 class Faden05 implements Runnable {
36     static private StringBuilder text =
37         new StringBuilder("XXXXXXXXXXXXXXXXXXXX");
38     // ------------------------------------------------------------
39     static void fuelleUndDrucke(StringBuilder sb, char zeichen) {
40         // Fuellt die Variable sb mit dem zeichen und gibt sie aus:
41         for (int j=0, laenge=sb.length(); j<laenge; j++) {
42             sb.setCharAt(j, zeichen);
43             schlaf(10);
44         } // for
45         p("Faden " + zeichen + ": " + text + " ");
46     } // fuelleUndDrucke
47     // ------------------------------------------------------------
48     public void run() {
49         String name = Thread.currentThread().getName();
50         char   erst = name.charAt(0); // Erstes Zeichen des Namens
51                       .               // des aktuellen Fadens
52         for (int i=1; i<=10; i++) {
53             fuelleUndDrucke(text, erst);
54             schlaf(1000);
55         } // for
56     } // run
57     // ------------------------------------------------------------
58     ...
59     // ------------------------------------------------------------
60 } // class Faden05
```

Die (Klassen-) Methode fuelleUndDrucke füllt ihren Parameter sb (vom Typ StringBuilder) mit ihrem Parameter zeichen (vom Typ char) und gibt sb anschließend aus. Ein Aufruf wie schlaf(1000); bewirkt, dass der aktuelle Faden eine zufällige Anzahl (zwischen 0 und 1000) von Millisekunden nicht weiter ausgeführt wird.

In der `run`-Methode wird mehrmals versucht, mit Hilfe der Methode `fuelleUnd-Drucke` das Klassenattribut `text` vollständig mit einem bestimmten Zeichen (dem ersten Zeichen des Namens des aktuellen Fadens) zu füllen.

Wenn man zwei Fäden namens `A` und `B` (oder `Alfred` und `Bertram`) diese `run`-Methode ausführen lässt (natürlich nebenläufig), kann man verschiedene Ausgaben erhalten, darunter die folgenden beiden:

```
61    Eine Ausgabe:                        Noch eine Ausgabe:
62
63    |Faden B: BAAAAAAABAAAAAAAAABB|Faden B: BAAAAAAAAAAAAAAAAABB|
64    |Faden A: BAAAAAAABAAAAAAAAAA|Faden A: BAAAAAAAAAAAAAAAAAAA|
65    |Faden A: AAAAAAAAAAAAAAAAAAAA|Faden A: AAAAAAAAAAAAAAAAAAAA|
66    |Faden B: BBBBBBBBBBBBBBBBBBBB|Faden B: BBBBBBBBBBBBBBBBBBBB|
67    |Faden A: AAAAAAAAAAAAAAAAAAAA|Faden A: AAAAAAAAAAAAAAAAAAAA|
68    |Faden A: AAAAAAAAAAAAAAAAAAAA|Faden A: BBAAAAAAAAAAAAAAAAAA|
69    |Faden B: BBBBBBBBBBBBBBBBBBBB|Faden B: BBBBBBBBBBBBBBBBBBBB|
70    |Faden A: AAAAAAAAAAAAAAAAAAAA|Faden B: AAAAABBBBBBBBBBBBBBB|
71    |Faden A: AAAAAAAAAAAAAAAAAAAA|Faden A: AAAAAAAAAAAAAAAAAAAA|
72    |Faden B: BBBBBBBBBBBBBBBBBBBB|Faden A: AAAAAAAAAAAAAAAAAAAA|
73    |Faden A: AAAABABBAABAAABBAABB|Faden A: AAAAAAAAAAAAAAAAAAAA|
74    |Faden B: AAAABABBAABAAABBAABB|Faden B: AAAAAAAAAAAAAABABAAB|
75    |Faden A: AAAAAAAAAAAAAAAAAAAA|Faden A: AAAAAAAAAAAAAABABAAA|
76    |Faden A: AAAAAAAAAAAAAAAAAAAA|Faden B: BBBBBBBBBBBBBBBBBBBB|
77    |Faden A: AAAAAAAAAAAAAAAAAAAA|Faden B: BBBBBBBBBBBBBBBBBBBB|
78    |Faden B: BBBBBBBBBBBBBBBBBBBB|Faden B: BBBBBBBBBBBBBBBBBBBB|
79    |Faden B: BBBBBBBBBBBBBBBBBBBB|Faden A: BBBAAAAAAAAAAAAAAAAA|
80    |Faden B: BBBBBBBBBBBBBBBBBBBB|Faden B: BBBBBBBBBBBBBBBBBBBB|
81    |Faden B: BBBBBBBBBBBBBBBBBBBB|Faden A: AAAAAAAAAAAAAAAAAAAA|
82    |Faden B: BBBBBBBBBBBBBBBBBBBB|Faden B: BBBBBBBBBBBBBBBBBBBB|
```

Wechsel von `A` nach `B` oder von `B` nach `A` innerhalb einer Ausgabe wurden (nachträglich und von Hand) **halbfett** hervorgehoben.

Man erkennt, dass die `StringBuilder`-Variable `text` bei ihrer Ausgabe nicht immer vollständig mit `A`s oder vollständig mit `B`s gefüllt war, sondern manchmal ein „inkonsistentes Gemisch" aus `A`s und `B`s enthielt. Während ein Faden gerade dabei war, die Variable `text` (mit der Methode `fuelleUndDrucke`) z. B. mit `A`s zu füllen, wurde er offenbar unterbrochen und der andere Faden schrieb (mit derselben Methode `fuelleUndDrucke`) `B`s nach `text`.

Aufgabe der Methode `fuelleUndDrucke` ist es, die Variable `text` *ganz* mit einem einzigen Zeichen zu füllen. Diese Aufgabe erfüllt die Methode, solange sie nur von einem Faden ausgeführt wird. Da sie ihre Aufgabe aber bei Ausführungen durch *mehrere* Fäden nicht mit Sicherheit erfüllt, bezeichnen wir sie als *nicht fadensicher*.

> **Def.:** Eine Methode ist *fadensicher* (engl. thread safe), wenn sie auch bei Ausführungen durch mehrere Fäden richtig funktioniert.

Ein *Objekt* bezeichnen wir als fadensicher, wenn alle seine Methoden fadensicher sind. Eine *Klasse* ist fadensicher, wenn alle ihre Objekte (und alle ihre Klassenmethoden) fadensicher sind.

Nicht fadensichere Methoden, Objekte und Klassen stellen ein sehr allgemeines Problem dar. Zu seiner Lösung gibt es in Java ein sehr allgemeines Werkzeug, welches im folgenden Beispiel angewendet wird, um die Methode `fuelleUnd-Drucke` fadensicher zu machen.

Beispiel-03: Eine Variante der Methode `fuelleUndDrucke` mit einem `synchronized`-Block (siehe auch das Beispielprogramm `Faden06`)

```
83     static void fuelleUndDrucke(StringBuilder sb, char zeichen) {
84         // Fuellt die Variable sb mit dem zeichen und gibt sie aus:
85         synchronized(sb) {                                        // <---
86             for (int j=0, laenge=sb.length(); j<laenge; j++) {
87                 sb.setCharAt(j, zeichen);
88                 schlaf(10);
89             } // for
90             p("Faden " + zeichen + ": " + text + " ");
91         } // synchronized                                         // <---
92     } // fuelleUndDrucke
```

Die Befehle in den Zeilen 85 bis 91 bezeichnet man auch als einen *Monitor* oder einen *synchronized-Block für sb*. Der Ausführer sorgt dafür und garantiert, dass zu jedem Zeitpunkt höchstens ein Faden Befehle innerhalb dieses Blocks ausführt. Falls sich schon ein Faden `f1` im Block befindet und ein weiterer Faden `f2` den Block betreten will, wird `f2` vor dem Block schlafen gelegt und erst wieder aufgeweckt, wenn `f1` den Block verlassen hat. Genauer: Für den Block wird eine Warteschlange angelegt. In die werden alle Fäden eingetragen, die den Block betreten wollen aber noch nicht können, weil der Block noch von einem Faden `f1` belegt ist. Alle Fäden in der Warteschlange schlafen. Wenn `f1` den Block verlässt, wird ein Block in der Warteschlange (z. B. der erste oder der wichtigste) aufgeweckt (die anderen dürfen noch ein bisschen weiterschlafen).

Indem ein Faden `f` einen Befehl wie `synchronized(otto);` ausführt, gibt er allen anderen Fäden bekannt, dass er das Objekt `otto` reservieren und eine Weile alleine benutzen möchte. Der Ausführer sorgt dafür, dass jedes Objekt in jedem Moment für höchstens *einen* Faden reserviert ist. Dabei sind zwei Feinheiten wichtig.

Feinheit-1: Ein fehlerhafter oder „bösartig programmierter" Faden b kann den Reservierungsbefehl `synchronized(otto);` einfach „weglassen" und direkt auf das Objekt `otto` zugreifen, unabhängig davon, ob es von einem anderen Faden reserviert wurde oder nicht.

Solche Fehler kann man nur mit „den üblichen Mitteln" verhindern: Indem man das Objekt `otto` im geschützten Teil eines Moduls unterbringt (d. h. in Java: indem man es als privates Objekt- oder Klassenattribut vereinbart).

Feinheit-2: Mit einem Befehl wie `synchronized(otto);` wird das *Objekt* reserviert, auf das `otto` zeigt, nicht die *Variable* `otto`.

Das folgende Beispiel soll die (möglicherweise etwas dunkel klingende) Feinheit-2 ein bisschen beleuchten:

Beispiel-04: *Ein* Objekt wird über *zwei* verschiedene Variablen reserviert

Angenommen, zwei Fäden `f1` und `f2` haben Zugriff auf zwei Variablen namens `text` und `sb`, die wie folgt vereinbart wurden:

```
93  StringBuilder text = new StringBuilder("XXXXXXXXXXXXXXXXXXXX");
94  StringBuilder sb   = text;
```

Sei weiter angenommen, dass beide Fäden „kurz nacheinander" folgende Reservierungsbefehle ausführen:

```
95  Faden f1:                 Faden f2:
96
97  synchronized(text) {      synchronized(sb) {
98      ...                       ...
99  }                         }
```

Dann wird nur einer der beiden Fäden seinen `synchronized`-Block betreten können und der andere wird erstmal schlafen gelegt, denn beide Fäden versuchen hier, das *selbe* Objekt zu reservieren, und verwenden nur zwei verschiedene Variablen (`text` bzw. `sb`) dazu.

Nicht ganz zufällig kommen auch im Beispiel-03 die Namen `text` und `sb` vor (`sb` als Name eines Parameters) und bezeichnen auch dort das selbe Objekt.

Häufig ist es bequemer, anstelle eines `synchronized`-*Blocks* eine `synchronized`-*Methode* zu verwenden.

Beispiel-04: Ein `synchronized`-Block und eine `synchronized`-Methode

```
100 //---------------------------------------
101 void met01(int n, String s) {
102     synchronized(this) {
103         ...
104     }
105 } // met01
106 //---------------------------------------
107 synchronized void met02(int n, String s) {
108     ...
109 } // met02
110 //---------------------------------------
```

Der Rumpf der Objektmethode `met01` besteht nur aus einem `synchronized`-Block, der das aktuelle Objekt (`this`), zu dem die Methode gehört, reserviert.

Die Objektmethode `met02` ist insgesamt als `synchronized`-Methode vereinbart. Auch sie reserviert das aktuelle Objekt (`this`).

Die beiden Methoden haben genau gleiche Wirkungen (wenn man die Auslassungen „ ... " durch gleiche Befehle ersetzt). Bei beiden erfolgt die Parameterübergabe *vor* der Synchronisation, d. h. bevor ein Faden eventuell schlafen gelegt wird (siehe auch das Beispielprogramm `Faden11Tst`).

Synchronisierte Klassenmethoden (`static synchronized met03( ... )` `{ ... }`) werden über das `Class`-Objekt ihrer Klasse synchronisiert. Das `Class`-Objekt einer Klasse `K` heißt `K.class` und wird im Kapitel 21 über Reflexion genauer erläutert.

Synchronisierte *Blöcke* sind etwas flexibler als synchronisierte *Methoden*, weil sie beliebige Objekte (und nicht nur das aktuelle Objekt) reservieren können. Andererseits sind synchronisierte Methoden etwas leichter zu lesen zu schreiben.

20.6 Synchronized-Blöcke und Verklemmungen

Mit Hilfe von synchronisierten Blöcken (oder Methoden) kann man bestimmte Nebenläufigkeitsfehler verhindern. Gleichzeitig werden dadurch aber Fehler einer anderen Art möglich: *Verklemmungen* (engl. deadlocks). Das folgende Beispiel zeigt, wie man einen solchen Fehler realisieren kann.

Beispiel-01: Wir programmieren eine Verklemmung

```
1   StringBuilder sb01 = new StringBuilder("ABC");
2   StringBuilder sb02 = new StringBuilder("DEF");
```

```
 3    // ----------------------------------
 4    void m1() {
 5        ...
 6        // ------------------------------
 7        Block11: synchronized(sb01) {
 8            Block12: synchronized(sb02) {
 9                ...
10            }
11        }
12        // ------------------------------
13        Block21: synchronized(sb02) {
14            Block22: synchronized(sb01) {
15                ...
16            }
17        }
18        // ------------------------------
19        ...
20    } // m1
21    // ----------------------------------
```

Angenommen, zwei Fäden f1 und f2 führen (natürlich nebenläufig zueinander) beide die Methode m1 aus. Dann kann es passieren, dass z. B. f1 den Block11 betritt und f2 den Block21. In diesem Fall ist das Objekt sb01 für f1 und das Objekt sb02 für f2 reserviert und beide Fäden schlafen (f1 vor dem Block12 und f2 vor dem Block22) und werden nicht mehr aufgeweckt. Ein solche Situation bezeichnet man als Verklemmung. Um eine Verklemmung zu konstruieren braucht man mindestens zwei Fäden und zwei zu reservierende Objekte.

Besonders gefährlich sind Verklemmungen (wie die im Beispiel-01), die zwar möglich sind, aber keineswegs eintreten müssen. Typischerweise sind Verklemmungen in einem Proma (Programm mit mehreren sequentiellen Ausführern) noch schwerer zu finden, als die meisten Fehler in einem sequentiellen Programm.

Im Beispiel-01 befinden sich die beiden kritischen Blöcke (Block11 und Block21) innerhalb einer Methode m1, damit man die Möglichkeit einer Verklemmung möglichst leicht erkennen kann. In schwierigen Fällen gehören die kritischen Blöcke zu verschiedenen Methoden die zu verschiedenen Objekten verschiedener Klassen gehören, wobei die Methoden über viele Stufen von anderen Methoden aufgerufen werden ... .

Es gibt ein einfaches und zuverlässiges Rezept zur Vermeidung von Verklemmungen. Dieses Rezept kann man in der Praxis oft, aber leider nicht immer anwenden.

Rezept zur Vermeidung von Verklemmungen:

1. Man *nummeriert* alle Objekte, die irgendwann und irgendwo in dem betreffenden Programm reserviert werden müssen (mit dem synchronized-Befehl), d. h.

man ordnet jedem zu reservierenden Objekt eine eindeutige Zahl zwischen 1 und der Anzahl der Objekte zu.

2. Wenn in irgendeiner Methode, die möglicherweise von mehreren Fäden ausgeführt wird, mehrere Objekte reserviert werden müssen, reserviert man sie in *aufsteigender Reihenfolge* ihrer Nummmern (also erst das Objekt Nr. 17, dann das Objekt 25, aber nicht umgekehrt).

3. Falls man schon ein oder mehrere Objekte reserviert hat (z. B. Nr. 17, 23 und 26) und zusätzlich noch ein weiteres braucht (z. B. das mit der Nr. 21), gibt man erstmal alle schon reservierten Objekte mit größeren Nrn. zurück (im Beispiel: Nr. 23 und 26) und reserviert dann alle noch benötigten Objekte in aufsteigender Reihenfolge (Nr. 21, 23 und 26).

Von diesem simplem Grundrezept gibt es eine Reihe von Varianten und Verfeinerungen.

21 Reflexion

Wenn man heute ein Programm schreibt, kann man darin normalerweise nur solche Klassen instanziieren und Methoden aufrufen, die heute schon existieren und deren Namen man kennt. Mit Hilfe von *Reflexion* kann man heute schon ein Programm P schreiben, in dem Klassen instanziiert und Methoden aufgerufen werden, die erst in Zukunft entwickelt werden und deren Namen von dem Programm P z. B. eingelesen werden.

Technisch gesprochen versteht man unter der *Reflektionsschnittstelle* von Java (engl. reflection interface, kurz: *Reflexion*) die etwa 20 Klassen und Schnittstellen im Paket `java.reflect` und vor allem (sozusagen als Grundlage der Reflexion) die Klasse `java.lang.Class`. Zur Reflektionsschnittstelle (im allgemeinen Sinn) gehören also unter anderem mehrere Schnittstellen (im technischen Sinn eines Java-`interface`-Typs).

Wenn man ein objektorientiertes Programm z. B. zur Verwaltung von *Schulen* entwickelt, ermittelt man die in Schulen wichtigen Personen und Dinge (Schüler, Lehrer, Räume, Stundenpläne etc.) und entwickelt entsprechende Klassen. Wenn man ein objektorientiertes Programm zur Verwaltung und Bearbeitung von *Java-Programmen* schreiben will, sollte man die in solchen Programmen wichtigen Dinge ermitteln (Klassen, Attribute, Methoden, Konstruktoren etc.) und entsprechende Klassen entwickeln. Damit das Schreiben von Programmen zur Verwaltung und Bearbeitung von Java-Programmen möglichst einfach ist, gibt es diese Klassen schon in der Standardbibliothek: Objekte der Klasse `Class` stellen Klassen dar, Objekte der Klasse `Field` repräsentieren Attribute, `Constructor`-Objekte beschreiben Konstruktoren und `Method`-Objekte Methoden etc.

Anstelle von *darstellen, repräsentieren* oder *beschreiben* kann man hier auch *reflektieren* sagen: Ein `Class`-Objekt reflektiert eine Klasse, d. h. es enthält alle wichtigen Informationen über die Klasse, ein `Field`-Objekt reflektiert ein Attribut, ein `Constructor`-Objekt einen Konstruktor etc. Indem die Eigenschaften von Klassen, Attributen, Konstruktoren etc. in *Objekten* reflektiert werden, kann man per Programm darauf zugreifen und die Eigenschaften untersuchen, berücksichtigen und ausnutzen. Ein simples Beispiel ist eine Methode, die die Anzahl von Methoden in einer beliebigen Klasse ermittelt, z. B. in der Klasse, zu der sie selbst gehört.

Als *reflektiv* werden im Folgenden Programme, Klassen, Methoden etc. bezeichnet, die irgendwie mit Reflexion zu tun haben.

21.1 Class-Objekte reflektieren Klassen

Bisher wurde in diesem Buch versucht, zwischen *Klassen* und *Objekten* sorgfältig zu unterscheiden und den fundamentalen Unterschied zwischen diesen Dingen (ähnlich dem Unterschied zwischen einem Bauplan und den Häusern, die nach ihm gebaut wurden) zu betonen. Aber jetzt kann es nicht länger verheimlicht werden: In Java ist auch eine Klasse ein Objekt. Genauer:

Jede Klasse ist ein Objekt der Klasse `Class`.

Während der Ausführung eines Programms existieren seine Klassen in Form von `Class`-Objekten. Ein `Class`-Objekt enthält die Klassenelemente (d. h. den Modulaspekt) der betreffenden Klasse und den „Bauplan", nach dem der Ausführer Objekte dieser Klasse baut. Der Ausführer sorgt dafür und garantiert, dass jede

Klasse (normalerweise) nur durch *ein* Objekt dargestellt wird (und nicht etwa durch mehrere Kopien eines solchen Objekts). Deshalb hat die Klasse `Class` nur private Konstruktoren (der Programmierer kann keine neuen `Class`-Objekte erzeugen) und implementiert nicht die Schnittstelle `Clonable` (`Class`-Objekte sind nicht kopierbar).

Allgemein sind die Reflexionen von Dingen (von Klassen, Attributen, Methoden etc.) in Objekten so genau und vollständig, dass es meistens nicht lohnt, zwischen den Objekten und den reflektierten Dingen zu unterscheiden. Statt „die durch das Objekt k reflektierte Klasse" oder „die durch das Objekt m reflektierte Methode" etc. kann man meistens auch einfach „die Klasse k" bzw. „die Methode m" etc. sagen.

`Class`-Objekte werden nur vom Ausführer erzeugt, aber der Programmierer kann sich Referenzen auf die erzeugten Objekte verschaffen, und zwar auf drei verschiedene Weisen, wie das folgende Beispiel zeigt („kob" soll an „Klassenobjekt" erinnern, und damit ist ein `Class`-Objekt gemeint).

Beispiel-01: Wie man sich Referenzen auf `Class`-Objekte verschaffen kann (siehe auch Beispielprogramm `Reflekt04`)

```
1    String strob = new String("Hallo!"); // Ein "normales" Objekt
2
3    Class  kob1  = String.class;
4    Class  kob2  = strob.getClass();
5    Class  kob3  = Class.forName("java.lang.String");
```

Alle drei Variablen `kob1` bis `kob3` zeigen nach Ausführung dieser Vereinbarungen auf das `Class`-Objekt der Klasse `String` (oder kürzer: Die Klasse `kob1` ist gleich der Klasse `String` , und ebenso für `kob2` und `kob3`).

Wenn man den Namen einer Klasse (schon beim Schreiben eines reflektiven Programms) kennt, kann man wie in Zeile 3 vorgehen.

Wenn man ein Objekt einer Klasse hat (z. B. das Objekt `strob` der Klasse `String`) kann man wie in Zeile 4 vorgehen. Da in der Klasse `Object` eine Methode namens `getClass` vereinbart wurde, enthält *jedes* Objekt *jeder* Klasse eine solche Methode.

Zur Erinnerung: Der *volle Name* einer Klasse besteht aus einer (möglicherweise leeren) Folge von Paketnamen gefolgt vom Namen der Klasse (mit einem Punkt zwischen je zwei der Namen). Z. B. heißt die Klasse `String` mit vollem Namen `java.lang.String`.

In Zeile 5 wird die Klassenmethode `forName` der Klasse `Class` aufgerufen. Sie hat einen `String`-Parameter und wirft eine Ausnahme des Typs `ClassNot-`

`FoundException` wenn der Parameter keinen gültigen vollen Klassennamen enthält (in seltenen Fällen wirft die Methode auch andere Ausnahmen: `Linkage-Error` oder `ExceptionInInitializerError` mit doppeltem `In`). Eine Vereinbarung wie in Zeile 3 ist nur möglich, wenn der Programmierer den Namen der Klasse schon beim Schreiben des Programms kennt. Dagegen kann man die Vereinbarung in Zeile 5 leicht so abändern, dass der Klassenname erst während der Ausführung des betreffenden Programms z. B. von der Tastatur eingelesen wird.

Klassenobjekte kann man (wie andere Objekte auch) z. B. zur Standardausgabe ausgeben. Ein Befehl wie `pln(kob1);` bewirkt die Ausgabe des Textes `class java.lang.String`. Der längere Befehl `pln(kob1.get.Name());` gibt den kürzeren Text `java.lang.String` aus (dabei soll `pln` die schon häufig verwendete Abkürzung für `System.out.println` sein). Im folgenden Abschnitt werden einige (hoffentlich) weniger einschläfernde Anwendungen von `Class`-Objekten behandelt.

Seit der Java-Version 5.0 ist die Klasse `Class` *generisch* mit *einem* Typparameter: `Class<T>`. Die Klasse `String` wird in einem Objekt des Typs `Class<String>` reflektiert und die Klasse `Integer` in einem Objekt des Typs `Class<Integer>` etc. Andersherum gilt: Von einem parametrisierten `Class`-Typ wie `Class<Inte-ger>` gibt es höchstens *ein* Objekt (weil der Ausführer dafür sorgt, dass jede Klasse nur in *einem* `Class`-Objekt reflektiert wird). Diese Festlegung ist ein besonders pfiffiger Aspekt der generischen Klassen und ermöglicht es dem Ausführer, auch in reflektiven Programmteilen bestimmte Typfehler schon bei der Übergabe des Programms („zur Compilezeit") zu erkennen statt erst bei der Ausführung („zur Laufzeit"). Im Abschnitt 21.3 werden Einzelheiten zu diesem Thema erläutert.

Auch Reihungstypen (array types) werden in `Class`-Objekten reflektiert.

Zur Erinnerung: Reihungen gehören genau dann zum selben *Reihungstyp*, wenn ihre Komponenten zum selben Typ gehören.

Auch hier sollte man genau zwischen den *Komponenten* und den *elementaren Komponenten* einer Reihung unterscheiden. Eine Reihung vom Typ `int[][][]` hat Komponenten vom Typ `int[][]` und elementare Komponenten vom Typ `int` (siehe auch den Abschnitt 7.4 über mehrstufige Reihungen).

Auf das `Class`-Objekt eines Reihungstyps kann man ähnlich zugreifen wie auf andere `Class`-Objekte auch, muss dabei aber auf ein paar Besonderheiten achten, wie das folgende Beispiel zeigen soll.

Beispiel-02: Wie man sich Referenzen auf die `Class`-Objekte von Reihungstypen verschaffen kann (siehe auch Beispielprogramm `Reflekt04`)

```
6    int    [][] ir2 = new int    [2][5]; // Primitive    Komponenten
7    String[][] sr2 = new String[3][2]; // Objekte als Komponenten
8
9    Class kobir21 = int    [][].class;
10   Class kobsr21 = String[][].class;
11
12   Class kobir22 = ir2.getClass();
13   Class kobsr22 = sr2.getClass();
14
15   Class kobir23 = Class.forName("[[I");
16   Class kobsr23 = Class.forName("[[Ljava.lang.String;");
```

Normalerweise bezeichnet man Reihungstypen mit Namen wie `String[][]` und `int[][]` etc. (siehe Zeile 9 und 10). Als Parameter für die Methode `Class.for-Name` (Zeile 15 und 16) darf man aber nicht diese Namen verwenden, sondern muss statt dessen ziemlich kryptische Kodierungsstrings angeben, z. B. `"[[I"` anstelle von `int[][]`. Das folgende Beispiel enthält weitere solche kryptischen Strings und soll erkennen lassen, nach welchem System sie aufgebaut sind.

Beispiel-03: Einige Namen von Reihungstypen und ihre Kodierungsstrings (eine ziemlich vollständige Liste findet man im Beispielprogramm `Reflekt04`)

```
17   Name des Reihungstyps    | Kodierungsstrings (für forName)
18   -------------------------+--------------------------------------
19   int[]                    | "[I"
20   int[][]                  | "[[I"
21   int[][][]                | "[[[I"
22                            |
23   double[]                 | "[D"
24   double[][]               | "[[D"
25   double[][][]             | "[[[D"
26                            |
27   String[]                 | "[Ljava.lang.String;"
28   String[][]               | "[[Ljava.lang.String;"
29   String[][][]             | "[[[Ljava.lang.String;"
```

In den Kodierungsstrings steht jede öffnende eckige Klammer `[` für *eine Stufe* von Reihung, entsprechende schließende Klammern werden *nicht* notiert. Für jeden der acht primitiven Typen gibt es einen Codebuchstaben (`B` für `byte`, `C` für `char`, `S` für `short`, `I` für `int`, `J` für `long`, `F` für `float`, `D` für `double` und `Z` für `boolean`). In den Zeilen 27 bis 29 sollte man in den Kodierungsstrings ein `L` als eine Art *öffnende Klammer* und ein Semikolon `;` als die zugehörige *schließende Klammer* lesen, dazwischen steht der volle Name des Komponententyps.

Auch die acht primitiven Typen werden durch `Class`-Objekte reflektiert. Weil primitive Variablen zu klein sind, um eine `getClass`-Methode oder eine entsprechende Referenz zu enthalten, sind solche Referenzen in den entsprechenden *Hüllklassen* untergebracht, wie das folgende Beispiel zeigen soll.

Beispiel-04: Die `Class`-Objekte der Hüllklassen und die `Class`-Objekte der primitiven Typen (siehe auch das Beispielprogramm `Reflekt04`)

```
30      Der Ausdruck | bezeichnet das Class-Objekt ...
31   -----------------+--------------------------------
32       Byte.class | des Hülltyps Byte
33   Character.class | des Hülltyps Character
34     Integer.class | des Hülltyps Integer
35          ...      |      ...
36         Byte.TYPE | des primitiven Typs byte
37    Character.TYPE | des primitiven Typs char
38      Integer.TYPE | des primitiven Typs int
39          ...      |      ...
```

Wenn man reflektiv nach Informationen über einen bestimmten Typ sucht, muss man immer beim `Class`-Objekt des Typs beginnen. Dieses `Class`-Objekt enthält Methoden, die einem Informationen über die Attribute, Methoden, Konstruktoren, Oberklassen, ... etc. und alle anderen Eigenschaften des Typs liefern. Im folgenden Abschnitt wird ein konkretes Beispiel vorgestellt.

21.2 Methoden einer beliebigen Klasse ausführen

Aufgabe „Methoden reflektiv aufrufen": Gegeben sei der volle Name einer Klasse als `String`-Objekt (z. B. `"java.lang.Math"` oder `"java.util.Array"` etc.). Alle Methoden dieser Klasse, die genau *einen* Parameter vom Typ `double` haben, sollen einmal aufgerufen und auf den `double`-Wert `2.5` angewendet werden. Die Namen dieser Methoden (und bei Funktionen ihre Ergebnisse) sollen zur Standardausgabe ausgegeben werden.

Die folgende Lösung besteht aus drei Methoden: `main`, `pruefeUndRufeAuf` und `rufeAuf` (siehe auch das Beispielprogramm `Reflekt02`). Es folgt hier zuerst die `main`-Methode:

```
 1  static public void main(String[] _)
 2      throws ClassNotFoundException
 3  {
 4      String    klassenName = "java.lang.Math";
 5
 6      Class     kob         = Class.forName(klassenName);
 7      Method[] rm          = kob.getDeclaredMethods();
 8
 9      for (Method m: rm) pruefeUndRufeAuf(m);
10  } // main
```

Der volle Name der „beliebigen Klasse" wird (in Zeile 4) einfach als String-Variable vereinbart. Eine schönere (aber ein paar Zeilen längere) Lösung würde diesen Klassennamen z. B. von der Tastatur einlesen. Die Vereinbarung in Zeile 6 bewirkt, dass die Variable kob auf das Class-Objekt zeigt, welches die „beliebige Klasse" reflektiert. Falls der Ausführer keine Klasse mit dem angegebenen Namen finden kann, wirft er eine (geprüfte) Ausnahme des Typs ClassNotFoundException (siehe auch Zeile 2).

Der Methodenaufruf kob.getDeclaredMethods() (in Zeile 7) liefert eine Reihung, die alle in der Klasse kob vereinbarten Methoden (aber keine geerbten Methoden) enthält (natürlich reflektiert in entsprechenden Objekten der Klasse Method). Auf jede Methode m in der Reihung rm wird (in Zeile 9) die folgende Methode angewendet:

```
11  static void pruefeUndRufeAuf(Method m) {
12      Class<?>[] rt  = m.getParameterTypes();
13      String metName = m.getName();
14
15      if (rt.length == 1 && rt[0] == Double.TYPE) {
16          rufeAuf(m);
17      }
18  } // pruefeUndRufeAuf
```

Der Methodenaufruf m.getParameterTypes() (in Zeile 12) liefert eine Reihung, die die Typen der Parameter der Methode m enthält (natürlich reflektiert in entsprechenden Objekten der Klasse Class). Die Länge dieser Reihung ist also gleich der Parameteranzahl von m. Die Reihung hat den Joker-parametrisierten Typ Class<?>, weil Class eine generische Klasse ist und die Parameter von m zu beliebigen Typen gehören können.

In Zeile 15 wird geprüft, ob m genau einen Parameter des Typs double hat. Der primitive Typ double wird durch das Class-Objekt Double.TYPE reflektiert. Auf jede Methode m, die genau einen double-Parameter hat, wird (in Zeile 16) die folgende Methode angewendet:

```
19 static void rufeAuf(Method m)   {
20     String   metName = m.getName();
21     double   dopa     = 2.5;
22
23     try {
24         Object erg  = m.invoke(null, dopa);
25         printf("%-10s(%3.2g) = %s\n", metName, dopa, erg);
26         return;
27     } catch (Throwable t) {
28         pln(t);
29     } // try/catch
30
31     try {
32         Object ob   = m.getDeclaringClass().newInstance();
33         Object erg  = m.invoke(ob, dopa);
34         printf("%-10s(%3.2g) = %s\n", metName, dopa, erg);
35         return;
36     } catch (Throwable t) {
37         pln(t);
38     } // try/catch
39
40 } // rufeAuf
```

Aufgerufen wird eine (in einem `Method`-Objekt m reflektierte) Methode mit der Methode `invoke`. Die erwartet als ersten Parameter das „Heimatobjekt" der Methode m (falls m eine Objektmethode ist und ein „Heimatobjekt" hat, sonst kann man einfach `null` angeben) und danach die Parameter für m.

In Zeile 24 wird versucht, die Methode m als *Klassenmethode* aufzurufen, d. h. mit `null` anstelle eines Heimatobjekts. Wenn das gelingt, wird in Zeile 26 die Methode `rufeAuf` beendet. Vorher wird das Ergebnis der Methode m in `erg` gespeichert (Zeile 24) und ausgegeben (Zeile 25). Da `invoke` eine Funktion ist, muss sie auch dann ein Ergebnis liefern, wenn m eine Prozedur ist. In diesem Fall liefert `invoke` das Ergebnis `null`.

Wenn m eine *Objektmethode* ist, löst der `invoke`-Befehl in Zeile 24 eine Ausnahme des Typs `NullPointerException` aus (weil der Ausführer versucht, auf das Heimatobjekt von m zuzugreifen, wir aber nur `null` angegeben haben). In diesem Fall wird der *zweite* `try`-Block ausgeführt.

Der Methodenaufruf `m.getDeclaringClass()` liefert das `Class`-Objekt aus dem m stammt (im Beispiel: das `Class`-Objekt der Klasse `java.lang.Math`, siehe Zeile 4 und 6). Dieses `Class`-Objekt sollte möglichst nicht mit dem Heimatobjekt von m verwechselt werden, welches hier den Typ `java.lang.Math` haben muss. Mit dem Aufruf `...newInstance()` (in Zeile 32) wird ein neues Objekt ob (hier: der Klasse `java.lang.Math`) erzeugt. Das klappt allerdings nur, wenn die betreffende Klasse einen an dieser Programmstelle erreichbaren *Standardkon-*

struktor (Konstruktor mit 0 Parametern) besitzt, was bei `java.lang.Math` glücklicherweise der Fall ist.

In Zeile 33 wird versucht, `m` als Objektmethode aufzurufen, mit `ob` als Heimatobjekt von `m`.

Es folgen Auszüge aus der Ausgabe des hier diskutierten Programms:

```
41 sin        (2,50) = 0.5984721441039564
42 cos        (2,50) = -0.8011436155469337
43 tan        (2,50) = -0.7470222972386603
44 sqrt       (2,50) = 1.5811388300841898
45 abs        (2,50) = 2.5
46 signum     (2,50) = 1.0
47 acos       (2,50) = NaN
48 asin       (2,50) = NaN
49 ...
50 tanh       (2,50) = 0.9866142981514303
51 toDegrees  (2,50) = 143.2394487827058
52 toRadians  (2,50) = 0.04363323129985824
53 ulp        (2,50) = 4.440892098500626E-16
```

Aufgabe-01: Verändern Sie im Beispielprogramm `Reflekt02` (in der im Abschnitt 1.3 beschriebenen Sammlung) die Vereinbarung der Variablen `klassenName` und geben Sie dort (nacheinander) verschiedene Klassennamen an. Was passiert, wenn man einen falschen Klassennamen (z. B. `"ABC"`, angibt? Was passiert, wenn die angegebene Klasse eine *private* Methode mit einem `double`-Parameter hat? Was passiert, wenn eine (nicht-private) Methode mit einem `double`-Parameter eine Ausnahme auslöst? Zu dieser Aufgabe gibt es keine Lösung, aber in der Datei `Reflekt02.java` wird unter anderem eine Klasse `Rek2` vereinbart, mit deren Hilfe man einige der hier gestellten Fragen relativ leicht beantworten kann.

21.3 Oberklassen, Konstruktoren, Methoden, Attribute etc.

Mit den Objektmethoden eines `Class`-Objekts `kob` kann man auf alle Oberklassen, Attribute, Methoden, Konstruktoren, implementierte Schnittstellen etc. der Klasse `kob` und auf weitere Informationen zugreifen.

Zur Erinnerung: Seit es generische Klassen gibt, lohnt es sich, sorgfältig zwischen *Klassen* und *Typen* zu unterscheiden. Eine nicht-generische Klasse wie `String` repräsentiert *einen* Typ namens `String`. Eine generische Klasse wie `ArrayList` repräsentiert *viele* ArrayList-Typen: Den rohen Typ `ArrayList` und die parametrisierten Typen `ArrayList<String>`, `ArrayList<Integer>`, `Array-`

List<ArrayList<String>> etc. Ein Class-Objekt reflektiert eine Klasse und nicht einen Typ (für alle ArrayList-Typen gibt es nur ein Class-Objekt Array-List.class). Ist T irgendein Typ, so ist mit „die Klasse T" die Klasse gemeint, die den Typ T (und möglicherweise weitere Typen) repräsentiert. In diesem Zusammenhang ist es günstig, Schnittstellen als „spezielle Klassen" zu betrachten.

Sei T irgendein Typ (z. B. der Typ String) und kob das Class-Objekt, welches die Klasse T reflektiert (d. h. die Klasse T ist dann gleich der Klasse kob). Das Objekt kob ist dann vom Typ Class<T> und enthält unter anderem die folgenden Methoden:

```
1  Class<? super T> getSuperclass        ()
2  Type             getGenericSuperclass()
```

Die Methode getSuperClass liefert die direkte Oberklasse der Klasse kob (oder: der Klasse T). Indem man diese Methode mehrmals, jeweils auf ihr eigenes Ergebnis anwendet, kann man im Typgrafen beliebig weit nach oben gehen, bis zur Klasse Object. Die Methode getGenericSuperclass wird nur in sehr speziellen Anwendungen gebraucht.

Die folgenden Methoden (im Objekt kob) liefern *Attribute* der reflektierten Klasse:

```
3  Field    getDeclaredField  (String name)
4  Field[]  getDeclaredFields  ()
5  Field    getField          (String name)
6  Field[]  getFields          ()
```

Die Methode getDeclaredField liefert ein in der Klasse kob vereinbartes Attribut mit dem angegebenen Namen oder wirft eine Ausnahme des Typs NoSuch-FieldException, wenn kein solches Attribut existiert (in bestimmten Fällen auch eine andere Ausnahme). Diese Methode liefert *keine geerbten* Attribute, aber auch private etc. Attribute.

Die Methode getDeclaredFields liefert eine Reihung mit allen Attributen, die man sich auch einzeln mit der vorigen Methode (getDeclaredField) holen kann (wenn man ihre Namen kennt).

Die Methode getField liefert ein *öffentliches* (public) Attribut mit dem angegebenen Namen oder wirft eine Ausnahme des Typs NoSuchFieldException, wenn kein solches Attribut existiert (in bestimmten Fällen auch eine andere Ausnahme). Dieses Attribut kann auch *geerbt*, muss aber public sein.

Die Methode getFields liefert eine Reihung mit allen Attributen, die man sich auch einzeln mit der vorigen Methode (getField) holen kann (wenn man ihre Namen kennt).

Falls man also auf ein nicht-öffentliches geerbtes Attribut zugreifen will, muss man zuerst mit der Methode `getSuperclass` im Typgrafen entsprechend weit nach oben klettern und dann `getDeclaredField` oder `getDeclaredFields` anwenden.

Attribute, die die Klasse `kob` direkt von einer *Schnittstelle* `S` erbt (weil `kob` die Schnittstelle implementiert), zählen dabei so wie in der Klasse `kob` vereinbarte Attribute.

Die folgenden Methoden liefern *Methoden* der Klasse `kob`. Sie folgen dem gleichen „Viererschema" wie die obigen Methoden für Attribute:

```
 7 Method     getDeclaredMethod  (String name, Class... params)
 8 Method[]   getDeclaredMethods ()
 9 Method     getMethod          (String name, Class... params)
10 Method[]   getMethods         ()
```

Die Angabe `Class... params` bezeichnet eine beliebig lange Liste von Parametern des Typs `Class`. Da Methodennamen *überladen* sein können, muss man hier zusätzlich die Parametertypen der gewünschten Methode angeben.

Die folgenden Methoden liefern *Konstruktoren* der Klasse `kob`. Auch sie folgen dem gleichen „Viererschema" wie die obigen Methoden für Attribute und die für Methoden:

```
11 Constructor<T> getDeclaredConstructor  (Class... params)
12 Constructor[]  getDeclaredConstructors ()
13 Constructor<T> getConstructor          (Class... params)
14 Constructor[]  getConstructors         ()
```

Auch hier bezeichnet `Class... params` eine beliebig lange Liste von Parametern des Typs `Class`. Damit kann man einen bestimmten von mehreren Konstruktoren eindeutig charakterisieren.

Die Klasse `Constructor` ist „genauso generisch" wie die Klasse `Class`. Das soll heißen: Die Methode `getConstructor` (in Zeile 13) eines Objekts des Typs `Class<String>` liefert einen Konstruktor des Typs `Constructor<String>`, und für andere Typen anstelle von `String` gilt natürlich entsprechendes. Auch diese Regel ermöglicht es dem Ausführer, bestimmte Typfehler in reflektiven Programmen schon bei der Übergabe des Programms („zur Compilezeit") zu entdecken, und nicht erst bei der Ausführung des betreffenden Programms („zur Laufzeit").

Eine Klasse kann nicht nur Attribute und Konstruktoren enthalten, sondern auch *geschachtelte Klassen*. Die folgenden beiden Methoden eines `Class`-Objekts `kob` liefern diese Klassen (gleich *reihungsweise*, nicht einzeln):

```
15 Class[] getDeclaredClasses ()
16 Class[] getClasses        ()
```

Die folgenden Methoden liefern die Schnittstellen, die von der Klasse `kob` implementiert werden:

```
17 Class[] getInterfaces        ()
18 Type [] getGenericInterfaces()
```

Eine Klasse kann in einem Paket, innerhalb einer anderen Klasse, innerhalb eines Konstruktors oder innerhalb einer Methode vereinbart worden sein. Die folgenden Methoden informieren darüber, wo die Klasse `kob` vereinbart wurde (oder liefern `null`):

```
19 Package       getPackage              ()
20 Class<?>      getDeclaringClass        ()
21 Constructor<?> getEnclosingConstructor()
22 Method        getEnclosingMethod      ()
```

Ein `Class`-Objekt kann nicht nur eine Klasse reflektieren, sondern auch einen Reihungstyp (array type), einen Aufzählungstyp (enum type), eine Schnittstelle oder einen primitiven Typ. Die folgenden Methoden sind weitgehend selbsterklärend:

```
23 boolean isArray    ()
24 boolean isEnum     ()
25 boolean isInterface()
26 boolean isPrimitive()
```

Normalerweise prüft man mit dem Operator `instanceof`, ob ein Objekt zu einer bestimmten Klasse gehört, notiert Cast-Befehle als „Typnamen in runden Klammern" wie z. B. `(Double)`, und erzeugt Objekte mit dem `new`-Befehl (und einem Konstruktor). All diese Befehle kann man auch reflektiv programmieren mit den folgenden Methoden eines `Class`-Objekts `kob`:

```
27 boolean isInstance (Object obj)
28 T       cast        (Object obj)
29 T       newInstance ()
```

Die Methode `isInstance` liefert `true`, wenn das angegebene Objekt ein Objekt der Klasse `kob` (oder einer Unterklasse von `kob`) ist. Die Methode `cast` versucht, das angegeben Objekt als Objekt der Klasse `kob` zu interpretieren (und wirft eine Ausnahme des Typs `ClassCastException`, wenn das nicht geht), `newInstance` liefert ein neues Objekt der Klasse `kob`, welches mit dem Standardkonstruktor initialisiert wurde. Falls kein Standardkonstruktor der Klasse `kob` erreichbar ist (z. B. weil er privat ist oder weil es keinen gibt) wird eine Ausnahme des Typs `IllegalAccessException` geworfen (in bestimmten Situationen werden auch andere Ausnahmen geworfen). Will man ein neues Objekt mit einem anderen Konstruktor initialisieren, muss man sich das entsprechende `Constructor`-Objekt mit einer der vier `getConstructor`-Methoden holen (siehe Zeile 11 bis 14) und dessen `newInstance`-Methode aufrufen.

Die Klasse `Class` enthält etwa 20 weitere Objektmethoden, die hier nicht einmal erwähnt wurden. Die Beschreibungen der erwähnten Methoden sind nicht vollständig, sollen aber einen ersten Eindruck und eine Ahnung von den Möglichkeiten der reflektiven Programmierung vermitteln und dazu anregen, ab und zu z. B. in der HTML-Dokumentation der Java-Standardbibliothek oder in anderen Quellen weitere Einzelheiten nachzulesen.

Zum Abschluss dieses Abschnitts noch zwei (umfangreiche) Aufgaben, die ebenfalls dazu anregen sollen, die Möglichkeiten der reflektiven Programmierung weiter zu erkunden.

Aufgabe-01: Ein *Klassenbrowser* erwartet als Eingabe den Namen einer Klasse und gibt dann alle möglichen Informationen über diese Klasse aus: Die Reihe ihrer Oberklassen, ihre Elemente (Attribute, Methoden, Konstruktoren, geschachtelte Klassen und Schnittstellen) und die Schnittstellen, die sie implementiert. Bei den Elementen interessieren nicht nur die in der Klasse selbst vereinbarten, sondern auch die geerbten. Anstelle eines Klassennamens sollte man auch den Namen einer Schnittstelle eingeben können und dann entsprechende Informationen erhalten. Schreiben Sie einen Klassenbrowser (und gestalten Sie alle Einzelheiten so schlicht oder komfortabel wie Sie möchten).

Aufgabe-02: Eine *universelle Objektfabrik* ist eine Methode, die als Parameter den Namen einer Klasse erwartet und als Ergebnis ein „zufällig gewähltes" Objekt dieser Klasse liefert, etwa so:

```
30 public Object erzeugeObjekt(Class c) throws Exception { ... }
```

Das Objekt soll mit irgendeinem Konstruktor der Klasse initialisiert werden. Falls dieser Konstruktor *primitive* Parameter erwartet, sollen sie mit Hilfe eines Zufallsgenerators gewählt werden (`java.util.Random`). Falls der Konstruktor *Objekte* als Parameter erwartet, sollen diese natürlich (rekursiv) mit der Methode `erzeugeObjekt` erzeugt werden. Dabei müssen Endlosrekursionen vermieden werden (wenn z. B. ein Konstruktor der Klasse `String` als Parameter einen `String` erwartet). Eine solche Methode `erzeugeObjekt` kann z. B. beim Testen von Programmen (zum Erzeugen von Testdaten) nützlich sein. Schreiben Sie eine universelle Objektfabrik, die in möglichst vielen Fällen funktioniert und nur möglichst selten erfolglos abbricht und `null` als Ergebnis liefert.

Das Beispielprogramm `Reflekt03` ist ein kleiner Klassenbrowser, weniger als 200 Zeilen lang, ein schlichtes Konsolenprogramm, ohne grafische Benutzeroberfläche. Um die Ausgabe etwas lesbarer zu gestalten, werden häufig vorkommende Teile von vollen Klassennamen (z. B. `java.lang` oder `java.util` etc.) durch Abkürzungen ersetzt. Dieses Programm ist mit und für Java 1.4 geschrieben, aber auch unter Java-1.5 noch einigermaßen brauchbar.

Das Beispielprogramm `Reflekt06` enthält eine universelle Objektfabrik, die in zahlreichen Fällen funktioniert, aber an einigen Stellen noch verbessert werden kann.

22 Grafische Benutzeroberflächen (Grabos)

Eine *grafische Benutzeroberfläche* (kurz: Grabo, engl.: graphical user interface, abbreviation: GUI) besteht aus einem grafischen Bildschirm, auf dem Fenster, Menüs, Knöpfe etc. (engl. windows, menus, buttons) dargestellt werden. Der Benutzer kann mit einer Maus und einer Tastatur mit den Fenstern, Menüs, und Knöpfen interagieren.

Bevor Grabos erfunden wurden, gab es *Konsolenprogramme*. Eine Konsole besteht aus einem zeichenorientierten Bildschirm (oder einem entsprechenden Fenster auf einem grafischen Bildschirm) und einer Tastatur. Der Benutzer interagiert mit einem Konsolenprogramm, indem er über die Tastatur Kommandos und andere Daten eingibt und die Ausgaben auf dem Bildschirm beobachtet.

Typischerweise ist ein Konsolenprogramm ein *sequentielles Programm* (seine Befehle werden nach festen Regeln in einer bestimmten Reihenfolge ausgeführt) und

Interaktionen zwischen Programm und Benutzer werden vom *Programm* gesteuert. Wenn das Programm vom Benutzer Daten benötigt, gibt es eine entsprechende Eingabeaufforderung zum Bildschirm aus (z. B. `"Bitte gegen Sie eine positive Ganzzahl ein:"`). Der Benutzer gibt die gewünschten Daten ein und muss dann warten, bis das Programm eventuell weitere Daten von ihm anfordert.

Ein *Grabo-Programm* (ein Programm mit einer grafischen Benutzeroberfläche, a GUI program) ist praktisch immer ein *Proma* (ein Programm mit mehreren sequentiellen Ausführern, siehe Kapitel 20) und Interaktionen zwischen Programm und Benutzer werden vom *Benutzer* gesteuert. Das Programm wartet normalerweise auf Eingaben oder andere Aktionen, und erst wenn der Benutzer z. B. mit der Maus einen Knopf anklickt oder eine bestimmte Tastenkombination eintippt reagiert das Programm und führt entsprechende Befehlsfolgen aus. *Grabo-Programme* müssen ganz anders strukturiert und programmiert werden als Konsolenprogramme und werden als Promas nach ganz anderen Regeln ausgeführt als sequentielle Programme.

Anmerkung: Sogenannte *transaktionsorientierte Dialog-Programme*, die seit den 1970-er Jahren vor allem von der Firma IBM mit einem Programm namens CICS (Customer Information Control System) und einem Terminal namens 3270 verbreitet wurden und werden, kann man als einen Zwischenschritt zwischen Konsolen- und Grabo-Programmen verstehen. Transaktionen (Befehlsfolgen, die entweder vollständig oder gar nicht, aber nie nur teilweise wirksam werden) spielen auch bei Grabo-Programmen eine wichtige Rolle, werden hier aber nicht weiter behandelt.

22.1 Ein paar kleine Grabo-Programme

Objekte der Klasse `javax.swing.JFrame` werden auf dem Bildschirm als Fenster (engl. window) dargestellt. Ein solches `JFrame`-Fenster besteht aus einer Titelleiste und einer rechteckigen „Fensterscheibe" (engl. pane). Die Titelleiste enthält vier kleine Symbole, die der Benutzer anklicken kann um das Fenster zu *schließen*, zu *maximieren* (ein erneutes Anklicken stellt die ursprüngliche Fenstergröße wieder her), um das Fenster zu *minimieren* (oder zu *ikonifizieren*, d. h. zu einer kleinen Ikone schrumpfen zu lassen) bzw. um ein *Menü anzeigen* zu lassen. Der Fenster-Schließen-Knopf ist mit einem Kreuz (x) gekennzeichnet.

Ein `JFrame`-Fenster kann einen Titel (eine beliebige Zeichenkette in der Titelleiste) haben. Auf dem Bildschirm sehen `JFrame`-Fenster etwa so aus:

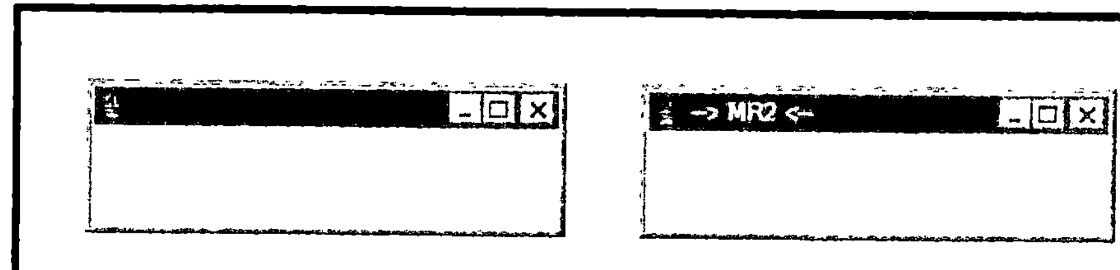

Bild 22.1 Grafische Darstellung zweier JFrame-Objekte

Ganz links in der Titelleiste kann man eine dampfende Tasse Java-Kaffee mit Milch und zwei Stück Zucker darin erkennen (oder auch nicht, wenn die Wiedergabe nicht detailliert genug ist). Beim Anklicken der Tasse erscheint ein Menü, das ebenfalls ein Schließen des Fensters und weitere Aktionen anbietet.

Das folgende Beispiel zeigt, wie man diesen Fenstern entsprechende JFrame-Objekte erzeugen und auf dem Bildschirm sichtbar machen kann.

Beispiel-01: Zwei JFrame-Objekte erzeugen und sichtbar machen (siehe auch das Beispielprogramm Grabo00Tst)

```
1    JFrame mr1 = new JFrame();                  // Ohne Ueberschrift
2    JFrame mr2 = new JFrame("--> MR2 <--");     // Mit  Ueberschrift
3
4    mr1.setBounds( 40, 40, 250, 80);            // x, y, Breite, Hoehe
5    mr2.setBounds(330, 40, 250, 80);            // x, y, Breite, Hoehe
6
7    mr1.setDefaultCloseOperation(DISPOSE_ON_CLOSE);
8    mr2.setDefaultCloseOperation(EXIT_ON_CLOSE);
9
10   mr1.setVisible(true);
11   mr2.setVisible(true);
```

Mit dem Befehl mr1.setBounds(40, 40, 250, 80); (in Zeile 4) wird festgelegt

1. dass die linke obere Ecke des mr1-Fensters 40 Pixel rechts von und 40 Pixel unterhalb von der linken oberen Ecke des Bildschirms platziert werden soll, und

2. dass das mr1-Fenster anfänglich 250 mal 80 Pixel (Breite mal Höhe) groß sein soll.

Wenn ein JFrame-Fenster auf dem Bildschirm erscheint, kann der Benutzer es mit der Maus verschieben und seine Größe verändern.

Wenn der Benutzer das mr1-Fensters schließt (indem er den Fenster-Schließen-Knopf anklickt oder eine entsprechende Tastenkombination eingibt, unter Windows Alt-F4), wird das Fenster geschlossen und das Objekt `mr1` zerstört (`DISPO-SE_ON_CLOSE` in Zeile 7).

Wenn der Benutzer den Fenster-Schließen-Knopf des `mr2`-Fensters anklickt, wird das umgebende Programm beendet (`EXIT_ON_CLOSE` in Zeile 8).

Nachdem ein `JFrame`-Objekt erzeugt wurde, erscheint sein Fenster nicht sofort auf dem Bildschirm, sondern muss mit einem `setVisible(true)`-Befehl *sichtbar* gemacht werden (siehe die Zeilen 10 und 11). Damit sollen unangenehm flackernde Bilder vermieden werden, die entstehen, wenn man in ein sichtbares Fenster in schneller Folge viele Knöpfe, Bilder oder andere Komponenten einfügt. Mit einem Befehl wie `mr1.setVisible(false);` kann man das Fenster von `mr1` jederzeit (und ziemlich „schlagartig") wieder *unsichtbar* machen.

Aufgabe-01: Lassen Sie das Beispielprogramm `Grabo00Tst` ausführen. Klicken Sie mit der Maus auf die drei Knöpfchen oben rechts in den Rahmen der Fenster. Beobachten Sie, wann der letzte Befehl der `main`-Methode (ein `pln`-Befehl) ausgeführt wird. Wird das Programm danach sofort beendet?

Wenn er ein *Konsolenprogramm* (d. h. ein sequentielles Programm) ausführt, besteht der Ausführer aus nur *einem* Faden (thread). Dieser *Hauptfaden* (engl. main thread) hat die Aufgabe, die `main`-Methode des Programms auszuführen.

Wenn der Ausführer ein *Grabo-Programm* ausführt, besteht er aus (mindestens) *zwei* Fäden (d. h. aus zwei nebenläufig zueinander arbeitenden sequentiellen Ausführern). Auch in diesem Fall führt der *Hauptfaden* die `main`-Methode aus. Sobald er die erste Grabo-Komponente erzeugt, erzeugt er auch einen so genannten *Ereignisfaden* (event thread). Dessen Aufgabe ist es, alle Grabo-Komponenten grafisch darzustellen (z. B. auf Grund eines entsprechenden `setVisible(true)`-Befehls) und alle Ereignisse zu behandeln. Sobald der Benutzer z. B. auf den Fenster-Schließen-Knopf eines `JFrame`-Fensters klickt, schließt der Ereignisfaden das betreffende Fenster oder beendet das gesamte Programm etc. Typischerweise besteht die Arbeit des Ereignisfadens aber überwiegend daraus, ungezählte Mikrosekunden herumzuliegen und auf das nächste Ereignis zu warten.

Zwei nebenläufige sequentielle Ausführer sind für ein Grabo-Programm nur das Minimum. Falls vom Hauptfaden und/oder vom Ereignisfaden weitere Fäden (`Thread`-Objekte) erzeugt und gestartet werden, steigt die Anzahl der sequentiellen Ausführer natürlich entsprechend.

Im folgenden Beispiel wird die Standardklasse `JFrame` zu einer Klasse `Grabo01` erweitert. Die neue Klasse erbt von `JFrame` unter anderem eine Methode namens `paint`, überschreibt diese aber mit einer eigenen Methode:

Beispiel-02: Eine selbst vereinbarte `JFrame`-Klasse (siehe auch die Datei `Grabo01.java` und das Beispielprogramm `Grabo01Tst`)

```
12 class Grabo01 extends JFrame {
13
14     Grabo01(String ueberSchrift) {
15         super(ueberSchrift);
16         getContentPane().setBackground(Color.white);
17     } // Konstruktor Grabo01
18
19     public void paint(Graphics gert) {
20         super.paint(gert);          // Gute Gewohnheit!
21         gert.setColor(Color.black); // Schwarz fuer Schrift etc.
22
23         String s1 = "Klicken Sie doch mal auf die";
24         String s2 = "drei Knöpfchen da rechts oben!";
25
26         gert.drawString(s1, 20, 45);
27         gert.drawString(s2, 20, 60);
28
29         gert.drawRect(20, 65, 50, 20);
30         gert.drawArc(160, 40, 50, 50, 180, 270);
31     } // paint
32
33 } // class Grabo01
```

Ein `Grabo01`-Objekt unterscheidet sich nur relativ wenig von einem `JFrame`-Objekt:

1. Ein `Grabo01`-Objekt hat normalerweise einen Titel, weil der einzige `Grabo01`-Konstruktor einen solchen als Parameter erwartet und damit den entsprechenden `JFrame`-Konstruktor (`super` in Zeile 15) aufruft. Andererseits kann man auch einen leeren `String` als Titel angeben (erstaunlicherweise ist hier sogar `null` erlaubt).

2. Ein `Grabo01`-Objekt wird auf dem Bildschirm als Fenster mit „strahlend weissem" Hintergrund dargestellt (wegen Zeile 16), `JFrame`-Fenster haben dagegen einen leichten Grauschleier.

3. Ein `Grabo01`-Objekt hat eine andere `paint`-Methode (Zeile 19 bis 31) als ein `JFrame`-Objekt. Das ist der interessanteste Unterschied.

Die `paint`-Methode hat die bemerkenswerte Eigenschaft, dass der Programmierer sie zwar *vereinbart*, aber *nirgends aufruft*. Das hat wichtige Gründe. Der Programmierer kann unmöglich vorhersehen, wie oft und wann genau es nötig wird, die `paint`-Methode aufzurufen. Deshalb sollte er das Aufrufen dieser Methode ganz dem Ausführer überlassen. Der ruft `paint` z. B. immer dann auf, wenn das betreffende Fenster auf dem Bildschirm wieder sichtbar werden soll, nachdem es eine Zeit lang von anderen Fenstern (teilweise oder ganz) verdeckt wurde. Der Programmierer legt die `paint`-Methode also nur bereit, und der Ausführer führt sie aus, wenn er das sinnvoll findet (eventuell ziemlich häufig, siehe unten die Aufgabe-02).

Der `Graphics`-Parameter der Methode `paint` (im obigen Beispiel-02 heißt er `gert`) repräsentiert *den* Teil des Bildschirms, der von dem betreffenden `Grabo01`-Fenster belegt wird. Nur der Ausführer hat direkten Zugriff auf den Bildschirm und kann ihn (oder Teile davon) durch `Graphics`-Objekte repräsentieren. Wenn der Programmierer eigene `Graphics`-Objekte vereinbart, kann er zwar Texte und Grafiken hineinschreiben (ähnlich wie oben in den Zeile 26 bis 30), aber diese Texte und Grafiken erscheinen dadurch nicht auf dem Bildschirm.

Aufgabe-02: Übergeben Sie die Dateien `Grabo01.java` und `Grabo01Tst.java` dem Ausführer und starten Sie das Programm `Grabo01Tst`. Auf dem Bildschirm sollten zwei kleine `Grabo01`-Fenster erscheinen. Schieben Sie eines davon ein bisschen über das andere und aktivieren Sie dann abwechselnd das eine und das andere Fenster (durch Anklicken). An den Ausgaben des Programms zur Konsole (aus der heraus Sie das Programm `Grabo01Tst` gestartet haben) können Sie erkennen, wann und wie oft die `paint`-Methoden der beiden `Grabo01`-Objekte aufgerufen werden. Finden Sie weitere Aktionen, die Aufrufe der `paint`-Methoden bewirken.

Die folgende Aufgabe soll zeigen, was passiert, wenn der Programmierer eine `paint`-Methode (nur) selbst aufruft.

Aufgabe-03: Lassen Sie das Beispielprogramm `Grabo20Tst` ausführen. Auf dem Bildschirm sollte ein kleines Fenster erscheinen mit ein bisschen Text und Grafik darin. Vergrößern oder verkleinern Sie das Fenster mit der Maus. Was passiert mit dem Text und der Grafik? Warum? Finden Sie weitere Aktionen, die den Text und die Grafik verschwinden lassen.

Das folgende Beispiel zeigt ein Programm, in dem zwei `Grabo01`-Objekte (siehe voriges Beispiel) erzeugt und auf dem Bildschirm sichtbar gemacht werden.

Beispiel-03: Ein Beispielprogramm mit zwei `Grabo01`-Fenstern

```
34 class GraboO1Tst {
35     static public void main(String[] _) {
36         Grabo01 mr1 = new Grabo01("Grabo01-Objekt mr1");
37         Grabo01 mr2 = new Grabo01("Grabo01-Objekt mr2");
38
39         mr1.setSize              (210, 100); //         Breite, Hoehe
40         mr2.setBounds(215, 0, 210, 120); // x, y, Breite, Hoehe
41
42         mr1.setDefaultCloseOperation(Grabo01.DISPOSE_ON_CLOSE);
43         mr2.setDefaultCloseOperation(Grabo01.EXIT_ON_CLOSE);
```

```
44
45          mr1.setVisible(true);
46          mr2.setVisible(true);
47      } // main
48 } // class Grabo01Tst
```

Die Grabo01-Objekte `mr1` und `mr2` werden auf dem Bildschirm etwa wie folgt als Fenster dargestellt:

Bild 22.2 Zwei JFrame-Objekte unterschiedlicher Größe

Da der Programmierer in Zeile 39 nur die *Größe* des `mr1`-Fensters festgelegt hat, aber keine Position, erscheint es ganz links oben auf dem Bildschirm. Das `mr2`-Fenster beginnt (215 - 210 gleich) 5 Pixel rechts vom `mr1`-Fenster.

Mit der Methode `setDefaultCloseOperation` und den Konstanten `EXIT_-ON_CLOSE`, `DISPOSE_ON_CLOSE`, `DO_NOTHING_ON_CLOSE` und `HIDE_ON_CLO-SE` (siehe Zeile 42 und 43) kann der Programmierer eine von vier Reaktionen auf Fenster-schließen-Aktionen des Benutzers auswählen. Natürlich reicht diese beschränkte Wahlmöglichkeit nicht in allen Fällen aus.

Im folgenden Beispiel wird eine vom Programmierer geschriebene Methode ausgeführt, wenn der Benutzer eine Fenster-schließen-Aktion durchführt (d. h. den Fenster-Schließen-Knopf anklickt oder eine entsprechende Tastenkombination eingibt). Das Profil dieser Methode:

```
49  public void windowClosing(WindowEvent we);
```

ist fest vorgegeben, aber den Rumpf kann der Programmierer gestalten, wie er möchte.

Um zu bewirken, dass seine `windowClosing`-Methode immer aufgerufen wird, wenn der Benutzer eine Fenster-Schließen-Aktion im Zusammenhang mit einem `JFrame`-Objekt `mr1` durchführt, muss der Programmierer die folgende (bedauerlich lange) Liste von Schritten abarbeiten:

1. Er muss eine geeignete Klasse schreiben (im hier betrachteten Beispiel muss die Klasse die Schnittstelle `WindowListener` implementieren).

2. In dieser Klasse muss er die gewünschte `windowClosing`-Methode vereinbaren.

3. Er muss ein Objekt der Klasse erzeugen lassen.

4. Er muss dieses Objekt bei dem Fensterobjekt `mr1` *anmelden* (mit einer Methode namens `addWindowListener`).

Das Objekt ist notwendig, weil Java „nur objektorientiert" ist. Das bedeutet, dass man in Java Methoden nicht „direkt einfach so" herumreichen darf, sondern nur, nachdem man sie in ein Objekt verpackt hat. Die „geeignete Klasse" (siehe 1.) ist notwendig, weil man ein einzelnes Objekt nicht „direkt einfach so" vereinbaren kann, sondern nur, indem man einen Bauplan (d. h. eine Klasse) entwirft und danach ein Objekt bauen lässt.

Beispiel-04: Schließt der Benutzer ein `Grabo02`-Fenster, so wird eine vom Programmierer geschriebene `windowClosing`-Methode ausgeführt (siehe auch das Beispielprogramm `Grabo02Tst`)

```
50  class Grabo02 extends javax.swing.JFrame {
51
52      static class ProgTerminator extends WindowAdapter {
53          public void windowClosing(WindowEvent we) {
54              pln("Ein Fenster-Schliessen-Ereignis trat ein!");
55              System.exit(0); // Das Programm wird beendet
56          } // windowClosing
57      } // class ProgTerminator
58
59      static ProgTerminator arnold = new ProgTerminator();
60
61      Grabo02(String ueberSchrift) {
62          super(ueberSchrift);
63          this.addWindowListener(arnold);
64      }    // Konstruktor Grabo02
65
66      public void paint(Graphics gert) {
67          super.paint(gert); // Sollte man immer so machen!
68          ...
69      }
70      ...
71  } // class Grabo02
```

Innerhalb der Fensterklasse `Grabo02` wird hier eine „geeignete Klasse" namens `ProgTerminator` vereinbart. Diese Klasse implementiert die Schnittstelle `WindowListener` „per Erbschaft" (d. h. `ProgTerminator` beerbt die Klasse `WindowAdapter` und die implementiert die Schnittstelle `WindowListener`).

Die Klasse `ProgTerminator` enthält (von geerbten Elementen einmal abgesehen) nur die Objektmethode `WindowClosing`, um die es hier geht. Der Rumpf dieser

Methode besteht im Beispiel hauptsächlich aus einem `System.exit`-Befehl zum Beenden des umgebende Programms, dieser Rumpf kann aber im Prinzip eine beliebige Befehlsfolge enthalten.

In Zeile 59 wird ein Objekt der Klasse `ProgTerminator` (als Klassenattribut namens `arnold`) vereinbart. Dieses Objekt dient hier nur als Verpackung der Methode `WindowClosing`.

Wenn der Konstruktor der Klasse `Grabo02` (Zeile 61 bis 64) ein neues Objekt (`this`) initialisiert, meldet er das Objekt `arnold` (und damit vor allem die darin enthaltende `windowClosing`-Methode) bei diesem neuen Objekt als `Window-Listener` an (siehe Zeile 63). Wenn danach im Fenster des neuen `Grabo02`-Objekts ein `windowClosing`-Ereignis eintritt, wird die Methode `windowClosing` im angemeldeten Objekt `arno` ausgeführt.

Achtung: Die vom Programmierer angemeldete Methode `windowClosing` wird *zusätzlich* zu der Standardreaktion ausgeführt, und *nicht anstatt*. Die Standardreaktion (default close operation) ist die Befehlsfolge, die man mit der Methode `setDefaultCloseOperation` verändern kann (siehe oben Beispiel-03). Dies ist eine sehr spezielle Eigenschaft der Methode `windowClosing`. Bei ähnlichen Behandlungsmethoden (`actionPerformed`, `mouseClicked` etc., siehe unten) ist die Standardreaktion „nichts tun" und es wird nur die vom Programmierer angemeldete Methode ausgeführt.

Aufgabe-04: Schreiben Sie (ausgehend von der Klasse `Grabo02` im vorigen Beispiel-04) eine Klasse namens `Grabo22`, die folgendes leistet: Wenn ein Programm P (ein oder mehrere) `Grabo22`-Fenster erzeugt, kann man P beenden, indem man *alle* diese Fenster (in beliebiger Reihenfolge) schließt. P soll erst beendet werden, nachdem das *letzte* `Grabo22`-Fenster vom Benutzer geschlossen wurde. In welcher Reihenfolge der Benutzer die Fenster schließen wird, ist natürlich nicht vorherzusehen. Eine Lösung findet man bei den Beispielprogrammen (siehe dazu auch das Programm `Grabo22Tst`).

Im Beispiel-04 sind die Klasse `ProgTerminator` und das Objekt `arnold` Hilfsgrößen, die jeweils nur ein einziges Mal benutzt werden (die Klasse in Zeile 59 um das Objekt zu erzeugen und das Objekt in Zeile 63 als notwendige Verpackung der Methode `windowClosing`). Wenn man viele solche nur-einmal-Klassen und -Objekte braucht, ist es lästig, sich entsprechend viele Namen dafür auszudenken und diese Namen für andere Dinge zu „sperren". Es gibt deshalb die Möglichkeit, die Klasse und/oder das Objekt *anonym* („ohne Namen") zu vereinbaren, genau an der Stelle des Programms, an der sie benutzt werden. Die Klasse `Grabo03` im folgenden Beispiel leistet genau das Gleiche wie `Grabo02` im vorigen Beispiel, ist aber ein bisschen kürzer (und kryptischer?) formuliert.

Beispiel-05: Mit der Methode `addWindowListener` ein anonymes Objekt einer anonymen Klasse anmelden

```
72 class Grabo03 extends JFrame {
73
74     Grabo03(String ueberSchrift) {
75         super(ueberSchrift);
76
77         this.addWindowListener(new WindowAdapter() {
78             public void windowClosing(WindowEvent we) {
79                 pln("Ein Fenster-Schliessen-Ereignis trat auf!");
80                 System.exit(0); // Das Programm wird beendet
81             } // windowClosing
82         });
83
84     } // Konstruktor Grabo03
85
86     public void paint(Graphics gert) {
87         super.paint(gert); // Sollte man immer so machen!
88         ...
89     } // paint
90     ...
91 } // class Grabo03
```

Ab Zeile 77 wird die Methode `this.addWindowListener` aufgerufen. Als einziger Parameter ist ein Ausdruck angegeben, der nach der ersten öffnenden Klammer in Zeile 77 beginnt und vor der letzten (d. h. zweiten) schließenden Klammer in Zeile 82 endet. Dieser Ausdruck hat folgende Form:

```
92   ... new WindowAdapter() {...} ...
```

Der Ausdruck bewirkt, dass die Klasse `WindowAdapter` um den Inhalt der geschweiften Klammern erweitert wird. Von der so entstandenen, anonymen Klasse wird mit `new` (und dem Standardkonstruktor, den die anonyme Klasse vom Ausführer geschenkt bekommt) ein neues Objekt erzeugt.

Im Beispielprogramm `Grabo04Tst` werden bei zwei Objekten einer Fensterklasse zwei verschiedene `windowClosing`-Methoden (jeweils verpackt in ein anonymes Objekt einer anonymen Klasse) angemeldet.

In ein `JFrame`-Objekt kann man z. B. Etiketten (`JLabel`-Objekte) und Knöpfe (`JButton`-Objekte) einfügen.

Beispiel-06: Ein Fenster mit zwei Etiketten und einem Knopf darin

Bild 22.3 Ein JButton in einem JFrame, zum Anklicken

Die Etiketten enthalten hier die Texte "Knopf anklicken (oder Alt-k)!"
bzw. "Anzahl Klicks: 3".

Beispiel-07: Die Klasse Grabo07, deren Objekte auf dem Bildschirm als Fenster
mit zwei Etiketten und einem Knopf darin dargestellt werden (wie im vorigen Beispiel. Siehe auch das Beispielprogramm Grabo07Tst)

```
93  class Grabo07 extends JFrame {
94      private JLabel   meinEtikett1;
95      private JLabel   meinEtikett2;
96      private JButton meinKnopf;
97      // ---------------------------------------------------------------
98      Grabo07(String ueberSchrift) {
99          super(ueberSchrift);
100         meinEtikett1 = new JLabel("Knopf anklicken (oder Alt-k)!");
101         meinEtikett2 = new JLabel("");
102         meinKnopf    = new JButton("Knopf der I.");
103         meinKnopf.setMnemonic('k'); // Eingabe von Alt-k als
104                                     // Klickersatz festlegen
105         // ---------------------------------------------------------------
106         meinKnopf.addActionListener(new ActionListener() {
107             int anzahl = 0; // Anzahl der Klicks auf meinKnopf
108             public void actionPerformed(ActionEvent ae) {
109                 anzahl++;
110                 printf("actionPerformed: %2d ", anzahl);
111                 meinEtikett2.setText("Anzahl Klicks: "   + anzahl);
112                 machWas();
113             } // actionPerformed
114         });
115         // ---------------------------------------------------------------
116         this.add(meinEtikett1, "North");
117         this.add(meinEtikett2, "Center");
118         this.add(meinKnopf,    "East");
119         ...
120     } // Konstruktor Grabo07
121     // ---------------------------------------------------------------
```

```
122    static void machWas() {
123       ...
124    } // machWas
125    ...
126} // class Grabo07
```

ActionListener ist eine Schnittstelle, die nur eine einzige Methode (namens
actionPerformed) enthält. In den Zeilen 106 bis 114 wird bei dem JButton-
Objekt meinKnopf ein anonymes Objekt einer anonymen ActionListener-
Klasse angemeldet. Dieses Objekt dient nur als Verpackung der einen, in den Zeilen 108 bis 113 vereinbarten, actionPerformed-Methode. Klickt man auf die
grafische Darstellung des Objekts meinKnopf, so wird die bei ihm angemeldete
Methode actionPerformed ausgeführt.

Das JLabel-Objekt meinEtikett2 hat anfangs einen leeren Text (siehe Zeile
101). In Zeile 111 wird sein Text verändert. Das passiert jedes Mal, wenn der Benutzer den Knopf anklickt und damit eine Ausführung der Methode actionPerformed auslöst.

Der Befehl in Zeile 103 bewirkt, dass eine Eingabe der Tastenkombination Alt-k
die gleiche Wirkung hat wie ein Anklicken des Knopfes meinKnopf. (die beiden
Aktionen des Benutzers sind danach gleichwertig, d. h. sie lösen beide ein Ereignis
der Art windowClosing aus. Siehe auch den Abschnitt 22.4.1 über Fensterereignisse).

Die drei add-Befehle in den Zeilen 116 bis 118 gehören zum Konstruktor der
Fensterklasse Grabo07. Sie bewirken, dass die beiden Etiketten und der Knopf in
das Fenster eingefügt und mit dem Fenster sichtbar gemacht werden. In einem
Grabo07-Fenster gibt es 5 Stellen, an denen man ein Etiketten oder einen Knopf
etc. einfügen kann: "North", "East", "South", "West" und "Center". Vor
Ausführung der add-Befehle haben die Etiketten und der Knopf nichts mit dem
Fenster zu tun und werden auch nicht auf dem Bildschirm angezeigt.

22.2 Grabo-Objekte, -Klassen, -Pakete und Behälter

Def.: Ein *Grabo-Objekt* ist ein Objekt, welches nach seiner Erzeugung (mehr oder weniger automatisch) auf dem Bildschirm grafisch dargestellt wird.

Fenster, Knöpfe, Etiketten (engl. windows, buttons, labels) etc. sind Beispiele für Grabo-Objekte.

Def.: Eine *Grabo-Klasse* ist eine Klasse, deren Instanzen Grabo-Objekte sind.

Ein *Grabo-Paket* enthält vor allem Grabo-Klassen (und Klassen, die eng mit Grabo-Klassen zu tun haben). Zur Java-Standardbibliothek gehören die Grabo-Pakete `awt` und `swing`.

Beispiele für Grabo-Klassen sind die `awt`-Klassen `Window`, `Panel`, `Label` und `Button` und die `swing`-Klassen `JFrame`, `JPanel`, `JLabel` und `JButton`. Der Unterschied zwischen `awt`-Klassen und `swing`-Klassen wird im nächsten Abschnitt 22.3 behandelt, aber man kann schon hier den Paketnamen anhören, dass `swing`-Klassen irgendwie ... mehr *swing* haben :-).

Manchmal werden Erläuterungen und Diskussionen klarer, wenn man sorgfältig zwischen einem *Grabo-Objekt* und seiner *grafischen Darstellung* auf dem Bildschirm unterscheidet. Ist `mr1` z. B. ein Fensterobjekt, so unterscheiden wir hier (wenn der Unterschied betont werden soll) zwischen dem *Objekt* `mr1` und dem *Fenster* `mr1`, etwa so: „Wenn der Benutzer den Fenster-Schließen-Knopf des Fensters `mr1` anklickt, wird das Fenster geschlossen und das Objekt `mr1` zerstört". Ein Objekt (im Hauptspeicher eines maschinellen Java-Ausführers) kann man ja nicht wirklich anklicken oder schließen (wohl aber zerstören), und die grafische Darstellung eines Fensters sollte nur gelöscht, verdeckt oder geschlossen, aber nicht zerstört werden (damit der Bildschirm keine Kratzer bekommt :-).

In Java bietet es sich an, die Begriffe *Grabo-Objekt* und *Grabo-Klasse* etwas formaler und präziser wie folgt zu definieren:

Def.: Eine *Grabo-Klasse* ist eine Unterklasse der Standardklasse `java.awt.Component`.

Def.: Ein *Grabo-Objekt* ist ein Objekt einer Grabo-Klasse.

Die Klasse `Component` ist also im Typgrafen aller Java-Standardklassen die oberste Grabo-Klasse. Grabo-Objekte werden deshalb häufig auch als *Komponen-*

ten oder als `Component`-Objekte (einer grafischen Benutzeroberfläche) bezeichnet.

In ein Fenster-Objekt kann man Komponenten wie Etikette, Knöpfe etc. hineintun. Dadurch werden die Komponenten auf dem Bildschirm als Teile des Fensters (an bestimmten Positionen innerhalb des Fensters auf dem Bildschirm) dargestellt. Allgemein bezeichnet man Grabo-Objekte, in die man Komponenten (d. h. andere Grabo-Objekte) hineintun kann, als *Behälter* (engl. container).

In Java bietet es sich an, die Begriffe *Behälterobjekt* und *Behälterklasse* etwas formaler und präziser wie folgt zu definieren:

> **Def.:** Eine (Grabo-) *Behälterklasse* ist eine Unterklasse der Standardklasse
> `java.awt.Container`.

> **Def.:** Ein (Grabo-) *Behälter* (-Objekt) ist eine Objekt einer Behälterklasse.

Die Klasse `Container` ist eine Erweiterung der Klasse `Component`. Daraus folgt:
1. Jeder *Behälter* ist auch eine *Komponente* (jedes `Container`-Objekt ist auch ein `Component`-Objekt).
2. Ein *Behälter* kann (nicht nur Etiketten, Knöpfe etc., sondern auch) *Behälter* enthalten.

Es ist nahe liegend (aber nicht empfehlenswert) *Behälter* mit *Sammlungen* zu verwechseln. Es folgen hier die wichtigsten Unterschiede:

1. Eine *Sammlung* (ein `Collection`-Objekt) kann *beliebige* Objekte enthalten. Ein *Behälter* (ein `Container`-Objekt) kann nur *Grabo-Objekte* (`Component`-Objekte) enthalten.

2. Eine *Sammlung* dient zum Aufbewahren und effizienten Wiederfinden von Objekten. Ein *Behälter* bewirkt vor allem, dass seine Komponenten auf dem Bildschirm gemeinsam und als Teile des Behälters („im Behälter") dargestellt werden.

3. Ein Objekt kann gleichzeitig zu mehreren Sammlungen gehören (weil die Sammlungen in Wirklichkeit keine Objekte, sondern nur *Referenzen* auf Objekte enthalten). Dagegen kann ein Grabo-Objekt sich zu jedem Zeitpunkt (merkwürdigerweise!) in höchstens *einem* Behälter befinden.

Hat man z. B. einen Knopf `k` in ein Fenster `f1` eingefügt (mit dem Methodenaufruf `f1.add(k);`) und fügt man ihn danach in ein Fenster `f2` ein (mit dem Methodenaufruf `f2.add(k)`), so wird `k` dadurch automatisch aus dem Fenster `f1` *entfernt* und in `f2` eingefügt. Man kann einen Knopf also nicht gleichzeitig in zwei Fenstern anzeigen lassen. Entsprechendes gilt auch für alle anderen Komponenten und

Behälter (leider auch für Etiketten mit irgendwelchen Überschriften oder ähnlichen festen Texten, die man in mehreren Fenstern anzeigen möchte).

22.3 Die Pakete awt und swing, schwere und leichte Komponenten

Die Java-Standardbibliothek enthält zwei oberste Grabo-Pakete: awt (abstract windowing toolkit) und javax.swing (häufig auch einfach swing genannt).

Das Paket awt gibt es seit der Java-Version 1.0, swing wurde zum ersten Mal mit der Java Version 1.2 veröffentlicht. Einige awt-Klassen werden von den swing-Klassen benutzt und erweitert, aber viele der alten awt-Klassen kann man durch entsprechende neue swing-Klassen ersetzen. Die neueren swing-Klassen sind in aller Regel leistungsfähiger und flexibler als die entsprechenden älteren awt-Klassen und zu vielen swing-Klassen gibt es keine awt-Entsprechung.

Betriebssysteme wie Linux, das Mac-OS, MS-Windows und andere bieten von sich aus spezielle Routinen an, mit denen man Fenster, Menüs, Knöpfe (engl. windows, menus, buttons) und andere Grabo-Objekte erzeugen und verwalten kann. Wenn man eine *Sprache* wie Java implementiert und weiterentwickelt, kann man Grabo-Objekte nach zwei ganz verschiedenen Strategien realisieren:

Strategie-1: Man bildet die Grabo-Objekte der Sprache auf die „eingeborenen" Grabo-Objekte der verschiedenen Betriebssysteme ab und realisiert z. B. einen Java-Knopf durch einen Linux-Knopf bzw. einen Mac-OS-Knopf oder einen Windows-Knopf etc. So implementierte Komponenten bezeichnet man auch als *schwere Komponenten* (heavy components).

Strategie-2: Man greift möglichst wenig auf die eingeborenen Routinen der einzelnen Betriebssysteme zurück und „programmiert alles neu", z. B. in Java. Nach dieser Strategie implementierte Komponenten bezeichnet man auch als *leichte Komponenten* (lightweight components).

Das Paket awt enthält heute (direkt bzw. indir─── in Unterpaketen) etwa 110 Typen (Klassen und Schnittstellen). Die erste V[...] on des Paketes wurde unter hohem Zeitdruck und in erstaunlich kurzer Zeit (wenigen Monaten) entsprechend der Strategie-1 erstellt (d. h. awt-Komponente ind schwere Komponenten). Die awt-Klassen waren sehr wichtig für die schne Verbreitung von Java, sind aber relativ simpel und nicht völlig plattformunabhä g.

Das `swing`-Paket enthält heute fast 150 Typen, die auf einigen der `awt`-Typen auf-
bauen (dazu gehören die Typen im Paket `awt.event`, die mit Ereignissen und ihrer Behandlung zu tun haben, siehe unten). Die `swing`-Klassen wurden nach der
Strategie-2 entwickelt (d. h. zum größten Teil als leichte Komponenten), bieten
dem Programmierer deutlich mehr Möglichkeiten als die `awt`-Klassen und sind
praktisch vollständig plattformunabhängig. Allerdings stellen sie auch höhere An-
sprüche an den Ausführer (d. h. sie benötigen im allgemeinen einen etwas schnelleren Prozessor und mehr Hauptspeicher). Die Entwicklung der ersten Version des
`swing`-Paketes hat etwa zwei Jahre gedauert (und nicht nur wenige Monate, wie
die Entwicklung des `awt`-Paketes)

Anmerkung: Als Grundlage ihrer universellen Entwicklerplattform *Eclipse* hat
die Firma IBM ein weiteres Paket von Java-Grabo-Klassen namens `swt` (standard
windowing toolkit) entwickelt und quelloffen der Allgemeinheit zur Verfügung
gestellt. Die Entwicklung dieses Paketes folgt einer Art Kompromiss zwischen den
oben skizzierten Strategien. Das Paket `swt` gehört (noch?) nicht zum Java-Standard und wird hier nicht weiter berücksichtigt, stellt aber eine interessante Ergänzung und/oder Alternative zu `awt` und `swing` dar.

Der folgende kleine Ausschnitt aus dem Typgrafen aller Java-Standard-Grabo-
Klassen soll den Zusammenhang zwischen den Paketen `awt` und `swing` und zwischen besonders wichtigen Grabo-Klassen veranschaulichen.

Beispiel-01: Einige besonders wichtige Java-Standard-Grabo-Klassen

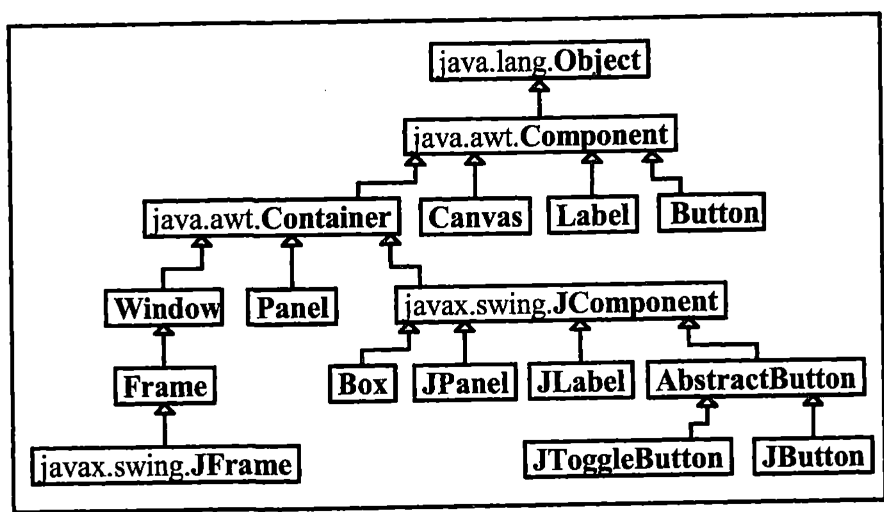

Bild 22.4 Ein Typgraf mit wichtigen Grabo-Klassen darin

Wenn nicht anders angegeben, gehört eine Klasse zum selben Paket wie ihre direkte Oberklasse (z. B. gehören `Frame` und `Window` zum Paket `java.awt` und `JButton` und `AbstractButton` zum Paket `javax.swing`).

Dieser Graf soll folgende Tatsachen illustrieren:

1. `java.awt.Component` ist eine Oberklasse aller Standard-Grabo-Klassen, d. h. aller `awt`- und `swing`-Klassen. Ausnahmen von dieser Regel sind nur ganz wenige `awt`-Klassen wie `Menu`, `MenuComponent` und `MenuItem`.

2. `java.awt.Container` ist eine Unterklasse von `java.awt.Component`. Damit ist jeder Behälter auch eine Komponente und ein Behälter kann unter anderem Behälter enthalten (wie im vorigen Abschnitt bereits erläutert wurde).

3. `javax.swing.JComponent` ist die Oberklasse von fast allen `swing`-Klassen. `JFrame` ist eine der wenigen Ausnahmen zu dieser Regel.

4. `javax.swing.JComponent`, die Oberklasse praktisch aller `swing`-Klassen, ist eine Unterklasse von `java.awt.Container`. Daraus folgt: Alle `swing`-Klassen sind Behälterklassen. Die wenigen `swing`-Klassen, die (wie etwa `JFrame`) keine Unterklassen von `JComponent` sind, sind „auf anderem Wege" Unterklassen der Klasse `Container` und somit ebenfalls Behälterklassen.

Diese letzte Tatsache ist nicht besonders erfreulich. Aus ihr folgt, dass z. B. jedes `JButton`-Objekt formal als *Behälter* gilt und eine add-Methode besitzt, mit der man andere Komponenten in das Knopf-Objekt einfügen kann. Ruft man diese add-Methode auf, so hat das im besten Fall *keine* beobachtbaren Konsequenzen (wenn man von einer möglichen Enttäuschung des Programmierers absieht) und führt in anderen Fällen während der Ausführung des Programms zu schwer verständlichen Fehlermeldungen.

Vermutlich gab es gute Gründe für diese wenig intuitive Festlegung, vor allem die folgenden beiden Entwurfsziele:

swing-Entwurfsziel-x: Möglichst alle `swing`-Klassen sollen eine gemeinsame Wurzelklasse haben (die analog zur `awt`-Wurzelklasse `Component` natürlich `JComponent` heißen muss).

swing-Entwurfsziel-y: Einige `swing`-Klassen wie `JPanel`, `JTabbedPane`, `JLayeredPane`, `JInternalFrame` etc. sollten unbedingt „den Charakter von Behältern" bekommen, d. h. Unterklassen von `java.awt.Container` sein.

Diese beiden Ziele konnte man nur dadurch erreichen, dass man *alle* `swing`-Klassen zu Behälterklassen machte, auch wenn das dem „Charakter" vieler Klassen eigentlich widerspricht.

22.4 Aktionen, Ereignisse, Listener-Schnittstellen und Adapter-Klassen

Eine grafische Benutzeroberfläche (eine Grabo, a GUI) besteht aus *Grabo-Objekten* (oder: *Komponenten*, weil es sich um `Component`-Objekte handelt). Diese Komponenten (z. B. Fenster, Knöpfe etc.) werden auf dem Bildschirm grafisch dargestellt. Der Benutzer kann mit einer Maus, einer Tastatur und evtl. weiteren Eingabegeräten auf dem Bildschirm bestimmte *Aktionen* durchführen, z. B. den Mauszeiger bewegen, auf einen Mausknopf drücken, ein Zeichen eingeben etc. Jede Aktion bezieht sich auf eine bestimmte Komponente der Grabo, d. h. auf ein Fenster oder auf einen Knopf innerhalb eines Fensters etc. Die Aktionen des Benutzers lösen im Grabo-Programm entsprechende *Ereignisse* (engl. events) aus. Jedes Ereignis hat eine *Quelle*. Damit ist meistens die Komponente gemeint, auf die sich die Aktion des Benutzers bezieht (z. B. das Fenster, in dem die Maus bewegt wurde, oder der Knopf, der angeklickt wurde). Jede Grabo-Komponente ist potenziell eine Quelle von Ereignissen.

> **Def.:** Ein *Ereignis* (engl. event) findet zu einem bestimmten Zeitpunkt an einem bestimmten Ort statt und ist grundsätzlich *nicht wiederholbar.*

Wenn man zweimal auf denselben Knopf einer Grabo klickt, dann löst man dadurch zwei verschiedene Ereignisse aus (nicht zweimal dasselbe Ereignis). Die beiden Ereignisse gehören aber zur selben *Art* von Ereignissen.

Man unterscheidet zahlreiche *Arten* von Ereignissen, je nach der auslösenden Aktion des Benutzers und dem Typ der Quelle. Für jede Ereignisart ist das Profil einer *Behandlermethode* festgelegt (insbesondere also ihr Name, z. B. `windowActivated` oder `mouseClicked` etc.). Üblicherweise bezeichnet man mit den Namen der Behandlermethoden auch die Ereignisarten: `windowActivated`-Ereignisse sind die, die durch Methoden namens `windowActivated` behandelt werden können, `mouseClicked`-Ereignisse werden durch `mouseClicked`-Methoden behandelt etc.

Der Programmierer kann Behandlermethoden schreiben, z. B. eine namens `mouseClicked`, und bei einer Komponenten `k` der Grabo *anmelden.* Damit bewirkt er, dass seine Methode jedes Mal aufgerufen wird, wenn ein Ereignis der Art `mouseClicked` mit der Quelle `k` eintritt.

Wenn der Programmierer z. B. drei Grabo-Komponenten `k1`, `k2` und `k3` hat, kann er auch z. B. fünf verschiedene Behandlermethoden namens `mouseClicked` schreiben, und drei davon bei `k1`, zwei davon bei `k2` und vier bei `k3` anmelden. Er kann also bei *einem* Grabo-Objekt *mehrere* Behandlermethoden mit demselben Namen und *dieselbe* Behandlermethode bei *verschiedenen* Grabo-Objekten anmelden.

Um eine Behandlermethode anmelden zu können, muss der Programmierer sie als Objektmethode in ein geeignetes Objekt verpacken. Solche Objekte bezeichnet man auch als *Behandlerobjekte* (Objekte mit Behandlermethoden darin). Um dem Ausführer befehlen zu können, ein Behandlerobjekt zu erzeugen, muss der Programmierer eine entsprechende *Behandlerklasse* vereinbaren. Diese etwas umständlichen Schritte sind notwendig, weil Java „nur objektorientiert" und nicht zulässt, dass man Unterprogramme ausserhalb und unabhängig von Klassen vereinbart.

Arten (von Ereignissen) sind zu *Oberarten* zusammengefasst. Die folgende Tabelle gibt eine Übersicht über 5 Oberarten, die in den anschließenden Abschnitten beispielhaft genauer erläutert werden. Insgesamt gibt es in der Standardbibliothek etwa 70 Oberarten von Ereignissen (siehe dazu in [HTML_Doc] die Erweiterungen der Schnittstelle `java.util.EventListener`), die 65 hier nicht erläuterten funktionieren aber „weitgehend entsprechend" wie die 5 erläuterten.

Oberarten von Grabo-Ereignissen	**Arten** von Grabo-Ereignissen	**Schnittstelle** für die Oberart	**Adapterklasse** für die Schnittstelle
Fensterereignis	windowOpened windowClosing windowClosed windowIconified windowDeiconified windowActivated windowDeactivated	WindowListener	WindowAdapter (7 Strohpuppen)
Mausereignis	mouseClicked mousePressed mouseReleased mouseEntered mouseExited	MouseListener	MouseAdapter (5 Strohpuppen)
Mausbewegungs-ereigns	mouseDragged mouseMoved	MouseMotionListener	MouseMotionAdapter (2 Strohpuppen)
Mausradereignis	mouseWheelMoved	MouseWheelListener	--
Aktionsereignis	actionPerformed	ActionListener	--

Zu jeder *Oberart* gehören (eine oder) mehrere *Arten* von Ereignissen und außerdem eine *Listener-Schnittstelle*. Die Schnittstelle legt für jede Art von Ereignis das

Profil für entsprechende Behandlermethoden fest (z. B. legt die Schnittstelle `WindowListener` die Profile von sieben Behandlermethoden namens `window-Opened, windowClosing, ..., windowDeactivated` fest). Was das praktisch bedeutet und was die Adapterklassen (in der letzten Spalte der Tabelle) mit Strohpuppen zu tun haben, wird in den folgenden Abschnitten erläutert.

22.4.1 WindowListener und WindowAdapter

Die `swing`-Klasse `JFrame` ist eine Unterklasse der `awt`-Klasse `Window` (siehe den Typgrafen im Beispiel-01 des vorigen Abschnitts). Alles, was im Folgenden über die Objekte der (viele Wochen alten) Klasse `Window` gesagt wird, gilt also auch für (modernere) `JFrame`-Objekte.

Jedes Objekt der Klasse `java.awt.Window` kann Quelle von *Fensterereignissen* sein. Es gibt sieben Arten von Fensterereignissen. Die Schnittstelle `WindowListener` enthält entsprechend (die Profile von) sieben Behandlermethoden:

```
1   public interface WindowListener extends EventListener {
2        public void windowOpened      (WindowEvent we);
3        public void windowClosing     (WindowEvent we);
4        public void windowClosed      (WindowEvent we);
5        public void windowIconified   (WindowEvent we);
6        public void windowDeiconified (WindowEvent we);
7        public void windowActivated   (WindowEvent we);
8        public void windowDeactivated (WindowEvent we);
9   } // interface WindowListener
```

Jedes `Window`-Objekt `wob` enthält eine Methode mit dem Profil

```
10   void addWindowListener(WindowListener wl);
```

Mit dieser Methode kann man sieben Behandlermethoden, verpackt in ein `Wind-owListener`-Objekt `wlob`, beim `Window`-Objekt `wob` anmelden, etwa so:

```
11   wob.addWindowListener(wlob);
```

Wenn nach dieser Anmeldung z. B. ein `windowClosing`-Ereignis mit `wob` als Quelle eintritt, wird die Methode `wlob.windowClosing` aufgerufen.

Achtung: Speziell für *Fensterereignisse* gilt, dass ihre Behandlermethoden *zusätzlich* zu den Standardbehandlungen ausgeführt werden, und nicht *anstatt*. Als Beispiel sei angenommen, dass der Programmierer eine `windowIconified`-Methode geschrieben und bei einem Fenster angemeldet hat. Wenn der Benutzer dann auf das entsprechende Knöpfchen im Rahmen des Fensters klickt, wird das Fenster standardmäßig ikonifiziert („zu einer kleinen Schaltfläche geschrumpft") und *zu-*

sätzlich wird die Methode des Programmierers aufgerufen. Die Standardbehandlung aller anderen Ereignisse (die keine *Fensterereignisse* sind) ist „nichts tun", so dass man bei ihrer Behandlung keinen „zusätzlich-Effekt" beobachten kann.

Ein WindowListener-Objekt muss (nach den allgemeinen Regeln für Schnittstellen) immer *alle sieben Methoden* der Schnittstelle WindowListener enthalten. Auch wenn der Programmierer eigentlich z. B. nur die zwei Behandlermethoden windowClosing und windowActivated beim Objekt wob anmelden will, muss er sieben Methoden anmelden, zwei „richtige" und fünf „Strohpuppen" (damit sind hier Methoden *mit leerem Rumpf* gemeint).

Um dem Programmierer das Schreiben zahlreicher Strohpuppen zu ersparen, gibt es in der Standardbibliothek vorgefertigte Baupläne für so genannte Adapterklassen.

> **Def.:** Eine *Adapterklasse* enthält nur Methoden mit leeren Rümpfen („Strohpuppen") und implementiert damit eine Schnittstelle. Eine Adapterklasse namens xxxAdapter implementiert die Schnittstelle xxxListener.

Die Klasse WindowAdapter implementiert die Schnittstelle WindowListener durch sieben Strohpuppen. Der Programmierer kann eine Erweiterung dieser Klasse vereinbaren und braucht dann nur noch die ihn interessierenden Behandlermethoden zu (über-) schreiben, etwa so:

Beispiel-01: Die Adapterklasse WindowAdapter beerben, nur zwei Behandlermethoden selbst schreiben, aber volle sieben anmelden

```
12   class FensterPutzer extends WindowAdapter {
13       public void windowClosing(WindowEvent we) {
14           ... // Ein interessanter Rumpf, kein Stroh
15       }
16
17       public void windowActivated(WindowEvent we) {
18           ... // Ein interessanter Rumpf, kein Stroh
19       }
20   }
21   ...
22   static public void main(String[] _) {
23       ...
24       Window wob = new JFrame("Mein Fenster");
25       ...
26       FensterPutzer wlob = new FensterPutzer();
27       wob.addWindowListener(wlob); // 7 Behandlermethoden anmelden
28       ...
29   } // main
```

In Zeile 26 wird ein Objekt `wlob` vereinbart, welches zwei richtige Behandlermethoden (`windowClosing` und `windowActivated`) und 5 Strohpuppen enthält. Die 7 Methoden werden in Zeile 27 beim Fenster `wob` angemeldet.

Die Methode `wob.addWindowListener` kann man im Prinzip beliebig oft aufrufen und auf diese Weise beliebig viele `WindowListener`-Objekte `wlob1`, `wlob2`, `wlob3`, ... etc. beim Fenster-Objekt `wob` anmelden. Wenn danach z. B. ein `windowClosing`-Ereignis mit `wob` als Quelle eintritt, werden alle Methoden `wlob1.windowClosing`, `wlob2.windowClosing`, `wlob3.windowClosing`, ... etc. aufgerufen (in der Reihenfolge, in der ihre Verpackungsobjekte `wlob1`, `wlob2`, `wlob3`, ... etc. angemeldet wurden).

Der Dokumentation der Java-Standardbibliothek kann man entnehmen, dass ein Aufruf wie `wob.addWindowListener(null);` keine Ausnahme auslöst, sondern einfach nichts bewirkt. Was die Dokumentation verschweigt: Wenn man ein Behandlerobjekt `wlob` *mehrmals* anmeldet, werden seine Methoden beim Auftreten eines Ereignisses entsprechend oft aufgerufen.

Jedes `Window`-Objekt `wob` enthält eine Methode mit dem Profil

```
30   void removeWindowListener(WindowListener wl);
```

Ein Aufruf wie `wob.removeWindowListener(wlob);` macht *eine* Anmeldung des Objekts `wlob` beim Objekt `wob` rückgängig (falls das Objekt `wlob` z. B. dreimal angemeldet war, ist es nachher nur noch zweimal angemeldet). Falls `wlob` beim `Window`-Objekt `wob` gar nicht angemeldet war oder man anstelle von `wlob` nur `null` angibt, passiert einfach nichts.

Wenn man jede relevante Behandlermethode zusammen mit sechs Strohpuppen in ein eigenes Behandlerobjekt (mit einem Namen wie etwa `windowClosingBehandler`, `windowActivatedBehandler` etc.) verpackt, kann man jede Behandlermethode einzeln und unabhängig von den anderen an- und abmelden.

Im Beispielprogramm `Grabo05Tst` werden bei jedem Objekt einer Fenster-Klasse `Grabo05` sieben Behandlermethoden für Fensterereignisse (verpackt in ein anonymes Objekt einer anonymen Klasse) angemeldet.

22.4.2 MouseListener und MouseAdapter

Mit dem Beispielprogramm `Grabo08Tst` kann man sich mit allen Arten von Mausereignissen vertraut machen. Es wird empfohlen, eine Weile mit diesem Programm herumzuspielen.

Eine gewisse Ähnlichkeit dieses Abschnitts mit dem vorigen ist beabsichtigt.

Jedes Objekt der Klasse `java.awt.Component` (kurz: jedes Grabo-Objekt) kann Quelle von *Mausereignissen* sein. Es gibt fünf Arten von Mausereignissen. Die Schnittstelle `MouseListener` enthält entsprechend (die Profile von) fünf Behandlermethoden:

```
1   public interface MouseListener extends EventListener {
2        public void mouseClicked  (MouseEvent me);
3        public void mousePressed  (MouseEvent me);
4        public void mouseReleased (MouseEvent me);
5        public void mouseEntered  (MouseEvent me);
6        public void mouseExited    (MouseEvent me);
7   }
```

Jedes `Component`-Objekt `cob` enthält eine Methode mit dem Profil

```
8    void addMouseListener(MouseListener ml);
```

Mit dieser Methode kann man fünf Behandlermethoden, verpackt in ein `Mouse-Listener`-Objekt `mlob`, beim `Component`-Objekt `cob` anmelden, etwa so:

```
9    cob.addMouseListener(mlob);
```

Wenn nach dieser Anmeldung z. B. ein `mousePressed`-Ereignis mit `cob` als Quelle eintritt, wird die Methode `mlob.mousePressed` aufgerufen.

Die Klasse `MouseAdapter` implementiert die Schnittstelle `MouseListener` durch fünf Strohpuppen (Methoden mit leerem Rumpf). Der Programmierer kann eine Erweiterung dieser Klasse vereinbaren und braucht dann nur noch die ihn interessierenden Behandlermethoden zu (über-) schreiben.

Jedes `Component`-Objekt `cob` enthält eine Methode mit dem Profil

```
10   void removeMouseListener(MouseListener ml);
```

Ein Aufruf wie `cob.removeMouseListener(mlob);` macht *eine* Anmeldung des Objekts `mlob` beim Objekt `wob` rückgängig (falls das Objekt `mlob` z. B. dreimal angemeldet war, ist es nachher nur noch zweimal angemeldet). Falls `mlob` beim `Component`-Objekt `cob` gar nicht angemeldet war oder man anstelle von `mlob` nur `null` angibt, passiert einfach nichts.

Im Beispielprogramm `Grabo06Tst` werden bei jedem Objekt einer Fenster-Klasse `Grabo06` unter anderem fünf Behandlermethoden für Mausereignisse (verpackt in ein Objekt namens `ml` einer anonymen Klasse) angemeldet.

Hinweis: Der Begriff *Mausereignis* (mouse event) hat einen engeren und einen weiteren Sinn. Im engeren Sinn bezeichnet er nur die in diesem Abschnitt behandelten fünf Ereignisse. In einem weiteren Sinne bezeichnet man aber auch *Maus-*

bewegungsereignisse und *Mausradereignisse* (die in den folgenden Abschnitten behandelt werden) als *Mausereignisse*.

22.4.3 MouseMotionListener und MouseMotionAdapter

Eine gewisse Ähnlichkeit dieses Abschnitts mit dem vorigen ist beabsichtigt.

Jedes Objekt der Klasse `java.awt.Component` (kurz: jedes Grabo-Objekt) kann Quelle von *Mausbewegungsereignissen* sein. Es gibt zwei Arten von Mausbewegungsereignissen. Die Schnittstelle `MouseMotionListener` enthält entsprechend (die Profile von) zwei Behandlermethoden:

```
1   public interface MouseMotionListener extends EventListener {
2       public void mouseDragged(MouseEvent me);
3       public void mouseMoved  (MouseEvent me);
4   }
```

Jedes `Component`-Objekt `cob` enthält eine Methode mit dem Profil

```
5    void addMouseMotionListener(MouseMotionListener mml);
```

Mit dieser Methode kann man fünf Behandlermethoden, verpackt in ein `Mouse-Listener`-Objekt `mmlob`, beim `Component`-Objekt `cob` anmelden, etwa so:

```
6    cob.addMouseMotionListener(mmlob);
```

Wenn nach dieser Anmeldung z. B. ein `mouseMoved`-Ereignis mit `cob` als Quelle eintritt, wird die Methode `mmlob.mouseMoved` aufgerufen.

Ein `mouseMoved`-Ereignis tritt ein, wenn man die Maus ohne einen Mausknopf zu drücken ein kurzes Stück bewegt (wenn man sie „weit bewegt", können sehr viele solche Ereignisse eintreten, je nach Reaktionsgeschwindigkeit des Ausführers). Ein `mouseDragged`-Ereignis tritt ein, wenn man die Maus bewegt, während man gleichzeitig mindestens einen Knopf gedrückt hält.

Die Klasse `MouseMotionAdapter` implementiert die Schnittstelle `MouseMotionListener` durch zwei Strohpuppen (Methoden mit leerem Rumpf). Der Programmierer kann eine Erweiterung dieser Klasse vereinbaren und braucht dann nur noch die ihn interessierende Behandlermethode zu (über-) schreiben.

Jedes `Component`-Objekt `cob` enthält eine Methode mit dem Profil

```
7    void removeMouseMotionListener(MouseMotionListener mml);
```

Ein Aufruf wie `cob.removeMouseMotionListener(mmlob);` macht *eine* Anmeldung des Objekts `mmlob` beim Objekt `cob` rückgängig (falls das Objekt `mmlob` z. B. dreimal angemeldet war, ist es nachher nur noch zweimal angemeldet). Falls mmlob beim Component-Objekt cob gar nicht angemeldet war oder man anstelle von mmlob nur null angibt, passiert einfach nichts.

Im Beispielprogramm Grabo06Tst werden bei jedem Objekt einer Fenster-Klasse Grabo06 unter anderem zwei Behandlermethoden für Mausbewegungsereignisse (verpackt in ein Objekt namens mml einer anonymen Klasse) angemeldet.

22.4.4 MouseWheelListener

Eine gewisse Ähnlichkeit dieses Abschnitts mit dem vorigen ist beabsichtigt.

Jedes Objekt der Klasse java.awt.Component (kurz: jedes Grabo-Objekt) kann Quelle von *Mausradereignissen* sein. Es gibt nur *eine* Art von Mausradereignissen. Die Schnittstelle MouseWheelListener enthält entsprechend das Profil von *einer* Behandlermethode:

```
1  public interface MouseWheelListener extends EventListener {
2      public void mouseWheelMoved(MouseWheelEvent mwe);
3  }
```

Jedes Component-Objekt cob enthält eine Methode mit dem Profil

```
4   void addMouseWheelListener(MouseWheelListener mwl);
```

Mit dieser Methode kann man eine Behandlermethode, verpackt in ein MouseWheelListener-Objekt mwlob, beim Component-Objekt cob anmelden, etwa so:

```
5   cob.addMouseWheelListener(mwlob);
```

Wenn nach dieser Anmeldung ein MouseWheel-Ereignis mit cob als Quelle eintritt, wird die Methode mwlob.mouseWheelMoved aufgerufen.

Jedes Component-Objekt cob enthält eine Methode mit dem Profil

```
6   void removeMouseWheelListener(MouseWheelListener mwl);
```

Ein Aufruf wie cob.removeMouseWheelListener(mwlob); macht *eine* Anmeldung des Objekts mwlob beim Objekt cob rückgängig (falls das Objekt mwlob z. B. dreimal angemeldet war, ist es nachher nur noch zweimal angemeldet). Falls mwlob beim Component-Objekt cob gar nicht angemeldet war oder man anstelle von mwlob nur null angibt, passiert einfach nichts.

Im Beispielprogramm Grabo06Tst wird bei jedem Objekt einer Fenster-Klasse Grabo06 unter anderem eine Behandlermethoden für Mausradereignisse (verpackt in ein Objekt namens mwl einer anonymen Klasse) angemeldet.

Aufgabe-01: Warum enthält die Java-Standardbibliothek keine Klasse namens `MouseWheelAdapter`?

Kritik: Mausereignisse (im allgemeinen Sinn) und ihre Behandlermethoden sind in Java nicht wirklich „einfach und objektorientiert" organisiert. Es gibt insgesamt 8 Arten von Mausereignissen (`mouseClicked` bis `mouseWheelMoved`). Dass die entsprechenden 8 Behandlermethoden auf drei Schnittstellen verteilt sind (`Mouse-Listener`, `MouseMotionListener` und `MouseWheelListener`), kann in bestimmten Anwendungen nützlich sein. Unglücklich ist, dass die drei Mausschnittstellen nicht Erweiterungen einer *gemeinsamen Oberschnittstelle* sind (`MouseInputListener` ist zwar eine Oberschnittstelle von `MouseListener` und `MouseMotionListener`, aber nicht von `MouseWheelListener`). Das Anmelden von Mausbehandlerobjekten ist unnötig kompliziert, weil man dazu drei Methoden mit unterschiedlichen Namen verwenden muss (`addMouseListener`, `addMouseMotionListener` und `addMouseWheelListener`), statt nur eine. Für das Abmelden von Behandlerobjekten gilt Entsprechendes. Zum Reparieren dieser Schwäche wird in der Sammlung der Beispielprogramme eine Art *Hüllklasse für Mausbehandlerobjekte* namens `RodentListener` (mit drei Unterklassen namens `RodentPlainListener`, `RodentMotionListener` und `RodentWheelListener`) und ein kleines Demoprogramm (`RodentListenerTst`) angeboten. Weitere Einzelheiten zu diesem Thema findet man am Anfang der Quelldatei `RodentListener.java`.

22.4.5 ActionListener

Zahlreiche Grabo-Objekte können Quellen von Aktionsereignissen sein und werden hier als *aktionsfähig* bezeichnet. Aktionsfähig sind unter anderem die Objekte der Klassen `AbstractButton`, `Button`, `JTextField`, `JButton`, `JMenuItem` und `JToggleButton`). Wenn man z. B. einen Knopf des Typs `JButton` anklickt, erzeugt er ein Aktionsereignis.

Es gibt nur *eine* Art von Aktionsereignissen. Die Schnittstelle `ActionListener` enthält entsprechend das Profile von nur *einer* Behandlermethode:

```
1  public interface ActionListener extends EventListener {
2      public void actionPerformed(ActionEvent ae);
3  }
```

Jedes aktionsfähige Objekt `afob` enthält eine Methode mit dem Profil

```
4   void addActionListener(ActionListener al);
```

Mit dieser Methode kann man eine Behandlermethode, verpackt in ein `Action-Listener`-Objekt `alob`, beim aktionsfähigen Objekt `afob` anmelden, etwa so:

```
5    afob.addActionListener(alob);
```

Wenn nach dieser Anmeldung ein `Action`-Ereignis mit `afob` als Quelle eintritt, wird die Methode `alob.actionPerformed` aufgerufen.

Jedes aktionsfähige Objekt `afob` enthält auch eine Methode mit dem Profil

```
6    void removeActionListener(ActionListener al);
```

Ein Aufruf wie `afob.removeActionListener(alob);` macht *eine* Anmeldung des Objekts `alob` beim Objekt `afob` rückgängig (falls das Objekt `alob` z. B. dreimal angemeldet war, ist es nachher nur noch zweimal angemeldet). Falls `alob` beim aktionsfähigen Objekt `afob` gar nicht angemeldet war oder man anstelle von `alob` nur `null` angibt, passiert einfach nichts.

Im Beispielprogramm `Grabo07Tst` wird bei einem Knopf (einem `JButton`-Objekt) eine Methode zur Behandlung von Aktionsereignissen angemeldet (verpackt in ein anonymes Objekt einer anonymen Klasse).

22.5 Wettläufe zwischen Haupt- und Ereignisfaden

Ein Grabo-Programm (d. h. ein Programm, in dem mindestens ein `Component`-Objekt vorkommt) wird von *zwei* Fäden ausgeführt, einem *Hauptfaden*, der die `main`-Methode ausführt und einem *Ereignisfaden*, der Grabo-Objekte auf dem Bildschirm grafisch darstellt und Ereignisse behandelt.

Spezielle Nebenläufigkeitsfehler können immer dann auftreten, wenn zwei nebenläufige Einheiten (z. B. zwei Fäden) Schreibzugriff auf denselben Wertebehälter haben. Die zwei Fäden eines Grabo-Programms können beide zum Bildschirm schreiben. Mit relativ wenig Aufwand kann der Programmierer es erreichen, dass sie sich dabei stören und Nebenläufigkeitsfehler produzieren. Unterlaufen einem solche Fehler unbeabsichtigt, sind sie typischerweise schwer zu erkennen. Das folgende Beispiel soll anhand eines sehr kleinen Programms zeigen, wie solche Nebenläufigkeitsfehler im Prinzip funktionieren und damit das Erkennen ähnlicher Fehler in größeren Programmen erleichtern.

Nebenläufigkeitsfehler werden im Englischen häufig auch als *race conditions* (wörtlich etwa: Wettlauf-Zustände) bezeichnet.

Beispiel-01: Ein spannender Wettlauf zwischen dem Haupt- und dem Ereignisfaden eines Grabo-Programms (siehe auch Beispielprogramm Wettlauf01)

```
1   static public void main(String[] _) {
2       JFrame rahmen1 = new JFrame("Wettlauf01-Rahmen");
3       rahmen1.setDefaultCloseOperation(JFrame.EXIT_ON_CLOSE);
4       rahmen1.setBounds(200, 100, 500, 250);
5       rahmen1.setVisible(true); // Sonst wird gisela null!
6
7       Graphics gisela = rahmen1.getGraphics();
8
9       gisela.setColor(Color.magenta);
10      gisela.fillRect(0, 0, 300, 150);
11
12      gisela.setColor(Color.black);
13      gisela.drawString("TEXT: Ist da was Buntes?", 10, 180);
14
15  } // main
```

Die Befehle der main-Methode werden hier wie üblich vom Hauptfaden (main thread) ausgeführt. Der führt allerdings den Befehl rahmen1.setVisible (true); in Zeile 5 nicht vollständig allein aus, sondern beauftragt nur den Ereignisfaden, das Objekt rahmen1 auf dem Bildschirm grafisch darzustellen. Sobald er diesen Auftrag vergeben hat, läuft der Hauptfaden weiter. Die relativ aufwendigen „Malerarbeiten" (das Zeichnen vieler Pixel auf den Bildschirm) wird vom Ereignisfaden durchgeführt. Nach Zeile 5 laufen die beiden Fäden also „um die Wette".

Was dann genau passiert hängt nicht nur vom Programm, sondern auch von vielen Einzelheiten des Ausführers ab, z. B. von der Anzahl und Art seiner Prozessoren und dem genauen Algorithmus, mit dem er die Prozessoren den einzelnen Fäden zur Verfügung stellt. Die folgenden Erläuterungen gelten hauptsächlich für einen 1-Prozessor-Ausführer, der Fäden stückchenweise-abwechselnd ausführt.

Das Graphics-Objekt gisela (Zeile 7) repräsentiert *den* Teil des Bildschirms, an dem das Fenster rahmen1 (vom Ereignisfaden) grafisch dargestellt werden soll. Wenn die Programmausführung wie gewünscht (d. h. schief) läuft, führt zuerst der Hauptfaden alle Befehle bis Zeile 13 (einschließlich) aus, bevor der Ereignisfaden „zum Zuge kommt". In diesem Fall werden die Ausgaben des Hauptfadens (siehe Zeile 10 und 13) vom Ereignisfaden durch das Fenster rahmen1 überschrieben.

Wenn dagegen die Ausführung fehlerfrei (d. h. *nicht* wie gewünscht) läuft, zeichnet zuerst der Ereignisfaden das Fenster rahmen1 und danach schreibt der Hauptfaden seine Ausgaben „darüber". In diesem Fall entspricht das Ergebnis auf dem Bildschirm eher dem, was man normalerweise erwarten würde.

Außer diesen beiden extremen Möglichkeiten (der Hauptfaden erledigt alle seine Zeichenarbeiten *vor* dem Ereignisfaden oder umgekehrt, der Ereignisfaden erledigt alle seine Zeichenarbeiten *vor* dem Hauptfaden) gibt es noch weitere Möglichkeiten mit verschiedenen Ergebnissen (z. B. kann der Hauptfaden *nach* seinem ersten Zeichenbefehl in Zeile 10, aber *vor* seinem zweiten Zeichenbefehl in Zeile 13 vom Ereignisfaden unterbrochen werden etc.).

Das Beispiel-01 ist sozusagen der *Kern* des Beispielprogramms Wettlauf01. Das Programm enthält aber zusätzliche Befehle, mit denen man es ein bisschen variieren und anpassen kann, falls der gewünschte Fehler in einer bestimmten Umgebung nicht sofort auftritt. Das Beispielprogramm Wettlauf02 ist eine Variante von Wettlauf01, bei der noch eine weitere Klasse (Wettlauf02Panel) benutzt wird und der Fehler deshalb etwas schwerer zu finden ist. Wettlauf03 zeigt, wie man Wettlauf01 programmieren sollte, falls man *nicht* an Fehlern interessiert ist.

23 Java und der Unicode

Zeichen werden von Computern in Form von *Codezahlen* verarbeitet. Diese Codezahlen sind in aller Regel Ganzzahlen größer oder gleich 0.

> **Def.:** Ein *Zeichencode* ist eine Abbildung zwischen einer Menge von Zeichen und einer Menge von Codezahlen.

Ältere Programmiersprachen (z.B. C und C++) lassen offen, welcher Zeichencode zur Codierung von Zeichen verwendet werden soll. Modernere Sprachen legen einen bestimmten Zeichencode fest. Z. B. beruht die Sprache Ada auf dem *ASCII-Code* und Java beruht auf dem *Unicode*.

23.1 Der ASCII-Code, der Unicode und der UTF-8-Code

Der *7-Bit-ASCII-Code* (American Standard Code for Information Interchange) legt für 128 Zeichen Codezahlen zwischen 0 und 127 fest. *Erweiterungen* dieses Zeichencodes (so genannte 8-Bit-ASCII-Codes, von denen es viele verschiedene gibt) legen zusätzlich für weitere 128 Zeichen Codezahlen zwischen 128 und 255 fest. Ein 8-Bit-ASCII-Code legt also insgesamt für 256 Zeichen Codezahlen zwischen 0 und 255 fest.

Der 7-Bit-ASCII-Code legt für die Dezimalziffern 0 bis 9, für die lateinischen Buchstaben A bis Z und a bis z und für einige Sonderzeichen wie ! ? , ; . : @ " ' + - * / < = > ( ) { } [ ] etc. Codezahlen fest. Er ist sehr weit verbreitet und sehr gut normiert (d. h. „überall gleich").

Die zahlreichen 8-Bit-Erweiterungen des ASCII-Codes dienen vor allem dazu, speziellen und teilweise länderspezifischen Zeichen wie ä ö ü Ä Ö Ü ß á Á é è æ Œ ø ł etc. Codezahlen zuzuordnen. Dabei kommt es vor, dass einem bestimmten Zeichen (z.B. dem Zeichen ü) von verschiedenen Erweiterungen verschiedene Codezahlen zugeordnet werden. Das führt häufig zu Problemen.

Beispiel-01: Wenn man unter Windows in einer DOS-Eingabeaufforderung z.B. ein ü in eine Textdatei schreibt und diese Datei dann mit einem Editor anschaut, kann es leicht passieren, dass kein ü zu sehen ist. Und wenn man mit einem Editor ein ü in eine Textdatei schreibt und deren Inhalt in einer DOS-Eingabeaufforderung anzeigen lässt, kann es ebenfalls leicht passieren, dass man kein ü sieht. Für die DOS-Eingabeaufforderung wird häufig eine andere Erweiterung des ASCII-Codes verwendet als für andere Windows-Fenster.

Für das griechische Alphabet, das kyrillische Alphabet und einige weitere Alphabete gibt es entsprechende Erweiterungen des ASCII-Codes. Für die chinesischen Schriftzeichen, die in vielen Ländern Asiens eine wichtige Rolle spielen, gibt es keine ASCII-Erweiterung.

Der *Unicode* umfasst ungefähr 60 Tausend 16-Bit-Codezahlen für häufig verwendete Zeichen (darunter mehr als 27 Tausend chinesische Schriftzeichen) und etwa eine Million 32-Bit-Codezahlen für weniger häufig verwendete Zeichen (genau sind es 63.488 16-Bit-Codezahlen und 1.048.576 32-Bit-Codezahlen, insgesamt also 1.048.576 Codezahlen).

Eine 32-Bit-Codezahl besteht aus zwei 16-Bit-Teilen, nämlich aus einem H-Teil (höherwertigen Teil, high surrogate) gefolgt von einem L-Teil (niederwertigen Teil, low surrogate).

	Eine Zahl aus dem Bereich	**Anzahl Zahlen in diesem Bereich**
H-Teil	$D800_{16}$ - $DBFF_{16}$	1024
L-Teil	$DC00_{16}$ - $DFFF_{16}$	1024

Da man jeden möglichen H-Teil mit jedem möglichen L-Teil kombinieren darf, gibt es insgesamt 1024 * 1024 gleich 1.048.576 32-Bit-Codezahlen. Wenn der Ausführer einen H-Teil erkennt, weiß er, dass ein L-Teil folgen muss und fasst beide Teile zu *einer* Codezahl zusammen.

Viele der 16-Bit-Codezahlen sind schon bestimmten Zeichen fest zugeordnet, die meisten der 32-Bit-Codezahlen sind zur Zeit (Unicode Version 4.0) noch frei für zukünftige Erweiterungen. Wer ein weiteres Zeichen (oder ein ganzes Alphabet) in den Unicode aufnehmen lassen möchte, sollte einen entsprechenden Antrag an das Unicode Consortium stellen und möglichst gut begründen. Nähere Einzelheiten erfährt man auf der Netzseite `www.unicode.org`.

Beispiel-01: Das Zeichen *LATIN SMALL LETTER U WITH DIAERESIS* (in Deutschland auch als *das kleine ü* bekannt) hat im Unicode die 16-Bit-Codezahl $00FC_{16}$.

Beispiel-02: Zur Zeichengruppe *CJK Extension B* gehört unter anderem ein Zeichen mit der 32-Bit-Codezahl $D840_{16}$ $DC01_{16}$. Es sieht etwa so aus:

Anmerkung: Als CJK-Zeichen bezeichnet man chinesische Schriftzeichen, die vor allem in China, Japan, Korea, Taiwan und Vietnam benutzt werden. 1980 entstand in Taiwan der *CCCII-Code* (*Chinese Character Code for Information Interchange*, analog zum *American Standard Code for Information Interchange*, ASCII, nur mit sehr viel mehr Zeichen). Mehrere Komitees in verschiedenen Ländern trugen dazu bei, dass daraus ein internationaler Standardcode für chinesische Zeichen wurde, der jetzt ein wichtiger Bestandteil des Unicode ist. Dieser Teil des Unicode umfasst 27.484 Zeichen (mit 16-Bit-Codezahlen) und einige Erweiterungen und Zusätze (teilweise mit 32-Bit-Codezahlen).

Ein Ärgernis für alle Programmierer von Unicode-Editoren ist das Zeichen *LATIN SMALL LETTER SHARP S* (in Deutschland auch als Eszett, scharfes S oder ß bekannt, in anderen Ländern unbekannt). Es gilt offiziell als ein *kleiner* Buchstabe. Ärgerlich ist, dass es als einziges Unicode-Zeichen bei einer Umwandlung in große Buchstaben durch *zwei* Zeichen (SS) ersetzt werden muss. Normalerweise lassen Methoden wie `toUpperCase` oder `toLowerCase` die Länge der umzuwandelnden Zeichenkette unverändert. Nur wenn das Zeichen ß in der Zeichenkette vorkommt, ändert sich ihre Länge und macht evtl. komplizierte Befehle zur Speicherverwaltung notwendig. In der Schweiz wird kein ß verwendet. Eine Rechtschreibreform, die die Schweizer Schreibweisen übernimmt und das ß abschafft, würde die Verbreitung des Unicode ein bisschen (mehr als ein bißchen) vereinfachen.

Der Unicode hat eine *nachteilige* und zwei *vorteilhafte* Eigenschaften:

Uni-Vorteil-1: Jedes Zeichen hat eine feste Codezahl, fehlerträchtige Umcodierungen entfallen.

Uni-Vorteil-2: Alle weltweit häufig verwendeten Zeichen haben *gleich lange* Codezahlen.

Uni-Nachteil: Die in westlichen Ländern besonders häufig verwendeten ASCII-Zeichen belegen im Unicode doppelt soviel Speicherplatz wie im ASCII-Code (16 Bits statt nur 8).

Der Uni-Vorteil-2 ist wichtig, weil man in Programmen *Zeichenketten* praktisch immer als *Reihungen von Zeichen* (arrays of characters) realisiert, um direkt und schnell auf jedes Zeichen darin zugreifen zu können (auch ein `String`- oder `StringBuilder`-Objekt besteht im Kern aus einer privaten Reihung von `char`-Variablen). Die Komponenten einer Reihung müssen aber alle gleich lang sein.

Um diese Schnelligkeit zu erhalten und zusätzlich den Uni-Vorteil-1 zu erreichen, nimmt man *in Programmen* den Uni-Nachteil („doppelter Platzbedarf") in Kauf.

Wenn man Zeichen in eine Datei schreibt oder aus einer Datei liest, geschieht das fast immer *sequentiell* (und nicht mit *direktem Zugriff*). Deshalb müssen die Zeichen in einer Datei nicht unbedingt gleich lang sein (wie die Komponenten einer Reihung). Bei großen Dateien ist man stark daran interessiert, den Uni-Nachteil zu vermeiden. Deshalb hat man als Ergänzung zum Unicode den *UTF-8-Code* erfunden (UTF steht für *UCS Transformation Format, 8-Bit form,* und UCS für *Universal Multiple-Octet Coded Character Set.* Der Code ist deutlich praxisgerechter als sein voller Name).

Der UTF-8-Code ordnet exakt denselben Zeichen Codezahlen zu wie der Unicode, aber andere Codezahlen. Die UTF-8-Codezahlen haben unterschiedliche Längen (8, 16, 24 bzw. 32 Bits). Etwas vereinfacht gesagt gilt: Je häufiger ein Zeichen in westlichen Ländern verwendet wird, desto kürzer ist seine UTF-8-Codezahl. Die 128 ASCII-Zeichen haben 8-Bit-Codezahlen (dieselben wie im ASCII-Code), Zeichen wie ü, ö, ä etc. haben 16-Bit-Codezahlen und chinesische Zeichen haben 24-Bit und 32-Bit Codezahlen.

Der UTF-8-Code eignet sich gut zum Abspeichern von Texten, in denen viele ASCII-Zeichen und nur wenige chinesische Zeichen vorkommen (wie z. B. der Text dieses Buches). Wenn ein Text vorwiegend aus chinesischen Zeichen besteht, sollte man ihn in einem anderen Code abspeichern (z. B. im UTF-16-Code).

Gegenüber einer 8-Bit-ASCII-Datei hat eine UTF-8-Datei den Vorteil, dass spezielle Zeichen wie ü, ä, ö etc. feste Codezahlen haben und dass es möglich ist, auch ein paar chinesische Zeichen einzufügen.

ASCII-Dateien und UTF-8-Dateien sind nicht speziell gekennzeichnet (etwa durch einen Kommentar wie „ASCII" bzw. „UTF-8" am Anfang oder durch spezielle Erweiterungen des Dateinamens). Der Benutzer muss also wissen, zu welchem Code die Codezahlen in seinen Textdateien gehören und er muss dafür sorgen, dass die Dateien entsprechend interpretiert werden. Es gilt allerdings: Solange in einer Datei nur die 128 ASCII-Zeichen vorkommen, kann man sie wahlweise als ASCII-Datei oder als UTF-8-Datei interpretieren, man erhält in beiden Fällen dieselben Zeichen.

23.2 Unicode-Editoren und Compilationskommandos

Um Java-Programme zu schreiben, in denen kyrillische Buchstaben oder chinesische Schriftzeichen vorkommen, braucht man einen Unicode-Editor. Der sollte drei Dinge können:

1. Er sollte einem die *Eingabe* von beliebigen Unicode-Zeichen ermöglichen.
2. Er sollte beliebige Unicode-Zeichen auf dem Bildschirm *darstellen* können.
3. Er sollte Dateien in einem Code abspeichern können, bei dem alle Unicode-Zeichen erhalten bleiben (und nicht als „unbekannte Zeichen" durch ein Fragezeichen ersetzt werden). Der UTF-8-Code ist ein solcher Code.

Der Unicode-Editor *yudit* (siehe `www.yudit.org`) erlaubt einem die Eingabe von Unicode-Zeichen durch Eingabe ihrer Codezahl (ASCII-Zeichen kann man auch wie gewohnt direkt durch einzelne Tastendrücke eingeben). Der Editor bringt eigene Fontdateien mit und kann damit alle Unicode-Dateien auf dem Bildschirm darstellen. Editierte Dateien kann man in verschiedenen Codes abspeichern, unter anderem im UTF-8-Code.

Der Unicode-Editor *Simredo* (siehe `purl.oclc.org/net/klivo/simredoeng`) ist in Java geschrieben und besteht im wesentlichen aus einer `.jar`-Datei (leicht zu installieren). Er erlaubt einem die Eingabe von Unicode-Zeichen durch Auswahl aus einer Liste von Zeichen. Um in dieser langen Liste gezielt navigieren zu können, sollte man die Codezahlen der gewünschten Zeichen kennen. Dieser Editor wird besser, wenn man zusätzlich eine geeignete Font-Datei installiert. Gut geeignet ist die Datei `Arialuni.ttf` (ca. 24 MB), die die Firma Microsoft allen Interessierten kostenlos zur Verfügung stellt und die plattformunabhängig (also auch unter Linux) verwendbar ist. Auch der Editor Simredo kann Dateien unter anderem im UTF-8-Code abspeichern.

Um mit dem Compiler `javac` der Firma Sun eine Java-Quelldatei zu compilieren, die im UTF-8-Format abgespeichert wurde, muss man folgendes Kommando eingeben:

```
> javac -encoding UTF8 Hallo.java
```

Das entsprechende Kommando für den Gnu-Compiler `gcj` sieht so aus:

```
> gcj -C --encoding=UTF-8 Hallo.java
```

23.3 Java-Konsolen-Programme und Unicode-Zeichen

Ein Java-Quellprogramm darf aus beliebigen Unicode-Zeichen bestehen. Schlüsselworte wie `class`, `static`, `public`, `void` etc. müssen natürlich genau wie vorgegeben (mit kleinen lateinischen Buchstaben) geschrieben werden. Aber wenn der Programmierer *Namen* für seine Klassen, Methoden, Variablen etc. festlegt, darf er auch andere Zeichen verwenden (z. B. griechische und kyrillische Buchstaben und chinesische Schriftzeichen etc.). Dabei muss er nur die folgenden Regeln einhalten:

1. Ein Name muss mit einem Zeichen beginnen, für das die Funktion `Character.isJavaIdentifierStart(char  c)` das Ergebnis `true` liefert. Das sind die lateinischen Buchstaben a bis z und A bis Z , der Unterstrich _ und zur Zeit etwas mehr als 45 Tausend weitere Zeichen (darunter kyrillische Buchstaben wie Г, Ж, Я und chinesische Schriftzeichen wie 丈, 丁, 彈 etc.).

2. Nach dem ersten Zeichen eines Namens sind alle Zeichen erlaubt, für die die Funktion `Character.isJavaIdentifierPart(char  c)` das Ergebnis `true` liefert. Das sind zur Zeit etwas mehr als 46 Tausend Zeichen (darunter alle unter 1. erwähnten Zeichen und die Dezimalziffern 0 bis 9).

Beispiel-01: Eine Java-Methode mit kyrillischen Bezeichnern darin (siehe auch das Beispielprogramm `Unicode01`)

```
1       static public void main(String[] _) {
2          int    ГЖЯ = 17;
3          String ЮИФ = "Hallo Sonja!";
4          String str = "ЮИФ";
5          pln("A Ein int-Wert: " + ГЖЯ);
6          pln("B Ein String  : " + ЮИФ);
7          pln("C Ein String  : " + str);
8       } // main
```

Ein solches Quellprogramm kann man mit einem Unicode-Editor erstellen und anschließend compilieren wie im vorigen Abschnitt skizziert.

Wenn man das Programm unter Windows mit einer ungeeigneten Codepage ausführen lässt, werden bei der Ausgabe alle kyrillischen Zeichen durch Fragezeichen ersetzt, etwa so:

```
9  A Ein int-Wert: 17
10 B Ein String  : Hallo Sonja!
11 C Ein String  : ???
```

Wenn man unter Windows eine russische Codepage auswählt (unter Start > Systemsteuerung > Regions- und Sprachoptionen) und die Ausgabe des Programms in

ein geeignetes Fenster umleitet (z. B. in das Ausgabefenster eines Editors), sieht
die Ausgabe etwa so aus:

```
12 A Ein int-Wert: 17
13 B Ein String  : Hallo Sonja!
14 C Ein String  : ЮИФ
```

Ganz entsprechend kann man auch ein Java-Programm mit chinesischen Schriftzeichen schreiben, etwa so:

Beispiel-02: Eine `main`-Methode mit chinesischen Schriftzeichen darin (siehe
auch das Beispielprogramm `Unicode02`)

```
15      static public void main(String[] _) {
16          int     丈丁弹 = 17;
17          String 丁不中 = "Hallo Sonja!";
18          String str = "a 丁 b 不 c 中 d";
19          pln("A Ein int-Wert: " + 丈丁弹);
20          pln("B Ein String  : " + 丁不中);
21          pln("C Ein String  : " + str);
22      } // main
```

Unter Windows mit einer deutschen Codepage sieht die Ausgabe so aus:

```
23 A Ein int-Wert: 17
24 B Ein String  : Hallo Sonja!
25 C Ein String  : a?b?c?d
```

Die nicht in der Codepage vorkommenden Zeichen wurden durch Fragezeichen
ersetzt. Die lateinischen Buchstaben werden wie üblich ausgegeben.

Ein Java-Quellprogramm zum Bearbeiten von chinesischen Schriftzeichen muss
selbst nicht unbedingt solche Zeichen enthalten und kann mit einem gewöhnlichen
Editor geschrieben und betrachtet werden. Die folgende `main`-Methode schreibt
chinesische Schriftzeichen im UTF-8-Code in eine Datei:

Beispiel-03: Chinesische Schriftzeichen in eine Datei schreiben

```
26 static public void main(String[] _) throws java.io.IOException {
27    // Name der Ausgabedatei:
28    String          pfad      = "Unicode05.tmp";
29    // ----------------------------------------------------------
30    // Beim Ausgeben muessen char-Werte in byte-Folgen
31    // umgewandelt werden. Beim Einlesen muessen diese
32    // byte-Folgen wieder in char-Werte umgewandelt werden.
33    Charset         charset   = Charset.forName("UTF-8");
34    CharsetDecoder byte2char  = charset.newDecoder();
35    CharsetEncoder char2byte  = charset.newEncoder();
36    // ----------------------------------------------------------
```

```
37    // Eine Datei und zwei Ausgabestroeme erzeugen und
38    // miteinander verbinden:
39    FileOutputStream    felix =
40        new FileOutputStream(pfad);
41    OutputStreamWriter oskar =
42        new OutputStreamWriter(felix, char2byte);
43    // Datenfluss:
44    // Datei Unicode04.tmp <-- felix <-- oskar <-- Programm
45
46    // Ein paar char-Werte in die Datei schreiben:
47
48    // Das CJK-Zeichen mit der Codezahl 5000
49 // char zeichen = '倀';      // Entweder so (mit Unicode-Editor)
50    char zeichen = '\u5000'; // oder so (mit gewoehnlichem Editor)
51    for (int i=1; i<=8; i++) {
52        for(int j=1; j<=16; j++) {
53            oskar.write(zeichen++);
54        } // for j
55        oskar.write('\n');
56    } // for i
57    oskar.close();
58    // -------------------------------------------------------------
59    // Zwei Eingabestroeme erzeugen und mit der Datei verbinden:
60    FileInputStream    fiona =
61        new FileInputStream(pfad);
62    InputStreamReader ilse  =
63        new InputStreamReader(fiona, byte2char);
64    // Datenfluss:
65    // Datei Unicode04.tmp --> fiona --> ilse --> Programm
66
67    // Alle Zeichen aus der Datei lesen
68    // und zur Standardausgabe ausgeben:
69
70    pln("Die Datei " + pfad + " enthaelt folgende " +
71        "Zeichen (in hex-Darstellung):");
72    int nr = 1;
73    while (ilse.ready()) { // Falls Datei noch nicht zu Ende
74        // Die Methode read liest ein Zeichen und
75        // liefert es als int-Wert (nicht als char-Wert!):
76        int ein = ilse.read();
77        // Zeilenwechsel-Markierungen (CR- und LF-Zeichen)
78        // ignorieren:
79        if (ein == '\n' || ein == '\r') continue;
80        // Ein Zeichen als hex-Zahl ausgeben
81        p(Integer.toHexString(ein) + " ");
82
83        // Nach jeweils 16 Zeichen eine neue Zeile beginnen:
84        ...
85    } // while
86    pln();
87    ilse.close();
```

```
88    // -----------------------------------------------------------
89 } // main
```

In Zeile 49 wird die Variable `zeichen` mit dem `char`-Literal '倀' initialisiert. Diese Version findet man auch im Beispielprogramm `Unicode05`, welches man mit einem Unicode-Editor betrachten und bearbeiten sollte. In Zeile 50 wird die Variable `zeichen` mit dem `char`-Literal `'\u5000'` initialisiert. Diese Version findet man auch im Beispielprogramm `Unicode04`, welches man mit einem „gewöhnlichen" Editor betrachten und bearbeiten kann. Die Beispielprogramme `Unicode04` und `Unicode05` unterscheiden sich nur in durch diese eine Zeile (und ihre Namen).

Nach einer Ausführung des Programms `Unicode04` (bzw. `Unicode05`) stehen die folgenden Zeilen in der Datei `Unicode04.tmp` (bzw. `Unicode05.tmp`):

```
90 倀倁倂倃倄倅倆倇倈倉倊個倌倍倎倏
91 倐們倒倓倔倕倖倗倘候倚倛倜倝倞借
92 倠倡倢倣値倥倦倧倨倩倪倫倬倭倮倯
93 倰倱倲倳倴倵倶倷倸倹债倻值倽倾倿
94 偀偁偂偃偄偅偆假偈偉偊偋偌偍偎偏
95 偐偑偒偓偔偕偖偗偘偙做偛停偝偞偟
96 偠偡偢偣偤健偦偧偨偩偪偫偬偭偮偯
97 偰偱偲偳側偵偶偷偸偹偺偻偼偽偾偿
```

Die Ausgabe der Programme zum Bildschirm sieht etwas langweiliger aus, erfordert aber keinen speziellen Font und keine spezielle Codepage:

```
98  Die Datei Unicode04.tmp enthaelt folgende Zeichen (in hex-Darstellung):
99  5000 5001 5002 5003 5004 5005 5006 5007 5008 5009 500a 500b 500c 500d 500e 500f
100 5010 5011 5012 5013 5014 5015 5016 5017 5018 5019 501a 501b 501c 501d 501e 501f
101 5020 5021 5022 5023 5024 5025 5026 5027 5028 5029 502a 502b 502c 502d 502e 502f
102 5030 5031 5032 5033 5034 5035 5036 5037 5038 5039 503a 503b 503c 503d 503e 503f
103 5040 5041 5042 5043 5044 5045 5046 5047 5048 5049 504a 504b 504c 504d 504e 504f
104 5050 5051 5052 5053 5054 5055 5056 5057 5058 5059 505a 505b 505c 505d 505e 505f
105 5060 5061 5062 5063 5064 5065 5066 5067 5068 5069 506a 506b 506c 506d 506e 506f
106 5070 5071 5072 5073 5074 5075 5076 5077 5078 5079 507a 507b 507c 507d 507e 507f
```

Dieses Programm wandelt die chinesischen Zeichen beim Ausgeben (mit dem `write`-Befehl in Zeile 53) vom internen Unicode in den externen UTF-8-Code um und beim Einlesen (mit dem `read`-Befehl in Zeile 76) umgekehrt vom externen UTF-8-Code in den internen Unicode. Das geschieht mit Hilfe der in den Zeilen 33 bis 35 vereinbarten Objekte: Mit dem `CharSet`-Objekt `charset` wird der externe Code (hier: UTF-8) festgelegt und ein entsprechendes `CharsetEncoder`-Objekt `char2byte` und ein entsprechendes `CharsetDecoder`-Objekt `byte2char` erzeugt. Das Encoder-Objekt `char2byte` wird in der Vereinbarung des

Ausgabestroms `oskar` angegeben (Zeile 42) und das Decoder-Objekt `byte2char` entsprechend in der Vereinbarung des Eingabestroms `ilse` (Zeile 62-63).

Wenn man bei der Vereinbarung des Ausgabestroms `oskar` *kein* Encoder-Objekt angibt, wird ein „landesübliches Standard-Encoder-Objekt" verwendet. In Deutschland wandelt dieses Standard-Encoder-Objekt die Codezahlen des Unicode in die Codezahlen einer ASCII-Erweiterung um. Dabei werden alle chinesischen Schriftzeichen durch Fragezeichen ? ersetzt.

24 Glossar

Erläuterungen zu den wichtigsten in diesem Buch eingeführten und verwendeten Fachbegriffen werden hier noch einmal in alphabetischer Reihenfolge wiederholt. Viele der Begriffe, aber nicht alle, sind allgemein üblich und verbreitet. Die folgenden Kennzeichnungen sollen einen Hinweis darauf geben, wie weit der betreffende Begriff verbreitet ist:

(a)   Der Begriff ist allgemein üblich und verbreitet.

(o)   Der Begriff stammt aus einem offiziellen Standard oder einem ähnlichen Dokument, ist aber nicht unbedingt weit verbreitet.

(s)   Ein spezieller Begriff, der in diesem Buch eingeführt wird, aber wenig oder gar nicht verbreitet ist.

(a, s) Ein allgemein üblicher Begriff, der in diesem Buch mit einer speziellen Bedeutung eingeführt und verwendet wird.

Zu kursiv gesetzten Worten oder Wortfolgen in den Erläuterungen, z. B. *Profil* oder *einfache Anweisung*, gibt es in diesem Glossar weitere Erläuterungen (in einem HTML-Dokument würde man aus diesen Worten Hyperlinks machen).

+0/-0 (a): Zum Typ `float` gehören zwei Zahlen namens `+0` (oder einfach `0`) und `-0`. In den meisten Zusammenhängen haben diese beiden Zahlen die gleiche Wirkung (z. B. beim Vergleichen zweier `float`-Wert und beim Addieren und Subtrahieren), nur beim Dividieren und Multiplizieren unterscheiden sie sich. Z. B. ist `17/+0` gleich *infinity*, `17/-0` ist gleich *-infinity*, `+0*17` ist gleich `+0` und `-0*17` ist gleich `-0`. Für den Typ `double` gilt Entsprechendes.

abstrakte Klasse (a): Eine Klasse, die man beerben aber nicht instanziieren darf. Eine abstrakte Klasse kann alle Elemente einer konkreten Klasse enthalten und zusätzlich auch noch abstrakte Methoden.

abstrakte Methode (a): Eine abstrakte Methode hat ein *Profil*, aber keinen *Rumpf*. Ihre Vereinbarung beginnt mit dem Schlüsselwort `abstract` und anstelle eines Rumpfes wird nur ein Semikolon notiert. Eine abstrakte Methode ist immer eine *Objektmethode* (es gibt keine abstrakten *Klassenmethoden*). Abstrakte Methoden dürfen nur in *abstrakten Klassen* und in *Schnittstellen* vereinbart werden. Wenn eine konkrete Klasse K abstrakte Methoden erbt oder mit `implements` zu implementieren verspricht, muss K diese abstrakten Methoden mit konkreten Methoden („Methoden mit Rumpf") *überschreiben.*

actual parameter (a): siehe *aktueller Parameter.*

Adapter-Klasse (zu einer Schnittstelle) (a): Eine Klasse, die die abstrakten Methoden der Schnittstelle mit konkreten Methoden mit leeren Rümpfen (*Strohpuppen*) implementiert.

aktueller Parameter (engl. actual parameter, argument) (a): siehe *Parameter.*

anonymous classes (a): siehe *namenlose Klassen.*

anonymous constructor (o): siehe *namenloser Konstruktor.*

annoymous objects (a): siehe *namenlose Objekte.*

anonymous package (a): siehe *namenloses Paket.*

Anweisung (engl. statement) (a): Ein Befehl des Programmierers an den Ausführer, bestimmte *Werte* in bestimmte *Wertebehälter* zu tun. Man unterscheidet *einfache Anweisungen* (die keine anderen Anweisungen enthalten, z. B. die Zuweisung, die return-Anweisung und die break-Anweisung) und *zusammengesetzte Anweisungen* (die andere Anweisungen enthalten, z. B. die if-Anweisung und die while-Anweisung etc.).

argument (a): siehe *aktueller Parameter.*

arity (a): siehe *Stelligkeit (einer Operation).*

array (a): siehe Reihung.

array type (a): siehe Reihungstyp.

ASCII-Code (a): Der ASCII-Code legt für 128 Zeichen (a bis z, A bis Z, 0 bis 9 und einige Sonderzeichen wie . , ; ! ? ( ) [ ] { } etc.) Codezahlen zwischen 0 und 127 fest. Zahlreiche Erweiterungen des ASCII-Codes legen zusätzlich für weitere 128 Zeichen Codezahlen zwischen 128 und 255 fest. Welche zusätzlichen Zeichen das sind und welche Codezahlen ihnen zugeordnet werden, ist von Land zu Land und manchmal von Programm zu Programm verschieden (deshalb gibt es so viele Varianten des ASCII-Codes). Beispiel: Die Zeichen ä ö ü Ä Ö Ü und ß werden in einer zeichenorientierten DOS-Eingabeaufforderung unter Windows häufig anders codiert als in einem grafischen Fenster (z. B. eines Editors).

assertion (assert-Anweisung) (a): siehe Zusicherung.

Assoziativität (eines zweistelligen Operators) (a): Die Infixnotation zweistelliger Operatoren ist mehrdeutig und muss durch zusätzliche Konventionen eindeutig gemacht werden. Weit verbreitet und allgemein bekannt ist z. B. die Konvention, dass der Subtraktionsoperator − linksassoziativ ist, d. h. in einem Ausdruck wie 8 − 5 − 3 soll der Operand zwischen den beiden Minusoperatoren (d. h. die 5) „nach links assoziiert" werden, etwa so: (8 − 5) − 3. In Java ist die Zuweisung = ein rechtsassoziativer Operator, d. h. in einem Ausdruck wie a = b = c soll der Operand b „nach rechts assoziiert" werden, etwa so: a = (b = c).

Attribut (einer Klasse, engl. field) (a): Eine Variable, die innerhalb einer Klasse vereinbart wurde.

aufrufen (engl. to call) (a): Aufrufen kann man nur *Unterprogramme* (oder *Methoden, Funktionen, Prozeduren*). Dabei muss man dem Unterprogramm für jeden seiner *formalen Parameter* einen entsprechenden *Wert* als *aktuellen Parameter* übergeben. Diese aktuellen Parameterwerte beschreibt der Programmierer durch *Ausdrücke. Klassen, Objekte,* andere Module und *Variablen* kann man *benutzen*, aber nicht aufrufen.

Aufzählungstyp (engl. enumeration type) (a): In Java: Ein Klassentyp, dessen Vereinbarung mit dem Schlüsselwort enum und einer Aufzählung von Namen für die Werte des Typs beginnt.

Ausdruck (engl. expression) (a): Ein Befehl des Programmierers an den Ausführer, einen Wert zu berechnen. Ausdrücke bestehen aus Namen von Variablen, Funktionsaufrufen, Operatoren und runden Klammern. Man unterscheidet einfache Ausdrücke (die keine anderen Ausdrücke enthalten, z. B. 123 oder x) und zusammengesetzte Ausdrücke (die andere Ausdrücke enthalten, z. B. 123 + x).

Ausführer (engl. exer) (s): Eine Rolle im Rollenspiel des Programmierens. Der Ausführer prüft Programme, lehnt sie ab oder akzeptiert sie und führt sie aus. Der Begriff des Ausführers soll alles zusammenfassen, was man zum Ausführen eines Programms benötigt, z. B. eine bestimmte Hardware, ein Betriebssystem, einen Compiler, eine Standardbibliothek, einen Interpreter und evtl. weitere Werkzeuge.

Ausnahme (engl. exception) (a): Ein Objekt einer *Ausnahmeklasse.* Wird (mit der *throw*-Anweisung) geworfen, wenn eine Ausnahmesituation auftritt (z. B. wenn eine Ganzzahl durch 0 dividiert wird). Wird eine Ausnahme nicht gefangen (mit einem `try-catch`-Befehl) bewirkt sie einen Abbruch der Programmausführung und die Ausgabe einer Fehlermeldung.

Ausnahmeklasse (engl. exception class) (o): Eine (direkte oder indirekte) Unterklasse der Klasse `java.lang.Throwable`. Nur Objekte von Ausnahmeklassen können mit der *throw*-Anweisung als Ausnahmen geworfen werden. Siehe auch *geprüfte Ausnahmen* und *ungeprüfte Ausnahmen*.

auto boxing (a): siehe *Autohüllen*.

Autohüllen (s): Das automatische Verhüllen bzw. Enthüllen eines primitiven Wertes. Beim Verhüllen wird der primitive Wert in ein *Hüllobjekt* eingehüllt, beim Enthüllen wird er aus dem Objekt wieder zurückgewonnen.

Bauplanaspekt (einer Klasse) (s): Dazu gehören alle nicht mit `static` gekennzeichneten *Elemente* der Klasse (engl. instance members). Diese Elemente werden in jedes Objekt der Klasse eingebaut.

Bedingung (engl. condition) (a): Ein *Ausdruck* des Typs `boolean`.

Bedingungsoperation (a): Eine Art `if`-Befehl, der aber keine *Anweisung* ist, sondern zum Bilden von *Ausdrücken* dient (ein „Ausdrucks-if-Befehl"). Diese Operation ist dreistellig, ihr Name (der Bedingungsoperator) besteht aus zwei Teilen (einem Fragezeichen und einem Doppelpunkt) und wird *mixfix* notiert. Beispiel: `a < b ? a+b : 2*c + 17` Für diesen Ausdruck gilt: Wenn `a<b` ist, hat er den Wert `a+b` und sonst den Wert `2*c + 17`.

beerben (eine Oberklasse, engl. to inherit from) (a, s): In Java darf/muss jede *Klasse* U genau eine andere Klasse O beerben, etwa so: `class U extends O { ... }`. Dadurch übernimmt U alle *Elemente* von O. Wenn der Programmierer eine Klasse U vereinbart und nicht ausdrücklich etwas anderes festlegt, beerbt seine Klasse U die Klasse `Object`. Die einzige Ausnahme von dieser Regel ist die Klasse `Object`, die keine andere Klasse beerbt. Weil jede Klasse nur **eine** Klasse beerben darf, spricht man auch von einfacher Beerbung. Mit dem Wort *erweitern* kann man das Gleiche ausdrücken wie mit beerben (jede *Klasse* U darf/muss genau eine andere Klasse O *erweitern* etc.).

Befehl (s): Ein Befehl ist entweder eine *Vereinbarung* oder ein *Ausdruck* oder eine *Anweisung* (oder einer der wenigen Befehle, die sich nur schwer in eine dieser drei Gruppen einordnen lässt).

Behälter (engl. container) (o): Ein Objekt einer *Behälterklasse*. In ein Behälter-Objekt kann man *Grabo-Komponenten* einfügen.

Behälterklasse (engl. containerclass) (o): In Java: Eine Unterklasse der Klasse `java.awt.Container`.

Behandler-Methode (engl. handler method) (a, s): Eine Methode, die als Reaktion auf *Ereignisse* einer bestimmten Art ausgeführt wird (in einem *Grabo-Programm*).

Behandler-Objekt (a, s): Ein Objekt, welches *Behandler-Methoden* enthält und bei einem *Grabo-Objekt* angemeldet werden kann.

benutzen (eine Klasse) (a, s): Eine Klasse kann man als *Bauplan* benutzen (instanziieren) oder als *Modul* benutzen. Beispiele: Mit einem Ausdruck wie `new StringBuilder("Hallo!")` instanziiert man die Klasse `StringBuilder`. Mit einem Ausdruck wie `Math.max(a, b)` und mit einer Anweisung wie `System.out.println()` benutzt man die Klasse `Math` bzw. `System` als Modul.

benutzen (eine Methode) (a, s): Ein Unterprogramm (eine Methode, eine Funktion, eine Prozedur) benutzt man, indem man sie *aufruft*.

benutzen (eine Variable) (a, s): Eine Variable benutzt man, indem man sie als Ausdruck oder als Teil eines Ausdrucks erwähnt oder indem man ihr einen Wert zuweist. Beispiele: In den Ausdrücken `x` und `x + 1` und in der Zuweisung `x = 17;` wird die Variable `x` benutzt.

benutzen (einen Modul): Einen Modul m benutzt man, indem man ein Element e aus dem ungeschützten (öffentlichen, sichtbaren) Teil von m benutzt. Falls dieses Element m.e ein Attribut (d. h. eine Variable) ist, kann man es als Variable benutzen. Falls das Element m.e eine Methode ist, kann man sie aufrufen etc. In Java kann der Modul m eine Klasse (z. B. Math) oder ein Objekt (z. B. System.out) sein.

Benutzer (engl. user) (s): Eine Rolle im Rollenspiel des Programmierens. Der Benutzer fordert den *Ausführer* dazu auf, Programme auszuführen und ist für Ein- und Ausgabedaten zuständig.

Beobachter (engl. observer, listener) (a): siehe *Behandler-Objekt.*

Bindungsstärke (eines zweistelligen Operators, engl. priority) (a): Die Infixnotation *zweistelliger Operatoren* ist mehrdeutig und muss durch zusätzliche Konventionen eindeutig gemacht werden. Weit verbreitet ist z. B. die Konvention „Punktrechnung geht vor Strichrechnung", d. h. ein Ausdruck wie 3 + 2 * 5 hat den Wert 3 + (2 * 5) gleich 30, und nicht den Wert (3 + 2) * 5 gleich 25. Weniger verbreitet ist die Konvention, dass ein Ausdruck wie true || false && false den Wert true, und nicht den Wert false hat. In Java hat jeder *Operator* eine Bindungsstärke zwischen 1 und 13. *Operationen* mit höherer Bindungsstärke werden vor solchen mit niedrigerer Bindungsstärke ausgeführt. Nur wenige *Kollegen* kennen die Bindungsstärken aller Operatoren auswendig. In Zweifelsfällen sollte man deshalb die Bedeutung von Ausdrücken durch runde Klammern deutlich machen.

Blank (engl. blank, space) (a): siehe *SPACE.*

Block: eine zusammengesetzte Anweisung. Dient dazu, mehrere Vereinbarungen und Anweisungen zu einer Anweisung zusammenzufassen.

Boje (a, s): Eine grafische Darstellung einer Variablen. Stellt die einzelnen Teile einer Variablen (die Referenz, den Wert, den Namen und den Zielwert) durch Kästchen verschiedener Formen dar. Betont den Unterschied zwischen „normalen Werten" (in viereckigen Kästchen) und Referenzen (in sechseckigen Kästchen). Wurde im Zusammenhang mit der Sprache Algol68 erfunden.

boolean (a): In Java ein *primitiver, nicht-numerischer* Typ, zu dem nur zwei Werte gehören, true und false. Diese Werte können **nicht** mit Cast-Befehlen in Werte eines anderen Typs (z. B. eines *numerischen* Typs) umgewandelt werden.

break: eine *einfache Anweisung,* mit der man eine *Schleife* oder eine *switch*-Anweisung beenden kann. Siehe auch *continue.*

button (a, s): siehe *Knopf.*

by value (a): siehe *Parameterübergabe per Wert.*

Bytecode-Interpreter (a): Ein Programm, welches Bytecode-Dateien (einlesen und) ausführen kann. Beispiele: Das Programm java der Firma Sun und das Programm gij aus dem Gnu-Projekt sind Bytecode-Interpreter.

byteorientierter Strom (engl. byte stream) (a): Dient zum Einlesen und Ausgeben von binären Daten, z. B. von Objekten, von Bildern und Audiodaten. Wenn es um Zeichen oder Texte geht, wird meistens ein *zeichenorientierter Strom* mit einem byteorientierten Strom kombiniert (d. h. auch Zeichen und Texte werden letztlich als binäre Daten ein- und ausgegeben).

call (a subprogram or a method): siehe *aufrufen.*

call by reference (a): Sprachlich missglückte Bezeichnung für *pass by reference.* Siehe *Parameterübergabe per Referenz.*

call by value (a): Sprachlich missglückte Bezeichnung für *pass by value.* Siehe *Parameterübergabe per Wert.*

Cast-Befehl (a): Ähnelt einem Funktionsaufruf (dient dazu, einen Wert zu berechnen). Bewirkt eine *Typumwandlung* zwischen nah miteinander verwandten Typen (zwischen zwei *Referenztypen,* von denen der eine ein Untertyp des anderen ist, oder zwischen zwei *numerischen Typen*). Beispiel: Der Cast-Befehl (int) 17.85 berechnet aus dem double-Wert 17.85 den int-Wert 17.

Kein Typ ist mit dem Typ `String` oder mit dem Typ `boolean` nah verwandt (Umwandlungen in diese Typen können also nicht mit Cast-Befehlen bewirkt werden).

character stream (a): siehe *zeichenorientierter Strom*.

checked exception (o): siehe *geprüfte Ausnahme*.

collection (o): siehe *Sammlung*.

collection class (o): siehe *Sammlungsklasse*.

compound expression (a): siehe *zusammengesetzter Ausdruck*.

compound statement (a): siehe *zusammengesetzte Anweisung*.

concurrent (a): siehe *nebenläufig, Prozess, Faden*

container (o): siehe *Behälter*.

container class (o): siehe *Behälterklasse*.

continue (a): eine *einfache Anweisung*, mit der man eine Ausführung eines Schleifenrumpfes (aber nicht „die ganze Schleife") beenden kann. Siehe auch *break*.

conversion (a): siehe *Typumwandlung*.

CR-Zeichen (a): Das Unicode-Zeichen CARRIAGE RETURN („Wagenrücklauf", gemeint ist der „Wagen" einer mechanischen Schreibmaschine) mit dem Code u000D (kann auch durch das `char`-Literal `'\r'` bezeichnet werden). Siehe auch *Zeilenende-Markierung*.

deadlock (o): siehe *Verklemmung*.

declaration (a): siehe *Vereinbarung*.

direkte Oberklasse (o): Durch `class DU extends DO {...}` vereinbart man die Klasse DU als Unterklasse der direkten Oberklasse DO. Jede Klasse DU hat genau eine direkte Oberklasse DO (nur die Klasse `Object` hat keine direkte Oberklasse und auch keine anderen Oberklassen).

direkte Unterklasse (o): Durch `class DU extends DO {...}` wird die Klasse DU als eine direkte Unterklasse der Klasse DO vereinbart. Man kann beliebig viele Klassen DU1, DU2, ... als direkte Unterklassen einer Klasse DO vereinbaren.

do-while (a): eine *zusammengesetzte Anweisung*, eine *Wiederholungsanweisung (Schleife)*.

DOS-Eingabeaufforderung (unter Windows) (a): siehe *Konsole*.

dreistellig (a): siehe *Stelligkeit*.

einfache Anweisung (engl. simple statement) (a): Eine *Anweisung*, die (möglicherweise *Ausdrücke* aber) keine Anweisungen enthält.

einfacher Ausdruck (engl. simple expression) (a): Entweder ein *Literal* oder der Name einer *Variablen*. Solche Ausdrücke enthalten keine anderen Ausdrücke.

einstellig (a): siehe *Stelligkeit*.

Element (einer Klasse, engl. member) (a): Eine *Variable*, ein *Unterprogramm*, eine *Klasse* oder *Schnittstelle*, die innerhalb einer Klasse vereinbart wurde (solche Variablen werden häufig als *Attribute* und solche Unterprogramme als *Methoden* bezeichnet). In Java zählen *Konstruktoren* offiziell nicht zu den Elementen ihrer Klasse. Die Elemente einer Klasse kann man auf verschiedene Weisen in Gruppen einteilen: Nach ihrer Erreichbarkeit (`public`, `protected`, paketweit und `private`), nach ihrer „Aspektzugehörigkeit" (Klassenelemente, Objektelemente) und nach ihrer Art (Attribut, Methode, Klasse oder Schnittstelle).

empty array (a): siehe *leere Reihung*.

empty body (a): siehe *leerer Rumpf*.

empty collection (a): siehe *leere Sammlung*.

empty statement (a): siehe *leere Anweisung*.

empty string (a): siehe *leerer String*.

enum type (a): siehe *Aufzählungstyp*.

Ereignis (engl. event) (a): Wenn ein Benutzer mit einer grafischen Benutzeroberfläche interagiert, indem er z. B. einen Knopf (engl. button) anklickt, löst er damit ein Ereignis und (wenn der

Programmierer entsprechende Vorkehrungen getroffen hat) die Ausführung bestimmter Behandlermethoden aus.

Ereignisfaden (engl. event thread) (o, s): siehe *Faden*.

Ergebnistyp (einer Methode, engl. result type, return type) (a): In Java muss man beim Vereinbaren einer *Methode* unmittelbar vor ihrem Namen immer einen Ergebnistyp festlegen, bei *Prozeduren* (die nichts zurückgeben) den Pseudotyp *void* und bei *Funktionen* (die etwas zurückgeben) einen „richtigen Rückgabetyp" wie `int` oder `String` etc.

ersetzen (geerbte Elemente) (s): In einer Klasse K kann man ein geerbtes Element durch ein *homonymes*, in K vereinbartes Element ersetzen. Es gibt zwei Arten von ersetzen: *verdecken* und *überschreiben*. Objektmethoden werden „endgültig" überschrieben, alle anderen Elemente (Klassenmethoden, Klassenattribute und Objektattribute) werden „nur" verdeckt.

erweitern (eine Oberklasse, engl. to extend) (a): In Java darf/muss jede *Klasse* U genau eine andere Klasse O erweitern, etwa so: `class U extends O { ... }`. Dadurch übernimmt U alle *Elemente* von O. Wenn der Programmierer eine Klasse U vereinbart und nicht ausdrücklich etwas anderes festlegt, erweitert seine Klasse U die Klasse `Object`. Die einzige Ausnahme von dieser Regel ist die Klasse `Object`, die keine andere Klasse erweitert. Mit dem Wort *beerben* kann man das Gleiche ausdrücken wie mit erweitern (jede *Klasse* U darf/muss genau eine andere Klasse O *beerben* etc.).

Etikett (engl. label) (a, s): Ein *Grabo-Objekt*, welches zu einer der Klassen `Label`, `JLabel`, `BasicComboBoxRenderer`, `DefaultListCellRenderer`, `DefaultTableCellRenderer`, `DefaultTreeCellRenderer` gehört.

event (a): siehe *Ereignis*.

event thread (a): siehe *Faden*.

exception (o): siehe *Ausnahme*.

exer (s): siehe *Ausführer*.

expression (a): siehe *Ausdruck*.

Faden (engl. thread of control) (o, s): Beim Ausführen eines Programms besteht der Java-Ausführer aus mindestens einem Faden, dem Hauptfaden (main thread). Er kann sich aber (auf Befehl des Programmierers) „in mehrere Fäden aufspalten". Jeden Faden kann man sich als einen selbständigen Ausführer vorstellen, der nebenläufig zu (concurrently, zeitlich unabhängig von) den anderen Fäden, bestimmte Befehle des Programms ausführt. Dabei kann es passieren, dass mehrere Fäden z. B. dieselbe Methode (nebenläufig zueinander) ausführen. Ein Programm mit `awt`- oder `swing`-*Grabo* wird automatisch von mindestens zwei Fäden ausgeführt, dem Hauptfaden (main thread), der die *main*-Methode ausführt, und einem Ereignisfaden (event thread), der auf die vom Benutzer ausgelösten Ereignisse (Maus-Klicks, Tastendrücke etc.) reagiert. Auf heute noch üblichen Computern mit nur einem Hauptprozessor werden Fäden „stückchenweise abwechselnd" ausgeführt. Um dabei von einem Faden zu einem anderen zu wechseln müssen relativ wenig Maschinenbefehle ausgeführt werden („ein Fadenwechsel ist billig"). Siehe auch *Prozess*. In Java ist ein Faden ein Objekt der Klasse `java.lang.Thread`.

Fallunterscheidungsanweisung (a, s): Eine *zusammengesetzte Anweisung* mit der man bewirken kann, dass die darin enthaltenen Anweisungen weniger als einmal (also nicht) ausgeführt werden. Siehe auch *if* und *switch*.

field (of a class) (a): siehe *Attribut (einer Klasse)*.

final (a): Eine mit `final` vereinbarte Variable ist unveränderbar (d. h. ihr Wert kann nicht verändert werden). Eine mit `final` vereinbarte Methode kann nicht *überschrieben* oder *verdeckt* werden. Eine mit `final` vereinbarte Klasse kann nicht erweitert (beerbt) werden.

floatingpoint arithmetic (a): siehe *Gleitpunktarithmetik*.

for: eine *zusammengesetzte Anweisung*, eine *Wiederholungsanweisung (Schleife)*.

formaler Parameter (engl. formal parameter) (a): siehe *Parameter*.

Funktion (engl. function) (a): Ein *Unterprogramm*, welches einen Wert liefert, wenn man es aufruft. Gegensatz: *Prozedur*. Funktionen dienen dazu, einen Wert zu berechnen. Der Aufruf einer Funktion ist ein *Ausdruck*.

funktionale Programmiersprache (engl. functional programming language) (a): Eine Programmiersprache, bei der alle *Unterprogramme Funktionen* sind, die keine veränderbaren *Variablen* und keine *Anweisungen* (insbesondere keine *Zuweisung*) enthält, nur *Vereinbarungen* und *Ausdrücke*. Nur wenige verbreitete Programmiersprachen sind funktional (z. B. SQL und XSLT), es gibt aber zahlreiche weniger verbreitete funktionale Sprachen (z. B. Lisp, Scheme, Miranda und Opal). Gegensatz: *prozedurale Programmiersprache*.

Ganzzahlarithmetik (integer arithmetic) (a): Dazu gehören die Typen `byte`, `char`, `short`, `int` und `long` und alle Regeln, nach denen der Java-Ausführer mit Werten dieser Typen rechnet.

generische Einheit (engl. generic unit) (a): Eine *Klasse*, *Schnittstelle* oder *Methode*, in deren Vereinbarung anstelle von konkreten Typen (wie `String`, `Integer` etc.) Typ-Parameter (wie `S`, `T`, `K` etc.) vorkommen (Beispiele: `ArrayList<K>` ist eine generische Klasse und `Set<K>` ist eine generische Schnittstelle. Bei beiden ist K ein Typ-Parameter).

geprüfte Ausnahme (engl. checked exception) (o): Ein Objekt der Klasse `Exception` oder einer Unterklasse. Wenn in einem Unterprogramm eine geprüfte Ausnahme auftreten kann, muss sie entweder gefangen-und-behandelt werden (mit einem `try-catch`-Befehl) oder sie muss am Anfang der Methodenvereinbarung nach dem Schlüsselwort `throws` erwähnt (und damit dokumentiert) werden.

getypte/ungetypte Variable (engl. typed/untyped variable) (a): Auf eine ungetypte Variable darf man beliebige Befehle anwenden und sie darf beliebige Werte (Ganzzahlen, Bruchzahlen, Zeichenketten, Wahrheitswerte etc.) enthalten. Auf eine getypte Variable eines Typs T darf man nur die Befehle von T anwenden und sie darf nur Werte des Typs T enthalten.

Gleitpunktarithmetik oder Gleitkommarithmetik (floatingpoint arithmetic) (a): Dazu gehören die Typen `float` und `double` und alle Regeln, nach denen der Java-Ausführer mit Werten dieser Typen rechnet.

Grabo (engl. GUI, graphical user interface) (s): Eine Grafische Benutzeroberfläche. Eine Grabo besteht aus Fenstern, Knöpfen, Menüs etc., mit denen der Benutzer interagieren kann (indem er z. B. mit einer Maus einen Knopf anklickt oder einen Eintrag in einem Menü wählt).

Grabo-Klasse (engl. GUI class) (s): In Java: Eine Unterklasse der Klasse `java.awt.Component`.

Grabo-Komponente (engl. GUI component) (s): In Java: Alternative Bezeichnung für ein *Grabo-Objekt*. (ein Objekt einer Unterklasse der Klasse `java.awt.Component`).

Grabo-Objekt (engl. GUI object) (s): Objekt einer *Grabo-Klasse*. Ein Grabo-Objekt besitzt eine bestimmte grafische Darstellung die (mehr oder weniger automatisch) auf dem Bildschirm erscheint, wenn das Objekt erzeugt wird.

GUI (a): graphical user interface, siehe *Grabo*.

Hauptfaden (engl. main thread) (o, s): siehe *Faden*.

Hauptklasse (eines Java-Programms, engl. main class) (s): Ein Java-Programm namens `Otto` besteht im Kern aus einer einzigen Klasse namens `Otto` (Datei: `Otto.class`), die hier als Hauptklasse des Programms bezeichnet wird. Die Hauptklasse muss eine `main`-Methode enthalten. Alle Klassen, die der Ausführer (zusätzlich zur Klasse `Otto`) benötigt, um diese `main`-Methode auszuführen, gehören als Nebenklassen zum Programm. Eine Nebenklasse darf eine `main`-Methode enthalten, muss aber nicht.

hide (an object field) (a): siehe *verdecken*.

homonym (bei Attributen oder Klassen) (s): Zwei Attribute bzw. zwei Klassen sind homonym, wenn sie gleiche Namen haben. In einer Klasse K wird ein geerbtes Attribut durch ein in K vereinbartes homonymes Attribut *verdeckt*.

homonym (bei Methoden) (s): Zwei Methoden sind homonym, wenn sie gleiche *Signaturen* haben. In einer Klasse K wird eine geerbte Objektmethode durch eine in K vereinbarte homonyme Objektmethode *überschrieben*.

Hüllklasse (engl. wrapper class) (a): Zu jedem der acht *primitiven Typen* (`byte`, `char`, `short`, `int`, `long`, `float`, `double`, `boolean`) gibt es eine entsprechende Hüllklasse (`Byte`, `Character`, `Short`, `Integer`, `Long`, `Float`, `Double`, `Boolean`). Will man einen primitiven *Wert* wie ein *Objekt* behandeln, muss man ihn in ein Objekt der entsprechenden Hüllklasse einhüllen und kann ihn später wieder enthüllen (aus dem Hüllobjekt zurückgewinnen). In vielen Situation erledigt der Ausführer das Ver- und Enthüllen automatisch (siehe *Autohüllen*).

Hüllobjekt (engl. wrapper object) (a): Objekt einer *Hüllklasse*. Dient im Wesentlichen dazu, einen primitiven Wert „als Objekt zu verkleiden".

if: eine *zusammengesetzte Anweisung*, eine *Fallunterscheidungsanweisung*.

implementieren (a): Allgemein: Eine Problemlösung konkret als Programm realisieren (z. B. einen Sortieralgorithmus implementieren). Speziell in Java: Eine *Klasse* kann beliebig viele *Schnittstellen* implementieren, d. h. ihre *abstrakten Methoden* mit konkreten *Methoden überschreiben*. Die implementierten Schnittstellen sollten am Anfang der Klassenvereinbarung nach `implements` angegeben werden.

import (a): Ein Java-Befehl, mit dem man Abkürzungen einführen kann. `import`-Befehle müssen immer ganz am Anfang einer Quelldatei stehen (nur ein *package*-Befehl darf/muss noch davor stehen). Beispiel: Nach dem Befehl `import java.util.ArrayList;` darf man anstelle des vollen Klassennamens `java.util.ArrayList` auch den einfachen Klassennamen `Array-List` benutzen. Nach dem Befehl `import.java.util.*;` darf man alle Klassen aus dem Paket `java.util` mit ihren einfachen Namen statt mit ihren vollen Namen bezeichnen. Siehe auch *static import*. Das Wort „import" suggeriert etwas anderes, als der Befehl tatsächlich leistet.

infinity/-infinity (a): Zum Typ `float` gehören zwei spezielle Zahlen namens `infinity` und `-infinity`. Diese Zahlen repräsentieren alle reellen Zahlen, die zu groß (bzw. zu klein) sind, um als endliche `float`-Zahl dargestellt zu werden. Für den Typ `double` gilt Entsprechendes.

Infixnotation (a): Ein mittelalterlicher Brauch, zweistellige Operatoren **zwischen** ihre Operanden zu schreiben (statt davor oder dahinter). Die Infixnotation ist mehrdeutig und muss durch zusätzliche Konventionen eindeutig gemacht werden. Siehe auch *Assoziativität* und *Bindungsstärke*.

Instanz (einer Klasse, engl. instance) (a): siehe *Objekt (einer Klasse)*.

instanziieren (eine Klasse, engl. to instantiate) (a): Eine Instanz einer Klasse (ein Objekt) erzeugen lassen. Mit dem Ausdruck `new StringBuilder("Hallo!")` befiehlt der Programmierer dem Ausführer, eine Instanz der Klasse `StringBuilder` zu erzeugen.

integer arithmetic (a): siehe Ganzzahlarithmetik.

interface (o): siehe *Schnittstelle*.

Interpreter (a): Ein Programm, welches Programme (einlesen und) ausführen kann. Siehe auch *Quellcode-Interpreter* und *Bytecode-Interpreter*.

Klasse (engl. class) (o, s): Ein *Modul* und ein Bauplan für Module. Die nach einem solchen Bauplan gebauten Module werden allgemein als *Objekte* oder als *Instanzen* der Klasse bezeichnet. Eine Klasse enthält Elemente und Konstruktoren. Jedes Element ist entweder ein Klassenelement (mit `static` gekennzeichnet) oder ein Objektelement (nicht mit `static` gekennzeichnet). Die *Klassenelemente* und Konstruktoren gehören zum *Modulaspekt* einer Klasse, die *Objektelemente* zum *Bauplanaspekt*.

Klassenattribut (engl. static field, class variable) (a, s): Ein mit *static* gekennzeichnetes *Attribut* einer Klasse. Gehört zum *Modulaspekt* der Klasse. Wird erzeugt, wenn die Klasse erzeugt wird.

Klassenelement (einer Klasse, engl. static member): Ein mit `static` gekennzeichnetes *Element* einer *Klasse*. Gehört zum Modulaspekt der Klasse. Wird erzeugt, wenn die Klasse erzeugt wird. Beispiel: Die `main`-Methode eines Java-Programms muss als Klassenelement der *Hauptklasse* vereinbart werden.

Klasseninitialisierer (engl. static initialiser) (o): Eine Blockanweisung, die direkt in einer Klasse steht und mit `static` gekennzeichnet ist. Wird genau einmal ausgeführt wenn die Klasse geladen (d. h. erzeugt) wird. Der Programmierer kann z. B. komplizierte Befehle (*Schleifen* etc.) zum Initialisieren von Klassenattributen in solche Klasseninitialisierer schreiben.

Klassenmethode (engl. static method) (a, s): Eine mit *static* gekennzeichnete *Methode* einer *Klasse*. Gehört zum *Modulaspekt* der Klasse. Wird erzeugt, wenn die Klasse erzeugt wird. Beispiel: Die `main`-Methode ist eine Klassenmethode ihrer Klasse.

Knopf (engl. button) (a, s): Ein *Grabo-Objekt*, welches zu einer der Klassen `Button`, `JButton`, `JCheckBox`, `JRadioButton` etc. gehört.

Kollegen (s): Der *Warter* und der *Verwender* werden hier gemeinsam als die Kollegen des *Programmierers* bezeichnet.

Kommentar (engl. comment) (a): Eine Erläuterung zu einem Programm, die der *Programmierer* für seine *Kollegen* in das Programm geschrieben hat. Der *Ausführer* ignoriert Kommentare.

Komponente (einer Reihung, engl. component of an array) (a): siehe *Reihung*.

Komponente (einer Sammlung, engl. element of a collection) (a): Ein Objekt, welches in eine *Sammlung* eingefügt wurde.

Konsole (engl. console) (a): Bestand früher aus einer Tastatur und einem zeichenorientierten Bildschirm. Besteht heute meist aus einer Tastatur und einem speziellen Fenster auf einem grafischen Bildschirm, in das der Benutzer Kommandos eingeben kann. Eine Konsole wird unter Linux auch als Shell (-Fenster) und unter Windows als DOS-Eingabeaufforderung bezeichnet.

Konstante (engl. constant) (a, s): Ein Name für einen *Wert*. Welchen Wert eine Konstante bezeichnet, wird vom Programmierer (in der *Vereinbarung* der Konstanten) festgelegt. Eine Konstante hat (anders als eine *unveränderbare Variable*) keine Referenz oder Adresse. Siehe auch *Literal* und *Wert*.

Konstruktor (einer Klasse, engl. constructor) (a): Ähnelt einer *Methode*, unterliegt aber speziellen Regeln. Ein Konstruktor heißt so wie seine Klasse, wird immer unmittelbar nach dem `new`-Befehl aufgerufen (z. B. `new StringBuilder("Hallo!")`) und dient dazu, das neu erzeugte Objekt zu initialisieren (die Bezeichnung „Initialisator" wäre intuitiver, aber „Konstruktor" hat sich allgemein durchgesetzt). Wenn man innerhalb einer Klasse mehrere Konstruktoren vereinbart, müssen sie sich durch die Anzahl und/oder die Typen ihrer Parameter unterscheiden. In Java zählen Konstruktoren offiziell nicht zu den *Elementen* einer Klasse und werden auch nicht an Unterklassen vererbt. Um in einem Konstruktor einen Konstruktor der selben Klasse (bzw. der direkten Oberklasse) aufzurufen, gibt man nicht dessen Namen an, sondern das Schlüsselwort `this` (bzw. `super`).

label (a): siehe *Etikett*.

leere Anweisung (engl. empty statement) (a): Eine Anweisung die nichts bewirkt (nichts Nützliches und nichts Schädliches). Wird in Java durch ein Semikolon dargestellt. In Java ist der Programmierer nie gezwungen, eine leere Anweisung in sein Programm zu schreiben.

leere Reihung (engl. empty array) (a): Eine *Reihung* der Länge 0.

leerer Rumpf (engl. empty body) (a): Der Rumpf einer Schleife oder einer Methode kann leer sein.

leere Sammlung (engl. empty collection) (a): Eine *Sammlung* (z. B. ein `Vector`-Objekt oder ein `Set`-Objekt) der Länge 0.

leerer String (engl. empty string) (a): Ein String der Länge 0.

leere Variable (s): Gibt es nicht. Eine Variable enthält immer genau einen Wert und kann nicht leer sein.

Leerzeichen (a): siehe *SPACE*.

LF-Zeichen (a): Das Unicode-Zeichen LINE FEED („Zeilenvorschub") mit dem Code u000A. Kann auch durch das `char`-Literal `'\n'` bezeichnet werden. Siehe auch *Zeilenende-Markierung*.

listener (a): siehe *Behandler-Objekt*.

Literal (engl. literal) (a, s): Ein Name für einen *Wert*, z. B. `123`, `3.7`, `'A'`, `"ABC"`, `true`, `false`. Welchen Wert ein Literal bezeichnet, wird vom Ausführer festgelegt und kann vom Programmierer nicht verändert werden. Siehe auch *Konstante* und *Wert*.

main thread (a): siehe *Faden*.

mehrdimensionale Reihung (a): Eine *Reihung*, deren Komponenten Reihungen sind (und nicht nur Referenzen auf Reihungen). Die in einer mehrdimensionalen Reihung enthaltenen Reihungen müssen alle gleich lang sein. Zum Kern der Sprache Java gehören *mehrstufige Reihungen*, aber keine mehrdimensionalen Reihungen. Die Firma IBM hat aber eine Java-Klasse entwickelt, deren Objekte sich genau wie mehrdimensionale Reihungen verhalten (siehe `www.alphaWorks.ibm.com`).

mehrstufige Reihung (s): In Java eine *Reihung* von Reihungen, d. h. eine Reihung, deren *Komponenten* Referenzen auf Reihungen enthalten. Die in einer mehrstufigen Reihung enthaltenen Reihungen können unterschiedlich lang sein. Gegensatz: *mehrdimensionale Reihungen*.

member (of a class) (a): siehe *Element (einer Klasse)*.

Methode (engl. method) (a): Eine Methode ist ein *Unterprogramm*, welches innerhalb einer Klasse vereinbart wurde. Siehe auch *Funktion, Prozedur*.

Mixfixnotation (a): Einige *Operatoren* (Namen für Operationen) bestehen aus mehreren Teilen, z. B. der Cast-Operator aus einer öffnenden und einer schließenden runden Klammer und der Bedingungsoperator aus einem Fragezeichen und einem Doppelpunkt. Wenn man einen solchen mehrteiligen Operator verwendet, muss man eine „gemischte Folge von Operatorteilen und Operanden" notieren und bezeichnet das als Mixfixnotation.

Modul (a): Ein Behälter für *Variablen, Unterprogramme*, weitere *Module* etc., der aus mindestens zwei Teilen besteht, einem geschützten (privaten, unsichtbaren) Teil und einem ungeschützten (öffentlichen, sichtbaren) Teil. Von Stellen ausserhalb eines Moduls kann man nur auf die Elemente zugreifen, die sich im ungeschützten Teil befinden.

Modulaspekt (einer Klasse) (s): Dazu gehören alle mit `static` gekennzeichneten *Elemente* der Klasse und alle *Konstruktoren*. Diese Elemente und Konstruktoren werden erzeugt, wenn die Klasse erzeugt (geladen) wird.

namenlose Klassen (anonymous classes) (o): In Java kann man nach `new` anstelle eines Typnamens auch die Vereinbarung einer namenlosen Klasse angeben, z. B. so: `new ActionListener() {public void actionPerformed(ActionEvent ae) { ... } }`.

namenloser Konstruktor (anonymous constructor) (o): Eine *namenlose Klasse* hat genau einen namenlosen Konstruktor und keine weiteren Konstruktoren.

namenlose Objekte (anonymous objects) (o): In Java kann man Objekte erzeugen lassen (mit `new`), ohne ihnen Namen zu geben, z. B. als Parameter im Aufruf einer Methode.

namenloses Paket (anonymous package) (o): Dieses *Paket* hat, wie sein Name schon andeutet, keinen Namen (zumindest keinen, den man in einem `package`-Befehl angeben dürfte). Wenn man beim Vereinbaren einer Klasse K nicht ausdrücklich etwas anderes festlegt (mit einem `package`-Befehl), gehört K zum namenlosen Paket.

NaN (a): Abkürzung für `Not a Number`, siehe *Unzahlen*.

Nebenklasse (eines Java-Programms) (s): Eine Klasse, welche zur Ausführung der `main`-Methode des Programms benötigt wird. Siehe auch *Hauptklasse*. Eine Klasse kann gleichzeitig die Hauptklasse eines Programms und eine Nebenklasse beliebig vieler anderer Programme sein.

nebenläufig (engl. concurrent) (a): *Prozesse* werden von einem Betriebssystem nebenläufig zueinander (concurrently, zeitlich unabhängig voneinander) ausgeführt. *Fäden* (threads) werden ebenfalls nebenläufig zueinander ausgeführt.

nicht-numerischer Typ (a): In Java ist der Typ *boolean* der einzige nicht-numerische, *primitive Typ*.

null (a): Ein Literal. Sein Wert darf in jeder Referenzvariablen stehen (unabhängig vom Typ der Variablen). Eine Variable mit diesem Wert hat keinen Zielwert (d. h. die Variable referenziert kein Objekt, sie zeigt auf kein Objekt und erst recht nicht auf null).

numerischer Typ (o): Einer der sieben primitiven Typen `byte`, `char`, `int`, `long`, `float`, `double`. Die Klassentypen `BigInteger` und `BigDecimal` zählen offiziell nicht zu den numerischen Typen (obwohl ihre Objekte Zahlen repräsentieren und man damit rechnen kann).

Oberklasse (engl. superclass) (o): Sei U eine Klasse und DO ihre *direkte Oberklasse*. Dann sind DO und alle Oberklassen von DO Oberklassen von U.

Objekt (einer Klasse, engl. object, instance) (a): Ein *Modul*, der nach einem durch eine Klasse repräsentierten Bauplan gebaut wurde.

Objektattribut (non static field, instance variable) (a, s): Ein nicht mit `static` gekennzeichnetes *Attribut* einer *Klasse*. Gehört zum Bauplanaspekt der Klasse und wird in jedes *Objekt* der Klasse eingebaut.

Objektelement (einer Klasse, instance member): Ein nicht mit `static` gekennzeichnetes *Element* einer *Klasse*. Gehört zum *Bauplanaspekt* der Klasse und wird in jedes *Objekt* der Klasse eingebaut.

Objektinitialisierer (engl. instance initializer) (o): Eine *Block*anweisung, die direkt in einer Klasse steht und nicht mit `static` gekennzeichnet ist. Wird jedes Mal ausgeführt, wenn die Klasse instanziiert wird, und zwar noch vor dem betreffenden Konstruktor. Der Programmierer kann z. B. komplizierte Befehle zum Initialisieren von Objektattributen (*Schleifen*, Zugriffe auf Dateien und Datenbanken etc.) in solche Objektinitialisierer schreiben (statt in die Konstruktoren).

Objektmethode (engl. instance method) (a, s): Eine nicht mit `static` gekennzeichnete *Methode* einer *Klasse*. Gehört zum Bauplanaspekt der Klasse und wird in jedes *Objekt* der Klasse eingebaut.

observer (a): siehe *Behandler-Objekt*.

Operand (a): Im weiteren Sinne ist ein Operand jeweils „das, worauf ein Befehl angewendet wird". Im engeren Sinne sind damit die aktuellen Parameter einer *Operation* gemeint. Z. B. besteht der Ausdruck x + y aus dem *Operator* + und den zwei Operanden x und y. Der Ausdruck -(x + y) besteht aus dem Operator - und dem einen Operanden (x + y).

Operation (a, s): Im weiteren Sinne ist damit „irgendein Befehl" gemeint. Im engeren Sinne ist eine Operation eine *Funktion*, mit einem *Operator* als Namen.

Operator (a, s): Ein Name von *Operationen*. In Java bestehen die meisten Operatoren aus ein bis vier Sonderzeichen (z. B. +, !=, >>> und >>>=). Die Operatoren der einstelligen Operationen werden entweder *präfix* oder *postfix* (vor bzw. hinter ihrem einzigen Operanden) notiert. Die Operatoren (Namen) der meisten zweistelligen Operationen werden *infix* (zwischen ihren beiden Operanden) notiert.

overload (a method name) (a): siehe *überladen*.

override (an object method) (a): siehe *überschreiben*.

package-Befehl (o): Ist nur als erster Befehl in einer Quelldatei erlaubt. Legt fest, zu welchem Paket die Klassen und Schnittstellen gehören, die in dieser Quelldatei vereinbart werden. Beispiel: Die Befehle `package petra.test.versuch1; class Otto {...}` bewirken, dass die Klasse `Otto` zum Paket mit dem *vollen Namen* `petra.test.versuch1` gehört.

Paket (engl. package) (o): In Java (nicht bei der Post): Ein Behälter für *Klassen, Schnittstellen* und *Pakete*. Ein Paket ist kein richtiger *Modul*, weil man nur die Klassen und Schnittstellen, aber nicht die Pakete in einem Paket vor Zugriffen schützen kann.

Parameter (einer generischen Einheit, a): Ein Name für einen Typ. Wird in Java in spitze Klammern eingeschlossen vereinbart, z. B. `class Paar<T> {...}`. Dieser Name `T` darf innerhalb der generischen Einheit wie der Name eines Typs verwendet werden (mit ein paar Einschränkungen).

Parameter (eines Unterprogramms, a): Dienen dazu, dem Unterprogramm Werte zu übergeben, wenn man es aufruft. In der Vereinbarung des Unterprogramms vereinbart man *formale Parameter* (ganz ähnlich wie Variablen). In einem Aufruf des Unterprogramms muss man für jeden formalen Parameter einen Ausdruck (als *aktuellen Parameter*) angeben. Siehe auch *Parameterübergabe*.

Parameterübergabe per Wert (a): In einem Aufruf eines Unterprogramms U muss man für jeden formalen *Parameter*, mit dem U vereinbart wurde, einen entsprechenden *Ausdruck* als aktuellen *Parameter* angeben. Die formalen Parameter von U werden als Variablen erzeugt und mit den Werten der aktuellen Parameter initialisiert.

Parameterübergabe per Referenz (a): Gibt es z. B. in Pascal und C#, aber nicht in Java. Die Übergabe einer Referenzvariablen per Wert hat aber praktisch den gleichen Effekt wie eine Übergabe des betreffenden Objekts per Referenz. Dass man primitive Werte und Referenzwerte in Java nicht per Referenzwerte übergeben kann, ist einerseits ein Mangel, macht aber andererseits die Sprache einfacher.

parametrisierter Typ (a): Eine generische Klasse oder Schnittstelle (z. B. `ArrayList` oder `Set`), bei der man für jeden Parameter einen konkreten Typ festgelegt hat (z. B. `ArrayList <String>`, `ArrayList<Integer>`, `Set<String>`, `Map<String, Integer>` etc.).

pass by reference (a): siehe *Parameterübergabe per Referenz*.

pass by value (a): siehe *Parameterübergabe per Wert*.

per Referenz (a): siehe *Parameterübergabe per Referenz*.

per Wert (a): siehe *Parameterübergabe per Wert*.

Plattform (a): Eine Kombination aus einer bestimmten Computer-Hardware und einem Betriebssystem, z. B. ein PC unter Linux oder ein PC unter Windows oder ein Mac unter dem MacOS oder ein Mac unter Linux etc.

Postfixnotation (a): Ein neuzeitlicher Brauch, *Operatoren* **hinter** alle ihre *Operanden* zu schreiben. Die Postxfixnotation ist (anders als die *Infixnotation*) auch ohne zusätzliche Konventionen eindeutig. Diesen Vorteil verliert sie nur, wenn man sie mit anderen Notationen (z. B. mit der *Infixnotation*) mischt, wie es in Java der Fall ist.

Präfixnotation (a): Ein neuzeitlicher Brauch, *Operatoren* **vor** alle ihre *Operanden* zu schreiben. Die Präfixnotation ist (anders als die *Infixnotation*) auch ohne zusätzliche Konventionen eindeutig. Diesen Vorteil verliert sie nur, wenn man sie mit anderen Notationen (z. B. mit der *Infixnotation*) mischt, wie es in Java der Fall ist.

primitiver Typ (a): In einer Kneipe: Ein Mensch, der sich nicht über die Feinheiten von Programmiersprachen unterhalten mag. In Java: Einer der acht Typen `byte, char, short, int, long, float, double, boolean`.

Profil (einer Methode, engl. profile) (a): Besteht aus dem *Rückgabetyp* der Methode gefolgt von ihrer *Signatur*. Beispiel: Die `main`-Methode eines Java-Programms muss das Profil `void main String[]` haben.

Programm (a, s): Eine Folge von Befehlen, die ein *Programmierer* aufgeschrieben hat und die von einem *Ausführer* ausgeführt werden kann.

Programmierer (s): Eine Rolle im Rollenspiel des Programmierens. Der Programmierer schreibt Programme und übergibt sie dem *Ausführer*.

Proma (s): Ein Programm mit mehreren Ausführern. Damit ist ein Java-Programm gemeint, in dem Faden-Objekte erzeugt und gestartet werden. Jeder Faden wirkt wie ein selbständiger sequentieller

Ausführer, der nebenläufig zu den anderen Fäden/Ausführern bestimmte Befehle des Programms ausführt.

Prozedur (a): Ein *Unterprogramm*, welches einen Seiteneffekt hat (d. h. die Inhalte bestimmter Wertebehälter verändert), aber keinen *Wert* liefert. Gegensatz: *Funktion*. Prozeduren dienen dazu, die Inhalte von *Wertebehältern* zu verändern. Ein Aufruf einer Prozedur ist eine *Anweisung*.

prozedurale Programmiersprache (engl. procedural programming language) (a): Eine Programmiersprache, bei der es als Unterprogramme nicht nur *Funktionen*, sondern auch *Prozeduren* gibt, die veränderbare *Variablen* enthält und außer *Vereinbarungen* und *Ausdrücken* auch *Anweisungen* (insbesondere die *Zuweisungsanweisung*) kennt. Die meisten verbreiteten Programmiersprachen sind prozedural. Gegensatz: *funktionale Programmiersprache*.

Prozess (eines Betriebssystems) (a): Eine Verwaltungseinheit eines Betriebssystems. Einem Prozess können Betriebsmittel zugeordnet werden (z. B. Hauptspeicherbereiche, Geräte wie Drucker und Plattenlaufwerke, Dateien etc.). Ein Programm kann nur im Rahmen eines Prozesses ausgeführt werden. Im Rahmen eines Prozesses können nacheinander (sequentiell) mehrere Programme ausgeführt werden. Mehrere Prozesse werden vom Betriebssystem nebenläufig zueinander (*concurrently*, d. h. zeitlich unabhängig voneinander) ausgeführt. Heute noch übliche Computer mit nur einem Hauptprozessor führen Prozesse „stückchenweise abwechselnd" aus. Um dabei von einem Prozess zu einem anderen umzuschalten müssen relativ viele Maschinenbefehle ausgeführt werden („ein Prozesswechsel ist teuer"). Siehe auch *Faden*.

Quellcode-Interpreter (source code interpreter) (a): Ein Programm, welches Quelldateien (einlesen und) ausführen kann, ohne dass der Benutzer sie vorher übersetzen lassen muss. Das Programm BeanShell (siehe www.beanshell.org) ist ein Quellcode-Interpreter für Java-Programme.

Referenz (a): Jede Variable besteht (mind.) aus einer Referenz und einem Wert. Speziell bei Referenzvariablen ist auch der Wert ein Referenzwert. Eine Referenzvariable kann den Wert null haben, aber null ist garantiert nicht die Referenz einer Variablen.

Referenztyp (a): Ein Klassen-, Schnittstellen- oder Reihungstyp. *Aufzählungstypen* und *parametrisierte Typen* sind Klassentypen und somit auch Referenztypen.

Referenzvariable (a): Eine *Variable* eines *Referenztyps*. Oder: Eine *Variable*, deren *Wert* eine Referenz ist. Wenn dieser Wert ungleich *null* ist, zeigt die Referenzvariable auf einen *Zielwert*.

Reflexion (a, s): Ein paar spezielle Klassen (namens Class, Method, Field, Constructor etc.) ermöglichen es einem Java-Programm, während seiner Ausführung Klassen, Methoden, Attribute etc. (insbesondere seine eigenen) zu untersuchen und zu manipulieren. Damit ist es z. B. möglich, in einem Java-Programm P Methoden einer Klasse aufzurufen, die noch gar nicht existierte, als P geschrieben wurde. Diese Möglichkeit ist vor allem für Werkzeuge wichtig, mit denen Java-Programme verwaltet (compiliert, ausgeführt, analysiert etc.) werden sollen.

Reihung (engl. array) (o): Ein Objekt, welches aus einer festen Anzahl von Variablen besteht, die alle zum selben Typ gehören. Die Variablen bezeichnet man auch als die *Komponenten* der Reihung.

Reihungstyp (engl. array type) (o): Ein Typ, dessen Objekte *Reihungen* sind. Beispiele für Reihungstypen: String[], int[], float[][]. Einen Reihungstyp kann man nicht *erweitern*.

rekursiv (a): Eine *Methode* (ein *Unterprogramm*, eine *Funktion*, eine *Prozedur*) ist rekursiv, wenn sie sich (direkt oder indirekt) selbst aufruft.

return: eine *einfache Anweisung*. Dient zum Beenden eines *Unterprogramms*.

roher Typ (engl. raw type) (a): Eine *generische Klasse* oder *Schnittstelle*, die man als Typ verwendet, ohne für ihre Parameter konkrete Typen festzulegen. Kommt vor allem in älteren, vorgenerischen Java-Programmen und als Verbindung mit solchen Programmen in neueren Programmen vor.

Rückgabetyp (einer Methode, engl. result type, return type) (a): Siehe *Ergebnistyp*.

Rumpf (engl. body) (a): *Klassen*, *Methoden*, und *zusammengesetzte Anweisungen* (*if*, *switch*, *while*, *-do-while* und *for*) haben einen Rumpf. Eine if-Anweisung kann zwei Rümpfe haben (einen dann-Rumpf und einen sonst-Rumpf). Der Rumpf einer Klasse oder Methode ist eine

Blockanweisung, der Rumpf einer zusammengesetzten Anweisung eine beliebige Anweisung (z. B. eine Blockanweisung).

Sammlung (engl. collection) (o): Ein Objekt einer *Sammlungsklasse*. In einer Sammlung kann man Objekte einfügen, löschen und suchen, kurz: sammeln.

Sammlungsklasse (engl. Collection class) (o): In Java: Eine Klasse, die die Schnittstelle `Collection` implementiert.

Schleife (engl. loop) (a): Eine *zusammengesetzte Anweisung* mit der man bewirken kann, dass die darin enthaltene Anweisung mehr als einmal ausgeführt wird (*Wiederholungsanweisung*). Siehe auch *for*, *do-while* und *while*.

Schnittstelle (engl. interface) (o, s): Eine Schnittstelle ist eine Art „total *abstrakte Klasse*". Sie darf nur *abstrakte Methoden* (Objektmethoden) und unveränderbare (`final`) *Klassenattribute* enthalten. Eine Schnittstelle darf beliebig viele (0, 1, 2, 3, ...) andere Schnittstellen erweitern (beerben). Eine *Klasse* darf beliebig viele Schnittstellen implementieren.

semantische Größe (a, s): Eine Größe, die während der Ausführung eines Programms erzeugt oder berechnet wird, z. B. eine Methode (wird auf Grund einer Vereinbarung erzeugt) oder der Wert eines Ausdrucks (wird berechnet). Gegensatz: *syntaktische Größe*.

Shell (unter Linux) (a): siehe *Konsole*.

Signatur (einer Methode) (a): Besteht aus dem Namen der Methode gefolgt von den Namen der Typen ihrer Parameter. Beispiel: Die `main`-Methode eines Java-Programms muss die Signatur `main String[]` haben.

simple expression (a): siehe *einfacher Ausdruck*.

simple statement (a): siehe *einfache Anweisung*.

SPACE (o): Das Unicode-Zeichen mit dem Code `u0020` (wird auch als Leerzeichen oder Blank bezeichnet. Ist bei den meisten Tastaturen mit der breitesten Taste verbunden). Sollte nicht mit einem *leeren String* verwechselt werden.

Standardkonstruktor (a): Ein *Konstruktor* mit 0 Parametern. Wenn der Programmierer innerhalb einer Klasse keinen Konstruktor vereinbart, „schenkt" der Ausführer dieser Klasse einen Standardkonstruktor mit leerem Rumpf.

statement (a): siehe *Anweisung*.

static (o): Mit diesem Schlüsselwort werden die *Klassenelemente* einer Klasse gekennzeichnet (um sie von den *Objektelementen* der Klasse zu unterscheiden).

static import (a): Ein Java-Befehl, mit dem man Abkürzungen für die Namen von Klassenelementen (static members) einer Klasse einführen kann. Beispiel: Nach dem Befehl `import static java.lang.Math.max;` darf man das Klassenelement `max` der Klasse `Math` auch mit seinem einfachen Namen `max` statt mit seinem vollen Namen `java.lang.Math.max` (oder dem abgekürzten Namen `Math.max`) bezeichnen. Nach dem Befehl `import static java.lang.Math.*;` darf man alle Klassenelemente der Klasse `Math` mit ihren einfachen Namen (`max`, `min`, `sin`, `cos` etc.) bezeichnen. Diese Variante des `import`-Befehls gibt es erst seit Java 5.0.

Stelligkeit (einer *Operation*) (a): Anzahl der Operanden, auf die eine *Operation* angewendet werden darf/muss. Beispiel: Alle Multiplikationsoperationen namens `*` sind zweistellig, alle Vorzeichenoperationen namens `−` sind einstellig, alle Subtraktionsoperationen namens `−` sind zweistellig etc. In Java sind alle Operationen ein- oder zweistellig, nur die bedingte Operation `... ? ... : ...` ist dreistellig. Häufig überträgt man die Eigenschaft der Stelligkeit von einer *Operation* auf ihren Namen, d. h. auf ihren *Operator*. Dann muss man aber sorgfältig z. B. zwischen dem einstelligen Operator `−` (dem Vorzeichen Minus) und dem zweistelligen Operator `−` (dem Subtraktionsoperator) unterscheiden.

Steuerfaden (engl. thread of control) (o, s): siehe *Faden*.

Strohpuppe (s): Bei Dorffesten: Eine beliebte Dekoration aus getrockneten Getreidehalmen. In Java-Programmen: Eine Methode mit einem leeren Rumpf (dient meistens zum Implementieren einer *Schnittstelle*, die mehrere Methoden enthält).

Strom (engl. stream) (o, s): Ein Objekt einer Stromklasse. Ein Strom-Objekt verbindet ein Java-Programm mit einer Datenquelle (von der man Daten einlesen kann) bzw. mit einer Datensenke (zu der man Daten ausgeben kann).

Stromklasse (engl. stream class) (o, s): In Java gibt es mehr als 40 Stromklassen. Die meisten gehören zum Paket `java.io` und sind Unterklassen der vier abstrakten Klassen `InputStream`, `OutputStream`, `Reader` bzw. `Writer`.

subclass (a): siehe *Unterklasse*.

super (als Name der direkten Oberklasse) (o): Angenommen, eine Klasse U hat von ihrer direkten Oberklasse DO ein Element eg namens `otto` geerbt und durch ein (in U vereinbartes) Element ev namens `otto` ersetzt (d. h. *überschrieben* oder *verdeckt*), dann bezeichnet innerhalb von U der einfache Name `otto` das in U vereinbarte Element ev und der zusammengesetzte Name `super.otto` das geerbte und ersetzte Element eg.

super (als Name eines Konstruktors) (o): Wenn man am Anfang eines Konstruktors einer Klasse U einen Konstruktor der direkten Oberklasse DO von U aufrufen will, muss man anstelle seines richtigen Namens das Schlüsselwort `super` angeben. Ein solcher `super`-Aufruf ist nur als erster Befehl eines Konstruktors erlaubt.

superclass (a): siehe *Oberklasse*.

switch (a): Eine *zusammengesetzte Anweisung*, eine *Fallunterscheidungsanweisung*.

syntaktische Größe (a, s): Eine Größe, die im Quelltext eines Programms vorkommt, z. B. ein *Literal* oder eine *Vereinbarung*. Gegensatz: *semantische Größe*. Viele Begriffe bezeichnen gleichzeitig eine syntaktische und eine eng damit zusammenhängende semantische Größe. Mit „Methode" ist manchmal die Vereinbarung einer Methode im Quelltext eines Programms gemeint (eine syntaktische Größe) und manchmal die Methode, die der Ausführer bei einer Ausführung des Programms daraus erzeugt (eine semantische Größe). Ähnliches gilt auch für Variablen, Klassen und weitere Größen. Dagegen bezeichnet der Begriff *Literal* nur eine syntaktische Größe und der Begriff *Wert* nur eine semantische Größe.

this (als Name einer Referenzvariablen) (o): Jedes Objekt ob enthält eine unveränderbare Referenzvariable namens `this`, die auf ob zeigt. Innerhalb einer Methode mit einem Parameter namens `otto` bezeichnet der einfache Name `otto` den Parameter und der zusammengesetzte Name `this.otto` ein Attribut des umgebenden Objekts (falls das Objekt ein Attribut namens `otto` besitzt).

this (als Name eines Konstruktors) (o): Wenn man innerhalb eines Konstruktors einer Klasse K einen anderen Konstruktor derselben Klasse K aufrufen will, muss man anstelle seines richtigen Namens das Schlüsselwort `this` angeben. Ein solcher `this`-Aufruf ist nur als erster Befehl eines Konstruktors erlaubt.

thread (o): siehe *Faden, nebenläufig, Prozess*.

throw (a): eine *einfache Anweisung*. Dient dazu *Ausnahmen* zu werfen. Beispiel:

```
throw new ArithmeticException("Konto ist negativ!");
```

throws (a): Am Anfang einer Methodenvereinbarung müssen nach dem Schlüsselwort `throws` die Klassennamen aller *geprüften Ausnahmen* aufgeführt werden, die in dieser Methode auftreten können und nicht (mit einem `try-catch`-Befehl) gefangen-und-behandelt werden.

Top-Paket (o): Ein *Paket*, welches in keinem anderen Paket enthalten ist. Die Java-Standardbibliothek enthält drei Top-Pakete namens `java`, `javax` und `org`. Der Programmierer kann weitere Top-Pakete erzeugen lassen.

Typ (a): Eine Menge von *Werten* und eine Menge von *Befehlen*, die man auf die Werte anwenden darf.

Typ (s): Ein Bauplan für *Variablen*.

Typumwandlung (engl. type conversion) (a): Eine Berechnung, die auf Grund eines *Cast-Befehls* oder von einer speziellen Funktion durchgeführt wird. Dabei wird aus einem Wert w1 eines Typs t1 ein entsprechender Werte w2 eines anderen Typs t2 berechnet. Beispiel: Der Cast-Befehl (int) 17.85 berechnet aus dem double-Wert 17.85 den int-Wert 17. Der Funktionsaufruf Integer.parseInt("17") berechnet aus dem String "17" den int-Wert 17.

übergeben (s): Eine Tätigkeit des *Programmierers*. Java-Programme übergibt man dem Ausführer heutzutage häufig, indem man sie compilieren läßt.

überladen (einen Methodennamen, engl. overload) (a): Ein Methodenname ist überladen, wenn er mehrere *Methoden* mit unterschiedlichen *Signaturen* bezeichnet. Einen Methodennamen kann man überladen, indem man z. B. innerhalb einer Klasse mehrere Methoden mit demselben Namen, aber unterschiedlichen Parametertypen vereinbart. Es ist nicht erlaubt, innerhalb einer Klasse mehrere Methoden mit gleichen Signaturen zu vereinbaren.

überschreiben (eine Objektmethode, engl. override) (a): Ein Spezialfall von *ersetzen*. Angenommen, eine Unterklasse U erbt von ihrer direkten Oberklasse eine Objektmethode m1 mit einer Signatur s1. Wenn man in U eine Objektmethode m2 mit der gleichen Signatur s1 vereinbart, dann überschreibt die Methode m2 die Methode m1. Wenn man in U eine Objektmethode m3 mit dem gleichen Namen wie m1, aber einer anderen Signatur als m1 vereinbart, wird nur der Name von m1 und m3 *überladen*, aber die Methode m1 wird durch m3 nicht überschrieben.

UCS (o): Abkürzung für: Universal Multiple-Octet Coded Character Set. Siehe auch *UTF-8* und *Unicode*.

unchecked exception (o): siehe *ungeprüfte Ausnahme*.

ungeprüfte Ausnahme (engl. unchecked exception) (o): Ein Objekt der Klasse Error oder einer Unterklasse. Kann, muss aber nicht am Anfang einer Methodenvereinbarung nach throws erwähnt (und damit dokumentiert) werden.

ungetypte Variable (a): siehe *getypte/ungetypte Variable*.

Unicode (o): Der Unicode umfasst etwa 60 Tausend 16-Bit-Codezahlen für häufig verwendete Zeichen und ungefähr 1 Million 32-Bit-Codezahlen für weniger häufig verwendete Zeichen (genau sind es 63.488 16-Bit.-Codezahlen und 1.048.576 32-Bit-Codezahlen). Viele der 16-Bit-Codezahlen sind schon bestimmten Zeichen zugeordnet (darunter allen lateinischen, griechischen russischen, koreanischen, vietnamesischen etc. Buchstaben und mehr als 27.000 chinesischen Schriftzeichen). Die meisten der 32-Bit-Codezahlen sind noch frei für zukünftige Anwendungen. Siehe auch *UTF-8*.

Unterklasse (engl. subclass) (o): Seien DU1, DU2, ... etc. *direkte Unterklassen* einer Klasse O. Dann sind DU1, DU2, ... etc. und alle Unterklassen von DU1 und alle Unterklassen von DU2 ... etc. Unterklassen von O.

Unterprogramm (engl. subprogram) (a): Eine vom Programmierer zusammengefasste und mit einem Namen und (0 oder mehr) formalen Parametern versehene Befehlsfolge. Der Programmierer muss ein Unterprogramm einmal vereinbaren und darf es dann beliebig oft aufrufen. Siehe auch *Methode, Funktion, Prozedur*.

unveränderbare Variable (a): Eine Variable, deren Wert nicht verändert werden kann. In Java: Eine als final vereinbarte Variable. Wird manchmal (aber nicht immer) von einer *Konstanten* (die keine Referenz oder Adresse hat) unterschieden.

Unzahlen (engl. NaN) (s): Viele Werte der Typen float und double stellen keine Zahlen dar und werden hier als Unzahlen bezeichnet. Als Ergebnis einer Berechnung wird immer dann eine Unzahl geliefert, wenn das Ergebnis überdefiniert ist, d. h. nach mehreren vernünftigen, aber sich widersprechenden Regeln berechnet werden könnte. Beispiel: Was ist `0.0/0.0` ? Regel 1: `0.0/irgendeine-Zahl` ist gleich `0.0`. Regel 2: `irgendeine-positive-Zahl/0.0` ist gleich `infinity`. Regel 3: `x/x` ist gleich `1`. Diese drei Regeln legen für die Berechnung von `0.0/0.0` also die drei Ergebnisse `0`, `infinity` und `1` nahe. Der Ausführer entscheidet sich nicht willkürlich für eines davon, sondern liefert eine Unzahl (einen *NaN*-Wert) als Ergebnis. Welche Unzahl er liefert, wird durch die Sprache Java nicht festgelegt.

user (a): siehe *Benutzer*.

UTF-8 (o): Abkürzung für: *UCS* Transformation Format, 8-Bit form. Der UTF-8-Code ordnet exakt denselben Zeichen Codezahlen zu wie der Unicode, aber andere Codezahlen. Die UTF-8-Codezahlen haben unterschiedliche Längen (8, 16, 24 bzw. 32 Bits). Etwas vereinfacht gesagt gilt: Je häufiger ein Zeichen in westlichen Ländern verwendet wird, desto kürzer ist seine UTF-8-Codezahl. Die 128 ASCII-Zeichen haben 8-Bit-Codezahlen (die selben wie im ASCII-Code), Zeichen wie ü, ö, ä etc. haben 16-Bit-Codezahlen und chinesische Zeichen haben 24-Bit und 32-Bit Codezahlen. Bei einem Text, der nur aus den 128 ASCII-Zeichen besteht, belegt jedes Zeichen also nur 1 Byte. Dagegen belegt bei einem rein chinesischen Text jedes Zeichen bis zu 4 Byte. Der Platzbedarf für andere im UTF-8-Code gespeicherte Texte liegt irgendwo zwischen diesen Extremen.

value (a): siehe *Wert*.

Variable (a, s): Ein Behälter für *Werte*, dessen Inhalt vom *Ausführer* beliebig oft verändert werden kann. Eine Variable enthält immer genau einen *Wert* (sie kann also nicht leer sein und nicht mehr als einen Wert enthalten). Wenn man einer Variablen einen neuen Wert zuweist, wird der alte Wert zerstört. Eine Variable besteht aus mindestens zwei Teilen, einer *Referenz* und einem *Wert*. Zusätzlich kann eine Variable einen Namen und/oder einen *Zielwert* haben. Die Referenz einer Variablen ist unveränderbar, der Wert kann (z. B. durch Zuweisungen) beliebig oft verändert werden. Der Name einer Variablen wird vom *Programmierer*, die Referenz vom *Ausführer* festgelegt. Der Ausführer legt für keine Variable *null* als Referenz fest und garantiert, dass zwei verschiedene Variablen verschiedene Referenzen haben. *Referenzvariablen* können aber den Wert *null* und zwei verschiedene Variablen können gleiche *Werte* haben. Siehe auch *getypte/ungetypte Variable*.

verdecken (ein Attribut, engl. to hide) (a): Ein Spezialfall von *ersetzen*. Angenommen, eine Unterklasse U erbt von ihrer direkten Oberklasse ein Attribut a1 mit dem Namen n1. Wenn man in U ein Attribut a2 mit dem gleichen Namen n1 vereinbart, dann verdeckt das Attribut a2 das Attribut a1.

Vereinbarung (engl. declaration) (a, s): Ein Befehl des *Programmierers* an den *Ausführer*, etwas zu erzeugen, z. B. eine *Variable*, ein *Unterprogramm*, eine *Klasse* oder eine andere Größe. *Werte* werden nicht vereinbart und erzeugt, sondern berechnet.

vererben (an eine Unterklasse, engl. to let, to bequeath) (a, s): Wenn eine Klasse UK eine Klasse OK *erweitert*, vererbt OK all ihre Elemente an UK. Jede Klasse OK darf ihre Elemente an beliebig viele Unterklassen UK vererben (das gilt für alle objektorientierten Programmiersprachen). Konstruktoren werden nicht vererbt.

Verklemmung (eines Systems von nebenläufigen Einheiten, engl. deadlock) (a): Angenommen, zwei nebenläufigen Einheiten (Fäden oder Prozesse) NE1 und NE2 brauchen beide alleinigen Zugriff auf zwei Betriebsmittel BMA und BMB und versuchen, diese für sich zu reservieren. Wenn es dann der Einheit NE1 gelingt, das Betriebsmittel BMA für sich zu reservieren und es NE2 gelingt, BMB für sich zu reservieren, liegt eine Verklemmung vor. In einer solchen Situation kann keine der nebenläufigen Einheiten weiterlaufen. Es gibt viele verschiedene Strategien zur Vermeidung solcher Verklemmungen und einige zu ihrer Auflösung, nachdem sie eingetreten sind.

Verwender (s): Eine Rolle im Rollenspiel des Programmierens. Der Verwender schreibt (ähnlich wie der *Programmierer*) Programme. Dabei möchte er Programme und Teile von Programmen, die der Programmierer schon geschrieben hat, wiederverwenden

void (o): Ein Typ, zu dem keine Werte gehören. Wird manchmal auch als Pseudotyp bezeichnet. Muss beim Vereinbaren einer *Prozedur* anstelle eines richtigen *Ergebnistyps* angegeben werden.

virtueller Speicher (a): Schnelle Speicherelemente (z. B. RAM-Speicher-Chips) sind relativ teuer, billige Speicherelemente (z. B. Festplatten) sind relativ langsam. Ein virtueller Speicher ist eine kostengünstige Kombination aus einem kleinen schnellen und einem großen langsamen Speicher, die dem Benutzer wie ein großer schneller Speicher erscheint. Dazu wird mit Hilfe raffinierter Algorithmen dafür gesorgt, dass Daten fast immer im schnellen Speicher stehen, wenn sie benötigt werden.

voller Name (einer Klasse, engl. full name of a class) (o): Falls eine Klasse K zu einem Paket-mit-Namen p gehört, besteht ihr voller Name aus dem vollen Namen von p gefolgt von einem Punkt `'.'` und dem Namen von K. Falls K zum namenlosen Paket gehört, ist der volle Name von K gleich dem Namen von K. Beispiel: Die Standardklasse `ArrayList` hat den vollen Namen `java.util.ArrayList`.

voller Name (eines Paketes, engl. full name of a package): Der volle Name eines *Top-Paketes* besteht nur aus dem Namen des Paketes. Der volle Name eines Paketes P5, welches in einem Paket P4 enthalten ist, besteht aus dem vollen Namen von P4, gefolgt von einem Punkt `'.'` gefolgt vom Namen von P5. Beispiel: Das Standardpaket `renderable` hat den vollen Namen `java.awt.image.renderable`.

Warter (engl. maintainer) (s): Eine Rolle im Rollenspiel des Programmierens. Der Warter wartet die Programme, die der *Programmierer* geschrieben hat, d. h. er korrigiert und erweitert sie oder passt sie neuen Anforderungen des *Benutzers* oder des *Ausführers* an.

Wert (engl. value) (a): Ein Ding, welches während der Ausführung eines Programms berechnet und eventuell in einer Variablen gespeichert oder in einen anderen Wertebehälter getan wird. In einem Programm werden Werte durch *Ausdrücke* beschrieben. Eine Variable besteht mindestens aus einer Referenz und einem Wert. Siehe auch *Literal* und *Konstante*.

Wertebehälter: Eine *Variable* oder ein Ein-/Ausgabegerät (z. B. eine Tastatur, ein Bildschirm, ein Drucker, eine Datei auf einer Festplatte etc.).

while: eine *zusammengesetzte Anweisung*, eine *Wiederholungsanweisung (Schleife)*.

Wiederholungsanweisung (a): Eine *zusammengesetzte Anweisung* mit der man bewirken kann, dass die darin enthaltene Anweisung mehr als einmal ausgeführt wird (*Schleife*). Siehe auch *for*, *do-while* und *while*.

wrapper class (a): siehe *Hüllklasse*.

zeichenorientierter Strom (engl. character stream) (o, s): Dient zum Einlesen und Ausgeben von Texten, die aus Zeichen bestehen. Beim Ausgeben müssen die Zeichen aus dem internen *Unicode* in Bytefolgen eines externen Codes (z. B. *ASCII* oder *UTF-8* etc.) umgewandelt werden. Beim Einlesen müssen umgekehrt Zeichen eines externen Codes in interne Unicode-Zeichen umgewandelt werden.

Zeilenende-Markierung (a): Wie in einer Textdatei das Ende von Zeilen markiert wird, ist plattformabhängig. Eine Zeilenende-Markierung besteht unter einem Unix-Betriebssystem (z. B. Linux) aus einem *LF-Zeichen*, unter einem Mac-Betriebssystem aus einem *CR-Zeichen* und unter einem Windows-Betriebssystem aus einem *CR-Zeichen* gefolgt von einem *LF-Zeichen*.

Zielwert (engl. target vlaue) (s): Der *Wert*, auf den eine Referenzvariable zeigt. In Java ist ein Zielwert immer ein Objekt. Eine Referenzvariable mit dem Wert *null* zeigt nicht auf einen Zielwert.

zusammengesetzte Anweisung (compound statement) (a): Eine *Anweisung*, die andere Anweisungen enthält. Beispiel: Die zusammengesetzte Anweisung `if (a<b) a = 2*b;` enthält die Anweisung `a = 2*b;`. Mit einer zusammengesetzten Anweisung kann man bewirken, dass die darin enthaltenen Anweisungen weniger als einmal (also nicht) oder mehr als einmal ausgeführt werden. Siehe auch *Fallunterscheidungsanweisung* und *Wiederholungsanweisung*.

zusammengesetzter Ausdruck (conpound expression) (a): Ein *Ausdruck*, der andere Ausdrücke enthält. Beispiel: Der zusammengesetzte Ausdruck a + b * c enthält den *einfachen Ausdruck* a und den zusammengesetzten Ausdruck b * c.

Zusicherung (eine assert-Anweisung, engl. assertion) (a): Eine Anweisung zum Testen und Überprüfen eines Programms. Besteht im Wesentlichen aus einer Bedingung. Wenn die nicht erfüllt ist (und Zusicherungen aktiviert sind), wird eine Ausnahme geworfen.

zweistellig (a): siehe *Stelligkeit*.

Zwiebel-Darstellung (s): Eine Darstellung von Objekten die hervorhebt, dass jedes Objekt einer Unterklasse ein Objekt ihrer direkten Oberklasse enthält.

25   Literaturverzeichnis

[LangSpec2000]   J. Gosling, B. Joy, G. Steele, G. Bracha
„**The Java Language Specification**", Second Edition
Addison-Wesley 2000, 505 Seiten, ca. 52,- Euro.

Dieses Buch ist die für Compilerbauer und Programmierer verbindliche Beschreibung der Sprache Java, Version 1.2 (alias Version 2.0). Wenn ein Compiler sich anders verhält, als in diesem Buch vorgeschrieben, ist er falsch (oder neuer als die Version 1.2). Im Vergleich zu anderen Sprachdefinitionen ist diese erfreulich klar und verständlich geschrieben und enthält zahlreiche hilfreiche Beispiele. Trotzdem ist dieses Buch ziemlich anspruchsvoll und keine leichte Lektüre. Es ist zu hoffen, dass bald eine dritte Ausgabe herauskommt, in der die Java-Version 5.0 verbindlich beschrieben wird.

[HTML_Doc]
„**Java 2 Platform, Standard Edition 5.0, API Specification**"

Diese Dokumentation der Java-Standardbibliothek in HTML-Form kann man kostenlos z. B. von folgender Netzadresse herunterladen:

```
http://java.sun.com/j2se/1.5.0/download.jsp
```

Als .zip-Archiv belegt diese Dokumentation etwa 45 MB, entpackt etwa 200 MB. Die Dokumentation setzt voraus, dass der Leser die „Kernsprache Java" beherrscht und Java-Programme lesen kann. Sie beschreibt die etwa 2500 Klassen und etwa 700 Schnittstellen der Java-Standardbibliothek, den Compiler `javac`, den Interpreter `java` und weitere Programme und enthält Verweise auf ein umfangreiches Tutorial und weitere Informationen. Jeder ernsthafte Java-Programmierer muss mit der Struktur dieser Dokumentation vertraut sein und schnell darin nachsehen können.

[Flanagan2002]   D. Flanagan
„**Java in a Nutshell**", 4th Edition
O'Reilly 2002, 970 Seiten, ca 44,- Euro

Eine ziemlich kurze, aber sorgfältig strukturierte und formulierte Einführung in die Sprache Java (Version 1.4) und eine (etwa 700 Seiten lange) Dokumentation wichtiger Teile der Standardbibliothek. Diese Dokumentation enthält an einigen Stellen mehr und verständlichere Erklärungen als die HTML-Dokumentation. In diesem Buch kann man auch bei Stromausfall und ohne die Hilfe eines Notebooks nachschlagen. Sehr empfehlenswert.

[Bloch2001]　　　J. Bloch
　„Effective Java"
　Addison-Wesley 252 Seiten, ca. 52 Euro

Ein Muss für alle ernsthaften Java-Programmierer. Die Fehlermeldungen des Java-Compilers jikes (von IBM) verweisen auf Kapitel dieses Buches. Es enthält eine kritische Darstellung vor allem der schwierigeren Stellen von Java mit vielen Beispielen und sehr guten Ratschlägen, was ein Programmierer tun und was er besser lassen sollte. Sehr klar und verständlich von einem sehr erfahrenen Insider geschrieben. Herr Bloch war wesentlich an der Entwicklung der Java-Standardbibliothek beteiligt.

[Flanagan1999]　　　D. Flanagan
　„Java Foundation Classes in a Nutshell", 1st Edition
　O'Reilly 1999, 733 Seiten, ca. 25,- Euro

Der zweite Band der dreibändigen „Java-in-a-Nutshell"-Serie. Beschreibt vor allem die Teile der Standardbibliothek die man zum Programmieren von grafischen Benutzeroberflächen braucht. Für fortgeschrittene Programmierer ebenfalls sehr empfehlenswert.

[FlanaganEtAl2002]　　D. Flanagan, J. Farley, W. Crawford, K. Magnusson
　„Java Enterprise in a Nutshell", 2nd Edition
　O'Reilly 2002, etwa 950 Seiten, ca. 30,- Euro

Der dritte Band der dreibändigen „Java-in-a-Nutshell"-Serie. Den braucht man nur, wenn man sogenannte *verteilte Anwendungen* programmieren will. Nur für fortgeschrittene Programmierer interessant.

[Mössenböck2001]　　H. Mössenböck
　„Sprechen Sie Java?"
　dpunkt-Verlag, 2001, 289 Seiten, ca. 28,- Euro

Eine sorgfältig formulierte und verständliche Einführung in die Programmierung mit Java, in der auch allgemeinere Themen kurz behandelt werden (Algorithmisches Denken, Systematischer Programmentwurf, Moderne Software-Konzepte und Programmierstil). Enthält als Anhang eine sehr kurze und übersichtliche kontextfreie Grammatik der Sprache Java.

[Pantham1999]   S. Pantham
„Pure JFC Swing"
Sams 1999, 806 Seiten, ca. 25,- Euro

Ein Spezialbuch über die Programmierung von Grabos (grafischen Benutzeroberflächen) mit den Java-Swing-Klassen. Enthält viele nützliche Tabellen,
aber kaum tiefgründige und zusammenfassende Erläuterungen.

[EcksteinEtAl1998]   R. Eckstein, M. Loy, D. Wood
„Java Swing"
O'Reilly 1998, 1230 Seiten, ca. 45,- Euro

Ein Spezialbuch über die Programmierung von Grabos (grafischen Benutzeroberflächen) mit den Java-Swing-Klassen. Enthält nicht nur Übersichten und
Tabellen, sondern auch einige wichtige Erläuterungen und Zusammenfassungen.

[Harold1999]   E. R. Harold
„Java I/O"
O'Reilly 1999, 568 Seiten, ca. 38,- Euro

Obwohl schon 1999 erschienen, immer noch ein gutes Nachschlagewerk vor allem über die Stromklassen von Java, umfangreich, reich an Details, nicht ganz
so gut, wenn man nur eine kurze Übersicht sucht.

[Hitchens2002]   R. Hitchens
„Java NIO"
O'Reilly 2002, 284 Seiten, ca. 31,- Euro

Ein Spezialbuch über das Paket `java.nio` (new i/o). Gute Grundlage, wenn
man anspruchsvolle Ein-/Ausgaberoutinen zu programmieren hat.

26 Sachwortverzeichnis